最新版

上下五千年

下

林汉达等 编著

少年儿童出版社

陈桥兵变

周世宗在位的时候,手下有个重要大将,叫赵匡胤。他是涿郡(今河北涿州)人,年轻时爱好练武,投奔到郭威部下,后来又跟随周世宗东征西战,立下了不少战功。周世宗对他非常信任,提拔他为殿前都点检,让他做了禁军的统帅,掌握后周的军事大权。

五代期间,武将夺取皇位的事情,时常发生。赵匡胤和他的弟弟赵匡义、幕僚赵普等人看到周世宗壮年夭折,他的儿子周恭帝年幼无知,就秘密策划夺取皇位。

公元960年春节,正月初一,后周的文武官员正在向周恭帝祝贺新年,在赵匡胤等人的指使下,河北镇、定二州(今河北正定、定州)忽然派人前来谎报军情,说辽国和北汉联合,出兵南侵,情况危急。

后周宰相范质、王溥(pǔ)等人很是吃惊,来不及辨别情报的真假,连忙命赵匡胤带领大军,北上应战。

赵匡胤马上调兵点将,准备出征。初二日,前队出发。初三日,大队出发。大军走到汴京东北的陈桥驿,停了下来。当天晚上,将士们在一起议论朝政。有人说:"如今皇上年幼无知,我们拼死杀敌,将来有谁知道呢?不如先立主帅点检做天子,然后北征。"

众将连声称好,就推举一名将军去见赵匡义和赵普,说了大伙的意见。他还没说完,一大批将领已经闯了进来,大声说:"我们已经商量好,一定要请点检做天子!"

赵匡义和赵普听了,满心高兴,就命令诸将分布四周,等待天明,同时派人连夜赶回汴京,送信给镇守京城的禁军将领石守信和王审琦,要他们做内应。这两个人

都是赵匡胤的亲信,接信后当然一口答应。

第二天一早,这消息已经传遍军中。天刚蒙蒙亮,陈桥驿四面突然响起了一片呼喊声。一群身披铠甲、手执刀枪的将领,挤在赵匡胤的营帐外,大喊大嚷说:"诸将没有主子,我们愿意拥护点检做天子!"

赵匡胤酒醉方醒,刚走出营帐,诸将已经一拥而上,把一件皇帝登基穿的黄袍披到他身上。诸将全都下拜,高呼"万岁"。他们把赵匡胤推上马背,请他回转汴京。

赵匡胤这才拉住缰绳,假意推让了一番,然后向诸将说:"你们贪图富贵,立我为天子,能听从我的命令吗?"

诸将齐声回答:"愿意听受命令!"

赵匡胤又说:"你们进了京城,不得惊犯宫廷,不得侮辱大臣,不得任意抢掠。凡是听从命令的,定有重赏;违反命令的,一律严办!"大家不敢不从,自然齐声答应。

于是,赵匡胤带领大军回转汴京。他在回汴京前已派人去见范质、王溥等人,把兵变的消息告诉他们。

这时,后周朝廷中早朝还未结束。范质得到消息,紧紧地抓住了王溥的手,露出一副无可奈何的神情,说:"匆忙中不辨真假,派遣大将,这全是我们的罪呀!"

范质的指甲嵌入王溥的肉里,王溥痛得要命,吓得一句话也答不上来。朝中有个叫韩通的将军,急忙奔跑回家,想组织力量反抗。他还没有进门,就被赵匡胤的部将王彦升追赶上去杀死了。

京城中的禁军都掌握在石守信、王审琦手里,有这两人做内应,后周再没有人敢起来反抗了。

没有多久,赵匡胤带领大军到了汴京。他命士兵归营,自己暂时回到原来的公署。

有些将士把范质、王溥拥到赵匡胤那里,赵匡胤假意流着眼泪,哭着说:"我受周世宗的厚恩,想不到受将士们的逼迫,做出这样的事来,真叫人惭愧,我该怎么办呢?"

范质还没有来得及回答,一个叫罗彦瓌(guī)的将军,拔剑上前,声色俱厉地说:"我们没有主子,今天一定要立点检做天子!"

赵匡胤假意喝道:"还不退下!"

王溥吓得脸色都变了。他退到台阶下,先向赵匡胤低头拜了下去。范质没有办法,也只好跟着下拜。

正月初五日,赵匡胤在崇元殿召集百官,举行称帝仪式。一位官员拿出了事先以周恭帝名义写的诏书,宣布把皇位禅让给赵匡胤。赵匡胤拜受了诏书,然后升殿,正式登上了皇位。

因为赵匡胤担任过宋州归德军节度使,所以,他把国号定为宋,仍把东京(当时又称汴京,今河南开封)作京城,历史上称为北宋。赵匡胤就是北宋的开国皇帝宋太祖。这次政变,也就是历史上有名的"陈桥兵变"。

杯酒释兵权

宋太祖即位以后，大封功臣。后周大将慕容延钊带领重兵，镇守真定（今河北正定），因拥护宋太祖，升任殿前都点检，掌管禁军。石守信和一个叫韩令坤的将领，也因功同领禁军。

但是，后周领兵在外的节度使，还没有全部降服。宋太祖即位不到半年，两个节度使先后起兵反宋。宋太祖亲自带兵出征，平定叛乱，宋朝的统治才安定下来。

大臣赵普见宋太祖不断封赏将领，怕他们有了兵权，背叛朝廷，很是担心。他把这个想法向宋太祖讲了几次，宋太祖却不当一回事。

有一次，赵普又提了出来。宋太祖说："他们都是我的亲信，一定不会背叛的，你为什么这样担忧呢？"

赵普说："我也不担心他们反叛，只怕这些人不能控制部下，将士中间万一有人贪图富贵，想拥立他当皇帝，他到时也身不由己了。"

宋太祖终于醒悟了。

一天，宋太祖召赵普进宫，商议政事。他叹了一口气，问赵普说："自从唐朝末年以来，帝王一连换了好几个姓，战乱不停，百姓遭殃，不知原因何在？我要让天下停止战乱，国家长治久安，究竟应该用什么办法呢？"

对于这个问题，赵普早已深思熟虑，胸有成竹。他回答说："这不是别的原因，只是藩镇权力太重，君弱臣强。现在要治国，也没有其他特别巧妙的办法，只有夺他们的权力，控制他们的钱谷，收他们的精兵……"

不等赵普说完，宋太祖连忙打断他的话，说："你别再说下去，我已经全懂了。"

公元961年，宋太祖下令罢免了慕容延钊、韩令坤统领禁军的兵权，派他们到

外地去当节度使,从此不再设立统领禁军的殿前都点检这一官职。石守信因为拥立有功,暂时没有下令罢免。

就在这年秋天的一个傍晚,宋太祖请石守信等高级将领饮酒。一桌丰盛的酒席,君臣同饮,大家喝得兴高采烈。

忽然,宋太祖趁着酒兴,装出一副忧虑重重的样子,对石守信等人说:"我要是没有你们出力帮助,也不会有今天。不过,当了天子,也实在很难,还不如当个节度使快乐得多。我是整夜都睡不安稳呀!"

石守信等人听了,感到非常奇怪,就问道:"这是为什么?"

宋太祖说:"这不难明白,我这个位置,谁不想坐?"

石守信等人听出话音,马上跪下,说:"陛下怎么说这话,如今天下已定,谁还敢有异心呢?"

宋太祖紧接着往下说:"你们虽然没有异心,可是,要是你们的部下贪图富贵,一旦把黄袍加到你们的身上,你们即使想不干,能做到吗?"

石守信等人以为宋太祖怀疑他们有异心,个个吓得一身冷汗,赶紧跪下叩头,流着眼泪说:"我们实在愚蠢,想不到这点,请陛下可怜我们,给我们指示一条生路。"

宋太祖说:"一个人活在世上,生命非常短促。贪图富贵的人,不过想多积聚一些金银财宝,好好享福,使子孙不会贫穷。你们倒不如交出兵权,到地方上去做个大官,买一些最好的田地,华丽的住宅,替子孙多置办一些产业,再多买一些歌妓舞女,早晚饮酒作乐,过上一辈子。我再和你们联姻,君臣之间,没有猜疑,上下相安,不是很好吗?"

石守信等人这才恍然大悟,原来宋太祖要他们交出兵权,赶快向宋太祖叩头谢恩。

第二天上朝,石守信等人纷纷推说有病,请求辞去军职。宋太祖当然全部批准,赏赐他们大量财物,派他们到地方上去做官。只有石守信仍在禁军中兼职,但实权已经没有了。

这件事就是历史上有名的"杯酒释兵权"。

那时候，地方上有些节度使还掌握着很大的兵力。宋太祖决计找个机会，把这套把戏重演一番。

后来，王彦超等几个节度使进京朝见宋太祖。宋太祖在宫中设酒宴招待他们。饮了一会，宋太祖对他们说："你们都是国家的元老，长久担任要职，国事繁忙，这不合我优待元老大臣的用意。"

王彦超为人机灵，他懂得这番话的意思，马上接口说："我本来没有多大功劳，但一直受到陛下的恩宠，如今年老体弱，请陛下准许我告老还乡吧！"

另外几个节度使还想继续领兵，抢着夸耀自己过去打仗的艰苦和功劳。宋太祖冷冷地说："这都是前代的旧事，有什么值得谈呢？"

第二天，宋太祖就罢去了这些节度使的官职，把他们留在京城，担任没有实权的官职。

宋太祖收回了节度使的兵权以后，就把地方上的精兵调到中央当禁军，由皇帝直接掌握。他又把禁军轮流派到外地戍守，使兵士经常换防，将领也经常调换。各地的行政长官，也由朝廷委派。这样一来，将领无法拥有重兵，也没有力量割据了。这对结束唐末以来的战乱局面，是很有作用的。

李后主亡国

宋朝虽然已经建立起来,但是原先各地的一些割据势力仍还存在。当时除契丹建立的辽国以外,五代时期的十国,北方有占据太原的北汉,南方有南唐、吴越、后蜀、南汉、南平(荆南)等国。在湖南等地,也有人割据。

宋太祖稳定了内部以后,开始考虑怎样消灭这些割据势力。究竟先解决北方呢,还是先解决南方?宋太祖日夜盘算这个问题。他想先南后北,但一时拿不定主意。

一天,风雪交加,眼看天色已晚,鹅毛大雪还下个不停,宋太祖顾不得下雪,去赵普家中,跟赵普商议这桩大事。他跑到赵府门口,敲起门来。赵普开门一看,只见宋太祖正立在风雪之中。赵普惶恐不安,连忙拜了下去,请他进门。

宋太祖到了厅堂,赵普命人烧红炭火,在火上烧肉,同时让妻子出来倒酒招待。

宋太祖说:"大嫂,不必客气。"

饮过数杯以后,宋太祖故意试探地说:"我想削平诸国,先出兵太原,你看怎样?"

对这问题,赵普也早有考虑。他说:"北汉的西北,就是辽国。如果我们攻下太原,就会受到辽国的威胁。我看不如先削平南方诸国,再去对付北汉。那时候,像弹子那么大的一个北汉,能向哪里逃呢?"

宋太祖大笑说:"其实我正是这个主意,刚才不过故意试探一下你的意见罢了。"

赵普也跟着笑了起来。两人再商议了一番,宋太祖先南后北的方针终于确定下来了。

接着,宋太祖就用武力陆续平定了南平、后蜀、南汉。南方诸国已经只剩下南唐和吴越了。

南唐是江南的一个大国,但又是一个弱国。宋朝建立后,南唐国主唐元宗李璟自知不是宋朝的对手,便向宋朝屈服,派使臣送金银财宝前去,祝贺宋太祖即位。

公元961年,唐元宗死了,他的儿子李煜(yù)继位,这就是南唐后主,人们称他为李后主。李后主是我国历史上有名的大词人。他爱好文学,懂得音律,书法绘画也很出色,尤其擅长写词,但不大过问政事,并且爱听奉承阿谀的话。他上了台,不敢得罪宋朝,仍每年送去大量金银财宝,甚至宋朝向别国出兵,他也进贡财物,犒劳宋军。宋朝灭掉南汉以后,他恐慌万分,又向宋朝上书,主动削去南唐国号,自称江南国主。尽管李后主想尽办法,委曲求全,可是宋太祖怎会容忍这个政权长期割据下去呢!

公元974年九月,宋太祖命大将曹彬、潘美带领十万大军,攻打南唐。宋朝早在荆南造了几千艘战船。曹彬率领水军,从江陵沿长江顺流东下,不断打败南唐守军,很快打到了采石矶(今安徽马鞍山)。潘美率领步军,也赶到了采石矶。

当时,有个叫樊若水的读书人,建议宋军用大船和竹筏搭浮桥渡江。宋军采用这个建议,只花三天工夫,就搭了一座浮桥。

有人把这事告诉了李后主。李后主不知道该怎样对付,问身旁的一个大臣。那个大臣回答说:"自有书籍记载下来,从未听说长江上可以搭桥的事情。"

李后主放下心来,高兴地说:"我也认为这不过是一场儿戏。"

宋军渡过长江,很快打到金陵(今江苏南京)城下。李后主还不知道。一天,他登城一看,只见城外宋军旌旗遍野,才知道大事不好。他连忙派大臣徐铉去东京,要求宋朝退兵。

徐铉到了东京,有人对宋太祖说:"徐铉学识渊博,口才很好,要好好对付。"

宋太祖笑着说:"我自有办法。"

第二天,徐铉进了朝堂,仰起头来,大声说:"李煜没有罪,陛下师出无名。"

宋太祖让他讲一讲他的理由。徐铉说:"李煜以小国侍奉大国,好像儿子侍奉父亲一般,没有什么过失,宋朝为什么要讨伐他?"

徐铉讲了好久,宋太祖反问他一句说:"你既然说像父子一般,难道父子可以分成两家吗?"

徐铉被问得哑口无言,灰溜溜地回去了。

过了一个月,徐铉奉了李后主的命,又去东京见宋太祖,恳求退兵。宋太祖手按利剑,大怒道:"不须多言!江南没有什么罪,但天下一家,我的卧榻旁边,哪里容得他人鼾睡(原文:卧榻之侧,岂容他人酣睡)!"

徐铉吓得不敢再讲,只得回去复命了。

李后主求和不成,赶快调驻守上江的十五万大军救援金陵。援军到了皖口,遭宋兵夹攻。南唐军想放火烧宋军,不料突然刮起北风,大火反烧向自己,援军主帅急得投火而死。南唐最后一支大军覆没了。

宋军很快攻进金陵。李后主投降宋朝,做了亡国奴。

李后主被押到东京,宋太祖封他为违命侯,他实际上已成了一个囚徒。逍遥放纵的帝王生活结束了,他不得不经受被侮辱的痛苦,每天眼泪汪汪地过日子,心里非常哀怨凄伤。在这期间,他写了好些表现悲愁情绪的词篇。他擅长抒情,善用比喻,他的词写得很真切,如"问君能有几多愁?恰似一江春水向东流",已成为被人传诵的名句。

后来,李后主被宋太宗用药毒死了。

半部《论语》治天下

陈桥兵变时,赵普参与拥立宋太祖。宋太祖刚接位,后周节度使叛乱,赵普跟从宋太祖出征平叛。宋太祖平定割据势力,赵普又帮助策划。宋太祖论功行赏,让他当了宰相,把他看成左右手,大小事情,都跟他商议。

宋太祖很看重有学问的大臣。有这样一个故事:北宋初年,宋太祖打算改换年号,对赵普等人说:"要换一个历来没有一个朝代用过的年号。"

赵普等人商量一番,提议用"乾德"作年号。宋太祖同意了。

公元965年(乾德三年),宋太祖平定后蜀,后蜀宫中有些宫女也进了宋朝宫中。宋太祖发现后蜀宫女用的一面铜镜,背面竟铸有"乾德四年铸"等字,不禁大吃一惊。他想,如今是乾德三年,怎会有四年铸造的镜子?

宋太祖把这面镜子拿到朝廷上,询问赵普等人,他们都答不上来。他又询问翰林学士。有个学士回答说:"蜀主曾经用过这年号。"

这一来,宋太祖明白了。他说:"做宰相必须是读书人。"

赵普出身小吏,原来在宋太祖军中当幕僚,没有好好读过书。因此,宋太祖经常劝他认真读一点书。

赵普听了宋太祖的劝告,每天回家,就关了房门,打开书箱,取出书来认真地读。据说第二天上朝,他处理国家大事又快又好。后来,赵普死了,家中的人打开他的书箱一看,里面却只有一部《论语》。这件事很快传开了,有人就夸张地说:"赵普是靠半部《论语》治天下的。"

赵普为人刚强,办事果断。有一次,他上书推荐一个人去担任官职,宋太祖不用。第二天,赵普又推荐这个人,宋太祖仍不用。第三天,赵普继续推荐。宋太祖

很恼火,把他的奏章扯成几片,掷在地上。赵普面不变色,跪在地上,把扯碎的奏章一片片拾起来,退了下去。

赵普回到家中,用糨糊将扯碎的奏章粘贴起来,过些日子又向宋太祖送了上去。宋太祖经过认真考虑,终于接受赵普的意见,任用了这个人。

还有一次,有个官员按照他的政绩,应当升官。可是,宋太祖一向讨厌这个官员,硬是不让他升官。

赵普不同意这样做,坚决要求让这个人升官。宋太祖动气了,大声说:"我就是不让他升官,你又能怎样?"

赵普冷静地劝告宋太祖说:"刑罚是用来惩治坏蛋的,奖赏是用来酬谢功臣的,这是古今通行的常理。况且刑罚、奖赏是国家的刑罚、奖赏,不是陛下个人的刑罚、奖赏,怎么能够以个人的喜怒来作决定呢?"

宋太祖气得脸色都发白了,立起身来,转身就向宫内走去。赵普不声不响,也跟着他走过去。宋太祖进了宫,赵普立在宫门口,不肯回去。

时间一久,有人进去报告宋太祖。这时,宋太祖火气已消,觉得赵普的话是对的,就同意了他的意见。

赵普当了十年宰相,时间长了,权力大了,向他送礼的人也多了。有一年,吴越国王钱俶派使者送信给赵普,同时送来十坛"海产"。这十坛"海产"放在厅堂前,还没有来得及搬进去。碰巧宋太祖带了随从,来和赵普商议事情。宋太祖看到了,问赵普:"这是什么东西?"

赵普只得老老实实地回答说:"这是吴越使者送来的海产。"

宋太祖说:"吴越送来的海产,一定是好东西,为什么不打开看看,里面究竟是什么海产?"

宋太祖让人打开一看,里面竟全是黄澄澄的金块。赵普非常恐慌,马上跪了下去,说:"臣没有看过使者送来的信,实在不知道里面是什么东西。"

宋太祖很不高兴地说:"你就收下吧。他们以为国家的事情都是你们书生来做主的。"

从此,宋太祖对赵普不再那么信任了。

当时,朝廷禁止私人贩运秦、陇(今陕西、甘肃)等地的大木材。赵普为了建造住宅,派亲信官吏到那里购买木材,用大木筏运到京城。有些官员也冒用赵普的名义,偷偷地贩运木材。有个叫赵玭(pín)的官员,打听到这事,就向宋太祖告发。宋太祖大怒,因其他大臣说情,才没有把赵普严办。不久,又有人告发赵普包庇一些不法官员,宋太祖就把他的宰相一职罢掉了。

204

杨家将一门忠勇

宋太祖还没有来得及完成统一大业,就死去了。他的弟弟赵匡义继位做皇帝,这就是宋太宗。

宋太宗决心平定北方。公元979年,他带领大军,攻打北汉。宋军把北汉的京城太原团团围困,猛攻猛打。北汉向辽国求救,辽国派兵前来援助,被宋军打得大败。北汉无力抵抗,只好投降。

宋太宗平定北汉以后,北汉有个有名的老将,叫杨业,也归附了宋朝。杨业就是传说中的杨老令公。他从小爱好骑马射箭,学了一身武艺。因为他武艺高强,英勇善战,人们称他"杨无敌"。宋太宗对杨业相当器重,起初让他担任郑州刺史,后来又让他担任代州(今山西代县)刺史,镇守北方边境。

公元980年三月,辽国出动十万大军,侵犯代州北面的雁门关。警报传到代州,杨业手下只有几千骑兵,力量相差太远,大家都很担心。杨业决定出奇制胜,带领几百骑兵,从小路绕到雁门关北面,在敌人背后进行攻击。辽军正大摇大摆向南进军,不料一声呐喊,宋军从背后杀了出来。辽军大惊,不知道宋军有多少人马,吓得四散逃奔。这一仗,辽国的一个驸马被杀死,还有一个大将被活捉。杨业以少胜多,打了一个大胜仗。宋太宗非常高兴,特地给杨业升了官。从此,"杨无敌"的威望越来越高了。

杨业立了大功以后,一些大官僚非常妒忌。他们恐怕杨业的声望和地位超过自己,就设法排挤陷害他。防守边境的主将潘美,还上疏说杨业的坏话。但宋太宗不听这些坏话。他把这些奏疏封起来,送给杨业,表示对杨业的信任。那些大官僚的陷害,暂时算是搁下来了。

过了几年，辽景宗耶律贤病死，他的儿子辽圣宗耶律隆绪继位。辽圣宗年仅十二岁，由他的母亲萧太后执政。宋太宗见辽国政局发生变动，认为机会来了，决计出兵收复辽国占领的燕云十六州。

公元986年，宋太宗派三支大军攻辽。东路由大将曹彬带领主力部队，向幽州前进；中路由田重进率领，攻取河北西北部等地；西路由潘美率领，攻取山西北部各地。杨业就在西路军中，做潘美的副将。

潘美带领的西路军，出了雁门关，就向北进攻。杨业和他的部下英勇善战，很快打下了寰州（今山西朔州东）、朔州（今山西朔州）、应州（今山西应州）和云州，收复了山西西北部的大片失地。

正当西路军节节胜利的时候，不料东路军吃了一个大败仗。宋太宗因主力部队失败，不敢再战，连忙下令退兵。潘美、杨业很快退回代州。

宋朝的大军一退，应州的宋军也丢掉城市逃跑了，辽军乘胜打进了寰州，一时形势十分紧张。

就在这时候，宋朝政府下令把寰、朔、应、云四州的老百姓迁往内地，要潘美、杨业的部队担任护送。但这时寰州和应州已经丢了，云州远在辽军的背后，朔州也在辽军的身旁，要迁移那些地方的老百姓，可着实不容易。

杨业考虑了一番，提出建议说："现在敌人很强大，应当暂时避开他们的锋芒，不能硬打。我们应先假装打应州，引诱敌人大军前来迎战，然后利用这个机会，命应、朔两州的守将带领百姓赶快南迁。这时，我们只要派军队在中途接应，这两州的百姓就可以安全转移了。"

这是一个好主意。可是，在潘美军中做监军的王侁却不同意。他说："我们有几万精兵，为什么这样胆小？只要走雁门关北面的大路，向朔州前进就是了。"

杨业说："这样干，一定失败！"

王侁不但不考虑杨业的正确意见，反而讽刺他说："将军一向号称杨无敌，如今看到敌军，竟逗留不进，难道有其他想法吗？"

对于这样恶毒的诬蔑，杨业气愤极了。他横下心来，说："我并不怕死，只因时机不利，不想让士兵白白送死。你既然说出这种话来，我领兵前去就是了。"

杨业和王侁争论时,潘美就在旁边。他明知杨业这次出兵,凶多吉少,可是他一向妒忌杨业的才能,所以一言不发,让杨业去了。

杨业出发时,对潘美说:"这次出兵,一定不利。我本想等待时机,为国杀敌立功,如今有人责难我畏敌不前,我愿意先死在敌人手里。"同时,他又说,"你们在陈家谷准备好步兵弓箭,接应我们。否则,军队就回不来了。"

说完,杨业就带领人马,直奔朔州前线。随同前往的,还有他的儿子杨延玉和岳州(今湖南岳阳)刺史王贵。

辽军看到杨业前来,就出动大军,把宋军团团围住。杨业父子和他们的部下虽然英勇善战,毕竟寡不敌众。他们从正午一直打到黄昏,只剩下一百多人,好不容易突出重围,且战且走,退到陈家谷。哪知潘美的军队不顾杨业的安危,早已逃跑了。

杨业只好带领部下,再跟辽军死战。王贵用箭射死了几十个敌人,箭完了,又用弓打死了几个敌人,才壮烈牺牲。杨延玉和其他将士也在战斗中牺牲了。

杨业受了十几处伤,还继续苦斗,杀死了几十个敌兵。他因为伤势太重,加上战马重伤,实在走不动了,就到树林中去躲一躲,不幸被敌人射倒,抓去了。他被俘以后,坚贞不屈,绝食而死。

杨业有七个儿子,除杨延玉牺牲外,最著名的要数杨延朗。杨延朗后来改名杨延昭。他镇守边关二十多年,曾多次打败辽军的侵扰。杨延昭的儿子杨文广,也是一个将军,曾在西北和河北一带镇守边境。

杨家将祖孙三代英勇抗辽,为保卫宋王朝作出了贡献。人们非常怀念和敬重这些英雄,后来在传说、戏曲和小说中,添枝加叶,增加了许多事迹,还塑造了历史上没有的杨门女将。传说杨业的妻子佘(shé)太君是一个很了不起的人物。根据历史记载,杨业的妻子姓折,她的祖父和父亲都跟辽军打过仗。可能因为"佘"和"折"读音相似,所以被人们误传为佘太君了。至于穆桂英等人,正式的史书上可就找不到记载了。

萧太后执掌辽国

耶律父子建辽后,又经过了辽世宗、辽穆宗两朝。到辽景宗耶律贤即位时,中原已进入北宋时期。北宋初年,日渐强盛的辽国一直是宋朝的劲敌。为了争夺黄河以北的土地,两国之间进行了四十多年的战争。在辽国的统治阶层中,有一位在政治上有远见卓识的女政治家和军事家萧太后,为辽的强大作出了重要贡献。

萧太后名绰,字燕燕,契丹人。生于公元 953 年,是辽国北府丞相萧思温最喜欢的女儿。萧太后自小聪明智慧,有一次,萧思温让几个女儿一道扫地,观察下来,只有燕燕扫得最干净。他心里在说:"这个姑娘以后最有出息。"

后来,萧燕燕被招入宫封为贵妃。辽景宗耶律贤即位后三个月,她就被立为皇后,那一年她才十六岁。契丹族的女性对射箭、打猎等十分擅长,燕燕在这方面同样拿手。

景宗即位时,面对的是一片乱糟糟的局面,他想大干一番,萧皇后给他出了不少好主意。景宗常对大臣说:"你们凡是写到皇后的讲话,也要用'朕'字,这可要作为一条法令定下来!"可见,萧皇后那时就已初步显露了政治才干。

景宗三十五岁时患病去世,儿子耶律隆绪继承了皇位,他就是辽圣宗。景宗在遗嘱中强调:今后国家大事都要听皇后的指挥。圣宗当时只有十二岁,萧皇后就以皇太后的身份摄政,开始掌管辽国政权。那一年她才刚刚三十岁。

一个寡母,一个幼子,面对的是部族许多人不服的眼光,外边又传来不少打仗的消息,萧太后感到十分担忧。她哭着向丈夫的旧臣流露了内心的忧虑。这时,耶律斜轸、韩德让等说:"我们都是先皇的老臣,只要你信得过我们,有什么可怕的!"

韩德让出于对朝廷的忠诚,对萧太后忠心耿耿。无论是外出作战,还是对内管

理国家,他都竭尽全力,使萧太后与辽圣宗逐步巩固了统治地位。后来他被辽圣宗赐名为耶律隆运。

公元983年,辽圣宗尊自己的母亲为"承天皇太后",这就是历史上著名的"承天后摄政时期"。在军事上,她全力信赖和依靠耶律斜轸和耶律休哥。耶律休哥被萧太后任命为南方军事总负责,镇守燕(今北京);而耶律斜轸因为有治国的才干,萧太后早就让他娶了自己的侄女,并委任他为北方的机要大官。

过了三年,宋朝将领曹彬、米信等人向辽国发起进攻。耶律休哥率军断了宋军的粮道,以一支轻骑兵对宋军脱离大部队的零星官兵进行打击。萧太后也亲自率军追击。宋朝官兵在逃跑中惊惶失措,互相踩踏,死的死,伤的伤,损失过半。还有不少宋兵跌入河里,结果造成河道阻塞。由于战功显赫,耶律休哥被萧太后封为"宋国王"。

与此同时,耶律斜轸率领军队与宋朝名将杨业在山西展开激战,并将杨业俘虏。耶律斜轸立了大功,被萧太后加封"太保"的名号。后来他随太后南下,途中不幸逝世,萧太后还亲自赐予棺材,参加了他的葬礼。

萧太后在掌管辽国期间,虚心依靠将领,大胆任用汉人。她制定了重视耕种、减轻农民赋税的政策,教育儿子学习中原文化。在她的教诲下,辽圣宗通晓中原文化,能写出"乐天(唐代诗人白居易)诗集是吾师"的诗句,还能用契丹文翻译白居易文集与臣下共同欣赏。辽圣宗还喜欢读《贞观政要》这部书,从中吸取治国的经验。

当萧太后把政权交还给辽圣宗时,辽国的国力已经相当强大了。

寇準坚决抗辽

十一世纪初,辽国大举入侵,北宋人心惶惶,有些大臣主张迁都逃跑。这时,一位大臣竭力主张抵抗,并竭力劝说宋真宗御驾亲征。这位大臣就是宰相寇準(zhǔn)。

寇準从小聪明好学。十九岁那年,他考上了进士,先后在地方上和朝廷里做官。他耿直刚强,办事果断,但也得罪了不少人。

公元1004年八月,宋真宗任命毕士安为副宰相。毕士安向宋真宗谢恩,宋真宗说:"不用谢恩了,我还要任命你为宰相呢。"

宋真宗又说:"我还要任命一个人跟你一道担任宰相,你看谁最合适?"

毕士安说:"寇準为人忠义,能处理大事,我不及他。"

宋真宗说:"听说他刚强任性。"

当时,辽国正不断出兵侵扰北方边境。毕士安就说:"寇準忘记自己,一心为国,坚持正道,反对奸邪,所以不少人讨厌他。如今辽国不断入侵,百姓不得安宁,正应该重用像寇準这样的人。"

宋真宗认为毕士安讲得很有道理,就同时任命毕士安和寇準两人为宰相。

寇準担任宰相才一个月,辽国萧太后和辽圣宗率领二十万大军,入侵宋朝。这年十一月,辽军很快打到澶(chán)州(今河南濮阳),威胁宋朝的都城汴京。

边境的告急文书,一天中向东京发来五次。这些告急文书到了寇準手中,都被扣了下来。寇準谈笑自如,好像没有这回事。

第二天,人们把这事报告宋真宗。宋真宗又惊又怕,就把寇準召来,问他处理办法。寇準说:"陛下要辽国退兵,不过花几天时间。"

于是,寇準乘机提出,要宋真宗御驾亲征,前往澶州。宋真宗不敢前去,立起身来,想退回内宫。寇準说:"陛下一进去,群臣不得见,大事就完了。陛下不能入内。"

宋真宗只得留下来,陆续召见一些大臣,商议对策。副宰相王钦若是江南人,主张迁都金陵。另一个大臣陈尧叟是四川人,主张迁都成都。这两个人都想逃跑,暗地里劝宋真宗迁都,躲避敌人的锋芒。

宋真宗问寇準说:"有人劝我迁都金陵,有人又劝我迁都成都,你看该怎么办?"

寇準知道这是王钦若和陈尧叟出的鬼点子,就假装不知道,大声说:"谁给陛下提出迁都的主意,罪该杀头!现在上下齐心,要和敌人决一胜负。陛下御驾亲征,定能打败敌人。要是迁都逃跑,京城一失,人心崩溃,敌人长驱直入,天下还能保得住吗?"

在寇準的劝说下,宋真宗决定亲征。这年十一月,北宋军队从东京出发,来到韦城(今河南滑县)。

守卫澶州的宋军听说皇上亲征,士气高涨,打退了辽军的进攻,还打死了辽国大将萧达兰。萧达兰一死,辽军的锐气受到了很大的挫折。

不料就在这时候,北宋统治集团内部的主和派又提出迁都金陵。宋真宗胆小怕事,又想后退了。寇準劝告他说:"陛下只能前进一尺,不能后退一寸。如果这时候撤军后退,百姓失望,军心涣散,势必瓦解,敌人乘机杀来,恐怕连金陵也保不住了。"

宋真宗还是拿不定主意。寇準又和殿前都指挥使高琼一道去劝说宋真宗,宋真宗这才勉强同意前进。

宋真宗只得下令进军,渡过黄河,进入澶州城。他在北城门楼上,召见众将。远近将士望见宋真宗的御盖、龙旗,齐声高呼"万岁",宋军的士气高极了。

宋真宗把军事大权交给了寇準。这时候,几千名辽军骑兵前来攻城,寇準下令开城出击。宋军奋勇冲杀,一下子消灭了一大半敌人。

宋军得胜以后,宋真宗命寇準留在北城,自己回行宫去了。他回到行宫,还不放心,又派人去看寇準在干什么。只见寇準正跟官员在饮酒,有说有笑,根本不把

辽军当一回事。宋真宗这才放下心来,高兴地说:"寇準这样从容不迫,我还担心什么呢?"

宋真宗本来就没有决心抗辽,早在出征前,就派一个叫曹利用的官员,跟辽国谈判。辽军因为不断受到挫折,处境越来越不利,就同意跟宋朝议和。

寇準坚决反对议和,主张乘胜收复燕云十六州。一些主和派就放出谣言,说寇準想利用军队,夺取权势。在这种情况下,寇準没有办法再坚持自己的意见,只好同意议和。

这时,辽国派使者跟曹利用一道来澶州,请求议和。为了议和,宋真宗打算每年给辽国一些银绢。他对曹利用说:"如果不得已,即使每年给一百万,也可以答应下来。"

曹利用动身去辽营订立和约,寇準把他召去,说:"虽然皇上答应百万银绢,可是,你答应的数目不得超过三十万。如超过这数目,我就杀你的头!"

曹利用不敢违抗寇準的命令,到了辽营,终于按照三十万这个数字谈定下来了。

曹利用回来后,还没有来得及向宋真宗汇报,宫廷内误传为三百万。宋真宗大惊,说:"太多了!"过了一会,又说,"姑且了事,这样也可以。"

没有多久,宋真宗就知道了确切数字,不由得喜出望外,不住口地称赞曹利用能干。

公元1005年一月,宋辽双方正式达成协议,规定北宋每年给辽国白银十万两,绢二十万匹。不用说,北宋百姓的负担又加重了。不过,这还是由于寇準坚持抗辽,北宋才没有遭受更大的失败。因为这次和约是在澶州订立的,所以历史上称为"澶渊(就是澶州)之盟"。

元昊反宋建西夏

宋朝时候,我国西北地区有一个割据政权,名叫西夏。西夏是党项族建立的,它也是宋朝的一个强敌。

党项族是羌族的一支,唐中期以来,居住在宁夏、甘肃、陕西西北一带。北宋初期,党项族首领李继迁经常侵犯宋朝边境,北宋虽然多次出兵,但双方互有胜负,始终没有消灭这股割据势力。

宋真宗即位以后,对李继迁采取妥协退让的政策,封他官职,让他管辖夏、银、绥、宥、静五个州(都在今陕西)。可是,李继迁仍在宋朝边境掳掠,挑起小规模的战争。公元1002年,李继迁攻陷灵州(今宁夏灵武),把灵州改称西平府,并开始设置官职。

过了一年,李继迁在跟吐蕃作战时中箭死亡,他的儿子李德明继承他的职位。李德明一方面向辽国请求封号,另一方面又向宋朝称臣。宋、辽都封他为西平王。

李德明在位三十年,在这期间,他每年向宋朝进贡一些马、牛、羊、驼,宋朝也每年赏给他绢帛、茶叶、银钱、药等物品,双方保持和平关系,党项族的农牧业也得到了很大发展。

李德明的儿子李元昊是个野心勃勃的人物。他武艺高强,精通汉文,熟读宋朝法律、兵书,还会画画。他很想摆脱宋朝的控制,曾几次劝告父亲不要向宋朝称臣。

李德明不同意他的主张,对他说:"我们三十年来,能够穿绸着绢,这全靠宋朝的恩德,可不能背叛呀!"

元昊说:"穿皮毛,养牛羊,这是我们的风俗。天生英雄,应当称帝称王,要穿什么绸绢!"

可是,李德明还是没有接受他的意见。后来,李德明病死。元昊继承了他的职位,决心脱离宋朝,自立门户。

公元1038年,李元昊自称皇帝,国号大夏,定都兴庆府(即兴州,今宁夏银川),他就是夏景宗。这个地方政权控制了现在的甘肃、宁夏、青海和陕西、内蒙古的一部分地区。因为它在宋朝西北,所以历史上称为西夏。

元昊称帝以后,上表给宋朝,请求宋朝政府承认。宋朝政府非常震惊。这时宋真宗已死,他的儿子宋仁宗赵祯在位。宋朝君臣商量了一番,不但拒绝承认,还撤了元昊的西平王的官职,在边境地区张贴榜文捉拿他。

这一来,把元昊惹怒了。元昊带领大军,侵犯延州(今陕西延安)。宋朝守将范雍不敢出战。元昊派人诈降,范雍放松戒备,结果宋军吃了一个大败仗,损失了不少人马。

宋仁宗非常恼火,撤了范雍的官职,派大臣韩琦和范仲淹去陕西指挥作战。

公元1041年二月,元昊又带领大军南侵。当时范仲淹在延州,那里防守得严严实实。元昊就转向渭州(今甘肃平凉)进犯,韩琦急忙派大将任福,率领一万八千勇士前去抵挡。

任福出发前,韩琦再三告诫任福,要他不要出击,在险要地方埋伏下来,截断敌人归路,最后又说:"如果违反我的命令,即使有功,也要杀头!"

任福出发后,听说夏军人数不多,就不顾韩琦的命令,下令出击。元昊假装西逃,任福奋力猛追,一直追到六盘山下的好水川(在今宁夏隆德),人困马乏,只好屯兵扎营。

这时候,元昊已经集中了十万大军,埋伏在好水川口。他派人把一百多只鸽子,分开装在一些泥做的盒子里,放在宋军进军的道路旁边。

第二天一早,任福带领军队,沿着好水川继续西追。行军途中,士兵们忽然发现道路的旁边放着一些泥盒,盒子中还有跳跃的声音。他们非常惊奇,把泥盒交给任福。任福不假思索,就让人打开了泥盒,一百多只鸽子顿时飞了出来,在宋军的上空盘旋。

宋军看着这些鸽子,弄不清是怎么一回事。就在这时候,西夏的伏兵一齐杀了

出来。他们根据鸽子盘旋的位置,向宋军发动了猛烈的进攻。

宋军被这突然袭击打得晕头转向,很多将士被打死。任福身中十多箭。有人劝他逃跑,他拒绝说:"我身为宋朝大将,不幸兵败,应当以死报国!"最后任福战死在阵地上。

好水川一战,由于任福违反韩琦的命令,宋军遭到惨败,损失很大。宋仁宗听到战败的消息,非常气愤。韩琦和范仲淹两人都被贬官降职。

这以后,西夏又不断出兵进犯,宋军连连吃败仗。夏军攻打定川寨,宋军有十四名将军战死。宋仁宗只得重新起用韩琦和范仲淹,让他们镇守西北边境。

元昊连年发动战争,虽然打了不少胜仗,可是得不到实际的好处。过去,依照宋、夏之间的和约,再通过双方贸易,西夏可以取得很多必需的物资。如今由于贸易中断,西夏人民连生活必需的茶和布都很缺乏了。他们厌恶战争,希望恢复和平贸易。再加上辽国在辽、夏边境处修筑城堡,调集军队,有进攻西夏的模样。元昊不敢再和北宋打下去,就派人上书给北宋朝廷,要求议和。

公元1044年十二月,双方达成了协议:元昊取消帝号,由宋朝封他为夏国王,西夏名义上仍对宋朝称臣;宋朝每年在各种名义下给西夏银七万两,绢十五万匹,茶三万斤;双方恢复贸易往来。断断续续打了七年的宋夏战争,终于宣告结束了。

狄青假面战敌军

元昊称帝反宋以后,宋仁宗抽调一批禁军到陕西去帮助防守。在这批禁军中,出现了一个英勇善战的将领,他就是北宋名将狄青。

狄青是汾州西河(今山西汾阳)人,本领高强,擅长骑马射箭。他刚到陕西,还是一个低级军官。当时,将士大多胆小怕死,只有狄青艺高胆大,因此经常担任先锋。

狄青打仗的时候,有个特点。他每次上阵,都披头散发,脸上罩着一个铜面具。他在敌阵中往来冲杀,勇猛异常,西夏军没有一个抵挡得住,以为是天神天将下凡,因此给他起了一个外号,称他"狄天使"。

狄青打仗,也很有智谋。有一次,狄青率领少量军队,在泾原和西夏军作战。西夏军人数很多,狄青想,敌众我寡,如不采用奇计,无法取胜。于是,他下令军中,出战时不用弓箭,都拿刀枪,以钲(古代军队中所用的打击乐器,用铜制成)声作为号令,第一次敲钲,全军停止不动;第二次敲钲,全军退却,但仍排好阵势;钲声一停,全军转身向前,大喊大叫,向敌军冲杀过去。宋军士兵还都按照这一办法,作了演习。

第二天,宋军出战。他们还没有跟西夏军接战,军中第一次钲声就响了,宋军士兵全部停下来不动。第一次钲声刚过,第二次钲声又响了,宋军士兵又突然退却了。西夏士兵一向惧怕狄青,这次看了宋军的出战情况,不觉大笑说:"哪有这样的打法,谁说狄天使勇猛善战!"

就在这时候,宋军的钲声突然停止了,宋军将士顿时转过身来,大声喊杀,冲入西夏军阵中。敌人措手不及,乱成一团,吓得四散逃奔,很多人都自相践踏而死。这一仗,狄青以奇计制敌,取得了大胜。

陕西有个官员和狄青谈论军事,非常赏识他的才能,就把他推荐给韩琦和范

仲淹。

韩琦和范仲淹召见狄青,向他问了一些问题,觉得他确是一个人才,只是读书不多,缺少见识。

于是,范仲淹就劝告他说:"你如今当了将官,要多读点书才行。做将官的,不知古今,不懂兵法,只是个人之勇,怎么能为国家建立更大的功业呢?"

狄青听了,连连点头,便请范仲淹指点。范仲淹就拿出一部《左氏春秋》,送给狄青,要他先好好了解古代的一些战争历史。

狄青非常感激地接受了这部书。打这以后,他刻苦学习,读完了这部《左氏春秋》,又读完了秦、汉以来的很多兵法著作。他的军事学识更丰富了,名声也更大了。

他在西北的四年当中,大大小小的仗打了二十五次,身上受了八次箭伤,也为宋朝立了不少功劳。

宋仁宗对狄青很看重,除了提升他以外,还很想召见他。恰巧西夏军又侵犯渭州,狄青要去抗敌,不能去京城。宋仁宗只好叫人给狄青画了肖像,送到朝廷。

后来,北宋和西夏订立了和议,宋仁宗才把他调回京城,让他担任了马军副都指挥使。

狄青出身士兵。宋代为了防止士兵逃跑,在他们脸上刺上字,再涂上墨做记号,皮肤上留下青黑色的字迹,称作面涅。狄青当过小兵,脸上也留有面涅。

宋仁宗召见狄青,看到他脸上的面涅,觉得跟他如今的身份很不相称,便命他敷上药,把脸上的字迹除掉。

狄青不同意这样做。他回答说:"陛下不问我的出身低微,按照功劳提拔我,我才有今天这样的地位。这些字迹,我愿意留着,让士兵们看了,知道应该发奋向上。"

宋仁宗听了,非常赞赏,对他也更加看重了。

西夏战事平息后不多几年,南方又出现了一个割据政权。广源州酋长侬智高起兵反宋,他攻占邕(yōng)州(今广西南宁),建立大南国,自称仁惠皇帝,随后又一连攻下了九个州,还进犯广州。宋朝的许多守城官吏,吓得丢掉城池逃跑了。有些地

方的百姓逃到山谷中避难,侬智高追到山谷中,放一把火,把避难者一齐烧死。

宋仁宗非常忧虑。狄青就上书朝廷,请求前去作战。第二天,狄青上朝,对宋仁宗说:"臣出身行伍,没有别的可以报答国家。我只要带领一支精锐骑兵,再调拨一些禁军,就可以平定侬智高。"

宋仁宗马上任命狄青为宣抚使,率领三万人马前去。第二年,狄青攻破了邕州。侬智高逃到大理,被杀死了。

狄青平定侬智高割据政权,又立了大功。宋仁宗拜他为枢密使,让他掌管军权,还赏赐他一所住宅。

"先天下之忧而忧"

宋仁宗曾经派范仲淹去西北抗击西夏。范仲淹确实是一个合适的人选。他不但是一个军事家,也是著名的政治家和文学家。

范仲淹是吴县(今江苏苏州)人。他两岁的时候,就死了父亲,跟着改嫁的母亲背井离乡,生活十分贫困。他从小很有志气,爱好读书。十多岁的时候,他借住在一所寺庙的僧房里,昼夜苦读。每天,他只烧一锅粥,等粥冷却后,用刀划成四块,一天两餐,早晚各吃两块。菜呢,也只是几根咸菜。后来,人们称他这种生活为"断齑(jī,指咸菜)划粥",成为历史上刻苦好学的佳话。

经过艰苦的学习,范仲淹获得了丰富的知识,同时养成了严肃认真和刻苦节俭的作风。

范仲淹青年时就考中了进士,开始做官。早年的贫困生活使他了解并同情民间的疾苦。他决心为国家和百姓做一番事业。

宋夏战争初期,宋军不断失利。公元1040年,范仲淹和韩琦同时被派到陕西,前去抗击西夏。

范仲淹到了延州,发现一个很不合理的现象。当时,宋朝政府把边兵分给各级官员带领,官职越高的带兵越多,官职越小的带兵越少。这本来是正常的现象,但宋仁宗却下了一道命令,说敌人来进犯时,不管来的敌人多少,一概由官小的带领自己的少量人马先去作战。这样做哪有不败的道理。范仲淹却不管皇帝的命令,立即改变做法。他把延州的一万八千军队,分给六个将领带领,每将三千人,负责训练。有了敌情,该多派就多派,该少派就少派。同时,他又下令修筑一些城堡。经过一番整顿,延州的防守力量顿时改观了。

西夏军队看到范仲淹防守严密,就互相警戒说:"小范老子腹中自有数万甲兵。"

从此,西夏兵再不敢轻易侵犯延州了。

范仲淹镇守陕西几年,除延州外,还驻过庆州(今甘肃庆阳)、邠(bīn)州(今陕西彬县)等地,很受当地羌人部落的尊敬。羌人因为范仲淹做过龙图阁直学士,都称他做"龙图老子"。

公元1043年,范仲淹由陕西调回京城,担任副宰相。

那时候,北宋政治非常腐败,封建官僚的特权大得惊人。做官全凭关系,升官更靠资历。只要一个人当了大官,家属亲戚都可以做官。结果大小衙门里塞满了多余的官员,好多官员又净干坏事。

范仲淹早就看不惯这种状况。他担任副宰相后,决心改革,就大胆地向宋仁宗提出十项改革方案。这个方案的主要内容是:一、明确规定官吏提拔或者降职的办法;二、严格阻止凭借特权、关系等取得官职;三、改革科举制度;四、慎重选择官员;五、重视生产;六、加强武备;七、减轻劳役……

宋仁宗正信任范仲淹,对范仲淹提出的方案全部接受了。因为范仲淹是在宋朝庆历年间提出这个方案并进行改革的,所以历史上称为"庆历新政"。

为了推行新政,范仲淹首先整顿官吏制度。他派一些官员担任监司(监察官),到全国各地视察,然后根据他们的报告,把各地的坏官从登记簿上除名,加以撤换。

有一次,和范仲淹一起推行新政的大臣富弼(bì),看到范仲淹在登记簿上勾掉坏官的名字,心里不忍,就上前劝阻说:"一笔勾掉一个名字很容易,可是,被勾掉的一家人都得哭了。"

范仲淹毫不动摇,斩钉截铁地回答说:"一家哭总比一路(北宋的行政区名称)的百姓哭好啊!"

富弼听了,觉得范仲淹既有胆量,又有见识,心里非常钦佩。

新政在推行中,触犯了一些封建贵族的利益。许多保守的官僚纷纷起来反对,诽谤范仲淹和推行新政的人,说他们结成朋党,滥用职权。

宋仁宗动摇了。新政只推行了一年多,范仲淹就被降职,调到外地做官去了,

新政也跟着失败了。

范仲淹虽然遭受打击,但他忧国忧民的信念却丝毫不变。不久,他到邓州(今河南邓州)去做地方官。这时,他的朋友滕子京也被降职,在岳州做地方官。滕子京在岳州重新修建岳阳楼,请范仲淹写一篇纪念文章。范仲淹答应滕子京的要求,写下了著名的《岳阳楼记》。文中反映范仲淹伟大抱负的"先天下之忧而忧,后天下之乐而乐"一语,已成为千古传诵的名句。

公元1052年,范仲淹又被调到颍州(今安徽阜阳)去当地方官。他在上任的路上生病死了。

范仲淹生前,生活非常节俭,但待人却很亲热厚道,乐于助人。他喜欢将自己的钱财赠送给别人,还设法救济同族的人。所以,他死后,人们都很悲痛。

欧阳修提倡新文风

范仲淹推行新政的时候,有些反对新政的人诬陷范仲淹和赞成新政的人是"朋党",滥用职权。当时,谏官欧阳修也赞成新政,特地写了一篇《朋党论》,为范仲淹辩护。后来,范仲淹被贬官,欧阳修受到牵连,也被贬官到外地去了。

欧阳修是庐陵(今江西吉安)人。他四岁那年,父亲去世了,家里生活非常困难。他的母亲郑氏一心想让儿子读书,可是,哪里有钱供他上学呢?郑氏左思右想,决定自己教儿子。她买不起纸笔,就拿荻草秆在泥土地上画字,代替纸笔,教儿子识字。这就是历史上有名的"画荻教子"的故事。

欧阳修读书非常刻苦专心,不少书读过就能背诵。家里的书不多,很快读完了,他就向邻居借书。遇到重要的书,他还亲手抄写一部。由于母亲的辛勤教育,再加上自己的努力,他在少年时代就打下了扎实的基础。

欧阳修长大以后,到京城去参加科举考试,考中了进士,被派往西京(今河南洛阳)做留守推官(地方行政长官的助手),当西京留守钱惟演的幕僚。

钱惟演是当时有名的文人。他手下的许多幕僚大都很会写文章。有一次,钱惟演在西京修建了一所驿舍,叫尹师鲁、谢希深和欧阳修三个幕僚各写一篇文章,记述这件事情。

三个人把文章写好了,拿出来互相观看,谢希深的文章七百字,欧阳修的文章五百多字,尹师鲁的文章却只有三百多字。尹师鲁的文章短小,文字却十分精炼,叙事清晰,而且结构严谨。欧阳修看了,很是钦佩,就带了酒去拜访他,向他讨教。两人讨论文章的写法,整整一夜没有睡。

欧阳修知道了自己文章的缺点,就认认真真地重写了一篇。重写的文章比尹

师鲁的还要少二十几个字，内容却更加完整。尹师鲁看了以后，不由得对人称赞说："欧阳修进步真快，简直是一日千里！"

欧阳修总结自己的写作经验，说："写文章要有三多，看得多，做得多，还要跟别人商量多。"

欧阳修写文章，非常严肃认真。每当他写好一篇文章，就贴在墙壁上，不管是坐着还是躺下来，随时可以看到并加以修改。他要一直改到自己满意，才肯拿出来给别人看。据说，他写的著名散文《醉翁亭记》，原稿开头写滁州（今安徽滁州）四面有山，东面有什么山，西面又有什么山，南面是什么山，北面又是什么山，就写了几十个字。他写好一看，觉得太啰嗦，就反复修改，最后只剩了"环滁皆山也"五个字。这样开头，字数极少，语言精炼，意思却都表达出来了。而文中的"醉翁之意不在酒"，流传至今，已成为一个家喻户晓的著名成语。

欧阳修对文坛的最大贡献是领导了北宋的古文运动，奖掖提携了王安石、曾巩、苏轼父子等一批著名文学家、政治家。

唐代韩愈、柳宗元倡导的古文运动，在文学革新方面取得了很大成就。但到晚唐时，讲究形式、内容空虚的文风重又风靡一时。北宋初期，一些文人也提出了"尊韩重道"的主张，但一时还扭转不了整个文坛的风气。欧阳修早年游学时就读到了韩愈的文章，十分仰慕，后来他又和梅尧臣等人一起提倡写平实朴素的诗和文章，并且推广韩愈的文章。这样，北宋的古文运动在他的倡导下逐渐开展起来了。

1057年，身为翰林学士（为皇帝起草诰令的官）的欧阳修主持科举考试。针对当时读书人流行写浮华晦涩的文章，他严格规定，所有参加考试的人都必须用明白朴实的古文体写作，写华而不实的文章者一律不录取。对参加考试的苏轼的文章，他大力赞赏并列为第二。从此，宋代文坛的风气有了较大转变。

欧阳修自己也写了许多优秀的散文。他对自己要求很高，到了晚年还把自己过去写的文章，一篇篇拿出来，仔细推敲修改。他的夫人劝阻说："为什么要这样吃苦呢？你又不是学生，难道还怕先生责怪吗？"

欧阳修笑着回答说："我虽然不怕先生责怪，但是怕后生讥笑。"

他的夫人听了,也就不再劝阻了。

除了散文,欧阳修的诗、词也都写得很出色。他还是一位优秀的史学家。他著有两部历史著作,一部是和别人合著的《新唐书》共二百二十五卷,另一部是七十四卷的《新五代史》。

包拯铁面无私

包拯(zhěng)是我国北宋时候著名的清官。人们都称他包公,很少提他的名字。流传很广的古代通俗小说和传统戏曲中,有不少关于包拯的故事。

可是,小说戏曲中的包拯,和历史上的包拯,事迹却有很大的出入。小说戏曲中的有些情节,完全是虚构的。

包拯是庐州合肥(今安徽合肥)人,生于公元999年。他二十八岁那年考上进士,开始做官,后来一直做到开封府知府、枢密副使(枢密使是当时的最高军政长官,枢密副使是副职)。

包拯这个人很会审理案件,而且执法如山,铁面无私。他在庐州府做官的时候,有个亲戚犯了法,被人告到官府。包拯依法处理,照样打他一顿板子。有些亲友本来想利用包拯做靠山,胡作非为。这一来,他们再也不敢为非作歹了。

后来,包拯调到京城里做官。京城里有许多皇亲国戚、权贵大臣,这些人更是无法无天。有个张尧佐,他的侄女在宫内当贵妃。凭这点关系,他竟同时担任了三司使等好几个重要官职。三司使是主管全国财政赋税的官员,包拯认为按照张尧佐的才能,不适宜担任三司使,更不适宜同时担任几个重要官职。于是,他一连写了五道奏疏,弹劾这个既有后台又有权势的大人物。

为了这件事,有一次,包拯在朝堂上竟和宋仁宗当面争吵起来。在包拯的再三反对下,宋仁宗终于免去了张尧佐的两个官职。

当时,还有一个大官僚,叫王逵。他担任荆湖南路转运使的时候,非常残暴凶狠,拼命剥削和压迫百姓,逼得百姓逃亡山中,联合起来进行反抗。后来,他调任江南西路转运使,还是继续残害百姓。

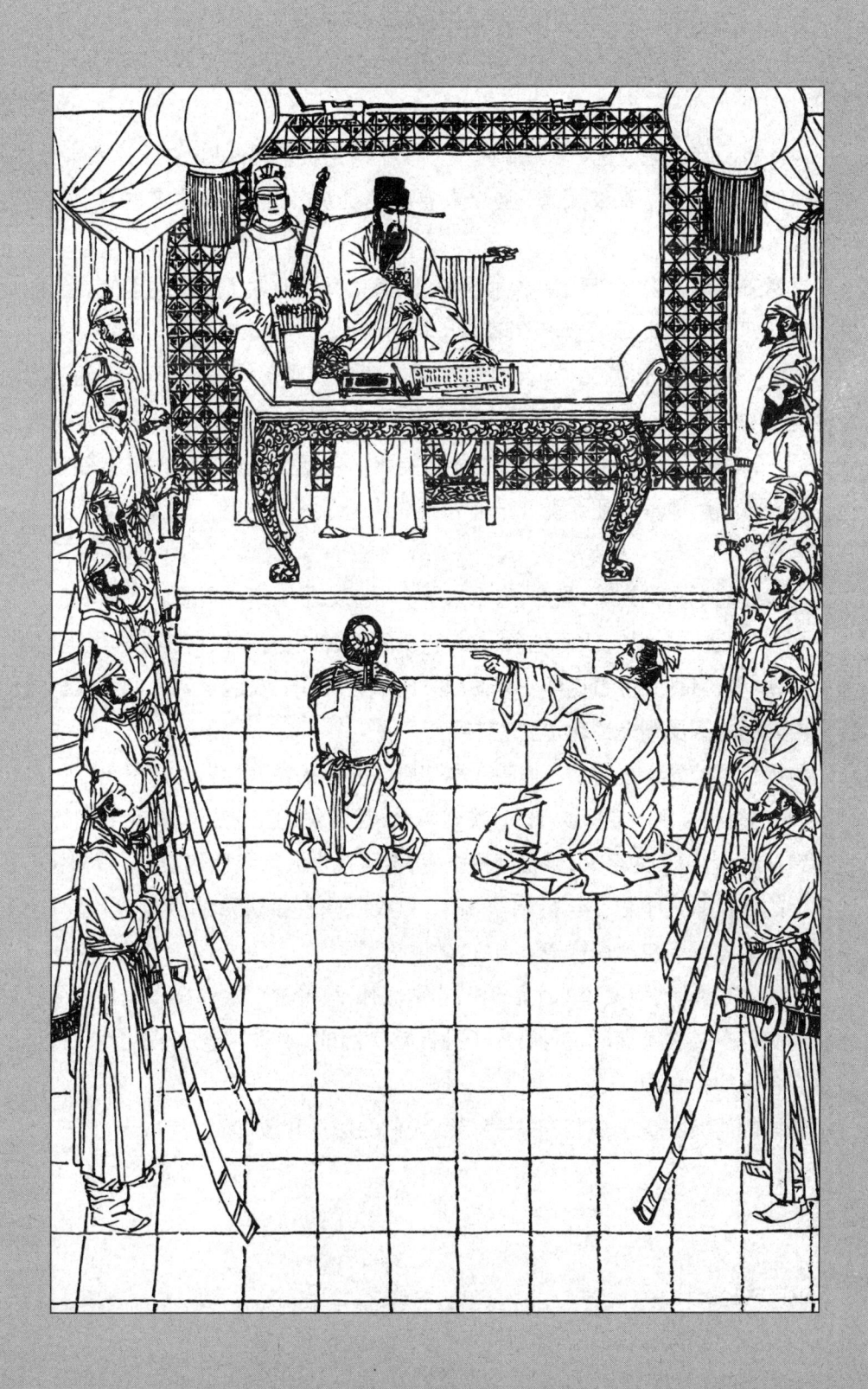

包拯访问到这些情况，气愤极了，立刻上了两道奏疏，弹劾说："王逵残害百姓，逼得他们逃入山洞，造成大害，至今未息。朝廷决不能任用这样的坏人，危害国家。"

这两道奏疏上去了，朝廷并没有罢王逵的官，又调他做了淮南转运使。包拯坚决反对朝廷这种做法，又上第三道奏疏，进行弹劾。

过了一些时候，包拯又了解到王逵的另一项重大罪行。原来，王逵担任江南西路转运使的时候，疑心地方官卞咸告发他的罪行，就打击报复，暗中指使人诬告卞咸，一下子关押了五六百人，制造了一个大冤案。包拯又接连上了四道奏疏弹劾王逵。他义正辞严地责问朝廷说："难道朝廷竟忍心让一个地区的百姓，听任王逵去残害吗？"

在包拯的七次弹劾下，最后，宋仁宗不得不免去了王逵的官职。

因为包拯铁面无私，任何皇亲国戚、权贵大臣，都没有办法在包拯那里走门路、通关节，所以，当时流传着这样一句话："关节不到，有阎罗、包老。"人们已经把他和传说中阴间的阎罗相提并论了。

包拯自己处处奉公守法。他曾在端州府（今广东肇庆）做过官。那里出产一种石砚，名叫端砚。端砚石质坚实细润，雕刻精美，是名贵的工艺品。以前端州的地方官，借着向皇帝进贡的名义，乘机搜括端砚，奉承权贵大臣。他们搜括去的端砚，要比进贡的数量多几十倍。包拯到了端州，只收缴向皇帝进贡的数量，自己一块不拿。端州人民看到包拯这样清廉自守，敬佩极了。

包拯做了大官，但家里的生活仍旧非常俭朴，跟平常百姓一样。他平生最痛恨贪官污吏，在一篇《家训》里说：后代子孙做官贪污的，不许回老家；死了以后，也不许葬在包家的祖坟中。

包拯的清廉刚直，长期以来一直受到人们的赞扬和敬仰。

212

王安石变法

庆历新政失败以后，北宋的社会矛盾依然存在。官僚地主大量兼并土地，他们有的享有免役特权，有的利用权势瞒产漏税，沉重的赋役都压到农民身上。再加上朝廷每年还要付给辽国和西夏大量银绢，也得由农民负担。各地常有农民起义发生。国家田赋收入没有保证，开支却越来越大。北宋政权面临着严重的危机。

公元1067年，宋神宗赵顼即位。这一年，宋神宗才二十岁，很想有所作为。早在即位以前，他就听人讲到王安石，说这人很有才能。因此，他一登皇位，就想起了王安石，命王安石担任江宁府（今江苏南京）知府。没几个月，他又把王安石调到京城，担任翰林学士。

王安石是北宋著名的政治家和文学家。他是抚州临川（今江西临川）人，年轻时就爱好读书。他读书很认真，读过的书终生不忘。他的文章写得又快又好，诗词也写得不错。曾巩把他的文章送给欧阳修看，欧阳修非常赞赏。王安石是著名的唐宋八大家之一。

王安石二十二岁那年考中进士，以后就在地方上做官。他在担任鄞县（yín，今浙江宁波）知县的时候，组织农民兴修水利，修筑堤岸，疏通河道；又在农民青黄不接的时候，把官府仓库里的存粮借给农民，让他们秋收以后加少量利息，归还官府，使农民少受地主豪绅的重利盘剥。这样做，农民得到了不少好处。

王安石当了二十年地方官，做了不少对农民有利的事。宋仁宗把他调到京城，让他管理财政。这时，他向宋仁宗呈上了一篇上万字的奏疏，提出了变法的主张。可是，宋仁宗并不重视，把它搁起来了。

王安石见朝廷没有改革的决心，再加上自己和执政大臣又意见不合，因此就在

母亲去世时辞官回乡了。

这一次,宋神宗命他去江宁府做官,他听说新皇帝年轻有为,就离开家乡,到江宁府上任。

不久,宋神宗又把王安石召进京城。他到京以后,宋神宗就召见他,问他:"你认为要治理好国家,要从哪儿下手?"

王安石毫不迟疑地说:"变风俗,立法度,这是当务之急。"

宋神宗连连点头称是,并说:"希望你好好帮助我变革朝政。"

公元1069年,宋神宗任命王安石为副宰相,第二年又任命他为宰相。当时,朝廷中的宰相和副宰相有好几个,有的年老怕事,有的反对变法。王安石知道,要跟这些人一起实行变法,显然是不可能的。他一担任副宰相,就经过神宗批准,马上建立了一个主持变法的新机构——制置三司条例司,并任用了一批新人。这个机构名义上是王安石和另一个官员两人掌管的,实际上都由王安石主持。

宋神宗急着实行变法,条例司刚成立,第二个月就催问新法的制定情况。王安石赶快派人到各地察看农田水利和赋役等方面的情况,加紧制定新法,颁布天下。

新法的内容主要有:

一、青苗法。这是王安石早年在鄞县采用的办法。每年春天青黄不接的时候,政府以较低利息贷款或借粮食给农民,秋收以后偿还。

二、农田水利法。政府奖励各地开垦荒地,兴修水利。

三、免役法。政府向服役的人家收取免役钱,雇人服役。原来不负担差役的官僚、地主也要出钱。这就减轻了农民的劳役负担。

四、方田均税法。政府重新丈量土地,按照土地的好坏,规定纳税的数目,官僚、地主不得例外。

五、保甲法。政府把农民按户组织起来,每十家为一保,五保为一大保,十大保为一都保。每家有两个以上成年男子,抽出一人为保丁,农闲时练习武艺,战时编入军队作战。

新法的推行,收到了显著的效果,既发展了生产,又增加了政府的收入。可是,新法也触犯了大地主的利益,遭到了大官僚、大地主等保守派的反对。他们议论纷

纷,不断咒骂王安石,攻击变法。

对于外面的议论,宋神宗也听到了。他对王安石说:"外面有人说,朝廷不怕天变,不顾舆论,不遵守祖宗法度,你怎么看?"

王安石回答说:"陛下认真处理政务,做每件事都担心伤害百姓,这就是害怕天变。陛下听从臣下的忠告,这就顾到了舆论。况且,对于人们的舆论,也要看一看是否合理,如果我们做得合理,就不怕别人说长道短。至于祖宗的法度,也是经常变的,不能死守着不放。"

尽管王安石对人们议论的这三点毫不惧怕,宋神宗却没有那么坚定。他要王安石对新法稍许作点修改,王安石却坚持不改。

公元1074年,有的地方大旱,一连十个月不下雨,灾区农民被迫流亡。保守派画了一幅流民图,呈送宋神宗,说:"旱灾是因为王安石变法造成的。只要停止变法,天就下雨了。"

保守派大都是元老重臣,他们得到神宗的祖母曹太后和母亲高太后的支持。这两个太后也在神宗面前哭着鼻子,攻击新法说:"王安石把天下搞乱了。"

由于保守派势力强大,反对激烈,宋神宗逐渐动摇起来。王安石两次被迫辞职。第二次辞职后,他就一直住在江宁府,再没有出来做官。

公元1083年,宋神宗病死,十岁的宋哲宗赵煦即位。高太后执政,用反对变法的司马光做宰相,新法一个个被废除了。

沈括著《梦溪笔谈》

北宋时候,农业、手工业和商业都比较发达,科学技术也有很大的发展。就在北宋中期,我国出了一个大科学家,叫沈括。

沈括是钱塘(今浙江杭州)人。他的父亲沈周长期在外面做官,沈括十岁起就跟随父亲走南闯北,获得了很多见闻。他从二十四岁起开始做官,又到了好多地方。三十三岁那年,他考上了进士,不久又调到京城昭文馆编校图书。他在馆中读了大量藏书,学识更加长进了。

沈括爱好数学和天文学,对天文历法很有研究。公元1072年,宋朝政府派他到司天监做官。司天监是观测天象、制订历法的机构,但有些官员对天文历法却一窍不通。沈括主持司天监以后,就把这些官员撤了职。当时,有个平民出身的天文学家,叫卫朴,他有着丰富的实践经验。沈括破格地把他推荐到司天监工作。为了观测天象,沈括又改制了许多天文仪器。经过他的大力整顿,司天监气象一新。

后来,沈括又积极参加王安石变法运动。朝廷派他到各地去视察,他不断提出建议,为推行新法出了不少力。

公元1075年,辽国派使臣萧禧来到北宋东京,硬说原来属于北宋的黄嵬山(在今山西原平西南)一带三十里的地方应该属于辽国。宋神宗派沈括去谈判。沈括先到枢密院查阅档案,把过去双方议定的边界文书查得一清二楚,并画出边境地图,驳斥了辽国的无理要求。之后他又受宋神宗之命出使辽国,跟辽国作进一步交涉。在辽国京城上京(在今内蒙古巴林左旗),双方会谈了六次,沈括据理力争,坚定不移,辽国无法可想,只得放弃了原来的无理要求。

沈括回国的时候,详细调查了沿路的地理情况、山川道路和风土人情,写成一

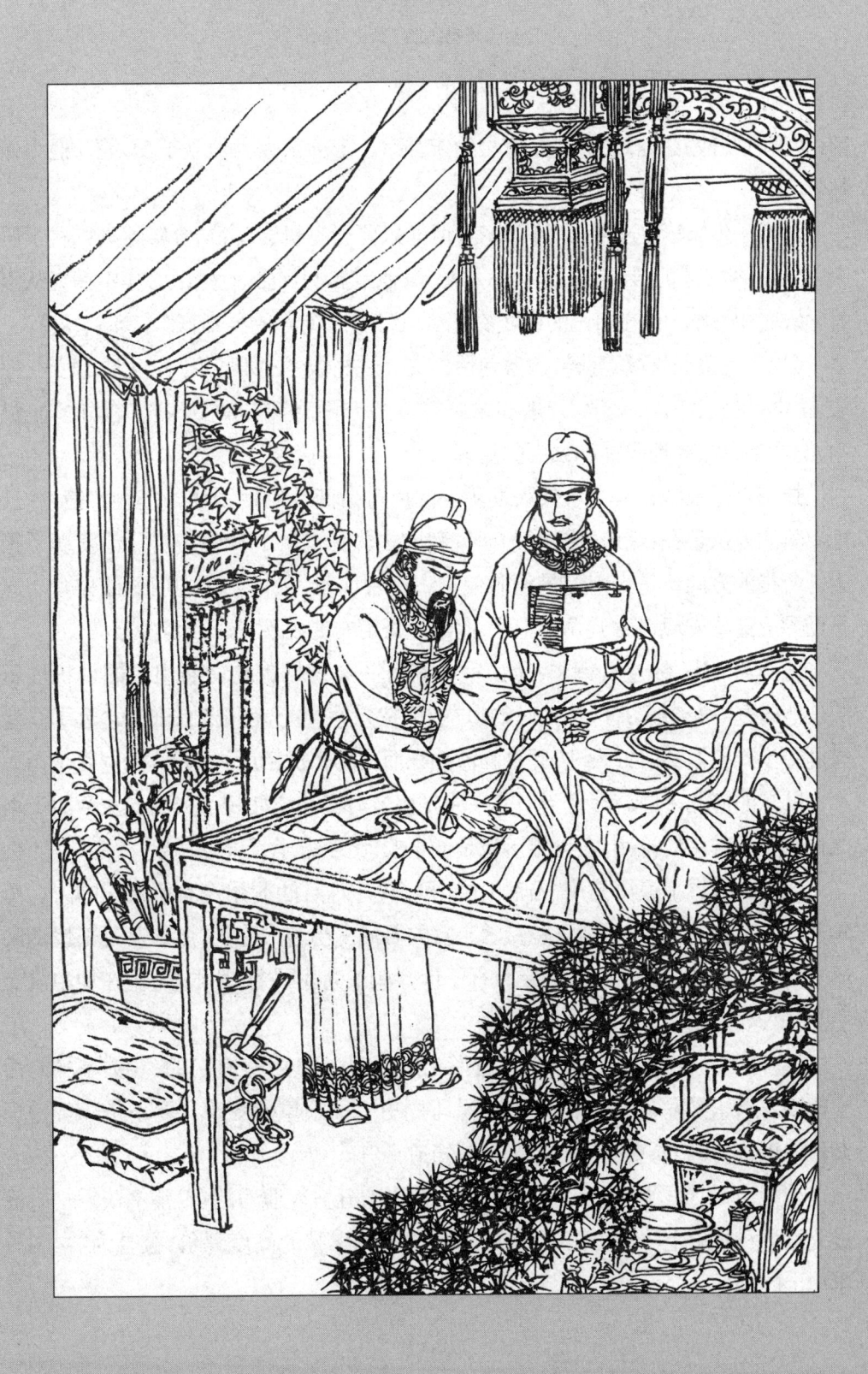

部《使契丹图抄》。他回到京城,进呈给宋神宗。宋神宗因为他立了功,提升他为翰林学士。

　　沈括一生虽然做过很长时间的官,但他只要一有机会,就结合实际进行科学研究,是位博学多才的科学家。五十八岁那年,他定居润州(今江苏镇江),集中精力从事科学研究和写作。他在自己的住处梦溪园,写了一部有名的科学著作《梦溪笔谈》。

　　《梦溪笔谈》简称《笔谈》,内容包括天文、历法、数学、物理、化学、生物、地理、地质、医学、历史、考古、文学、音乐和绘画等许多方面,范围非常广泛。在许多学科中,沈括都有深刻的研究和独到的见解。

　　指南针是我国古代一项伟大发明。沈括对指南针的使用作了多种实验,并且把实验的方法记在《笔谈》中,成为研究我国古代指南针的珍贵资料。他发现了指南针所指的方向不是正南而是稍微偏东。这种现象,在物理学中叫做磁偏角。这是世界上最早发现地磁偏角的记录,比欧洲哥伦布的发现早了四百多年。

　　他到河北去,经过太行山,见山壁中间有一条螺蚌壳和卵石组成的带状堆积层。他研究后断定说:"这是古时的海边,现在东面离开大海已有千里之远了。"他又进一步推论说:"所谓大陆,都是浊流冲积而成的。"沈括所说的大陆,主要是指太行山以东的河北平原。他认为河北平原是由黄河等浊流冲积而成的。沈括关于水流侵蚀冲积作用的论述,在世界上也是最早的,比西方学者早七百年。

　　他还是世界上最早使用"石油"这一概念,并对石油的用途有所认识的人。那年他到陕北去,发现那里地下蕴藏着丰富的石油。当地人称为"脂水",用来烧烟制墨。他预言说:"这东西将来一定大行于世。"他认为我国"石油很多,生在地中没有穷尽"。这些论述,现在都已经被证实了。

　　《笔谈》中还记载了劳动人民的很多创造发明。其中最有名的,要数毕昇的活字印刷术。毕昇发明的活字印刷术,是印刷史上一项重大变革。要不是《笔谈》记载他的事迹,我们简直连他的名字都不知道了。

　　公元1095年,沈括在润州病逝,这年他六十五岁。他写的《梦溪笔谈》一书,已成为世界科技史上一部杰出的著作,受到中外科学家的高度评价,被誉为"中国科学史上的坐标"。

毕昇发明活字印刷

纸、印刷术、指南针和火药，是我国古代的四大发明，也是我国对世界文明的贡献。在宋代，四大发明无论在使用方法上，还是制作技术上，都有了极大的发展。

我国是最早发明印刷术的国家。随着造纸和制墨等技术的出现，雕版印刷术也发明出来了。雕版印刷就是把图案和文字刻在木板上，用水墨进行印刷。唐代时，雕版印刷在我国已非常盛行，而宋代毕昇发明的活字印刷术则是印刷技术发展的一大飞跃。

据《梦溪笔谈》记载，发明活字印刷术的是宋仁宗庆历年间的刻字工人毕昇。毕昇当时在北宋国都汴梁城从事书籍刻印工作，是个技艺高超的工匠。他看到，用雕版印刷术印书，书坊要刻很多木板，这些木板堆积如山，要占用好多房间。书印完后，雕版就失去作用，只能当柴火烧了。他觉得十分可惜，于是在心中萌发了改进雕版印刷的念头。他想到：有很多字在印书时是经常出现的，如"之乎者也"，每次出现都要刻一次，太麻烦了，要是刻一次能反复使用就好了。

另外，要让老的雕版在印刷以后仍可以重新使用，就必须把雕版拆散成为单个的字。但字怎么才能拆开呢？拆开后又怎么才能合拢印刷呢？如果把字一个一个分别刻在一块小木板上，也许能行。

于是，毕昇立即动手试验。他把整块整块的木板切成一块块半寸见方的小木块，然后找出三千个常用字，刻在小木板上。他把每个单字都刻上好几个，有些常用的单字像"之"、"也"等，各刻了二十多个。

那些分散的字如何连接起来，又用什么材料来连接呢？毕昇找来松香、油蜡、纸灰等材料进行试验。

他先预备好一块铁板，铁板四周围了一个铁框。铁板上先敷好松香、蜡烛和纸灰等材料，然后在铁框内把一个个用木头雕刻好的字放进去，按照要求排列整齐。再把铁板放在火上去烤。待松香熔化后，用木板一压，满满一框木活字就整齐地粘在一起了。毕昇把墨均匀地涂在木活字上，再把纸铺上去，用刷子轻轻一刷，揭下来一看，一张字迹清晰的印刷品就呈现在眼前了。

但木质的字模容易吸水变形，印了几次字迹就模糊不清了。怎样才能找到一种既不吸水变形，又能雕刻成字的材料呢？毕昇为寻找新的材料而动足脑筋。

一天，毕昇看到自己家里烧水用的瓦罐，灵机一动。他想，用泥坯做字不是挺好的吗？如果先用泥坯刻好字，再放进窑里进行烧制，不就可以制成像瓦罐那样不吸水的泥活字吗？于是，他在自家后院搭起了一座小窑，又用胶泥制成许多半寸见方的"小土坯"，刻成五千多个字块，然后点火烧窑，日夜守候在旁。两天后，一套不吸水、笔画清晰、坚如牛角的泥活字终于制成了。

毕昇把活字版拼好，试印了三百多张，每一张都清清楚楚。活字印刷终于试验成功了。后来，德国的谷登堡也发明了用金属铜制成活字进行印刷，但比起毕昇来，已经迟了四百年了。

活字印刷促使宋代印刷业发达起来，印刷业的发达又促进了造纸业的发展。宋代也是造纸业发展的鼎盛时期，其中最重要的成就是以竹子为原料，制作成质量较好的竹纸。竹子的质地较紧密结实，要把它的纤维分离出来作为造纸的原料，在工艺上是有较大难度的。竹纸在宋代被大量地造出来，成为当时图书典籍、官府文件等的主要用纸，表明当时的造纸技术有了重大发展。此外，四川的造纸工匠用舂米的水碓（duì）舂捣造纸原料，既节省人力，提高工效，又能保证质量；安徽的造纸工匠则造出了长达三至五丈的巨幅纸。这些都是古代造纸技术的重要革新和发展。

我国早在战国时期，就有人利用天然磁铁矿发明了指示方向的仪器"司南"。司南的样子像个勺子，底圆圆的，放在平滑的"地盘"上会转动，地盘上则刻有表示方位的刻度。由于地磁原理，司南停止时勺柄会指向南方。但司南在转动时摩擦力较大，因而不够灵活，受到震动时也不够准确。

根据《梦溪笔谈》的记载，北宋时发明了用细小的钢针在天然磁石上摩擦制成指南针。细小的钢针经过天然磁石的摩擦而带有磁性，成为磁针，可以指示方向。后来人们把磁针装在刻有方位的罗盘上，这样就制成了使用方便、指向准确的罗盘针。到北宋末年，这种罗盘针已开始在海船上使用了。

火药是我国古代的炼丹家在炼制丹药时发明的。唐代中期有了制造火药的记载，唐代末年火药已被用于作战。到了宋代，火药已被广泛地用于军事，并出现了火箭、火炮、火枪等多种使用火药的武器。北宋政府还设置了专门制造火药和火药武器的作坊，兴盛时工匠达到四万人左右。

火箭是在北宋初期出现的。这种武器是把火药绑在箭头上，加上引线，使用时点燃引线，把箭射向目标，十分方便。北宋军队与西夏作战时，一次就使用了二十五万支火箭。北宋末年出现了一种叫"霹雳炮"的武器，点燃火药后炮会炸开，烟雾弥漫，能迷住敌人的眼睛。南宋时又发明了突火枪，这是一种世界上最早的管状射击武器，被认为是近代步枪的前身。突火枪原来是用粗毛竹制成的，到元代时改用铜铸造，名称也改为"火铳"。现在，在北京中国历史博物馆中，还保存着一件元代铸造的铜火铳。这是目前所知道的、最早刻有铸造年代的火炮。

司马光编写《资治通鉴》

司马光反对王安石变法,在政治上是一个保守派。可是,他编写了一部历史巨著《资治通鉴》,在学术上却是一位有重大贡献的历史学家。

司马光是陕州夏县(今山西夏县)人,出身官宦家庭。他童年时就很聪明机灵。他砸缸救小伙伴的故事,不但在当时就很快传开,而且流传至今,成了家喻户晓的佳话。

司马光六岁起开始读书。七岁那年,老师讲《春秋左氏传》,他听得津津有味,回家以后,讲给家里的人听,讲起来头头是道,家里的人都很惊奇。这部书对他影响很大,从此他对历史产生了浓厚的兴趣。

司马光二十岁那年,考中了进士,做了官。但他继续刻苦学习,一有空就钻研历史。他发现从古以来历史著作非常繁多,一个人花一生精力,也很难读完。他想,要是有一部系统完整的通史能供读书人学习,那该多好呀!

经过反复思考,司马光决定自己动手,写一部简明扼要的编年体通史。他对人说:"春秋以来,至今已有一千多年,从《史记》到《五代史》,合起来已有一千五百卷,读书人读好多年,不能读完,读了一辈子,也不能讲出大略情况。我想写一部历史书,上面从战国开始,下面到五代为止,用左丘明(《左传》的作者)等人的编年体裁,采纳各种各样的说法,写成一家之言。"

体裁确定了,他先编了一部从战国到五代的大事年表,对历代的治乱兴亡作了扼要的叙述,书名叫《历年图》。接着,他又花了两年时间,按照年代顺序,把周、秦历史编成八卷,书名叫《通志》,这也就是后来的《资治通鉴》的前八卷。

公元 1066 年,司马光把《通志》进呈宋英宗。宋英宗也爱读历史,看了很是满意,

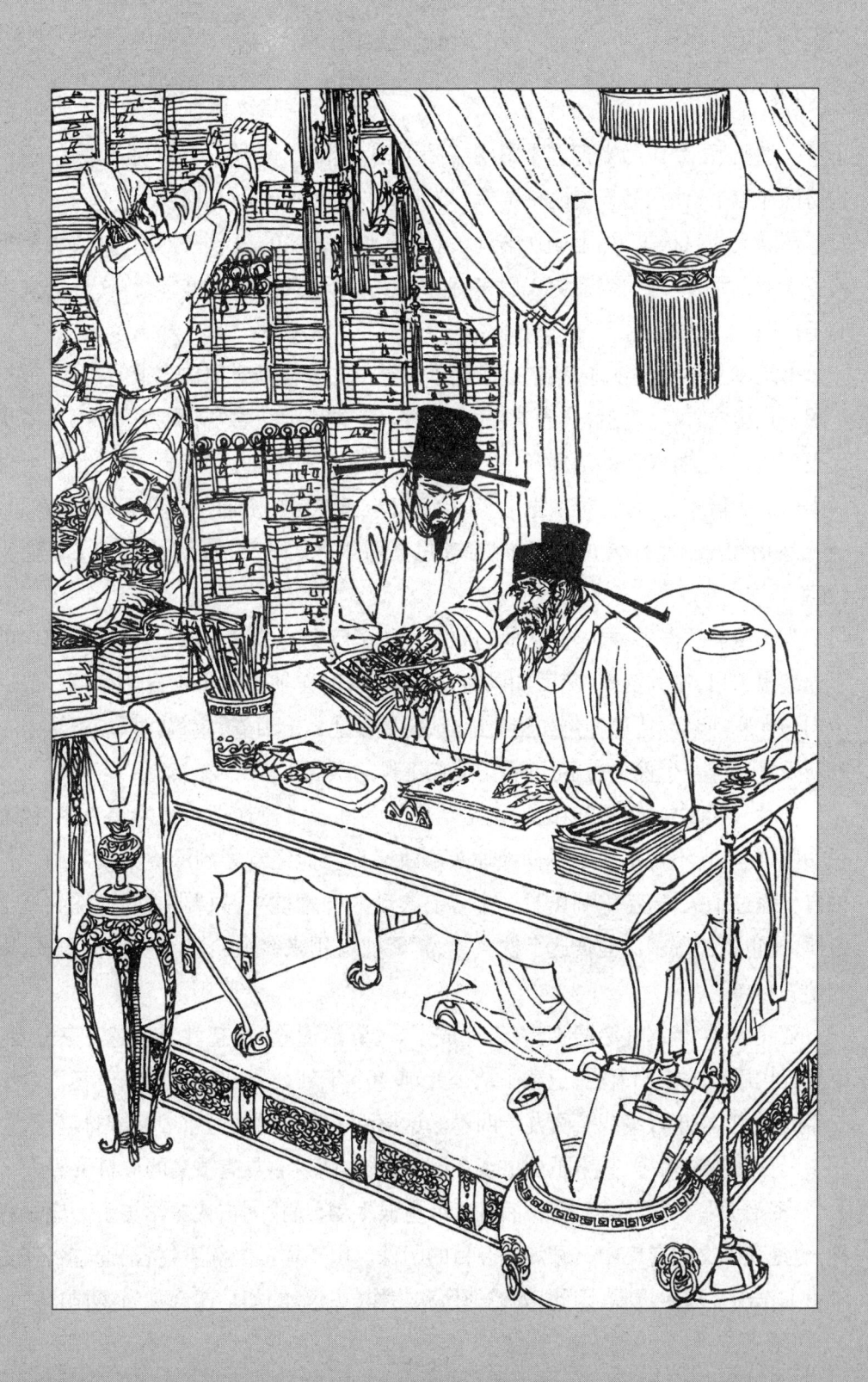

下了一道圣旨,命司马光把这本书继续编下去,还同意设置一个书局,作为编写机构协助他编书;让司马光自己挑选编写人员,并准许他借阅官府藏书。

司马光高兴极了,马上成立书局,邀集了当时著名的史学家刘恕、刘攽和范祖禹三人做助手,共同编写通史。后来,他的儿子司马康也进了书局,负责检阅文字的工作。

书局成立不到一年,宋英宗就病死了。继位的宋神宗对历史也很有兴趣,很想了解一点历史,司马光就把《通志》读给他听。宋神宗很是赞赏,认为这部书讲了历代王朝的兴衰,可以帮助治理天下;同时,书中记载的历史,又好像一面镜子,可以供人们对照借鉴。因此,神宗把书名改为《资治通鉴》。"资治"是帮助治国的意思;"鉴"是指镜子,含有警戒和教训的意思。后来,人们又把《资治通鉴》简称为《通鉴》。

为了编写这部书,司马光和他的助手付出了巨大的劳动。每一段历史,都由助手先编出事目,排列资料,然后加以考证鉴别,写出详细的编年史,作为草稿,最后由司马光删削修改定稿。例如唐史部分,初稿多达六七百卷,定稿时只剩下八十一卷。单是这样一个例子,就可以看出他们工作的艰巨了。

当时,这部书的全部初稿,据说足足堆了两间屋子。在司马光的案头,手稿堆积如山,司马光不得不一刻不停地埋头修改写作。他经常要到深更半夜才睡。他怕自己睡过了头,还特地制作了一个容易滚动的圆木枕头,只要一翻身,枕头就会滚掉,他也就惊醒了。他把这个枕头称为"警枕",用来警戒自己不要睡得太久,影响读书写作。

公元1084年,《资治通鉴》终于完成了。《资治通鉴》上起韩、赵、魏三家分晋,下至五代后周政权的灭亡,记载了从公元前403年到公元959年共一千三百六十二年的历史,按年代编成二百九十四卷。这部巨著有三百多万字。它取材广泛,引用了三百多种参考书,其中不少书现在已经失传,所以它具有很高的史料价值。

《资治通鉴》不但内容丰富,而且文笔也很生动,是我国古代史学史上一座里程碑,也是我国文化宝库中一颗灿烂夺目的明珠。由于司马光编著《资治通鉴》,在史学史上作出了重大贡献,因此,人们把他和写作《史记》的司马迁合称为"两司马"。

216

柳永"奉旨填词"

宋代出了许多杰出的词人,柳永是其中非常重要的一位。由于他曲折放浪的生活经历,使得他的词作风格浪漫多情,通俗感人,音节响亮,充满了市民的生活情趣,其中有许多优美警句广为流传。

柳永原名三变,是福建崇安人,因为排行第七,大伙儿也叫他"柳七"。父亲柳宜饱读诗书,而且官做得很大。家庭教育的影响,使柳永把读书做官看成是人生的第一目标。二十几岁的时候,他告别家乡到京城追求功名。谁知第一次考试就落榜了;隔了几年,第二次考试又没被录取,这回他忍不住发牢骚了,便写了一首词《鹤冲天》:

"黄金榜上,偶失龙头望。明代暂遗贤,如何向?未遂风云便,争不恣狂荡?何须论得丧。才子词人,自是白衣卿相。

烟花巷陌,依约丹青屏障。幸有意中人,堪寻访。且恁偎红翠,风流事,平生畅。青春都一饷。忍把浮名,换了浅斟低唱。"

这首词的主要意思是:考不上进士,做不成官,有什么关系呢?只要我有才能,我就是一个不穿朝服的官吏。那些虚浮的名声有什么用,还不如把它换成喝酒、唱歌、作词的生活吧!

这话本是一个失意读书人在背后发的小小牢骚,但这首牢骚词不胫而走,传到了宫里,也传到宋仁宗的耳朵里。仁宗一听大为恼火,牢牢记住了这首词和他的作者。

隔了几年,柳三变又参加了一次科举考试,这次好不容易通过了。等录取的名单放到了皇上面前,宋仁宗看着看着,觉得其中一个名字很熟,他问身边的太监:"这个柳三变是谁?"

太监回答:"这个柳三变就是所谓的'白衣卿相'呀!陛下不知道呵,连西夏国的人都在说呢,有人居住、有井水的地方就有人唱柳三变的词呢!"

这话提醒了宋仁宗,他不以为然地说:"他不是说且去浅斟低唱,何要浮名吗?那就让他去喝他的酒、填他的词吧!还要功名干什么?"说着,就把柳永的名字一笔勾掉了。

柳永在仕途上又一次遭受了严重的打击!

多年来在京都繁华的环境里所受到的熏陶,再加上官场向他关上了大门,使得出身优裕的柳三变从此流连往返于社会最底层,交了许多民间的朋友,包括歌妓在内。

从此,柳三变就经常自嘲是"奉旨填词",意思是遵循皇帝的旨意在写词填曲。写词填曲还真的成了他全部生活和生命呢!

柳三变的许多词,准确地反映了社会下层女子受压迫遭蹂躏的痛苦生活,从而得到了她们的友谊和资助;她们也因为唱了他的词而迅速走红,对他倍加爱戴。

在民间流传着这样的歌谣:"不愿君王召,愿得柳七叫;不愿千黄金,愿得柳七心;不愿神仙见,愿识柳七面。"可见他在这一时期的词作所受欢迎的程度。

词是被人唱的,而唱它的人多是社会地位很低、被人瞧不起的歌妓。过去没人以词为主要的创作形式,是柳三变开拓了词的领域,并使词获得了表达更为复杂的思想情感和更为广泛的社会生活的能力。在内容上,他大胆引进了市井百姓的情调和情绪;在形式上,他创新并发展了一百多字的长调。他一生写了二百多首词,声情并茂,脍炙人口,如《醉蓬莱》、《望海潮》、《雨霖铃》、《八声甘州》等,为词的通俗性、民间性、音乐性做出了巨大的贡献。

柳永的名字是他后来改的。在做了多年风流词人以后,柳三变又回到了封建士大夫的行列中。他先是将名字改为"柳永",使得统治者再也想不起昔日的柳三变。四十七岁那年他中了进士,走上了当官的道路。以后他做过知县等。他的政绩不错,名声也好,为老百姓做了一些好事。

但是,柳永的词风从此以后也有了较大的改变,他写的词开始脱"俗"变"雅"起来,也有了不少歌颂皇恩和粉饰太平的词作。这时的柳永才真的"奉旨填词"了。

才华横溢的苏轼

"大江东去,浪淘尽、千古风流人物。故垒西边,人道是、三国周郎赤壁。乱石崩云,惊涛拍岸,卷起千堆雪……"

这豪迈雄放的词,出自北宋著名文学家苏轼的词《念奴娇·赤壁怀古》。苏轼的词一经出现,就一扫北宋词坛一百多年的靡丽风气,开创了一代新词风。他创立的宋词豪放派,大大拓展了词的表现方式和内容,打开了宋词健康发展的新局面,使词终于成为一种与诗一样流芳百世的文学体裁。

苏轼是眉州眉山(今四川眉山)人。他和父亲苏洵、弟弟苏辙,都是北宋时的著名散文家,都名列"唐宋八大家"。后人把他们父子三人合称为"三苏"。

苏轼二十一岁那年,和弟弟苏辙进京考试,结果两人同时考中了进士。

当时,主考官是欧阳修,他一心想选拔一些有才能的读书人。他在试卷中看到一篇论文,题目是《刑赏忠厚论》,写得非常精彩。他本想把这个考生定为头名,但疑心是自己的门生曾巩写的,怕别人说长道短,就定为第二名。直到发榜以后,他方才知道原来这篇论文是眉山来的应试青年苏轼写的。

苏轼考取以后,去拜见主考官欧阳修。欧阳修与他交谈了好一会儿,更加喜欢这个才华横溢、气度不凡的青年了。事后,他感叹地对人说:"苏轼这青年可说是善于读书,善于用书了,将来他的文章一定独步天下。"又说,"我应该赶快退避,让他出人头地。""出人头地"的成语就是这么来的。

人们听到了欧阳修这番话,开头很不服气。后来,大家看到了苏轼的诗文,不得不信服了。

苏轼考上进士以后,开始做官了。王安石变法期间,他接连两次上书朝廷,认

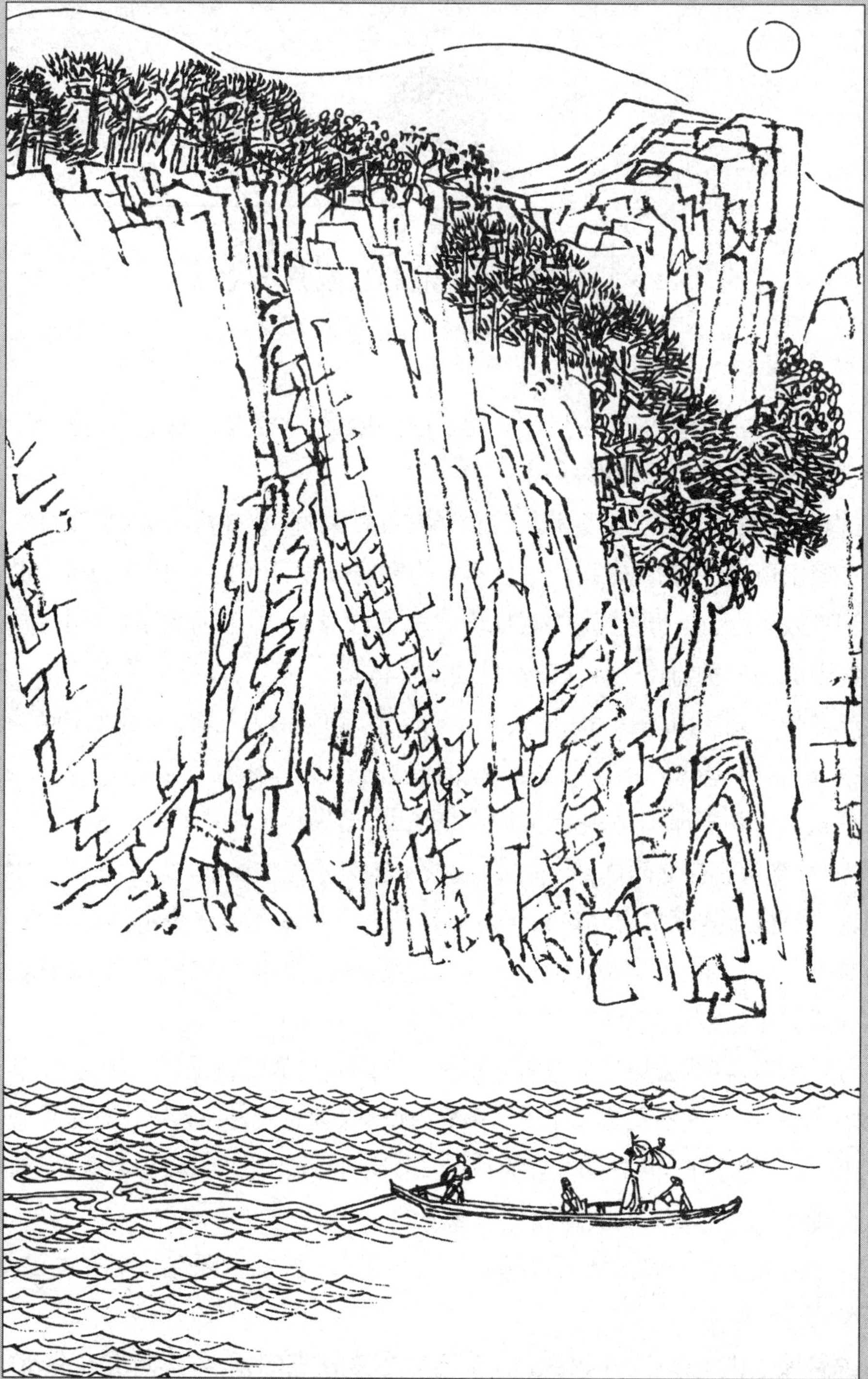

为变法有问题。当时,正是王安石当政。苏轼不愿留在京城,就请求去外地做官。

苏轼为官,很关心百姓的疾苦。他曾在徐州、湖州、杭州等地当过地方官。每到一地,他总要为当地百姓办一些好事。

他在徐州的时候,黄河在澶州决口,洪水滔天,淹了很多州县。大水很快冲到了徐州,徐州百姓慌了手脚,富人纷纷出城逃命。苏轼担心富人一跑,民心动摇,就对富人说:"有我太守在,决不让洪水进城!"

把人心安定以后,苏轼请官兵一道抗洪,筑了一道长堤。大雨日夜不停,洪水不断上涨。苏轼在城头搭了一间小屋,日夜住在里面,指挥抗洪,即使经过自己的家门,也不回家探望。他派官吏分段防守,终于保住了徐州城。

他在杭州的时候,发现西湖淤塞。他奏报朝廷,疏浚西湖。他用了二十万民工,深挖河床,用挖出的泥,筑成一条长堤,这就是著名的苏堤。

长堤筑成了,苏轼又命人在堤上种植芙蓉、杨柳。这一来,西湖的景色更美了,简直像一幅图画。他曾写了一首诗,形容西湖在晴雨两种不同天气中所表现的不同风光:

水光潋滟晴方好,
山色空蒙雨亦奇。
欲把西湖比西子,
淡妆浓抹总相宜。

这首诗第一句写晴时的水,第二句写雨后的山,写出了晴雨时的不同景色。三、四两句把古代美女西施(西子)来比西湖,说不管她如何打扮,总是那么美丽动人。这首优美的小诗,历来被认为是歌咏西湖的最优秀的作品之一。这以后,人们又把西湖称为"西子湖"了。

苏轼一生做了四十来年的官,在朝廷中和地方上担任过各种官职,但他在政治上始终不怎么得意,经常遭到排挤打击。他曾经多次被贬官。有一回,他还遭人诬陷,被押到京城,在大牢中关了上百天。后来,宋神宗把他放了,将他贬谪到黄州

(今湖北黄冈)。

在失意的日子里,苏轼常常用游山玩水、写诗作文来排遣自己的苦闷,抒发情怀。在一个明月当空的夜里,他约了几个朋友乘着小船,来到长江边上的赤壁。他触景生情,感慨万千,写下了千古名篇《赤壁赋》。

苏轼是一个才华横溢的大文豪。前面说到,他的文章名列"唐宋八大家"。当时,欧阳修非常赞赏他的文章。宋神宗尤其爱读他的文章,进餐时,侍奉的人送上饭菜,神宗却读得忘了用餐,口中还连声称赞说:"天下奇才!天下奇才!"

那时的读书人对他崇拜得不得了,把苏轼的文章作为学习的范本。他们说:"苏文熟,吃羊肉;苏文生,吃菜根。"

苏轼一生留下了四千多首诗。他诗思敏捷,诗写得又快又好。有一回,他从老家去京城,坐船沿江东下,途中诗兴勃发,一下子写了四十多首。他的不少诗作都很出色,如"不识庐山真面目,只缘身在此山中",就富有哲理,成为人们传诵的名句。

苏轼还是个大名鼎鼎的书法家。我国古代楷书最重要的流派有"颜(真卿)、柳(公权)、欧(阳询)、苏(轼)"等,在宋代,最著名的书法家有"苏(轼)、黄(庭坚)、米(芾)、蔡(襄)",苏轼都名列其中。直到现在,还有人写他的书体。

苏轼也是一个很有成就的画家。他善于画枯木怪石,自成一体,传世的不过两三幅,已都是稀世奇珍了。他自己评价他的画说,有一幅《寒林竹石》,"已入神品"。

说起来你也许不信,苏轼还通晓医药学。后人把他这方面的论著和大科学家沈括的医药书合在一起出版,称为《苏沈良方》。

苏轼可真是一个多才多艺的人啊!

色彩缤纷说画坛

故宫博物院收藏的北宋长卷《清明上河图》,是一件具有很高艺术价值和历史价值的风俗画杰作。画卷长五米多,高超过二十五厘米,画卷表现了北宋京城汴梁东门内外,清明节那天的繁荣景象。

长卷分为城郊、汴河、街市三大部分,每个部分都有十分生动的人物和情节。如长卷的中心是跨越汴河的"虹桥",因桥在河中没有一根支柱,全靠木条架空而成,形状像雨后的彩虹而得名。桥下有许多船,有的满载货物,有的彩旗招展,有的被纤夫牵拉,有的靠船工划桨。一艘大船正要穿过桥洞,可是桅杆太高过不去,几个船工正在七手八脚地要把它放下来,其他的船工,有的使劲撑篙,有的用长竿抵住桥洞的顶,桥上和旁边船上的人正在指指点点地为他们出主意。桥上也热闹非凡,桥栏两旁有小贩和伏在栏杆上观看桥下景象的人。一个人骑着马上桥,一顶小轿正在下桥,眼看就要撞上了,牵马的人紧揪住马头不放。马前的两头小毛驴受此惊吓踢跳起来,被桥边看景的人赶到桥中间去了……

画卷将汴梁城的繁华、城郊的春色融于一卷,五百多个高不过寸的人物栩栩如生。画面气势磅礴,描绘细致入微,令人叹为观止。画卷被后世的许多达官名人收藏过,是一幅非常著名的精品。

经过五代十国的准备期,中国画在宋代极大地繁荣起来。宋代商品经济有了很大发展,形成了不少商业发达的城市,新兴的市民阶层和宫廷贵族、大地主、大商人对绘画都有很大需求,从而促使绘画成为一种行业,使画工画发展起来。

宋代绘画繁荣还与帝王的提倡分不开。宋朝建立不久便设置了规模很大的宫廷画院——翰林图画院,许多画技出色的画家都被网罗在画院内。如《清明上河

图》的作者张择端,就在宋徽宗时供职于翰林图画院。这又促使画院画发达起来。

宋代是山水画的鼎盛期。宋仁宗时的画家范宽,是当时北方山水画三个主要流派的杰出代表。他的《溪山行旅图》是现存作品中最动人的一幅,被明代著名画家董其昌誉为"宋画第一"。这幅山水画给人的第一印象是迎面一座主峰,巍然耸立,如泰山压顶般地让人感到雄伟逼人。峰顶是一层层密林,黑压压地连成一片,更加重了画面的厚重感。山峰凑合的地方,一线瀑布飞泻而下,消失在弥漫的山雾中,给画面的厚重平添了生气和跳动感。这幅画主要表现的是山峦雄伟的壮阔气概,但又因瀑布山泉、楼阁行旅而生机无限。

南宋时,马远、夏珪等人改变这种"全景山水"的画法,只取山的一角或水的一边入画,取得了独辟蹊径的艺术效果,他们也被人们称作"马一角"、"夏半边"。如马远的《寒江独钓图》,画面上只有一叶扁舟、一垂钓的渔翁、几纹水波,寥寥数笔外全是空白,但却使观画人想象驰骋,收到"虚中有实"的效果。

宋代的花鸟画也空前繁荣,形成了以墨线勾画轮廓的"勾勒法"和直接以彩色描绘物象的"没骨法"两种技法。宋徽宗赵佶是花鸟画的代表人物。他的《芙蓉锦鸡图》、《五色鹦鹉图》等,勾勒细腻,色泽鲜妍,是稀世珍品。

与苏轼有深厚交情的画家李公麟,被誉为"白描大师"。他善用墨线勾画人物形象,能达到出神入化的地步;而白描这种绘画技法,也因他而发展成为一种影响很大的独立的绘画创作形式。李公麟尤其擅长画马和人物,为画马他曾到皇家养马的"骐骥院"去看马画马。据说有一次,他为一匹名马画完画不久,马就死了。养马的人都吓坏了。他们认为这是因为李公麟画得太好、太像了,所以被天上的神仙知道了,神仙们施了法术,把这匹好马弄到天上去了。他们再三恳求李公麟不要再画了,李公麟善画马的名声也就这样传开了。

北宋中期,出现了一个对以后的中国画坛产生重要影响的画派——文人画。这个画派是以画家文同开始的。

文同,字与可,人们又称他为"石室先生"。他是梓州永泰(今四川盐亭东)人,公元1049年(宋仁宗皇祐元年)考中进士。神宗元年间出任湖州知州时,在赴任途中去世,所以人们又称他为文湖州。

文同的诗文书画都很出色,尤其善画墨竹,创造了以深墨画竹叶正面,以淡墨画竹叶背面的画法。苏轼和他既是亲戚又是好朋友。苏轼画竹也受到他的影响,并且品题了他的不少作品。一次,苏轼在品题文同墨竹时,曾记叙了文同的一句绘画理论:"画竹,必先得成竹于胸中……"这就是成语"成竹在胸"的来历。

经过苏轼的品题与发展,后来画竹的人学文同的很多,"湖州竹派"便由此而产生。苏轼在绘画上的成就比文同更大,加上他又是继欧阳修之后的文坛领袖,所以文人画很快在文人中传开,成了独立于画工画、画院画之外的新流派,并在中国绘画史上产生了很大的影响。

219

宋江方腊起义

公元1100年初,宋哲宗病死。他没有儿子,皇位由宋神宗的儿子赵佶(jí)继承,他就是宋徽宗。

宋徽宗是一个极端荒唐的皇帝。他有六个非常宠信的大臣,就是蔡京、王黼(fǔ)、童贯、梁师成、李彦和朱勔(miǎn)。这六个人操纵政权,狼狈为奸,专干一些残害百姓的勾当。百姓非常痛恨他们,骂他们是"六贼"。

宋徽宗喜欢过穷奢极欲的生活,蔡京就迎合他的心意,提出了一个"丰亨豫大"的口号,就是丰盛、亨通、安乐、阔气的意思,大造宫殿园林。北宋政府历年积聚的财富,很快就被挥霍光了。

宋徽宗又派朱勔到江南一带搜括奇花异石、珍贵物品。百姓家中只要有花木石头可供赏玩的,全被指名强取。在搬运的时候,官员拆屋毁墙,毫不顾惜。因此,无数百姓被害得倾家荡产。

朱勔把搜括来的花石等物,用大量船只运往东京,每十船组成一纲,称为花石纲。船夫也仗势欺压百姓,使运河两岸的居民受尽了骚扰。

官逼民反。就在北宋宣和年间,北有宋江,南有方腊,他们起来造朝廷的反了。

提起宋江,大家就会想起《水浒》中描写的梁山泊好汉的形象。可是,小说毕竟不等于历史,小说中所讲的人物和情节,跟历史上的宋江起义并不完全是一回事。

在现在山东梁山县,有一座梁山,梁山附近有一个大湖泊,叫梁山泊。北宋时期,黄河两次决口,河水流入这个湖泊,湖面扩大了许多,周围达八百里。当地百姓靠在湖中捕鱼捉虾、采集蒲苇过活。宋徽宗时期,官府见梁山泊有利可图,就收归公有,打鱼捕虾的农民要按船只纳税。官府每年要收十多万贯钱租税。很多农民

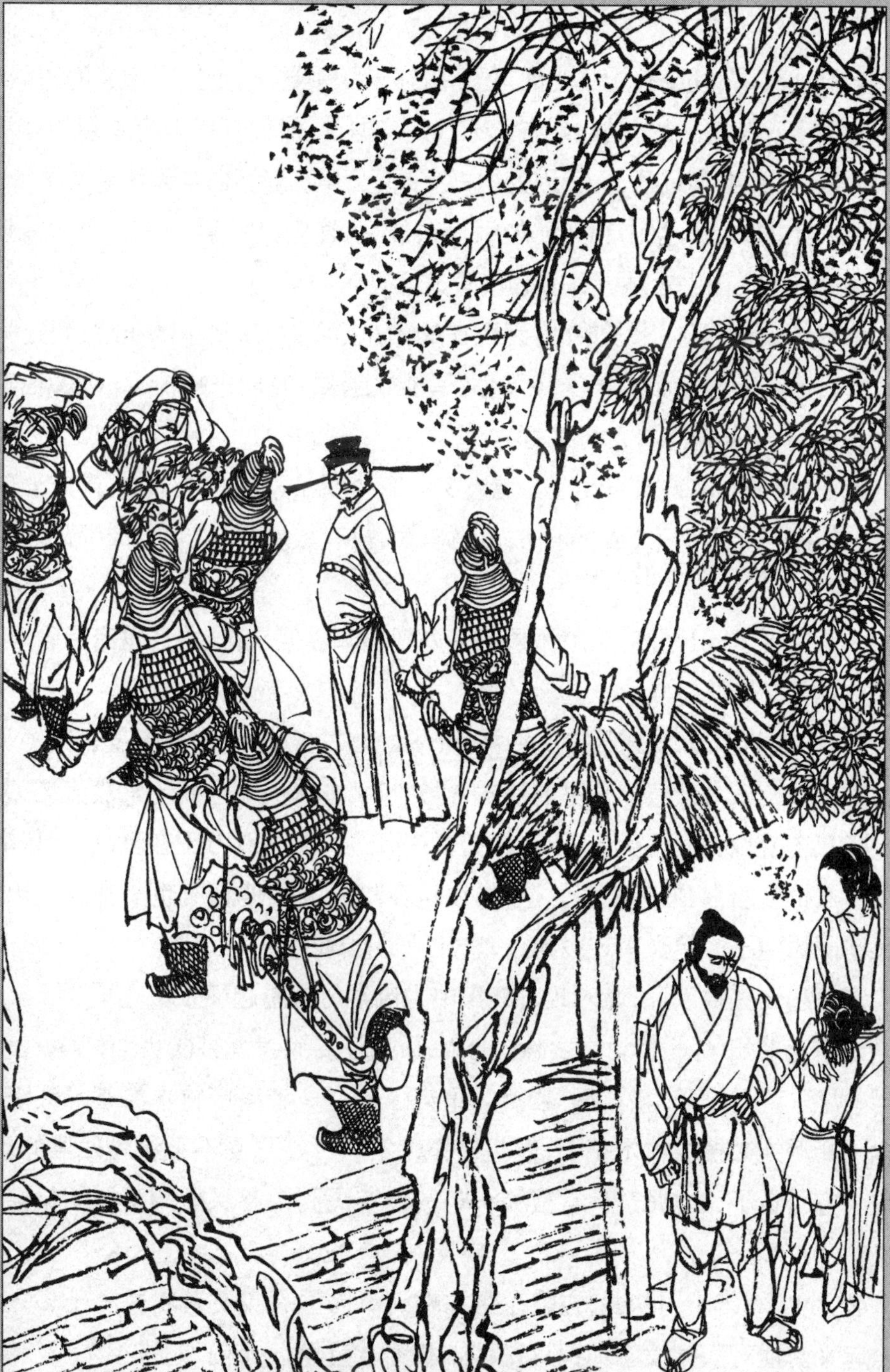

交不起这样沉重的租税,无法生活下去,就在宋江领导下,走上了起义的道路。

梁山上农民起义的首领,共有三十六人。据说,他们都是很有本领的好汉。起义军人数,估计至少有几千人,因为史书上缺乏记载,确切数字无法查考了。

到公元1119年,梁山起义已经闹得很红火,连朝廷都震动了。宋徽宗就下了一道诏书,向宋江招安,可是宋江没有理睬。

第二年,起义军打出了梁山,到现在的山东、河北、苏北一带作战,到处打击封建地主官僚。宋徽宗派人镇压,但起义军越战越强,他们采用流动战术,把官军打得晕头转向,不知道怎样对付才好。

就在这时候,南方又发生了方腊起义。有个叫侯蒙的官员,乘机向宋徽宗献计说:"宋江以三十六个人,横行不法,几万官军,没有人敢抵抗。不如招降宋江,叫他去打方腊。"

宋徽宗听了,很是高兴,就派侯蒙去办理招降。但是,侯蒙还没有来得及去,就生病死了。

公元1121年二月,宋徽宗命令海州(今江苏连云港)地方官张叔夜去镇压和招降宋江。张叔夜派人侦察起义军的动向,得知起义军在海州夺到十几艘大船,装载货物。张叔夜就预先埋下伏兵,引诱起义军在海边作战。双方正在激战,埋伏海边的官军突然抢上船去,放火烧船。这时,埋伏在附近的其他官军也一齐杀了出来,把起义军团团包围。起义军走投无路,宋江只得投降宋朝。

宋江起义失败以后,北宋政府就集中力量对付方腊起义了。

方腊是歙州(shè zhōu,今安徽歙县)人,后来迁居到青溪县(今浙江淳安),在地主家里当长工。青溪是受"花石纲"骚扰的重灾区。这一带盛产竹木漆茶等经济作物,朱勔不断派人来搜罗竹木花石,借机敲诈勒索。百姓忍受不了这种残酷的剥削和压迫。方腊看了,非常气愤,常常和一些贫苦农民到山谷深处的帮源峒集会,策划起义。

公元1120年十月初九,方腊在帮源峒的漆园里召集贫苦农民一千多人,号召群众起义。他对大家愤怒地控诉说:"国和家,道理都一样。如果小辈一年到头辛勤地耕田织布,积了一点粮食布匹,却全给父兄拿去用光。父兄稍不称心,还要把

小辈毒打辱骂,甚至虐待处死。你们说,能不能甘心忍受?"

大家都愤怒地说:"不能!"

方腊又说:"如今我们受冻挨饿,连一顿饱饭都吃不上。你们说,该怎么办?"

大家激动地高喊说:"听你的命令!"

这时候,群情激昂,都愿意跟从方腊起义。在方腊的号召下,一次农民大起义就这样爆发了。

消息传开,附近各县的贫苦农民纷纷响应。几天之间,起义队伍就发展到几万人。到了十一月初,方腊开始建立政权,他自称"圣公",定年号为"永乐"。起义军的声势更大了。

当地官府非常震惊。两个主管地方军事的将官连忙带领五千人马,赶来镇压。方腊设下埋伏,一下子把五千官军全都歼灭了。

起义军乘胜攻进了青溪县城。在短短三个月内,接连打下了歙州、杭州等六州五十二县。起义军也很快发展到上百万人,声势十分浩大,震动了整个东南。

宋徽宗连忙派童贯带领十五万大军,前往镇压。大军出发的时候,宋徽宗哭丧着脸,对童贯说:"东南的事情,全靠你了!"

童贯分兵两路,一路打杭州,一路打歙州。起义军人数虽多,但缺乏作战经验,兵器也不足,因此,起义军遭到了重大的伤亡,许多州县又落到了官军的手里。

公元1121年二月,方腊带领一部分起义军,退守青溪县帮源峒,继续奋勇作战。官军摸不清帮源峒的路径,打不进去。后来,起义军中出了奸细。官军靠奸细带路,打了进去,方腊被俘了。这年八月,方腊被押解到东京,英勇就义。

220

阿骨打反辽建金

北宋末年,我国东北的女真族一天天强盛起来。

女真族是我国一个古老的民族。十一世纪末,女真族中的完颜部统一了黑龙江和乌苏里江流域的广大地区。公元1113年,完颜部的杰出首领完颜阿骨打当上了酋长。

阿骨打少年时就善于骑马射箭。一天,辽国使臣来,见阿骨打手中拿着弓箭,就叫他射鸟。阿骨打连发三箭,连中三鸟。辽使吃惊地说:"真是个奇男子!"

当时,女真族受辽国的控制。辽国每年要向女真人征取大量珍珠、人参、貂皮、马匹和一种能捕捉天鹅、大雁的小猎鹰海东青。辽国使臣还经常向女真人敲诈勒索,侮辱妇女。这激起了阿骨打的极大愤慨。他早就产生了强烈的反辽情绪。

公元1112年二月,辽天祚(zuò)帝前往东北的春州巡视,接着又去混同江(今松花江)捕鱼。女真各部落酋长都赶来朝见。这时,阿骨打还未当酋长,但也来了。按照风俗,每年河冰解冻后捉到第一条鱼,要举行头鱼宴。辽天祚帝请那些酋长也一道参加宴会。

在宴会上,辽天祚帝喝了几杯酒,乘着酒兴,命那些酋长一个个轮流起来跳舞。轮到阿骨打时,阿骨打推说不会,端坐不动,两只眼睛直瞪瞪地盯着天祚帝。天祚帝再三叫他跳,他硬是不跳,叫天祚帝丢了一次脸。

事后,辽天祚帝越想越火。他对大臣萧奉先说:"阿骨打这样嚣张,得找个借口杀了他,以免留下后患。"

萧奉先劝阻说:"阿骨打是个粗汉,不知礼节,犯不着跟这种人计较。况且他也没有什么大过错,把他杀了,怕引起其他酋长的不满。即使他有野心,小小一个部

落,也翻不了天!"

经过萧奉先一番劝告,辽天祚帝才打消了杀他的念头。

阿骨打从春州回来,决心摆脱辽国的奴役。他当上酋长以后,积极修建城堡,训练兵马,准备发动抗辽斗争。

公元1114年九月,阿骨打出兵攻打辽国。他的军队只有二千五百人。出发前,他对士兵说:"你们要同心协力。立了功,原来是奴婢的可以做平民,平民可以做官,有官职的,可以按照功劳大小升官。如果谁敢违抗,立即处死。"

阿骨打带领女真军,很快到达辽国边界,和辽国军队打了起来。阿骨打拿起弓箭,一箭射死了为首的辽将,辽军顿时大乱。女真军乘机冲杀过去,杀死了很多辽国士兵,打了个大胜仗。不久,女真军又乘胜打下了宁江州(在今吉林松原),得到不少马匹和财物,胜利而归。

辽天祚帝听说宁江州失陷,怒不可遏,派十万大军攻打女真。阿骨打带领三千七百人前去迎战,以少胜多,又打了个大胜仗。

公元1115年,阿骨打自称皇帝,国号为"金",定都会宁(在今黑龙江阿城)。他就是金太祖。

这年九月,金太祖出兵攻占了辽国的要地黄龙府(今吉林农安)。天祚帝亲自带领十多万大军,前去跟金军作战,结果也被打得大败而逃。这一仗,辽国的主力全部丧失。从此,辽国再也没有力量跟金国较量了。

金军连续打败辽军的消息传到了东京,宋徽宗急忙和蔡京、童贯商量,决定利用这个机会,收复被辽国侵占的燕云十六州。他派人从山东渡海,前往金国,和金国商议联合出兵攻辽的事情。

经过几次协商,双方订立了一个联合攻打辽国的军事同盟。这个盟约规定,宋、金同时出兵攻辽,长城以外辽的中京(今内蒙古宁城西大明城)由金军攻打,长城以南的燕京由宋军攻打;等夹攻胜利后,燕云十六州归还宋朝,宋朝则把每年给辽国的银、绢转交给金国。这件事历史上称为"海上之盟"。

公元1122年,金国按照盟约出兵,但是一直打到长城脚下的古北口,也没有看到一个宋朝士兵。金军又沿着长城西进,打下了辽的西京(今山西大同),留下一个燕

京,让宋军去攻打。

宋徽宗命令刚镇压方腊起义的童贯做统帅,蔡京的儿子蔡攸做副统帅,出兵进攻燕京。辽军本来非常腐败,一碰到金军就吃败仗,哪知道宋军比辽军更加腐败,和辽军一接触,就纷纷败下阵来。童贯一连吃了两个大败仗,把宋朝多年积聚下来的粮草、武器全部损失光,再不敢出兵攻辽了。

童贯为了逃避兵败的罪责,偷偷地派使臣到金营,要求金军攻打燕京。金军就从大同进居庸关,很快打下了燕京。

金太祖占领燕京以后,不肯把它归还宋朝。童贯只好答应每年增加"燕京代税钱"(代收人民的赋税钱)一百万贯交给金国,才拿回了燕京。

公元1123年八月,金太祖在从燕京回国的路上生病死了。他的弟弟完颜晟继位。他就是金太宗。

金太宗继续出兵攻打辽国的残余势力。公元1125年春天,金军俘虏了辽国的天祚帝,把辽国灭亡了。

李纲坚守东京

在北宋对辽作战过程中,金国统治者看到了北宋政治的腐败和军事的无能。因此,金太宗灭掉辽国以后,就开始打北宋的主意。他接连三次,以不同的名义,派使臣到宋朝,探测从北方到东京的道路和宋朝的防守情况。

公元 1125 年十月,金太宗借口宋朝收留金国的一个叛将,出兵南侵。金兵分东、西两路,西路军由宗翰(又名粘罕)率领,进攻太原;东路军由宗望(又名斡离不)率领,进攻燕京(今北京)。西路军遭到太原守军的坚决抵抗。东路军一到燕京,守将郭药师就投降了金兵。这一路金兵在郭药师的引导下,长驱南下,直奔东京。

金兵逼近东京的消息,接二连三地传来。宋徽宗吓得昏厥过去。他苏醒过来以后,伸手要纸和笔,写道:"皇太子可即皇帝位。"就在这年十二月,宋徽宗退位,称太上皇。他的儿子赵桓登上了皇位,他就是宋钦宗。

第二年一月,金兵到达黄河北岸。宋徽宗带着蔡京等一伙奸臣,慌慌张张逃到南方去了。

宋钦宗惊慌万分,不知该怎么办。他召集群臣商议,宰相白时中和李邦彦都建议宋钦宗丢掉京城南逃,宋钦宗也动摇了。

这时,新提升兵部侍郎的李纲上前说:"太上皇把国家交付给陛下,就是希望陛下能留守京城。陛下怎能丢下不管,只顾逃跑,这样做可以吗?"

宋钦宗听了,一声不吭。

白时中在一旁说:"京城守不住。"

李纲说:"天下的城池,哪有像京城这样坚固的?况且很多官员和百姓都在这里,把这样的地方丢掉,还要到哪里去?"

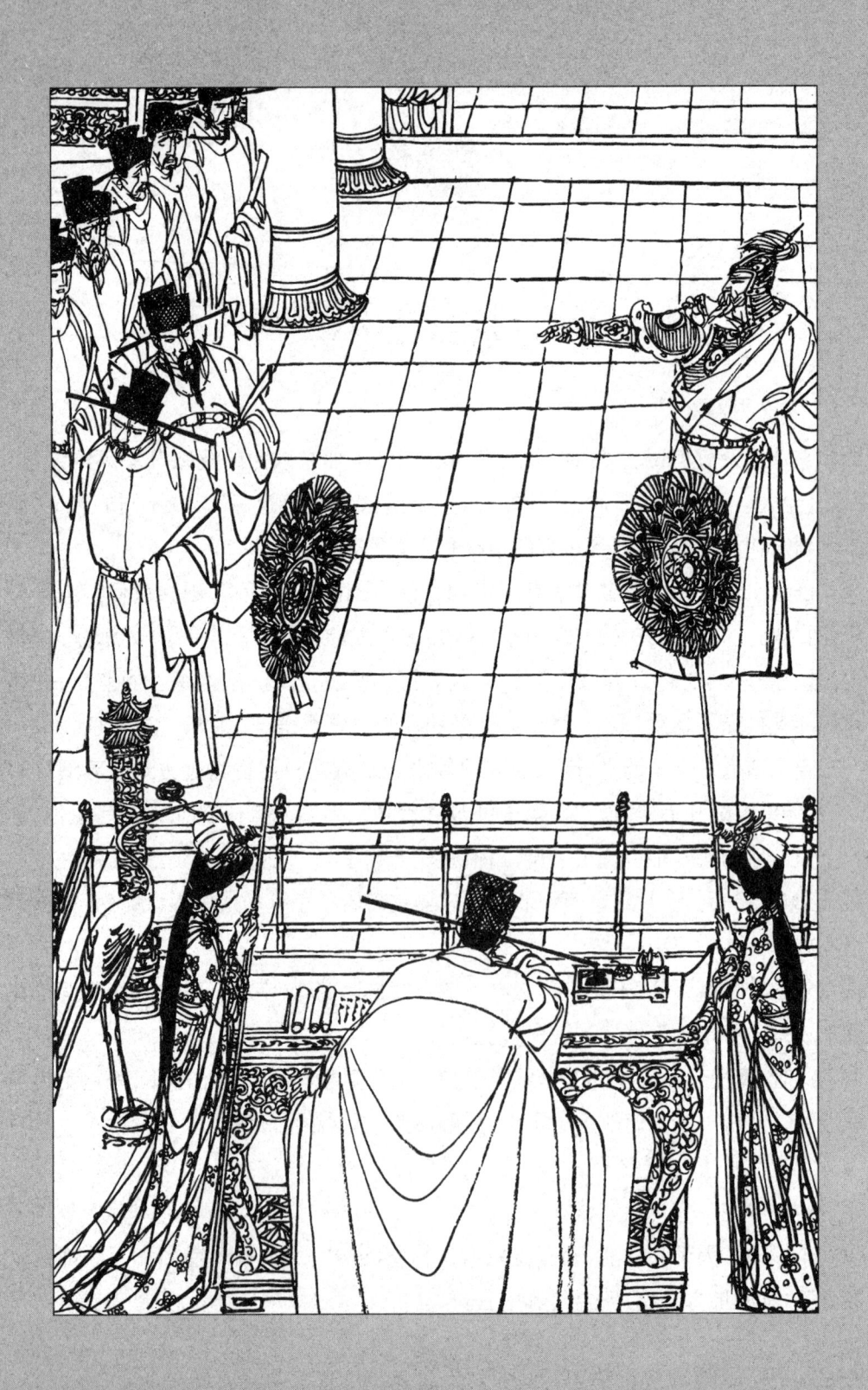

宋钦宗问道:"谁能带兵守京城?"

李纲回答说:"这是白时中、李邦彦的职责。宰相虽然不一定懂军事,但应当负责守城。"

白时中自己怕敌人,以为别人也怕敌人,故意大声说:"莫非李纲能守城作战吗?"

李纲毫不畏惧,从容不迫地说:"如果让我带兵守城,我愿以死报国。"

宋钦宗见李纲态度坚决,就命令李纲带领兵马,守卫京城。

第二天,李纲清早上朝,看见宋钦宗已经准备好车辆,禁卫军准备出发。原来宋钦宗又改变了主意,还是想逃跑。李纲对将要出发的禁卫军将士厉声说:"你们究竟愿意死守,还是愿意逃跑?"

禁卫军将士齐声回答:"愿意死守!"

李纲又去见宋钦宗说:"将士的家属都在城中,怎么肯舍得离开?万一他们半路上逃回来,还有谁保卫陛下?况且敌军已经逼近,如果他们知道陛下的车辆还没有走远,用快马追赶,怎么抗敌?"

这番话提醒了宋钦宗,他为自身的安全考虑,不敢再走了。

李纲当众宣布:"皇上主意已定,谁敢再说逃跑就杀头!"将士们都高呼"万岁"。

李纲亲自率领军民,仅用三天时间,就将守城的防务准备好了。这时候,金兵已经打到东京城下,分乘几十只小船沿河而下。李纲组织两千多名敢死兵士,列队城下,用长钩搭住敌船,往船上扔石头。又在河中放些杈木,搬来蔡京家中的山石,堵塞要道。宋军在水中杀死了一百多名金兵。

宗望看到东京已有防备,就要宋朝派使臣到金营议和。这正合宋钦宗的心意。他马上派人去金营,接受了屈辱的条件:答应割让太原、河间(今河北河间)、中山(今河北定州)三镇,缴纳金五百万两,银五千万两,牛马万头,绢百万匹,并且无耻地尊金国皇帝为"伯父"。李纲极力反对,但也无济于事。为了缴纳赔款,宋朝政府拼命向京城中的百姓搜括金银,结果还是没能凑足这个数目。

这时候,宋朝各地的援军纷纷赶到。有个叫姚平仲的将军,建议夜里去偷袭金营,活捉宗望。不料消息泄露出去,金兵早已做好准备,姚平仲吃了一个大败仗。

宗望派人来质问偷袭的事。李邦彦回答说:"这都是李纲、姚平仲的主意,不是朝廷的意思。"

宋钦宗连忙派人去金营解释,送上太原三镇的地图,下令罢免李纲,向金兵谢罪。

李纲被罢免的消息一传开,群情激愤。太学生陈东非常痛恨奸臣,还在宋钦宗刚即位的时候,曾经和一批太学生上书朝廷,要求杀死蔡京等"六贼",逼得宋钦宗只好惩办"六贼"。这时,他率领几百名太学生,到宣德门上书,请求恢复李纲官职,罢免李邦彦。东京军民听说太学生请愿,自动赶来声援,一下子聚集了好几万人。

这时正好李邦彦去上朝,愤怒的群众当面把他痛骂了一顿,还抛掷石块瓦片打他。李邦彦吓得逃进了宫中。

人群像潮水一样,又涌到皇宫门口,喊声震天动地。宋钦宗怕事情闹大了,不好收拾,派人出来欺骗说:"李纲用兵失利,不得已才罢免的。等金兵退走,再叫他复职。"

群众非常不满,坚持不散。开封府知府王时雍赶来,威胁太学生说:"你们可以胁迫天子吗?还不散去!"

太学生义正词严地回答说:"我们用忠义胁迫天子,难道不比奸臣胁迫天子卖国好吗?"

群众准备动手揪他,王时雍急忙逃掉了。

宋钦宗吓得不得了,只得派人召回李纲,当众宣布恢复李纲的官职,命令他兼任京城四壁防御使。人群这才欢呼散去。

李纲复职以后,立刻布置防务,下令重赏杀敌立功的人。京城里的守军,士气非常高涨。金兵看到宋朝加强防备,决心抵抗,害怕起来,不等宋朝缴足赔款,就急急忙忙撤退回去了。

徽钦两帝当俘虏

金兵撤退以后，宋钦宗和一批大臣以为从此太平无事了。宋徽宗也回到了东京。他们仍旧和从前一样，过着奢侈荒淫的生活，不作任何防御的准备。各地赶来救援东京的宋军，也都被遣散回去了。

李纲看到这种情形，非常担忧。他几次上书朝廷，要宋钦宗加强军备，防止金兵再来侵犯。但是，朝中投降派当权，不但不理睬他的意见，反而处处排挤他。宋钦宗也讨厌他留在京城多嘴，就派他到河北、河东（今山西）抗金，把他调离京城。

李纲上前线抗金，宋钦宗却只给他很少一点人马和军饷。他到了怀州（今河南沁阳），那里的将领又不听他的调度，结果吃了败仗。这一来投降派又立刻攻击他，说他专门主战，打起仗来却损兵赔钱。宋钦宗听了投降派的话，就罢了李纲的官，接着又把他贬到南方去了。

金太宗听到李纲罢官，高兴极了。公元1126年八月，他又出动大军，侵略北宋。他命令宗翰为左副元帅，宗望为右副元帅，分东、西两路进军。

这时候，各地宋军又自动赶来保卫京城。但是，投降派一心求和，命令这些军队停止前进。于是，这些军队又纷纷回去了。

金兵到了黄河北岸，见对岸有十几万宋朝守军，不敢渡河。他们把军中的战鼓集中起来，敲了一夜，南岸的宋军吓得全部逃光。

金兵渡过黄河以后，宗翰派使臣到宋朝，提出划黄河为界，河北、河东的地方全部归金国。宋钦宗百依百顺，马上派耿南仲和聂昌两个官员前去割地，还下诏给那些地方的军民，叫他们开城降金。

河北、河东的人民非常愤怒，坚决反对投降割地。聂昌走到绛州（今山西新绛），

被绛州人民杀死了。耿南仲和金国使臣一道走到卫州(今河南卫辉),当地人民要捉金国使臣,使臣吓得连忙逃走。耿南仲也不敢再提割地了。

金兵很快杀到东京,城中守军很少,援军又早已被遣散,宋钦宗束手无策。抗战派官员请求率兵出战,宋钦宗却不敢答应。

当时,京城中有个叫郭京的骗子,胡吹自己懂得什么"六甲法"(一种捏造出来的妖法),说什么只要用七千七百七十七人,就可以活捉金国的宗翰和宗望。兵部尚书孙傅听到以后,喜出望外,立刻向宋钦宗推荐,对郭京封官赏钱,命他招募七千七百七十七人去守城。

有点见识的人都反对这样做。他们对孙傅说,自古以来,从未听说靠这种办法能成功的。但孙傅却深信不疑。

金兵攻城很急,宋朝政府不断催郭京出兵。郭京装腔作势,推托说:"不到危急的时刻,我是不出战的。"

后来,郭京实在无法再拖了,才派人出城作战。他自己坐在城楼上,假装作法,不许别人观看。哪知道他的军队和敌人一交锋,就败下阵来,不少人跌到护城河里淹死了。宋军赶紧关闭城门,才把金兵挡在城外。

郭京看到混不下去了,对守城宋将说:"金兵这样猖狂,我要亲自出城作法。"

郭京跑下城楼,带领一批残兵败将,大开城门,向南逃得无影无踪了。金兵乘机进攻,宋军来不及关闭城门,东京就这样失守了。

城破后,宋军士兵和城中居民要求继续抵抗,并表示愿意保护皇帝突围,但宋钦宗既没有勇气抵抗,又怀疑这些人别有用心,不肯接受他们的要求。

宋钦宗派宰相何㮚到金营去求和。何㮚吓得连马背都爬不上去,手中的马鞭一连落下来三次。

何㮚到了金营,宗翰、宗望假意对他说:"我们不想灭掉宋朝,叫皇帝亲自来议和。"

宋钦宗没有办法,只好亲自带领几个大臣,赶到金营,向宗翰、宗望交了降书,向金国称臣,跪倒在金兵的面前。

宋钦宗一送上降书,金人马上变了卦,提出要废除宋钦宗的帝号,另立一个宋

朝的国君。宋钦宗回到城里，放声大哭道："宰相误了我父子二人！"

接着，金兵派人进城，查封府库中的金银财物，勒索去金一千万锭，银两千万锭，绢一千万匹。宋钦宗还派出大批官员，帮助金兵到百姓家中搜括金银。

公元1127年春天，金兵要宋钦宗再到金营去。宋钦宗一到金营，就被扣起来。没几天，宋徽宗也被押送到金营。徽宗、钦宗两个皇帝都当了俘虏。金太宗下令把宋徽宗和宋钦宗废为庶人，把他们和皇亲国戚、各种手工业匠人等三千多人，押送到金国当奴隶。还掠夺去大量金银财宝和文物图书。

这次事变是在北宋靖康年间发生的，历史上称为"靖康之变"。

北宋王朝被金国灭亡了。它从赵匡胤做皇帝开始，一共统治了一百六十七年。

当时，在汴京的宋朝皇族中，只有康王赵构领兵在外，逃脱了这场灾难。于是，有些宋朝官员就拥护赵构继承皇位。这年五月，赵构在南京（今河南商丘）登上了皇位，改年号为"建炎"。后来，他把国都迁到了临安（今浙江杭州）。这个偏安的宋王朝，历史上称为南宋。赵构就是南宋的第一个皇帝宋高宗。

李清照词才闪耀

腐败的南宋小朝廷,面对横行的金兵只知逃跑。宋高宗从临安逃到越州(今浙江绍兴),又从越州逃到明州(今浙江宁波),再乘船从海路逃到了温州。百姓们跟着朝廷辗转避难,受尽了战乱的煎熬,尝尽了家破人亡的痛苦。在逃难的人群中,就有宋朝的一代女词人李清照。

李清照,号易安居士,历城(今山东济南)人。她通晓书画,善写诗文,尤其以写词著名,是南宋婉约派词人的代表。她出身于一个文学修养很高的家庭,父亲李格非是苏轼的学生,担任过礼部员外郎等官职。母亲也知书善文。在这样一个良好的家庭环境中,李清照精通史书,见闻广博,少女时代写的诗词就远近闻名了。

十八岁时,李清照嫁给了太学生(我国古代的大学生)赵明诚。赵明诚是当时的吏部侍郎赵挺之的幼子,是宋代著名的金石学家。

李清照与赵明诚志同道合,他们不仅都善诗能文,而且都爱好金石(古代铜器和石碑上的字画)学。李清照帮助赵明诚一起搜集碑文字画,收藏金石器皿,还和他一起,对家中所收藏的商周时期的彝器、汉唐时期的石刻拓本进行整理研究。

闲暇时,夫妻俩诗词唱和,情意深长。据说在宋徽宗宣和年间,有一年重阳节,李清照写了一首词《醉花阴》,寄给在莱州(今山东掖县)做官的赵明诚。赵明诚读后叹赏再三,自愧不如。为了胜过妻子,他闭门谢客,废寝忘食地写了三天三夜,一共写了五十首词。他把李清照的《醉花阴》夹在其中,给朋友陆德夫看。陆德夫细细地读了几遍,说:"只有三句极好。"

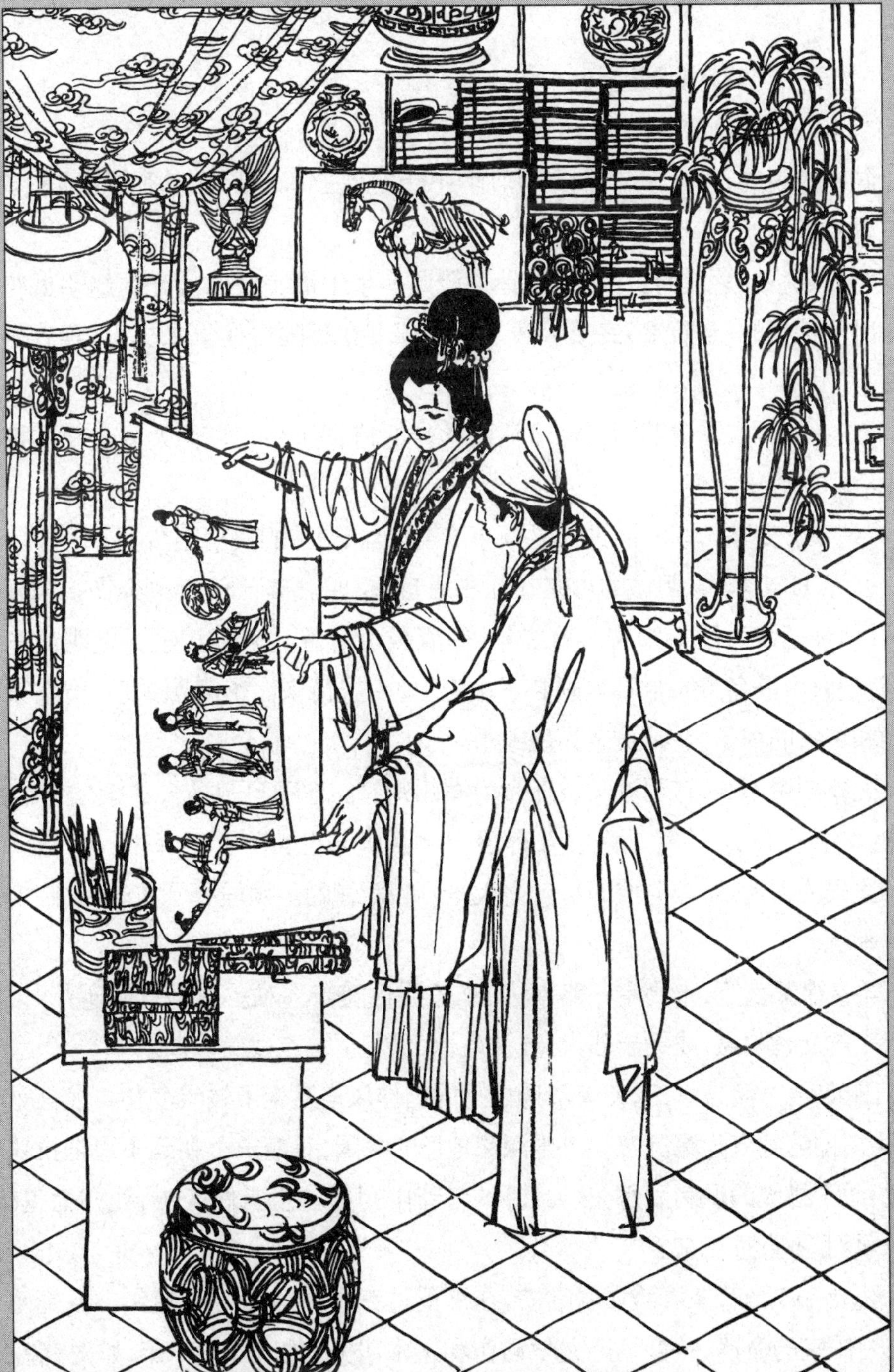

"是哪三句?"赵明诚追问。

"莫道不消魂,帘卷西风,人比黄花瘦。"

陆德夫说的,正是李清照《醉花阴》中的最后三句。可见李清照的词是多么具有艺术特色。

"靖康之变"之前的这段岁月,是李清照一生中最美好的时光。赵明诚花了二十年时间编撰的《金石录》终于编成了。这部书在我国古代学术史上,具有很高的地位。

在这一时期,李清照写了许多清丽婉转的诗词作品。它们大多表现了她在优裕生活中的悠闲情怀。

"靖康之变"后,李清照进入了颠沛流离、凄凉悲苦的后期生活。

公元1127年,赵明诚的母亲在江宁去世,赵明诚离开任所去奔丧。宋高宗即位后,他被任命为江宁知府。第二年,李清照也为避乱来到江宁。赵明诚来江宁时,曾把家中最名贵的金石字画装了十五车,一起带来。李清照走后,留在家乡的文物和老家的房子,全都被金兵烧毁了。

夫妻团聚不久,赵明诚又被任命为湖州知府。他独自骑马去建康(当时江宁已改名为建康)接受任命,不幸于途中患病,到建康后竟与世长辞了。

丈夫的去世,对李清照的打击之大是可想而知的。她埋葬了丈夫,去临安投靠弟弟李沆。

不久金兵南下,宋高宗一路南逃,李清照也随着逃难。当她返回越州时,随身带出来的文物收藏,或毁于战火,或被盗掠,只剩下一点残简碎篇。

国破家亡,凄苦漂泊,使李清照后期的创作风格发生了较大变化。尤其是她的词,由清丽缠绵变为深沉悲壮。她深深地怀念故国,对南宋小朝廷不思抵抗只知逃跑,给予了极大的讽刺。她在《乌江》这首诗中写道:"生当做人杰,死亦为鬼雄;至今思项羽,不肯过江东。"

公元1132年,李清照移居临安,在那里过完了凄凉孤苦的晚年。但是她一直关心着国家的命运,一直坚持文学创作和学术研究。公元1134年,她对《金石录》做了最后的修改整理,写下了著名的融叙事、抒情于一体的《金石录后序》。她把书

献给朝廷,请求出版。大约在公元1155年或稍后,一代女词人终于走完了她的人生之路。去世时,她七十多岁。

  李清照去世后不久,《金石录》终于刻成问世;她的词集《漱玉集》六卷和诗文集《李易安集》十二卷,也相继问世。可惜,她的诗词文集后来都散失了,今天我们看到的《李清照集》,都是后人重新收集的,只是她的作品的一部分。

韩世忠抗击金兵

公元1129年秋天,金朝派兀术(wù zhú)为统帅,带领十万兵马,大举进攻江南。前面讲到,宋高宗一路南逃,逃到明州,乘船下海。金兵乘船追击,不料碰上大风大雨,翻了一些船。他们生长北方,不习惯乘船,只好放弃追赶。兀术因为孤军深入,怕宋军堵击,不敢多停留,就在明州、杭州烧杀掳掠了一番,动身向北方撤退。

南宋的爱国军民对金兵的侵略非常气愤。就在第二年初金兵北撤的时候,驻守镇江的著名宋朝大将韩世忠率领部下,奋起抗击。

韩世忠是延安(在今陕西延安)人。他十八岁从军,力大无比,能拉硬弓,打起仗来勇猛非凡。早在宋军跟西夏作战时,他就立了不少功劳。抗金战争刚起,他就在河北抗击金兵,后来跟随宋高宗南下。他的夫人梁红玉也懂得武艺,常常协助丈夫指挥作战,是一位巾帼英雄。

韩世忠侦察到兀术带兵北撤的军情以后,决计挑选镇江作战场,在那里进行阻击。他故意先派三路军队,分头驻守青龙镇(今上海青浦北)、江湾(今上海)和海口,摆开阵势,使金兵不敢从这些地方撤退。

为了迷惑敌人,到了上元节(即农历正月十五日元宵节),韩世忠又下令在秀州(今浙江嘉兴)城中张灯结彩,大闹元宵。正当大家欢庆元宵佳节的时候,他却突然调兵遣将,连夜直奔镇江。

兀术侦察到青龙镇、江湾、海口、秀州都有韩世忠的驻军,果然避开那些地方,带领大队人马,沿着运河北上,准备从镇江渡江北撤。

这年三月,兀术到达镇江,发现江面上都是韩世忠的兵船,这才知道情况不妙。

他想了解一下宋朝军队的虚实，就带领四名部将，骑着马，悄悄地登上江金山的龙王庙，观察宋军的部署情况。

韩世忠料到兀术一定会这样做，早已派两百名精兵埋伏在龙王庙内，又派两百名精兵埋伏在脚下，约定听到鼓声，山脚下伏兵首先出击，然后庙里的伏兵跟着杀出来，活捉兀术。

兀术一行五骑到了山顶，哪知道庙里的伏兵杀敌心切，还没听到鼓声，就杀了出来，结果只抓住两名敌将。另外三个敌人拨转马头，夺路而逃。其中一人，身穿红袍，腰围玉带，慌忙中跌下马来，又立刻跳上马背，狂奔而去。后来，宋军审问抓来的那两个俘虏，方知那人就是兀术。

兀术见宋军已有防备，知道一场恶战是无法避免了。他依仗人多势众，就派人去和韩世忠约定日期决战。

韩世忠深知敌强我弱，因此作了周密部署。他用大战船封锁江面，不让金兵向北逃窜，以示全歼金兵的决心。

决战那一天到来了，双方在长江南岸江边摆开了阵势。当时宋军只有八千，金兵却多达十万，兵力相差很多，但韩世忠毫不畏惧，亲自披挂上阵，率领将士，冲入敌阵，和兀术大战了十个回合。他的夫人梁红玉也全身戎装，立在高处，擂鼓助威。宋军将士见主将夫妇一起上阵，深受鼓舞，无不勇气倍增，拼命冲杀。金兵虽然人多，但长期行军作战，疲劳过度，哪里是宋军的对手。结果，宋军杀死了很多敌人，打了一个大胜仗。

兀术吃了败仗，就带领军队，乘船退到黄天荡（今江苏南京西北）。黄天荡虽是长江一段江面，却是一条死港，没有退路。这时金兵渡江渡不过，后退退不成，进退两难，处境非常不利。兀术就改变策略，派人向韩世忠求和，表示愿意缴出全部抢来的财物，要宋军放他们过去。韩世忠严词拒绝了。兀术又表示愿意把自己的宝马送给韩世忠，韩世忠还是一口回绝了。

江北的金兵得知兀术被围困在黄天荡，就分乘小船，渡江前去救援。哪知韩世忠也早已料到，派大战船守候江面，船上都备有用铁链连接着的大铁钩。只等金兵小船靠近，宋军就甩出大铁钩，把小船钩住，然后用力拉铁链，一下子就把小船掀翻

了。金兵的小船接连不断地被掀翻沉入江中,那些还没有被宋军钩住的敌船,纷纷逃回江北去了。

兀术一筹莫展,又亲自到阵前向韩世忠求情,请韩世忠放他们一条生路。韩世忠严厉地说:"只要你们放还掳去的两个大宋皇帝,归还大宋的疆土,就可以放你们过去!"

兀术听了,一句也答不上来,灰溜溜地回营了。

过了几天,兀术又要求再上阵会见韩世忠。在阵前,兀术出言不逊,韩世忠大怒,拿起弓箭,要射死他,兀术吓得逃回去了。

金兵被围困在黄天荡四十八天,粮草将尽,又无救兵,叫苦连天。兀术焦急万分,召集诸将商议办法。

有人献计说:"黄天荡北面原来有一条淤塞的河道,只要把它挖通,便可以直达宋军的上游,悄悄地渡江北撤了。"

兀术一听,喜出望外,连夜派兵挖通了三十多里长的淤塞河道。第二天天亮,天气很好,没有一丝风,金兵乘着小船,一面放火,一面放箭,向建康逃去。韩世忠的船队虽严阵以待,但因为没有风力,船帆失效,行驶不便,给敌人抢得了先手。正在紧要关头,不料金兵又射来火箭,宋军战船着火,只好眼睁睁地看着金兵的船只逃跑了。

这次镇江之战,韩世忠虽未大获全胜,但他以八千人马,把兀术的十万大军打得狼狈而逃,扭转了南宋一味逃窜的局面,意义是十分重大的。

兀术逃到建康以后,在建康掳掠一番,不料又遭到宋将岳飞的痛击,金兵被杀得尸横遍野,好不容易才逃回了北方。

撼山易撼岳家军难

南宋时最著名的抗金将领是岳飞，他率领的岳家军，是一支令金兵闻风丧胆的劲旅。

岳飞字鹏举，相州汤阴(今河南汤阴)人。岳家十分贫穷，但岳飞从小好学，为人谦和，孝顺父母。长大后他熟读兵书，力大善射。二十岁时，岳飞应征入伍。他智勇双全，屡立战功。他率领的岳家军纪律严明，战斗力很强，谁拿民间一草一木，马上处死；老百姓主动开门留宿，也无人敢入。全军的口号是："冻死不拆屋，饿死不掳掠。"打仗时，全军士气高涨，所向披靡。敌人遇到岳家军，不是溃败，便是投降。

所以，当时在金兵中流传着一句话："撼山易，撼岳家军难。"宋高宗赵构也亲笔写了"精忠岳飞"四个字，做成旗子赐给岳飞。

岳飞一生以精忠报国、收复中原为己任。公元1130年，完颜兀术侵扰常州、镇江，想渡江北归，岳飞率兵堵截，屡战屡胜。清水亭一战，打得金兵弃尸十五里，并配合韩世忠取得黄天荡阻击战大捷。兀术逃离黄天荡后，直奔建康。岳飞果断地在牛头山设下埋伏。夜里，他派出一百多名士兵混入金营骚扰，金兵又惊又怕，自相残杀。兀术急忙逃往淮西，岳飞因而收复建康。

正是在这前后，岳飞写了一首词《满江红》，以表达他收复中原的豪情壮志。其中"三十功名尘与土，八千里路云和月"，已成为传诵千古的名句。

岳飞曾连续上表，请求出师北伐，但都因为宋高宗、秦桧等人主张议和而没有结果。公元1138年，金国派使者议和，岳飞虽然竭力劝阻，但第二年宋金议和仍成为事实。宋向金称臣，每年进贡银二十五万两，绢二十五万匹；金归还河南等地。朝廷为此准备庆贺，岳飞却上书直言：议和是国耻，不应庆贺；并表示了收复燕云，复国报仇的意愿。朝廷不采纳他的意见，却升他的官职，表示安抚。

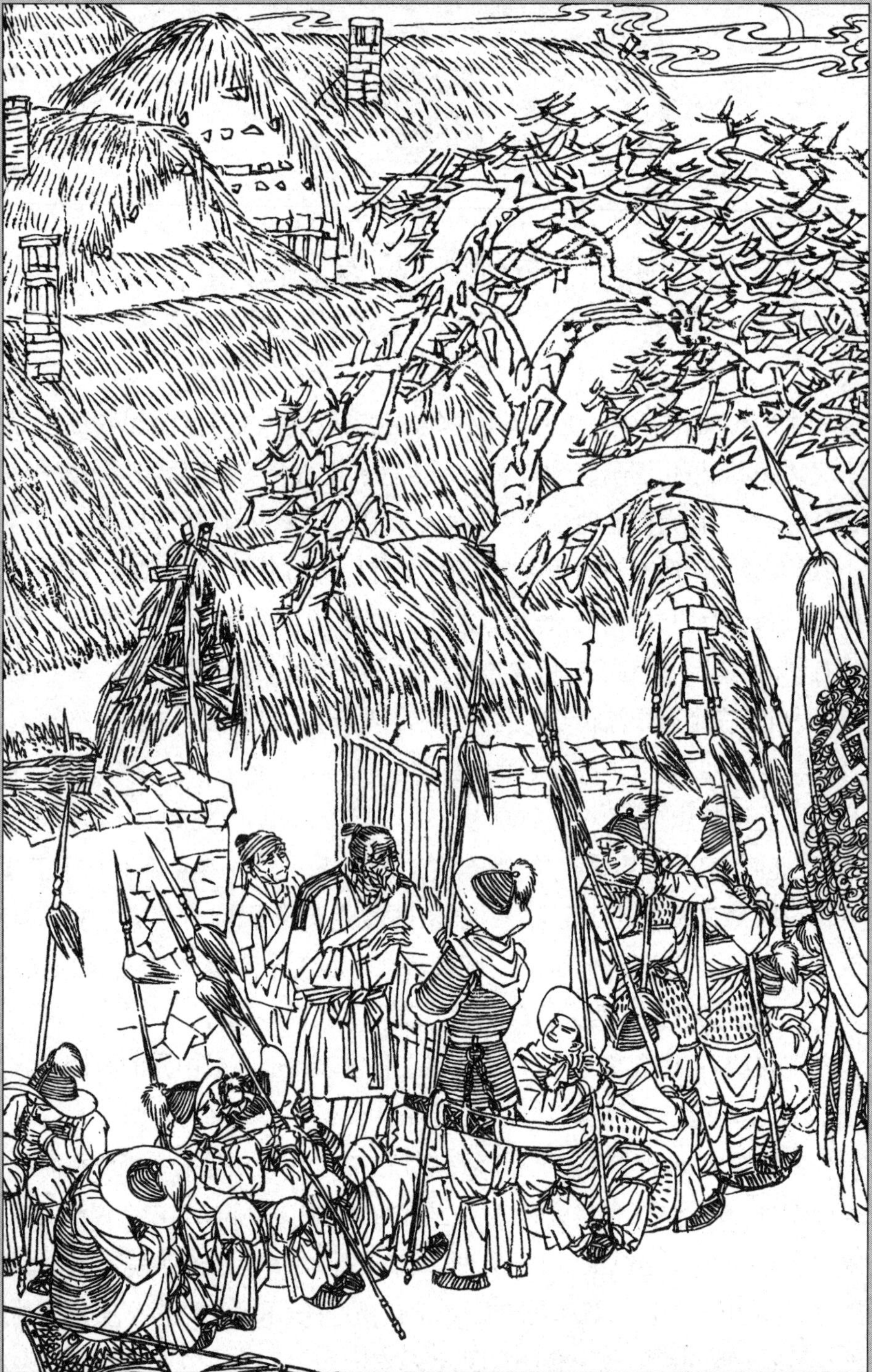

然而不出岳飞所料，公元 1140 年，金朝便撕毁和约，出动大军，分四路大举进犯。不到一个月，根据和约归还南宋的大片土地再度沦陷。危急之时，朝廷才派岳飞救援。岳飞马上调兵遣将，率军长驱北上，直逼中原。不久，各路将领纷纷传来捷报，他们收复了许多失地。王贵等将领又分路出战，岳飞则以轻骑进驻郾城。入侵的金兵节节溃退，岳家军声势大振，锐不可当。

完颜兀术大为恐慌，召集部下龙虎大王等商量。他们认为，宋朝的大将只有岳飞难以抵挡，准备集中兵力与岳飞决战。

兀术集合龙虎大王、盖天大王和韩常的兵力，进逼郾城。岳飞派儿子岳云领骑兵直冲金军，岳云不负重托，与金军大战数十回合，杀得金兵尸横遍地。

兀术有一支劲旅，士兵身披重甲，每组三匹马，用索相连，号称"拐子马"，非常厉害。这次，兀术调集了一万五千名骑兵，向宋军冲杀过来。岳飞派出步兵持刀冲入马阵，叫他们专砍马腿。因为"拐子马"三匹相连，一匹砍倒，其他两匹无法行动，"拐子马"便失去了战斗力。宋军乘机冲杀，金兵大败。"拐子马"全军覆灭，兀术失声痛哭："自从起兵以来，都靠'拐子马'打胜仗，今天全完啦。"

岳飞见连连获胜，便对岳云说："敌军失败多次，必然改攻颍昌（今河南许昌东），你赶快带兵去支援。"

金兵果然转攻颍昌。岳云和颍昌的王贵互相配合，围击金兵，一场大战，杀死兀术的女婿夏金吾、副统军粘罕索堇。兀术屡打败仗，只好下令让老人和妇女儿童先撤退。

岳飞乘胜进军朱仙镇，这里离汴梁只有四十五里。退守在汴梁城里的兀术已陷入绝境。

捷报传来，活跃在民间的各路义军都纷纷举起岳家军旗号，打击金兵。各地的老百姓也争着推车牵牛犒劳岳家军。兀术哀叹道："自从我在北方起兵以来，从来没有失败得像今天这样惨。"

岳家军胜利在望，岳飞在朱仙镇对将士们豪迈地宣布："大伙奋力杀敌吧！等我们直捣黄龙府，再一起痛饮庆功酒！"

全军上下，群情激奋。南宋抗击金军，收复失地，出现了前所未有的大好局面。

226

秦桧陷害忠良

宋军乘胜追击,却受到宰相秦桧(huì)的阻挠。秦桧鼓动宋高宗与金人议和,并以宋军立即撤军作为议和的条件。岳飞知道后上书朝廷说:"金兵的锐气已经丧尽,辎重已全部抛弃,正迅速渡河向北逃窜;各地的豪杰纷纷来归,将士们士气高涨,奋勇杀敌。我大宋收复失地,重振雄威,正是时不再来,机不可失。"

秦桧深知岳飞的抗金志向不可能改变,就先将韩世忠等另外几路大军的统帅调回,然后说岳飞孤军不可久留,必须赶快班师。高宗为此一天之内竟向岳飞连续发出十二道金牌。岳飞悲愤地叹息道:"十年努力,毁于一旦!"

当时兀术正想逃离汴梁,但有个人拉住他的马缰说:"太子不要走,岳少保('少保'是岳飞的官衔)就要退兵啦。"

兀术不信,说:"岳飞以五百骑兵打败我五十万大军,现在正乘胜打过来,汴梁怎能守住?"

那人回答说:"自古以来,朝中有奸臣掌权,大将就不可能在外立功。岳少保自己性命还难保,怎谈得上成功呢!"

兀术恍然大悟,决定留在汴梁,等待时机。

这人说的奸臣就是秦桧。

秦桧原是北宋的大臣。徽、钦二帝被金兵抓到北方时,秦桧和他的妻子王氏也一起被俘。秦桧为人阴险,善于见风使舵,金太宗就派他在其弟挞懒部下做官。后来挞懒带领金兵南侵,秦桧夫妻居然"逃离"金军,赶到越州宋高宗的行宫。大臣们都怀疑他是金人的内奸,但宰相范宗尹与他一直有交情,便向高宗极力推荐。

宋高宗正想与金人议和,因此与秦桧一拍即合,立刻任命他为礼部尚书,不久

又升任他为宰相兼枢密使。秦桧掌握了南宋军政大权以后,便一心要同金人议和,把坚决抗金的岳飞看成心腹大患。他看到岳飞北伐即将成功,便大耍阴谋,百般破坏,假传圣旨命令岳飞停止追歼金兵。

秦桧将韩世忠、岳飞召回京城后,就让宋高宗封韩世忠为枢密使,岳飞为副枢密使,名义上是升了官,实际上是夺了他们的兵权。兀术知道后,便送密信给秦桧,说:"你朝夕向我大金求和,但岳飞却天天想用武力夺我中原。你一定要杀掉岳飞,我们才会同意议和。"

秦桧也怕岳飞活着对自己不利,于是就下决心要杀害岳飞。

右谏大夫万俟卨(Mò qí Xiè)原来就忌恨岳飞,曾向秦桧说过岳飞许多坏话。秦桧就任命他做言官。万俟卨心领神会,立即向朝廷诬告岳飞,罗织了岳飞在金人进攻淮西时,拥兵不救,还要放弃阵地等许多罪名。他们又唆使何铸、罗汝楫等官员先后上书弹劾。岳飞见秦桧党羽联合起来陷害他,便几次请求辞职。

不久,岳飞改任两镇节度使。但秦桧还不肯罢休,他知道大将张俊与岳飞不和,就煽动张俊诬告岳飞的部将张宪阴谋兵变,策划归还岳飞兵权。宋高宗一听岳飞有兵变的危险,十分震怒。秦桧乘机将岳飞和他的儿子岳云、部将张宪抓进监狱。岳飞见使者来抓他,坦然地说道:"皇天后土,可表此心。"

秦桧先命御史中丞何铸审讯。但何铸并未查出岳飞的罪证,让秦桧非常恼怒,就改命万俟卨负责审问。万俟卨也找不到岳飞的任何罪证,便捏造事实,谎称岳飞和岳云曾给张宪写信,张宪用虚报军情的办法,促使朝廷恢复岳飞的兵权。他们又迫使岳飞的部将孙革等作证,诬陷岳飞。

直到年底,秦桧一伙绞尽脑汁,罗织罪名,也无法将岳飞定案。一些朝廷官员都认为岳飞无罪,但他们都被秦桧贬到外地去了。有一个叫刘允生的平民上书为岳飞伸冤,竟被处死。

韩世忠为岳飞案也抱不平,当面责问秦桧。秦桧无法回答,竟说:"岳飞和岳云写给张宪的信这件事,虽弄不清,但莫须有(或许是有的)。"

韩世忠气愤地回答:"莫须有三个字怎能使天下人心服!"

岁末寒冬,雪花纷飞。秦桧夫妻在东窗下取暖喝酒。秦桧一心要置岳飞于死

地,但没有证据,怕引起公愤,因此心事重重。秦妻王氏便冷笑说:"缚虎容易放虎难。"

秦桧终于下了决心,马上写了一张小纸条,命人将岳飞秘密杀害于狱中。岳云、张宪同时被害。奸臣夫妻,酿下了这起千古奇冤。

岳飞的冤狱,在宋高宗死后,才得到平反昭雪。岳飞成为千古传颂的英雄,人们在杭州的西湖边修造了岳坟、岳庙,永远纪念他。在岳飞墓前,人们又用生铁浇铸了秦桧、王氏、万俟卨、张俊的跪像,他们陷害忠良,卖国求荣,永远遭人唾骂,遗臭万年。

书生智勇退敌兵

金朝自完颜亮杀死金熙宗自立为帝后,积极备战,企图一举灭宋。但宋高宗赵构却对"绍兴和议"及偏安江南的局面很满足,因此对完颜亮的侵略野心不闻不问。

公元1161年六月,完颜亮迁都汴梁,完成侵宋的最后准备。九月,完颜亮亲自统率三十二路共百万兵马进攻南宋。十月渡过淮河,一举攻占两淮地区,宋军抵挡不住,节节败退,转眼之间,金军已直逼采石矶。

江淮防线,原由主帅刘锜防守江北,副帅王权防守淮西。见金兵大举进攻,王权闻风而逃,刘锜正在生病,无力应战,只好退守扬州。江淮首战失利的消息传开后,朝廷内外都十分震惊。

宋高宗见形势危急,不由惊慌起来,准备逃到海上去躲避。陈康伯等大臣极力劝阻,宋高宗才改变了逃跑的念头,派枢密使叶义问去督察江淮军情,虞允文做助手;又派成闵、李显忠代替刘锜和王权,企图重振军威,与金兵在江淮地区进行决战。可是叶义问又是一个胆小鬼,他不敢亲临前线,为了敷衍朝廷,只派虞允文到采石矶前线去慰问将士。

虞允文到采石时,王权已被撤职,李显忠却还没有到任。这时,金朝大军已压境,正准备一举渡江,而宋军因没有主帅,人心惶惶。士兵们解掉马鞍,脱掉盔甲,三五成群,散坐在路旁。虞允文责备他们:"金兵都快要渡江了,你们还坐在这里等什么?"

士兵们抱怨说:"将军们都跑了,我们还怎么打仗?"

虞允文是一个书生,公元1153年考中进士,从来没有带兵打过仗。但眼前的形势使他十分焦急。他想:如果消极等待李显忠来处理,肯定要贻误国家大事。江淮一旦失守,金兵长驱直入,百姓又要遭灭顶之灾。

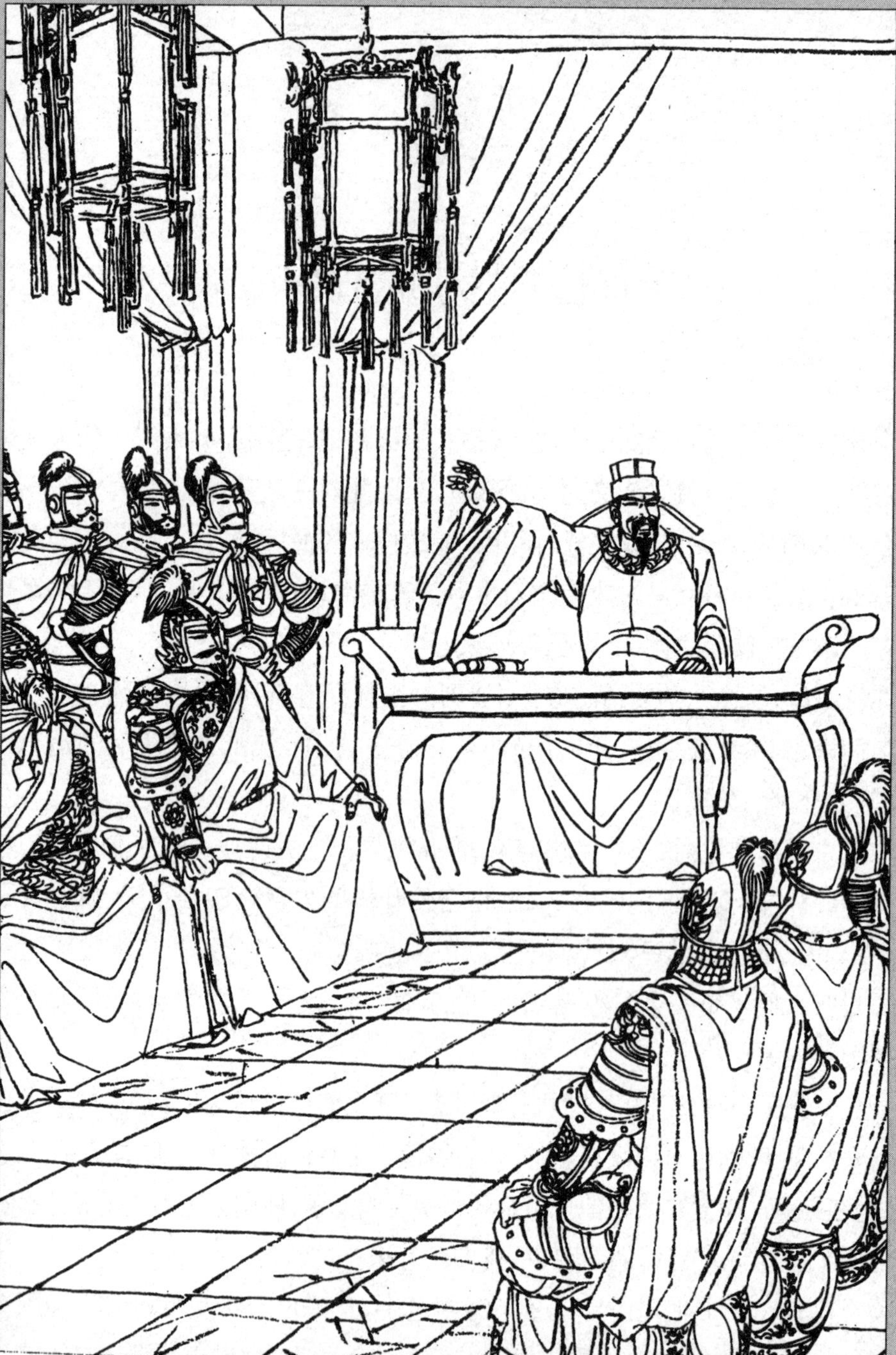

于是他立刻把将士们召集起来,对他们说:"我带来了朝廷的命令和慰问品,希望大家保卫国家,奋勇杀敌,朝廷一定会论功行赏。国家危难之际,正是大家立功之时啊!"

将士们听了虞允文的一席话,精神也振奋起来,他们说:"既然有您做主,我们愿意和金兵决一死战。"

这时,一名随从官员劝告虞允文说:"你是奉朝廷之命来慰劳将士的,又没有任命你来指挥打仗。别人把事情弄成一团糟,难道你能收拾这副烂摊子?"

虞允文听了,说:"目前形势危急,已经到了国家存亡关头,我怎能视而不见,一推了之呢!"

于是他理直气壮地担当起主帅的职责,战士们也都拥戴他。

虞允文亲自带队到江边视察。只见江对面金军兵营连兵营,长达十里。正中有一座高台耸立,深红色大旗和绣旗各一对,分别插在两旁。中间一座黄帐,金朝统帅完颜亮趾高气扬地坐在台上。这时有探子报告说:"昨天金军已杀了一匹白马、一匹黑马祭天,宣布第二天渡江。今天一早又宣布,谁先渡过江赏一两黄金。"

当时,金兵有四十万,又有大批骑兵,而宋军只有一万八千人。敌众我寡,形势非常严峻。

虞允文迅速命令宋军排好阵势,原地坚守,并把战船分成五队:两队沿江的东西两岸巡逻;一队泊在江中,船上满载精锐士兵,准备随时投入战斗;其他两队隐蔽在港汊中,准备增援。

虞允文刚安排停当,金兵已开始渡江。完颜亮手执小红旗,亲自指挥数百艘战船冲过江来。转眼间,已有七十条船到达南岸。金兵陆续登岸,向宋军冲杀过来。宋军被迫往后退却。

这时,虞允文赶到阵中,拍着大将时俊的肩背,说:"将军胆略闻名四方。如果躲在阵后不出战,就像小儿女一样了。"

时俊受到鼓励,马上挥舞着双刀冲出阵去,士兵们见状,也奋勇向前,与金兵死战。江中宋军的战船趁机冲向敌军,将敌船撞沉。金兵不识水性,落水以后大多被淹死。金兵士气锐减,宋军斗志旺盛。两军鏖战到日落西山时,金兵一半被消灭,

一半还在顽抗。

就在两军相持不下的时候,一群从光州(今河南潢川)败退下来的宋军途经采石矶。虞允文没有指责他们,而是鼓励他们将功折罪。他将军旗和战鼓交给他们,命令他们从山后转出,击鼓摇旗,疑惑敌兵。果然,金兵见了以为宋军援兵来到,纷纷退却。虞允文又命令追击,用强弓射杀。这一战,金兵大败,死四千余人,被俘五百余名。完颜亮恼羞成怒,无处发泄,残忍地将败逃回去的士兵统统杀掉。

虞允文估计完颜亮必然会卷土重来,连夜作出部署。他命令一部分将士乘船埋伏在上游,一部分埋伏在渡口堵截。五天后,金兵果然来袭击,宋军以逸待劳,两面夹击,烧毁敌船三百艘。金兵败退,从此一蹶不振。

完颜亮大败后,烧掉自己的龙凤舟,把教他渡江的梁汉臣和负责造船的两名官员斩首,领军开往瓜洲(今江苏扬州南),准备第二天在瓜洲渡江。他同时宣布,畏惧不前的将士将被处死。完颜亮的暴行激起了将士们的不满,第二天拂晓,金朝的兵部尚书耶律元宜领头发动兵变,将完颜亮射死在大帐中。

完颜亮被杀前一个多月,金朝内部也发生了政变。东京留守完颜雍称帝,他就是金世宗。为了稳定内部,金世宗派人到宋朝议和,打了多年的战争终于又停下来了。

朱熹理学集大成

公元 1162 年,没有皇子的宋高宗,立太祖赵匡胤的后裔赵玮为太子,并改名眘(shèn)。六月,高宗宣布退位,做太上皇去了,太子赵眘即位,这就是宋孝宗。

宋孝宗即位后,也想整顿朝纲,抗击金兵,收复失地,因此一度出现了较好的局面。他即位后不久就下诏书,要大臣们对朝廷政治提意见。曾任泉州同安(今福建厦门东北)主簿的朱熹立即写了奏章。在奏章中他指出,与金人"不作战不能复仇,不守住国土不能确保胜利";他认为,和议有百害而无一利。他还劝孝宗要"正心诚意",多学知识,管好国家。

朱熹是南宋时著名的哲学家、教育家,徽州婺源(今属江西)人,公元 1148 年(宋高宗绍兴十八年)的进士。朱熹从小就很聪明,有悟性。在他刚学说话的年龄,有一天,他父亲朱松手指着天空教他说:"天。"

朱熹仰头看看天,眨巴着眼睛竟问他父亲道:"天的上面是什么东西呀?"

朱松又惊又喜,于是便教他读书。朱熹学习很努力,熟读经史,受到老师的赞赏,称他是一个不可多得的人才。

公元 1163 年,朱熹被朝廷授予武学博士一职,两年后到临安上任。但那时宋军在符离大败,宋金签订了"隆兴和议";而宋孝宗倚仗为抗金"长城"的大臣张浚,也病死了,朝中主和派又占了上风。主张抗金的朱熹受不了这样的环境,不多久便辞职回家。十多年后,他已经四十九岁时,才又到南康军(治所在今江西星子)主持政务。

任职期间,朱熹修复了庐山五老峰下的白鹿洞书院,并亲自为学生讲课。那时,他的学说正是发展成熟时期,影响很大,因此吸引了各地的读书人,他们纷纷来

到白鹿洞书院求学。白鹿洞书院一时间也声名远扬，成了和石鼓、应天、岳麓齐名的宋代"四大书院"。

朱熹在学术上最大的成就，是发展了北宋哲学家程颢(hào)、程颐兄弟关于"理气"的学说，集理学之大成，建立了一个完整的理学体系。

自从汉武帝推行"罢黜百家，独尊儒术"以后，儒家学说便成了中国古代思想文化的主流。为了适应各个不同时期封建统治的需要，儒家所提倡的学说又有所不同。宋代的儒学着重阐释天道义理，所以叫理学，也称道学。它是新儒学，是儒学发展史上最大的学派和思想体系。

理学的先驱是北宋早期的哲学家周敦颐，奠基者是程颢、程颐。程颢、程颐俩都是周敦颐的学生，世称二程。他们长期在原籍洛阳讲学，建立了以"天理"为核心的唯心主义理学体系。他们以"理"为最高范畴，主张"天下只有一个理"，认为"天理"是独立存在的精神实体，产生万物，主宰万物，"顺之者昌，逆之则难"；他们还提出了"存天理，灭人欲"这一著名的理学原则。当时曾有人问：如果寡妇家庭贫穷，能不能改嫁？他们回答说："饿死事极小，失节事极大。"

朱熹是二程的四传弟子，他继承并发扬了二程的学说，他们的学说被世人称为"程朱理学"。朱熹继承并发展了二程的"理"、"气"学说，主张理、气相依而不能相离，"天地之间，有理有气"。理是生物的根本，气是生物的形态。但"理在先，气在后"，"理生气"，"有理便有气，流行发育万物"。

朱熹的理学也具有辩证法因素，他提出"凡事无不相反以相成"，天下事物都是"一分为二"的，都有相对应或对立的一面。这些对应、对立的方面是相互转化、相互联系的。朱熹还继承了二程的主张，坚持"天理"和"人欲"的对立，提倡"存天理，灭人欲"，把人的自我完善放在最重要的地位。

公元1190年，宋光宗即位，朱熹被授以漳州(在今福建)知府一职。三年后，他又调到潭州当知府。在潭州，他又重建了四大书院之一的岳麓书院，引来众多的学子前来求学。公元1195年，宋宁宗即位，朱熹被宰相赵汝愚推荐为焕章阁侍讲。但赵汝愚是太宗赵匡义的后代，宁宗是太祖的后人，因此他不久就引起了宁宗的猜忌，被贬为福州知府。朱熹等人也受到株连，他不仅被罢官，连他的理学也被定为

"伪学",他的学生被称为"伪党"。这就是历史上的"庆元党禁"。

公元1200年,七十一岁的朱熹因病去世。他去世后,党禁渐渐放松,他的学说也渐渐受到重视。到元代时,科举考试要采用他的《四书集注》;而明清两代则把他的学说提到儒学正宗的地位,成为中国封建社会后期的统治思想。日本在江户时代,也流行他的"朱子学",可见,他的学说的影响是巨大而深远的。

陆游临终《示儿》

南宋小朝廷对金兵不思抵抗,一意偏安的政策,引起了全国广大军民的强烈不满。反映在文学上,就是这一时期的创作以反对投降、爱国抵抗为重要内容。陆游就是这一时期诗坛的代表人物。

陆游,字务观,号放翁,浙江山阴人。陆家的祖先原本务农,后来才有人读书做官。陆游的父亲陆宰曾任京西转运副使一职。

陆游出生不久,便发生了"靖康之变"。在动荡的局势中,陆游的父亲被免去官职,他带领全家往南迁移。辗转多年,直到陆游九岁时,全家才回到了山阴老家。

陆宰虽退居家中,仍时刻关心国家命运、民族危亡。他的朋友们也都是爱国志士,谈到国家的兴衰前途,他们常常痛哭流涕,慷慨激昂,恨不得奔赴沙场,为国献身。长辈们的爱国情操对陆游有很大影响,使他很早就立下了"上马击狂胡(疯狂的侵略者),下马草(快速地写)军书"的壮志。

公元1153年,二十九岁的陆游到临安参加科举考试,名列第一。第二年他又参加了礼部举行的复试,仍然名列前茅。可是因为他的文章中有要求收复中原的内容,名字又排在奸臣秦桧的孙子秦埙(xūn)之前,结果被秦桧利用职权除掉了名字。直到秦桧死后,他才被授予福州宁德县主簿一职,后又调回临安任职。

公元1162年,宋孝宗即位。他起用了老将张浚任枢密使,准备北伐抗金。陆游则被调任枢密院的编修官,他积极支持抗战,并提出了许多收复失地、改革政治的主张。但是北伐很快失败了。张浚指挥的部队在符离打了败仗,全线溃退。抵抗派大受打击,张浚被免职,陆游也受到牵连而被罢官,回到山阴老家。

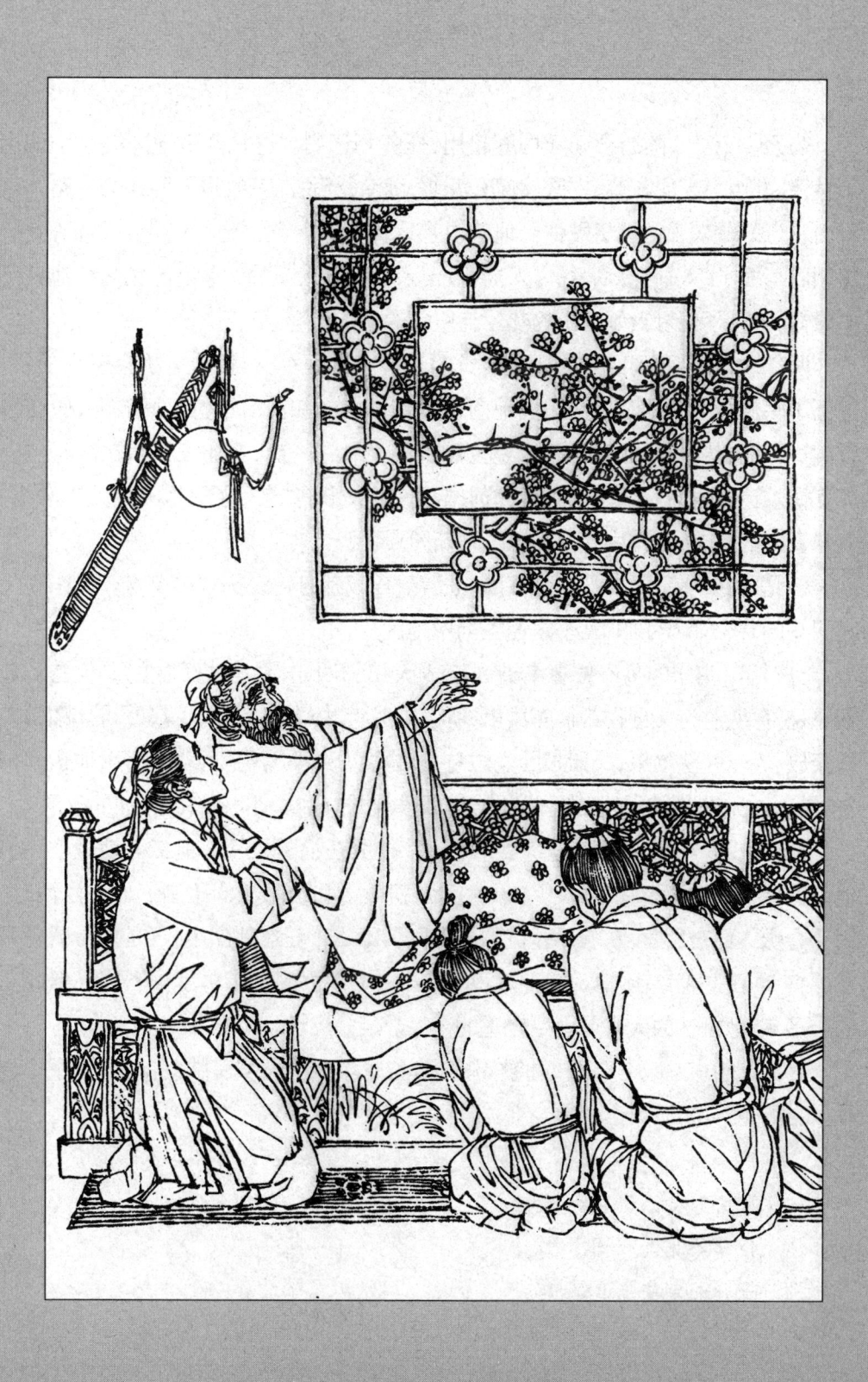

公元1170年，陆游被朝廷再度起用，任夔州通判。这是西南地区的一个偏远小县，陆游由今天的江苏、安徽、江西、湖北、湖南，经长江三峡进入四川。一路上他看山水，探奇境，采访风俗民情。他的眼界因此大为开阔。他一路走一路记，到了夔州后写成了《入蜀记》六卷。《入蜀记》记录了陆游入川时一路上的见闻和他自己的感慨，表达了他对大好河山的热爱与坚定的爱国信念。

两年后，陆游又到四川宣抚使王炎的幕府中办理军务，使他有机会亲临前线，过上了军旅生活。那时他常在驻地南郑（今陕西汉中）和前沿军营之间往还，曾在雪夜渡过汉江，从金军的阵地擦过，也曾和士兵生活在一起，一连三天啃又冷又硬的荞麦饼。这段生活对陆游的思想和创作都有很大影响，他写了许多充满爱国激情、气势豪迈的诗篇，创作由此而进入一个新阶段。

但是不到一年，王炎被朝廷召回，陆游改任成都府路安抚司参议官。后来他又在四川的几个地方任职，几乎走遍了蜀中地区。

1174年，南宋的另一位著名诗人范成大镇守四川，陆游成了他的参议官。他们原是好朋友，诗文创作都很有成就，所以范成大并不把他当做下属看待。陆游性格豪放，不受礼法拘束，又因报国之志总是难以实现，常常借酒浇愁，所以他遭到排挤，最后被免去官职。对此他不以为然，索性自号"放翁"，以示自己不屈的意志。

公元1178年，陆游奉宋孝宗之命东还，此后在福建、江西、浙江等地做官。但他因为坚持抗金、反对妥协投降，一直受到朝中主和投降派的压制。他在江西时，因开仓赈灾而被罢官，八年后才被朝廷召回。第二年任礼部郎中，可是十一月就又被罢官，回山阴老家闲居。公元1190年冬，六十六岁的陆游再度被召回。但此后的十多年，他担任的大多是无足轻重的闲差。

公元1210年1月26日，陆游因病去世，享年八十五岁。临终前，他留下了传诵千古的《示儿》诗：

死去原知万事空，
但悲不见九州同。
王师北定中原日，

家祭无忘告乃翁！

陆游去世后，为我们留下了《剑南诗稿》八十五卷，收有他的诗作九千三百多首。陆游的创作可分为三个阶段。中年以前是早期，他的作品比较注重技巧、词藻。中年起，特别是入蜀后，军旅生活的实践使他的创作境界大为开拓，形成了激昂豪迈的风格。晚年闲居乡间，以描写田园景物为主要内容，风格渐渐趋向平淡。但是，不管风格、内容怎样变，他的创作主题始终是坚持抗金、反对妥协、收复中原。所以，他是继屈原、杜甫之后的又一爱国大诗人，而《关山月》、《书愤》、《示儿》等诗作，也成了爱国诗的代表作。

陆游也擅长写词。他的《放翁词》二卷，收有词作一百四十多首，其中，最著名的是《钗头凤》，那是写他和前妻唐琬之间夫妻情深的作品。但是，更多的篇章表达的是他的爱国之情。此外，他还有《渭南文集》五十卷，其中就收有著名的《入蜀记》；还有《南唐书》十八卷等。

陆游给后人留下的，是一笔巨大的思想和文化上的遗产。

辛弃疾壮志难酬

与陆游同时期的辛弃疾,是南宋著名的爱国词人。他和陆游一样,是一名坚定的反投降、反妥协斗士。

辛弃疾,字幼安,号稼轩,山东济南人。辛弃疾出生时,北方大片地区已成为金朝的统治区。辛弃疾自幼丧父,他是由祖父辛赞抚养长大的。宋朝廷南渡时,辛赞因受家口拖累,只能留在北方,并且担任了金朝的开封府知府等职。但辛赞"身在曹营心在汉",念念不忘的是大宋政权。他常带领子孙们登高望远,放眼山河,渴望恢复中原。他对辛弃疾寄予的期望尤其殷切,曾两次让辛弃疾去金都燕京参加科举考试,乘机侦察、了解金人的形势。

在祖父的培养教育下,辛弃疾不仅诗文写得好,剑术高超,而且从小就立下了抗金爱国的大志。他曾豪迈地说:"我要用词骂尽天下的贼,用剑杀尽天下的贼!"

公元 1161 年,金国的海陵王完颜亮率兵大举南下,想灭亡南宋,统一江南。但这时中原地区的百姓因不堪金朝的压迫,纷纷起义。当时二十二岁的辛弃疾,也毅然率众起义,组织了有两千多人的队伍。后来他又带领起义部队,投奔了在山东影响最大的农民起义军领袖耿京,耿京很器重他,让他掌管全军的文件和大印。

1162 年,完颜亮被杀,金世宗完颜雍即位。他对起义部队采取了劝降诱降、分化瓦解和调集兵力、严酷镇压相结合的政策。耿京领导的起义军,是他们重点镇压的目标。

面对这样的形势,辛弃疾竭力劝说耿京取得南宋朝廷的支持,接受南宋朝廷的领导,与宋军配合作战。耿京便派辛弃疾等十一个人为代表,去和南宋朝廷联系。宋高宗在建康接见了他们,并任命耿京为天平军节度使,辛弃疾为天平军掌书记。

辛弃疾等人回山东复命，走到海州（今江苏东海附近）却听到了一个坏消息：耿京的部下张安国、邵进等人在金朝的收买下，杀死了耿京。起义军大部分溃散了，一小部分被张安国带去投降了金兵。张安国也被金兵任命为济州（今山东巨野）的知州。

辛弃疾既愤怒又悲伤，他立即约海州统制王世隆，带了五十名精锐人马直奔济州，捉拿张安国。到达济州的那天晚上，张安国正和金朝的将领在中军帐中喝酒。辛弃疾率众出其不意地闯进有五万金兵的大营，活捉了张安国。他还向金兵宣称：宋军十万人马即将开到，劝他们赶快投降。军中不少将士都是耿京的旧部下，听辛弃疾这么一说，当场就有上万人投到了辛弃疾一边，跟着他南下。张安国后来在临安被斩首示众。

辛弃疾的壮举在南宋朝野引起极大震动，不仅军民们非常敬佩，连宋高宗也连声赞叹。

此后，辛弃疾便留在了南方。他被朝廷派往江阴做官。江阴虽靠近前线，但在主和派的势力下，辛弃疾的抱负和才能根本无法施展。宋孝宗即位后，重用主战派的张浚，南宋王朝第一次主动出击。但张浚在符离大败，宋金签订了"隆兴和议"，主和派又占了上风。

尽管如此，辛弃疾仍向宋孝宗上奏了他的著名的《美芹十论》（又称《御戎十论》）。在文中，他分析了当时宋金双方的形势，从而提出了恢复中原的大计和克敌制胜的战略战术。但他的主张、建议都没引起朝廷的重视，这使他感到了极大的悲愤和苦闷。这时期他写了不少词，大都是抒发自己报国无门、壮志难酬的不平和悲愤的。

从1168年起，辛弃疾先后到建康府、滁州等地任职，后来又当过江西、湖南的安抚使。可是主和派当道，他职位再高也实现不了杀敌报国的志向。他只能花力气整顿地方政府，并创办准备北伐的"飞虎军"。这却又给主和派们抓到了把柄，公元1181年，他被主和派排挤，罢官回江西上饶的带湖闲住。

十多年后，直到宋光宗绍熙年间，他才又被起用，担任过福州知州、福建安抚使等职。不久又被罢官。公元1203年，他再度被起用，担任了绍兴知府、浙东安抚使等职。

在绍兴期间,他特地去拜会了年近八十的陆游。这对文坛骁将、抗敌志士喝酒作诗,亲密无间。这年底,宋宁宗召辛弃疾去临安,征求军国大计。临行前,辛弃疾又去向陆游告别。陆游特地写了一首七言长诗《送辛幼安殿撰造朝》,为他壮行。诗中有"稼轩落笔凌鲍谢"、"青史英豪可雄跨"的句子,这是陆游称赞辛弃疾的词作超过南北朝的著名诗人鲍照、谢灵运,并且具有非凡的才能,可以超过历史上的英雄们。陆游对这位文坛后起之秀,给予了极高的评价。

公元1205年,辛弃疾被任命为镇江知府。正当他积极备战时,朝廷却以他所推荐的官员有不法行为而把他连降两级,后来又把他罢了官。公元1207年,宰相韩侂胄(tuō zhòu)在北伐失败后,又召辛弃疾等人去挽救局势。可是辛弃疾已重病在身,于当年九月十日与世长辞,终年六十八岁。

辛弃疾去世后,留有词集《稼轩长短句》,后人辑录的有《辛稼轩诗人钞存》,存词六百多首,数量为宋代词人之冠。他的词继承苏轼的风格,以慷慨豪放为主,是南宋词人中豪放派的杰出代表,在文学史上与苏轼并称为"苏辛"。他的作品内容丰富,有写自己报国心声的,有倾诉壮志难酬的悲愤的,也有揭露主和派投降丑行的,也有吟咏大好河山的。但作品的中心主题只有一个,那就是抗金御敌,恢复中原。

此外,辛弃疾的文章也写得很好,特别是政论文,和他的词一样大气磅礴,充满激情,很有说服力。

"一代天骄"成吉思汗

公元1206年,宋朝的宰相韩侂胄请宋宁宗下诏征讨金朝时,北方蒙古贵族已在斡(wò)难河(今鄂嫩河)源头大聚会,公推铁木真为大汗(皇帝),上尊号为成吉思汗(古突厥语"强大"的意思),建立了蒙古汗国。

铁木真,出生于蒙古孛儿只斤部。铁木真的父亲也速该有勇士之称,是蒙古部落中强有力的首领之一。铁木真诞生时,也速该征讨塔塔儿部,俘获部落首领铁木真。因此他将自己的儿子取名为铁木真,以纪念这次胜利。也有传说,铁木真出生时手握一把凝血,坚硬如铁,也速该便将他取名为铁木真。后来,也速该被塔塔儿部暗中设计害死。当时铁木真只有九岁,与母亲兄弟受尽苦难。

约在公元1189年,铁木真被各部推举为首领。第二年,札只剌部首领札木合,联合原属铁木真的泰赤乌等部共三万人进攻铁木真。铁木真调集三万部众分成十三翼军队迎战,结果铁木真战败。这就是著名的"十三翼之战"。札木合大批地杀害俘虏,极其残暴,因此引起部下不满,他们纷纷投奔铁木真。铁木真虽打了败仗,却反而增强了实力。

当时蒙古诸部中以泰赤乌部为最强大,但泰赤乌经常掠夺族人的车马和粮食,没有首领的风度。他的部下仰慕铁木真的宽洪、仁义,便相约投奔铁木真。铁木真的势力一天天地强大起来。公元1200年和1201年,泰赤乌部连续被铁木真打败,部落被并入蒙古族。后来,铁木真又收服了克烈部。

1204年,铁木真召开大会,商量讨伐乃蛮部。有人认为,当时是春天,马群瘦弱,建议到秋天再打为好。但更多将领提出:"既然这个仗应该打,就要早作决断,不要用马瘦这种理由来推托。"又说,"乃蛮妄想解除我们的武装,太小看我们了。

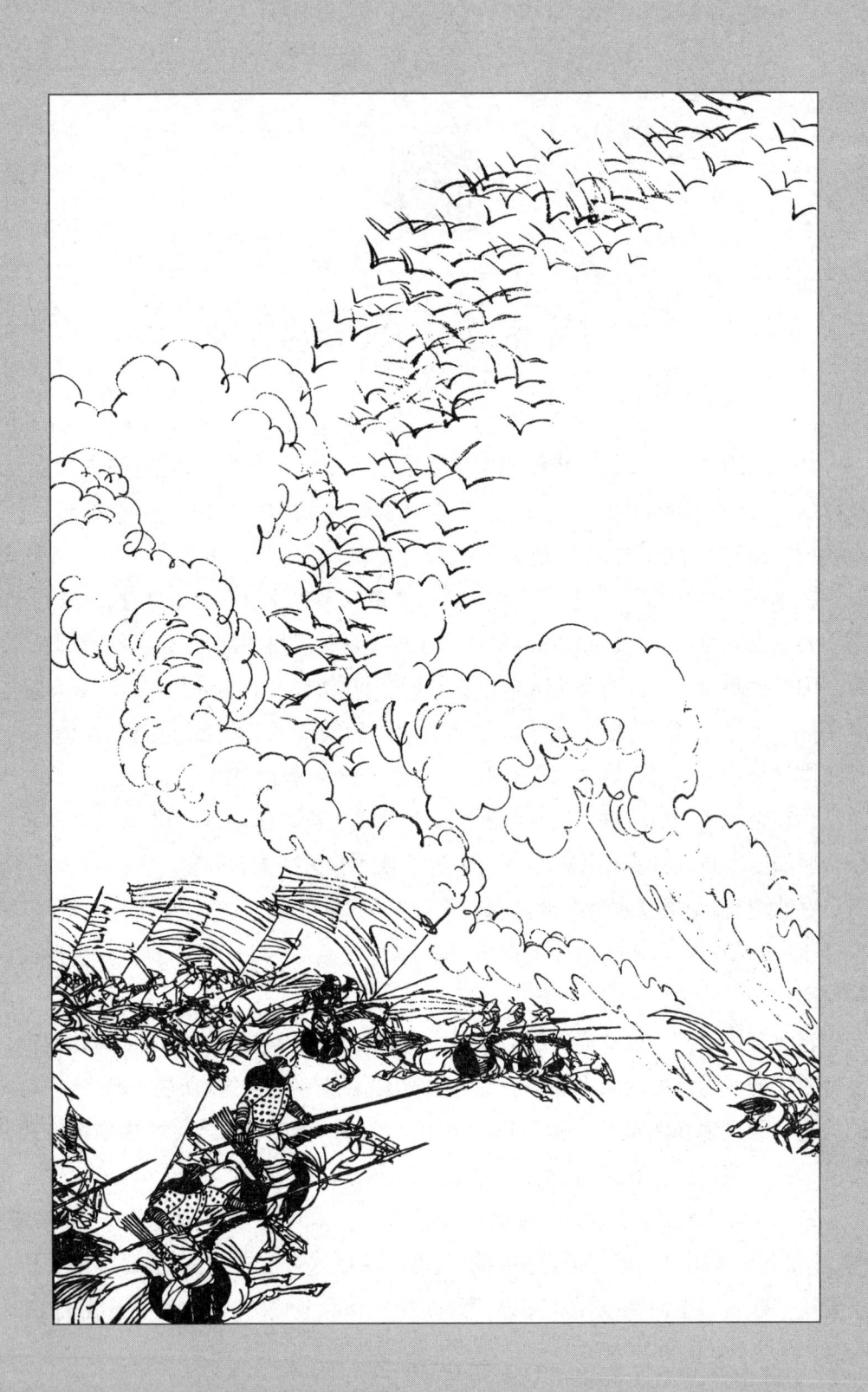

我们应当同心合力,乘他不防备时进攻,胜利可望。"

铁木真信心倍增,便进兵讨伐乃蛮。乃蛮的部落首领太阳罕纠集了蔑儿乞、克烈、斡亦剌等部的兵力应战,声势很大。

有一天,铁木真营中有匹惊马奔逃到了乃蛮的大营。太阳罕看见后对部众说:"铁木真的马这样瘦弱,我们不妨采用诱敌深入的办法,一战可胜。"

有个部将对这一计谋不服,讽刺说:"这样拖延时日,是不是心里惧怕铁木真?那么,为什么不叫后妃来统率大军?"

太阳罕听了大怒,立刻拍马而出,向铁木真挑战。

札木合也率部众来为太阳罕助战,他见铁木真军容整肃,就对左右说:"想不到铁木真的势力如此强大,真不是往日的铁木真了。乃蛮当初举兵就很轻敌,今天非败不可。我们还是趁早走吧。"说罢,便带领本部的兵马悄悄退走了。

这一天,铁木真和乃蛮军厮杀到傍晚,大获全胜。太阳罕被擒杀。

铁木真在与各部落的争斗中,渐渐统一了蒙古。公元1206年,他被推举为蒙古皇帝,尊称成吉思汗。

成吉思汗即位以后,组建了一万四千名的禁卫部队。他任命号称"四杰"的四大功臣博尔忽、博而术、木华黎、赤老温为统领,又设立"札鲁忽赤"(相当于丞相)掌管财赋,总揽各项政务,颁布法律法令,逐步把蒙古建立为一个强大的汗国。

蒙古国建立后,成吉思汗东征西讨,继续开展大规模的军事活动。他一方面消灭乃蛮等部落的残余势力,一方面筹划伐金。蒙古曾屈从于金朝,每年向金进贡。有一年金章宗派卫王完颜永济来受贡,成吉思汗故意怠慢他。永济很气愤,回去后就要请兵讨伐,恰遇金章宗去世,永济即位。诏书发到蒙古,要成吉思汗拜受。

成吉思汗听金朝的使者说新皇帝是完颜永济,便朝南吐了一口唾沫,说:"我以为中原的皇帝是天上人做的,像永济这种庸懦的人也配做皇帝!我为什么要拜他!"说完,就自顾自骑上马向北飞驰而去。

公元1211年,成吉思汗亲率大军伐金。1213年,金主完颜永济被杀,丰王完颜珣继位。成吉思汗分兵三路,转战各地。他们几乎占领了河北的所有州县,最后于1214年春在中都(今北京)会合。金宣宗完颜珣被迫求和,向蒙古奉献了完颜永济的

女儿歧国公主以及金帛、童男童女各五百、骏马三千匹。金朝从此衰落。

蒙古汗国建立前的1205年，铁木真曾西征西夏。1218年他再伐西夏，西夏国主李遵顼出逃。1226年后蒙古连续征伐，1227年，西夏灭亡。

公元1219年，成吉思汗派往西方去的使者，在经过花剌子模(中亚细亚阿姆河下游地区的古国)时被杀害，六月间，成吉思汗亲率二十万大军西征，攻占花剌子模。后来又向西挺进，锐不可当，占领了中亚的大片土地。铁木真将这些土地分封给长子术赤、次子察合台和三子窝阔台，蒙古国力达到了鼎盛。

这时，成吉思汗突然患重病。病危时，他对左右说："宋朝和金朝世代有仇。我们要伐金，可以向宋朝借路，则大军直捣大梁，可以将金一举消灭。"

后来窝阔台即位后，果真用此计把金灭掉了。

1227年，被后人誉为"一代天骄"的成吉思汗，在进攻西夏时病死于六盘山军中。

耶律楚材改革立法

元军攻下了金朝中都以后,身为金朝官员的耶律楚材就被召到成吉思汗的身边。成吉思汗非常赏识他的才干,曾经说过:"此人是上天赐给我们蒙古族的,今后无论是谁当国君,都要好好重用他。"

耶律楚材是契丹族的后代,辽皇族的子孙。他父亲六十岁时才生下他,曾感慨地对家人说:"他可是我们家里的千里马呀!今后必定成为伟大的人物!"父亲去世后,他在母亲的教导下博览群书,对天文、地理、历法和医术都很精通。耶律楚材身材魁梧,留着一把漂亮的长胡子,所以成吉思汗亲切地称他为"长髯(rán)人"。

公元 1229 年,成吉思汗的三儿子窝阔台继承皇位。窝阔台即位后,就任命耶律楚材为主管汉人文书的官——中书令。无论事情大小,窝阔台都先要请教一下耶律楚材。耶律楚材充分地发挥了自己的才干,提出并实施了许多有利于社会稳定、经济发展的政策。

蒙古族世代过着游牧生活,初入中原时,他们对农业生产很不重视。有一次窝阔台手下的大臣别迭主张说:"那些汉人有什么用?不如把他们全赶走,然后再把那里开辟为牧场,放牛放羊吧!"

耶律楚材在旁听了,坚决不同意。他站出来反驳道:"现在天下如此之广大,四海如此之富有,我们只要向汉人征收各种地税、商税,再加上买卖酒醋、盐铁的利息,每年就可得到银子五十万两,绢八万匹,粟四十多万石。这是一个不小的数目呀!"

经窝阔台同意,在耶律楚材主持下,河北地区实行了赋税制度,税收机构也陆续建立起来。它使元朝统治者意识到,与抢夺财产相比,征收赋税的收入更稳定、

更有保障。后来在两次全国人口调查的基础上，耶律楚材又重新调整了税制。他还劝阻窝阔台不要选未婚女子入宫，不要在中原地区抢掠马匹。这些政策和意见，使饱受战乱之苦的百姓有了喘息的机会，一度荒芜的田野又种上了庄稼。这都为社会的稳定奠定了坚实的基础。

在进行经济改革的同时，耶律楚材又协助窝阔台对各项政治制度进行改革，使统治机构进一步得到完善。

早在窝阔台即位前，耶律楚材就为他制定了即位的跪拜仪式，并劝说皇帝的哥哥察合台说："你虽然是哥哥，但是在朝廷中你仅仅是大臣而已。按照礼仪的规定，你应当向你弟弟跪拜。你如果带头跪拜了，那么其他的人就没有谁再敢不拜了！"

察合台听了，觉得有道理，便率领皇族及全体大臣向窝阔台行跪拜礼。这对于散漫惯了的蒙古族来讲，不能不说是一个飞跃。

元朝的一些重要典章制度，大都出自耶律楚材之手。窝阔台即位后，耶律楚材立即向他提出了十八条立法建议，包括在郡州设立长官以便管理人民；建立军队的基本编制；惩治贪污公家财产、无故杀害百姓、种地不缴纳税款、盗窃国家财物等罪行；凡是犯了死罪的人，都要向朝廷申报审核后，才可以行刑。他还提出了廉政的建议，认为地方向朝廷进献贡物，为害不小，应该加以禁止。

公元1234年，元军攻破蔡州，灭亡了金国。两年后，窝阔台决定按旧制，在华北地区进行分封。耶律楚材立即反对，他说："这样做会使受封的诸侯自成一体，导致国家的分裂，万万不可！"窝阔台采纳了他的建议，使受封的诸王在他的封地内只有征税的权力，而官员任免、征兵等权限仍由中央政府直接行使。这样做，既保持了国家统一的局面，又杜绝了分裂的隐患。

耶律楚材充分认识到培养汉族官员的重要性。他提出："要巩固统治，必须重用有学问的人。"他主张通过科举考试选拔人才，无论是哪个民族，只要有才干，就应任用。这样一来，增加了民族间的交流，促进了民族融合。

耶律楚材既是政治家，又是著名诗人。他随成吉思汗远征西域时，曾将途中所见所闻所感，用诗歌的形式记录下来，后来都收录在《西游录》一书中。后人还将他

的其他诗文编成《湛然居士集》一书。耶律楚材的音乐才能也很突出,擅长弹奏古琴。他喜欢弹古琴名曲,并且能弹出与别人不同的意境。

窝阔台病死后,他的儿子贵由继任大汗。耶律楚材的意见不再被新的统治者所接受。在忧郁的心境中,他于五十五岁时在任上去世。

忽必烈建立元朝

贵由即汗位不到两年,便突然死去,蒙古统治集团内部争夺汗位的斗争愈演愈烈。公元1251年,蒙古的王公们推举忽必烈的哥哥蒙哥为大汗。忽必烈领导关中漠南(蒙古高原大沙漠以南地区)汉地的军政事务。过了两年,忽必烈又接受了京兆(今陕西西安)的封地。他热心于学习汉文化,任用汉族读书人整顿吏治,恢复农业,建立学校,进一步取得北方汉族地主阶级对他的拥护,为元王朝的建立提供了坚实的社会基础。

公元1253年,忽必烈受命与另一大将兀良合台一起,南征云南,消灭了大理国。他将兀良合台留在云南镇守,自己班师回朝。不久以后,便在金莲川(今河北滦河上游)建立藩府,修筑宫室,继续任用汉族知识分子为谋士,整顿地方行政,藩府势力不断壮大。这引起了蒙哥的猜疑和不满。蒙哥派人到关中来查核税赋,其实真正的目的是对忽必烈的势力进行打击和限制。忽必烈当然知道哥哥来者不善。他听从谋士姚枢的主意,亲自把自己的家小送到和林作为人质,并对蒙哥说:"如果我有二心,背叛朝廷,你就把我的家人都杀了吧!"

蒙哥听了此话,稍稍消除了疑虑。他停止了在关中的查核税赋工作,但是把忽必烈在那里设置的汉族模式的机构全部撤销了。

公元1258年,蒙哥派去西征波斯等地的旭烈兀送来了胜利的消息,蒙哥因而决定兵分三路伐宋,统一天下。他亲自领兵攻打四川,命宗王塔察儿打鄂州(今湖北武昌),兀良合台打潭州。可南宋军队早有防备,蒙哥攻合州(今四川合州)钓鱼城攻了五个月也没攻下来,塔察儿也一直过不了长江,蒙哥只得命忽必烈去替换塔察儿。

忽必烈于公元1259年八月到达黄陂时,得到了蒙哥死于军中的消息。但他不愿无功而返,仍率部强渡长江,围攻鄂州。忽必烈的进攻势头引起南宋朝廷的震动,那

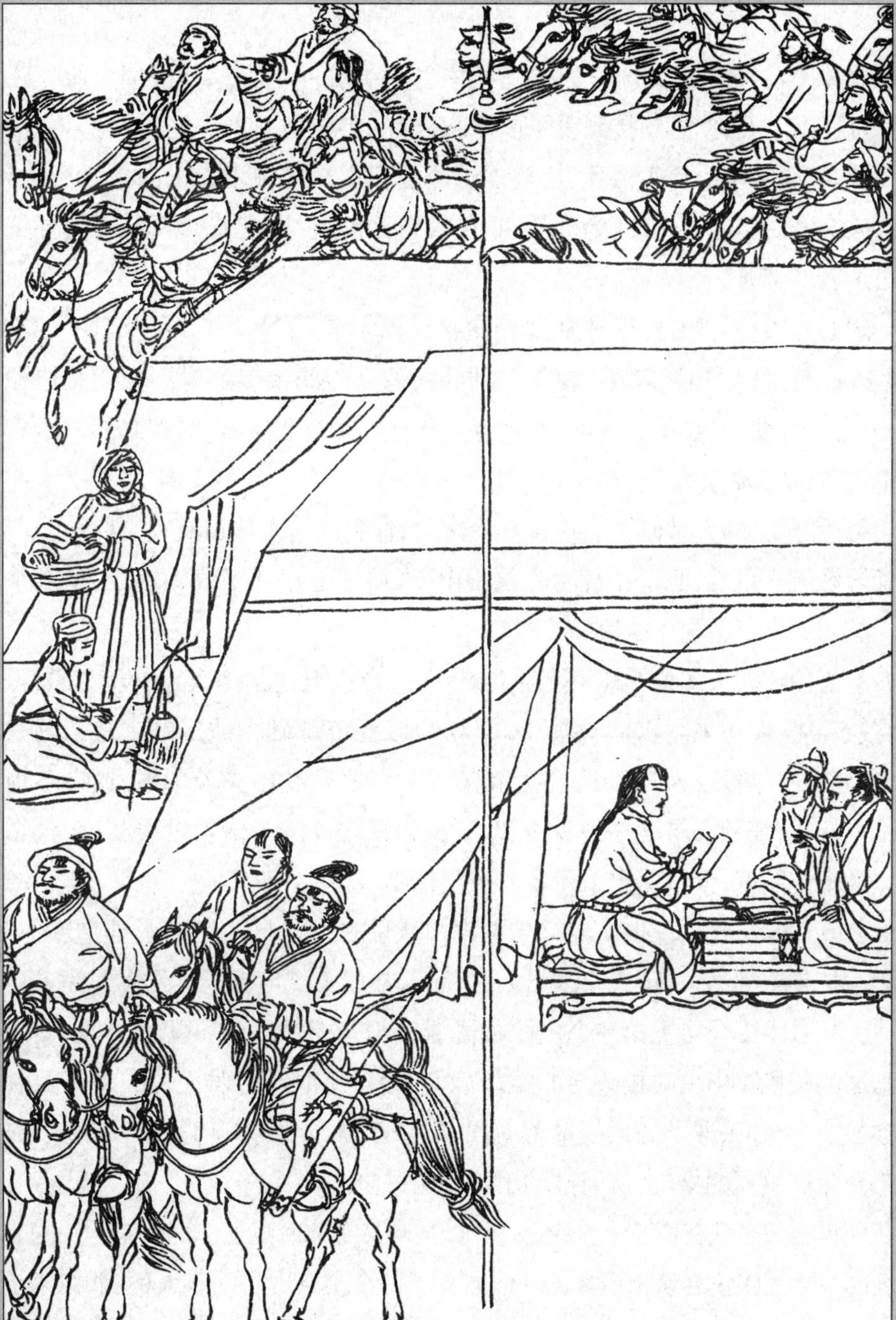

个玩蟋蟀出名、靠姐姐是宋理宗的贵妃才当了宰相的贾似道,只好奉命前来应战。

过了三个月,忽必烈接到妻子的密报,他的弟弟阿里不哥正调兵遣将,准备继承汗位。这时,那个贪生怕死、贪权误国的贾似道却偷偷派人来向忽必烈求和,答应南宋向蒙古称臣,以长江为分界,把长江北面的土地全割让给蒙古,另外每年进贡银帛各二十万。

忽必烈顺势答应,并迅速从鄂州撤兵。1260年四月,他在开平府(今内蒙古正蓝旗及多伦一带)即大汗位,年号"中统"。同时,忽必烈的弟弟阿里不哥在北边即大汗位,占据了漠北,也在积极活动,两者互不相让。经过四年激战,忽必烈终于打败了阿里不哥,从而统一了内部。

然后,忽必烈大举南下。在攻打南宋时,他听从汉人官员姚枢、刘秉忠的劝告,严禁屠杀无辜百姓,他说:"贤明的君王出征,目的是在征服敌人,而不是屠杀老百姓。滥杀无辜只会伤了国家的元气!"

忽必烈在即大汗位时就在《即位诏》中宣布:"祖述(指祖宗的制度)变通,正在今日。"这表明,他想采用汉法,建立一个与中原经济基础相适应的中央政权。1264年,忽必烈将年号改为"至元",并定都燕京。忽必烈在中央设中书省,在各地分设十路宣抚司,任用汉族读书人负责;改变蒙古开国以来的诸侯世袭制度,遵循中原汉族的传统制度,大体奠定了元朝的政治体制规模。

公元1267年(至元四年),忽必烈在中都燕京的基础上,在城东北建造新的都城,四年后扩建工程结束,正式改国号为"大元",并在第二年将燕京升为大都。

元朝是中国历史上第一个由少数民族统治全国的封建王朝,它初步奠定了中国疆域的规模。中央集权政治的重新确立,使得统治者将对人民的剥削限制在一定数额之内,并采取了一系列垦荒屯田、兴修水利、限制抑良为奴等有利于农业和手工业生产发展的措施,从而推动了社会的进步。

元世祖忽必烈在位三十五年,公元1294年八十岁时病逝。他是中国历史上一位著名的少数民族政治家和军事家。他建立了一个疆域广阔的庞大帝国,结束了中国数百年来军阀割据和辽、金、西夏等民族政权长期并立的分裂局面,使国内各民族之间的经济文化联系进一步加强,促进了统一的、多民族的国家的稳定和繁荣。

文天祥正气浩然

宋理宗时期,奸相贾似道把朝政弄得一团糟,元世祖忽必烈便加快了兼并南方、统一全国的步伐。

宋理宗死后,他的儿子赵禥(qí)即位,就是宋度宗。朝政大权还是掌握在贾似道手中。到了公元1274年,宋度宗生病死了,四岁的赵㬎(xiǎn)登基,成为宋恭帝。第二年,元朝大将伯颜率大军威逼临安,形势危急,朝廷急忙下诏,要各地派兵勤王。可是各地几乎没有人响应,只有文天祥立即招募了义军一万余人。

文天祥,号文山,少年时代就立下大志。他博览群书,二十岁中进士,被宋理宗定为状元。主考官王应麟称赞他"忠肝如铁石"。开庆年间,元军侵宋,文天祥屡次上书,主张抗敌,斥责权贵们惑主误国,却遭到猜忌和迫害,不得不在三十七岁时就正式退休。当时有朋友劝他:"你这一万多乌合之众,去同元军打仗,正像羊入虎口,不会有什么好结果。"

文天祥激昂慷慨地回答说:"我岂能不知!但我这样做了,天下义士忠臣就会闻风而起,奋勇保卫国家。"但文天祥带兵到临安后,因投降派的刁难,终于未能上前线抗敌,却被朝廷派到元军兵营,去与伯颜谈判投降之事。

当时宋恭帝年幼,朝廷大事都由他的祖母谢太后作主。谢太后见元军兵临城下,朝内又无抵挡的兵力,就派人到伯颜军营求和投降。伯颜是元朝的丞相,他提出他只能与宋室丞相等级的人谈判。右丞相陈宜中怕被元兵扣留,先溜走了,左丞相留梦炎早就逃到南方去了;另一位重要大臣张世杰见朝廷投降,气得从海上出走,另寻机会组织反攻复国。谢太后无可奈何,便升了文天祥的官,派他前往。

文天祥临危受命,来到元军大营中。一见伯颜,双方就唇枪舌剑地交锋起来。

文天祥义正辞严地说:"你们元军若想消灭我宋朝,未必有什么好结果,因为我们南方的广大军民一定要同你们抗争到底。"

伯颜威胁说:"你文天祥若不老老实实投降,只怕今日饶不得你。"

文天祥毫不退缩地回答:"我文天祥忠心为国,哪怕刀山火海!"

伯颜非常恼怒,就将文天祥囚禁起来。

不久,谢太后和赵㬎终于投降,他们绕过文天祥,另派贾庆余为右丞相去元营求降。文天祥仰天长叹,把贾庆余痛斥一顿,但南宋向元朝投降称臣已成事实。

但是伯颜在公元1276年攻占临安后,并没有善待谢太后和赵㬎,反而将他们当俘虏押往元大都,并将文天祥也一同押去。途经镇江时,文天祥趁元兵不防备,同他的随从杜浒等十二人连夜逃脱。他们先到真州(今江苏仪征),后过扬州,本想联络各地宋军,抗元复国。但因为当地宋将轻信元朝的挑拨,怀疑他是元兵的奸细,都不肯接待他,他才不得不继续往南奔走。最后到温州时,文天祥听说张世杰在福州拥立了新皇帝端宗赵昰(shì),又赶到福州。后来他作为朝廷的大臣,积极招募人马,组织抗元,连续转战于江西、福建各地,多次打败元军,收复了不少县城。

端宗死后,张世杰、陆秀夫、文天祥又拥立了赵昺(bǐng),继续在南海一带抗敌。公元1278年十二月,元军元帅张弘范大举攻打潮州,文天祥被迫率兵转移五坡岭。军中正在吃饭时,元兵突然来到。宋军顽强抵抗,最后全军覆没,文天祥被俘。

元兵将文天祥押去见张弘范。张弘范钦佩文天祥的骨气,以礼相待,想让他投降。但文天祥不理睬,于是他就把文天祥软禁在军营中。当时张世杰正领兵在厓山抗击,张弘范知道张世杰最钦佩文天祥,便叫文天祥写信招降张世杰。

文天祥冷冷地回答说:"我自己无力救父母,难道可以教别人背叛父母吗?"

张弘范厚着脸皮,反复地威胁利诱,文天祥便将船过零丁洋时所写的一首诗给了张弘范,诗中最后两句是:"人生自古谁无死,留取丹心照汗青。"张弘范读过诗后,苦笑一声,只好下令强攻厓山。

厓山被攻破后,元军中摆酒庆贺,张弘范又劝降文天祥说:"现在宋室已经灭亡,你文丞相已经尽忠尽孝。如果你能像对宋朝那样忠心对待元室,你还会当

丞相。"

文天祥沉痛地回答："国家我无力救亡,为人臣者即使死了也还有罪,何况叫我投降,改事二主!"

张弘范只好派人将文天祥送往大都。文天祥一路上绝食八天,以示必死信念。

当时,雄心勃勃的元帝忽必烈正在搜罗中原人才。他先派降臣王积翁去劝降,后来又亲自召见文天祥,问他还有什么愿望。文天祥回答说："我受国家重托担任宰相,怎能又投降元朝,我的愿望就是赐我一死。"

忽必烈不愿杀他,就将他囚禁在大都好多年。在牢房中,文天祥写下了千古传颂的《正气歌》。他在诗中列举了历史上那些坚持正义的忠臣义士,认为他们都是正气的表现,是自己效法的榜样。其中有两句:

　　时穷节乃现,一一垂丹青。

公元1282年,民间的义士聚积了几千人马,扬言要攻打大都,救出文丞相。元世祖为绝后患,终于下令处死文天祥。临刑时,文天祥朝南跪拜,从容地说："我的事情到此完结了。"然后慷慨就义,时年四十七岁。

文天祥的妻子为他大殓时发现,他的衣带中有一篇文章说："孔子说'成仁',孟子说'取义',只有义尽,所以仁至。读圣贤的书,学到了什么?从今以后,我真正做到无愧于己了。"

235

张世杰厓山遇难

南宋小皇帝赵㬎被元朝俘虏到大都以后,礼部侍郎陆秀夫和南宋皇族赵与择护送赵㬎的两个兄弟——九岁的赵昰和六岁的赵昺,逃到了温州。

陆秀夫一心想恢复宋朝,继续抗元。他又派人通知原先担任右丞相的陈宜中和在定海的宋将张世杰,请他们一道前来,商议起兵。

陆秀夫、陈宜中和张世杰三人会合以后,就护卫赵昰、赵昺到福州。公元1276年五月初一,他们拥立赵昰在福州即位称帝,年号景炎。他就是宋端宗。陈宜中任左丞相兼枢密使,张世杰任枢密副使,陆秀夫任签书枢密院事。

这个流亡小朝廷在福州只呆了几个月,元朝马上派了大军,大举进攻。这年十一月,元兵攻进福建,赵与择战死。南宋小朝廷的人员只能乘上海船,逃往广东。海船停泊惠州附近,过起了水上流亡的生活。

第二年,这个小朝廷又流亡到现在澳门以南的井澳。陈宜中是个胆小鬼,看到形势不好,就乘机溜走,逃往占城(今越南中南部),后来又迁到暹(xiān)国(今泰国)去了。

这时,形势越来越坏。公元1278年四月,小皇帝赵昰受了惊吓,生病死了。群臣都想散伙离开,只有陆秀夫和张世杰铁了心,誓死抗元。陆秀夫激励大家说:"古代有靠一队人马重新中兴的。如今老皇帝还留有一个儿子(指赵昺),百官都在,人马不少,老天爷如果不让宋亡,难道还不能复兴吗?"

于是,陆秀夫和张世杰又拥立赵昺为帝,改年号为祥兴。陆秀夫任左丞相,和张世杰共同掌管朝政。因为井澳周围都是大海,他们又把驻地迁到厓山(今广东新会南)。厓山背山面海,形势险要,条件比井澳好,但宋军已经无路可退了。

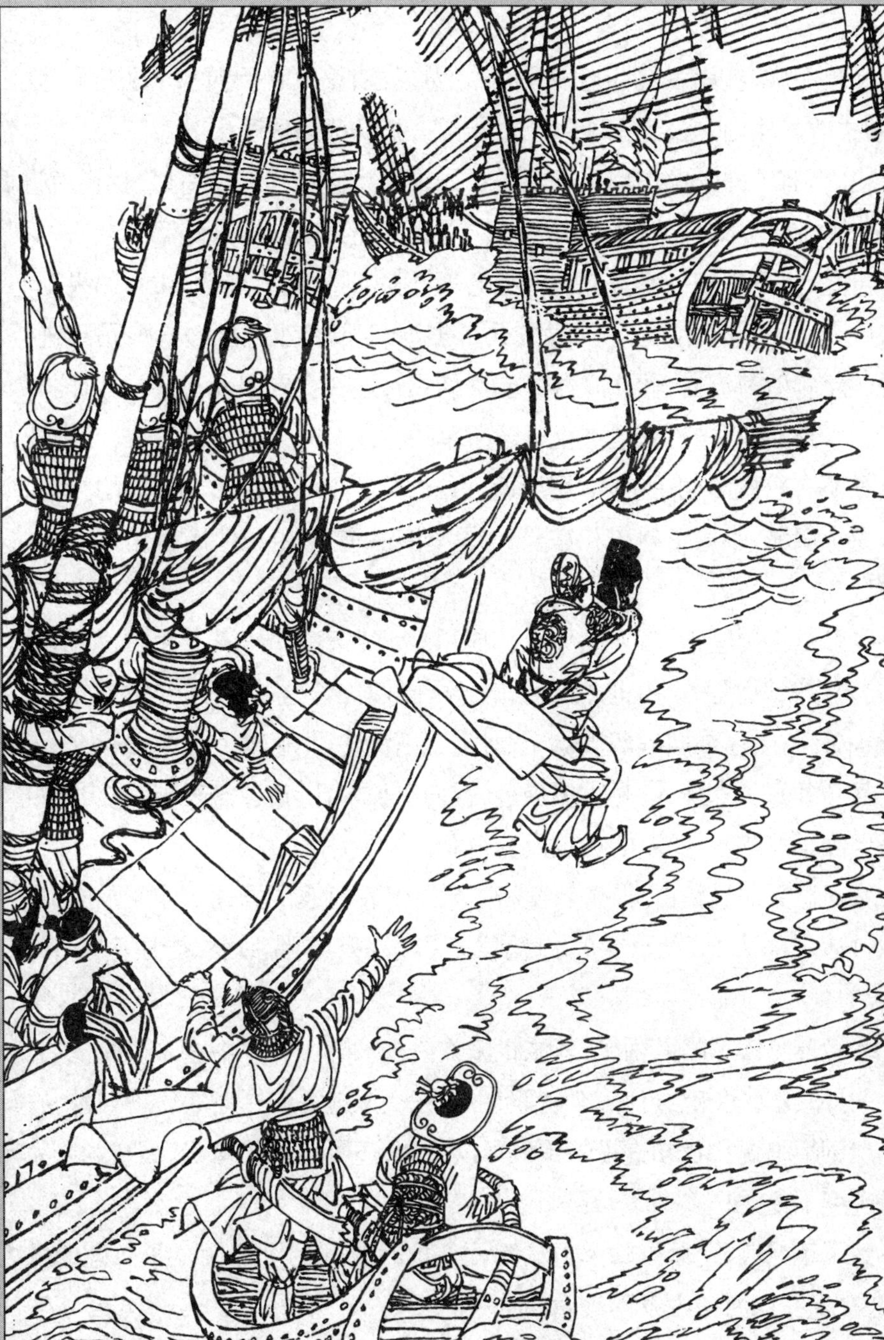

元世祖知道以后,马上任命张弘范为蒙古、汉军都元帅,带领大军,分水陆两路,前去攻打厓山。公元 1279 年正月十三,张弘范到达厓山。

当时,有人向张世杰提出建议说:"如果元兵用船只堵住海口,我们就进退失据了,应抢先占据海口。这样,即使打败了,我们还可以向西逃跑。"

可是,张世杰却另有打算。他担心军队长期在海上流动作战,如果军心动摇,就必败无疑了。因此,他不同意分兵占据海口,决定集中兵力,跟元兵进行决战。他说:"年年航海流亡,什么时候才能了结呢?这次我要跟元兵决一胜负。"

为了跟元兵决战,张世杰立刻部署军队。他有一千多艘战船,二十万人马。他命令把所有船只排成一字阵,用绳索联结起来,船队四周加筑高大的楼棚,形成了一座海上船城,小皇帝赵昺和官员、士兵全部离岸上船。他准备用这一办法,跟元军决战。

张弘范初到厓山,就发动火攻。他用小船载满茅草,浇上油脂,乘顺风时点了火,向宋军船只漂去。张世杰以前和元军作战时,曾吃过元军火攻的亏。这次他吸取教训,命将士在外层战船上涂上厚厚一层湿泥,火船碰上湿泥,很难燃烧。他又命士兵预备好长木杆,一见火船逼近,就伸出长木杆,顶住来船,让它自己烧掉。由于张世杰早有防备,元军的火攻没有得逞。

张弘范又用战船占据海口,截断了宋军运粮打水的道路。宋军没有办法,靠吃干粮过活。过了十几天,宋军口渴得不得了,只好喝海水,结果上吐下泻,生起病来。

张弘范见宋军陷入困境,就乘机派人前去劝降。元军中有个姓韩的将士,是张世杰的外甥。张弘范给他一个官职,一连三次派他去宋军营中,劝张世杰投降。张世杰严词拒绝说:"我知道投降不但可以活命,还可以荣华富贵,但我为国殉难的决心是誓死不变的!"

到了正月底,元军副帅李恒又率领一批战船开到了厓山。张弘范的兵力雄厚了,他决定在二月初六发动最后的总攻。

这一天很快到来了。这是一个天气很坏的日子,早晨天色就很昏暗,后来又风雨交加。李恒清早就带领一部分元兵,从北面发起进攻,和宋军打了起来。张弘范

在南面战船上指挥和发动进攻。上午,他按兵不动,到了中午,他坐的指挥船上忽然传出一片乐声。宋军以为张弘范还在饮酒作乐,哪知这正是元兵发动总攻的信号。张弘范亲自率领战船,猛冲上去。元兵攻势凌厉,防不胜防,他们利用弓箭作掩护,跳上宋船,和宋军展开了激战。

元兵接连夺取了几艘宋船,突破了宋军阵地。双方打了整整一个下午。傍晚时风雨更大,宋军支持不住,宋船上的旗子纷纷倒下,宋军开始崩溃了。

张世杰见败局已定,无法再战,便派使者驾着小船,去通知赵昺,要他转移到自己船上,准备突围。

赵昺的坐船是由陆秀夫保卫的。陆秀夫搞不清使者是真是假,怕赵昺落入元兵手中,国家受辱。他毅然向赵昺说:"国家落到这般地步,陛下应当以身殉国!"

说罢,陆秀夫背起小皇帝赵昺,纵身跳入波涛滚滚的大海之中,两人同时牺牲了。

张世杰等不到赵昺的回音,率领少数战船,突围而出。他召集残部,谋划东山再起。四天以后,不幸遭大风袭击,他的战船沉没,这个誓死抗元的英雄也溺死海中了。

公元1279年二月,南宋王朝灭亡了。

元世祖重用读书人

许衡是元代的著名学者,他在汉、蒙文化的融合交流方面,起过不小的作用。忽必烈即位后,曾任命他为集贤大学士兼国子祭酒。

有一年盛夏,许衡遇到一件急事要外出处理,便顾不得烈日当空,带着几个人匆匆出门了。

骄阳似火。许衡一行在酷暑中赶路,一个个热得满头大汗,喉咙干得像要冒火。忽然,他们发现前面有一棵梨树,不禁高兴得争先恐后地向梨树跑去。

大家抢着摘梨解渴,只有许衡一个人端坐树下。

两个下属摘了梨给许衡吃,却被他谢绝了。

"天气这么热,您难道不觉得口渴吗?"下属问。

"盛夏赶路,酷热难当,怎么会不口渴呢!"许衡回答。

"那您为什么不吃梨子呢?"下属又问。

"不属于我的东西,我怎么可以随便拿来吃?"许衡反问道。

下属劝他:"这梨树没有主人,您何必这样拘谨呢?"

许衡坚定地说:"梨树无主,我的心不可以无主!不管天下是混乱还是太平,不管他人是高尚还是卑鄙,我都要坚持自己做人的原则。只要心中有主,才能够不觉夏日的炎热烦躁,不怕口渴难熬;只要心中有主,才能够事业有成,无往不胜。"

许衡一席话,说得随行人员都很感动,也很羞愧。

忽必烈原来对中原文化并不熟悉,但他在当亲王时,就留意招揽各方面的人才,特别是汉族读书人中有才干的人。许衡只是这许多人中的一个。早在元太宗时,元太宗窝阔台曾下令考试,许衡参加了考试,并且考中了,由此他开始出名。忽

必烈当亲王时，特地派了使者去请他，并任命他为京兆提学。许衡到任后，大力兴办学校，讲授程朱理学。由于他名气大，来求学的人很多。

许衡当了集贤大学士兼国子祭酒后，正式设立了国子学(封建时代的最高学府)，学生都是从忽必烈手下的蒙汉大臣的子弟中挑选出来的。许衡以朱熹的《小学》等为教材，向他们讲授程朱理学等儒家文化，课余还教他们学习儒家的礼仪和技艺，使他们了解了中原文化和儒家的治国方法，为元朝廷培养了不少人才。他的学生，后来成为宰相、大臣的有近十人，成为各部和地方长官的又有数十人。

忽必烈手下还有一位刘秉忠，是他最信任，也是最早任用的汉人谋士。刘秉忠十七岁时就担任了邢台节度使府令史，二十二岁时到山中隐居，学全真道，后来又在天宁寺出家当和尚。1242年，禅宗高僧海云应忽必烈的召请，去讲佛法，他带了刘秉忠一同来到忽必烈的王府。在交谈中，忽必烈发现刘秉忠知识很渊博，天文地理、工程水利、诸子百家，他没有不知道的；对天下大事也了如指掌。因此海云禅师返回南方时，忽必烈把刘秉忠留在王府当书记。刘秉忠一直追随忽必烈，经常参加重要政治问题的决策，对忽必烈的决策，起着重要作用，因此人们都尊敬地称他为"聪书记"。

忽必烈即位后，刘秉忠按忽必烈的命令制定各项制度。他糅合蒙古的制度和中原的传统制度，制定了元朝的新制度，在建立中书省、使用"中统"这一年号、选用官员等方面，他都起了很大作用。他还和许衡等人策划立国规模，议定了官员的任命、俸禄等制度；又参照唐代的《开元礼》，主持制定了元朝的朝廷礼仪。

成吉思汗建国以后，一直用"大蒙古国"这一国号。忽必烈即位后，政治中心转到了中原。公元1271年，在刘秉忠的建议下，取《易经》中"大哉乾元"的意思，将国号命为"大元"。早在公元1264年(至元元年)，燕京被定为中都，但因旧城被破坏得较厉害，1266年，忽必烈命刘秉忠主持建造新都城。刘秉忠将旧城东北的空地定为新城的城址，按中原都城的传统制度和规格作了全面规划，建起了一座新都城。1272年，按他的建议，中都改为大都，成为元朝的统治中心。

此外刘秉忠还向忽必烈推荐了不少有才干的汉族知识分子。如张文谦、姚枢等，都是他推荐给忽必烈的。在这些人的辅佐下，忽必烈巩固了他在中原的统治。从1279年灭南宋后，元朝再次统一了中国，结束了唐代末年开始的分裂局面，并且奠定了包括以后明、清两朝在内的长期统一的基础。

郭守敬编订《授时历》

忽必烈即位后,财政困难的问题就一直在困扰他。平定叛乱,攻打南宋,赏赐皇亲臣属,都需要大笔的钱,可朝廷的收入却很有限,他急需会当家理财的人。就在这样的情况下,公元1262年春,中书省左丞(中央政府机关中的最高负责长官)张文谦,向忽必烈举荐了郭守敬。

郭守敬,顺德邢台(今河北邢台)人。他是我国杰出的天文学家、数学家和水利工程专家。

郭守敬从小是由祖父郭荣抚养长大的。郭荣也是个极有学问的人,尤其精通数学和水利。在祖父的教导下,郭守敬从小勤奋好学,并且培养了很强的动手能力。

北宋的科学家曾在古代漏壶的基础上,改制了一种计时比较精确的计时器"莲花漏"。但到郭守敬时,莲花漏已经失传,只有从石碑上拓印下来的图样,可以知道它的外部形状。当时年仅十五六岁的郭守敬,根据这样一幅图就弄清了莲花漏的工作原理。忽必烈召见郭守敬时,郭守敬刚好把莲花漏仿制成功。大约因为他把作为装饰的莲花做了改动,这个漏壶被改称为"宝山漏"。献给朝廷后,元代的司天台(国家天文台)将它作为计时器而采用。

忽必烈召见郭守敬之前,郭守敬已在邢台地区从事了一段时间的水利整治工作,并且取得了很好的成效。见到忽必烈后,他提出了六项水利工程计划,其中最重要的就是修复燕京到通州(今北京通州)的河道,接通大运河,以节省到京都的漕运费用。

由于郭守敬的计划资料可靠、准备充足,能为元政府带来大笔赋税,忽必烈当

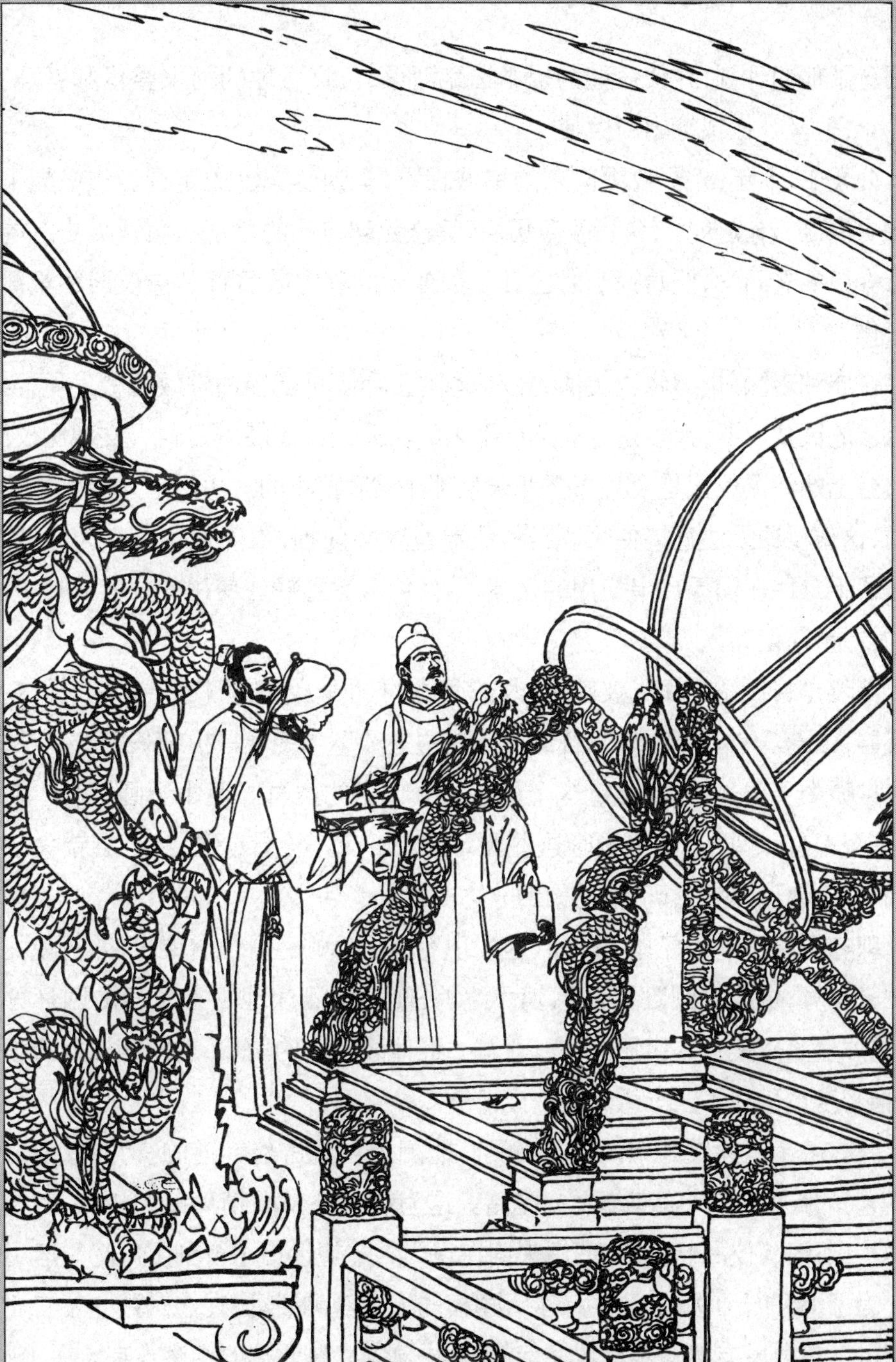

即同意了他的计划,并任命他为提举诸路河渠,负责各地的河渠整修和管理工作。第二年,他又升任银符副河渠使。

公元 1276 年,元军攻下南宋的京城临安,全国统一已成定局。忽必烈下令设立太史局(后改称太史院),负责改革历法,编修元朝自己的历法。负责太史院的王恂是郭守敬的老同学,他聘请当时已任工部郎中的郭守敬负责制造仪器和观测天文的工作。

仪器和观测,是编修新历法的最基本的工作。可是经郭守敬检查发现,当时司天台上的天文仪器,大多是金朝遗留下来的。浑天仪是最重要的天文观测仪器,可司天台上的浑天仪还是金兵攻下北宋京都汴梁后抢来的。由于燕京和汴梁的纬度不同,这架仪器无法直接使用。其他仪器也大多破损,不能使用了。为此,郭守敬制作了十二件在司天台上使用的仪器,四件可搬运到野外使用的仪器。其中,最著名的就是"简仪"。

简仪是将传统的浑天仪简化、改造而成的。浑天仪是测定星球在天体中位置的仪器,由七八个同心圆环套叠组成。在这些圆环中夹着一根细长的"窥管",把窥管对准哪个星球,就可以推定这个星球在天体中的位置。但由于圆环有七八个之多,每个都有一两寸宽,观测时这些圆环挤在一起,很不方便,甚至会错失观测机会;而且读数也不太精确,只达到四分之一度。

郭守敬对这些圆环作了分析,他发现有些星体的运行位置的度数,可以用数学方法来计算,相应的圆环可以撤消。此外,他又把测读地平方位角的圆环分离出来,另外建了一架独立运用的"立运仪"。经他改造后的简仪,运用起来既方便又清晰,精密度也达到了三十六分之一度。

郭守敬运用简仪对天体作了观测。他测定了黄道与赤道的交角,以及二十八宿(星座)的距离,其精确度都大大提高。这为编制一本高精确度的历法,奠定了科学的基础,而简仪的装置原理,后来则在现代天文望远镜中得到了广泛的运用。

为了编好新历法,他还主持了大规模的天文观测活动,在全国建立了二十七个观测点。其中最南端的观察点在南海(今西沙群岛),最北端的观察点在北海(今西伯利亚)。公元 1280 年,新历法初步编成,被定名为《授时历》。《授时历》以 365.2425 天

为一年，与地球绕太阳一周的实际时间相比，仅仅只差了二十六秒钟。《授时历》同我们现在使用的公历周期相同，但比现行公历要早了三百零二年。

1291年，六十岁的郭守敬再次主持开通大都到通州的运河工程。

其实，在忽必烈召见郭守敬后不久，开通燕京到通州的运河工程就开工了。当时引的是燕京城西北玉泉山的水，但玉泉山的水量有限，对恢复航行作用不大，第一次开通工程失败了。第二次，他考虑利用京郊水流量最大的浑河水。但浑河泥沙较多，为了泥沙淤积问题，他没有在运河上建立闸或坝。可是浑河的河道坡度较大，水流又急，没有河闸控制，运粮船无法逆流而上。结果运河只对农田灌溉有用，仍解决不了漕运问题。

这次，郭守敬经过详细的勘察，在离大都西北三十公里处的神山（今凤凰山）脚下，发现了水流量较大的白浮泉。如果引白浮泉向南流，沿途可拦截其他泉水，使水量增大。山泉清澈，也没有泥沙淤积问题。忽必烈很高兴，立刻批准了这个方案，并重设都水监管理工程。

开工后，郭守敬没有直接开渠将白浮泉向东南引，而是先把泉水引向西边的西山，然后再回东南。原来，从神山到大都，当中有不少地区的海拔都比大都低，直接往东引，水就进不了运河了。而迂回到西山，可保持河道始终高于大都，并能拦截更多的泉水。

1293年秋，从神山到通州全长一百六十多华里的运河，全程贯通，忽必烈将它命名为"通惠河"。

纺织家黄道婆

　　元代还涌现了一位杰出的纺织技术家黄道婆。

　　黄道婆,又称黄婆,生于南宋末年,原是松江府乌泥泾镇(在今上海徐汇区)人。她出身于贫苦农民家庭,为生活所逼,十二三岁就卖给人家当童养媳。她白天下地干活,晚上纺纱织布,担负着繁重的劳动,还要遭受公婆和丈夫的虐待。她忍受不了这种非人的生活,一天半夜,偷偷地逃了出来,躲进一条停泊在黄浦江边的海船上,随船漂泊到海南黎族地区。

　　黄道婆出现在了崖州(今海南三亚西北)崖城镇内草村,她的衣服又破又旧,站在一个黎族老大妈家的屋檐下浑身发抖。守门的黄狗汪汪吼叫,吓得她胆战心惊。正当她想拔腿逃走时,老大妈开门出来,看见她可怜的模样,就把她拉进屋里,给她换上黎族人穿的桶裙,让她喝几口山兰玉液驱寒,然后便问起她的家世来。

　　黎族老大妈听了黄道婆的哭诉,流下了同情的眼泪。从此,大妈就认她为女儿,在生活上给予她无微不至的照顾。

　　由于海南岛盛产木棉,黄道婆从黎族人民那里学到了精湛的纺棉织布技术。黄道婆看见黎族妇女的纺织技术和工具都比她家乡的先进。在她家乡江南,棉子要用手剥,效率很低;弹花只用小竹弓,弹出的棉絮不够松软。而黎族妇女使用的纺织工具踏车,既轻巧,又灵活,织出的布精细美观。心灵手巧的黄道婆很快就掌握了黎族的纺织技术和工艺,织出的花布色彩鲜艳,上面有各种奇花异草、飞禽走兽等花纹图案,做成桶裙、被面令人赏心悦目,村里人看了都非常赞叹。

　　黄道婆的名气很快传向四方。有一天,一个外地商人窜进她家,蛮横地要用高价收买她的纺织精品,说是要作为贡品献给皇帝。黄道婆见来者不善,婉言谢绝

道:"我织布自己穿还不够呢,哪有多余的东西出卖?"

商人威胁说:"你宁愿自己没有穿,也不能不献给皇上!不拿出来你担当得起罪责吗?"

黄道婆毫不客气地回答:"你们有钱人以为出了钱就什么事情都能办到吗?你要把贡品献给皇上,那你自己去织吧!"

大妈也在一旁帮她说话,那商人恼羞成怒,只好灰溜溜地走了。

黄道婆在海南黎乡生活了三十多年,虽然吃穿不愁,但她无时无刻不在想念自己的家乡。元朝元贞年间(约公元1295—1296年),她带着黎族人民创造的先进纺织工具和技术,依依不舍地告别了黎族同胞,乘船回到了阔别三十多年的松江乌泥泾镇。

黄道婆重回故乡的时候,植棉业已经在长江流域大大普及,但是纺织技术还是很落后。黄道婆根据自己几十年丰富的纺织经验,与当地群众一起,对当地落后的纺织技术和工具作了大胆改革。

在剥除棉籽方面,黄道婆把黎族人民用的搅车介绍过来。搅车是由装在机架上的两根碾(niǎn)轴组成,两轴靠摇臂向相反方向转动,把棉花喂进两轴间的空隙碾轧,棉籽就被挤出来,棉纤维(皮棉)被带到前面。搅车的应用,大大提高了生产效率。

在弹松棉花的过程中,黄道婆把弹花用的弓从一尺多长改成四尺多长;用绳弦代替线弦;还用檀(tán)木做的椎子击弦弹棉,代替了手指弹拨。这样弹出的棉花均匀细腻,提高了纱和布的质量。在纺车方面,黄道婆跟木工师傅一起,经过反复实验,把用于纺麻的脚踏纺车改成三锭棉纺车,使纺纱效率一下子提高了两三倍,而且操作也很省力。

在黄道婆的带领下,乌泥泾从事纺织业的人越来越多。乌泥泾的棉纺织技术和新设备传遍了江浙一带,使松江一度成为全国棉纺织业的中心。

黄道婆回乡后没几年就离开了人世。当地流传着这样一首歌谣:

黄婆婆,黄婆婆,
教我纱,教我布,
两只筒子,两匹布。

马可·波罗游中国

元朝是一个地跨欧亚、疆域广阔的帝国,中央政府设有驿路(传递公文、官员往来的路线),保持与各地汗国的联系。这使得中原地区与海外的文化交流变得安全而便利,因而这时期中西文化的交流十分频繁,数量可观的欧洲商人进入中国境内,甚至直达元朝的都城。在这些人中,威尼斯商人马可·波罗最为出名。

马可·波罗的父亲尼古拉、叔父马菲奥是经营东方贸易的商人,曾在从属于元朝的钦察汗国居住过多年,后来随汗国派往朝廷的使者一起来到中原,大约在公元1265年到达上都(今内蒙古多伦西北)。忽必烈接见了他们,并向他们了解欧洲各国情况。忽必烈决定向罗马教廷派遣使臣,命尼古拉兄弟同行。

他们于1269年到达地中海东岸的阿迦城,这时老教皇已去世,新教皇还没选出来,于是他们回到威尼斯家中。1271年,他们带着年仅十七岁的马可·波罗再到阿迦城。新教皇格里戈里十世派了两名教士,随他们去见忽必烈。途中,两名教士因害怕路途艰难不肯再走。马可·波罗他们三人继续东行,沿古老的"丝绸之路",经过叙利亚、两河流域、伊朗高原、中亚细亚,又翻越帕米尔,最后于1275年到达上都。

马可·波罗很聪明,很快就学会了蒙古语和汉语。忽必烈也很器重他,曾命他去各省巡视,他因此遍游中国各地,足迹遍及今新疆、甘肃、内蒙古、山西、陕西、四川、云南、山东、江苏、浙江、福建等省区和五十多个城市。其间,他还在扬州做过三年官,又奉元朝的派遣出使外国,到过越南、印尼等地。

马可·波罗在中国住了十七年。后来,伊儿汗国的汗王派使臣来向元朝皇室求婚,忽必烈选定新王妃阔阔真,并命马可·波罗和他的父亲、叔父护送,由泉州经海路去位于波斯的伊儿汗国。他们于1292年初离开中国,经苏门答腊、印度等地

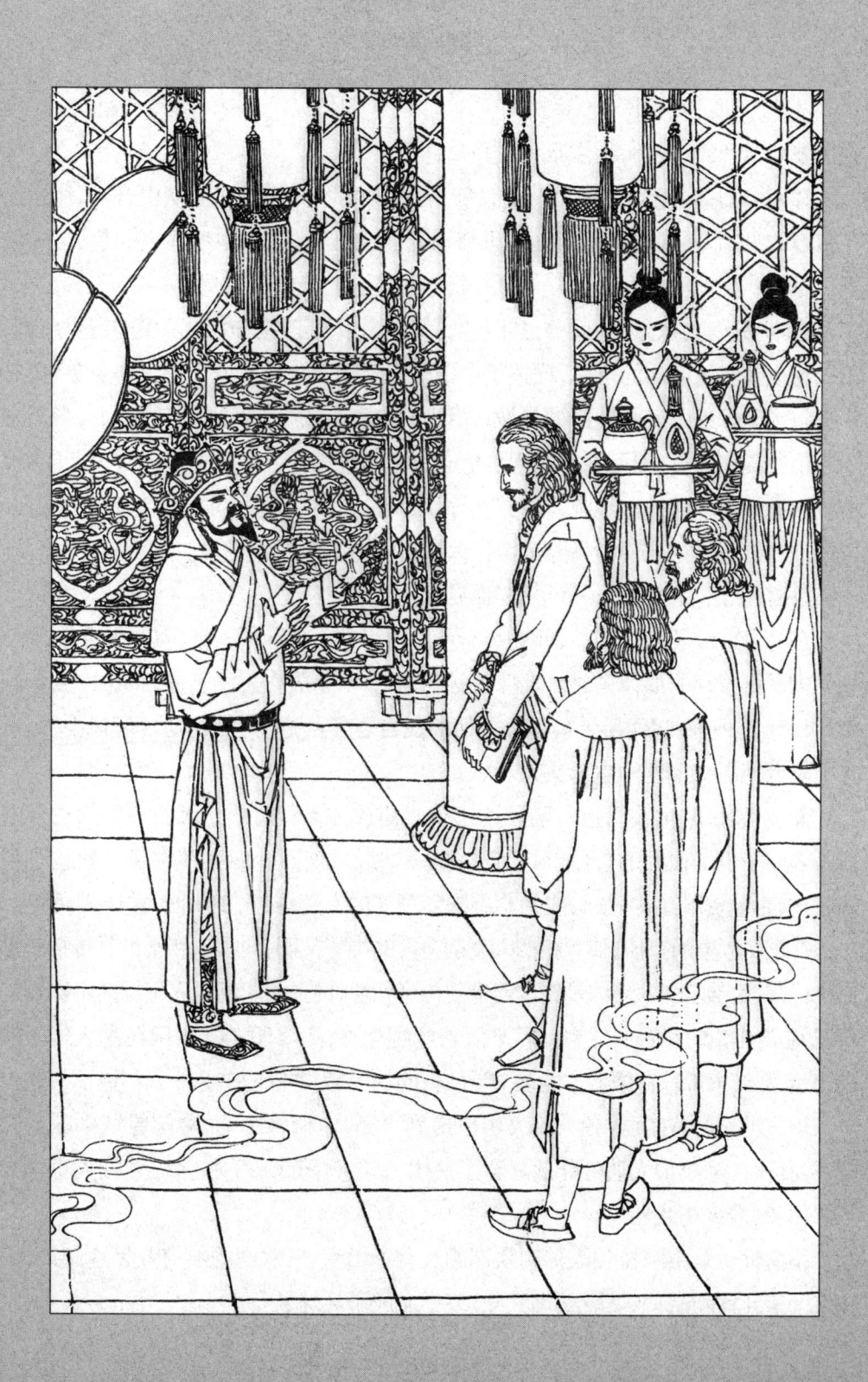

到达波斯，1295年回到威尼斯。

1298年，威尼斯与热那亚发生战争，马可·波罗被俘。在监狱中，他口述自己在东方的见闻，同监狱的比萨人鲁思梯谦记录成书，这就是举世闻名的《马可·波罗行纪》。

这本书又名《东方见闻录》，共四卷。第一卷主要记叙来中国途中的所见所闻；第二卷主要叙述中国的情况，描述了中国的丰富物产和许多城市的繁华景象；第三卷记叙中国邻近国家和地区的情况；第四卷讲述了成吉思汗以后诸王的斗争。书中的记叙真实可靠，因而很有史学价值。这本书也打开了欧洲人的眼界，引起了他们对东方文明的向往。其中，著名的航海家哥伦布便是一名热心的读者，他读过并做过批注的《马可·波罗行纪》至今还保存在里斯本的博物馆里。欧洲的一些地理学家，还根据这本书画出了最早的"世界地图"。

在马可·波罗来中国前，元朝也有不少旅行者已到达了西方，其中较出名的便是成吉思汗时期的耶律楚材。耶律楚材于1219年随成吉思汗远征西域，1224年归来。1228年他写成《西游录》，记载了他随成吉思汗西进时，沿途的地理风貌，是研究十三世纪历史地理的重要文献。

元成宗时，温州人周达观随使团出使真腊（柬埔寨），则是元代由海路出访外国最著名的一例。他写的《真腊风土记》，是一本最早全面介绍柬埔寨吴哥政权时期的著作，由于资料翔实可靠，成为享有国际声誉的专著，并于1819年被译成法文。

广泛而频繁的交流，使包括四大发明在内的中华文明，向欧洲和全世界传播。据史料记载，活字印刷术大约是在十四世纪传到朝鲜、日本的。朝鲜人根据活字印刷的原理，制造出铜的和铅的活字。后来沿着丝绸之路，活字印刷术由阿拉伯人传入欧洲，使欧洲结束了只有僧侣才能读书受教育的状况，为欧洲的文艺复兴创造了条件。

十三世纪时，在阿拉伯人的书中已提到火药，他们称之为"中国雪""中国盐"。蒙古西征时，阿拉伯人通过作战学会了使用、制造火药武器的技术。欧洲人也学会了使用、制造火药武器。

指南针也是由阿拉伯人传到欧洲的。有了指南针，欧洲的航海业发达起来，一些航海家开辟新航线，发现美洲大陆，终于完成了环球航行。

赵孟頫与黄公望

公元 1286 年,朝廷官员程钜夫奉元世祖之命,到江南寻访优良人才。他开列了一张有二十多人的名单,其中名列第一的是赵孟頫。

赵孟頫,字子昂,号松雪道人,湖州人。他是宋太祖赵匡胤的第十一世孙,元代书画的巨匠,对当时和后代的影响都很大。

赵孟頫的书法师法王羲之父子,楷、行、草、隶、篆各体都擅长,字体秀美遒劲,被称为赵体。他的字在当时就很有名,甚至有印度的僧侣不远万里来到中国,就为了求他的书法带回国去珍藏。

在绘画方面,赵孟頫既能画笔法工整细致的工笔画,也能画笔法奔放、表达意境的写意画,而且山水、人物、花木、竹石都擅长。他将工笔与写意的风格和谐统一起来,开创了元代绘画深厚含蓄的画风。

赵孟頫对绘画的最大贡献,是他在唐代王维以诗入画的基础上,提出了"书画同法,以书入画"的观点。他认为书法和绘画的原理、法则相同,因此书法的技巧也可以运用到绘画中去。比如书法中的飞白法,是一种枯笔露白的技法,如果用来画石头,可以增加石头的质感;又如用书法中大篆的笔法画枯树,可以更好地表现树的遒劲和苍老;用楷书的笔法画竹,画出来的竹可以避免琐碎的感觉。他的这些理论,对中国画,特别是文人画的发展,产生了深刻的影响。

除了书画,赵孟頫的诗文也很出色,元仁宗曾把他比作唐代的李白、宋代的苏轼。赵孟頫的妻子管道昇、儿子赵雍的书画也很好,元仁宗曾把他们的书法作品用玉轴装帧起来,打上御印,藏在秘书监;并说,要使后世知道我朝有一家夫妻父子都善书法,也是一大奇事。

不太为人所知的是,赵孟頫也有较强的管理才能。公元 1292 年,赵孟頫任同知济南路总管府事。在他单独管理总管府时,以"兴学"为主要工作,并做出了可观的政绩。三十年后,这地方出了不少优秀人才,闻名天下。

元朝没有设画院,加上建国初宋朝留下来的文人大多采取归隐林泉、寄情书画的逃避态度,所以在宋代兴起的文人画,在元代得到了很大发展,并形成了以表达意境、抒写情趣为主的写意画风。继开一代画风的赵孟頫之后,黄公望、吴镇、倪瓒、王蒙等四人,是杰出的文人画画家,号称"元四家"。在四人中,黄公望对后世的影响更大。

黄公望,本名陆坚,平江常熟(今属江苏)人。永嘉(今浙江温州)有个叫黄乐的人,很喜欢陆坚,便收他做义子,改名公望,字子久。意思是:黄公望子太久了。

黄公望曾在大都做过书吏,但因上司贪污,他受连累被抓进大牢。出狱后,黄公望已经四十七岁了,从此断绝了做官的念头,开始了隐士的生活,基本上过着云游四方的生活。

黄公望善于画山水,他的山水画是向大自然学来的。黄公望在家乡时,每天带一壶酒坐在湖边,看云霞的变化,研究湖水的波纹。有时,他一整天在丛林乱石中行走,或坐在竹林里,别人也不知道他在干什么。有时他走到大河的汇合处,观察急流巨浪,即使下大雨他也不去躲避。每次外出,黄公望的皮袋中总放着画笔,看见好的风景、奇特的树木,就马上画下来。

黄公望的山水画中,最出名的是他晚年所作的长卷《富春山居图》。作画时,他已七十八岁高龄,正在富春山隐居。他画了三四年,才完成了这幅代表他最高成就的作品。

《富春山居图》为长卷,高三十三厘米,长达六百三十六点九厘米。画卷描绘富春江一带初秋的景色。画面上山峰起伏,林岗蜿蜒连绵,江水如镜,境界开阔辽远。几十座山峰,一峰一种形状;几百棵树,一树一个姿态,变化无穷。后人把它誉为"画中之兰亭",认为它的价值能与王羲之的《兰亭集序》相提并论。

《富春山居图》段段有景,步步可观,笔墨洗练,淡逸雅致,被历代收藏家视为珍品。它曾历经沈周、董其昌等书画大家的收藏,在明代万历年间为江苏宜兴的收藏

家吴之矩收得,吴之矩再传给他的儿子吴洪裕,吴洪裕专门为了这幅画筑造了一座"富春轩"加以珍藏。后来吴洪裕病危,要以此图作为他的随葬品,于是把画投入火中。幸亏吴洪裕的侄子吴子文把画从炉火中抢救出来,画虽保存,但经过焚烧已断为两截。前段仅长五十一点四厘米,于1938年为画家吴湖帆购得。经过他重新装裱,被人命名为《剩山图》,现收藏在浙江省博物馆。后段《富春山居图》现藏在台湾省台北市的故宫博物院里。

除了"元四家",元代的花鸟画以王冕为代表,他画的梅竹尤其出名,并对明、清两代的画家都很有影响。此外,钱选善画人物花鸟,任仁发善画人物鞍马,他们都是技艺出众的画家。

《窦娥冤》泣鬼神

　　元代的剧作家中，关汉卿、马致远、郑光祖、白朴四人被誉为"元曲四大家"，他们对推动元曲的发展起了很大作用。在"四大家"中，又以关汉卿的创作成就最高。

　　关汉卿，大都人，做过太医院的官员。他经常出入歌楼舞榭，参加戏剧导演和演出活动。关汉卿创作的散曲，现存的有小令五十多首，套数十多篇，残存的套数两篇。他创作的杂剧有六十多种，在现存的篇目中可以肯定是他创作的有十六种，其中以《窦娥冤》最为出名。

　　《窦娥冤》全名《感天动地窦娥冤》，讲述的是楚州一个名叫窦娥的年轻妇女的不幸遭遇。窦娥三岁时母亲去世，到七岁时，父亲因还不起债，只好把她抵给债主蔡婆婆做童养媳。她父亲则上京城应考去了。

　　窦娥成年后，与丈夫结婚不久，丈夫也去世了，婆媳俩相守度日。一天，蔡婆婆向开药铺的赛卢医讨债。赛卢医把婆婆骗到郊外，想勒死她，碰巧被恶棍张驴儿父子看到。张驴儿父子乘机要挟蔡婆婆，要她们婆媳俩嫁给他们父子，否则就勒死她。婆婆无奈，只好把他们父子带回家。他们赖在蔡婆婆家，天天逼迫窦娥成婚。窦娥坚决不答应，还把张驴儿痛骂一顿。

　　为了霸占窦娥，张驴儿想毒死蔡婆婆。一天蔡婆婆生病，窦娥为她烧了羊肚汤。张驴儿把从赛卢医那儿弄来的毒药放在汤里。蔡婆婆因呕吐没喝汤，让张驴儿的父亲喝了。张老儿喝了汤立刻七窍流血死了。张驴儿便威胁窦娥，强迫窦娥嫁给他，否则就要告官。

　　窦娥没有罪，她宁可见官也不愿屈从。谁知太守桃杌（wù）是个昏官，根本不听窦娥的申辩。他不仅对窦娥严刑逼供，还毒打蔡婆婆。窦娥担心婆婆年老体衰，受

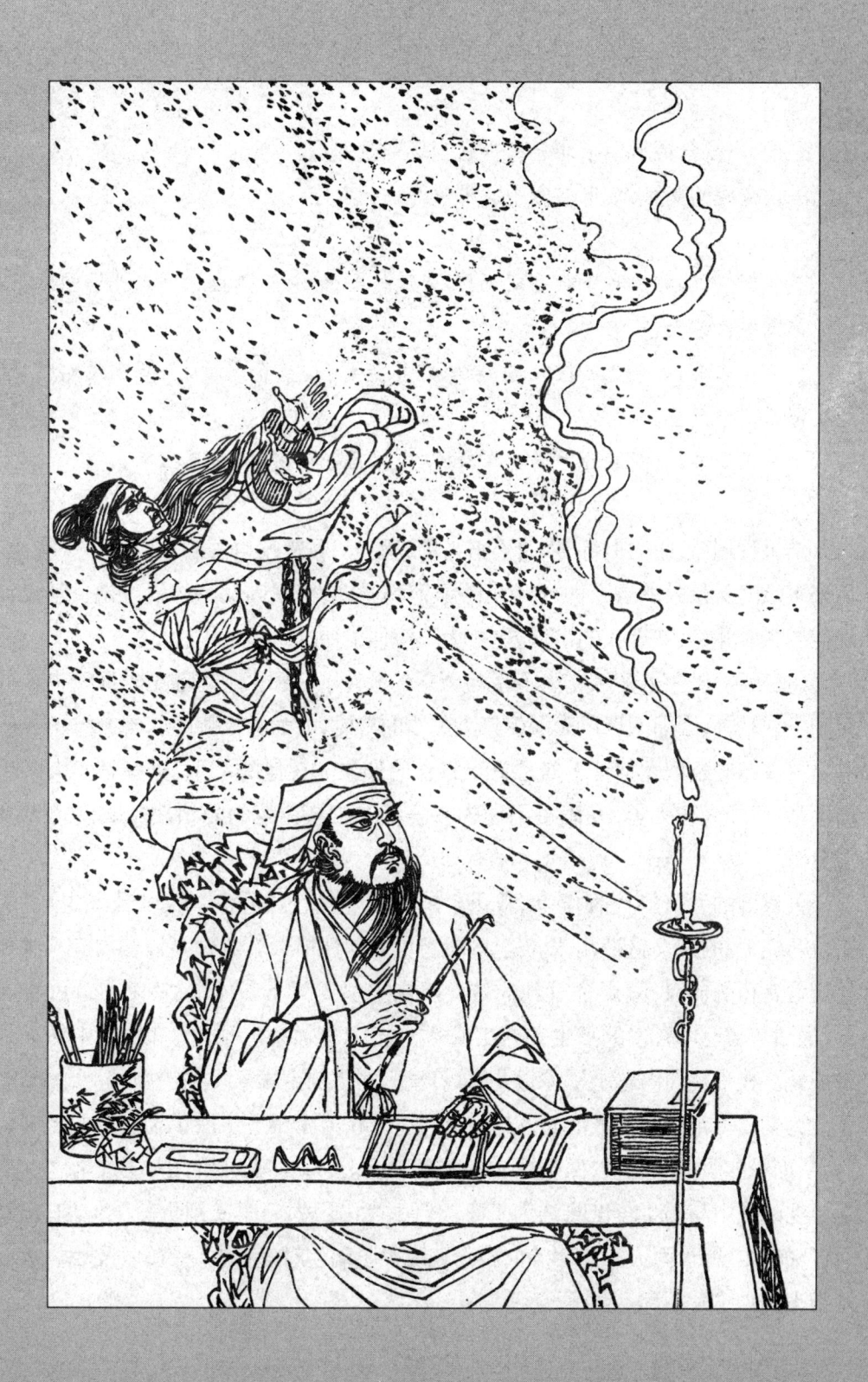

不了酷刑，只得含冤承担了罪名。昏官当场判她死刑。

满含冤屈的窦娥，临刑前发下三桩誓愿：

第一桩，若是我窦娥委实冤枉，刀过处头落，一腔热血休半点儿沾在地下，都飞在白练上。

第二桩，如今是三伏天道，若窦娥委实冤枉，身死之后，天降三尺瑞雪，遮掩了窦娥尸首。

第三桩，我窦娥死的委实冤枉，从今以后，着这楚州亢旱三年。

结果行刑后，血飞白练、六月落雪当场应验，此后楚州也真的三年没下一滴雨。后来窦娥的父亲中举当了官，到楚州视察时，窦娥的冤魂向父亲控诉。她父亲设计取得了张驴儿、太守等人的口供，这才为窦娥伸了冤。

《窦娥冤》描述了窦娥充满不幸与冤屈的一生，表现了她就是变成鬼魂也要伸冤的不屈精神，因而问世以来深受广大民众的喜爱，成为关汉卿的悲剧杰作。

关汉卿的杂剧尤其善于描写青年妇女的形象。在他的笔下，这些妇女大多生活不幸，但却大智大勇，充满了不屈的斗争精神。这在他的爱情剧中表现得尤其充分。

关汉卿的爱情剧代表作有《救风尘》、《望江亭》、《拜月亭》等。《救风尘》说的是，侠义心肠的妓女赵盼儿，以自己的机智勇敢同性情狠暴的奸商周舍周旋。她利用周舍贪色的弱点，骗周舍对她的妓女姐妹宋引章写下了休书，使宋引章逃离虎口，最后与自己所喜爱的书生安秀实成婚。《望江亭》的主角是太守白士中的妻子谭记儿。权贵杨衙内看上了谭记儿，拿着皇帝的势剑金牌来捉白士中，并企图娶谭记儿为妾。谭记儿装扮成渔妇，以献鲜鱼为名，在望江亭上赚取了杨衙内的势剑金牌，从而粉碎了他的阴谋，保全了丈夫和她自己。《拜月亭》写的是，王尚书之女王瑞兰在战乱中与书生蒋世隆结为夫妻。但王尚书因为门第差别拆散了他们，直到蒋世隆考中状元，两人才得团圆。剧作表现了王瑞兰对爱情的坚贞，以及战争给百姓带来的灾难和不幸。

此外,关汉卿还写了不少历史剧,其中《单刀会》是他的代表作。《单刀会》写的是关羽过江,去东吴赴宴的故事。通过东吴索讨荆州、关羽保全荆州的较量,表达了主权不可放弃的思想。对当时的元朝统治,作者表达了在特定环境中的民族感情和爱国思想。

关汉卿的剧作题材广阔、内容丰富,并从多方面极大地开拓了中国戏曲的表现力。

"曲状元"马致远

枯藤老树昏鸦，
小桥流水人家，
古道西风瘦马。
夕阳西下，
断肠人在天涯。

短短五句，寥寥二十八个字，为我们描绘了一幅感人的游子秋行图。这首题为《秋思》的元曲小令，就是由被誉为"曲状元"的元代散曲家马致远创作的。

元曲是元代文学的代表，和唐诗、宋词一样，在文学史上占有重要地位。元曲包括散曲和戏曲，而散曲又分小令和套数两种体裁。

小令源于唐末五代，是一种有固定格律(曲牌)和音乐(曲调)的诗歌。通常一支曲子为一首，相当于一首单调的词。如果把曲牌不同但曲调相同的几支小曲连缀起来，就成了套数，也称散套。散曲的曲调来源很广，有的来自民间的小调，有的来自北方或西域少数民族的曲调。它是在继承了宋词的传统上，吸收了民间和少数民族乐曲的成分而形成的新文体。

元曲中的戏曲，因为艺术形式上更具创造性、内容上更具现实性，被认为更好地代表了这个时代的艺术成就。元代戏曲包括杂剧和南戏两大系统。

被誉为"曲状元"的马致远，在散曲和戏曲创作方面，成就都很高。马致远，号东篱，早年在大都生活了近二十年。他曾在江苏扬州担任管理税收的省务官。但因为是汉人，他无法施展自己的才干，非常苦闷。从官衙回来，他常一个人在灯下

感叹："儒人不如人。"

在五十岁的时候,马致远决定离开官府,退隐乡间,去寻找他心目中的自由世界。用他的话说,就是"利名竭,是非绝","东篱本是风月主,晚节园林趣"。

马致远一生共写了一百二十多首散曲,都收在《东篱乐府》一书中。他的散曲的主要内容有三个方面:一是叹世,二是咏景,三是恋情。总的来说,一方面表现了进取心很强的传统文人形象,一方面又表现了超脱放荡的隐士形象,显示了他在不如意的生活实际中形成的相互矛盾的人生态度。

马致远还是享有盛名的戏曲家,一生共写了十五部杂剧,保留下来的主要有七部:《破幽梦孤雁汉宫秋》、《吕洞宾三醉岳阳楼》、《江州司马青衫泪》、《西华山陈抟高卧》、《马丹阳三度任风子》及《半夜雷轰荐福碑》;另一部《邯郸道省悟黄粱梦》,他仅写了其中的第一折。据说他还写过一部南戏《苏武持节北海牧羊记》。他写的杂剧贯串着对现实的批判精神,表现了对现实社会的不满;剧作的文词豪放有力,声调和谐优美。

《汉宫秋》是马致远最负盛名的代表作,写的是王昭君出塞和亲的故事。西汉时期,汉元帝与宫妃王昭君有着深厚的爱情,可是汉元帝为了搞政治上的联姻,不惜将王昭君嫁给匈奴单于为妻。虽然在客观上密切了当时的民族关系,但就王昭君个人来说,却带有浓烈的悲剧色彩。剧本着重刻画了文臣武将们的怯懦自私,借历史上的兴亡聚散表现了作者对亡国之臣的批判。对汉元帝,作者却给予了同情。剧本最后写他梦中思念昭君,但梦醒后只听到孤雁的哀鸣。《汉宫秋》对后代的戏剧、文学创作都产生了很大影响。

曲在元代兴起,是有它的必然的社会原因的。忽必烈和元代的不少君主虽然也重视学习汉文化,把不少汉族知识分子引进朝廷为官,但广大的汉族知识分子还是生活在社会底层。虽然没有颁布过专门的法令,但在一些规定中,元朝的统治者把全国居民分成了蒙古、色目(西域各族和西夏人)、汉人(淮河以北原金朝境内的汉族、女真、契丹等人)、南人(江浙、江西、湖广等地原南宋的臣民)四等;而"九儒十丐",知识分子的地位更等而下之,仅比乞丐高一点点。这使广大读书人十分灰心失望,他们除了寄情绘画,推动了文人画的发展外,就是致力于文学创作,发展了元曲这种文学体裁。而元代官吏的残暴贪婪,百姓生活的困苦,也为元曲家们提供了丰富的创作素材。

情深意浓《西厢记》

"元曲四大家"都擅写爱情剧,除了关汉卿,马致远的《汉宫秋》、郑光祖的《倩女离魂》、白朴的《墙头马上》,都是著名的爱情剧。但被后人称为"天下夺魁"的爱情剧,却是王实甫写的《西厢记》。

王实甫与关汉卿大约是同时代的人。他经常去官妓们居住的教坊、行院或演戏的勾栏,熟悉官妓们的生活,因此擅长写"儿女风情"一类的戏。有人评论他的作品"如花间美人,铺叙委婉,深得骚人之趣,极有佳句"。(意思是:王实甫写的杂剧,文字美,叙述精致、细腻,就像诗人写的诗一样,有许多极美的句子。)

王实甫创作的杂剧,今天知道的有十四种,留存下来的只有《西厢记》、《丽春堂》、《破窑记》。也有人怀疑《破窑记》并不是王实甫写的。

《西厢记》的主要内容是这样的:

相国府小姐崔莺莺是个性格娴静、容貌美丽的姑娘。她不仅会裁缝绣花,而且识字,会写诗词。长久以来,她一直寂寞地住在相国府,不能跟外界接触。她从小就被父母许配给"花花公子"郑恒,这使她十分苦恼。崔相国死后,崔莺莺随同她的母亲送父亲的棺柩回乡,在路途中她们暂时住在河中府的普救寺里。正巧,洛阳的秀才张君瑞要到京城去应考,路过这里也到了普救寺。张君瑞和崔莺莺用互送诗歌和听琴等方式表达爱慕之情。

就在这个时候,河桥镇的守军头领孙飞虎知道崔相国已死,欺负崔家母女俩没有依靠,带领军队包围了普救寺,想要逼迫老夫人答应把女儿崔莺莺嫁给他。危急关头,老夫人说:谁要是能够让孙飞虎退兵,就把崔莺莺许配给谁为妻。张君瑞挺身而出,他先用智慧让孙飞虎后退,又给他的好朋友白马将军写了一封信,要他赶快带兵来救援。就这样,张君瑞为老夫人和崔莺莺解了围。

解围 修斋 赶考

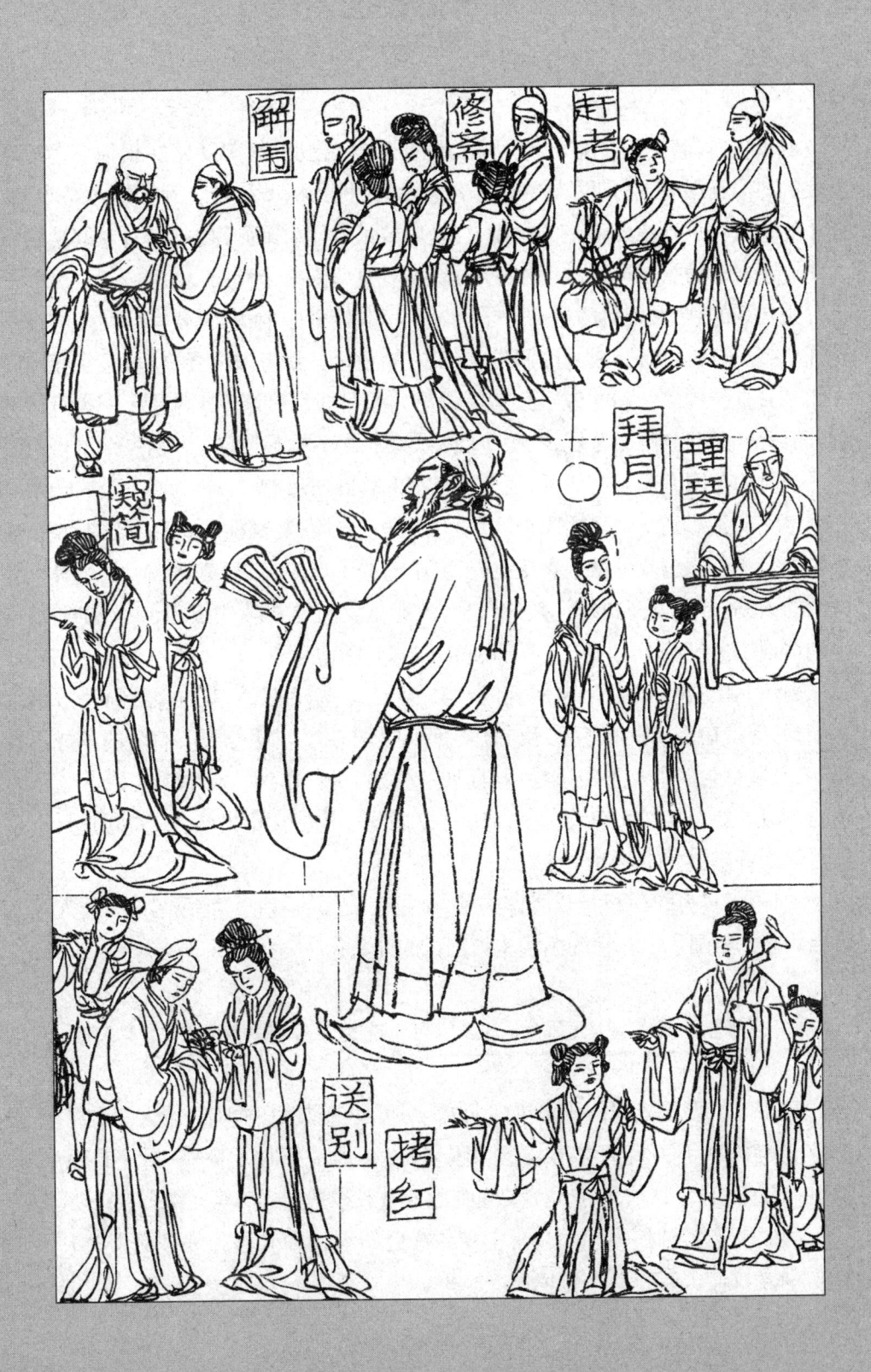

窥简 拜月 理琴

送别 拷红

但是事后,老夫人反悔了,想赖婚,她要张君瑞跟崔莺莺以兄妹相称。在丫环红娘的热心帮助下,他们两人冲破了老夫人的阻拦,私下结合。到了这个地步,要面子的老夫人只能承认他们的婚姻,但是她要张君瑞立刻到京城赶考,考取功名后才能成亲。以后张君瑞果然考中了状元,这对有情人终于喜结良缘。

王实甫的《西厢记》,故事取材于唐朝元稹的传奇(一种情节奇特神异的小说)《会真记》。在北宋,《会真记》成为民间说唱、说书的题材。到南宋,《会真记》已经在中原和江南到处流传。金朝的说唱家董解元把它改写成《西厢记诸宫调》,王实甫又把《西厢记诸宫调》改写成杂剧,改写了曲文,增加了对白,删除了一些不合理的情节。

当时的杂剧一般只有四折,而王实甫写的《西厢记》有二十一折;一般的杂剧是一个主角从头唱到底,而《西厢记》要两三个角色分别唱。《西厢记》的结构严密、规模宏大是没有哪出戏可以跟它相比的,剧中塑造了老夫人、莺莺、红娘、张生等个性鲜明的人物:老夫人是封建礼教的象征,莺莺是反封建礼教的叛逆形象,在红娘身上则体现了古代劳动人民的善良、高尚和斗争的智慧。

虽然元稹的《会真记》、董解元的《西厢记诸宫调》和王实甫的《西厢记》故事基本相同,但是在王实甫的笔下,反封建的倾向更鲜明了,"愿普天下有情的都成了眷属"的主题更明确了。王实甫是用自己的整个心灵创作《西厢记》的,"愿普天下有情的都成了眷属"(眷属,是家属、亲属的意思)的主题,是王实甫发自内心的愿望,也是数百年来青年男女的美好憧憬。

此外,王实甫的《西厢记》语言典雅,往往在一开头就把读者吸引住,让人进入特定的艺术氛围。请看它的第四本第三折的开头:

碧云天,黄花地,西风紧,北雁南飞。晓来谁染霜林醉?总是离人泪。

深秋季节,西风紧催;大雁向南飞回家乡,可是张君瑞却要离开亲人。早晨,是谁把树叶染红了?那一片片红叶,多么像跟亲人告别时流下的眼泪——这不是眼泪,分明是一滴滴的血。这诗句,把崔莺莺和张君瑞在长亭送别的气氛写得多么真切动人。

《西厢记》在当时一经演出,马上受到社会的承认和欢迎。许多文人对它大加赞赏,称它文字美,诗句美,意境美。

贾鲁修复黄河

公元1344年(元朝至正四年)上半年,我国北方一些地方连续几个月普降大雨,平地积水三米多深,黄河水暴涨,冲破了白茅堤、金堤(在今河南兰考东北),使黄河沿岸州县都遭受了严重的水灾,淹死、饿死、病死的百姓多得数不清。元顺帝害怕水灾会引起人民不满而造反,就在山东郓(yùn)城设立水监,任命贾鲁为管理水利的"都水监使",专门负责治理黄河。

贾鲁是河东高平(今山西高平)人,他从小聪明好学,善动脑筋。元仁宗、元英宗时期,他两次由州县推选,参加科举考试,都名列前茅。元顺帝时,中书右丞相脱脱主持修订辽、金、宋史,他任命贾鲁为《宋史》的撰修官。后来贾鲁又担任过工部郎中等,是个既有知识又有经验的工程技术专家。

贾鲁接受治理黄河的任务后,不顾辛苦劳累,来回跑了几千里路,去查看河道,取得了治河的第一手资料。他还根据河道的形势画了一幅详细的治河图。同时,他提出了两个治河方案:一是在决口以下的新河道北岸筑起堤坝,以防止河水横向溃决;二是通过疏通和堵塞并举的方法,引导黄河水恢复向东流向故道。这两个方案都能收到事半功倍的效果。

贾鲁的方案并没有引起皇帝的重视,未被采纳,他还被调离了"都水监使"的岗位。结果,水患不断扩大,一直影响到山东、河北一带。

脱脱再次出任右丞相后,认识到黄河非彻底治理不可,就召集大臣讨论治河方案。这次贾鲁以"都清运使"(官职名)的身份出席了讨论会。

在讨论会上,群臣议论纷纷,形成了两种截然对立的意见。以工部尚书成遵为代表的一派说:"山东连年歉收,民不聊生。让黄河走故道,万万行不得!如果二十多万人生活在灾区,闹起事来,恐怕比河患还可怕呀!"

以贾鲁为代表的一方坚持他们原先的方案。

"治理黄河要讲实际效果,就必须把已经淤塞的旧河道重新开通,而且应该在汛期内就着手进行!"贾鲁不怕压力,大胆陈述。

脱脱是个以国家利益为重的人,在朝廷斗争非常激烈的情况下,他经过分析比较,认为贾鲁的第二方案可以采用,于是就支持了贾鲁。

公元1351年,五十五岁的贾鲁正式被任命为工部尚书兼总治河防使,并被授予二品官衔。他动员了十三路(相当于州)的民工约十五万人,再加上军队士兵二万多人,一共十七万人开上了治河工地。

从四月份开始施工,到了七月河道疏凿成功;到了八月,冲破堤岸的河水重新流入了原先的河道;到了九月,黄河上又可以通行船只了;到了十一月,水土工程全部完成,使黄河从故道重新流入大海。

在治理过程中,贾鲁针对许多复杂的情况,创造了许多堵塞决口和建筑堤岸的方法。其中有一个叫"石船堤障水法"值得一提。堵塞决口时正遇上秋雨潇潇,水势猛涨,给施工制造了不少困难。贾鲁准备了二十七艘大船,前后用大桅或长木桩连接起来,再用大麻绳将船身上上下下捆了个结结实实,并连成方舟。施工时,从上游放入河中,让它顺流流到决口处,然后选水性好的民工,每条船上两个人,拿着斧头、凿子站在船首船尾。只听岸上鼓号齐鸣,他们一齐用斧头、凿子凿船,顷刻之间,船被凿破,水涌入,船很快沉在决口处把决口堵住,河水便流入故道。这一著名的堵口技术"石船堤障水法",就是贾鲁创造的。

治理黄河的重任完成后,贾鲁画了一张《河平图》献给皇帝,皇帝非常高兴,专门为贾鲁树立了一块河平碑,碑上篆刻着翰林学士欧阳玄奉命所写的《至正河防记》,以总结治河经验,表彰贾鲁的功绩。

当年,在贾鲁住的故宅墙上,有人题写了这样一首诗:"贾鲁治黄河,恩多怨亦多。百年千载后,恩在怨消磨。"

这说明后世对他的功绩自有公正的评价。而原来横贯整个河南、向东南流入淮河的惠民河,也因此改名为贾鲁河。

不过,就在贾鲁受命治理黄河的那些年,引发了红巾军起义,这是他没有、也不可能想到的。

红巾军高举义旗

"石人一只眼,挑动(开挖)黄河天下反。"

元朝末年,山东、河南开挖黄河河道的穷苦民工中,曾秘密流传过这样一个预言。

此时的中国,已经天下大乱。朝廷内讧,官吏腐败,统治中国的蒙古贵族过着奢糜的生活。元朝最后一个皇帝顺帝(又称惠宗,名妥懽帖睦尔)一次就将山东十六万二千多顷土地赏赐给一座大寺院。政治压迫、经济剥削、民族迫害,让人们喘不过气来,活不下去。全国各地民众反抗不断,只是还未燃成燎原的大火。

河北农民韩山童与刘福通、杜遵道等以宣传白莲会(秘密民间组织)的形式,组织民众造反。他们鼓动说,象征光明的弥勒佛就要降临世间,元朝天下即将大乱。又说,老韩家本姓赵,是宋徽宗第八代孙子,刘福通也是宋代名将刘光世的后人,是老天爷命令他们来拯救民众,治理国家的。

公元1344年后,黄河连年在河北、山东境内决口,大片土地、房屋被淹,巨大地震接踵而至,更多的民众流离失所。元朝政府强征全国各地近二十万民工开挖黄河故道(被废弃的旧河道)。河工们遭到督河官吏的盘剥克扣,任意体罚,怨声载道,苦不堪言。韩山童、刘福通认为造反的时机已经成熟,就煽动说,古老的黄河被翻动,天下也将大乱。还造出上面那个预言,在民工中传播。

他们又秘密凿了一尊只有一只眼睛的石人,再将"挑动黄河天下反"的预言凿在石人背上,偷偷埋在即将开挖的老河床中。当这尊神秘的石人被民工挖出时,人们惊呼起来,奔走相告,都说:这是天意,真是天意呀。该反了!该反了!

公元1351年五月的一天,韩山童等人秘密聚在一起,宰了白马、黑牛祭天告地,歃血为盟,郑重宣誓:同举义兵,推翻元朝!约定头披红巾作为起义的标志。

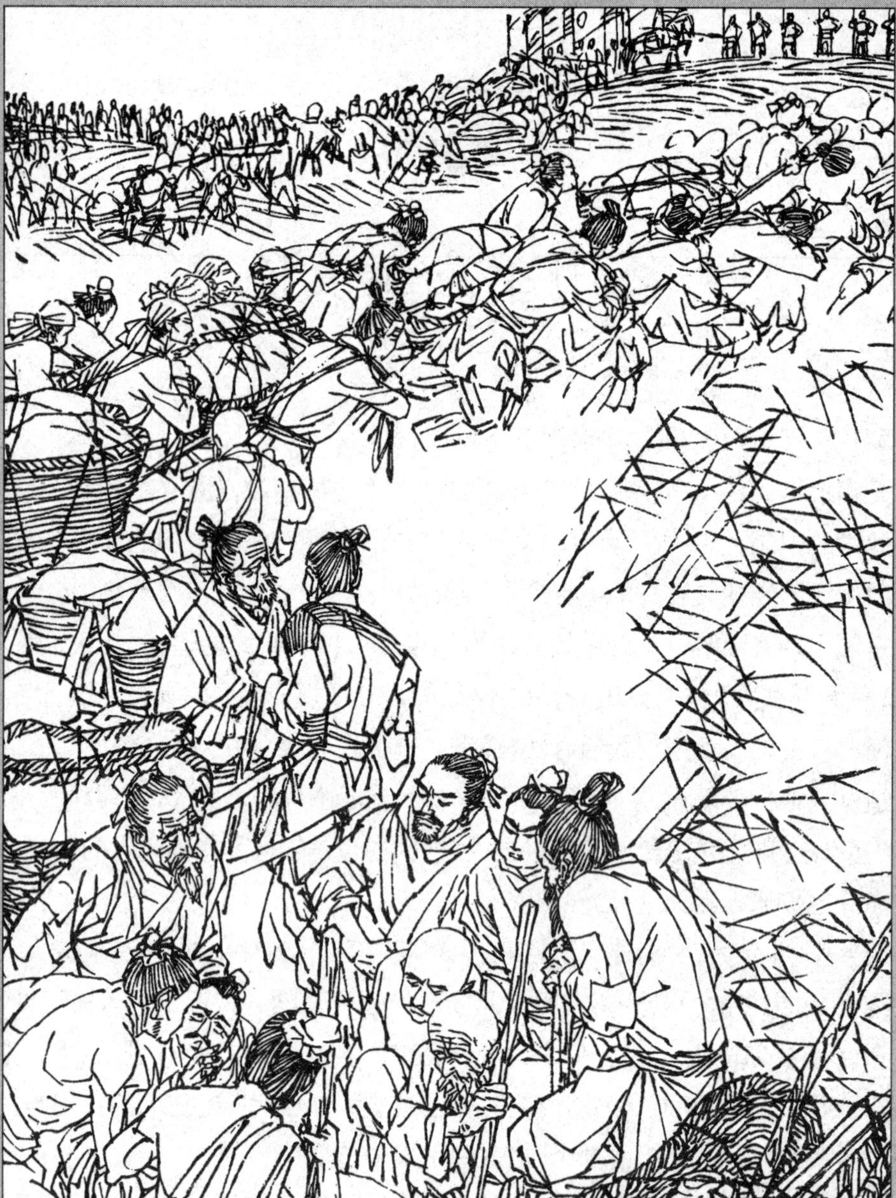

但他们的行动被官军发觉了。正在商议起义大事时，官军偷偷袭来。韩山童被捉去杀害了。刘福通等人迅速逃到颍州(今安徽阜阳)城，发动起义。这支造反的队伍被称为红巾军。

刘福通义旗下很快集聚了大批的河工与流民，达十几万人，迅速占领了罗山(今河南罗山)、上蔡(今河南上蔡)、舞阳(今河南漯河)等十多个城市，成为全国各地起义的旗帜。江南民众响应最为强烈，湖广有蕲州(今湖北浠水)、黄州(今湖北新洲)的徐寿辉，湘、汉有布王三、孟海马，江淮有濠州(今安徽凤阳)的郭子兴，丰县、沛县有芝麻李等，都拉起造反的队伍，都称为红巾军。苏北盐贩出身的张士诚也揭竿反元，不过他没用红巾军旗号。

元王朝惊慌失措，匆忙派军队来围剿。进攻刘福通的元军主力是其精锐部队阿速军。阿速军成立于元初，由色目人组成，负责皇帝的随从、警卫、城防等，人高马大，装备精良。但他们到这时已经腐败不堪，与农民军一交手，就立刻溃败下来。带兵主将首先落荒而逃，士兵们也四散奔逃。

官军与起义军来来回回地打了两三年仗，总也不能将义军镇压下去。江南的张士诚一度强盛。公元1354年，元王朝派丞相脱脱率领一支包括远从西域和西番(今西藏)征调来的强悍的少数民族军队，号称百万大军，围剿张士诚。脱脱几乎成功了，却因朝廷的内乱而失败。大江南北起义军又获得一个发展机会。第二年二月，刘福通就在亳州正式建立了起义军的政权。

新政权的国号叫宋，年号龙凤，韩山童的儿子韩林儿做了皇帝，因为白莲会信奉光明之王，又称小明王，刘福通掌握了实际的军政大权。小明王政权起到团聚、号令各路起义军队的作用，徐寿辉、郭子兴、朱元璋都曾奉行龙凤年号。

但是起义军内部发生内乱，刘福通被元军打败，带着小明王跑到安丰(今安徽寿县)。不久，他的兵力又恢复壮大。公元1357年刘福通率军进攻汴梁，同时派三路义军北伐。西路由李武、崔德、白不信、大刀敖等将领率领，沿商州(今陕西商州)、武关进伐，目标直指关中；中路由关先生、破头潘等将领率领，进攻山西、河北，目标为元的京城大都；东路由毛贵率领，从山东、河北出征，目标同为大都城。

元朝各地守城官吏，早无斗志，不少官吏闻风而逃。中、西两路北伐军的进攻

一度有较大进展,但因军队内部纪律不严,号令不明,又不大听统帅部的约束指挥,因此不能长久有效地占领所攻取的土地。只有毛贵一支,占领山东后,建立政权,派兵屯田,获得充裕的粮食与巩固的根据地,在那儿坚持了三年的战争,一度打到大都城下。但这三路起义军最终都遭到失败。

刘福通一度占领汴梁,作为新都城。但不久他又被元军打败,带着小明王退回安丰。

公元1363年,刘福通在安丰被反复无常的张士诚攻击,最后牺牲。小明王被赶来解围的朱元璋军队救走。南方许多起义队伍虽然还承认龙凤年号,但都各自为政,没有人再真正听小明王的号令了。北方各地起义的烈火渐渐熄灭下来,这距首次起义的日子已有十二个年头。

"高筑墙，广积粮，缓称王"

在农民起义的烈火中，涌现出一位杰出的统帅。

公元 1352 年农历闰三月的一天，有个剃光头顶、高大壮实、粗眼浓眉的青年，奔走在去濠州城的路上。他叫朱元璋。

朱元璋是离濠州不远的钟离县农村的穷苦农民。十七岁那年父母去世，连棺材墓地都买不起，好心的邻居帮助他安葬了双亲，介绍他到附近的皇觉寺做小和尚，挑水打杂，混口饭吃。但是年成不好，寺庙也很困难，没过几天，庙里连粥也吃不上，他像其他和尚一样，带着木鱼与食钵，外出讨饭。他流浪了三年，走过许多地方，看到了民间疾苦，也增长了见识。

他回皇觉寺后，听说刘福通在颍州举义，接着又有人说郭子兴就在濠州城里举旗造反，他决定去投奔。

郭子兴是定远县（今安徽定远）的财主，为人豪爽仗义。因为受不了官吏的窝囊气，与几个江湖朋友，聚集几千人，杀掉濠州州官，做起了元帅。他们共有五个元帅，都讲义气，但不讲纪律，没有领袖。郭子兴很希望有个得力的助手，改变现状。他一见朱元璋就爱上了，留他在身边作亲兵，后来升为亲兵长（侍卫队长）。又将养女马氏嫁给朱元璋。马氏女非常聪明贤德，是朱元璋的贤内助。

朱元璋性格刚强，作战勇猛，而且聪明睿智，沉着镇定。其他元帅与郭子兴有矛盾，一天，竟把郭子兴扣押起来，要谋害他。郭子兴的家属及部将急得没了主意。朱元璋则利用元帅间的矛盾，略施计谋，就将郭子兴解救回营。经过这场风波，朱元璋的威望迅速提高。

但是，朱元璋感到在这样的队伍里难有发展，便征得郭子兴同意，回到家乡，组

织自己的队伍。他很快就拉起七百多人,其中有他幼时亲密的伙伴徐达、汤和、邓愈、花云等。这些人以后都成了他最信任、最得力的将领,明朝开国的功臣名将。

朱元璋很快打了几个胜仗,收编了元军好几万降军,兵力急速壮大。他奉郭子兴命南攻滁州,公元1353年又攻占和州(今安徽和县)。

朱元璋此时还只是郭子兴手下的一员大将,但是他胸怀大志,希望在这群雄崛起之中,脱颖而出,统一天下,重建太平。他很注意听取一些有学问、有远见的读书人的意见。

打和州之前,定远人李善长来投奔他。他听说李善长善于计谋,便诚恳地问:"李先生,目前天下大乱,怎样才能太平呢?"

李善长有针对性地答道:"秦朝时候也天下大乱。出身亭长的汉高祖气量大,能容人,又不滥杀人,所以很快就统一了天下。将军能学习汉高祖,定当成就大业。"

朱元璋认为李善长的话很有见地,便认真地照着他的话去做,并留下他做谋士。朱元璋自比为汉高祖得到了谋臣萧何。

朱元璋严禁军队在战争中伤害百姓,打进和州城的时候,亲兵带了几个老百姓来向他哭诉,一问,知道从滁州跟来的部分将领流寇习气很重,竟纵容部下抢劫百姓的财物,还掳掠妇女,滥杀无辜。朱元璋很生气,当即召集众将领训话,说:"我们起兵是为了推翻暴政,安定民生。你们公然抢人家的妇女与财物,与盗贼有何区别,怎能得到民众拥护?"

他下令将所有抢来的妇女、财物,立即归还老百姓,严惩了违反纪律的将士。

公元1355年,朱元璋准备渡过长江寻求发展。这时,老儒陶安来见朱元璋。朱元璋便向他请教过江后的方略。陶安称赞朱元璋胸怀济世安民大志,不像其他拥兵割据的人胸无大志,只知抢掠妇女、财物,预言朱元璋一定能平定天下。他建议大军渡过长江,占领太平(今安徽当涂)后,应该迅速夺取龙盘虎踞的金陵,作为平定天下的根据地。朱元璋很同意陶安的意见。

朱元璋迅速渡过长江,攻取了和州对岸的太平,接着,他挥军向集庆(今江苏南京)、也就是陶安说的金陵发动进攻。

这时，郭子兴已病死。他的小儿子郭天叙被小明王封为都元帅，朱元璋被封为副元帅，但实权全操在朱元璋手里。打集庆时，郭天叙战死。郭部的所有人马便都集中到朱元璋手里，他的兵力又得到增强。

公元1356年，元朝的水军在采石矶被朱元璋歼灭，集庆城里元军投降，朱元璋胜利进入集庆。他将集庆改名应天，从此有了一块比较稳定的有发展前途的根据地。

但是，朱元璋感到自己力量还不够强大，所以尽管此时占据浙江、四川、湖广的张士诚、陈友谅、明玉珍等已纷纷称王称帝，朱元璋还只默默地壮大自己的力量，在太平，仅设立太平兴国翼元帅府；在金陵，只是称吴国公。

朱元璋还非常清楚粮食等物资对支持他的政权与军事活动的重要性。尽管军务繁忙，他每到一地，总要关心当地农业生产，鼓励种田养蚕。他安排军队屯田耕种，任命专管官员，负责修筑堤防，兴修水利，保证军粮的供应。

在徽州，朱元璋征求谋士朱升对他今后战略方针的意见，朱升说："高筑墙，广积粮，缓称王。"这实际总结了朱元璋一贯实行的方针，他非常地高兴。朱元璋正是在这一方针下，一步步完成了统一中国的大业。

247

朱元璋大战鄱阳湖

朱元璋设置应天府,采纳了朱升等谋士的建议,拥有了一块可攻可守的根据地,但北方还是元朝的天下,南方四处充满强大的敌对势力:浙西、福建、两广仍由元朝官吏控制;浙东方国珍,吴地张士诚,四川明玉珍,都割据一方,桀骜不驯;而最强大、最危险的是占据长江上游湖南、湖北与江西的陈友谅。这些,都需要认真去对付。

陈友谅为人凶狠,非常霸道。他随徐寿辉、倪文俊起义。徐寿辉做皇帝,封他为元帅。后来,他谋杀了倪文俊、徐寿辉二人,独自控制军权,自己做皇帝,国号为汉。

他视朱元璋为大敌,不断地向长江下游发动进攻。

公元1360年,陈友谅派人约请张士诚,共同出兵打朱元璋。张士诚犹豫不决,陈友谅便独自带着兵船,从江州沿长江东下,驻兵采石,向应天府扑来。

面对十倍于己的汉军,应天城里气氛十分紧张,有主张弃城逃跑的,有主张开门投降的。只有军师刘基认为张士诚胆怯多疑,没有把握不会出兵;而陈友谅凶猛而少智谋,汉军虽多,但远道奔袭,孤军深入,军队疲劳,可以用计尽快引诱他来偷袭金陵城,设下伏兵打败他。但派谁去引诱陈友谅呢?刘基推荐了原是陈友谅的老熟人、现为朱元璋部将的康茂才。

朱元璋采纳了刘基的计策,让康茂才给陈友谅写了封诈降信,说应天城内空虚,要汉军尽快分三路来攻,康做内应,一举可破金陵。

送信去的是康家老仆,也在陈府服侍过。陈友谅读过信,一点没起疑心。他问老仆:"到时康公在什么地方等候?"

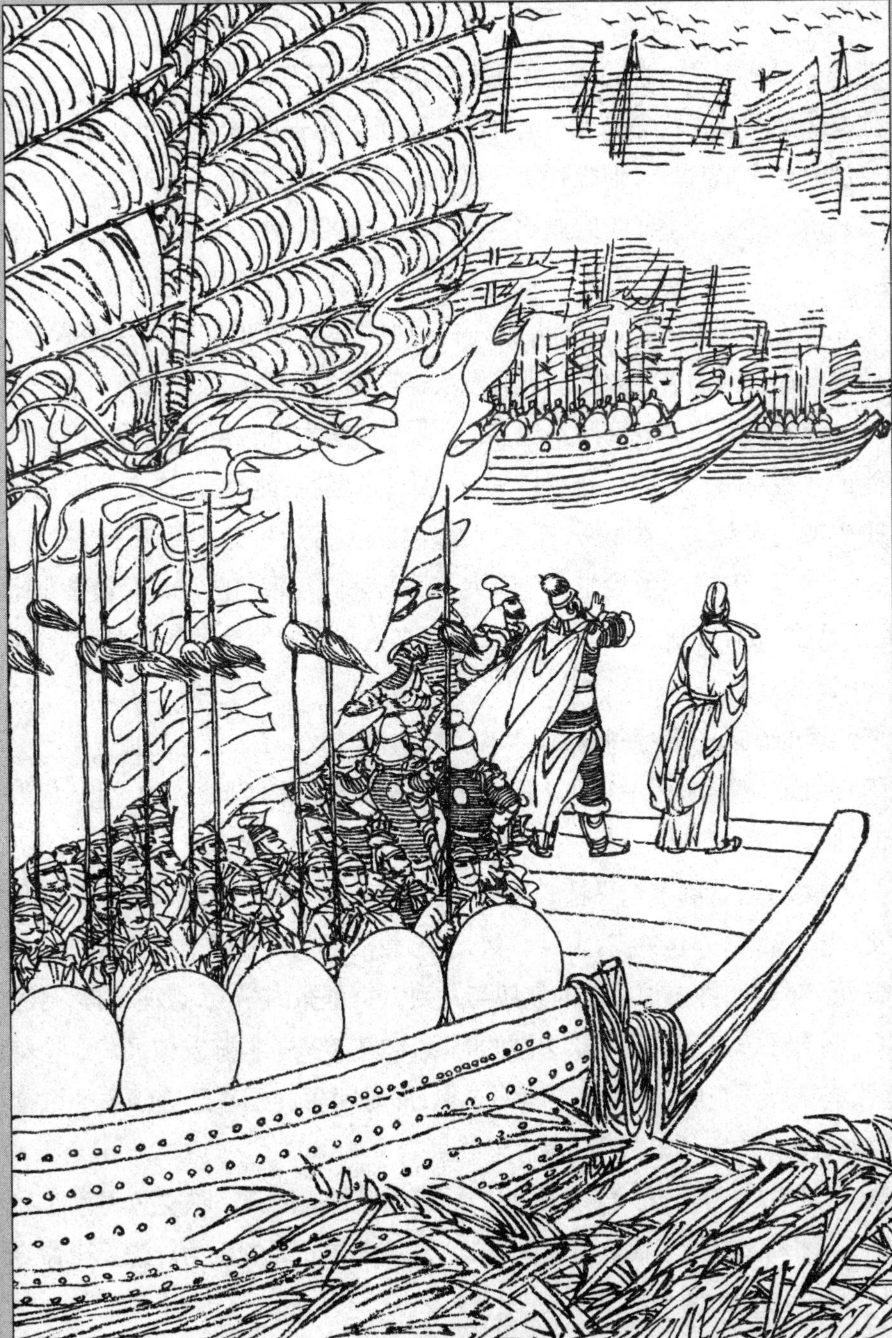

老仆说:"我家主公说驻守在江东桥,迎候陛下。"

陈友谅又问清了江东桥是一座石桥,让老仆转告康茂才:"我要亲自带兵来。到时,我叫'老康'为暗号,他要赶快来接应。"老仆连声答应。

满心欢喜的陈友谅,随后就命令人马分三路进发。他带主力,直奔江东桥而来。

朱元璋立即部署伏兵:自带大军守在卢龙山(今南京狮子山),命大将徐达、常遇春埋伏在汉军进军的沿江要道上。又派人连夜将江东桥改建为木桥。

陈友谅的兵船偷偷驶到约定地点,却只见一座木桥,又不见人影,不禁怀疑起来。他忙不住地叫:"老康!老康!"没有人应答。就在此时,岸边齐刷刷地伸展出一片旗帜来。陈友谅一看不好,连忙叫拨转船头撤退,可是已经来不及了。岸上、水中,满是朱元璋的士兵、战船。飞箭夹着炮石射向汉军船队。汉军被杀得七零八落,死伤无数,被俘船舰一百多艘、士兵两万多人。陈友谅换了条小船,总算逃出一条命,回到汉阳。

朱元璋的军队一直打到南昌。

陈友谅元气大伤,但不甘心失败。他仍把守着湖南、湖北大片土地,依旧是朱元璋的劲敌。

为了报仇雪恨,陈友谅又精心建造了数百艘装备精良的大型战船。这种战船高数丈,上下三层,外包铁皮,上层载兵,下层载橹工。每船数十条橹,行驶如飞。

公元1363年,陈友谅将他的家属与文武百官都搬到船上,孤注一掷,号称六十万大军,乘朱元璋出兵解救安丰之围的时候,向东袭来。但陈友谅又犯了个战略错误:他没有乘应天空虚,直捣朱元璋的老巢,而是用重兵围攻防守顽强的洪都(今江西南昌)城,连续数月,久攻不下,丧失了战机。

朱元璋解了安丰之围,急忙调集二十万军队来救洪都。陈友谅将水军撤到鄱阳湖上,企图利用其战船高大数量多的优势,消灭朱元璋的主力。朱元璋命令各军封锁住鄱阳湖出口,要与陈友谅决一死战。

两军主力相遇于湖中康郎山水面上,汉军船体高大,朱军船身短小。朱军虽然作战英勇,杀伤不少敌军,本身却也遭到不少损失,一连三天,都没有取胜。混战

中，朱元璋的座船还差一点被汉军俘虏。

朱元璋于是改用火攻的办法，调了七条小渔船，满载芦苇火药，由敢死队员驾驶，驶近汉军大船，占据上风头，等东北风一起，就点燃小船冲去。汉军船大转动不灵，你推我撞，躲避不及，被火船引燃，蔓延开去。霎时间便腾起熊熊烈焰，几百艘战船转眼化为灰烬。无数汉军葬身在火海与湖水之中。陈友谅在乱军中中箭而死。

朱元璋消灭了陈友谅，便腾出兵力，又先后平定了东吴张士诚、浙东方国珍，扫荡了福建、两广的元朝残余势力，南方半壁江山，已基本归入朱元璋的掌握之中。此后，他连续做了几件大事：第一，将被他控制的、对他已经没有用处的小明王暗害于瓜洲附近的长江中，龙凤政权就此彻底结束；第二，扩建应天城，准备建都；第三，自封吴王；第四，开始北伐，统一华北。

公元1364年的农历十月，朱元璋任命徐达为征北大将军，常遇春为副将军，率领二十五万将士北征。北方虽然名义上仍是元朝统治，但分别为元朝的军阀、官僚所割据。朱元璋采取各个击破的办法，先攻取山东，再攻取河南、潼关、河北，除去元朝皇帝的左膀右臂，再无后顾之忧。然后，大军直扑京城大都。

公元1368年农历正月，朱元璋在应天即皇帝位，后人称明太祖，国号大明，改元洪武。这年农历闰七月，徐达大军进入大都城。元顺帝带着宫妃百官逃往上都，统治中国九十八个年头的元朝灭亡了。

此后，明太祖派遣徐达、常遇春、蓝玉等大将率大军多次深入漠北，肃清元朝残余势力，在较长时期内保障了明代北方的安宁。

神机军师刘伯温

朱元璋在从起兵到将元朝残余势力赶到北方、统一天下的过程中,除了得力于当初就一同随他起兵的徐达、汤和、常遇春等忠心耿耿的"二十四将",以及在以后的战争中归附他的许多武将外,还有一支重要的力量,就是他不断有意识地吸收的各地文人和富有才学的人士。他让他们参与战略决策和指挥,这些人才在统一大业中起到了十分关键的作用。这些文人学士中,有名的就有李善长、朱升、叶琛(chēn)、宋濂、刘基等。而刘基则是这批人中的一个关键人物。

刘基,浙江青田人。人们常叫他刘伯温,伯温是他的字。他是个很有学问的知识分子。年轻时,他在元朝政府中做过官,看到元朝统治日益腐败,一场社会大变动即将到来,就辞去官职回到家乡青田隐居起来。朱元璋带兵打到浙江的时候,听到了刘基的名声,便派人带着礼物与朱元璋的亲笔信,去见刘基,非常恳切地邀请他出山,与自己一同推翻元朝的统治,为天下百姓争活路。

刘基见朱元璋确有成就事业的魄力和气度,就来到朱元璋的军营。朱元璋立刻与刘基彻夜长谈。当时,朱元璋刚占领应天城不久,刘基就替他分析了形势,劝告朱元璋不必急于称王,让刘福通去正面对付元军,做自己的军事屏障;也不要急于吞并浙江的方国珍和江苏的张士诚。因为方国珍势单力薄,不足为患;张士诚虽有相当实力,却在占领平江(今江苏苏州)以后只顾享乐,胸无大志。而更重要的是要养精蓄锐,准备全力对付西边的陈友谅。

朱元璋听得心服口服,连连夸奖道:"伯温先生,你真是我的卧龙(诸葛亮,刘备的军师)啊!"

朱元璋按照刘基的策略部署兵力,巩固根据地,扩军备战。当陈友谅数十万大

军兵临应天城下的时候，又是刘基提出了东边稳住张士诚，避开遭到东西夹击的态势，然后以智取胜的计谋。朱元璋采纳了刘基的意见，用智谋挫败了陈友谅。

从此，朱元璋更加信任刘基，说他就像辅助汉高祖的足智多谋的张良。但是，刘基始终保持着清醒的头脑，适时地对朱元璋提出明智的建议。

过了几年，朱元璋感到根基已经牢固，"缓称王"的策略不再必要了，在李善长、徐达等人的劝说下，自称吴王，设置左右丞相，开始建立比较完整的政权体系。朱元璋也逐渐放弃过去那种比较宽容的、体谅部下的策略，对那些稍有过失或不慎触犯到他的官吏或部将，常常摆出一副不留情面、铁面无私的面孔。

在这种情况下，总有些私心较重或居心不良的部下为一己私利去诬陷谋害别人，于是，应天的监狱里犯人越来越多，冤狱也无可避免地增多起来。刘基觉得该找个机会向朱元璋进谏了。

正巧不久，江南发生大旱，从春天到夏天，接连几个月不下雨，眼看就要颗粒无收了，老百姓着急，朱元璋也坐卧不宁。因为这是关系到朱元璋的军队与政权能不能巩固与发展的大事。于是，他把刘基找来。

朱元璋问刘基，近来老天老不下雨，是因为什么？还问他有没有灵验的办法祈求老天下雨。

刘基乘机说道："主公，这么久不下雨，应该是老天爷昭示应天的牢狱中有冤情吧？"

这话，一般官员是不敢讲的，但是它出于刘基之口，朱元璋就不敢不信。他连忙派刘基全权清查应天监狱里的案件。结果，刘基还真的查出不少冤假错案。朱元璋得报，立即就将他们平了反。事情也凑巧，冤假错案刚一平反，天就下起了雨，江南的旱情也解除了。

用平反冤假错案来求雨，当然没有科学根据。但是，博学多才、足智多谋，懂得天文学与气象学的刘基，利用他预测到的即将下雨的机会，巧妙地规劝统治者为冤假错案平反，实在是用心良苦。

朱元璋正式做皇帝后，就大封功臣。那些跟随他出生入死打江山的文臣武将，有的封"公"，有的封"侯"。比如，李善长封韩国公，徐达封信国公，常遇春封鄂国

公,李文忠封曹国公,康茂才等十八人也封了侯。论功劳,朱元璋要封刘基为"公",但他坚决不受。以后,又要给他封"侯",他还是推辞。最后,实在推辞不掉,只好接受一个三等爵位,叫诚意伯。

当时被封了高位的人大都得意忘形,他们很不理解刘基的谦让。但是,对社会、历史了解透彻的刘基,早就看透了朱元璋的本质——这是一个可以共患难,却难以同欢乐的帝王,因此,尽量与他拉开距离。到朱元璋当皇帝后的第三个年头,刘基就请求告病回家,但没有得到朱元璋的允许。又过了一年,刘基的夫人在家乡病死,他乘奔丧之机回到老家,再也不出来了。

刘基走后不久,朱元璋开始大杀功臣。他亲手封的那些公侯们,差不多被他杀个精光,只有刘基等少数几个人逃过这一厄运。这再次证明了刘基在政治上的远见卓识。

明太祖滥杀功臣

胡惟庸谋反案,是明太祖开国以后杀戮功臣案件中最严重的一桩政治案件。

胡惟庸是在和州时就跟随明太祖打天下的,是明朝的开国功臣之一。他有办事才能,又善于揣摩明太祖的心思,办事小心谨慎,所以地位一天比一天高,由县主簿(知县副职)做到知县、太常寺卿(礼部官员)、中书省参知政事。尽管刘伯温曾对明太祖批评过他,说他是一匹顽劣的牛犊,只会把车拉翻,明确反对让他做宰相,明太祖还是将宰相的职位授给了他。

做了宰相的胡惟庸,逐渐得意忘形,不再谨小慎微,官员的升降、案犯的生杀等等大事,他不再一一向明太祖禀报,而是独断专行。京城内外官员送来的奏章,凡是有不利于他内容的,他就私自扣下,不报到明太祖那里。他还收下各地官员无数的贿赂。然而,世上没有不透风的墙,明太祖渐渐有所耳闻。

公元1379年,占城国(今越南南部)使臣来到南京朝贡,胡惟庸不向明太祖报告,自行接待。宫内太监发现后,立即奏告明太祖。太祖大怒,严厉追究胡惟庸及六部长官的责任。第二年,又有人告发胡惟庸有造反的阴谋,朱元璋愈加愤怒,不但处死了胡惟庸及其全家,还诛杀了与胡惟庸有牵连的大大小小的官员及他们的家属,达一万五千多人。

被胡惟庸案件牵连的最有名望的开国功臣,还有宋濂与李善长。

宋濂是浙江人,公元1359年就跟随明太祖,一向被重用,做到大学士,当过太子的老师。明太祖一直尊称他为宋先生;他侍奉明太祖也很谨慎小心。有一天上朝,明太祖突然问他:"你昨晚喝过酒吗?请的是哪几位客人?"

宋濂果然在昨天夜里请过几个朋友,便一一照实回答。明太祖听了很满意。因为他已经派锦衣卫的特务秘密侦察过,知道宋濂所讲全为实情,是忠于他的。宋

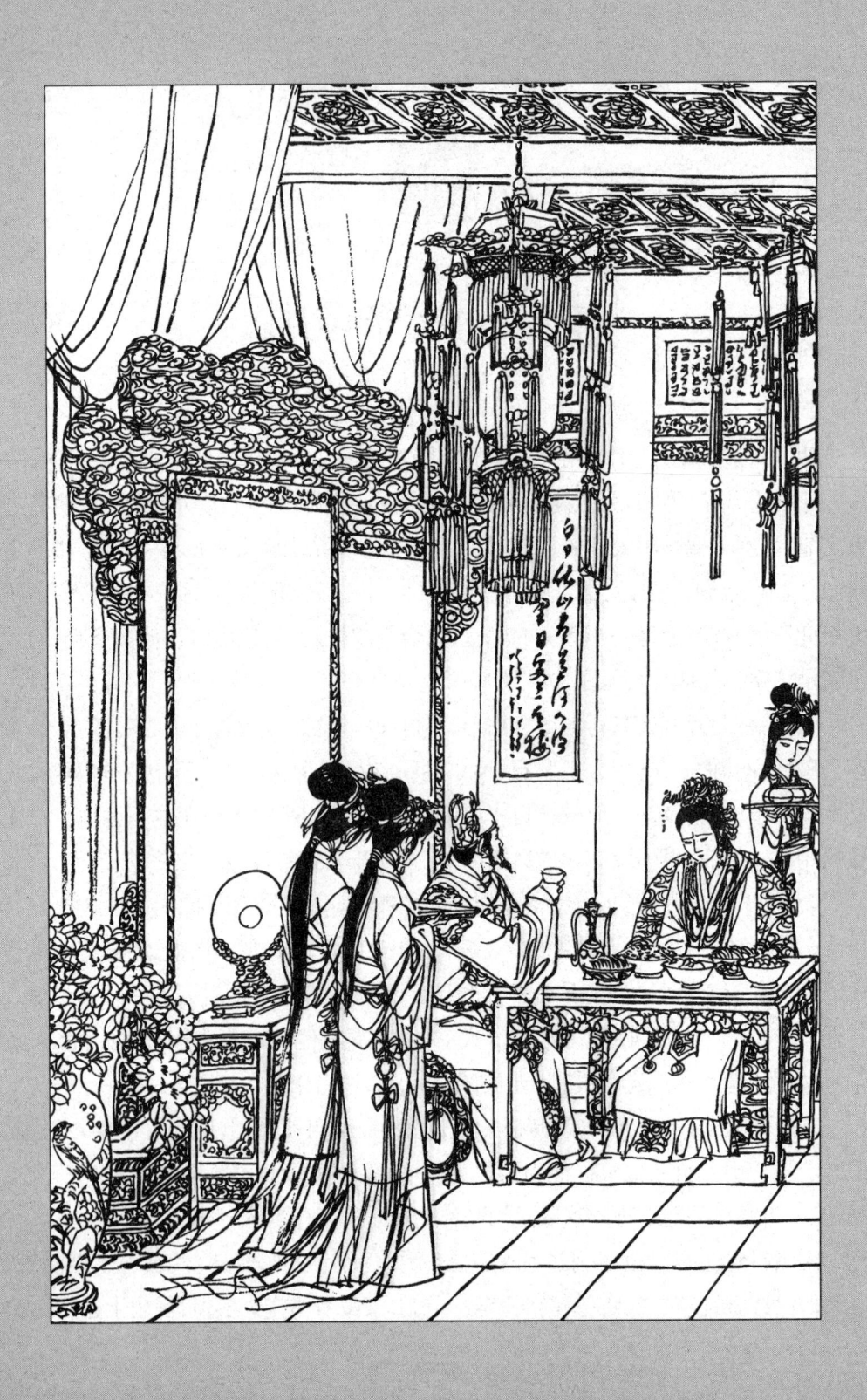

濂六十八岁告老还乡,明太祖给了很高的礼仪。可是,胡惟庸案追查到了他的孙子宋慎时,宋濂却被明太祖派人从家乡抓到应天,准备处死。

明太祖的妻子马皇后听说她所敬重的宋先生将被处死,难过极了。她一再劝说明太祖:"宋先生住在乡下,怎么知道他孙子做的事呢?饶他一条老命吧!"

明太祖与马皇后感情很好,终于赦免宋濂的死罪,但还是没有完全放过这个七十多岁的老人,下旨将他充军到四川茂州(今四川茂县)。宋濂最终死在充军的途中。

李善长是明朝开国的头号功臣,明太祖曾称他是自己的萧何。封爵时,明太祖又赐给他丹书铁券两道,可免死罪。可是胡惟庸案过了十年,又被翻了出来,追查到李善长,说他与胡惟庸关系密切,对谋反的阴谋知情不报,罪同谋反。李善长与他的全家七十多口人,也全被杀了。

公元1393年,又发生大将军蓝玉谋反案。蓝玉多次带兵出关征讨元朝残余势力,曾打到捕鱼儿海(又名清水泊,今内蒙古新巴尔左旗西南中蒙边境上的贝尔湖),俘虏过元主的弟弟与吴王等,战功卓著,被封为凉国公。但他自以为功劳大,对明太祖傲慢无礼,明太祖早就不满他的行为。另外,还有人早就告发蓝玉与胡惟庸的谋反有牵连。但明太祖因蓝玉正带兵在前线打仗,没有追究。这年又有人告发蓝玉在府中埋伏士兵,企图政变。明太祖立即派锦衣卫逮捕蓝玉,诛灭九族。这次大狱,丢掉性命的将近两万人。

为了巩固皇帝的权威,明太祖索性废除了宰相这一职位,将宰相的权力分散到吏、礼、户、兵、刑、工六部,由六部尚书(六部长官)直接向皇帝负责;又将掌管军队的大都督府分为左军、右军、中军、前军、后军五个都督府,分散兵权。五军都督府平时负责训练士兵,战时的军队调动与出征则由皇帝直接指挥。皇帝的专制权力,达到空前的集中。

经过几次有意识地、大规模地屠杀,明初的功臣宿将,差不多被杀干净了。有一次,明太祖与他孙子朱允炆(wén)聊天,朱允炆问:"爷爷,你为什么不可以少杀些人?"他说:"我这是替你除掉荆棘哩。"

但是,他没有料到,争夺朱家天下的惨祸,不是出于权大势重的功臣,而是出于朱家的亲人。

朱棣兴兵夺皇位

朱元璋做皇帝治理国家三十一年。公元1398年,他以七十一岁高龄去世后,他意想不到的、自己的儿子与自己的孙子争夺皇位的惨祸发生了。

朱元璋共有二十四个儿子,长子朱标是皇太子,其他皇子被封为亲王,镇守全国各地。如北平(今北京)的燕王、西安的秦王、太原的晋王等,地处边境,还拥有强大的武装力量,负有防御边疆的责任。

太子朱标最讨明太祖喜欢,但在公元1391年病死。朱标的儿子朱允炆被立为皇太孙,做皇位继承人。

但是,明太祖还健在时,朱允炆的那些手握重兵的叔叔们对侄儿就不太客气。朱允炆看得出来,便向师傅黄子澄请教对付的方法。黄子澄给他讲了历史上汉景帝削平藩王的事例,暗示将来可以运用皇帝权威,削弱他们的兵权。朱允炆记住了这个办法。

不过,其中潜伏的祸患,明眼人都看得出。有个训导(学校教官)借谈星象变化,上疏明太祖指出,亲王们势力过强,将引发政变,建议及早采取措施,消除隐患。但这一建议触怒了明太祖,上疏人被关进大狱而死。从此,吓得没有人再敢开口。明太祖也不是不知道事情的严重性,而是不愿过早削弱边境防卫力量,也不愿外人插手他的"家事"。他临死时,遗诏不许外地亲王来京参加葬礼,强调各地官吏必须听从朝廷的指挥,就有防止变乱的意思,但为时已晚。

朱允炆登基后,改元建文,史称明惠帝,又叫建文帝。他那些拥兵一方的叔叔们都不乐意受他的统治,燕王尤其反对。

燕王名棣(dì),是太祖第四个儿子,从小在军中长大,又镇守北平二十多年,身

经百战,很会打仗,兵力也最强大。

朱棣听到太祖去世,不顾禁令,强行到应天参加葬礼。走到半路,被建文帝派人阻止。

朱棣回到北平,异常愤怒。他一面与各亲王串连,对抗朝廷,一面招兵买马,吸纳人才,加紧练兵,壮大他的武装。

建文帝找到黄子澄,问对付的办法。黄子澄说:"请陛下放心,照当初我对陛下说的办就是了。"

黄子澄找大臣齐泰商议。齐泰要直接抓捕燕王。黄子澄说燕王势力大,不易下手。不如先逮捕其他亲王,削弱反抗势力,再抓他就会容易得多。两人统一了意见,并征得建文帝的同意。于是,周王等几家亲王首先被抓了起来。

为侦察燕王行动,黄子澄又向北平派出了忠于朝廷的高级官员,并调派重兵,加强防范。还在燕王府中安插内应,严密监视。

燕王为争取时间,装起疯来:满街乱跑乱叫,抢人家的酒吃,颠三倒四乱说话。又整天昏睡泥地,大热天里围炉烤火。

齐泰不信燕王真疯。他逮捕了一个燕王府军官,了解到燕王即将起兵造反,立即指派北平最高军政长官张昺、谢贵带重兵围住燕王府,说是逮捕府中图谋不轨的官员。同时密令北平都指挥张信逮捕燕王。

然而燕王接到张信告密,决心立即起兵。他假装答应交出府中密谋造反的官员,将张昺、谢贵二人引诱到府中杀死,清除了朝廷安置在他府中的内应,立即迅速占领整个北平,举起了反叛的大旗。

朱棣宣告,起兵是为了清除皇帝身边的奸贼,是"靖难",也就是平定内乱。这次战争,被称为"靖难之役",实质上是叔侄间争夺皇位的战争。

建文帝以朝廷的名义,调派军队对叛军实行征讨。朝廷军队(南军)依仗人数众多,财力雄厚,战争的初期占了优势,几次打到北平城下。但燕军(北军)久经沙场,战斗力强,燕王自己又很会打仗,南军不但没有攻下北平,反而多次被打得大败,损失惨重,北军开始南下。

建文帝生性优柔寡断。燕王还未公开造反时,曾到应天朝见,态度傲慢,不肯

跪拜。有大臣建议以此为借口,将他抓住,迁到江西南昌,将战争消灭在没有爆发之前。建文帝却说:"我们是至亲骨肉,不必追究。"放过了他。开战后,建文帝又嘱咐不要杀死燕王,不要让自己背上杀害叔父的罪名。这就大大捆绑住官兵的手脚,燕王几次濒临绝境,都因南军不敢直接伤害他而逃离险境。

双方在河北、山东、河南、江西、安徽之间来来回回,打了三年,互有胜败。

公元1402年,战争出现了转折。燕王大军南下,直扑应天。建文帝所重用的齐泰、黄子澄等人,忠心有余,韬略不足,此时,朝廷方面力量差不多耗尽,文武官员纷纷外逃,京城守备空虚。建文帝无可奈何,只得撤了齐泰、黄子澄的职,又答应将长江以北划给燕王,要求停战。但燕王不肯接受。

南北军队在安徽凤阳附近的齐眉山打了一场恶仗。北军一度坚持不住,想退兵。燕王激励说:"大决战的时候到了,诸军将士许进不许退!违令者斩!"

燕王又派兵袭击南军的粮道,彻底打败了南军。北军长驱直入,围困京城。

南军大将李景隆打开金川门投降。燕王进城直奔皇宫而去。可是,皇宫已经燃起熊熊烈火。

据说,那火是建文帝自己放的,建文帝与他的后妃都跳进火中烧死了;还有人说,建文帝在混乱之中换了服装,逃出了京城。总之,不见了他的踪迹。

朱棣终于夺得了皇位。第二年,改年号为永乐。他就是明成祖。

齐泰、黄子澄、方孝孺等大批帮助建文帝的大臣被逮捕,遭残酷处死,并诛灭九族,鲜血再一次溅洒应天城。

解缙修《永乐大典》

明成祖是个喜欢做大事业的人,在永乐年间,他下旨修纂过一部空前宏大的百科全书——《永乐大典》。这是中国历史上一项伟大的文化建设工程,也是世界文化的珍品。主修《永乐大典》的是侍读学士解缙。

解缙是江西吉水人,从小聪明,读书很多,思想敏锐。公元1388年,他十九岁时考中进士,在翰林院做庶吉士(相当于研究生),读书进修。明太祖很喜欢他,曾说:"我跟解缙,论名分是君臣,论亲近就像父子一样。"

明太祖常留解缙在身边陪伴读书,亲自给解缙捧砚台。解缙说话很直率。有一次,明太祖要解缙谈谈心里话,要他知无不言。解缙也无所顾忌,竟在一天内写出上万字的意见书,对明太祖在文化、教育、刑罚、用人、任官等方面的不当措施,提出严肃批评。明太祖被他的才华所倾倒,没有怪罪他。

在陪明太祖读书时,他发现明太祖喜欢读一些杂书,如佛家、道家的书,还有汉代刘向的《说苑》、宋代阴时夫的《韵府群玉》等。他对明太祖说,这些书,有的内容荒诞,有的杂乱无章,不值得多花时间细看。他说他想找一批志同道合的、优秀的儒家学者,一起编纂一部新的内容丰富的类书。明太祖很欣赏他的志向。但明朝建国还不久,事务繁多,还顾不上此事。

另外,有些大臣妒忌解缙的才华,常常在明太祖面前攻击他骄狂。明太祖也觉得他还年轻,不够稳重,有意给他一些磨练,就对解缙的父亲说:"你先将解缙带回去读书,增加学问和修养。过十年再来,我再重用他。"

解缙因此回到家乡,编书的愿望暂时没有实现。

明成祖是通过军事手段从他的侄儿手中夺取皇位的。战争中,他杀掉不少坚

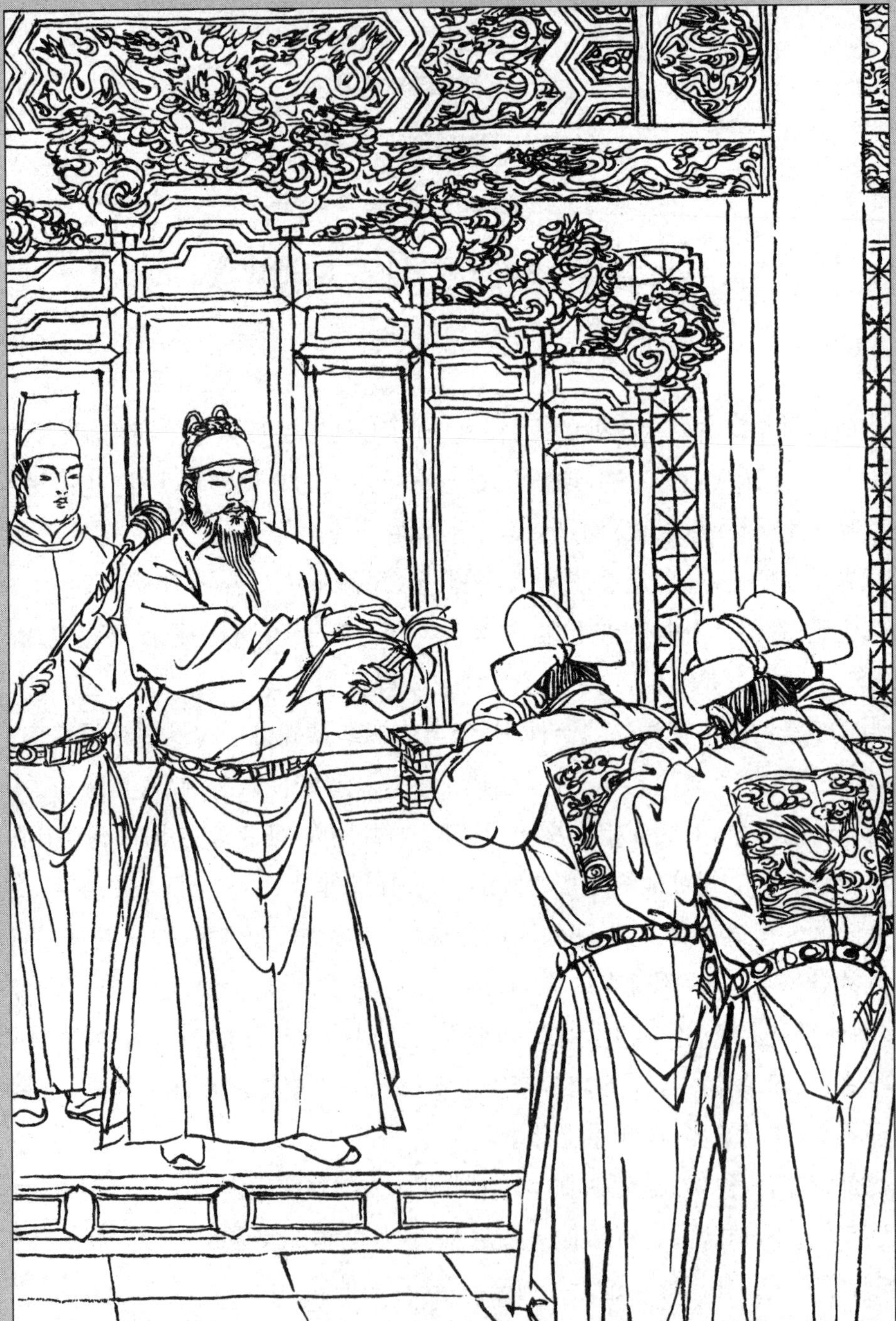

决拥护建文帝、又非常有名望的读书人,如方孝孺等。为了消除臣民们,特别是读书人不服气的心理,笼络人心,并炫耀他的文治武功,他决心请一批读书人来编一部有特色的大书。

明成祖是个好大喜功的人,他交代编书的宗旨是:天下古今的知识太多,编成的书既要内容丰富,包罗万象,不怕浩繁,又要作分类,按韵编排,便于查找,好像从口袋中拿东西一样方便。

这时,解缙已经回到明成祖身边,做侍读学士。公元1403年(永乐元年),明成祖下令开始修书。主编就是解缙,还有解缙的同乡胡广等。

明成祖的要求很急。解缙就召集了一百四十七个读书人,分头编纂,公元1404年底就将书编成功,名为《文献大成》,呈献给皇上。但明成祖对这部书很不满意,认为搜集范围不广,记载的内容又很简略。

公元1405年农历正月,明成祖当面指示解缙重修《文献大成》。大约是解缙过于自信,不太能完全执行成祖的旨意,这次,明成祖加派大臣姚广孝和郑赐、刘季篪(chí)等人监修,还增设了正、副总裁。先后选派官员及全国各地的饱学老儒两三千人参加纂修。

公元1408年,重修的《文献大成》终于完成。光目录就有六十卷,正文有两万两千八百七十七卷,共约三亿七千万字,装订成一万一千零九十五册。明成祖看着这样一部空前的大书,洋洋自得,亲自写了篇序言,又将书名改为《永乐大典》。

《永乐大典》搜集了八千多种古代文化典籍,不少是整本整本地抄进《大典》中,其中很多还是民间早已看不到的珍贵图书,如明代以前中国大量的哲学、历史、地理、语言、文学、艺术、宗教、科学技术等方面的资料,因此这些书得到保存。可惜的是,当时此书没有刊刻出版,除正本外,仅仅抄写了一部副本。明朝时期就有一部下落不明,另一部到清朝还保存在"皇史宬(chéng)"(皇家档案库)中,竟在八国联军侵略中国时,被侵略军一把火烧毁了。至今只剩下零星的几百册,散落在世界各地。

解缙虽然立了大功,受到奖励,但是他刚直的性格始终不改。后来,他在好几个问题上直言得罪了明成祖,先被贬官到广东地区,后又被锦衣卫逮捕关起来。公

元1415年,明成祖在查看锦衣卫监狱关押的囚犯名单时,见到了解缙的名字,冷冷地问:"解缙还活着吗?"

锦衣卫头目领会皇帝的意旨,假意请解缙喝酒,将他灌醉,然后把他埋进厚厚的积雪中,将他活活地冻死了。

明成祖迁都北京

朱棣在南京做皇帝,一刻也没有忘记他的军事与政治根据地北平。当年,他就改北平为北京,作为陪都,并着手迁都北京的工作。

北京在辽和金代都做过都城,元代称为大都,更成为全国的政治文化中心。虽然在元朝末年,北京城市受到严重破坏,经济凋敝,人口减少,但是北京在政治、军事上的重要性却更突出了。当时,威胁明朝安全的主要力量,仍然来自退守到关外的元朝残余势力,他们一直想打回北京,复辟元朝。将明朝的京城迁到北京,将能更有效地组织力量,反击元朝残余势力的侵犯。明成祖就曾多次从北京出发,征讨瓦剌(là)等蒙古贵族。

明成祖在北京镇守过二十多年,既熟悉那里的一切,又有盘根错节的势力和深厚的感情,建都北京,自然更能巩固他的统治。

早在永乐元年以后,明成祖就多次命令将江苏、浙江、山西等九省大批富足的居民迁到北京;又在昌平营建他的陵墓。

公元1416年,他命令文武大臣讨论营建北京城的方案。第二年,任命泰宁侯陈珪为营建北京的总指挥,前后从全国各地招来二十多万工匠,上百万的民伕,还有数不清的军队。建城所需材料来自全国各地。百年以上的珍贵木材,是从湖广、四川、贵州等地采伐,经过千山万水运送到北京的;城砖与墙砖,则在山东日夜烧制;宫内铺地的"金砖"(大方砖),则烧制于苏州。

营建北京,主要是建设宫城(紫禁城)和皇城(包括祭坛和官署)。明代的紫禁城建在元代皇宫大内的旧址,但略向南移,南北方向上则扩大了许多,长九百六十米,东西宽七百六十米。周围城墙高十多米,在东西南北的正中分别有东华、西华、午、神

武四座城门。午门南面是皇城的南门,称承天门,就是今天的天安门。皇城外有宽五十二米的护城河。紫禁城中的宫殿分前后朝。前朝(外朝)有皇极、中极、建极三大殿,后朝有乾清宫、交泰殿、保宁宫三大殿。六座大殿都位于全城的中轴线上,布局非常严整。

营建北京的工程中,明成祖重用了一个能工巧匠蒯(kuǎi)祥。蒯祥是苏州人,出身于木工世家。他父亲主持过南京城宫殿木工活的制作。蒯祥也学得一手好手艺,建房造屋,估计尺寸,量度长短,布置间架结构,与设计不差分毫。他还精通泥、石、漆、竹等手艺。据说,他能够双手各拿一支笔,同时画两条龙。画成后,两条龙龙身可以完全重合在一起。

蒯祥隶属于工部管辖。紫禁城开始修建后,他被明成祖召到北京,担任"营缮所丞"(负责工程的设计与施工)。紫禁城的布局,许多出于他的巧妙设计。他还常常解决一些技术难题。据说,有一次,一个木工锯皇极殿宫门门槛时,不小心将木料锯短了一尺。这根木料是缅甸进贡的珍贵巨木,这个工匠立即面临杀身之祸,吓得没了主意。蒯祥来看后,端详了一会,说:"没有关系,可以补救。"他让闯了祸的木工将木料的另一头也锯短一尺。那木工却不敢下手。蒯祥接过锯子就锯。锯完,按尺寸另外雕刻了两个口中含珠的龙头,用活动榫头装到锯短了的门槛上。再把门槛安装到门上,尺寸完全吻合,而且便于拆卸。这种装置,被称为"金刚腿"。

还有一次,宫殿上梁时,一端的榫头怎么也投不准,在场的工匠毫无办法,又请蒯祥来解决。他爬到梁上,看准位置,猛一斧头,两根梁木就服服帖帖地吻合到一起了。蒯祥因此被人称为"蒯鲁班"。他后来做到工部尚书。直到明天顺年间,明朝宫廷内的所有营缮、建筑,都还由他负责。

经过多年的修建,北京宫城与皇城终于基本建成。明成祖于公元1420年,正式将京城迁往北京。原京城应天府,改为南京,作为副都。

明成祖在北京,还让他的大臣姚广孝为他建造了两口青铜巨钟。人们推测,这是因为明成祖在"靖难"之役中屠杀过的人太多,心里恐惧,而希望建造这样两座充满法力的大钟,来保佑他的心灵的平安。这两座大钟,现在还剩一口,重四百多公斤,高七米,外径三米三,上面铸满二十多万字的经文,成了北京的传世珍宝。

郑和下西洋

经过明初几十年的发展，明朝社会经济繁荣，国家实力增强。雄才大略的明成祖，产生了派遣使团出海，与西洋各国往来贸易、弘扬国威的想法。但据推测，明成祖遣使远航的动机中，还有私人打算。

南京宫殿大火扑灭后，并不见建文帝尸体。建文帝是不是像传闻那样，逃到海外去了呢？万一他再利用皇帝身份，号召人们回来讨伐自己，岂不麻烦！不管怎样，还是派个信得过的人出去看看放心点。

明成祖一直在物色一个能为他承担如此重大使命的人。

还是在明太祖的大军征讨盘踞云南的元朝势力梁王时，曾带回一个十二岁的孩子，送入宫中做小太监。这个孩子姓马，小名三保，回族人。他的祖父和父亲都朝觐过伊斯兰教主要圣地麦加。孩子聪明伶俐，讨人喜爱。明太祖将他送给燕王朱棣做侍童。

三保成人后更加帅气，身高体壮，声音洪亮，精明能干，机敏过人，深得燕王的信赖。在"靖难"之役中，他立过战功，被燕王赐姓名为郑和，提升为内官太监的首领。

忠心耿耿、文武双全的郑和就成为明成祖最合适的人选。

经过几年的准备，以郑和为钦差使臣的使团组成了。这个使团包括各级官员、士兵、水手、航海技工、医生、翻译共二万七千八百多人，海船六十多艘。海船长四十四丈，宽十八丈，在当时世界上属于第一流，航海技术也是当时世界上最先进的。

公元1405年七月的一天，郑和船队从江苏太仓刘家港起锚出海，开始了第一次远航，前往西洋。当时的西洋，指中国南海以西的地区。

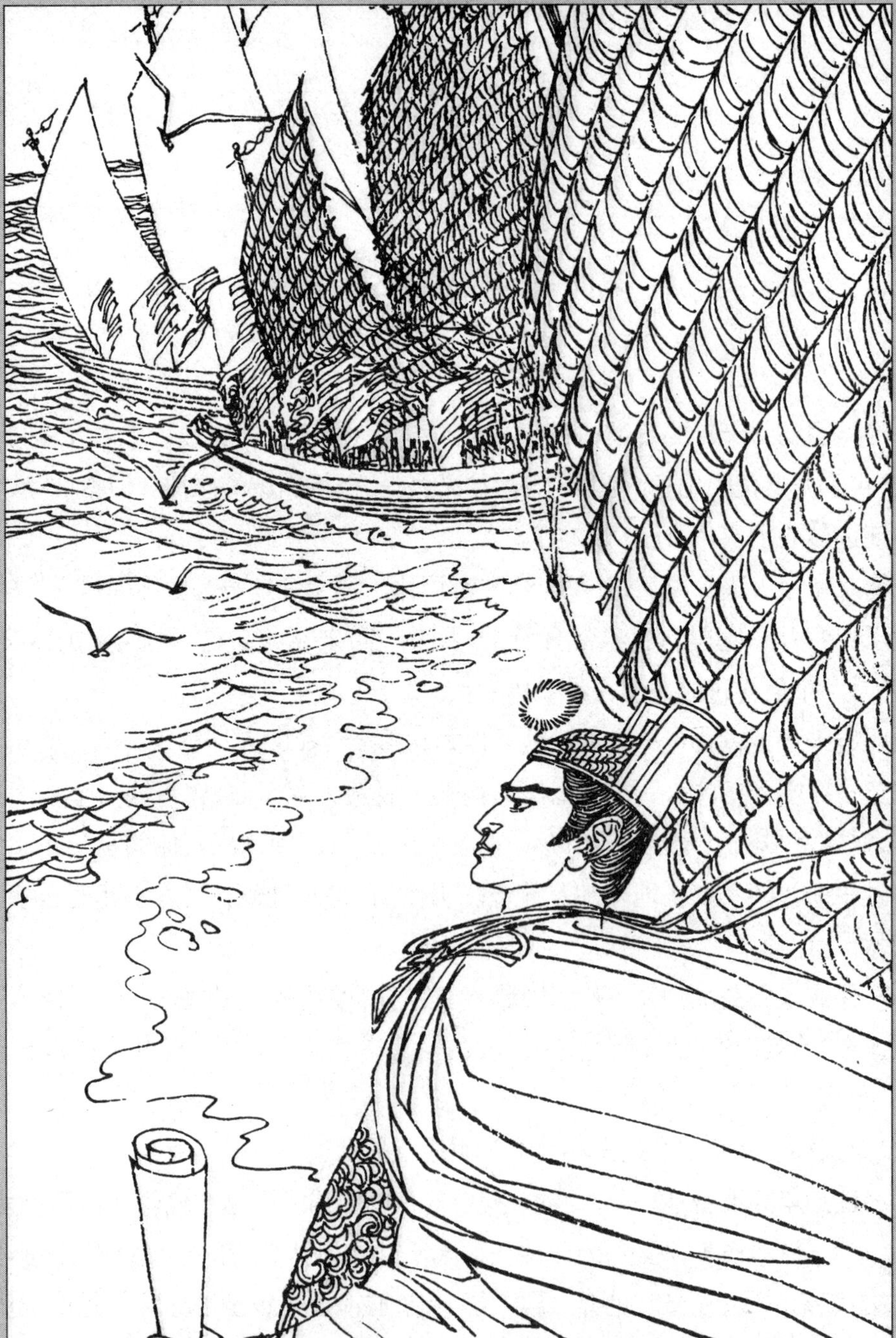

第一站,船队访问了占城国。占城气候温和,物产丰富,对中国很友好。郑和到达时,占城国王骑着大象,率领臣民,穿戴着鲜艳的民族服装,出城迎接。

郑和宣读了明成祖的诏书,传达了友好往来的愿望,并赠送了礼品。国王非常高兴,同意派遣使臣回访。

接着,郑和访问了爪哇(在今印度尼西亚)、旧港(今印度尼西亚巨港)、苏门答腊、锡兰山(今斯里兰卡)、古里(今印度科泽科德)等国家和地区。在爪哇,郑和饶有兴趣地参观了充满当地民间风情的"步月行乐"游戏。农历十五的夜晚,明月当空,椰树林中,成群的姑娘,嚼着槟榔,挽着手臂,唱着民歌,慢慢地绕着一间间房舍行走。当歌声透进木屋时,屋里的主人会兴致勃勃地走出屋来,撒一把钱,姑娘们嘻嘻哈哈地拾着小钱。

但当郑和的船队经过马六甲海峡时,遇到了一伙海盗。海盗的首领叫陈祖义,广东人,洪武年间纠集同伙,在大海上横行霸道,抢劫过往的商船,杀人劫货,无恶不作。

陈祖义想乘机抢劫郑和船队。郑和也想就此消灭他们,为当地百姓除害。陈祖义先接到郑和的信,表面答应投降,暗地里却准备乘黑夜偷袭宝船。

漆黑的夜晚,十几艘海盗船悄悄地驶向郑和船队。海盗船前低后高,行驶灵活,跑得快。陈祖义非常得意,他握紧手中锋利的刀,两只贪婪的眼睛盯着那高大瑰丽的宝船,心中想着船中的珍宝。

但郑和早得到密报,做好了迎战准备。当海盗船进入伏击圈后,大船桅杆上一盏红灯高高升起,接着是一片灯笼火把,将海面照得通亮。海盗船被大船包围,不到一个时辰,就被全部歼灭,陈祖义做了俘虏。郑和一鼓作气,又将陈祖义在旧港的老巢也端掉了。

郑和第一次远航于公元1407年结束。接着,作第二次远航。到公元1421年,一共远航五次。除上面提到的国家外,还到过暹(xiān)罗(今泰国)、真腊、淡马锡(今新加坡)、急兰丹(今马来西亚哥打巴鲁)、柯枝(今印度柯钦)、忽鲁谟斯(今属伊朗)、祖法儿(今佐法儿,在阿拉伯半岛)、木骨都束(今索马里摩加迪沙)、麻林(今肯尼亚境内)等三十多个国家和地区,最远到达东非海岸。

郑和每到一地，都受到热烈欢迎和友好接待。他每次结束访问，回到南京时，都有许多外国使团，其中有国王和王族，随同来到中国。他既带回了各国人民的友好情意，也带回许多当地的特产与珍禽异兽，如胡椒、硫磺、象牙、宝石及狮子、金钱豹、长颈鹿、长角马哈兽、鸵鸟等。

明成祖虽然没有打听到建文帝的确切下落，但对郑和船队的成绩非常满意。他特地书写碑文，树立石碑，作为纪念。

郑和第六次远航归来，明成祖去世。新皇帝不到一年也死了，再继位的宣德皇帝顾不上远航的事。公元1430年，朝廷才又起用郑和作第七次远航。此时他已经六十岁，仍毅然担起重任，漂洋出海，弘扬国威。但他这次出海归来不久就去世了。有人说，他死在归国的途中。

郑和的远航，展示了中国当时高度发展的航海技术与造船水平，表现了我国古代人民的求知精神和坚韧不拔的毅力，加深了亚非各国人民的友好往来，在人类文明史上留下了不可磨灭的足迹。至今许多亚非国家还保留郑和的遗迹，如爪哇的"三宝垄"、泰国的"三宝庙"、印度古里的纪念碑等。

况钟治理苏州府

明成祖死后,明仁宗朱高炽继位,不到一年死了,明宣宗朱瞻基登基,年号宣德。

明宣宗时,苏州府赋税、吏治、治安问题越来越严重。这里经济繁荣而赋税特重;贪官污吏、恶霸劣绅相互勾结,上盗国库,下欺百姓。难以忍受剥削压迫的农民大量逃亡,国家赋税也收不上来。真是民穷国困。苏州府属于难以治理的州府之一。

明宣宗急了,想派一位清廉能干的人去做苏州知府,扭转这种情况。大臣们推荐了况钟。

况钟是江西靖安人。他从书吏(办理事务的小官)做起,因有成绩,明成祖时,升到礼部做了个小官,以干练闻名,多次得到明成祖的嘉奖。据说,当时礼部要发一封公文到江南去采购皇宫中用的皮鼓,要求文书既说明白质量与制作的要求,又要简明。好几个官员拟的稿,不是啰嗦,就是意思含糊。况钟看过稿,仅加了"紧绷密钉,晴雨同声"八个字,就全都说明白了。

这次与况钟一道出京的,还有同时任命的另外八个府的知府。宣德皇帝为他们设宴送行,又每人给一封诏书,要求他们到任后放手清理赋税,兴利除害,不怕威胁,不受利诱,不被欺骗。有违法害民的官员,立即逮捕送到京城治罪。

况钟公元1430年农历七月到达苏州。到任后,他首先整顿当地吏治,严惩贪官污吏。他自己做过多年的官衙小吏,熟悉奸差滑吏勾结地方豪强做坏事的各种手法。因此,他没有下车伊始,就指手画脚,而是观察环境,了解情况。头一个月,他一点不动声色,皇帝的诏书也被他藏起来,以免打草惊蛇。

贪官污吏们也在摸新知府的底。第一天坐堂，吏员们就送上一大堆卷宗，让他审批。有的是疑难杂案，有的是做过手脚的舞弊案。况钟装出糊涂的样子，一一询问他们，这件该怎样批答，那桩又该怎样办理。并依照他们的意见，签押办理。但他都逐件记下，什么人什么主张，并作秘密调查。

奸吏们见新知府如此好说话，非常高兴，以为又遇到一位昏庸糊涂的上司，依然可以放心大胆地干营私舞弊的勾当。有些人还在背后取笑况钟。况钟看在眼里，记在心里，但表面上仍然不露声色。

一个多月后的一天，况钟升堂，突然命令立刻召集府中官员和属吏，又请来了地方上的长老，当众宣读了皇帝的诏书。接着就一个个地当堂问话：

"张三，你哪一天收了谁谁多少两银子，将他的仇人诬陷下狱。"

"李四！你又在哪一天私放了一个罪犯，得到多少肮脏钱……都有没有这些事？嗯？"

这批平时欺上瞒下、狐假虎威的贪官污吏，个个心怀鬼胎，被问得胆战心惊，呆若木鸡，多数不敢分辩。个别胆大的还想狡辩，况钟取出他的记录，指出他在某件事上是怎么说的怎么做的，在另一件事上又是怎么阻挠知府办案的，等等，证据确凿，难以抵赖。

况钟当堂处死了六个罪大恶极的奸吏。其余的官吏都战战兢兢地退下，等待发落。

当时苏州府下辖吴县、长洲、吴江、昆山、常熟、嘉定、崇明七县。十多个知县、县丞，有的勾结恶势力，贪赃枉法；有的老迈昏庸，办事糊涂；有的饱食终日，无所事事，况钟一连罢免了十一个。

苏州各县农村有一种四围围堤的低洼田，叫圩田，管理人员叫圩长、圩老，共有九千人。这些人多数是地方恶霸，专门欺压善良本分的农民。况钟顶住上司的反对，坚决将他们革除掉。

况钟的行动雷厉风行，震动了整个苏州府，贪官污吏、恶霸劣绅个个胆战心惊，不敢不有所收敛。

苏州田赋之重，全国闻名。当时全国一年夏秋两税的总数是三千多万石，苏州

一府七县就要收二百八十一万石,近十分之一。这是朱元璋明初定下的惩罚性的加重赋税,已经非常不公平。可是当不堪重负的农民逃亡之后,他们留下来的税额,却加在没有逃亡的农民身上,农民的赋税负担越来越重。此外,还有种种苛捐杂税。况钟经过细致的调查、统计和计算,奏准朝廷,减免了全府官私田租共一百六十多万石、欠税数七十万石,多少提高了农民的生产积极性,朝廷实际收到的赋税,反而有所增加。

此外,况钟在苏州还大力平反冤狱,兴修水利,设置"济农仓",救济灾民,兴学育才,为苏州人民做过不少有益的事。当地人民称他为"况青天"。

况钟在苏州一连做了三任知府,每次任满,照例要迁升,全苏州的百姓都挽留他,多次联名上书朝廷。朝廷不得已,只得让他连任,而将他的官衔从正四品,提升到正三品。长期的操劳,使他积劳成疾,公元1433年,他六十岁的时候,终于死在任上,这时他已经做了十三年的苏州知府了。

在执法除贪、惩恶济民的活动中,况钟有一个好伙伴、好上级,他就是周忱。周忱当时任江南巡抚,善于理财。他全力支持况钟的治理整顿。有许多措施,是他与况钟一道调查、研究、决定的。没有周忱的坚决支持,况钟对苏州的整治,不会一帆风顺。

土木堡英宗被俘

明宣宗在位十年,去世后,明英宗朱祁镇继位。他宠信太监,造成宦官专权,给国家闹出一场大灾难。

北京西北出居庸关,距怀来县不远的丛山里,有一个不出名的小地方,叫土木堡。公元1449年,明英宗率大军亲征,在这里遭到惨败,做了敌军的俘虏。土木堡也因此扬名天下。

这次惨祸的祸首,是明英宗宠信的太监王振。

王振是山西蔚州人,读过几天书,后来做太监,在东宫服侍太子朱祁镇。公元1435年,明英宗九岁,即皇帝位,王振任司礼太监,就擅自封官。太皇太后张氏对王振存有戒心,召集杨士奇、杨荣、杨溥等五位受宣宗临终托付的大臣,当面训诫王振,不许干预朝政。

但五大臣间有矛盾,不能有效地抑制王振的行动。公元1441年张氏死后,王振没了拘束。他竟让人把明太祖立的、铸有"内官不得干预政事"八字的铁碑藏起来,专权活动变本加厉,权力大到他可以自己任命兵部尚书的地步。一些没有骨气节操的官员,都拼命地去巴结、讨好他,甚至甘愿做他的干儿子。

公元1443年,蒙古草原上瓦剌部落的首领也先继承了汗位,兼并了其他部落,势力强大起来,不断地骚扰明朝的边境。

公元1449年农历正月,也先派两千人到北京来进贡马匹,却假称有三千人,想冒领赏金。面对也先的试探,王振下令扣减马价,把人驱逐出京,从而激怒了也先。战争的危险越来越近了。

农历八月,瓦剌大军果然向大同发起进攻。大同守军吃了败仗,塞外许多城堡

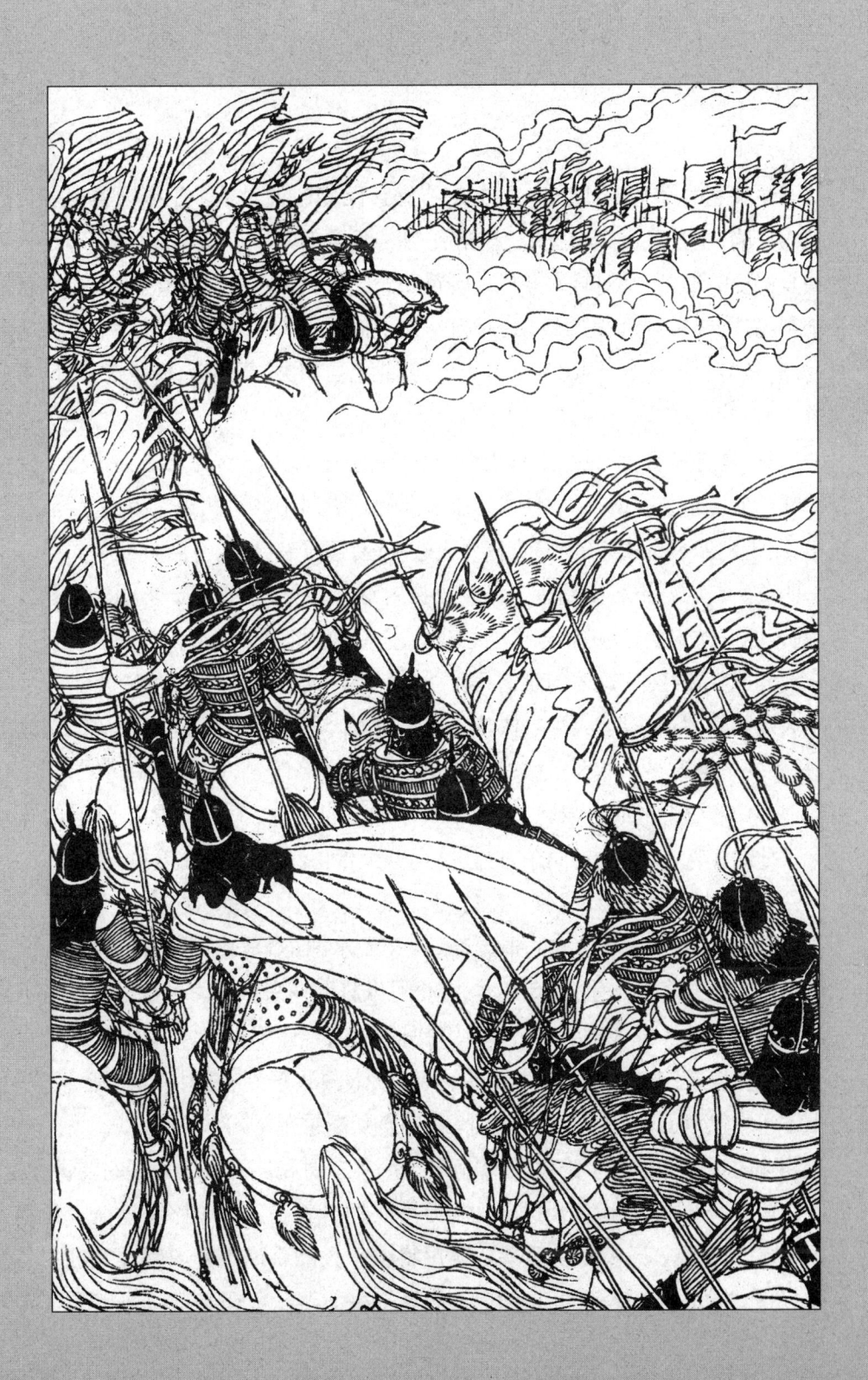

被攻占。

明军失利的消息传到北京,明英宗召集大臣们商议对策。王振怀着显耀自己的私人目的,主张皇帝亲自出征,抗击瓦剌。但兵部尚书邝埜(Kuàng Yě)等人以为缺少必要的准备,反对轻率亲征。明英宗想起他的曾祖父永乐皇帝、父亲宣德皇帝都亲征过,都有过辉煌的战功,他为什么不能亲征?明英宗便同意了王振的意见,没有做多少准备,征调起五十万大军,就北出居庸关,经怀来,向宣府、大同方向前进。

但是,是进是退,意见并未真正统一,一路上还有人不断请求退兵。将士缺少纪律性与战斗意志。而行军途中,几乎天天都是大风雨。军队还没有到大同,已经缺粮,路上到处都有僵死的士兵,搞得人心惶惶,还没有开战,军队就乱了。

明英宗君臣好不容易到达大同。王振要继续北行,邝埜等请求回转北京。此时,前锋西宁侯朱瑛、武进伯朱冕已经战败,全军覆没,王振也害怕起来。他又听了镇守大同的太监秘报,这才同意退兵。

大同总兵郭登建议,大军赶快从紫荆关退入内地。紫荆关在大同正东,路途最短,是条安全的退路。然而王振却要将皇帝带到家乡蔚州,炫耀乡里,并且那里还有他很多田产,想赶回去照料。可是军队才走出四十里,王振又怕到了蔚州,人马踏坏了他的庄稼,又命令转向东方前进。退兵时间就这样一再耽误了。

途中,王振派过三万军队去阻击追兵,却中了埋伏,被消灭。大军经过长途跋涉,好不容易来到土木堡。这里既无城堡,又无水源,不是长久逗留的地方。而且此地距怀来城只有二十里,天色还早,完全可以赶到怀来城里。可是王振却舍不得还没有赶上来的一千多辆装运粮草物资的辎重车,要停下来等候。于是,大批官员和士兵只得窝在这个小地方。第二天,大量敌人骑兵赶到,将明军包围起来,并且占据了土木堡南面不远仅有的一条小河,完全切断了明军的水源。

狡诈的也先并不急于进攻,他先假装与明英宗讲和。王振以为真的要讲和了,竟不作戒备,匆忙下令移营开拔。几十万军队拥挤着在山间小路上逃命。瓦剌大军乘机从四面围攻上来,乱劈乱杀。明军将士争先恐后地丢弃衣甲,四散逃亡,被杀死、踩死、掉下山涧摔死的不计其数,军队损失大半。大臣与高级军官死在阵地

上的有数百人。二十多万头骡马及数不清的衣甲器械辎重,全成了也先的战利品。

　　明英宗在禁军的保护下,东奔西突,也冲不出包围圈。他索性下马坐在地上,任凭敌兵砍杀。但瓦剌士兵认出他来,把他送到也先帐下。也先没有杀他,而是留他在身边,作为日后与明朝讨价还价的筹码。

　　在混战中,愤怒到极点的明军护卫将军樊忠,一把抓住王振,挥动手中铁锤,将他砸死,喊道:"我为天下杀掉这个奸贼!"然后他带着士兵,冲向敌人,杀死数十人后,壮烈牺牲。

　　这次重大的事变,被称为"土木之变"。从此,明朝的元气大伤,国力渐渐衰落下去。

于谦保卫北京城

"土木之变"后,造就了明代杰出的民族英雄于谦。

千锤万凿出深山,烈火焚烧若等闲。
粉骨碎身浑不怕,要留清白在人间!

于谦这首《咏石灰》诗,明白晓畅,脍炙人口,是对他自己一生的事业成就、道德情操的生动写照。

于谦是浙江钱塘(今浙江杭州)人,受封过"少保"官衔,所以又称于少保。他自幼性格刚强,志向远大,特别崇拜南宋民族英雄文天祥。他公元1419年中进士,宣德年间做御史,巡视江西,平反冤案,升为兵部右侍郎,又先后出任河南、山西巡抚。他到处访贫问苦,兴利除害,为百姓办了不少好事。

于谦对于权贵,从不阿谀奉承。每次到北京办事,他都空着手,不带礼品。当时北京的权贵们,接受地方官员的贿赂,成了风气。于谦对此非常不满,他还写了首诗,其中两句是:"清风两袖朝天去,免得闾阎(街坊里巷)话短长。"意思是做人要清清白白,免得遭人说长道短。"两袖清风"从此成为常用的成语。

后来,王振专权,误将于谦当做另一个得罪过他的、姓名相似的御史,因而指使同党诬陷他,将他关入大狱,准备处死。以后王振知道搞错了,放于谦出狱,但还是要贬他的官。山西、河南成千的官员百姓联名上书,请求让于谦留任,他才回到河南巡抚的任上。

公元1448年,于谦到北京任兵部左侍郎。第二年,就赶上瓦剌入侵与土木堡

之变。八月下旬,从土木堡逃回京城的残兵败将,带回大军惨败、皇帝被俘、瓦剌军很快要打来的坏消息,上自皇室,下至百姓,都惊呆了,不知如何应付。愁云惨雾,笼罩着京城。

皇太后匆忙让明英宗的弟弟、郕(chéng)王朱祁钰监国(暂代皇帝管理国家),召集大臣商议守卫京城的事。侍讲学士徐有贞迫不及待地发言,说他观察天象的变化,明朝气数已尽,不是瓦剌的对手,不如迁都南京。

于谦非常气愤,大声斥责道:"谁说迁都,就先砍掉他的头!京城是国家的根基,一旦放弃,整个国家就完了。大家不记得南宋灭亡的惨痛教训了吗?"

于谦的话义正词严。他坚守北京的主张得到了许多大臣的拥护。

但人心还没有安定,局面仍然混乱。一天,郕王召集大臣议事,大伙痛哭流涕,要求宣布王振颠覆国家的罪行。郕王没有明确表态,却转身走进内宫。大臣们则越说越激动,跟着拥入宫门。郕王不得不同意抄王振的家,却派王振的同党、也是宦官的马顺去执行。马顺这时还狐假虎威,吆喝着要将大臣们赶出宫去。愤怒的人群抓住马顺就是一顿痛打,不一会就把他打死了。但愤怒的大臣们仍然大喊大叫,局面大乱。郕王面色惨白,可又脱不了身。

这时,于谦挡住众人,挺身而出,说:"殿下不要走。王振是罪魁祸首,不严惩不足以平民愤。群臣也是一心为国家。请殿下明确宣布王振的罪恶。"

郕王照于谦的话做了,众人这才满意地散去。

为消除群龙无首的混乱局面,于谦与群臣一道劝郕王赶快登基,皇太后也是这个意思。九月,郕王即位,称代宗,年号景泰;尊被俘的明英宗为太上皇。于谦升任兵部尚书,负责守卫京城。

于谦迅速采取措施,加强京城的防务。同时调集辽东、山东、河南等地的明军,火速赶到北京参加守卫。又命令工部急速调集粮草物资,赶造衣甲器械,做好准备。

也先想以送回英宗皇帝为诱饵,引诱明朝讲和。于谦力排众议,没有上也先的当。十月间,也先再也等不住了,挟持着明英宗,攻破紫荆关,打到北京城下。大营就安在西直门外。

于谦立即召开军事会议,讨论对策。大将石亨主张避开敌兵的锐气,军队全部撤进城里,城外坚壁清野,等敌军疲惫了再去打他。

于谦表示反对,他说:"我军退缩,敌军会更加轻视我军。现在各地征调来的大军已有二十多万,应该乘敌军立足未稳,主动出击,打掉他的骄气。"

于是,北京九座城门之外,都建立起明军的阵地,将士们怀着报仇雪耻、保家卫国的决心,同仇敌忾,斗志昂扬地准备与入侵敌军作殊死战斗。

于谦将兵部的事务交给副手,亲自率领人马,列阵于德胜门外,抵挡正面的也先大军。他下令:开战后,带队将领不顾部下率先后退的,斩将领。部属不听将领指挥擅自撤退的,由后队将士将前队官兵斩首。

也先没有料到,他会遭到北京军民空前顽强的抵抗。在德胜门,也先遇到埋伏,损失了一万多骑兵。在西直门,瓦剌兵遭到都督孙镗与赶来的援兵的围攻,落荒而逃。好多地方,老百姓勇敢地参加了战斗,他们爬到房子上,用砖瓦投掷瓦剌兵。到处是英勇杀敌的悲壮场景。

也先在北京城下硬撑了五天,吃了好几个败仗,而明朝各地援军还源源不断地开来,形势对他变得非常不利。他只好挟持着朱祁镇,逃出关去。

京城保卫战取得了辉煌胜利!于谦乘势收复了关内大片失地,并调兵遣将,加强了各边关的守卫力量。

第二年八月,也先见明朝政治已经安定,明英宗在他手中再也没有用处了,便将明英宗放了回来。

于谦为人正直,性情刚烈,所以得罪的人不少。那个主张逃跑、被他斥责的徐有贞,还有企图讨好于谦反被于谦责备的大将石亨,都很忌恨于谦。

公元1457年,明英宗在宫中不耐寂寞,在徐有贞、石亨等人的策划下,发动政变,重登皇位,废除了明代宗。明英宗对支持朱祁钰做皇帝的大臣们恨之入骨,加上徐有贞、石亨等人说了于谦很多坏话,竟将这位忠心耿耿、功勋卓著的忠臣杀害了。

王阳明创立"心学"

保卫北京的民族英雄遭到迫害,明朝的国力也开始衰落。但到了明孝宗弘治年间,一度呈现和平发展的气象。可是,明武宗朱厚照继承明孝宗做了皇帝后,在宦官刘瑾的鼓动下,不理朝政,到处游玩,成年累月沉溺于吃喝玩乐、荒淫无耻的生活;并且依靠特务统治,打击忠臣。刘瑾和他的同党,控制了朝政,买官卖爵,祸国殃民。

公元1506年,南京二十几个官员联名上疏,弹劾刘瑾,要求罢免他。但刘瑾没下台,弹劾的官员反而遭到迫害,罢官的罢官,入狱的入狱。没有大臣再敢说话。这时,一位职位较低的京官却勇敢地站出来,上疏皇帝,指责刘瑾,为这些官员伸冤。结果,他在朝堂上被当众打了四十大板,并贬到当时交通非常不便的贵州龙场(今贵州修文)做驿丞(负责接待过往人员的小官)。这位官员就是王守仁,又称王阳明,他当时是吏部主事。

王阳明是明代的大思想家、大教育家,懂军事。他于公元1472年生于浙江余姚,从小聪明好学,不拘小节,有独立思考精神。

十一岁的时候,他父亲带他去北京。路过镇江金山寺,遇到一位朋友,就在亭子中喝酒聊天。喝得高兴了,朋友提议做诗助兴。但是当大人们还在苦思冥想时,王阳明就念出他做的诗来:"金山一点大如拳,打破维扬水底天。醉倚妙高峰上月,玉箫吹彻龙洞眠。"大人们很吃惊,让他再做。他稍一思考,又吟出一首。

他十二岁时进私塾读书,问塾师:"读书最重要的事是什么?"

塾师说:"考中举人进士吧!"

王阳明说:"中举做官恐怕算不得头等大事,头等大事得数学做圣人吧?"

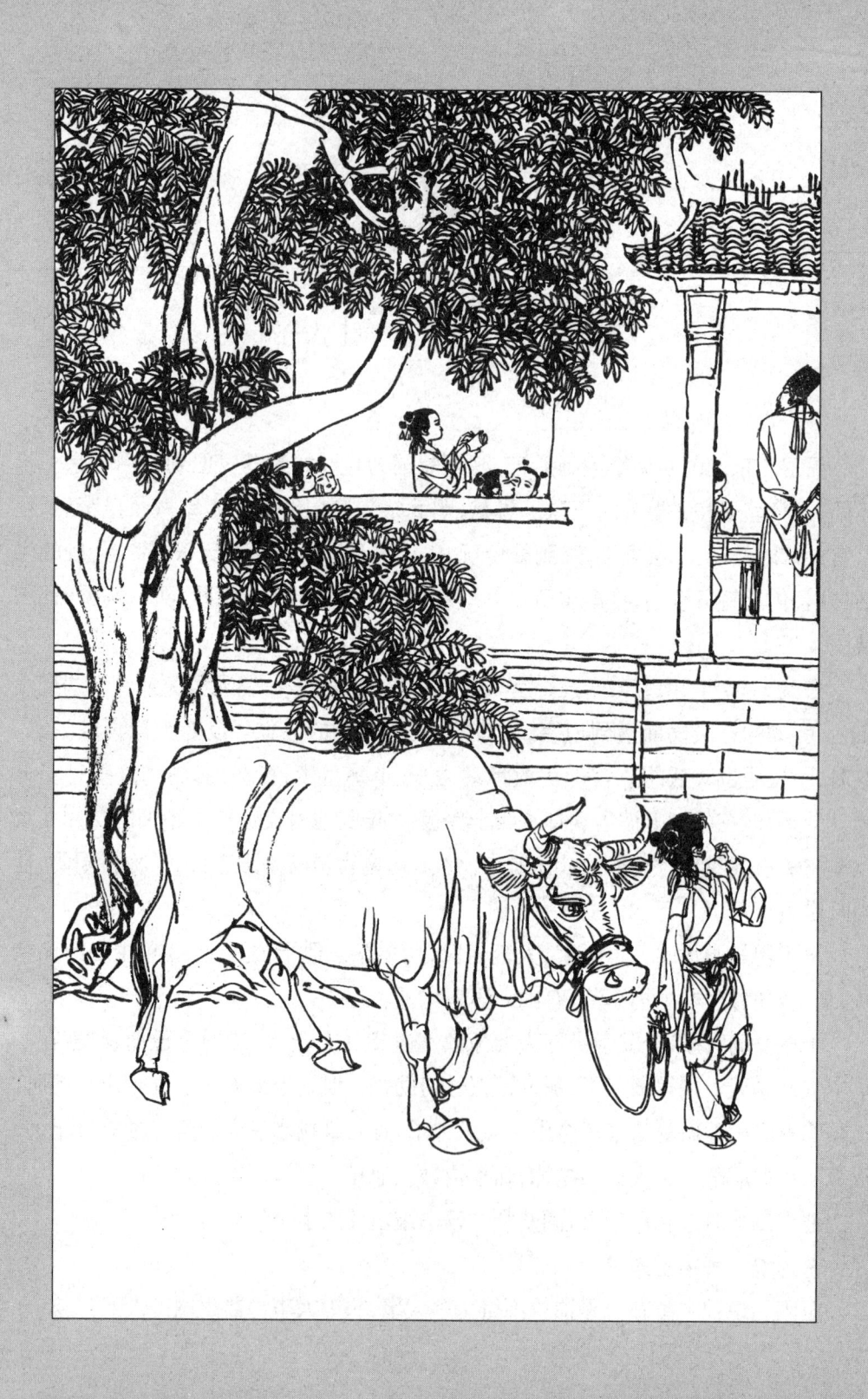

王阳明还爱好骑马射箭,学习武艺。十五岁的时候,他曾经到居庸关、山海关游览访问了一个月,还常常走出关外,考察塞外的山岭河流、地理形势,与当地牧民交往,比试骑马射箭,了解他们的生活习性。

他二十八岁中进士,先后担任过刑、吏、兵部主事。公元1506年,王阳明因触犯刘瑾被贬官龙场。他计划先回家乡,再去贬官处赴任。

刘瑾不甘心就此放过反对他的人,将王阳明等五十三个人列为奸党,又派杀手追到钱塘刺杀王阳明。王阳明假装投江自杀,从舟山逃到福建武夷山中,隐藏了下来。

第三年,王阳明与随从三人才辗转到达贵州龙场。这里群山环绕,山高林密,瘴气严重,毒虫出没。他们开始无处安身,只能自搭草棚居住。不久,随从也病倒了,王阳明亲自烧饭煎药,照料随从。他能放下架子,虚心学习,与当地苗、彝等少数民族很快融洽相处,赢得了尊重。后来,当地群众帮助他整修石洞,又砍伐树木,盖了好多间房屋。王阳明就在这里办起了龙冈书院,收徒讲学。

王阳明最大的成就,是研究人的"心"、"性"与道德修养的学问。他年轻时学习过道家的修炼,又学习过佛家的禅理,接着学习了宋代理学大师朱熹的学说,但是,他都感到不满意。例如,朱熹解释儒家名言"格物致知"是:只要默默地思考事物的道理,就能获得知识。他父亲官署院子里有一丛竹子,王阳明曾照着朱熹的话,搬了椅子静静地坐在竹子面前,苦苦思考竹子的道理。可是,一连七天,都没有想出一丝道理来,反而生了场大病。王阳明从此对朱熹的学说产生了怀疑。

在龙场这既安静又困难的环境里,王阳明结合多年来的遭遇,日夜反省,自问:圣人处在这样的环境中,该采取什么原则呢?一天半夜里,他忽然有了领悟,竟然欢呼雀跃起来。

他所悟到的道理是:宇宙万物就是我的心,我的心就是宇宙万物。真理本来就在人的心中,人心中本来就有真理,只是被不正确的杂念遮掩罢了。做学问,最主要的地方是纠正心中不正的念头,恢复求真向善的本性。一旦明白自己心中本来存在正确的念头(良知),就达到真理的境界,就成为圣人了。这叫"心学",叫"致良知"(恢复良知),叫"知行合一"(体验良知与恢复良知的统一)。"心学"是一种主观唯心主

义的学说,但是他提倡反对盲从,独立思考,不以前人说过的话为唯一的真理的标准,强调充分发挥个人的主观能动性,还是很有积极意义的。

王阳明后来做过知县、巡抚等官。公元1502年,明朝的亲王朱宸濠在江西起兵造反,王阳明迅速组织兵力,不等叛军向南京发动进攻,就以迅雷不及掩耳的攻势摧毁了朱宸濠的叛乱,并活捉了这个叛乱头子。充分显示了王阳明的军事上的指挥才能。

王阳明的"心学"对当时和后世的哲学、思想、文化、艺术,发生过很重要的影响。明代后期许多杰出的思想家、艺术家如汤显祖、李贽等,都是王阳明"心学"的信徒。

杨继盛铁骨铮铮

公元 1522 年，明武宗去世，明世宗朱厚熜(cōng)即位，年号嘉靖，在位四十五年。他开始还有些励精图治的样子，不久就与道士鬼混在一起，躲在深宫中，求仙炼药，求神问卜，追求长生不老。国家大事则交给几个善于迎合他的大臣处理。江西分宜人、大学士严嵩(sōng)，就是最会拍马屁的一个。

严嵩擅长揣摩皇帝的心思，见风使舵。有一次，明世宗与群臣讨论祭祀问题，严嵩先发表意见，后发现与皇帝的想法不一致，马上就转变了态度。明世宗信道教，经常祭神，要人给他写"青词"(祭神的文告)，严嵩的"青词"写得非常漂亮。因此，他很快赢得明世宗的宠信，从一般官员升到大学士、内阁首辅(宰相)。

严嵩的儿子严世蕃也受到重用，父子两人勾结在一起，再网罗一批狐群狗党，把持朝政，结党营私，贪赃枉法，排斥异己，残害忠良，无恶不作。京城里流传着"大丞相、小丞相"的说法，就是讽刺他们父子。

当时，中国北方又崛起一个强大的蒙古部落。部落首领叫俺答。公元 1529 年起，俺答就开始侵犯明朝边境，从陕西、宁夏、山西到河南、河北，直至辽东，沿长城一线，到处都遭到俺答骑兵的蹂躏。

严嵩虽然专权，但对于俺答的入侵却毫无办法。公元 1550 年，俺答的骑兵越过长城，一直打到北京城下，杀人放火，抢掠妇女和财物。大火日夜不灭，城门下挤满难民。明世宗召集严嵩与礼部尚书徐阶等大臣，商量打退俺答的办法。明世宗问严嵩，严嵩竟说不出一个字。可是，他私下却指示负责防卫的官员丁汝夔和仇鸾(luán)说："在边境打败仗还可隐瞒，在天子脚下打败仗就隐瞒不住了。你们不必真与俺答作战。等他们抢够东西了，自然会退去的。"

仇鸾是严嵩的同党,本来就贪生怕死,又贪功好权。他指挥着十几万大军,并不主动出击,而是滥杀一些无辜的村民,冒功请赏。

入侵者终于杀够抢够了,就带着战利品,在大批明军面前扬长而去。仇鸾等人却获得皇帝的重赏。接着,他在严嵩支持下,积极筹划与俺答讲和、开"互市"(贸易往来)。讲和与互市本来是对大家都有利的事。可是俺答这时并无诚意,"和"有利时就讲和;抢掠有利时就抢掠,和平并没有保证。而仇鸾等人讲和则是为了掩盖他们的胆怯、无能。

许多有见识的大臣,不赞成这样的讲和。最慷慨激昂的反对者,是兵部员外郎杨继盛。他给皇帝上了一道奏章,提出十条目前不能议和的理由。明世宗读后,也觉有道理。可是仇鸾、严嵩却上密奏攻击杨继盛,竟将他打入大牢,随后贬到边远的甘肃狄道(今甘肃临洮)做典史(县令下面管捕盗的属官)。

杨继盛老家是保定容城,七岁时母亲就去世了。继母虐待他,逼他放牛。他对哥哥说,他想像别的孩子一样上学。哥哥说:"你这么小,读什么书!"

他反驳道:"人小就只配放牛,不配读书吗?"

哥哥答不上来。他父亲只得送他去上学。他学习非常刻苦,公元1547年中了进士,在兵部做了官。他正直刚强,忠心为国,看不惯严嵩、仇鸾一伙的行径,却被发配到西北这座小县城来。

狄道是个多民族杂居地区,非常穷苦。杨继盛卖掉妻子的衣服、首饰,帮助一百多个品质优秀的穷孩子读书。汉族与少数民族居民之间发生纠纷,他公正地进行调解,因此获得大家的信任,被尊称为"杨父"。

互市实行了一年,但俺答从没有停止侵犯明朝边境,这让明世宗后悔当初没有采纳杨继盛主张抵抗的意见。而仇鸾私通俺答的罪行被揭露出来,生急病死了。杨继盛因此被召回京城,担任刑部员外郎。

严嵩想拉拢杨继盛,给他升官。但杨继盛对严嵩专权误国更加痛恨。他又毅然上了弹劾的奏章,列举严嵩十大罪恶,如窃取皇帝大权,勾结仇鸾,私通俺答,迫害善良正直的官员等等。还指出皇帝左右许多人都被严嵩网罗收买为内奸。

明世宗大怒,严嵩更是恨得咬牙切齿。杨继盛再一次被关进大牢。

杨继盛遭到严刑拷打，十个手指被折断，小腿胫骨被夹碎，冒出肌肉外面，腿上吊着打烂的碎肉。他不叫痛，不讨饶。狱官受严嵩一伙威胁，不让人看望他，不给医药，致使股肉肿胀糜烂。杨继盛半夜痛醒，他叫狱卒帮他照明，自己用碎瓷片在肿烂处钻洞放脓血，割去腐肉，连白骨都看得见了。旁观的狱卒吓得转过脸去，而杨继盛坦然自若。

他受刑之前，有好心人送他蛇胆，说是吃后再被毒打，不会觉得害怕，不会疼痛。杨继盛说："我自己有胆，哪用得着蛇胆？"

杨继盛被关了三年，明世宗没有要杀他的意思。但严嵩将杨继盛与另一桩要判死刑的案件联系起来，怂恿皇帝下旨将杨继盛杀了，死时才四十岁。

又过了十多年，严嵩父子的势力越来越大，而明世宗也开始厌倦他。反对严嵩的人买通一个为明世宗扶乩（jī，求仙人在沙盘上写字发指示的迷信活动）的道士，假借仙人的指示，说应该除掉严嵩。这正符合明世宗的心意。大臣们于是先从弹劾严世蕃入手，最后扳倒了严嵩这个当了二十多年首辅的大奸臣。严嵩被免去官职，老死在家中。严世蕃则因准备逃亡日本犯下叛国罪，被处死刑，落得可耻下场。

海瑞冒死谏皇帝

明世宗为人猜忌刻薄，凡是敢于说真话，如杨继盛这样爱提意见的官员，不是被杀头、监禁，就是被革职、充军。因此，后来没有人再敢批评他。但是到嘉靖四十五年，晚年的明世宗遇到一个不怕死、敢于揭他痛处的官员——海南琼山人海瑞。

这时，严嵩父子虽然倒了台，但贪污腐化、吏治败坏的风气没有丝毫改变，明世宗仍然沉溺在求仙问药之中，老百姓越来越穷困。海瑞当时任户部主事，他要上一道奏章，希望皇帝从迷信中醒悟过来。

他知道，奏章呈上去，就会有杀身之祸。但他决心已下，就事先遣散了家人，安排好后事，又给自己买了棺材，诀别了妻子，才将他的奏章呈进宫去。

明世宗倒是耐着性子读完了他的奏章。可是他越看越气。那上面写道：

"陛下即位之初确做过些好事，可是后来却沉溺在神仙和仙药中，追求长生不老。可是尧、舜、禹、汤、文、武这些古圣贤，还有秦、汉那些自称有仙术的方士，至今还有在的吗？陛下叫人到处采购炼丹的药材，又大兴土木，修建道宫，耗尽了民脂民膏，弄得民穷财尽。怪不得现今老百姓都说：陛下年号叫'嘉靖'，是家家户户干干净净的意思。陛下二十多年不上朝，滥派官职，跟亲人、官员不见面，猜忌、杀戮臣下，弄得国弱民穷，君道不正，臣职不明，形势非常严重。陛下自比为尧、舜，臣下以为连汉文帝都不如……"

明世宗气得七窍生烟，将奏章狠狠地摔在地上，大喊道："赶快把这个家伙抓起来，别让他逃跑了！"

宦官黄锦说："听说这个人不怕死，为官清廉。他自知触犯陛下，活不成了，已经安排好后事，准备好棺材，不会逃跑的。"

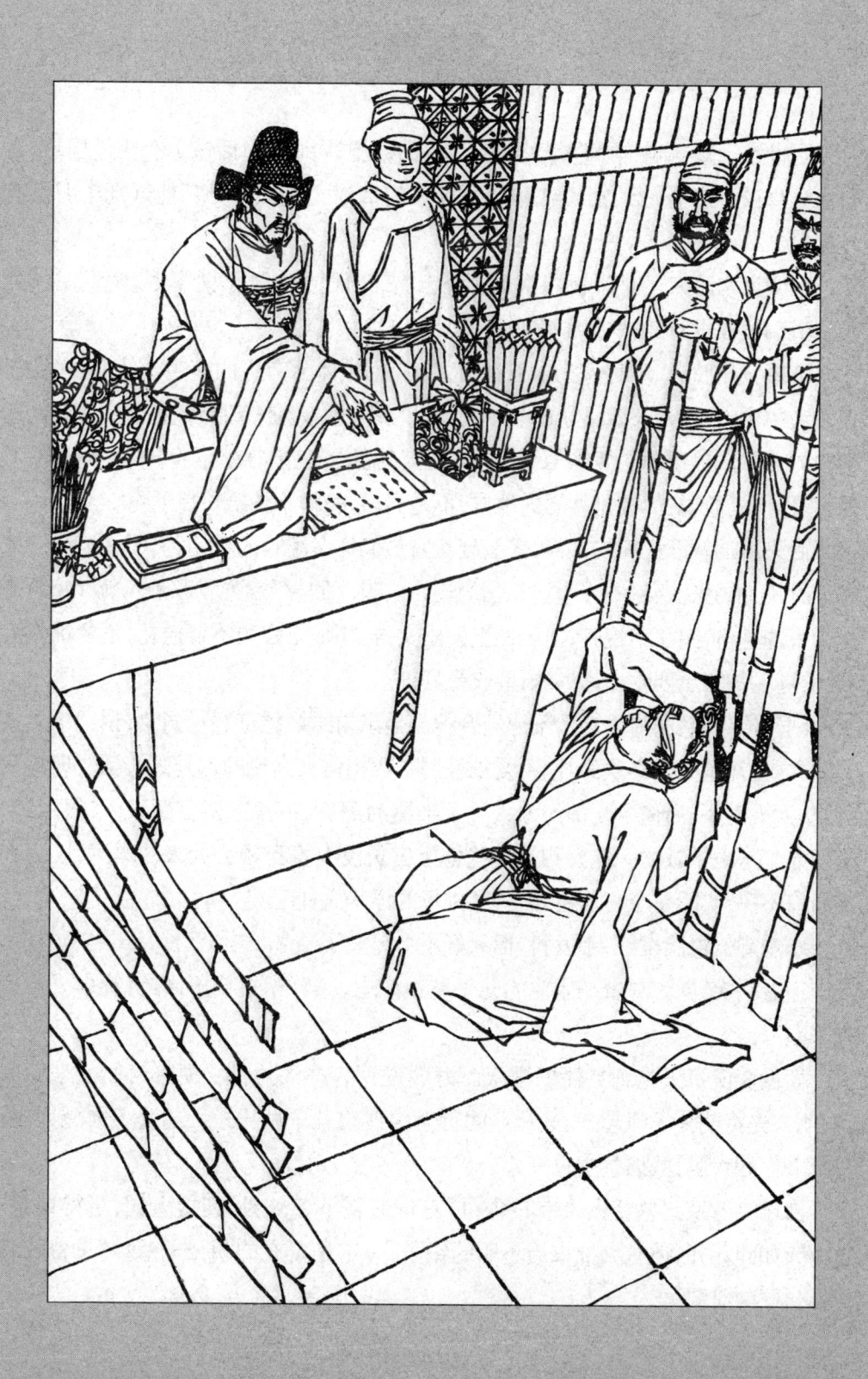

明世宗沉默半响，再将奏章拾起反复阅读，觉得海瑞的话多少有些道理，自言自语叹息道："这个人倒像比干，只是朕还没有商纣王那么坏吧！"他好几个月没有作批复。

但明世宗后来还是下旨将海瑞抓了起来。不过，才过了两个月，明世宗就死了。海瑞被放出监狱，恢复了官职。

海瑞，号刚峰。小时候家中很贫穷，所以他能体会穷人的疾苦。他中过举人，但没考中进士，开始仅做县学的教谕(学官)。到任后，他就革除学生向教官送礼送酒食的习俗。提学御史视察县学，县官与其他教官迎接时都下跪，唯独海瑞不下跪，只作揖。他说：学校是教学的地方，不是衙门，教师不该给长官下跪。

后来海瑞做浙江淳安知县，带头废除官员们许多滥收的费用，又严格执行迎来送往时不许铺张浪费、不许赠送礼物的规定。有一回，严嵩死党鄢懋(yān mào)卿以御史的身份，到江南视察，他表面上发出文告，叫地方官员不要送礼，不要铺张浪费，实际上却暗示要吃山珍海味，要收受好处。

消息传到淳安，海瑞自然不愿迎合他。他亲自给鄢懋卿写了封信，说："读了大人的文告，知道大人喜欢简朴、不爱拍马屁。我相信大人说的都是真心话。但是我听说，大人南下，沿途各处都为大人办了丰盛的酒席，每桌三四百两银子，很阔绰，连便壶都是银子做的。这大约是那些地方官员没有真正领会大人的本意，以为大人心口不一，实际是个喜欢巴结、讲究排场的浮华之徒吧？"

鄢懋卿气得脸发红，手发抖，但只好不去淳安了。

还有一次，浙江总督胡宗宪的儿子路过淳安，嫌驿馆招待不周，将管事人倒吊起来殴打。

衙役慌慌张张跑到县衙门禀报。海瑞说："有办法对付。"便带着衙役来到驿馆，叫人先将胡公子抓起来，又从他的行李中搜出几千两银子。胡公子大喊大叫："海瑞，你好大胆，敢抓堂堂总督公子！"

海瑞笑着说："总督大人有布告，再三告诫属下各州县，迎接上司，不得铺张。这个人如此猖狂，还有大批来历不明的银子，一定是冒充的胡公子，败坏总督的名声，必须严办！"

海瑞命令将银子收进国库，另写了封信，连人送到杭州，请胡宗宪发落。胡宗宪是哑巴吃黄连，有苦说不出，只好将自己儿子臭骂了一顿。

公元1569年，海瑞出任江南巡抚。有钱有势的人家，听说海瑞来了，都夹紧了尾巴，有的躲避到别的地方去，有的把自己朱红的大门漆黑，减少人们的注意。海瑞强迫那些拥有大量土地的豪强大户将强占的土地退出来，分给穷人，而且先拿当朝首辅徐阶家开刀。他还领导疏浚了苏州的吴淞江、常熟的白茆(máo)河。

海瑞的施政措施，获得民众拥护，却遭到官僚地主的反对。由于不断遭到排挤，海瑞被迫辞官回到家乡。公元1583年，他才被起用为南京吏部右侍郎，这时他已是七十二岁的老人了，但他仍勤勉地操劳着，直到死在任上。

海瑞一生没有置过田产。死时，家中只有十多两俸银，还是同僚凑钱为他办的丧事。

秀美江南多文士

明代的江南,特别是苏州,风景秀美,商业发达,文学艺术也很繁荣,先后出了许多杰出的文学家、艺术家,其中的"吴中四杰"——唐寅、文徵明、祝允明、徐祯卿就非常出名。

唐寅与徐祯卿是吴县人,文徵明与祝允明是长洲(今属江苏苏州)人。四人中年纪最大的是祝允明,活得最长的是文徵明,年纪最小、寿命最短的是徐祯卿。由于思想、才华的相似,他们交往密切。但徐祯卿后来倾向于另外一个文学团体,与唐寅、祝允明的文学主张产生了距离。

他们有共同的特点,都反对官场的腐败风气,不愿受程朱理学的束缚,都提倡独立思考,个性解放,要求作品充分抒发创作者的思想、灵性和情操。他们比较接近民众,民间流传了不少关于他们的动人故事。

唐寅,字伯虎,他的祖父、父亲都是商人。他是家族中第一个想读书做官的子弟。他从小才华横溢,文章曲折起伏而流畅,性格又放荡不羁。公元1476年他参加会试,受到主考官程敏政的欣赏,却因此遭到作弊的诬告,被关进监狱。后来这桩冤案澄清,他人被放出,却被贬为小吏。诬告他的,竟是他的同乡、同学、朋友。唐寅愤恨官场的倾轧,人情的淡泊,便辞职回家,天天与朋友饮酒作诗画画,逍遥自得。他又学司马迁,游遍了江南各省的名山大河,饱览自然风光。明朝亲王朱宸濠出重金聘请他到王府做幕僚,他装疯拒绝了。后来朱宸濠造反,被王阳明镇压。

唐寅的诗,常常流露对炎凉世态的感慨,对科举、权势、名利的反抗。

他的画名气很大,画境天然幽美,布满了花、草、山、岭、河流、鹧鸪、烟竹、鲤鱼,充满诗情。

唐寅还自号"江南第一风流才子",民间流传着"唐伯虎点秋香"的浪漫故事,虽然未必真实,确也反映了他的作风与性格。

文徵明小时并不聪明,但他学习非常刻苦。他到学宫读书时,学官管理很严格,要求学生天刚亮就要进学宫,到点灯的时候才放学。但许多学生在学宫里并不认真学习,偷着躲着喝酒闲聊,消磨光阴;文徵明却独自一人默默地临写《千字文》,一天至少临写十本。因此,他的书法突飞猛进。除了与唐寅、祝允明等人研习书画诗文外,他还跟老一辈的书画名家吴宽、沈周等人学习。他的诗、文、书、画都有很高水平,特别有名的是画,尤其山水画得最好,形成独特的"吴门画派"。

但是,文徵明考了二十七年科举,都没有考中进士。五十多岁,才经人推荐,以岁贡生(推荐生)的身份,做了翰林院待诏(为皇帝服务的文官)。然而,一些同僚看不起他,于是他愤而辞官,回到家乡以卖字画为生,四面八方的人都来求他的文章和字画。他也乐意给人作画,但对有权势的人,他绝不答应。有个很有钱的人出重金,要他画幅画,他当面说:"你把钱拿回去,不要玷污我的厅堂!"

严嵩当权时,到苏州拜访文徵明。文徵明却不去回访。严嵩说文徵明架子太大。有人将严嵩的话转告文徵明。文徵明说:"我一向不回访别人。如果回访严嵩,那还是文徵明我自己吗?"

四人中,最狂放的要数祝允明,因为他一只手多长了个手指,便自号"枝山"、"枝指生"。他五岁就能写直径一尺大的字,九岁能做诗。他读书很多,才思敏捷,书法草书尤其出名。他最厌恶的是假卫道士,爱发表一些惊世骇俗的议论,如说"汤武不是圣人"、"孟子不是贤人"、"庄子只差孔子一等",表现出敢于摆脱儒家思想束缚的精神。在"唐伯虎点秋香"的故事中,他被刻画为一位滑稽可笑的调停人。

徐桢卿是个聪明绝顶的人,他家中没有一部藏书,凭记忆和理解,却对各种知识无所不通,被称为"吴中诗人之冠",可惜三十三岁就死了。

此后,浙江绍兴也出了个杰出的诗人、戏曲家兼书画家徐渭,但徐文长的名字更为人们熟悉。他写的戏曲论著、杂剧,都有超越常人的见解和打破常规的地方,他擅长画大写意的山水、花鸟画。他的画水墨淋漓,以思想和艺术手法的独特见称。

戚继光痛剿倭寇

明世宗时期,东南沿海防卫空虚,倭(wō)寇乘机进犯,祸害空前严重起来。

倭是我国古代对日本的称呼。明朝初年,就有一批日本海盗,来到中国沿海一带,专干杀人抢劫的勾当,他们被叫做倭寇。不过,那时,明朝国力强盛,军队战斗力强,社会较安定,入侵的倭寇很快被消灭,所以没有造成很大的灾难。

而嘉靖年间的倭寇,为害了沿海半个中国。

一些地方贪官、恶霸、奸商、罪犯等,纷纷勾结倭寇,使得倭寇在浙江、福建、广东沿海肆意烧杀抢掠。公元1553年,大批倭寇在海盗头子汪直、徐海等的引导下,在浙江、江苏登陆,窜扰崇明、上海、台州、温州、宁波、绍兴等几十个城市。

朝廷不得不派官员和军队去围剿。虽然明军在名将俞大猷(yóu)的指挥下,打过一些胜仗,可是,朝廷听信当地奸商与贪官污吏的诬陷,先后处死抗倭有功的大臣朱纨(wán)与李天宠、张经,逮捕俞大猷;又荒唐地派严嵩党羽赵文华祭祀东海海神,祈求保佑驱逐倭寇。倭寇的气焰更加嚣张。

朝廷不得已,在公元1555年秋天,从山东沿海将名将戚继光调到江浙,任参将,镇守宁波、绍兴、台州,控制倭寇经常出没的军事要地。

与戚继光并肩作战的著名的抗倭将领有谭纶和俞大猷。谭纶后来成为戚继光的顶头上司,对戚继光的军事活动给了很多支持。

一到浙江,戚继光就与俞大猷一起在龙山所围剿登陆的倭寇,三战三捷。但戚继光从实战中,发现明军纪律不好,训练不精,士气不旺,素质不高。有次战斗结束时,一个士兵拎着颗人头来报功,另一个士兵却哭哭啼啼跟着来到,诉说:"这是我弟弟,受伤还未断气,就被他割了头……"又有个士兵拎着人头来请赏,一查,被杀

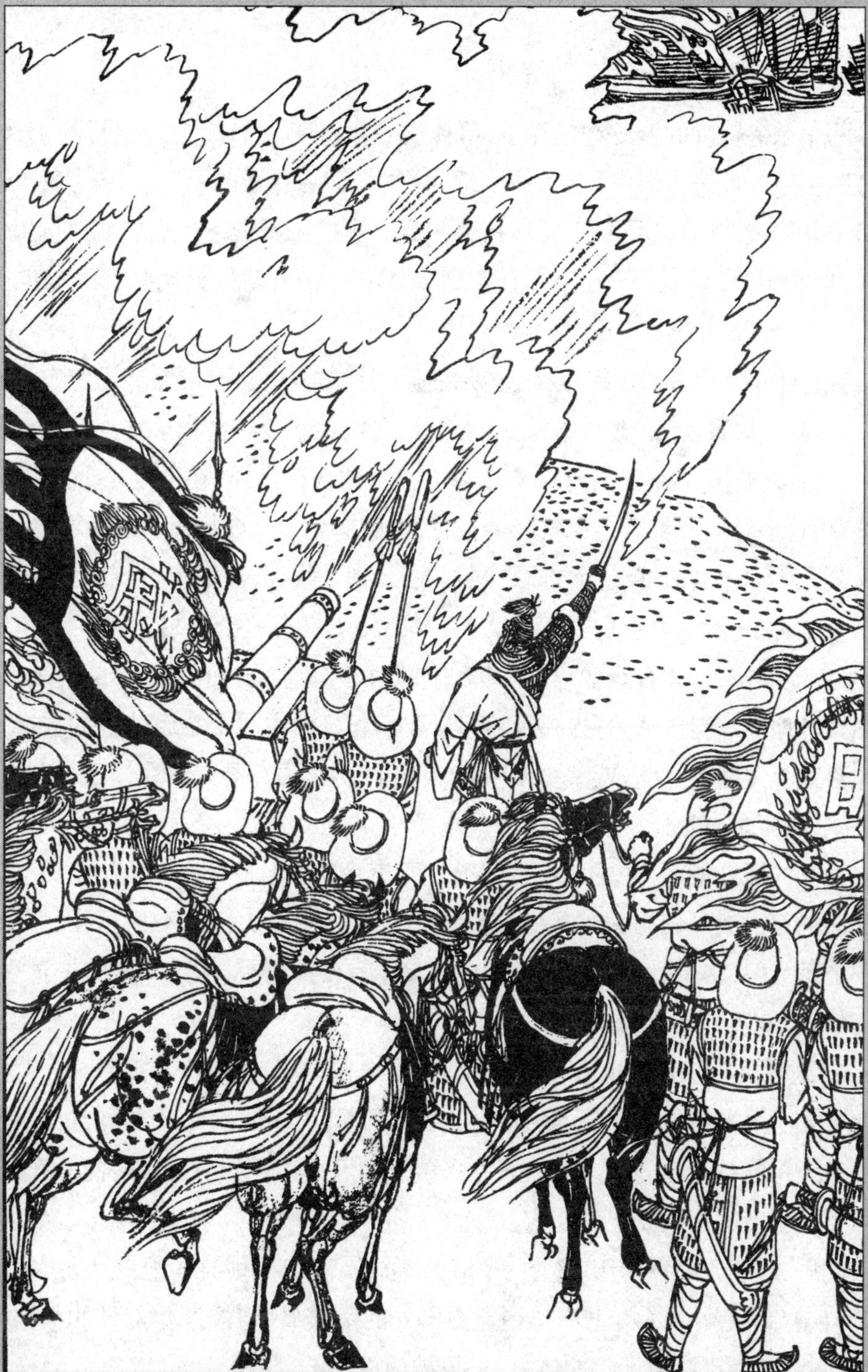

的竟是个十几岁的无辜少年。

两个杀人冒功的罪犯被处死了，可他们的行为震动了戚继光，这样的士兵怎么能打败倭寇？他决心组织一支新的、纪律严明、训练有素的军队。经过多次请求，他终于获得批准，亲自到浙江义乌招募新兵。那些刁滑的、怕死的、染有流氓习气的人，他都不要，而精选了三千个壮实胆大、吃苦耐劳、动作灵便的农民与矿工，组成了一支全新的军队。

经过短短几个月的训练，戚继光就将他们打造成一支纪律严密、训练有素、武器精良、作战勇敢的队伍。这支军队所到之处，老百姓都拎着食物茶水欢迎他们，称他们为"仁者之师"。戚继光带着这支战斗力很强的队伍，转战在浙江、福建的抗倭战场，取得许多辉煌战果。倭寇将戚继光称为"戚老虎"，民众将他们称为"戚家军"。

公元1559年，戚继光会合谭纶的军队，开到台州，清剿流窜台州的倭寇。他们一路打了许多硬仗，将倭寇驱逐到太平（今浙江温岭）的南湾。倭寇占据了海岸边的高山，负隅顽抗，箭和石头像雨点一样飞向明军。戚继光与他的弟弟戚继美在阵地前指挥。他俩拿起弓箭，一人一箭，嗖地飞出，正好射中两个举旗呐喊的倭寇头目。其他倭寇吓得向后退缩，戚家军便一阵喊杀，冲上山顶。倭寇向海边退去。哪知后面是绝路，不是被杀死，就是掉进海里淹死。

浙江的倭寇被剿得差不多了，戚继光又奉命带军队进入福建清剿。戚家军到福建后的第一战是横屿之战。横屿是宁德城东北海中的一座小岛，周围环水。水浅不能行大船，水退后又泥泞不便行走。岛上有倭寇老巢，一千多倭寇在这里盘踞了三年，当地官军从不敢去进攻。

戚继光派人探明岛的地理位置和地形、水道、潮流的特点，制定了进攻方案。他让每个士兵各带一捆干草，来到横屿对岸，等天黑退潮，将干草抛到水中，铺出一条路。大军强行登岛，发起强攻，三百多倭寇被歼灭，二十九人被俘，淹死在海上的有六百多。戚家军大获全胜。

此后，戚继光又在牛田、林墩、平海卫、仙游、兴化等地打了好些大胜仗。公元1565年，戚继光剿灭了占据广东福建交界处的南澳岛、与倭寇相勾结的海盗吴平。这时，骚乱东南沿海数十年的倭寇，总算被消灭光了。

李时珍著《本草纲目》

明代除了文学艺术的繁荣外，社会经济与科学文化也比较发达。嘉靖、万历年间，出了位杰出的医学和药物学家，叫李时珍；他花毕生精力，写了部优秀的医药学巨著，叫《本草纲目》。

李时珍出生在蕲（qí）州（今湖北蕲春），家里世代行医。他父亲的医术在当地有些名气，治病之余，也喜欢研究医药，写过《人参传》。李时珍从小在旁边看父亲给人治病、开方，有时还跟着上山采药，耳濡目染，对医道和医药有了一些基本知识，产生浓厚的兴趣，认识了许多花草和动物。稍大一点，他更喜欢读医书，常到一些有书的大户人家借书看。

李时珍的父亲却不希望儿子仍然做医生，而要李时珍考科举，谋个好官职，光宗耀祖。但李时珍兴趣却在医学与"本草"（药物学）上，加上他身体不好，他中过秀才后，几次乡试都没有上榜，就放弃了考科举做官的念头，一心学医。

李时珍牢记他父亲的话："熟读王叔和（晋代著名医学家），不如临症（临床看病）多。"他刻苦认真，不仅熟读熟背《内经》、《千金方》等经典医学著作，还重视临床治疗，积累实际经验。他时刻不忘医生的崇高职责，做治病救人的好医生。遇到水旱灾荒，李时珍更是全心全意为病人治疗，尽管他的生活也不很富裕，但穷苦乡亲来诊治，他连药费也不收。

李时珍医术高明，医德高尚，很快在家乡出了名。蕲州是楚王王府所在地。一天，楚王的儿子生病，抽风不止。王府医生束手无策。王府的管家说："听说有个李大夫医术高明，王爷何不请他来给公子看看。"

于是，李时珍被请来。他看过孩子的脸色，又诊过脉，问了几句，就确诊是肠胃

病引起的,富贵人家的孩子饮食不知节制,容易得这样的病。他给开了个方子,叫管家到药铺抓了药,熬汤给孩子喝下,很快就好了。

楚王非常高兴,就留李时珍在王府里做事。公元1556年,北京太医院征求名医,楚王将李时珍推荐上去,做了个医官。

明世宗迷信道教,追求长生不老,一天到晚在宫里炼丹吃药,倒吃出一身病。太医院里一些医生迎合皇帝的喜好,也大讲丹药的事。但李时珍却鲜明地反对炼丹吃药,他后来在他的著作中,多次揭露方士们炼丹术的骗人把戏,说朱砂、硇(náo)石等药物有大毒,吃了对身体有害,从来没有见过长生不老的人。不过,李时珍从前待在楚王府,现在在太医院,倒是给他创造了一个阅读官家收藏的、大量珍贵难见的医学典籍的机会,还有许多收购名贵药材的场所,也让他长了不少见识。

李时珍在太医院没呆几年,就辞官回家了。此后,他把心思放在医药学的研究上。在家里,他开辟了百草园,亲自栽种药物。他愈加勤奋地研读医学专著和各种文化典籍。他经常出远门,北上今河南、河北、山东、山西,南下广东、福建,以及湖南、湖北、安徽、江西,几乎跑遍全国,有时到深山老林、人烟稀少的地方,采挖药草,访问药农药工,印证、检验古代医书上的叙述和记载。

有一回在广西,他遇到一队士兵,有个受伤的士兵,正在服一种药末。那是从一个像小核桃一样大、灰黑色的硬果实上刮下来的。他就上前打听,那士兵告诉他:这是三七,产于云南。士兵受了伤,常常服用它,也可以外用,有神奇的功效。李时珍便将这段新采访到的药物知识记下来。后来,写进了他的著作中。

有人说,湖北均州(今湖北丹江口)武当山上生长一种榔梅,是仙果,具有返老还童的功效。朝廷要求地方官员年年进贡,禁止老百姓私自采摘。有一年,李时珍来到武当山,特地找了当地老药工领路,攀登悬崖峭壁,终于采到了榔梅。他把榔梅带回家研究,确认它的确是一种珍稀的水果,有生津止渴的作用,但绝对不可能让吃了它的人长生不老。

通过文献的比较研究,更重要的是通过对实际药物的认识,李时珍发现,前人的医药书,尽管有丰富的知识,但也有不少缺陷和错误。他决心对古代的药书来一次全面的总结、整理,写出一部全新的、反映时代水平的药物学著作来。

李时珍在公元1552年他三十五岁时开始写作,花了近三十年时间,终于写出优秀的中国医药学巨著《本草纲目》。这部书近二百万字,记载了一千八百九十二种药,其中李时珍增加的药物三百七十四种,收集药方一万多个。他对药物的分类,比以前更加科学,更接近现代植物学、动物学的分类方法。

　　这部书,不仅在中国流传很广,也被译成日文、德文、英文、法文、俄文等多种文字,传遍世界;对中国,对世界的药物学及动物植物学的研究,都有重大贡献。

张居正改革朝政

明世宗去世后,明穆宗朱载垕(hòu)做了六年皇帝,只活到三十六岁。

公元1572年农历五月的一天,病得很重,自知离死期不远的明穆宗,叫太监扶他靠坐在御榻上,召来大臣高拱、张居正等,当着皇后与太子的面,嘱托他们几人,在他死后,尽心辅佐十岁的皇太子朱翊(yì)钧做皇帝,管好国家大事。

太子朱翊钧即位,就是明神宗。

张居正是湖北江陵人,明世宗时他就提出过政治改革建议。明穆宗时得到重用,再次提出强化朝廷政令、提高行政效率、重用人才、打击豪强、加强边防等改革措施;又与高拱等人重用名将谭纶、戚继光,切实加强了北方的战备,成功地与俺答汗达成互市协议,使北方边塞保持了数十年的和平。

当上"顾命(接受辅助幼主的重托)大臣"的张居正,首先利用太监冯保,排挤掉同僚高拱,自己做了首辅,独掌内阁的大权,然后锐意实施改革。

张居正非常注重对小皇帝的教育培养,为他安排好讲解经书与上朝听政的时间,按时进行,不得随便耽误。张居正亲自为小皇帝讲解,但他不像一般皇帝老师那样,照本宣科,而是善于结合实际,进行启发教育。

一次,张居正讲了宋仁宗不喜欢佩带珠宝玉器的故事,小皇帝接着就说:"是呀,应当把贤德有才能的大臣当做宝贝,珠宝玉器对治理国家有什么益处呢?"

张居正跟着启发说:"陛下说得很对。圣明的国君都重视粮食,不看重珠玉。粮食可以养人,珠玉既不能御寒,又不能充饥。"

小皇帝高兴地说:"很对,很对。宫妃们都喜欢穿衣打扮,我就要减掉她们的费用。"

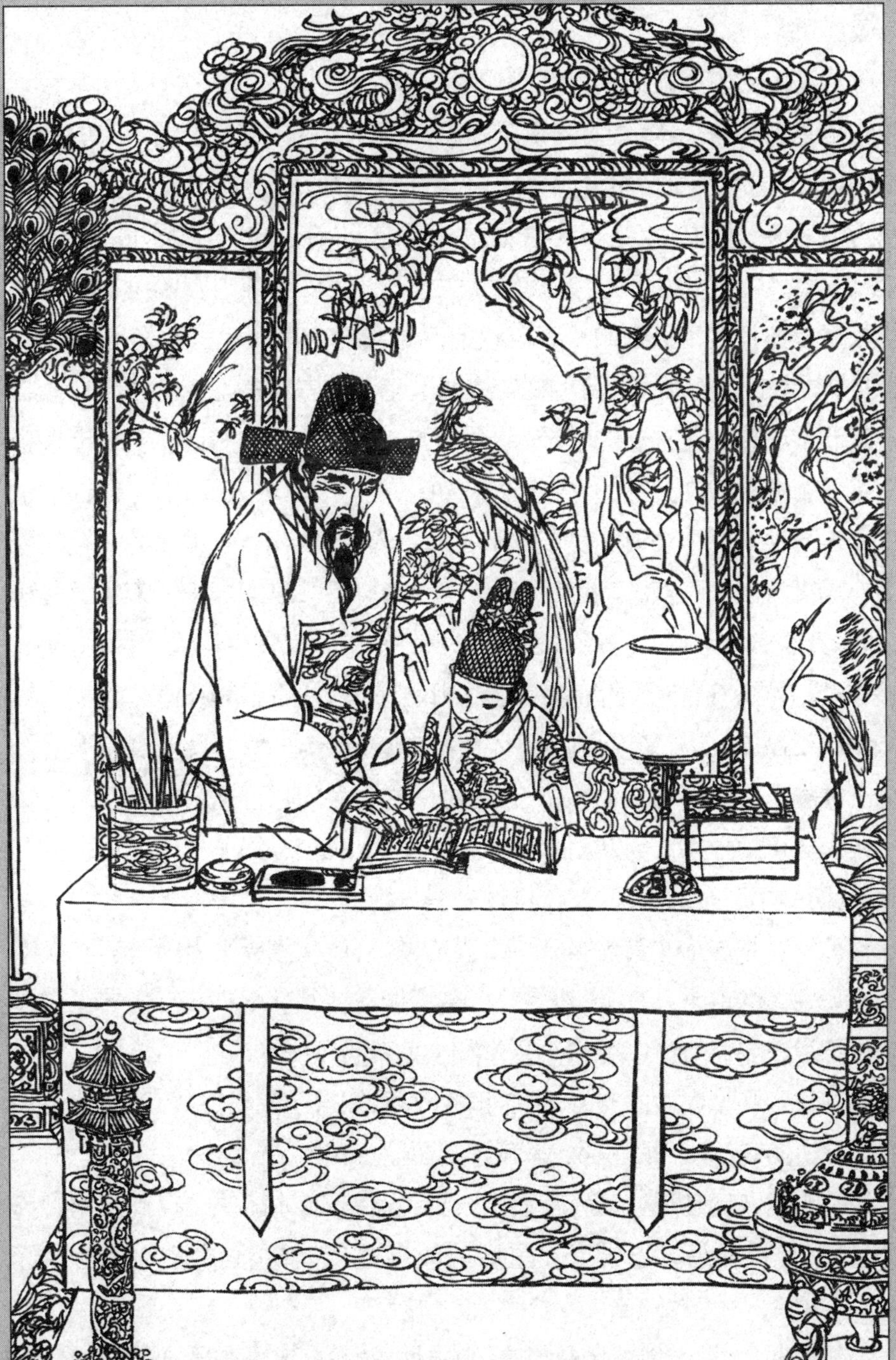

张居正答:"陛下能想到这层,是国家有福啊。"

张居正亲自编了本《帝鉴图说》,选出一百多个古代皇帝治理国家的故事,配上生动的插图,送给小皇帝看。明神宗一页一页地翻,看得津津有味,张居正则在一旁指点。后来,他还让人将明太祖创业的事迹、讲话、文告等编辑成书,分为"创业艰难"、"励精图治"、"劝学"、"亲贤臣"、"去奸邪"等四十项内容,给明神宗学习。

张居正还把对小皇帝的教育与政治改革结合起来。有一年夏天,辽东方面传来警报,说是二十多万敌人骑兵将向边塞进犯。神宗非常吃惊。张居正分析说,夏天不是北方游牧部落打仗的季节,敌军不可能南下侵犯。不久,果然传来报告,说是没有那么多敌人,已经没有危险了。为此,上上下下的人又感到高枕无忧了。张居正却认真地对明神宗说:"我们并不了解敌人的真实动向,却因为一个假警报,就乱得一塌糊涂。次数多了,大家一定麻痹大意。万一敌人真正打来了,军队没有防备,那才真要出大事呢。这说明一些官员、将领平时就贪生怕死、麻痹大意,一旦有事,又惊惶失措。请陛下下旨整顿军队,加强战备,注重了解敌情。"

张居正停了一下,又说:"据臣下了解,边塞上有许多士兵口粮接不上,如何能打仗?请陛下命兵部尽快发放口粮,让饥饿的士兵们吃上饱饭才是。"

在张居正的主持下,明朝北方的边塞部队,一边守卫,一边屯田,装备、训练都有改善,防御工事得到加固,还收复过一些失地。

明神宗对张居正非常信服、尊敬,甚至畏惧,他称张居正为"元辅"、"太师"、"先生"。有一次读《论语》,有个"勃"字,小皇帝读成"背"(bèi)字音,张居正在边上,严厉地纠正说:"要读'勃'(bó)!"小皇帝和太监都被吓一跳。

得到皇帝和皇太后的支持,张居正的改革,取得了相当成效,范围涉及用人、行政、军事、边防、商业、田赋税收、水利等方面。

经过改革,官僚机构精简,腐败风气受到遏制,有才能的人得到使用,行政支出减少,效率有所提高。张居正最重要的改革成就是实行了清丈田地,推行一条鞭法。

明朝中期,大量土地被皇亲国戚、豪强地主兼并,农民贫困,而国家的赋税却收不上来。张居正针对这种状况,在全国范围内实行丈量土地,清理皇亲国戚、豪强

地主多占的土地,开辟国家赋税的来源,严厉地打击抗拒者。在全国清查出隐瞒的土地竟有一百四十七万多顷。

张居正将各县州府的赋税和劳役合并起来,按照实际占有的土地,折合成银两征收,就像将几根绳子编结在一起,所以叫"一条鞭法"。这个办法的实行,使国家赋税有所增加,而一般农民的负担则减轻了。

张居正还大胆起用治水专家潘季驯治理黄河、淮河,疏通水道,堵塞缺口,减轻了黄河、淮河下游的水患,使运输和农业生产都受到益处。

经过张居正的改革,国库里的存粮和银两可以支用十年,国力大大增强。

但是,利益受到损害的大官僚大地主对张居正恨之入骨。公元1577年,张居正的父亲去世。因为改革的需要,张居正经过明神宗批准,利用"夺情"特例,没有按照当时礼制,离职回家守孝三年。于是他遭到那些怀恨他的官员,还有一些读书人的攻击。直到明神宗直接干涉,事情才暂时平息。

可是,随着明神宗渐渐成人,他不再能忍耐张居正严厉的管束,在内心里滋生了怨恨。

公元1582年,张居正病逝。当初被压制的反对者将所有的愤恨都发泄出来,攻击他专横跋扈,聚敛钱财。于是,明神宗批准削去张居正所有官爵,抄了他的家。但张居正家及他所有子女、兄弟、侄子家的财产合起来,还不到严嵩家财的二十分之一。张家子孙十多口人,被抄家者关在空屋子里饿死。张居正的改革,除"一条鞭法"外,全被废除。

汤显祖连作"四梦"

张居正当权的时候,有个叫汤显祖的读书人和姓沈的好友一起来到京城赶考,张居正的手下来威胁他们两人:"你们考试时不要写得太用心,不能超过我们张公子(张居正的儿子张嗣修)的水平,这样对你们有好处!"

汤显祖一口拒绝,说:"我怎么能为这点私利而丧失自己的名节!"

汤显祖是江西临川人,他的祖父和父亲都是有学问的人,家里藏书有四万卷。他在五岁时就能做对子,十二岁就会做诗。伯父酷爱戏曲,还从事过戏曲演出,因此汤显祖从小也对戏曲产生了兴趣。

汤显祖不愿讨好张居正,结果科考落榜了,但他的正直赢得了人们的赞扬。张居正死后第二年,汤显祖终于考中了进士。当朝宰相申时行和张四维想拉拢汤显祖做门生,他又拒绝了。他说:"我像一根笔直的硬木头,不会柔软地弯曲!"

汤显祖在南京做官期间,正碰上闹灾荒。朝廷派去赈灾的官员贪赃枉法,只顾吃喝玩乐。他实在看不下去,就冒着生命危险写了一篇给皇帝的奏折,揭发时弊,抨击朝政,弹劾那些贪官污吏,还直言不讳地指责当今皇上。明神宗一怒之下,把汤显祖发配到广东雷州半岛最南端的一个小县城,让他当了一个小小的典史。

几年后,汤显祖被调到浙江遂昌县担任知县。他为当地老百姓做了许多好事。在遂昌五年,他没有打死过一个囚犯,没有拘捕过一名妇女。除夕和元宵,他让囚犯回家过年、观灯。村里有了虎患,他组织村民打虎。他下乡组织农民发展生产,兴利除害,还建立了学校,深得百姓的爱戴,遂昌人尊称他为"汤公"。

公元1598年(万历二十六年),汤显祖由于不肯巴结权贵,遭到排挤,便辞去官职,回到故乡临川,开始了他做戏曲梦的历程。

汤显祖在城内香楠峰下建造了一座新房子,取名为"玉茗堂"。这个玉茗堂成了他后半生进行戏曲文学创作和演出活动的中心。他的代表作《牡丹亭》(又名《还魂记》)完成后,就是在这里首次公开演出的。

《牡丹亭》是中国文学史上一部著名的戏剧作品,讲的是江西南安郡太守杜宝的女儿杜丽娘,梦见少年书生柳梦梅。从此她天天相思,不幸得了场大病死了,葬在浙江临安。三年后,柳梦梅去考试路过临安,拾得杜丽娘的自画像,于是和她的鬼魂相会,并掘墓开棺,使杜丽娘起死回生,两人结为夫妇。可是,杜宝却竭力反对。后来柳梦梅中了状元,杜宝才在皇帝做主的情况下,最终认了这门亲事。

汤显祖成功地塑造了杜丽娘这个封建时代大胆追求幸福的少女形象,传达了在封建专制主义重压下,广大青年要求个性解放、争取爱情自由和婚姻自主的呼声。

除了《牡丹亭》,汤显祖还写了《邯郸记》、《南柯记》和《紫钗记》,这四部戏被人合称为"玉茗堂四梦"。

《南柯记》大致剧情为:书生淳于棼(fén)在梦中来到了大槐安国,被召为驸马,和瑶芳公主成婚。淳于棼后来当了南柯太守,很有政绩。不久外族入侵,公主受惊,不幸死亡。淳于棼被遣回乡,于是大梦方醒,淳于棼从此皈依佛道。

《邯郸记》写一个叫卢生的人在梦中娶了有财有势的妻子崔氏,中了状元,为朝廷建立了功勋。奸臣宇文融虽然不断地算计、陷害他,但奸臣最终被杀。卢生做了二十年宰相,享尽了荣华富贵。后来睡醒,才知道是一场黄粱美梦。

《紫箫记》(后改为《紫钗记》),反映的是一个叫霍小玉的女子与李益的爱情故事。

"玉茗堂四梦"在当时及后世都产生了很大的影响,汤显祖因此在中国文学史上占有很高的地位。

朱载堉苦研乐律

除了汤显祖,明朝还出了一位对戏曲和音乐的乐律着迷的亲王。

明朝在全国各地封了许多皇族做亲王、郡王,成为新的人数庞大的贵族集团。这些新贵族,绝大多数人都是饱食终日,无所用心,吮吸民脂民膏的寄生虫,但其中也出现过个别勤于学习研究,对政治经济、科学文化事业有重大贡献的人物。朱载堉(yù)就是其中的一个。

朱载堉的父亲是郑恭王朱厚烷(wán),封地在怀庆(今河南沁阳)。朱厚烷为人正派、忠厚,有学问,不太讲究生活享受,吃穿都比较朴素。他看不惯他的堂兄弟、明世宗朱厚熜(cōng)迷信道士、炼丹求仙的荒诞行为。明世宗到河南举行道教的斋醮(jiào)仪式,其他亲王争着向皇帝进贡珍奇名香,只有朱厚烷不送香烛,而是呈送四篇箴(zhēn)文,劝皇帝崇敬儒学,修养品德,不要沉溺于求仙吃药与修建道观的无益活动。后来他还写了一封恳切直率的信,劝诫明世宗。明世宗非常恼怒,将为朱厚烷送信的人投进监狱。

朱厚烷的堂叔朱祐橏(xi)为讨好明世宗,争夺郑王王位,竟诬告朱厚烷叛逆,列了四十条大罪。明世宗立即革去朱厚烷的王爵,派宗人府(专门管理宗室的官府)官员将他抓到安徽凤阳关了十九年。明世宗死后,他的冤案才得到平反,恢复王爵。

朱载堉自小受到他父亲严格的教育,勤奋好学。他的舅祖何塘也是个有学问的大臣,懂得音乐、数学与天文历法,写过一部关于乐律的书,叫《阴阳律吕》。朱载堉小时候,曾经跟随何塘学习过这些知识。何塘去世后,他的遗书又留给了朱载堉。因此,朱载堉能作深入的钻研。

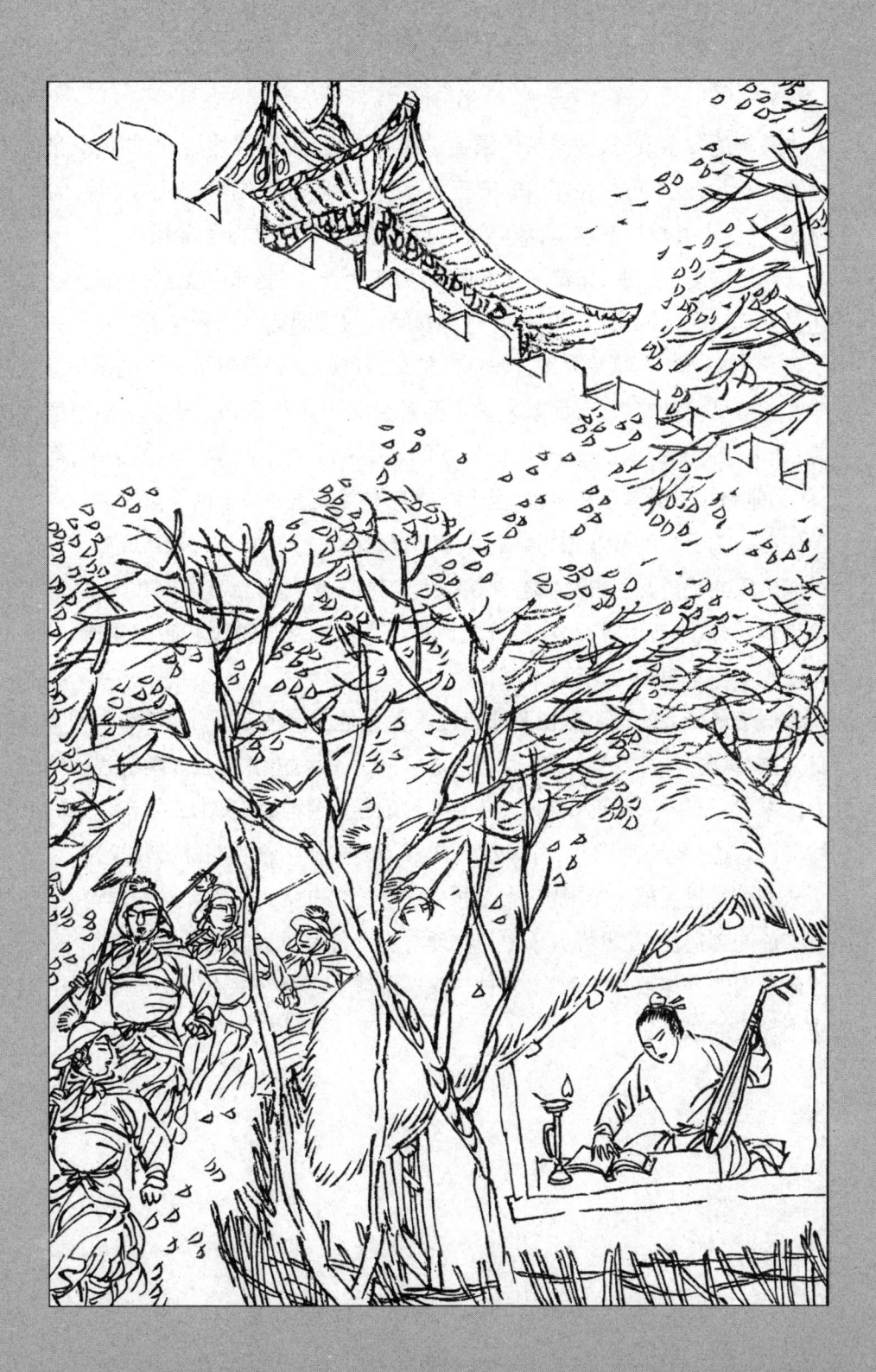

朱载堉的父亲蒙冤，被皇帝无辜关进凤阳城看管，他很痛心，很同情父亲的不幸遭遇。从此，他不再住在怀庆的府第里，而在关他父亲的宫墙外，搭个小土屋，铺条草席，住了十九年。在这里，他倒潜下心来，深入研究他心爱的学问。

朱厚烷恢复王爵后，朱载堉才又回到王府，当上了"世子"（法定的王爵继承人），但他还是一心一意地探索他所关心的种种学问，只是，他此时的研究条件好了一些。

公元1591年，朱厚烷去世，按规定，朱载堉可以也应该继承郑王的王位。可是他对做王爷早已没有兴趣，而越发离不开对天文历法与音乐的研究。他连续七次上表，请求准许他辞掉王位，专心探讨学问。明神宗终于同意了他的请求，而且特批，他和他的儿子虽然没有爵位，但可以终身享受亲王与亲王世子俸禄。

朱载堉的研究涉及音乐、舞蹈、音律、历算等许多方面，都有相当成就。他亲自为民间的乐曲记谱，而且很精确；并绘制大量舞谱，参加音乐艺术的实践活动；他在珠算上作开方、平方运算；比较精确地计算了京城的地理位置和磁偏角；计算出回归年的长度与水银的比重等。

朱载堉最伟大的贡献是在音律方面。他在他父亲的启发下，找到一种特殊的计算方法，算出"十二律"（将每一组八度音分为十二个半音音程）中，相邻两音程间的振动数之比率，完全相等，从而在制造、调谐各种乐器定音时，解决十二律音程之间严格的均匀性。这种理论叫"十二平均律"，朱载堉的著作中把它叫做"新法密率"。

朱载堉是世界第一个提出"十二平均律"理论的伟大学者。这一理论，在当时具有空前的创造性，在世界音乐史与物理学史上都有重大的意义。

朱载堉的著作很多，有二十多种，编在《乐律全书》中，共有四十七卷，是中国文化史上珍贵的遗产。

李贽离经叛道

明朝后期,社会上流行一个信奉者很多的学派。这个学派认为人人天生就有"良心",人的"良心"就是"道"(最高的道德原则和自然法则),商人、学者、劳动大众正常的生活和社会活动,穿衣、吃饭、砍柴、挑水,都是道。每个人充分理解和发挥自己的良心和能力,就达到最完美的道的境界,都可以成为圣人,并不只是孔子、孟子才是圣人。他们反对官方正统的"道学"思想,反对权势和权威,不怕苦,不怕死,提倡劳动。学派的创始人是泰州人王艮(gěn)。参加这个学派的活动的,除了一些读书人外,还有许多农民、船工、矿工、商人。这个学派叫泰州学派,是从王阳明的"心学"发展而来的。

李贽(zhì)就是这个学派中一个非常突出的学者和思想家。他号卓吾,福建泉州人。他从小就有鲜明的叛逆性格,对孔子瞧不起老农民的议论,公然提出批评,蔑视当时公认的圣人的权威。

他后来跟随王艮的儿子王襞(bì),学习研究泰州学派的学说。他二十六岁中举以后做过县学的教谕、南京与北京国子监的博士、南京刑部员外郎、云南姚安府知府。他生活清贫,有一年,遇到灾荒,他留在京郊的三个女儿,竟然饿死了两个。他对继续做官不感兴趣,公元1581年,在云南,离任满还有两个月,他也不管上司同意不同意,整理好公文,封好府库、官印,递了辞呈,带着家眷,就离开官署,来到湖北黄安县。

这里有他一位思想、感情都非常合得来的朋友,叫耿定理。他在耿家住下,读书,研究学问,附带帮助教育耿家的孩子。他不用传统死背"四书五经"的方法,而是让孩子们随意读书游戏,充分发挥儿童天真活泼、自由奔放的天性。他因此与耿定理的大哥,做了大官的耿定向发生矛盾。耿定向虽然也属于泰州学派中人,聚徒讲学,与李贽交过朋友,但涉及其个人及家族利益时,却站在传统礼法思想一边,责怪李贽带坏了耿家的孩子。李贽斥责他是"假道学"。

耿定理去世后,李贽就搬出耿家,住到与黄安相邻的麻城县乡下幽深的龙湖边。朋友帮助他造了几间房屋,他取名芝佛院,落脚安身。他继续读书讲学,与耿定向论战,写了好多有战斗精神的书信、论文。

李贽在这里确实做了一些在当时人们眼里属于惊世骇俗的事,如招收女弟子,穿着儒家服装,却剃光头,又不吃斋念佛。于是耿定向的支持者,就到处造谣,说李贽在那里引诱良家女子,伤风败俗,唆使官府驱逐他。

公元1600年,反对李贽的人再也不满足于造谣了。他们纠集一伙人,闯到龙湖,彻底捣毁了芝佛院。这时李贽已是七十四岁的老人。这以后一年,他只好到处流浪,依靠朋友帮助生活。但是,他从没有放弃读书、写作、讲学,以及与传统、守旧思想的战斗。

第二年春天,李贽应邀来到河北通州,住在朋友马经纶的家里,准备在这里完成他对《易学》的研究。通州离京城很近,他的到来,竟如洪水猛兽,吓得朝廷里的卫道士纷纷向皇帝上疏,说他惑乱社会,扰乱圣道,毒害民众,要求赶快逮捕和驱逐李贽。皇帝立即下旨,派锦衣卫到通州捉人。

李贽此时正在生病,面对捉人的官兵,他镇静地说,"抬块门板来,让我躺着,跟他们去。"

马经纶要跟李贽一起进监狱。李贽说:"你不能去,你家里有老父要照顾。"

马经纶说:"他们说你是妖人。我请你来我家住,有庇护妖人的嫌疑,让我与你一块去受苦!"

官府审问李贽时,问他:"你为什么在书里写了许多反对朝廷、反对圣人的话?"

李贽强硬地说:"我写的书都在那儿,都是有益于世道人心的,你们可以自己看嘛!"

公元1602年,朝廷想把李贽驱逐出京,送回福建。可是,李贽决心以他的生命抗议当权者对他的迫害。因此,乘狱卒给他剃发时,他抢过剃刀,飞快地在自己喉

咙上割了个大口子，顿时血流如注。狱卒奋力抢过剃刀，并给他包扎，他才没有当即死去。但过了两天，连病带伤的李贽终于与世长辞了。

李贽写过好多著作，最重要的有《藏书》、《焚书》、《续焚书》。书名的意思是他的书或者该收藏起来，或者该烧掉，不应该给人读，实际是为抗议迫害他的人而说的激愤的反话。

李贽著名的言论还有：圣人与凡人是一样的，没有什么了不起。每个人都是圣人，都可以做佛祖。孔子是个酒徒，讲究吃，讲究穿，想做官。孔子的话不是真理的标准，真理的标准在每个人自己心里。他说，男女只有性别的差别，没有是非的差别，男女是平等的，卓文君的私奔，是追求自己的幸福，值得赞扬。

李贽的这些思想，具有反传统、反封建的进步意义，但在当时，却被认为是离经叛道，引起了激烈的争论，连当时一些进步的思想家，也不能完全接受。

葛成痛打税使

明代以来,苏州的养蚕业、丝织业兴旺发达,有拥有十几台甚至几十台织机的机户,也有靠出卖劳动力和技术吃饭的纺织机工。苏州的丝织品,行销全国,享誉海外。

但是苏州的繁荣,也面临着暴政的摧残。为满足皇室的享乐生活,明朝在苏州设置了织造局,滥派劳役,监督织造各种高档的丝织物作贡品,一件蟒龙袍就要花去织工一年半的劳动;又设立税使,抽取税费。织造及税使,都是皇帝派出的太监。他们在地方上再网罗地痞流氓作税官,在官方规定的税额外,层层加码,随意征收苛捐杂税。机户面临破产,机工面临失业,都深受其害。

公元1601年,太监孙隆被派到苏州来征税。各城门和水陆交通要道上,都有他指派的税官设立关卡。肩挑步担的小买卖,要十中抽一,各类店铺,要十中抽二,织染机房,则十中抽三。甚至进城农民手中的一只鸡或鸭,都要交税。全城纺织机户只得关门抗议,一万多机工没有活干,怨声四起。

为抗议朝廷的暴政,苏州人民和机工举行了一次空前激烈的斗争。领导这场斗争的带头人,是机工葛成(又叫葛贤)。

一天,一个卖瓜的农民在葑门被税官殴打,引起围观。葛成正好路过这里,便站出来责备税官,为瓜农打抱不平。税官叫他不要管闲事,否则要连他一起打。葛成怒火满腔,将税官手中皮鞭抢下,围观的群众也义愤填膺,一声唤,上前抓住税官就打。

葛成索性一不做,二不休,与二十几个勇敢的机工商量,就乘这次机会,教训教训这些一贯鱼肉百姓的太监和税官。他们一号召,成百上千人立刻响应。葛成他们穿着白布衫,带着大群怒火满腔的机工、市民,分头奔往各处税卡,去教训税官。

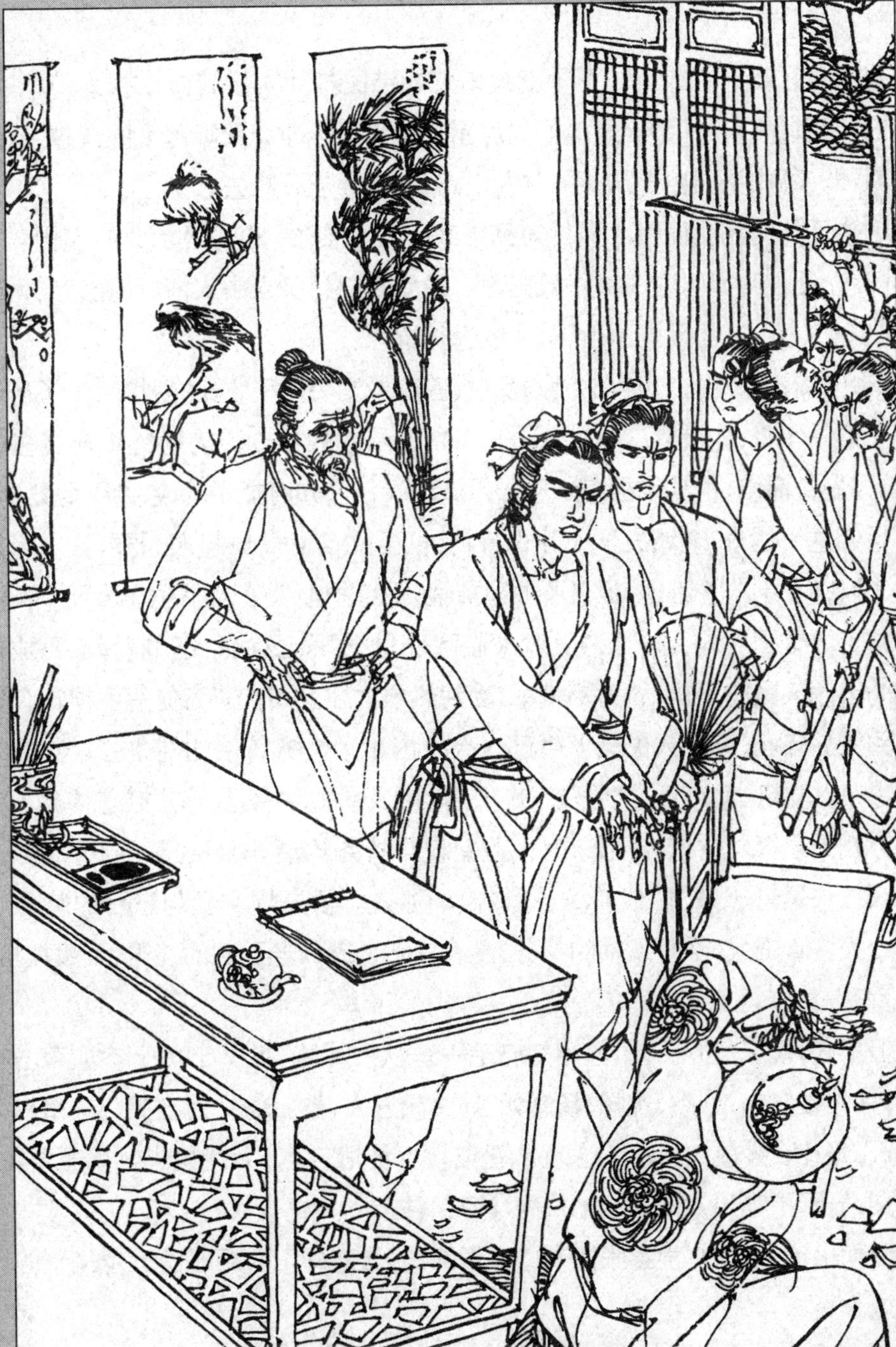

葑门税官黄建节等人一下子就被愤怒的市民打死。接着群众找到汤萃、徐成等十二个税官的家,一把火将他们的房屋烧得干干净净。聚集起来的人越来越多,群情激愤。葛成手握芭蕉扇,手一挥,说:"走,找孙隆算账去。"

人们又拥向税使衙门。吴县知县带来十几个衙役,想吓退示威的人们。一看这个阵势,反被吓得躲在一边不敢出声。税使衙门门口人山人海,孙隆感到大事不好,化装成商人,在衙役的帮助下,连夜逃往杭州。

苏州知府迫于民众声势浩大的反抗,答应撤销一些税收,才慢慢平息了群众的怒火。但一转身,他就调来了军队,抓捕参加示威的群众。为避免牵连更多的百姓,葛成挺身而出,主动承担组织领导示威的责任。知府抓了葛成,判了他死刑。

得知这一消息,全城成千上万的市民、机工又自发聚集起来,要求官府释放葛成。知府终于不敢杀害他,但又不敢释放他,一直把他关在监狱里。公元1603年,明神宗鉴于全国各地百姓普遍反对太监监税,才不得已命苏州知府释放葛成。葛成成为苏州人民的英雄,称为葛将军,受到热烈欢迎。人们还为他建了祠庙。

到天启年间,苏州人民又发生过一次抗击东厂特务统治的斗争。太监魏忠贤为迫害东林党人,派东厂的"缇骑"(tí jì。专门捉人的武装特务)到苏州抓东林党人周顺昌。苏州民众很同情东林党人,对太监专权与特务政治非常反感,因此,成百上千的民众很快聚集起来,拦住特务,不许他们抓人。轿夫周文元与东厂的特务打起来。众人跟着围攻,平时蛮横的特务,没有想到会遭到老百姓的袭击,不敢抵抗,四散逃亡。

但不久,魏忠贤的爪牙、苏州知府毛一鹭秋后算账,抓了十多个参加袭击特务的人,其中颜佩韦、马杰、沈扬、杨念如、周文元五人,被官府处死在阊门外吊桥。临刑那天,好几万人前去为他们送行。五位壮士神情自若,大骂魏忠贤祸国殃民,英勇就义,显示了苏州人民不屈不挠的斗争精神。

明朝末年,复社文学家张溥专门写了篇《五人墓碑记》,颂扬这五位义士的精神与事迹。

努尔哈赤统一女真

明朝后期在宦官与奸臣当政下,社会被搞得乌烟瘴气,这时,北方的少数民族地区却在发生巨大的变化。公元1616年,女真族首领努尔哈赤在赫图阿拉(今辽宁新宾老城村)建立后金国,自称大汗,改元天命,公开与明朝对抗。

女真族是我国东北一个古老的民族,商周时代叫肃慎,唐代叫靺鞨(mò hé),五代和宋、辽叫女真,曾建立统治北方半个中国的金朝。元朝末年以后,女真族散居在东北地区,分为好多部落。在吉林绥芬河流域,有一支比较大的女真部落,明朝在这里建立了三个卫所(军事、行政合一的军事单位),分别叫建州卫、建州左卫和建州右卫,实行统治。这片地区的女真族,叫做建州女真。另外还有野人女真、海西女真等较大的部落。

明朝政府对建州卫采取一种自治的统治形式,封当地女真部落的酋长为卫所的官员,管理地方事务,但是他们又受明朝政府的管辖。努尔哈赤的祖父觉昌安、父亲塔克世,以及他本人,都做过建州左卫的官员。

努尔哈赤生在公元1559年,少年时就死了母亲,独立生活能力很强。他胆大心细,能骑马,会射箭,跟大人们到深山里挖人参,打猎,采山货,再到抚顺城里与汉族商人做交易,换回布匹、粮食等生活用品。他后来投在明朝辽东总兵李成梁的部下当兵,作战勇敢,常立战功。他学会说汉语,读过《水浒传》、《三国演义》等名著,从中学会了许多作战的谋略。他对明朝官员、商人和一般老百姓的想法和生活习惯,都比较熟悉。

当时女真各部落,相互间常有争斗,也不时跑到汉人地区抢掠财物和奴隶,对明朝边疆的安定,始终是个潜在的威胁。为了防止其中任何一个部落过分强大,明

朝将领利用他们的相互争斗，又不断参加调停，以此来巩固这一地区的统治。

公元1583年，明军由建州左卫酋长、土伦城城主尼堪外兰引导，镇压古勒城城主阿台的反抗。阿台是努尔哈赤祖父觉昌安的孙女婿。当时，觉昌安与努尔哈赤的父亲塔克世都在阿台那里，他们是去看孙女的。在战斗中，他们都被杀死了，也不知他们到底死在谁的手里。努尔哈赤便将一腔仇恨和怒火都洒在明军和尼堪外兰身上。

为了平息努尔哈赤的愤怒，明朝政府让努尔哈赤从李成梁部队回到建州，接替他父亲塔克世，任建州左卫指挥。

努尔哈赤知道自己的力量很小，不能找明军算账，他只好去找尼堪外兰。他的父亲给他留下十三副铠甲。他挑选一些勇士，用这些铠甲武装起来，率领他们攻打尼堪外兰的土伦城。经过激战，尼堪外兰被打败，丧失家园，到处逃亡，后来逃到鄂勒浑（今黑龙江齐齐哈尔附近），躲到明军军营里。明军仍然希望通过和平的手段，平息努尔哈赤的怒火，避免战争，便将尼堪外兰杀了。这让努尔哈赤看到了明军的软弱，而报仇雪恨的想法则受到鼓励。

努尔哈赤雄心勃勃，他想要借口报祖父和父亲的血海深仇，统一女真部落，将来与强大的明朝对抗。

占领尼堪外兰的土伦城后，努尔哈赤又打败了建州女真内部其他有实力的部落，实力越来越强大。海西、野人等女真部落，还有附近的蒙古部落，害怕努尔哈赤的扩张，威胁自己的生存，就联合起来，向努尔哈赤进攻。这个部落联军，号称九部，共有三万人，领头的是海西部的叶赫部落，声势很大。

为了避免两头打仗，努尔哈赤一面准备迎敌，一面对明朝政府表示恭顺。明军没有干涉他们之间的战争。

部落里的人都感到害怕，努尔哈赤却特别镇定。他运用他从《三国演义》等书里学到的智谋，在敌军进攻的路上，险要的山谷里，埋伏一支精兵，并在山崖上准备好滚木礌石，专等敌军进入，自己便安心地睡起大觉来。

女真、蒙古联军来到努尔哈赤设伏的地方，突然遭到一百多剽悍骑兵袭击，连损两员大将，顿时惊慌失措，全军大乱。努尔哈赤的军队打了一阵滚木礌石之后，

勇敢的士兵跟着冲下来,联军大败,四散奔逃。

叶赫部是当时除努尔哈赤外,最有实力的部落。打败了叶赫部落,努尔哈赤在各部女真中再没有真正的敌手了。最后,他恩威并用,统一了除小部分野人女真外的整个女真族生活的地区。从公元1593年起,这个统一过程花了三十多年时间。

统一战争过程中,努尔哈赤在部落内制订了法律和制度,建立起八旗制度,创制了女真族自己的文字——"老满文",加强与明朝、朝鲜之间的贸易,对明朝继续保持臣属和恭顺的态度,同时又拉拢蒙古和朝鲜,创造了一个相对安定的环境。

八旗制度,是一种军民合一、政军合一的制度。他将部落属下所有人员,包括家庭,编入八个旗,每旗下分为若干"牛录"(队),一个牛录三百人。战时就打仗,回家就种田打猎。一个牛录中的人,因为天天生活在一起,联系紧密,感情浓厚,所以团结互助,作战勇敢,易于管理指挥,在当时,是一种战斗力很强的组织。后来,后金的势力发展,人数增多,又扩建了镶八旗和"蒙古八旗"、"汉军八旗"等。

在努尔哈赤的治理下,女真族国家的雏形具备了。因此,到公元1616年,努尔哈赤决定建立后金国,形成与明朝分庭抗礼的局面。

公元1618年,努尔哈赤宣布对明朝有"七大恨",其中他的祖父、父亲被杀是一大恨,正式向明朝宣战。他的军队很快攻陷了抚顺、清河等明朝统治的地方,明朝辽东的军事、政治形势,从此发生根本转折。女真族走上与明朝争夺全国政权的道路。

269

明军兵败萨尔浒

从公元1616年努尔哈赤建立后金政权开始，到公元1644年入关后建立清朝为止，共用了二十八年时间，打了大大小小好多次战争，第一次大战就是努尔哈赤攻击抚顺之战。他先派奸细扮作商人混入城中，作为内应，又在城外伏击明朝援兵，一举攻入抚顺。消息传到京城，震动了朝野。

辽东是明朝东北方面的军事重镇，三面有敌人，几乎没有一年没有战事。然而，明神宗为了享乐，竟派太监到这里作税使，拼命搜刮百姓，弄得军民都很穷困。所任命的巡抚等军政大员，多数又是些没有能力的人，只晓得混日子，捞好处。尽管一些有远见的大臣，早就发出危机的警告，提出加强防卫的建议，朝廷就是不闻不问，直到整个形势达到崩溃的边缘。

明神宗震怒过后，就派出大兵围剿，企图一举将努尔哈赤消灭在刚刚起步的阶段。

公元1618年的冬天，朝廷从福建、浙江、四川、陕西、甘肃等省调集了九万多军队，号称四十几万，汇集到辽东，准备围剿努尔哈赤。

正式进兵是第二年的农历二月。统帅是辽东经略杨镐。他是个老将，但在指挥明军援助朝鲜抵抗倭寇的战争中，因为指挥失误，曾导致大败。他坐镇沈阳指挥，将大军分为四路：北路军由总兵马林等率领，从开原出发；中路军由总兵杜松等率领，从沈阳进军；南路由总兵李如柏等率领，从清河进军；东路由总兵刘铤(tǐng)等率领。最终目标是努尔哈赤的老巢赫图阿拉。

但是杨镐没有协调好四路大军的行动，而明军进攻的日期、路线，早已被努尔哈赤侦察到。他针对明军"分进合击"的战略，正确利用时间差，采取集中兵力，各

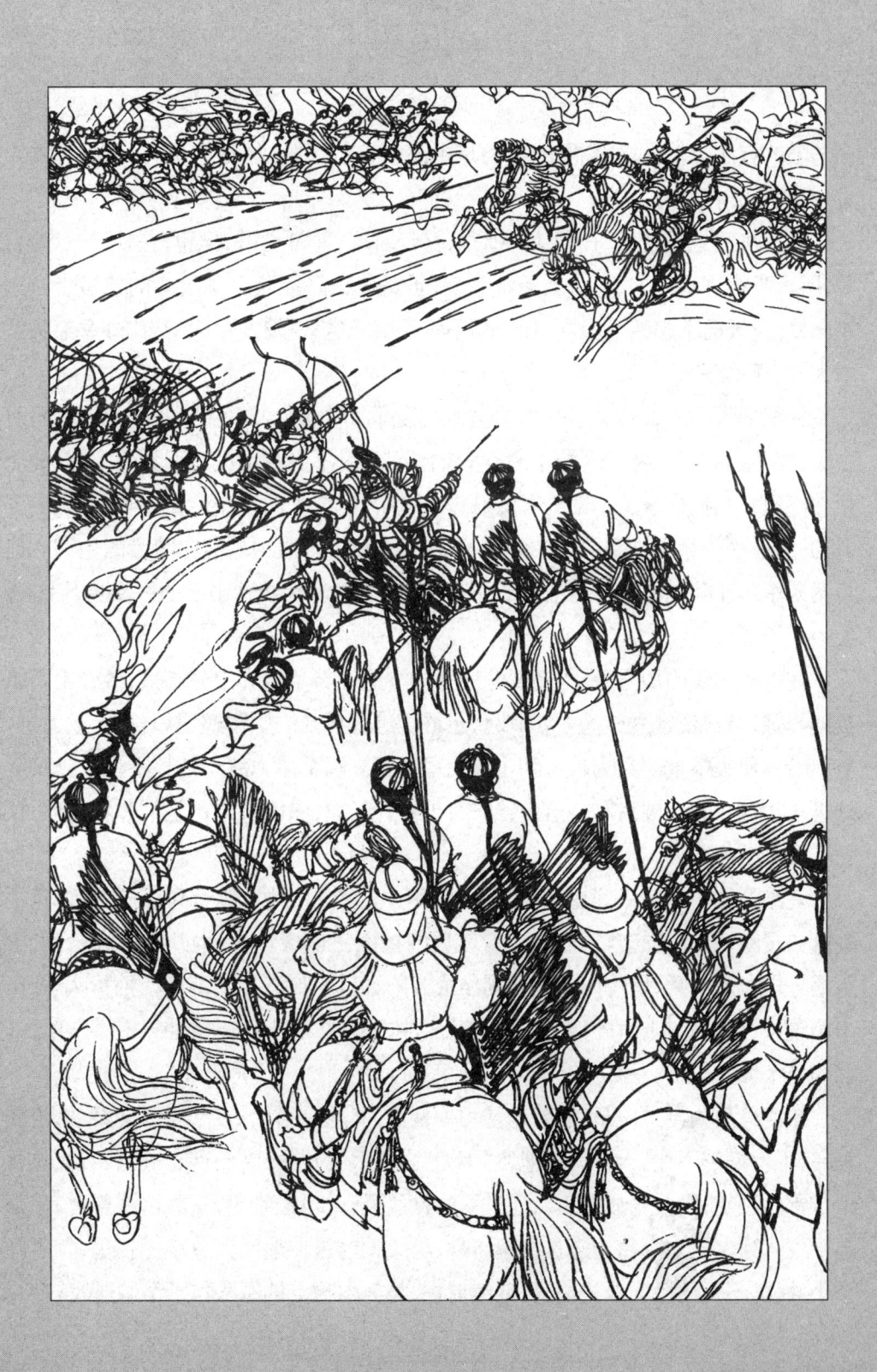

个击破的打法。他分析，明军的主力是中路的杜松军队，杜松有勇而无谋，急躁冒进，有机会先打败他。

杜松确实是员老将，长期镇守辽东，身经百战，非常勇敢，但也有些刚愎(bì)自用，不大听得进别人的意见，又想抢头功，于是他正好撞到努尔哈赤的枪口上。大军出发时，天已下起鹅毛大雪，杜松却不管天气恶劣，以及友军的配合，命令部队冒着大雪，孤军深入。

杜松的人马一天奔驰了一百多里路。渡浑河时，因水流急，军队只能涉水到河中央，爬不上对岸。杜松喝醉了酒，逼迫士兵强渡，不少将士没有遇到敌人，就被淹死在河里。杜松只带着一部分军队前进。途中，他打了两个小胜仗，非常高兴。三月初一，杜松的兵马进到了萨尔浒（今辽宁抚顺东）谷口，遭遇到努尔哈赤的主力。他将两万军队在萨尔浒扎下营盘，派一万人去攻击建筑在铁臂山上的后金界凡城（今辽宁新宾西北）。

在这样凶险的地方，杜松还要分散兵力。这让努尔哈赤十分高兴，他分出两旗援助界凡，亲自带领六旗兵力，围攻萨尔浒。进攻界凡的明军遭遇埋伏，大败而逃，努尔哈赤便集中全部兵力攻打萨尔浒明军大营。明军主力终于抵挡不住八旗军队的进攻，营盘陷落，被杀和坠落山谷的将士不计其数，满山遍野都是尸体和鲜血，杜松在战斗中阵亡。

北路马林军到达尚间崖和飞芬山，离萨尔浒才四十里，他听到杜松兵败，竟不敢赶去援助，就地筑起营寨固守。营地周围挖出三道壕沟，壕沟外布置火枪兵，火枪兵外再布置骑兵；壕沟内的士兵则结成方阵。努尔哈赤彻底消灭杜松军队后，集中精锐来打马林。士气旺盛的后金军几次冲击，马林的大营就被冲得七零八落，阵亡的将士填满山谷，马林左冲右突才死里逃生。

东路总兵刘铤是一员猛将，他使用一柄大刀，重一百二十斤，在马上舞动，抢转如飞，谁也抵挡不住，天下人称他"刘大刀"。他很会打仗，在云南、广西、四川、陕甘一带都打过仗，比较老成持重。他进军的路线最远，也最难走，一路山冈重叠，马都走不成队列。但刘军将士还是披荆斩棘，勇敢地前进。他深入敌境三百里，打了几个小胜仗，不知杜松大败的消息，继续前进，与努尔哈赤的军队打了个遭遇战。

刘铤立即命令军队抢占高地。努尔哈赤的军队却先爬上了一座山冈，占住有利地势，从山冈上冲杀下来。明军虽然勇敢抵抗，拼死肉搏，但是因所占地势不利，又是远道疲劳，而旁边又杀出一支八旗生力军，终于崩溃。大多数将士英勇阵亡，刘铤战死。他的养子刘招孙也很骁勇，徒手打死了好几个八旗兵，但因寡不敌众，也死在战场上。

只有南路李如柏军，进军最慢。杨镐听到三路讨伐军全军覆没，赶快通知李如柏撤军，这才保留住一路军队。

这是中国战史上很有名的一次战役，叫做萨尔浒之战。努尔哈赤创造了以少胜多的著名战例。明朝文官武将阵亡三百多人，士兵阵亡四万五千八百多人。

这以后，努尔哈赤又赢得一连串辉煌的军事胜利，使明朝一天天走向灭亡。

徐光启译《几何原本》

明朝万历后期，南方的倭寇虽然平息下去，北方后金的势力却越来越厉害。一些忧国忧民的读书人，纷纷研究救国救民的学问。徐光启就是这样一个读书人。

徐光启生在上海。他出生时，虽然没有遇上倭寇的祸乱，但倭寇几十年的骚扰，在江南民众中仍记忆深刻，难以抹去。徐家就是被倭寇抢劫过后，又被倭寇的一把火烧得精光的。少年徐光启每听到长辈讲起倭寇祸害中国的事，就感到痛心，激起殷切的报国之心。

徐光启读书很刻苦，喜欢联系实际，有时还自己下田种庄稼蔬菜。公元1597年乡试时，他的试卷初审时遭淘汰，有眼光的主考官焦竑复审时，重新选中，徐光启这才中了举。这给他很大的鼓舞。

七年之后，徐光启考中进士，在翰林院做庶吉士，继续深造。当时一般读书人读的都是儒家的"四书五经"，学习孔子、孟子、朱熹的思想。徐光启不仅读儒家的书，还读了不少当时被认为很新鲜、但不免有些异端的西洋科学著作。

公元1582年，意大利天主教传教士利玛窦来到澳门，后来经过广东、南京，公元1600年到北京，受到明神宗召见。皇帝对他进献的自鸣钟很感兴趣，赐给他财物，同意他住在北京。他在中国生活近三十年，学会了汉语，能读儒家的书，写文言文章，与许多读书人交上朋友。他来中国的目的，是传播天主教的教义，但面对儒家思想在中国读书人中强大而牢固的影响，他不得不改为传播一些西方的自然科学知识，来拉近彼此的距离。

徐光启于公元1603年在南京与利玛窦结识。公元1604年，他到翰林院做官后，就专门拜利玛窦为师，跟他学习西洋的天文历法、几何数学、武器制造等知识。

徐光启认为,这些西洋学问,特别是关于制造西洋大炮、农业水利技术的新学问,对于富国强兵有很大的作用。

徐光启对数学非常有兴趣。他认为数学原则可以应用于各种实验科学,对于解决天文历法、测量建筑、武器制造等等都是有用的,好多学问都离不开数学。

一天,利玛窦跟徐光启谈起一本古老的西方数学名著,是古希腊数学家欧几里得写的。徐光启听得津津有味,觉得是本好书。于是,他与利玛窦商定,两人共同把此书翻译成中文,介绍给中国的读者。

从此,徐光启每天从翰林院下班,就来到利玛窦的住宅,利玛窦口述,徐光启笔写,翻译起《欧几里得几何》来。他们工作得很辛苦,因为西方的数学著作,从来没有人翻译成中文。许多名词、术语、概念的翻译,都要首创,既要译得准确、典雅,让中国的读书人接受,又不能和原来的意思有出入,这费了徐光启很多工夫去思考。他们花了一年多时间,经过再三修改,才完成全部译稿,并定名为《几何原本》。全书共有六卷。现在数学中一些通用的术语、概念,如"几何"、"三角"、"直角"、"锐角"、"正弦"、"余弦"等等,都是由这部翻译书首先使用而流传下来的。徐光启后来还翻译过介绍西方水利的著作——《泰西水法》。

徐光启研究学问,不停留在书本上,他很重视科学实验和生产实践。公元1619年,他辞掉官职,闲住在天津,就自己买了块田地,搞种植实验。

有一年,徐光启的一个朋友从福建来,给他带来好多株甘薯的秧苗,说是从国外传过来的,在福建种得很好,可以吃,是救灾的好作物。他正好回到上海老家居住,就在自己的地里试种,精心培养,终于获得很好的收成。他很高兴,写了本《甘薯疏》,介绍它的用途与耕种方法,在江浙各省推广开来。

但徐光启的眼光,始终是关注着北方的战争和国家的兴亡。

公元1619年,明军在萨尔浒大败的消息传来,满朝文武议论纷纷,有的主张大量征兵,有的主张增加饷银。徐光启挺身而出,几次向明神宗请求,让他照新方法训练一支精兵,到前线杀敌报国。明神宗给他升了官职,派他到通州练兵。

徐光启很兴奋,他又呈上新的奏章,详细说明具体练兵的方案。可是,他的练兵衙门成立以后,没有兵源,没有饷银。他不断地到兵部,要人要钱,最后总算要到

一点饷银和几千新兵,却多是老弱病残,能上阵的不多。徐光启灰了心,不久就因病辞去有名无实的练兵差使,回到老家。

但是,辽东形势日益严峻,又让徐光启坐不住了。他再次上疏请求大量铸造西洋大炮,以加强防守力量。明神宗有些心动,要用他。可是,兵部尚书跟他意见不和,其他官员也攻击他,他的希望又落空了。

晚年,徐光启回到上海,一面在田里做农业科学试验,一面完成他早年就开始编写的中国农业科学巨著《农政全书》。

徐光启生活朴素,不计较高官厚禄,只喜欢科学技术,关心国计民生。他去世的时候,箱子中只有几件旧衣服和一两银子。

魏忠贤迫害东林党

风声、雨声、读书声,声声入耳;
家事、国事、天下事,事事关心。

辽东后金铁骑攻城的杀伐声,江南民众受沉重剥削的呻吟声,震撼着一批关心国家大事的读书人。他们要负起国家兴亡的责任。公元1593年,因为直言批评朝政,遭到罢官的吏部官员顾宪成,回到家乡无锡,主持修复无锡东门外一所书院,书院的讲堂上,挂着上面那副对联。宋代著名学者杨时在这里讲过学,顾宪成召集了一批志同道合的朋友,也在这里讲学。他们不是单纯地讲学,而是将讲学与议论国家大事结合起来,批评朝政的无能,反对宦官与贪污腐败、因循守旧的官僚,对皇帝进行大胆的进谏。

他们是一批正直、敢说敢做的人。这座书院叫东林书院。反对他们的官僚、宦官,将他们贬称为"东林党",人们也就习惯称这些人士为"东林党人"。他们的影响,迅速扩大到书院之外。同情、支持他们的人越来越多。许多同情者在朝廷里做官,对朝政起着积极作用。比如,抗击后金入侵的杰出统帅熊廷弼、孙承宗、袁崇焕,有的是东林党人,有的与东林人士有紧密的联系。

东林党人最得人心的政治活动,是反对矿监、税使的斗争。明神宗为满足私欲,派出许多亲信太监,到全国各地监督开矿与收税,搜刮财物。这些太监随意挖掘居民的房屋坟墓,奴役、残害工人,抢劫财物,无恶不作。农民种不成地,商人做不成生意,百姓生活得不到保障。

东林党人中的许多官员都强烈批评明神宗派矿监、税使压榨剥削百姓的恶劣

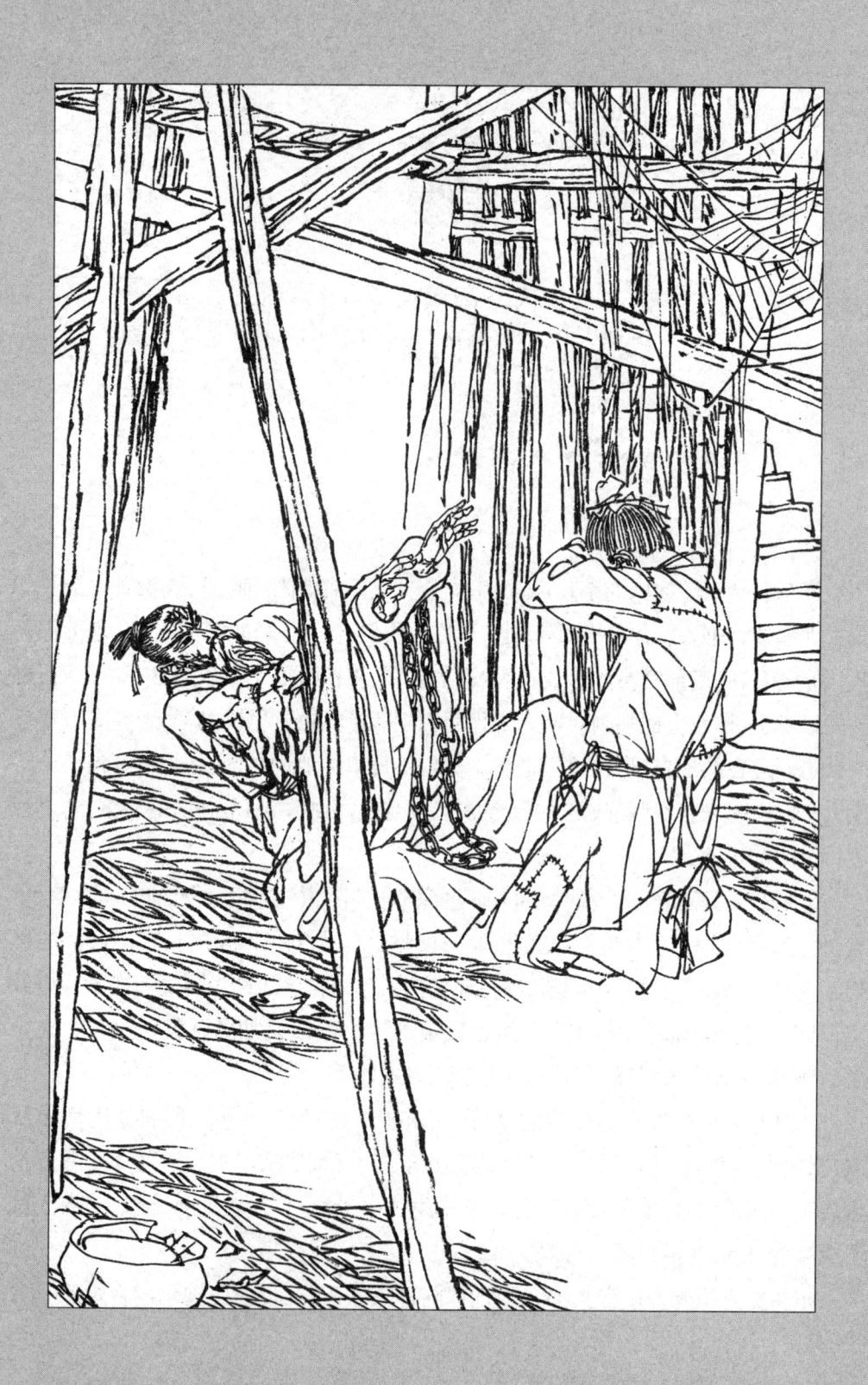

做法，要求迅速撤销。批评得最尖锐的是凤阳巡抚李三才，他在奏章里说："皇上喜爱珍珠美玉，民众也要图个温饱；皇上爱子孙，民众也爱妻子儿女。为什么皇上想将自己钱库里的黄金堆积得像天那样高，而不让百姓家里存有一升一斗粮食呢？矿监、税使的所作所为，一旦引起反抗，众叛亲离，民众都成了皇上的敌人，皇上守着满箱满屋的黄金珠宝，又有什么用处？"

虽然那些矿监、税使受到皇帝的庇护，李三才动不了他们，但那些罪大恶极的爪牙，还是遭到李三才的打击，有的被捕，有的被杀。有个税监的帮凶叫程守训，贪污了几十万两银子。李三才掌握了真凭实据，向朝廷弹劾。明神宗不得不下旨将程守训和他的同伙逮捕进京，处以死刑。

公元1620年，明神宗死了，矿监、税使才被撤销。但东林党人又面临一场更为严重的斗争。

明神宗死后，他的儿子朱常洛做了不到一个月皇帝，又死了。朱常洛的儿子朱由校继位，称明熹宗。东林党人拥立明熹宗有功，所以一度受到明熹宗重用，许多被明神宗罢官的大臣，又都起用了。可是，明熹宗也是个喜欢吃喝玩乐的皇帝，他最宠信的，是他的乳母客氏和太监魏忠贤。

魏忠贤本来是个无赖，目不识丁。因为赌钱输得精光，竟自己阉（yān）割成太监，进了皇宫，巴结上客氏，得以接近还在做"皇长孙"的朱由校。因为他善于逢迎拍马，很讨朱由校的欢心。朱由校做皇帝后，便提拔他做了司礼监秉笔太监，这是个代皇帝草拟批文的机要职务。从此魏忠贤与客氏狼狈为奸，引诱明熹宗整天沉湎在听戏听歌、打猎赌博的玩乐中，置国家的存亡于不顾。

魏忠贤不但掌握着代皇帝草拟批文的大权，还指挥特务机构东厂，掌握具有逮捕官员权力的锦衣卫，又在宫中组织一支上万人的宦官武装。在朝中，他与那些反对东林党人的官僚政客相互勾结，控制了朝政大权。他们成为明朝后期最反动的一个政治集团，东林党人骂他们为"阉党"。

敢作敢为的东林党人，与阉党进行了不屈不挠的斗争。公元1624年，左都御史杨涟首先抨击魏忠贤，列举了他的二十四条大罪，其中有：专权；私自批答圣旨；罗织罪名残害忠良；给魏家亲属滥封官职；在皇宫里练兵；等等。接着，更多的东林

党人对魏忠贤进行了口诛笔伐,连国子监的师生一千多人,也都上疏弹劾魏忠贤。

魏忠贤对此恨得咬牙切齿,疯狂反扑。第二年,他就找了个借口,将人们尊称为"六君子"的杨涟与佥都御史左光斗等六个著名的东林党人逮捕下狱,严刑拷打,逼他们承认根本不存在的罪行。"六君子"在狱中受尽酷刑。杨涟身上被压上沉重的麻袋,耳朵里钉进发锈的铁钉。左光斗全身被狱卒用烧得通红的烙铁熨烙,脸部被烧得焦烂,面目全非,左膝盖以下的筋骨,全都暴露出来。

左光斗做主考官时,曾经在北京附近一座古寺里遇到个赶考的读书人,叫史可法,见他写的文稿很精彩,而衣裳单薄,便暗暗记住了他的名字。考场里,左光斗读到史可法的试卷,非常欣赏,就取了他为第一名,并收为学生。左光斗还向他的夫人称赞史可法:"将来继承我的事业的,是这个年轻人。"

史可法也非常佩服老师的人品与学问。听到老师被阉党陷害入狱,受尽折磨,就买通狱卒,来看老师。当他见到老师这副惨状时,悲愤到极点,哭得竟说不出话来。左光斗从哭声中听出是史可法,他用手硬将自己的眼睛掰开,闪着怒火,责备心爱的学生:"你真蠢!这是什么地方?什么时候?国家糟到这步田地,老夫已经不中用了,你还来自投罗网!万一你也被他们陷害,国家将来靠谁支撑?"

不久六君子全都惨死在狱中。此后,还有更多的东林党人被罢官,被下大狱,被充军,被杀害。直到明思宗即位,罢免了魏忠贤,阉党受到打击,东林党人才得到平反。

但是,明朝的局势,已经是江河日下了。

袁崇焕宁远大捷

明朝内部君臣之间、宦官与东林党人之间的斗争，愈演愈烈，努尔哈赤在辽东却取得节节胜利，先是攻陷开原，接着又夺取铁岭。公元1621年农历三月，后金军攻下了沈阳。沈阳是辽阳的屏障，明朝辽东的最高行政与军事长官都驻在辽阳，辽阳自然成了努尔哈赤下一个目标。辽阳一失，明朝在辽东的势力便全面崩溃。

为了保卫辽阳，明军在城墙周围挖了三四道宽宽的壕沟，注入河水，城上又安置了火炮，但还是没有阻挡住努尔哈赤的进攻。就在明军出城与敌军拼死战斗时，混入城里的奸细突然放起火来，城内城外的明军一片混乱，城池很快被敌人占领。辽阳的高级官员、将领们，战死的战死，自焚的自焚，上吊的上吊。辽河以东大小城池七十余座都不再归属明朝。

辽阳南面有个广宁卫(今辽宁北镇)，辽阳失陷后，广宁卫是明朝在关外剩下的最后一块重要的政治和军事基地。为了挽回败局，明熹宗再次起用富有经验的老将熊廷弼，负责军事；可是又用不懂军事的王化贞为广辽巡抚。两个最高长官意见不统一，熊廷弼要采用积极防守的战略，坚守广宁；王化贞却不积极组织防务，企图不战而胜。由于王化贞的阻挠，加上兵部支持王化贞的意见，熊廷弼不能有效地指挥。当努尔哈赤渡过辽河，向广宁发起进攻时，明军难以抵抗，王化贞首先丢下城池逃跑，幸得熊廷弼半路接应，才逃进关里。由于广宁失守，熊廷弼、王化贞被捕入狱，并先后被处死。辽东的明朝势力，也就一扫而光。而且，日益迫近山海关的敌军，开始极大地威胁京城的安全。

明熹宗着急了，召集大臣们讨论形势。不少人主张完全放弃关外土地，专心一意防守山海关，但谁也拿不出一个切实的主张。这时，兵部的同事们发现，职方司

(掌管图籍的部门)的主事袁崇焕却不见了。过了几天,他出现了,胸有成竹地说:"给我一些军队和钱粮,我就可以守住辽东,保卫京师。"

原来,袁崇焕一个人骑上马,奔往山海关外,实地考察去了。由于掌握了第一手材料,他提出坚守关外、保卫关内的战略。袁崇焕的实干精神,很受兵部尚书孙承宗欣赏。

袁崇焕祖籍广东东莞,生在广西藤县,进士出身,做过知县。他勇敢有胆量,有智谋,眼光远大,忠心爱国。做知县时,他就很关心辽东形势,遇到从辽东回来的退伍老兵,总要详细地询问塞外的情形,对辽东的形势,胸中早有了解。眼看敌人就要打到了鼻子底下,他毅然挺身而出,担负起保卫边疆的重担。

经明熹宗批准,袁崇焕被派到关外监军,并给他二十万饷银,收拾残局。袁崇焕冒着风雪严寒,不顾虎狼遍野,荆棘丛生,连夜赶路,四更天就赶到宁远(今辽宁兴城)前屯,安置难民,修筑工事。将士们都佩服他的胆量和精神,服从他的指挥。

袁崇焕考察了整个形势,认为应该赶快将宁远城建设为新的军事重镇。蓟辽督师孙承宗支持他的想法,就命他进驻宁远。

袁崇焕到宁远,立即组织军民加高城墙,修筑炮台,制造火器,储备粮食,训练士兵,救济难民,整顿好宁远的防务。他又在孙承宗支持下,派兵收复锦州、松山、杏山、右屯、大凌河等城市,形成新的防线,保持了四年的安宁。

很快,宁远成了明朝在关外的军事重镇。商人、百姓渐渐集中到宁远城来,宁远又变得热闹起来。关外的敌我形势,因此有了很大改观。

孙承宗和袁崇焕对扭转辽东局势起了很大的作用,但孙承宗却遭到魏忠贤的陷害,被罢了官。魏忠贤让他的爪牙、兵部尚书高第负责辽东军事。高第一上任就将锦州、松山、杏山等地防御设施一一撤除,把军民赶进关内。

袁崇焕坚决反对弃城逃跑,他说:"宁可战死在这里,也不撤回关内。"

高第一意孤行,将其他地方的军队全部撤走,所积蓄的粮食装备,全部丢弃,路上到处是饿死、累死的难民尸体,到处是悲惨的哭声。宁远变成了一座孤城。

努尔哈赤以为战机又来了。公元1626年农历正月,他亲自率领十三万大军,直扑宁远城。

袁崇焕做了必死的准备,他写了血书,与将士们一起宣誓,为保卫宁远,愿与城池共存亡。他的勇敢精神感动了全体将士,大家都决心与袁崇焕死守宁远城。

袁崇焕让城外的老百姓连同粮食,都撤回城里。军粮供应、奸细盘查、火器燃放,都有专人负责。袁崇焕又通知山海关守将,凡是从宁远逃进关的将士,一律斩首。宁远城军民安定,团结一致,准备抗击努尔哈赤的进攻。

正月二十四日,努尔哈赤军队发起进攻,他们顶着盾牌,冲到城下,架起长梯,不要命地爬城。城上明军用火炮、弓箭、石块还击,像雨点一样密集。后金兵像割草一样,一批一批地倒下,又一批一批地冲上来。城上的明军则不断向城下发射弓箭石块。这时,袁崇焕命令发射西洋巨炮,这才将后金兵打败。

第二天,后金兵再次猛烈攻城,努尔哈赤亲自到前线督战。突然一发炮弹在他身旁炸开,将他炸成重伤。努尔哈赤不得不下令撤军。宁远城的包围解除了,明朝与努尔哈赤开战以来,第一次取得重大的胜利。

努尔哈赤遭到惨重的损失。不久,他就含恨而死。

宁远大捷后,袁崇焕升任辽东巡抚,山海关内外的防务都归他管辖。他的雄心更大了,一心一意地想收复被努尔哈赤占领的全部辽东土地。

皇太极反间明君臣

努尔哈赤死后,接替汗位的是他的第八个儿子皇太极。这时,袁崇焕派来使者,吊唁努尔哈赤,借此试探新头领的动向。皇太极也要休整军队,也派使者回访袁崇焕,商议罢兵的事。其实,双方心里都明白,这不过是为下一次战争做准备。

袁崇焕利用这段时间,加紧修复了锦州、中左卫、大凌河等城市的防御工事。第二年农历五月,皇太极就向明军发起攻击。他亲率四旗士兵,进攻大凌河,由于加固城墙的工程还没有完工,守军都逃跑了。皇太极另一路军队攻锦州,但遭到锦州守将的顽强抵抗,没有得手。袁崇焕镇守宁远城,他打算派四千人去救锦州。但援兵还未出发,皇太极的大军就杀过来了。

袁崇焕率领部分军队坚守城内,派大将满桂、尤世禄出城,凭借着护城河,布列车阵与火器阵,迎战后金兵。

后金兵伤亡很大,大将济尔哈朗等都受了伤。攻不下宁远,皇太极又回过头去打锦州,仍然攻不下来,只得将两座已被他占领的小城拆毁后退兵。当时称这次宁远、锦州保卫战为"宁锦大捷"。

打了胜仗,魏忠贤一伙便冒领军功,享受丰厚的赏赐,却责备袁崇焕没有发兵救锦州。袁崇焕被迫辞职。

公元1627年,明熹宗死了,他的弟弟朱由检继位,就是明思宗,年号崇祯。这是一个雄心勃勃的皇帝,勤于政事,企图挽救即将灭亡的明朝,但他急于求成,刚愎自用,结果,一些正事反被他办糟了。

崇祯帝一登基,就给魏忠贤一伙沉重的打击,魏忠贤被抄家,充军到凤阳。没走到目的地,他就用自杀结束了罪恶的一生。宁锦大捷被阉党冒功的事也被翻过

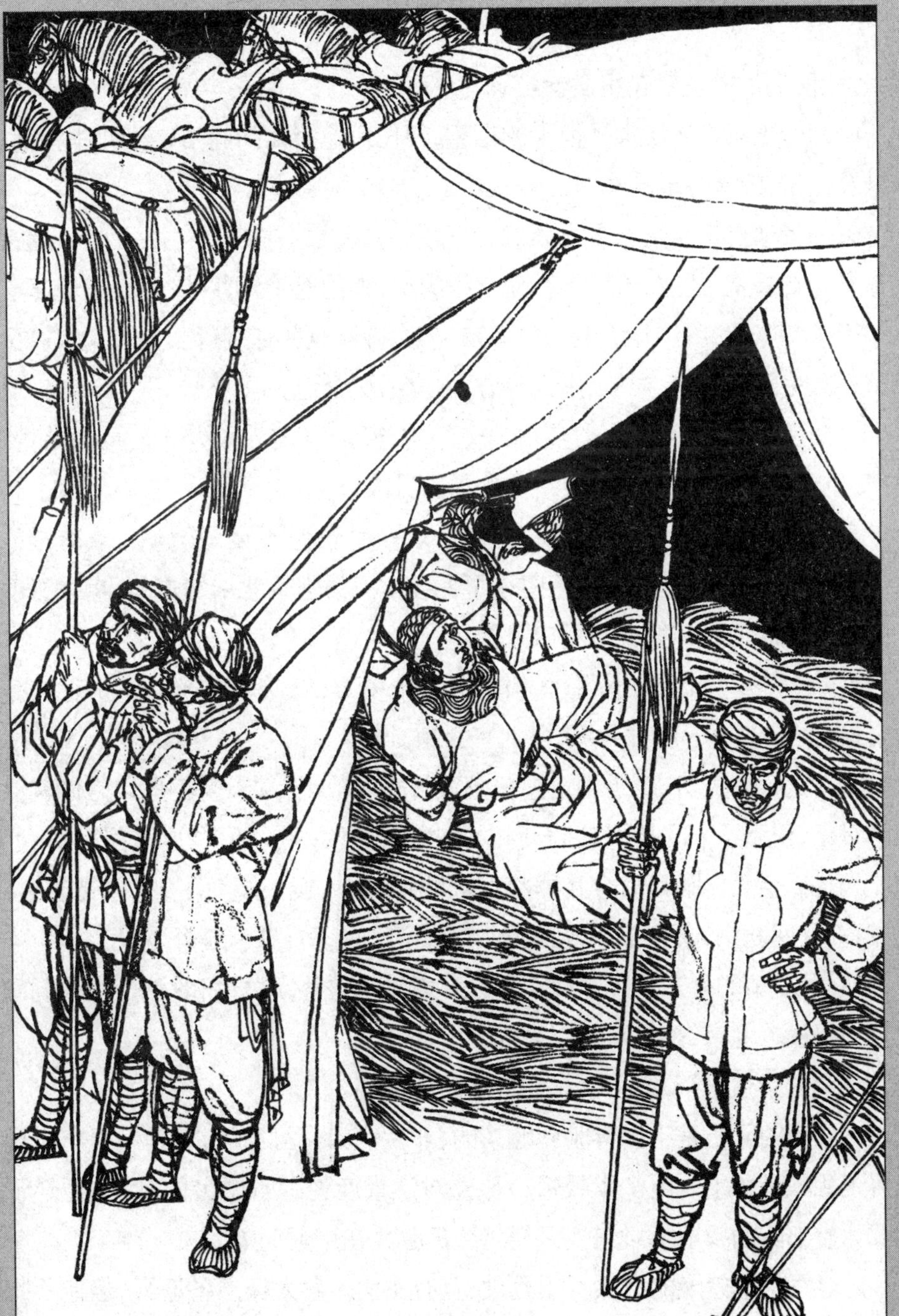

案来,大臣们请求重新起用袁崇焕。

崇祯帝也对袁崇焕抱了很大的期望,便任命他为兵部尚书、督师,指挥河北、辽东以及山东、天津等地的军务。

崇祯帝亲自在便殿召见袁崇焕,问他的打算。袁崇焕说:"臣下的计划都写在奏疏里。如果陛下能授给臣下行使全权的话,大约五年,可以恢复辽东全部土地。"

崇祯帝非常高兴,赐给他一口尚方宝剑,特许他拥有执行公务的全权。又命兵部、户部、吏部在兵权、钱粮、用人等方面,全力配合他。

袁崇焕回到宁远后,全力整顿宁远的防务,加强训练和火器粮草的储备,申明纪律,鼓舞士气,准备迎击后金军队的再次进攻。

皇太极更有野心,他不满足仅占领辽东一片土地,而要同明朝争夺全国的统治权。袁崇焕率重兵在宁远坚守,阻止了他经山海关进兵北京的道路,皇太极便转而从防守比较薄弱的其他长城关口入侵。

公元1629年农历十月,皇太极率大军十多万,绕道从喜峰口(今河北遵化东北)、大安口(今河北遵化北)越过长城,向北京扑来。

尽管这几个关口,属于蓟辽总督刘策管辖的范围,袁崇焕还是认为他有保卫京城的责任,便派了一支援军赶到蓟州,阻拦后金的军队。但是这支援军伤亡不小,未能挡住后金兵。眼看后金兵即将杀到北京城下,袁崇焕急了,自己带着重兵,日夜兼程,赶回北京,亲自来保卫京城。崇祯帝在宫里召见了袁崇焕。

然而,残留的魏忠贤死党却造谣说:"袁崇焕与皇太极讲和,就是跟他勾结。这次皇太极进攻北京,是袁崇焕引来的。"

多疑的崇祯皇帝,不由得对袁崇焕起了疑心。

袁崇焕的队伍是千里奔驰到北京的,非常疲劳。召见时,袁崇焕提出希望让他的将士到城里休整一下。崇祯帝口头上对袁崇焕说了番慰劳的话,但拒绝了他的进城休整部队的要求。袁崇焕只得将队伍驻扎在广渠门外。

后金军与袁崇焕的部队打了几仗,互有伤亡。皇太极准备退兵,但他不想就这么无功而回,他要想个计谋,除掉袁崇焕,以后也少个强有力的对手。刚好后金兵抓到两个明朝太监,还关在营帐里。他就叫人作了这样一些安排:

晚上,两个太监还被关在营帐里,没有人跟他们说话。忽然,他们听到营帐外看守他们的士兵在说话。一个说:"今儿个主动退兵,恐怕是大汗的意思。"

另一个问:"你怎么知道?"

前面一个回答:"今天见大汗跟明营里来的军官说话,说什么密约……听说那两人还是袁督师的密使哩……"

那天晚上,看守也不严。这两个太监找到一个机会,顺利地溜了出来。一到宫里,他们就向崇祯帝报告。崇祯帝听过他们的话,联想起先前的有关传说,还有袁崇焕要求军队进城休息的事,越想越害怕,也没有再深入细想,马上宣袁崇焕进宫。

袁崇焕还以为有什么军情大事,匆匆地赶到宫里,就被禁卫士兵拿下。崇祯帝气呼呼地问:"袁崇焕,你和敌寇为什么这么巧一前一后到北京?你为什么要进城驻军?"不由分辩,就将袁崇焕下了大狱。刑部中魏忠贤的余党罗织了袁崇焕的罪状:擅自与皇太极议和;擅自处死大将毛文龙;勾结敌人,胁迫朝廷与敌议和,订立"城下之盟";谋反,等等。

崇祯帝听不进任何为袁崇焕申冤的话,第二年就将这位忠心耿耿、战功卓著的名将处死了。

除掉袁崇焕,皇太极非常满意。他回到辽东,对后金的政治、军事作了许多改革。他将后金的都城迁到辽阳,又迁到沈阳,改名为盛京。为避免引起汉人对金国的记忆和反感,他把国号改名为清,又将女真族改名为满族。从此,中华民族大家庭中,增加了一个满族的名称。

徐霞客壮游神州

在东林党人与魏忠贤阉党浴血斗争的时候,在南方江阴一个村子里,出了位奇人,这位奇人就是徐霞客。

徐霞客本名徐弘祖,霞客是号。他家生活比较富裕,父亲喜欢读书游览,和东林党人有来往,不爱权势。他不要求徐霞客做官,只是鼓励徐霞客多读奇书。

徐霞客的确像他父亲,读了许多奇书,上私塾时,常将历史、地理、传奇小说放在《论语》、《孟子》下面看,并且立誓要游览五岳(衡山、恒山、嵩山、泰山、华山)等名山大川。

徐霞客还有一位慈祥贤惠的母亲。他十八岁时,父亲去世,母亲主持家务,还亲自纺纱、织布、种菜。她热情支持儿子的志向,说:"男子汉志在四方。游览名山大河,又可以看到世上的奇书,拜访有名的老师,是好事。怎么能让孩子像篱笆下的小鸡、马圈里的马驹一样圈死呢!"

徐霞客二十岁那年,他戴着母亲亲手为他缝制的远游冠,首次出游,泛舟太湖。过了两年,他再次出游,这次走得很远,登泰山,拜孔林,游览孟母三迁的遗迹。此后,他的足迹,遍及今山东、山西、河南、河北、安徽、江西、浙江、江苏、湖南、湖北、广东、福建,以至云南、贵州、四川等省的山山水水。

直到公元1641年徐霞客去世,他大部分时间都花在旅游考察上。他的壮游,前期是公元1606年至1636年,着重在探奇访胜,观察和欣赏大自然的壮丽秀美;后期在公元1636年以后,比较有意识并系统地对名山大川的地理位置、形状、走向特征作考察、记载,留下许多古代地质、地貌、水文和珍稀植物的宝贵资料。

徐霞客有顽强的毅力。在游览、考察中,他不怕苦,不怕险,不怕死。只要听说

哪里有奇洞,哪里有险峰,他一定要去攀登。他出游时,能吃最粗劣的食物,甚至几天不吃饭;他不怕严寒酷暑,甚至睡在冰天雪地里;再险峻的山崖他都敢攀登,他带着一把坚硬的小铁镐,随时可在石壁上凿出脚磴来。他有时像猿猴,有时像游蛇,动作敏捷,脑筋灵活。朋友们叫他"地行仙人"。

安徽黄山,奇峰耸立,泉流淙淙。天都峰、莲花峰尤其雄伟。一年秋天,徐霞客游黄山,文殊院和尚告诉他:"天都峰较近,但险峻,没有路;莲花峰有路,但很远。天都峰只能看看,爬莲花峰吧。"

徐霞客说:"越险峻,越奇异,我就越要爬。就先爬天都峰。"

于是,徐霞客向险峻的天都峰进发了。他在陡立的石壁和乱石中,双手抓住杂草和荆棘,一寸一寸移步往前,终于爬上峰顶。第二天,他再爬上莲花峰。原先人们都说天都峰是黄山最高峰,经过亲身攀爬,徐霞客发现莲花峰高于天都峰,纠正了这一说法。

人迹罕至的深山古洞,常常有豺狼虎豹出没,有神仙鬼怪的传说,但都阻止不了徐霞客考察的脚步。他到湖南茶陵云嵝山,听说山中古木参天,还有一座古寺,景色幽美。但因为有老虎,吃过和尚,现在已经荒无人迹了。村民劝他不要去送死。他却连夜进山,与几个带路山民,拿起器械,打着火把,冒着滂沱大雨,走了十多里,终于找到那座古庙,完成了考察。

他听说茶陵麻叶洞里有神龙和妖怪,偏要下去看看。村里人死也不肯做向导。有个年轻人,先是答应带路,可临到洞口,知道徐霞客不是能捉妖怪的大法师,说:"我才不给你去陪死哩!"变了卦,逃走了。

徐霞客只得与仆人擎着火把钻进洞里。下到洞底,见到奇形怪状的石头,焕发出异样的色彩,晶莹欲滴。有的像亭台楼阁,有的像倒挂的莲花、倒立的梁柱、飞舞的禽鸟,非常精彩。直到火把快烧光,他们才依依不舍地退出,洞口围观着几十个村民,还以为主仆两人被妖怪吃了呢。

徐霞客常常还能对一些奇异的自然现象,给以科学的解释。广西浔州龙洞,洞底有个大而深的水潭。他与带路的道人下到潭边,火把熄后,黑暗中,却见很远的水面,有微光闪烁。道人说是鬼光作怪。

徐霞客根据经验说:"恐怕洞旁有孔穴透光吧?"

道人答:"从前,村里人划竹筏去看过,石壁上没有洞。"

徐霞客说:"这里距离来时的洞口已经很深了,估计离南面洞口不远,光是从水面反射过来的吧。如果真是妖怪,为什么谁也没见过呢?"

徐霞客在旅游途中,三次遇到强盗盗走了他的衣服和路费,多次遭到生命危险,但都没有改变他游遍神州的决心和壮举。公元1636年后,他西游贵州、云南,到过云南、缅甸边境的腾冲,这是他平生路程最远、时间最长的一次旅游。

徐霞客在旅游途中,有天天记日记的习惯,将他的行踪,所见到的山川景色,遇到的人和事,他对大自然的描写、观察、研究心得,他自己的感受,都写到日记中。这些日记,保存了丰富的科学资料,而文字简明流畅,也是优秀的文学作品。

徐霞客的壮游,对中国的地质、地理及水文、植物学,特别对西南地区的岩溶地貌的考察,作出了很大贡献。

宋应星编《天工开物》

明代后期关心天下大事的读书人,忧虑国家的危亡,他们有的参加激烈的政治斗争;有的沉下心来,研究一些有助于富国强兵的、实实在在的学问。这类学问,叫做"实学"。李时珍、徐光启、徐霞客都是这样的读书人,宋应星也是这样的读书人。

宋应星是江西奉新人,公元1587年生,经历过明朝腐败至灭亡的最后时期。他祖辈都做过官,曾祖父做的是工部尚书,掌管工程事务。到他父亲一辈,家道中落,但还保持比较优裕的生活,以及书香门第的气氛。他中过举人,但五次赴北京会试都失败,加上魏忠贤阉党的腐败暴虐,让他气愤,索性放弃通过考试当官的途径,以举人资格,谋得本省分宜县教谕的职位。

宋应星自小聪明,十岁会做诗,兴趣又广泛,音乐、诗歌、医学、天文、下棋、绘画及自然科学,他都爱好;他特别喜欢观察研究实际生活中的事物,结交各种各样的朋友。传统的读书人,只重视"道",而非常轻视"器"(具体的物质世界与生产技术等)。讲起"四书五经"来头头是道,讲起织布种庄稼,国计民生,就一窍不通。宋应星非常看不起这种脱离实际、不懂生产的坏作风。他批评这些人依靠生产者生产的产品,吃喝玩乐,却把生产者看做罪犯,只知死背经书,却将"农夫"一词当做脏话骂人,餐餐吃着白米饭,却忘了它们的来源。他还责备这些人连铸造铁锅的模型都没摸过,却侈谈春秋时宝鼎的铸造。他认为,财富不仅是钱,财富就是物质生产。只有生产很多的物质,老百姓才会富,国家才会强。

凡是有益于国计民生的生产活动、生产技术,都会引起宋应星的兴趣。他不是到工场看炼铁,就是去作坊看造纸,不时向工匠们讨教技术细节。有时,他还会将现场操作的场面、生产的流程画下来。他家附近有闻名于世的景德镇瓷窑,有广信

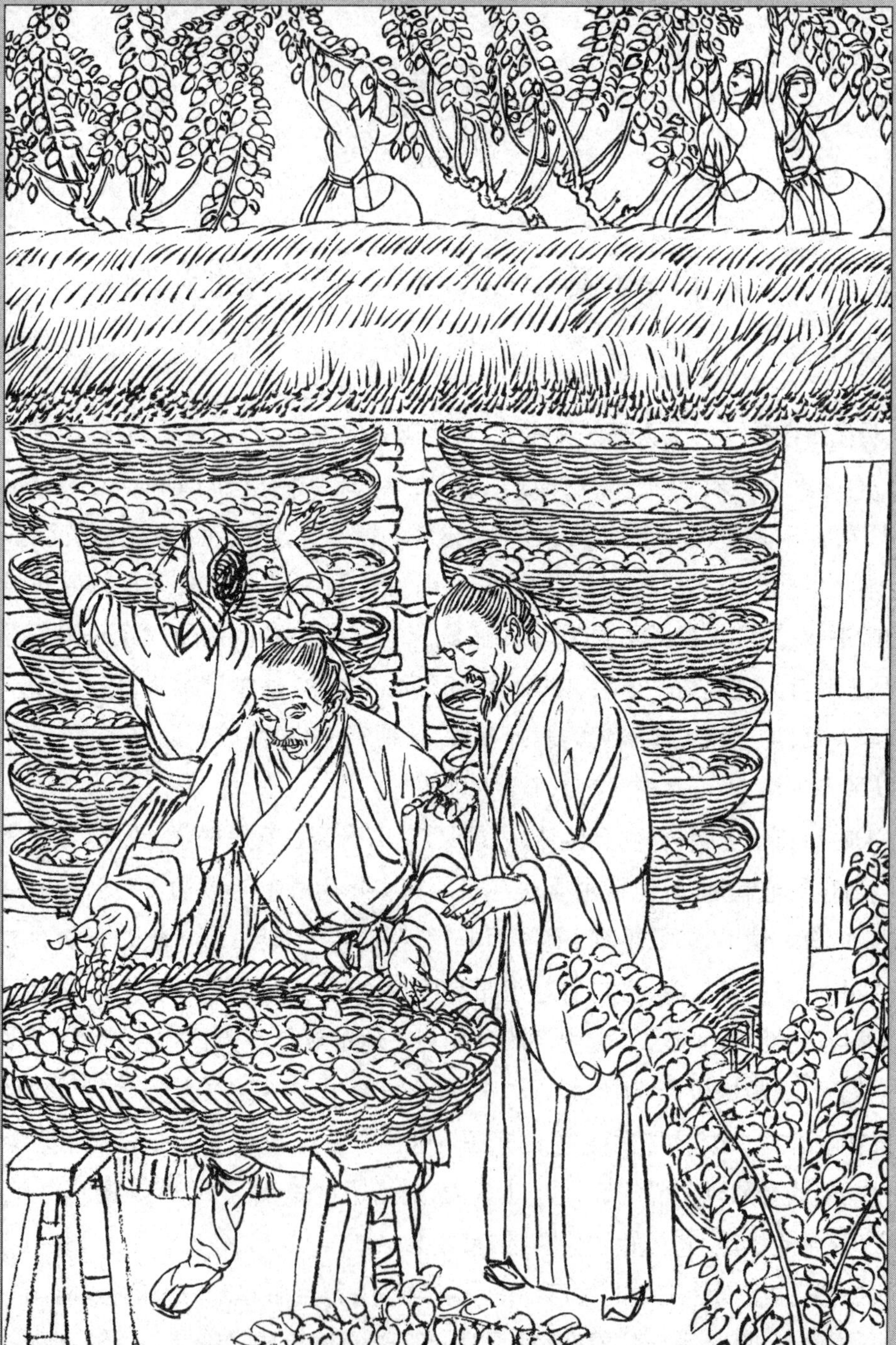

的铜矿,这都让他有条件接触了解许多手工业、采矿业的生产技术。他想把这些知识编成书,传播开来,让更多的人学会它。

他去北京参加会考,前后十多年,多次从南方到北方,又从北方回到南方,途中,总要到各地游览,几乎走遍中原和东南、中南、华南各省。广泛的旅游,让他开阔了眼界;参观考察过的许多农村和手工业作坊,让他学到了许多关于矿山、冶炼、舟车、染织和兵器制造的知识。他随在浙江湖州做知县的哥哥,到过杭嘉湖地区,考察过那里著名的养蚕、缫丝、纺织业。他当教谕前,就积累了丰富的材料。

他做了四年县学教谕。教谕薪水低,住房简陋,但事务少,闲暇多,使他有时间读书做学问。他在这几年的时间里,整理所积累的资料,查考前人的技术文献,如《考工记》、《梓人遗制》、《梦溪笔谈》、《便民图纂》等,认真地编写书稿。当时传入中国的西方技术,如《远西奇器图说》,以及朝鲜、南洋的生产技术,也都受到他的注意。

公元1636年,他的书编成功了;第二年就出版了。这是一部全面记述中国古代工农业生产技术的巨著,他取了个书名叫《天工开物》。"天工",意思是自然界提供的物质,正适合人类的需要;"开物",是说人类的生产技巧,开辟了自然界物质的运用价值和范围。

这部巨著十八卷,有一百多幅插图,内容包括农业生产、化工、机械制造、矿物开采和冶炼、金属铸造、纺织、食品加工和造纸印刷等方面的内容,反映中国古代在手工业及农业技术领域,具有一定领先地位及重大的成就。还反映当时一些杰出的学者,他们的经济与技术思想也比较先进,重视发展社会生产力,重视产品的采掘、加工和制造,重视生产经营和经济收益,重视商品流通。

这部著作,在以后的抗清战争中也发挥了作用。他的朋友陈弘绪任晋州(今河北晋州)知州,守城时,就曾依照《天工开物》中旋转型火箭弹"万人敌"的制造法,制成此种兵器,打败了清兵的围攻。

《天工开物》被称为中国十七世纪的生产技术百科全书,并译成日、英、法、德等文字,在世界上流传。宋应星可以说是中国明代最杰出的科学与技术专家。

后来,宋应星做过推官(管刑法的官员)和知州,写过许多其他著作。明朝灭亡,他辞官回到家乡,坚决不再到清朝做官,大约在康熙初年逝世。

李闯王造反

崇祯皇帝在位期间，明王朝的危机达到了极点，后金的铁骑离北京城越来越近；陕西又因严重灾荒，官府压迫，引发挣扎在死亡线上的民众大规模造反。

陕西米脂县怀远堡有个青年农民李自成，身材高大，臂力过人。小时给财主放过羊，长大后，到银川驿站养过马。他识几个字，善于骑马射箭，讲义气，因此与穷哥们很合得来。在家乡，他因为打抱不平，向财主借债替人交欠税，还不出债，被官府抓起来折磨侮辱。穷哥儿们将他抢了出来。他在家乡住不下去，跑到宁夏固原，当了兵。谁知年成不好，饷银也发不出，还要遭到长官的克扣打骂，憋了一肚子火。

公元1630年，军队调防，行军到陕西金县（今陕西榆林），士兵们要求发饷，带队的军官不加安抚，反要殴打领头人。李自成挺身而出，杀了军官和金县县令，分了县府的库银，拉起队伍，举起了造反的旗帜。

当时，陕西已经有好多股造反的农民军，李自成的舅舅、在安塞起兵的高迎祥，势力最强大，自称闯王。公元1631年，高迎祥与老回回、曹操、八金刚、八大王等三十六支造反队伍共二十多万人联合起来，打到山西，声势浩大。李自成就去投靠他，成了赫赫有名的闯将，转战在陕西、山西、河南、湖北等地。

朝廷派出名将卢象昇、陈奇瑜率大军来围剿。公元1634年，陈奇瑜将高迎祥的军队围困在汉中附近车箱峡中。连续两个月的大雨，使农民军缺少粮草马料，陷入绝境。李自成买通陈奇瑜的部将，假装说要解散队伍，回乡务农，趁陈奇瑜不备，突出了包围。

崇祯皇帝得到奏报，大发雷霆，撤了陈奇瑜的职，重新调集各省大军围剿。公元1635年，各路农民军共十三家七十二营，会聚在河南荥阳，商议如何打破官军的

围剿。各家头领议论纷纷,拿不定主意。

李自成站了起来,慷慨激昂地说:"危急的时候,剩一个人也要拼命,何况我们还有十万大军呢!目前最好的办法是分头出击,目标明确,各自为战,成败听其自然。一定会杀出一条血路。"

话音刚落,响起一片叫好声。会议于是决定,兵分六路,一路杀向四川、湖广,一路杀向陕西,一路控制黄河渡口,一路作机动,策应各方。高迎祥、李自成与张献忠为一路,向东方,杀向皇帝的老家凤阳。

农民军攻势凶猛,官兵难以抵挡,凤阳城很快被农民军占领,明太祖父母的皇陵,被农民军一把火烧光。崇祯皇帝遭到当头一棒,痛苦得穿起孝衣,跑到祖庙里大哭了一场。

接着,高迎祥回兵陕西。明朝派洪承畴、卢象昇、孙传庭率官军阻截围剿。公元1636年,高迎祥在盩厔(zhōu zhì,今陕西周至)中了官军埋伏,被俘后解到北京处死。群龙不可无首,李自成被众人推举为新的闯王,带领队伍在陕西南部和四川东北部及甘肃一带作战。

洪承畴和孙传庭都是善于打仗的人,潼关附近,到处是崇山峻岭,巨涧深谷。公元1638年春天,官军在这里埋伏了大批的人马,专等农民军闯进伏击圈。李自成果然中了埋伏,官兵们从四面八方杀出,农民军措手不及,仓促应战,吃了大亏。虽然英勇拼杀,几万大军终于全军覆没,连李自成自己只有十八个人杀出重围,逃到陕西南部的商洛山中,潜伏下来。

这时,大部分农民军,都遭到惨重的失败。连张献忠也假装投降,躲避官军的锋芒。明朝政府以为农民军已经平定,就将洪承畴、孙传庭调到抗击清兵的前线,李自成获得一个喘息的时间。

公元1640年后,经过几年的养精蓄锐,李自成从商洛山中杀出,向河南进军。这时候,河南正发生严重的灾荒,前来投奔队伍的人很多。一天,来了支队伍,为首的年轻人叫李岩(又名李信),一副读书人模样。

原来李岩是河南杞县一户有钱人家的公子,为人行侠仗义。灾荒中,他带头捐出粮食,救济灾民。官府不但不动员其他有钱人家也捐粮食救灾,反而诬蔑李公子

唆使灾民闹事造反，将他抓了起来。后来，他被灾民救出，就投奔了闯王。

李自成的队伍，原来缺乏比较明确的政治目标，有些将士又有流寇习气，有时滥烧滥杀。李岩便向李自成建议，要整顿纪律，不要随便杀人烧房，要减免穷人的田赋税收，以得到各界人士的拥护，才能取得天下。他又编了儿歌"盼闯王，迎闯王，闯王来了不纳粮"，教孩子们唱，在城乡流传，吸引人们参加闯王的队伍。

李自成听从了李岩的意见，队伍的纪律比过去严明了，民众对闯王的期望更强烈了，就像久旱的土地盼望大雨一样。他的队伍迅速扩大，不断打胜仗。洛阳被他攻克，明福王朱常洵被处死，王府的粮食和金银财宝，被分给饥寒交迫的民众。

李自成不再像过去那样，到处流动作战，而是派兵守卫打下的城池，设立官职，建立起自己的根据地，并提出"剿兵安民"的口号，开始建设农民军的政权了。

张献忠声西击东

李自成与官军大战的时候,张献忠也把官军杀得人仰马翻。

张献忠是陕西延安卫柳树涧(今陕西定边东)人,穷苦人家出身,在明军里当过兵。与李自成差不多时间里起义造反,自称"八大王",当上农民军三十六营中一个营的首领。他曾经与高迎祥一起,向江淮地区进兵,攻占凤阳,焚烧皇陵。后来回师转战陕西、安徽、湖北等省。明朝派兵部尚书熊文灿统率六个省的军队,围剿张献忠等人。

张献忠与官军作战,打过胜仗,也打过败仗。有一次,张献忠额头中箭负伤,明将左良玉拍马赶来,几乎追上他,刀刃从他的面孔旁边劈过,但他还是脱险了。这时,农民军作战进入低潮,好些队伍向官军投降,张献忠为保存实力,也向熊文灿投降,驻军湖北谷城。但张献忠并不真听熊文灿的号令,他一心一意训练自己的军队,打造武器,积蓄精力,只是向熊文灿催要饷银。

公元1639年农历五月,张献忠再次举起起义的大旗,大部分农民军也都重新造反。熊文灿因此被崇祯帝治了罪,大学士杨嗣昌被派来督率官军。

杨嗣昌坐镇襄阳,统率十万大军,气势汹汹。他采用"十面拉网"的战略,企图将农民军一网打尽。张献忠则采取游击战略,忽东忽西,声东击西,将明军打得晕头转向。但因内部出了奸细,张献忠被官军围困在玛瑙山,吃了大败仗,家属也被俘虏。

张献忠突围向西后,重新集结兵力,带着一千多人,像旋风一样冲进四川。杨嗣昌没有将张献忠看在眼里,他带着重兵跟踪追到四川,进驻重庆。他的监军提醒他:"张献忠可能回兵向东突袭,不能不防备。最好派支人马阻止他回归的道路。"杨嗣昌听不进去,命令所有将领都入川追敌。

杨嗣昌一心要消灭张献忠,张出榜文:"谁活捉张献忠,赏黄金一万两,封侯爵。"

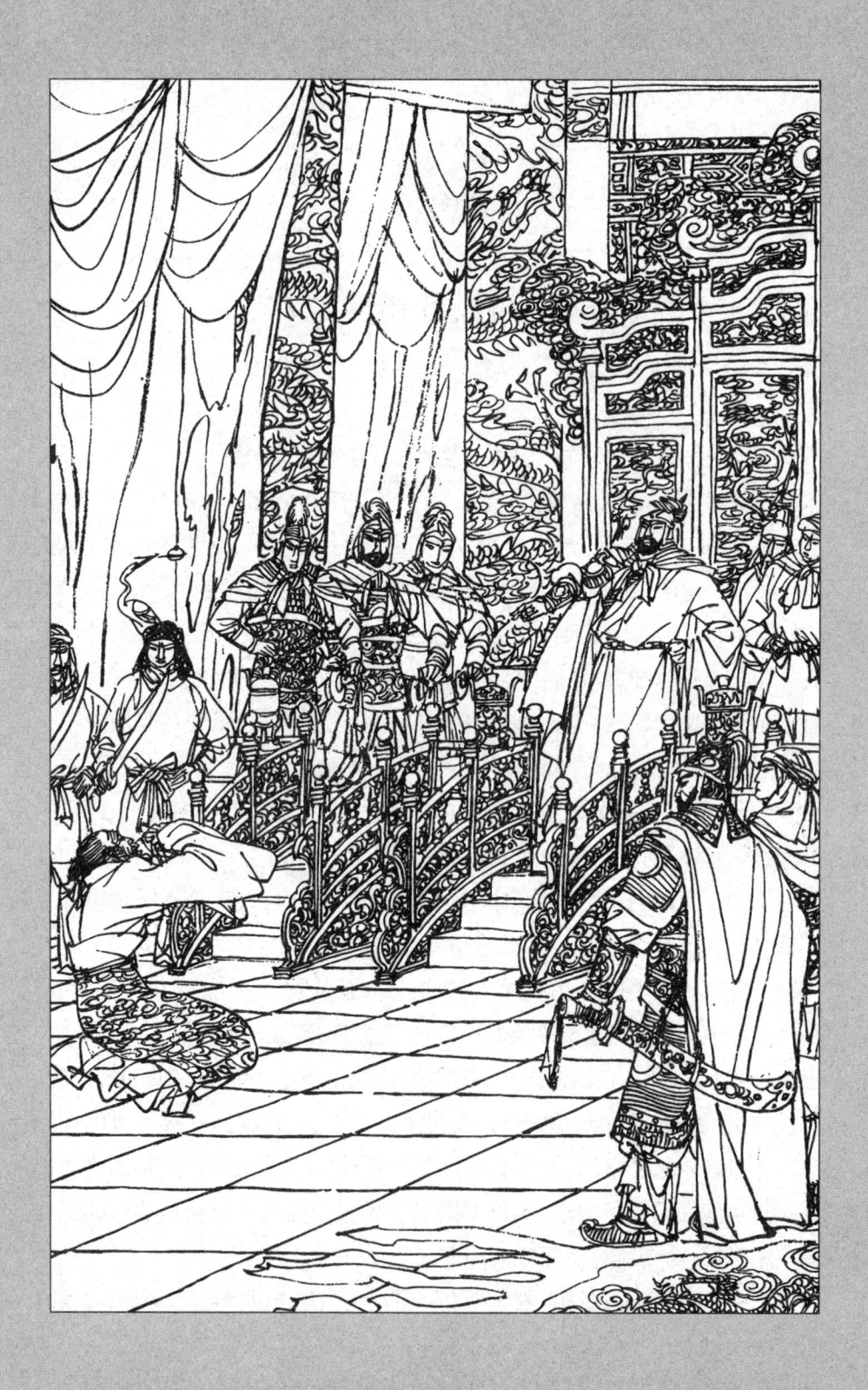

可是,第二天,部下就向他禀告,辕门里有张献忠的标语:"有砍杨嗣昌头的,俺老张赏银三钱!"杨嗣昌气得七窍冒烟。

北起广元,南到泸州,西起成都,东到巫山、夔门,张献忠的军队在四川境内到处活动,攻县城,杀贪官。大批官军来了,他们就转移,几乎把跟在后面的官军拖垮。公元1641年正月,明将猛如虎、刘士杰打探到张献忠在开县的黄陵城,就追了上来,却中了张献忠的埋伏,全军覆没,刘士杰也战死了。

没等杨嗣昌回过神来,张献忠又突然向东杀来。一天一夜急奔三四百里。路上遇到一支官军阻击,张献忠没有与他们纠缠,分一支军队去抵挡,自己率领轻骑兵,继续向东,直奔襄阳。

杨嗣昌这才着急起来,赶快派使者赶去襄阳传达命令:加强防守,等待大军回援。然而使者半路上被农民军捉住。张献忠立即派人带上杨嗣昌的文书、兵符,冒充使者,先混进了襄阳城。夜里,混进城里的农民军突然到处放火,城内一片混乱。他们又在乱中打开城门,大批农民军立即冲进城里。杨嗣昌的辎重全被农民军夺取。

明襄王朱翊铭被农民军活捉,五花大绑,跪在襄王府的大堂上。张献忠叫人放开他,又准备了些酒菜,举起酒杯送到襄王嘴边,说:"你尽力喝下这杯酒,我要借你一颗人头,让杨嗣昌因为没有保护好藩王送命。"

襄王吓得咽不下酒,连求饶命,表示愿献出王府一切金银财宝。张献忠大笑道:"你的王府全都在我手里,还用得着你献!"

襄王被处决了,他的金银财宝、军械粮食,全成了农民军的战利品,一部分被分给穷苦的民众。

杨嗣昌听到襄王被杀的消息,就像五雷轰顶。不久,他又听说李自成攻破洛阳,福王朱常洵的下场与襄王一样。他的精神彻底崩溃了,他有什么脸面回到皇帝和文武百官曾经隆重给他送行的北京,他更怕见到崇祯皇帝!又恨又怕又急,杨嗣昌三天吃不下饭,一命呜呼了。

公元1643年,张献忠攻占武昌,捉住楚王朱华奎,将武昌改名天授府,自称大西王。他在所占领的城市,设置官吏,建立政权,统治的地区遍及湖南大部、湖北中南部、江西中部、广东北部和广西的全州。这是张献忠最强盛的时期。

卢象昇巨鹿殉国

李自成、张献忠在中原与明军激烈厮杀的时候,后金军队也加强了对明朝的攻势。

公元1634年,皇太极分兵四路,从山西方面的关口闯进长城,在内地烧杀抢掠了一个多月,才退出关外。过了两年,他正式做了皇帝,史称清太宗,率领清军越过居庸关,攻占昌平,直逼北京。宣大总督梁廷栋不敢出战。崇祯皇帝急了,紧急征调军队保卫北京。听说卢象昇有军事才能,崇祯帝就将他从与农民军激战的前线召回,代替梁廷栋为宣大、山西总督,安排在抵抗清军的第一线。

卢象昇是江南宜兴(今江苏宜兴)人,从小有报国的志向,公元1622年中进士。他从不死读书。虽然长得文秀,但意志坚强,有臂力,能骑马射箭,又懂兵法,爱惜部下,会带兵。打仗时,他总是身先士卒,冲锋陷阵。所以,很受部下的尊敬爱戴。

卢象昇一到宣府,就组织士兵屯田种粮,当年就收获了不少军粮。崇祯帝很高兴,号召各边镇统帅以他为榜样。

公元1638年农历九月,清军在亲王多尔衮(gǔn)的率领下,再次逼近北京。崇祯帝又急忙调宣府大同镇和其他各镇军队到北京护驾。他一连三次赐给卢象昇尚方宝剑,要他进京督率各路援军。卢象昇家有丧事,他一身孝服,麻衣草鞋,在宣府誓师后就赶往京城。

对于清军两次进犯,朝廷内形成主战与主和两种意见,崇祯皇帝始终犹豫不定。他一面征调援军,一面又让兵部尚书杨嗣昌、宦官高起潜秘密与清军谈判。卢象昇对大敌压境之下杨嗣昌去讲和很反感,他说:"国家生我养我,我要用死来报答国家,宁愿头断血流,也不议和。"

卢象昇一到北京，崇祯皇帝就迫不及待地召见他，问他抵抗清军的办法。他直率地说："臣主张坚决抗战。"

崇祯帝一听，脸色就变了。过一会，他才说："议和是杨嗣昌他们的意见，朝廷没有这个打算。"

于是，崇祯帝接连几次拨出黄金、马匹，送给卢象昇慰劳军队。卢象昇受到很大鼓舞，认为皇帝主战态度是坚决的。

他找到杨嗣昌，责备说："您读过圣人的经书《春秋》，那上面，不是认为订立城下之盟(在敌人武力逼迫下签订的不平等协定)是可耻的事吗？您天天谋划讲和，不怕国人说您闲话吗？袁崇焕又是怎么死的？"

杨嗣昌面红耳赤，恼羞成怒地说："您想用手中的尚方宝剑斩我吧？"

可是，崇祯帝仍然重用杨嗣昌，因此，卢象昇所做的军事上的准备，大多遭到杨嗣昌明里暗里的阻挠。他利用兵部尚书的职权，只让卢象昇指挥宣府镇的军队，其他援军都让宦官监军高起潜带。卢象昇名义上监督天下援兵，实际管辖的兵力不足两万，能亲自指挥的，只有五千人，而且粮饷不足。

南下的清兵来势凶猛，卢象昇只好带着五千人前去抵挡。

卢象昇的队伍驻在野外，饭也吃不上，同情他的老百姓来慰劳军队，对卢象昇说："将军怀着忠义之心，不顾生命安危，带着饥寒交迫的士兵，去抵抗如虎如狼的清军，而朝中奸臣还在算计将军，让人感到痛心。将军不如先吃顿饱饭，再征集十万义兵，同心杀敌，不比您孤军奋战，等于送死强百倍。"

卢象昇流着泪，感谢乡亲们的关怀，说："虽然我只有五千兵力，但大敌当前，朝廷里还有人监视我的行动，来不及征集义军了。只有拼死杀敌，以死报国，不必再连累父老乡亲了。"

百姓们将被清军多次抢劫剩余的杂粮，都送给军队。还有人抱来一升枣子，说："给将军煮口热饭吧。"

将士们感动得热泪盈眶，怀着必死的决心，跟着卢象昇，奔赴杀敌的战场。

明军到了巨鹿贾庄，探听到清军就在前面。高起潜大军驻在离贾庄不到五十里的鸡泽，卢象昇派人去催他尽快发兵增援，他却按兵不动。卢象昇只好继续前

进,在清水桥遭遇清军主力。

卢象昇将队伍分为左右中三军迎战。半夜里,到处吹起了凄厉的号角。天刚亮,战斗就开始了。清军几万骑兵将卢象昇围了三层。明军将士人人奋勇,个个争先,舍命拼杀,喊声震天。杀到下午,明军的弹药与弓箭都射光了,就用刀剑砍杀,前面倒下,后面冲上去。卢象昇穿着孝服麻衣,戴着白网巾,左砍右劈,连杀几十个清兵,身中四箭三刀,终于倒下牺牲。只有一部分明军突围而出。而高起潜则卷起旗帜,早早地溜掉了。

清军遇到这样激烈的抵抗,怕深入后麻烦更多,更加担心宁远的明军乘虚攻击自己的老家,匆匆地抢掠了许多财物,又退回关外去了。

父老乡亲听到卢象昇壮烈殉国的消息,都失声痛哭。杨嗣昌却向崇祯帝隐瞒了卢象昇殉国的真相。直到杨嗣昌死后,朝廷才给了卢象昇家属抚恤。

巨鹿之战后,清太宗感到锦州、宁远在明军控制下,绕道入关,除了抢掠财物外,占领不了明朝的土地,就改而先攻占锦州、宁远,夺取山海关。公元1641年,他围攻锦州。明朝名将洪承畴率领十三万大军出关营救。这一次,又是明朝统帅部意见不一,战略失当,援军在松山遭清军包围,粮道被截断,全军覆没,锦州、松山都陷落。洪承畴被俘投降,做了清军进攻明朝的帮凶。而崇祯皇帝还以为他是大忠臣,为他举行祭典仪式呢。

从此,清军兵临山海关脚下。雄关古道之间,经常能够听到清军的马蹄声了。

崇祯帝煤山自尽

清军的铁骑虎视眈眈地守候在山海关外,中原的砍杀声却越来越惊天动地。

公元1643年,李自成在襄阳成立新顺政权,自称"奉天倡义文武大元帅",他的政治目标,越来越远大。农历九月,农民军又向陕西进军,谋求更大的发展。十月,李自成亲率大军攻破潼关。第二年正月,李自成攻占西安,恢复西安的古名长安,定为都城,建立大顺政权。

李自成的最终目标是打到北京去,建立全国性的政权。为侦察明朝的动静,为将来攻城时做内应,他早就派遣许多人,化装成陕西、山西的大商人,到京城市面上开商店,或者贿赂官员,混进衙门当差。有时,明朝官府派一些打探消息的间谍到农民军中去,多被他们察觉,逮住后给以款待,反而成为农民军的情报人员,送来真情报,带去假情报。所以,明朝的一举一动,农民军都知道得很清楚。他们知道京城守卫非常空虚,公元1644年,李自成率大军分成两路向北京进军。

李自成亲自率领一路军队,渡黄河,下太原,沿路的明军大多不战而降,农民群众更是热烈欢迎。崇祯帝听到这些消息,愁得天天在朝堂上叹气。大学士李建泰上奏说:"臣家在山西,有不少财产,可以捐献出来做军饷,带支军队去山西阻击贼寇。"

崇祯帝以为遇到了大救星,命他带兵出征,亲自为他送行,直到李建泰的帅旗看不见了,他才默默地回转宫中。可是李建泰带着大军,在路上却停滞不前。他的老家早已被农民军占领,家财也成了农民军的战利品。李建泰的人马很快就崩溃了。

崇祯帝病急乱投医,又是下"罪己诏",承认自己治理国家的过失,又是征集各地军队到北京勤王,又是要求王公大臣、外戚权贵捐献家财做军饷,组织抵抗,可是都得不到积极响应。外戚周奎有几十万两金子的家财,却装穷说没钱。崇祯帝亲

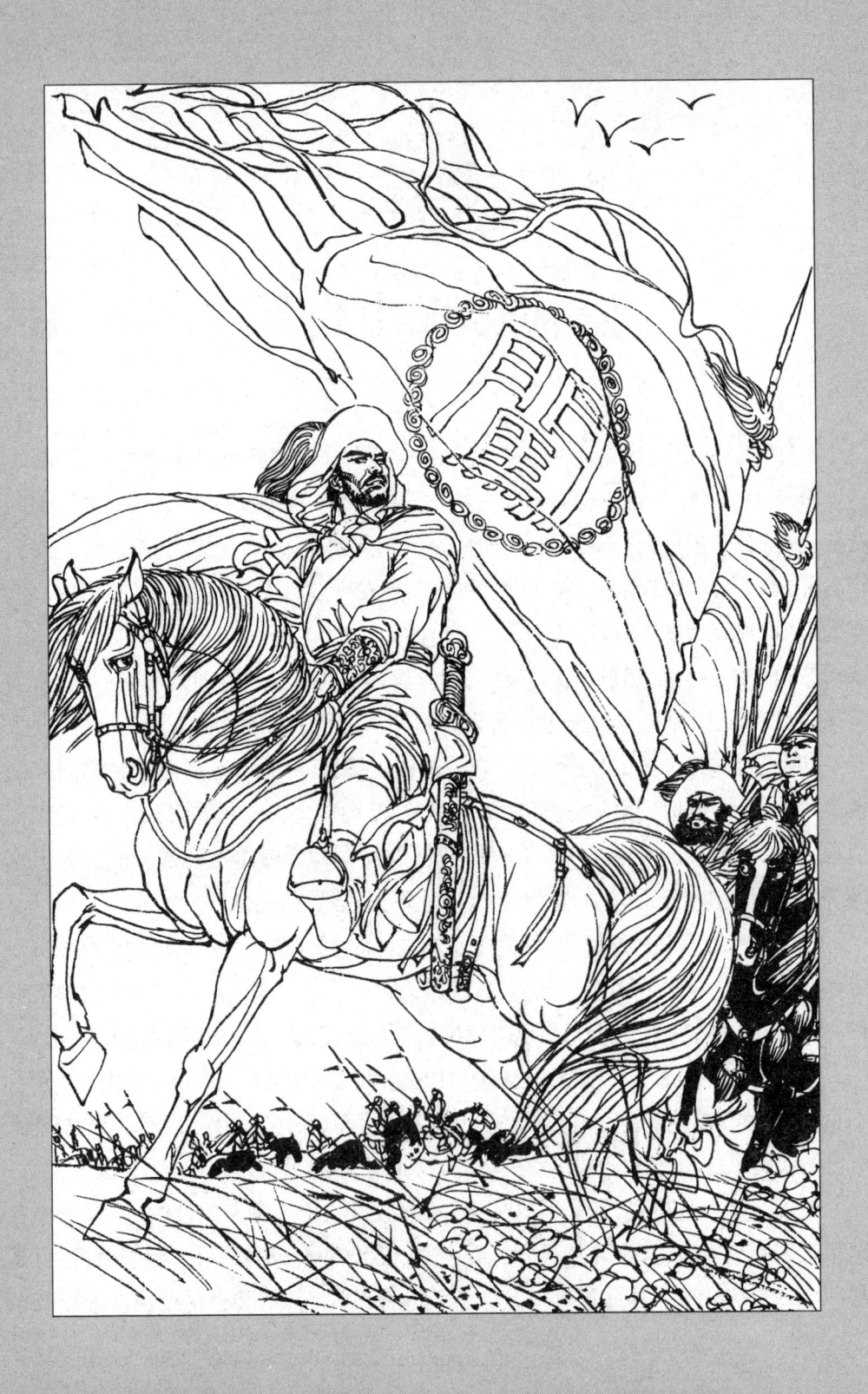

自出面，他才答应捐二万。

崇祯帝又把管理宫门和各城门防守的军权，都委托给亲信的太监。可是这些太监只知作威作福，并不真心帮他办事，反而打击了一些真心为国的将军、大臣的努力。崇祯帝要人没人，要兵没兵，要钱没钱，要粮没粮，连找个出主意、商量对策的人都没有，真正到了孤家寡人的地步。有一次在朝堂上，他连问了好几件事，都没有一个大臣应声，他气得大骂："我不是亡国的君主，你们都是亡国的臣子。一批饭桶！"怒气冲冲回到后宫。

农民军的进攻势如破竹，三月十八日，就打到北京城下。崇祯帝派太监和士兵上城防守，可是只有六七千老弱残兵，还缺衣少食，上了城楼，大都躺倒大睡，根本没有人认真防守。急得督战的军官用鞭子抽，起来一个，另一个又躺下了。十九日，守城太监曹化淳开了城门，放农民军入城，李自成骑着高头大马，威风凛凛地进入紫禁城。穷苦百姓热烈欢迎农民军的到来。

崇祯帝知道农民军进城了，得到消息的官员、太监也早已跑得不知去向，只有太监王承恩还跟着他。他本想逃出城去，又想找个外戚的府第暂时躲避一下，可是所到之处，都吃了闭门羹，只得折回宫中，逼皇后上了吊，又亲手砍下十五岁的公主的手臂，然后在王承恩的陪同下，来到紫禁城北面的万岁山（又名煤山、景山）寿皇亭下，与王承恩双双上吊自杀了。他在自己的衣服上留下一些遗言，说，是朝中大臣误了我的大事，又说任凭处置我的尸体，不要伤害百姓。

崇祯有干一番大事业的雄心，但是他急功近利，又很多疑，不信任人，主观固执，不管什么人，一有小错或疑点，他就罢人家的官，或者下狱、杀头、充军。所以，真正的人才，在他手下，大都不能充分发挥作用，而一些善于拍马逢迎、没有真才实学的人，又常围在他身边。他因为越来越与他的大臣们对立，就越来越重用亲信宦官。宦官又大多是势利小人，在凶险时候都背叛了他。

明朝灭亡的原因，主要还是由于明朝自世宗、神宗、熹宗以后，政治腐败，民穷财尽，国力崩溃，不是谁能够挽回的。崇祯帝最后落得一个悲惨的下场，是历史的必然。

统治中国二百七十七年的明朝，就此灭亡。

吴三桂开关迎敌

农民军打进北京,结束了明王朝近三百年的统治。他们的进城,受到北京百姓的热情欢迎。各行各业很快安定下来,明朝的大部分官员也都归顺了农民军新政权。李自成和他的战友们都非常兴奋。

农民军迅速建立新的国家机构,国号大顺,任命了内阁、六部及文武百官。派出大顺政权的文武官员到各地去建立地方政府,布置防务,征剿还在顽抗的明朝军队。

但是,大顺军陶醉于已取得的胜利,疏于新秩序的建设。李自成虽然感到,距北京不远的山海关,还驻守着明朝的一支大军,关外还有强大的清军,是个威胁,但是没有认识到局势的严重性、紧迫性。他忙于登基做皇帝,大将们忙于追缴明朝大臣、外戚家中的财富。

一些农民军将领不分青红皂白,不加区别,对追缴对象及其家属,采用严刑逼供、残酷拷打的办法,这很不利于安定已归顺的原明朝官员的心。甚至有的大顺军将领强占人家的家眷,占据豪华的住宅,过起了骄奢淫逸的生活。士兵们也私藏着在混乱中抢到手的金银财宝,没有了以前那股旺盛的斗志,军心涣散,纪律松弛。李岩等少数将领看到这种情况的危险,劝告李自成,但没有引起他的重视。

尤其失策的是,大顺军的一些将领,不顾大局,将明朝大臣吴襄抓起来拷打,抄了他的家,大将刘宗敏强占了吴家的歌姬陈圆圆。吴襄是明朝镇守山海关统帅吴三桂的父亲,陈圆圆是吴三桂宠爱的歌女。当有人提醒李自成,吴三桂留在山海关是心腹大患,要赶快解决时,他这才派一个明朝降将去招抚吴三桂,并叫吴襄写信劝儿子归顺。

吴三桂出于保护家属的考虑，准备先归顺大顺政权再说。但当他快到北京时，遇到一些从北京逃出来的明朝官员，一问，知道了他的父亲与爱妾的遭遇，不禁怒火中烧，回头就退到山海关。又想到李自成不会就此罢休，如单独作战，就会受到大顺军与清军的夹攻，死无葬身之地，不如投降清军，对付农民军，还有一条活路。

于是，吴三桂不顾民族大义，写信与关外的清军联系。清军统帅亲王多尔衮哪里会错过这样好的机会，立即答应了吴三桂的请求，带着十多万大军急匆匆赶到山海关外。

李自成听说吴三桂与清兵勾结上了，才着急起来，亲自率领六万大军，号称二十万，去围剿吴三桂。

吴三桂出关叩见多尔衮，又将多尔衮接进关内，杀白马会盟，祭拜天地，商量对付大顺军的办法。

大顺军与吴三桂的叛军相遇了。六万人马，一字排开，长达数里，军容的确威武。吴三桂军队穿着白衣白甲，打出为崇祯皇帝报仇的旗帜，从山海关里冲杀出来，与大顺军混战在一起。杀声震动山谷。

双方正杀得难分难解时，突然起了一阵大风，飞沙走石，天昏地暗。埋伏在后边的大量清军，突然冲杀出来，大顺军被冲乱阵势，李自成只得下令退兵。可是大顺军已经没有了秩序，清兵和吴三桂的军队加紧冲杀，大顺军大败而逃。

李自成撤回北京，元气大伤，士兵和将领的斗志都没有了。他决定退出北京，回到陕西老家再说。临行前，他在金銮殿上完成了大顺皇帝的登基典礼。沿途已归降大顺政权的城池，又纷纷反叛，投降了清军和吴三桂。

多尔衮在吴三桂的帮助下，进了北京，从农民军手里抢走了胜利果实，并于当年就将都城迁到北京，开始了清王朝在中国的统治。

第二年，清军追击农民军到西安，大顺军抵挡不住，被打散。李自成继续撤退到湖北，牺牲在通山县九宫山下。他的余部，有的参加了南明政权的反清斗争。李自成的起义，终于失败。

张献忠在公元1644年十一月进入四川，第二年攻占成都，建立大西国，坚持了两年的斗争。公元1647年，大西国在清军进攻下失败，张献忠中箭而死，大西国也灭亡了。

史可法血战扬州

当崇祯皇帝自杀的消息传到南京,这座明朝的陪都陷入了惊恐和慌乱之中。接下来的问题就是,立谁做皇帝、继承明朝皇室的血统呢?南京的大臣们分成了两派。一派以正直爱国的官员、南京兵部尚书史可法为代表,另一派是腐败乱政的官僚,凤阳总督马士英是他们的头。马士英为了独揽大权,拥立昏庸荒淫的福王朱由崧称帝,历史上称为弘光帝,把这一政权叫做南明政权。史可法本来并不赞成朱由崧当皇帝,但这时也只好同意了。

朱由崧是个沉湎酒色、荒唐透顶的皇帝。他没有一丁点收复失地的进取心,而是大兴土木,建造宫殿;还派出宦官去民间搜罗美女。马士英利用弘光帝的荒淫作乐,不问国事,疯狂地结党营私,为非作歹。他把魏忠贤的余党阮大铖(chéng)拉进朝廷,让阮大铖把持了兵部的要职。马士英还公开卖官鬻(yù)爵,大量收受不义之财。百姓们愤慨极了,街头巷尾流传着这样的民谣:"都督满街走,职方贱如狗。相公(指马士英)只爱钱,皇帝但吃酒。"

史可法对南明小朝廷的乌烟瘴气非常焦虑,他恳切地劝谏弘光帝:"陛下应该迅速振作精神,光复故土,决不能满足于江南半壁河山。"

朱由崧只是"嗯"了几声,连一句像样的话都说不出来。史可法感到自己在南京一点劲都使不上,便主动要求上抗清前线去统率军队,杀敌报国。

史可法到了长江北岸,发现情况比他想象的要复杂得多。原来,长江北岸驻扎着四支明军,叫做四镇。四镇的将领飞扬跋扈,割据一方,互相攻杀,纵容士兵残害百姓。史可法一到扬州,便苦口婆心地劝导他们,国难当头,要以大局为重,为国分忧。终于使这些将领服从他的号令,稳住了江北的局面。

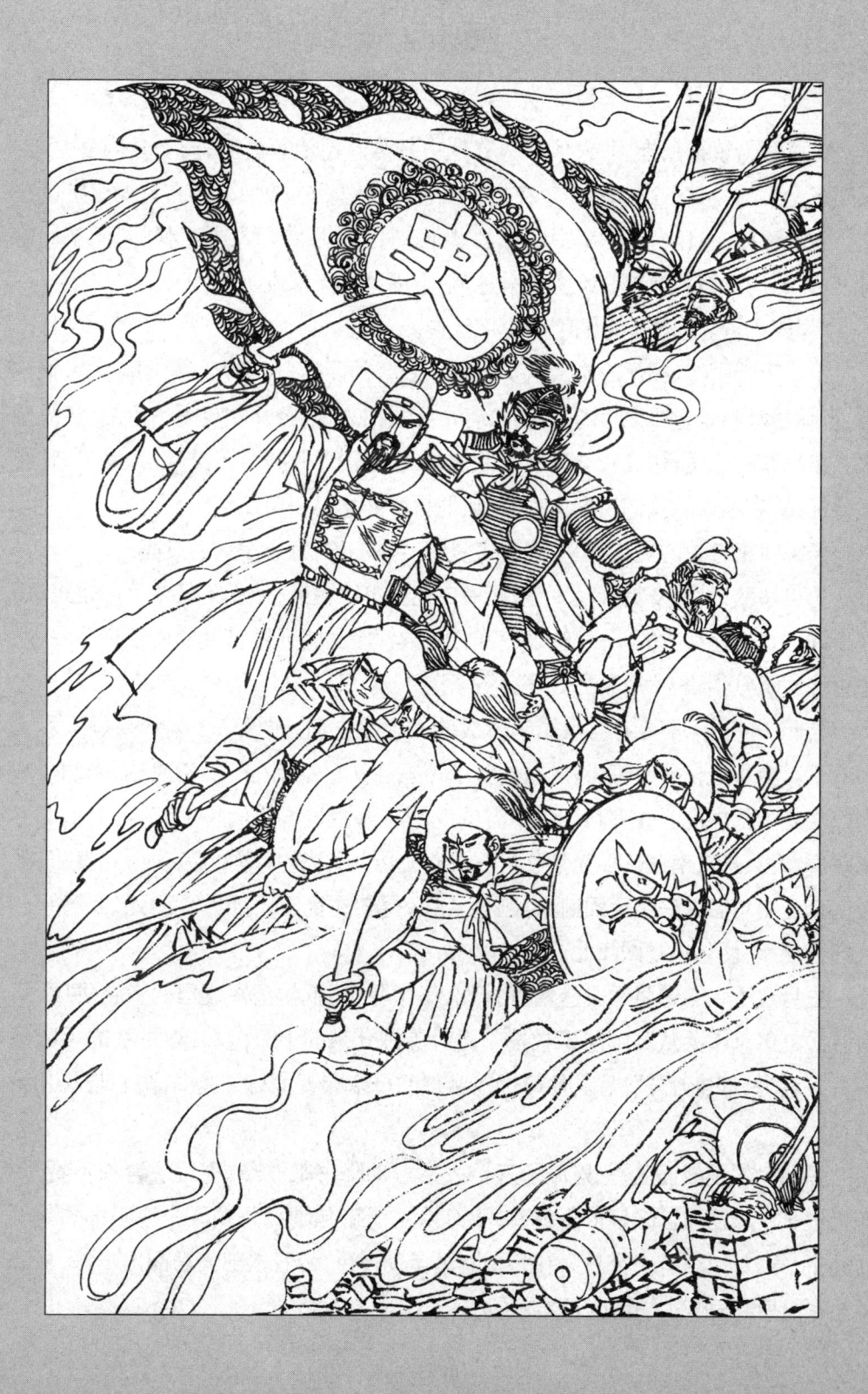
史

史可法坐镇扬州指挥，大伙都尊称他史督师。他治军严明，与士兵同甘共苦，深受将士们的爱戴。这年的大年夜，将士们都去休息了，他独自留在官衙里批阅公文。到了深夜，他让当班的厨师拿点酒菜上来填填饥，厨师报告："督师，照您的吩咐，今天厨房里面的肉都分给将士去过节，下酒菜一点都没了。"

"那就拿点盐和酱油下酒吧。"史可法说。

第二天天刚亮，扬州的文武官员照例来到督师衙门，却见大门紧闭。大家很纳闷，督师平时都是起得很早的。这时，有个士兵出来说，督师昨夜喝了点酒，还没醒来。扬州知府任民育听后，难过而又欣慰地说："督师平日那么操劳，太累了，昨夜睡得好，实在难得。我们别去惊动他，让他再好好休息一会。"

任民育把打更的更夫找来，要他重复打四更的鼓，意思是天还没亮。

史可法醒来后，发觉天已大亮，而更夫还在打四更鼓，便立刻把士兵叫进来，厉声责问："是谁违反我的军令，在那里乱打更鼓？"士兵将任民育关照的话说了一遍，史可法才沉默不语，然后就去处理公务了。

公元 1645 年，清廷在打败了李自成的大顺军之后，派豫亲王多铎带领大军大举南下。史可法指挥四镇将领抗击，打了一些胜仗。但就在这关键时刻，南明政权内部却发生了内乱。驻守长江中下游的明军将领左良玉不满马士英、阮大铖的专横跋扈，发兵进攻南京。弘光帝急忙下诏给史可法，命他率军回撤，对付左良玉，救援南京。史可法只好带兵回南京，刚过长江，得知左良玉已经兵败而死，而清军已经逼近扬州，便急忙赶回江北。

史可法下令各镇将领火速增援扬州，集中兵力，抵抗清军。但四镇将领中，只有总兵刘肇基率兵从高邮前来救援。面对源源开来的十万清军，史可法的手中只有一万兵力，形势万分险恶。他给远在南京的母亲和妻子写了遗书，决心与扬州城共存亡。

多铎为了不战而胜，一连派了五个人拿着劝降书来劝降，史可法看都不看，统统扔进了护城河里。多铎恼羞成怒，下令清军严密包围扬州城。一些胆小的将领吓坏了，第二天，就有一个总兵和一个监军借助夜色，带着本部人马溜出了城，投降了清军，使得守城的力量更加薄弱了。

清军开始轮番攻城。扬州军民在史可法的鼓舞下,誓死抵抗,打退了清军的一次又一次进攻。三天过去了,扬州城岿然不动。

多铎恨得咬牙切齿,调来西洋大炮轰城,而且把炮口对准了史可法亲自防守的西门,一颗颗炮弹呼啸着落到西北角,终于将城墙炸开了一个大缺口。

潮水般的清军冲进城来,史可法一看城破,悲愤万分,拔出佩剑就要自杀,被随从的部将夺了下来。部将们连拉带劝,将史可法保护出小东门。这时,一队清兵路过,见他穿的是明朝官员的服饰,便吆喝着问他是谁。史可法生怕连累部下,大声说道:"我就是史可法。"

多铎听说抓住了史可法,便亲自前来劝降。讲了三天,口干舌燥,但史可法毫不动摇。多铎最后露出了狰狞的嘴脸,却又假惺惺地说:"你既然是忠臣,我就杀了你,成全你的名节吧。"

史可法微微一笑,大义凛然地回答:"与扬州城共存亡,是我早已决定好的事。哪怕碎尸万段,我也心甘情愿。但是扬州百万生灵,你们不能杀戮。"

公元1645年四月,史可法惨遭杀害。多铎因为攻城的清军伤亡严重,竟惨无人道地下令屠杀扬州百姓作为报复。大屠杀整整持续了十天,这就是历史上有名的大惨案——"扬州十日"。

扬州失守后不久,清军轻而易举攻占了南京。弘光政权宣告灭亡。清军扬言要在两个月内占领最富饶的江浙地区;还发布了一道剃发令,强迫百姓按照满人的习惯,在十天之内一律剃发,只留一簇编成辫子拖在脑后,违抗命令的杀头,"留头不留发,留发不留头"。这一暴行激起了江南人民的英勇反抗。江阴军民在典史阎应元的领导下,用包括磨盘、石块在内的各种武器杀伤清兵,坚守八十多天,使清军死伤累累。全城没有一个人投降。嘉定军民坚持抗清斗争一个半月,恼羞成怒的清军先后三次屠城,制造了血淋淋的"嘉定三屠"惨案。

后来,史可法的养子史德威进城寻找养父的遗体,由于尸体太多,天气炎热,又都腐烂了,怎么也辨认不出来,只好把史可法生前穿过的衣袍和用过的笏板埋葬在扬州城外的梅花岭上。也就是人们今天见到的史可法衣冠墓。

少年英雄夏完淳

嘉定被屠的消息传到松江(今上海松江)华亭,当地很有些名望的读书人夏允彝(yí)特地写了篇祭文。弘光政权灭亡后,他与陈子龙一道,参加抗清斗争。吴淞总兵吴志葵是他的学生,曾邀请他到军中做参谋。

夏允彝的儿子夏完淳(chún),是个天资聪慧的孩子,在他父亲与老师陈子龙的指导下,五岁就能讲述《论语》,九岁时就写过一部诗集《代乳集》,是当地有名的神童。

清军占领苏州和杭州后,企图拉拢夏允彝出去做官,被夏允彝严词拒绝。父亲的反清精神和坚贞气节,深深地影响了夏完淳。

清军的暴行,激怒了江南人民,夏允彝要继续抗清,组织义兵攻打被清军占领的松江城,并叫人去说服吴志葵发兵来协助。夏完淳跟着义军出征,当时他十五岁,结婚才几天,就告别了新婚的妻子,上了战场。

攻打苏州的战斗,起先还顺利,义军打进了城内。但是吴志葵的援军迟迟不到,结果被城里反扑的清军战败。这时,吴志葵的人马才开到,见此情形,便撤退了。

夏完淳跟着他父亲和陈子龙冲出清军的包围,逃到乡下隐蔽起来。清军到处搜捕他们父子。夏允彝见山河破碎,而自己一个读书人,无力回天,悲愤异常,更不愿落入清军魔掌。他给儿子留下一份遗嘱,嘱咐他继承遗志,坚持抗清,永远不要做清朝的官,就投河自杀了。

父亲的牺牲使夏完淳无限悲痛,也更激发了他抗清的斗志。他和老师陈子龙听说太湖一带活跃着一支抗清义军,是吴日升领导的,就去参加了义军,并变卖自

家的全部财产,献给义军作军饷,还当了义军的参谋,负责制定作战计划。

这时,东南沿海一带的抗清斗争还在继续。公元1645年七月,明朝官员黄道周、郑芝龙在福州另立唐王朱聿(yù)键即位,史称隆武帝。鲁王朱以海也在绍兴宣布监国。

夏完淳写了篇奏章,派人去绍兴呈给鲁王,与绍兴的义军取得联络。鲁王听说上书的人是个十五岁的少年,文章写得这样慷慨而激动人心,非常高兴,封给他一个中书舍人的官职。

吴日升水军利用太湖的万顷碧波,神出鬼没地打击清军。但由于叛徒告密,吴日升最后失败了。

一年后,陈子龙打了一次败仗,被清军抓住,也壮烈牺牲了。不久,夏完淳写给鲁王的一封奏折,被清军查获。几天后,清军突然闯进夏家,把夏完淳抓去,押解到南京。

审讯夏完淳的是洪承畴,这个在松山战役失败后,投降了清朝的原明朝大官,虽然听说夏完淳是名闻江南的神童,但欺他年幼,以为容易对付,就说:"你年纪小小,懂得什么,哪能领兵造反呢?一定是上了奸人的当。只要你回心转意,归顺大清朝,本督一定能保你做大官。"

夏完淳装着不知道上面坐的是什么人,大声回答:"我听说从前有个总督洪亨九(洪承畴的字),是本朝的大忠臣。带兵在松山与清寇大战,身先士卒,兵败后以身殉国。我仰慕他的忠烈。我年纪虽然小,却懂得忠奸,我要像亨九先生一样,杀身报国,决不投降去做敌人的官。"

洪承畴竟想不到小小的孩子说出这样一番话来,当着众多下属,他的脸红一阵白一阵的。押解夏完淳的卫兵,轻轻地对他说:"快不要胡说,堂上坐的正是洪承畴洪大人!"

夏完淳冷笑道:"哼!洪大人早就为大明朝捐躯,天下谁人不知,谁人不晓?哪里来的叛徒,胆敢冒充先烈的英名,玷污洪先生的忠魂。"

夏完淳一连声痛快淋漓的斥骂,将堂上坐着的洪承畴,骂得呆如木鸡,一头大汗,回答不出一个字。旁边的清军士兵,也都抿着嘴暗笑。好一阵,洪承畴才缓过

神,气急败坏地一拍惊堂木,大叫:"快拉下去!快拉下去!"

夏完淳英勇就义了,那是在公元 1647 年农历九月,才十七岁。但少年英雄痛斥洪承畴的故事,很快就在江南百姓中间传开了。

夏完淳和他的父亲夏允彝的遗体,被合葬在松江城的西边,至今为人们瞻仰凭吊。

郑成功收复台湾岛

江南人民与清军浴血苦战的时候,福建的隆武政权在张肯堂、黄道周等大臣的操劳下,也在积极准备北伐。但是,掌握军事实权的将军郑芝龙却心怀不轨。

郑芝龙本是福建南安人,是来往于福建沿海与南洋一带的大商人兼大海盗,势力很大。后来受明朝招安,做上了福建总兵,实际是个军阀。他也是拥立隆武帝的大臣之一,在小朝廷里举足轻重。

郑成功是郑芝龙的儿子,出生在日本,七岁时回到祖国,受到民族文化的教育,不但聪明敏捷,而且有远大志向,喜欢阅读《孙子兵法》、《春秋左传》等书。

隆武帝准备北伐时,郑成功是他父亲军中的一名将领,才二十二岁。他想跟着大军,北上与清军作战。突然,他听说,父亲不但不参加北伐,还要投降到清军那里去,好保住郑家的财产。他感到痛苦和气愤,就找到父亲劝他,想用民族大义打动父亲,放弃降清的念头。但郑芝龙执迷不悟,亲自到清营投降,反而被清军挟持,带到北京软禁起来。

隆武帝见郑成功赤胆忠心,赐他姓朱,称为"国姓爷",又任命他为招讨大将军。后来清兵杀来,隆武帝出逃,郑成功的老家也被清军蹂躏,母亲受辱自杀。他悲愤地跑到广东、福建交界处的南澳岛上,招募到一支几千人的武装。又来到厦门,扩大武装,制造战船,操练兵马,准备与清军战斗。

郑成功用计消灭了厦门军阀郑联,合并了他的队伍,力量更加壮大。

郑成功执法如山,纪律严明。在一次战斗中,他堂叔郑芝鹏临阵逃跑,郑成功按照军法,将他斩首。从此,没有人敢再违犯他的军令。

清军派他弟弟带着郑芝龙的亲笔信,来劝郑成功投降,说:"你不过去,父亲的

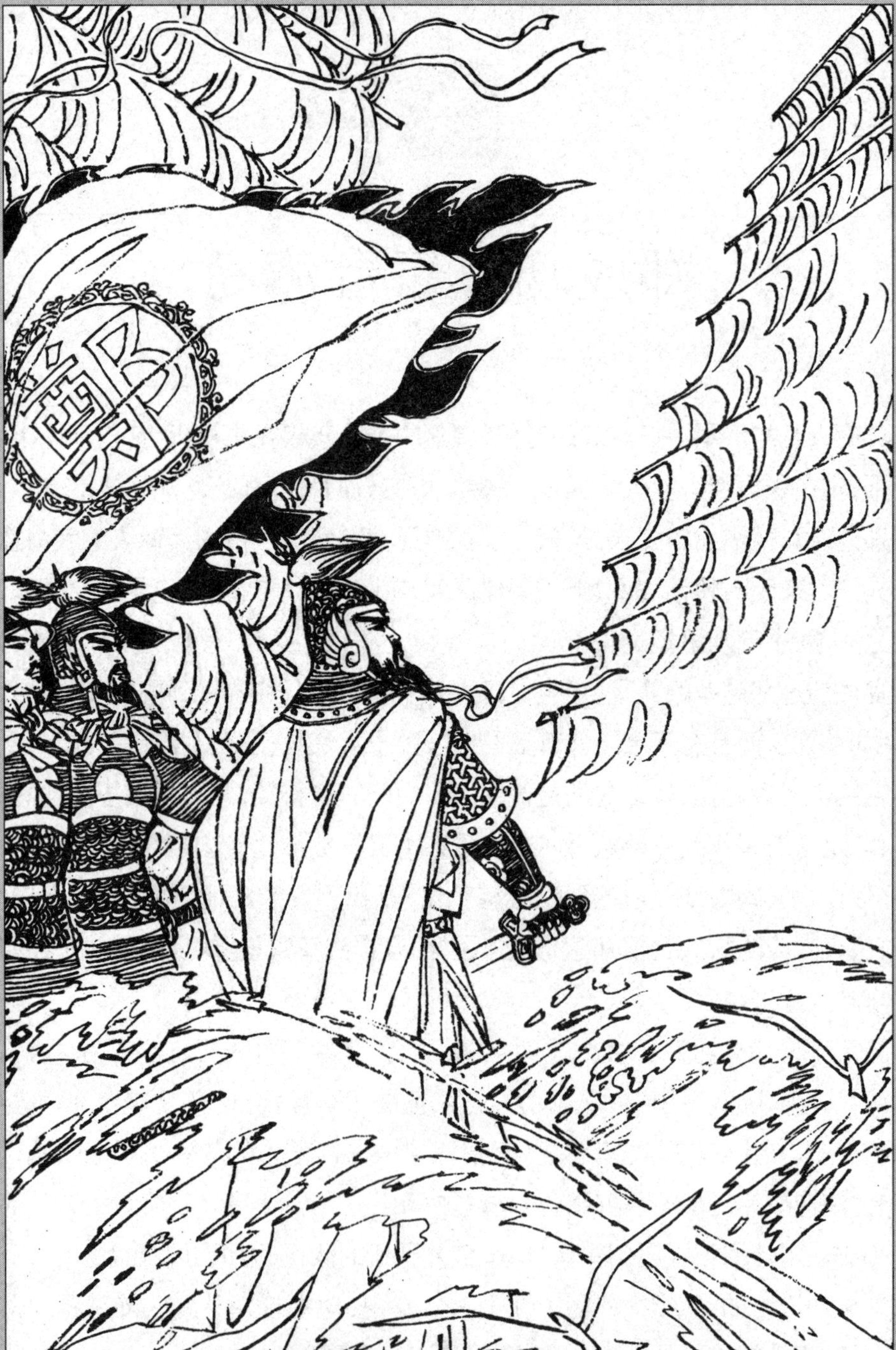
鄭

性命难保。"

郑成功回信,宣布尽忠不能尽孝,要与父亲决裂,坚持抗清立场。

公元 1659 年,郑成功联合抗清将领张煌言的部队,率领十多万水军,几千艘战船,开始北伐。但不幸在舟山附近海面遇到飓风,损失八千人,只得暂驻舟山休整。第二年,郑成功再次北伐,接连打下瓜洲和镇江,直抵南京城下,江南许多州县,纷纷起义,响应郑成功。可惜他中了清军南京守将假投降的奸计,没有及时攻下南京城,反被清军偷袭,损失惨重,只好退回厦门。

清军趁势向福建扫荡。郑成功面临兵力、财力的困难,转而准备收复台湾,将那里建成抗清的基地。

台湾在福建对岸,自古就是中国的领土。三十多年前,荷兰人侵入台湾,在宝岛上建筑起两座城堡,一座叫赤嵌城(今台湾台南),一座叫台湾城(今台湾安平),私自在台湾收税,镇压居民的反抗。

郑成功在厦门加紧做收复台湾的军事准备。恰好,在荷兰人手里做翻译的华人何斌(一作何廷斌),受荷兰驻台湾总督揆一的派遣,来与郑成功商量贸易的事。何斌是个爱国的人,他向郑成功反映了台湾人民欢迎大军过海驱逐荷兰侵略者的愿望,又送上一幅荷兰人在台湾军事布防的地图,还有台湾海峡水路图。

这件事,大大坚定了郑成功进军台湾的决心。他不顾一些将领的反对,在公元 1661 年的农历三月,率大军二万五千人,从金门出发,克服了狂风恶浪的袭击,到达鹿耳门港外。通向岛上的有两条航道,南航道水阔港深,好开大船,但荷兰人早将航道堵塞,防守严密;北航道水面窄,礁石多,大船进不去。但涨潮时,有条很窄的航路,可行大船。荷兰人没有在这里设防。郑成功选择从北航道进港,在何斌的导航下,战舰一条跟着一条,悄悄地驶进禾寮港,登上陆地。

大军的到来,使台湾各族民众欢欣鼓舞,他们给大军送水送粮食,提供牛车,热情帮助。郑成功部署军队,迅速将荷兰侵略者盘踞的赤嵌城包围起来。

驻守台湾城的揆一派出水陆两支军队来救援赤嵌城。海上荷军一共有四艘战船,最大的叫"赫克脱"号,威力强大。但郑成功水军灵活机动,勇猛顽强,几十艘战船围住它,一阵猛烈炮击,"赫克脱"号燃起熊熊大火,接着发生爆炸,沉入海底。其

余三艘，掉转船头就跑。

陆上一支援军二百多人，由彼得尔上尉率领。彼得尔与一百多名士兵被郑军击毙，其余荷军逃回台湾城。

从此，荷兰侵略者只得龟缩在城堡内。赤嵌城内荷军司令断了援军，又缺水源，先扯起白旗投降。剩下的台湾城，防守非常坚固，炮火猛烈，郑军士兵强攻，伤亡不小。因此，郑成功改变战术，决定将城长期围困，逼荷军投降。

荷兰东印度公司收到逃回去的邮船"玛利亚"号的报告，派来几艘战船救援，又被郑成功水军击败。郑成功在将台湾城围困几个月后，派兵攻占了台湾城外城，让大炮直接对准城里。荷兰总督揆一看大势已去，不得不开城投降。

公元1662年年初，受降仪式在郑成功军营里举行，郑成功高坐正中，揆一卸下佩剑，脱下军帽，毕恭毕敬地在降书上签下字，带着他的残兵败将，彻底离开了盘踞三十八年的中国宝岛。

郑成功收复了台湾，在岛上建立了一府二县，又从大陆带去了大量的种子、农具和耕牛，组织军队和民众屯田垦荒，发展农业，为进一步开发台湾作出了积极贡献。

李定国坚持抗清

隆武、鲁王两个南明政权先后灭亡以后，两广地区的明朝官员瞿式耜（sì）等人拥立桂王朱由榔在广东肇庆即位，年号永历，所以历史上称他永历帝。

面对清军的大举南下，永历政权内部的一些大臣，如大学士瞿式耜、督师何腾蛟，积极主张联合农民军共同抗清，发奋图强。公元1647年十一月，何腾蛟联合李自成大顺军的余部，在广西全州大胜清军；瞿式耜也在桂林两次击退了清军的进攻。一时间，南明军威名远扬，湖南、广东、广西、江西、四川、云南和贵州都纷纷归属于永历政权。可是，由于永历政权内部的不团结，1649年，湖南就被清军占领，何腾蛟在湘潭被俘就义；瞿式耜也在桂林城失守后被清军杀害。

瞿式耜殉国后，永历朝廷在李定国扶持下，又坚持了好多年的抗清战争。

李定国是陕西延安人，十岁参加农民军，机敏勇敢，被张献忠收为养子。成人后，骁勇善战，被称为"万人敌"。张献忠建立大西国，封李定国为平西将军。

张献忠的养子还有孙可望、刘文秀、艾能奇，都受封为将军。张献忠临死前，将五六万大军交给孙可望、李定国率领，嘱咐他们要联合明朝，不要投降清军。

养子中，孙可望年纪最大，李定国骁勇无比。孙可望有个人野心，妒忌李定国的名望，处处找机会打击他。李定国始终以团结对敌的大局为重，尽量忍让。

孙可望把永历帝接到贵州，却把联合抗清的大事抛到脑后，只想着牢牢控制住永历帝，实现他割据西南、独霸一方的野心。

这时，李定国却在云南训练军队，招兵买马，从缅甸采购大象，组成象军。他还减轻赋税，促进生产，保证了军队的供给。公元1652年，李定国开始对清军发起进攻，北路军攻四川，李定国自带的东路军攻湖南。行前，李定国申明军纪：不杀人，

不放火,不奸淫,不杀耕牛,不抢财物。他的军队作战勇敢,纪律严明,受到百姓欢迎,打了不少胜仗。

打下湖南沅州(今湖南芷江)和靖州(今湖南邵阳)后,李定国侦察到桂林的清军防守空虚,决定分三路进攻桂林。后来因情况变化,他当机立断,集中兵力,突袭桂林。

桂林的清军主帅是定南王孔有德,听说李定国大军来袭,急忙点起军队,离开桂林,争抢战略要地严关。

农历七月初一,明清两军在严关交战,杀得难分难解。突然,大雨如注,雷电交加,李定国的象军一冲而上。清军战马听到大象的吼声,吓得乱蹦乱跑,自相践踏,阵势大乱;李军士兵奋勇砍杀,清军尸横遍野,大败而逃。

孔有德狼狈地逃回桂林城。李定国率军乘胜追击,日夜不停地围攻。孔有德亲上城头指挥。李军将士冒着雨点一样密的箭,一浪又一浪地攻城,终于打下了桂林。孔有德额头中箭,奔回王府。他彻底绝望了,便跳进熊熊烈火中自焚而死。

李定国一鼓作气,又攻克柳州、梧州、衡阳、长沙,一直到江西吉安。

清廷受到很大震动,派出亲王尼堪,率领精锐十万,气势汹汹,向长沙杀来。为避开清军锐气,李定国主动撤到衡阳。双方血战了四昼夜,李定国下令假装打败后撤,尼堪跟踪追击,进入李定国事先设下的埋伏圈,被围住砍杀,全军覆没,尼堪也被杀死。

一连杀死两个亲王,消灭几十万清军,是明清两军开战以来,明军最辉煌的一次胜利。李定国信心倍增,甚至制定了进军南京的作战计划。

李定国打下桂林后,曾经宴请南明大臣,他说:"南宋文天祥、陆秀夫杀身成仁,浩气固然照耀千秋,但我辈报效国家,却不希望这样的局面发生啊!"

但是,孙可望却非常妒忌李定国的节节胜利和威望,他邀请李定国去沅州议事,企图陷害他。幸好有人密报,李定国才免遭毒手。为避免冲突,李定国南下两广。但他在两广的作战并不顺利。与此同时,孙可望调派他的军队到湖南进攻清军,想抢个大功,却遭到大败,连李定国收复的许多城市都丢了。

李定国始终希望与孙可望和解,共同抗清。公元1657年,他派人去贵阳讲和,

还将孙可望的家属送去。但孙可望倚仗兵力众多,直接向李定国发起进攻。可是,到了阵前,他的许多将领都倒向李定国。孙可望只带着二十几个亲信,逃到长沙,投降了清军。

孙可望的叛乱,严重削弱了永历朝廷的军事力量。第二年,清军兵分三路,向云南、贵州发起进攻。明朝叛将吴三桂与洪承畴都参加了进攻。清军占领贵阳、重庆后,直逼云南。李定国计划将有生力量转移到湖南、广西交界地区,积蓄力量,伺机反攻,或者南下与郑成功联络。但永历帝左右的一批小人,却带着永历帝逃往缅甸,苟延残喘。

李定国在腾冲东面、怒江西面二十里的磨盘山,设下埋伏,阻击清军。由于叛徒的告密,虽然消灭了部分清军,暂时阻止了追击,自己也遭到重大损失。

李定国曾多次派人去缅甸寻找永历,希望接他回来,但都没有结果。公元1661年,吴三桂带着大军进入缅甸,逼缅甸国王交出永历帝。他把永历帝押回昆明后,马上绞死了他。最后一个南明政权终于灭亡。

公元1662年农历六月,李定国病重,在云南勐腊逝世。临终前,他对众人叮嘱说:"宁愿死在荒郊野外,也不要投降清朝!"

康熙平"三藩"

吴三桂杀害永历帝后,清顺治帝给他很重的奖赏,封他做平西王,让他镇守云南、贵州,给他许多特权,管辖两省的文武官员,可以随意任免官员,处理军民一切事务,还可以开矿山,煮井盐,铸造钱币,清廷每年还要拨给他饷银九百多万两,占了国库的很大一部分。吴三桂自恃功高,在云南称王称霸。

公元1662年,顺治帝去世,才八岁的康熙帝即位。顺治帝临死前有遗诏,命鳌拜等四个满族大臣做康熙的辅政大臣,帮助处理国家大事。鳌拜立过战功,手握兵权,根本不将小皇帝放在眼里,更不愿意与其他三个辅政大臣商量,什么事情都独断专行。甚至到康熙帝年满十四岁亲自执政以后,他还把持朝政,敢在朝堂上诬陷辅政大臣苏克萨哈,逼迫康熙帝违心地将苏克萨哈处死。

鳌拜成了康熙帝头一个心腹大患,成为康熙帝要清除的一个目标。但宫中卫士多是鳌拜挑选的亲信,不能信任。康熙帝就借口要练习摔跤,从贵族子弟中,挑选十多个棒小伙进宫,陪他摔跤。暗地里却给这些小伙伴作了布置。一天,鳌拜大摇大摆地走进内宫时,宫门突然关上,他自己的卫士被隔离在宫门外,十多个身强力壮的少年突然跳出来,将他团团围住,拽手的拽手,扳脚的扳脚,将他摔倒在地,捆绑起来。接着,康熙帝下诏宣布鳌拜的罪行,将他投入监狱。

清除鳌拜后,就该解决吴三桂的问题了。当时,骄横跋扈的藩王,不止吴三桂一个。广东有平南王尚可喜,福建有靖南王耿仲明(后为其孙耿精忠)。他们都是早期投降清廷的原明朝官员。因为跟随清军入关打农民军,打明朝军队,打反清义军卖力,立了"大功",受到清朝的奖赏,都有许多特权,因而非常骄横,不再肯服从清朝的指挥,妨碍清廷政令的统一,成为百废待兴的清王朝潜伏着的特大祸害。这三个

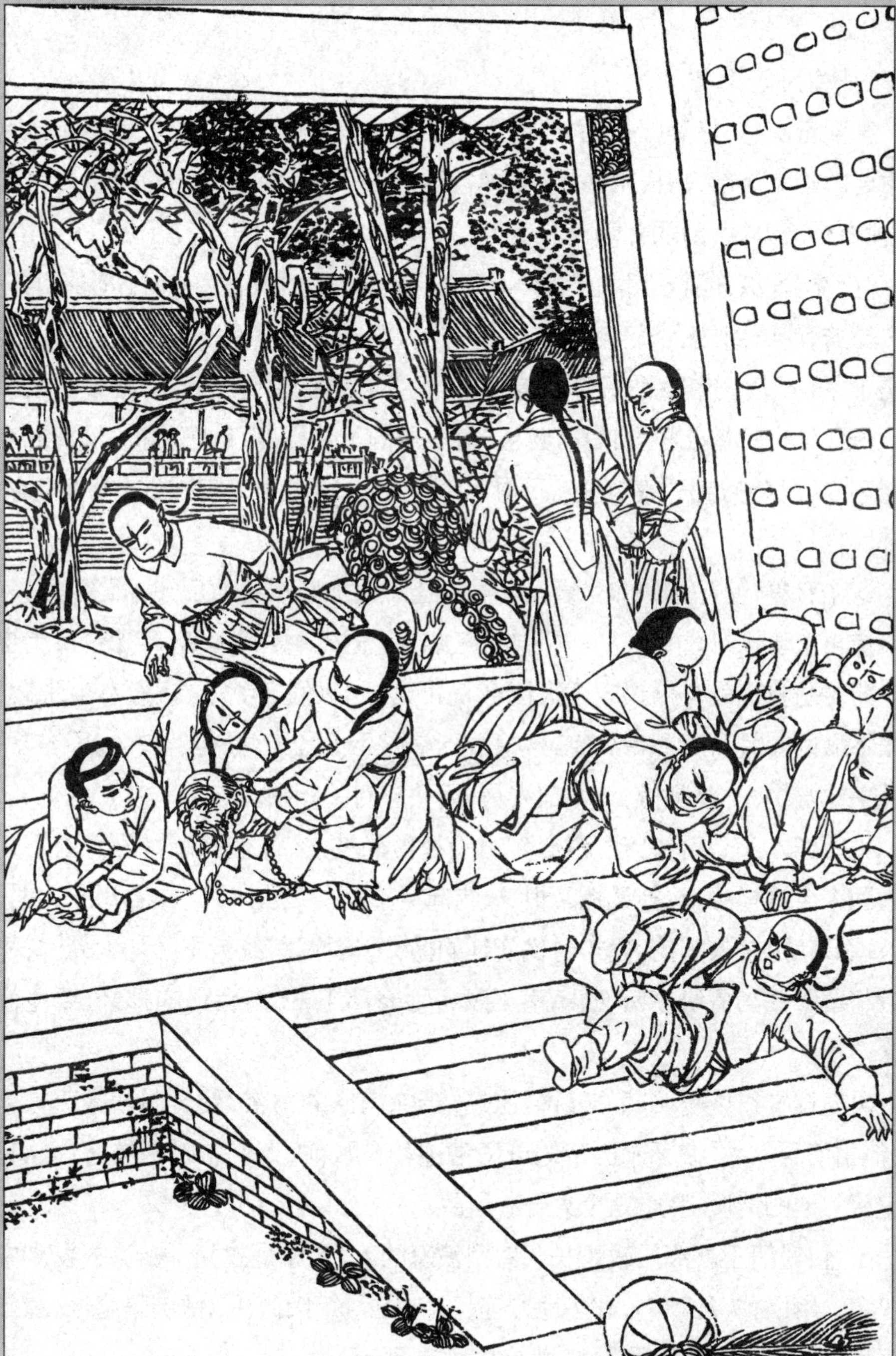

藩王，被称为"三藩"。

康熙帝深感"三藩"危害的严重性，他将"三藩"与治理黄河、办理漕运作为三件最重要的国家大事，写成字条，悬挂在宫殿的柱子上，天天念叨。他一直在苦苦思索，找个什么办法，削弱并消灭"三藩"。

"三藩"也深知清廷对他们的不信任，迟早会对付他们，但一时还吃不准会采取什么措施，严厉到什么程度。他们心怀鬼胎，要试探一下朝廷的态度。平南王尚可喜老了，就上了一道奏章，请求告老还乡，但要求将王爵传给儿子，继续带兵镇守广东。康熙帝也想借此机会试探"三藩"对撤藩的承受程度，就顺水推舟，批准尚可喜告老还乡，但要撤销靖南王府，王爵不能继承。理由是广东安定，不必再设藩王镇守。

这个答复，使"三藩"非常震动。吴三桂一面加紧准备造反，一面邀靖南王耿精忠一道再上奏章，请求康熙帝同时将"三藩"都撤掉。接到奏章，康熙帝冷笑说："他们竟想威胁我！"就交给议政王大臣会议讨论，大臣们意见不统一，有主张撤的，有主张不撤的。最后康熙帝决定，这些藩王掌握兵权太久，拖得越久，越不容易解决，索性一次解决，三藩都撤，将全部人员、兵马迁到关外去。

吴三桂本意是希望康熙帝会作出些挽留的姿态，他们就顺水推舟留下来。谁知康熙帝会这样决断，他又惊又恨，决定起兵造反。公元1673年农历十一月，吴三桂杀掉云南巡抚朱国治，发布讨伐清廷的檄文，自称"总统天下水陆大元帅，兴明讨虏大将军"，并写信给平南王、靖南王及各地老部下，还有台湾的郑经，要他们共同起兵造反。

吴三桂宣布恢复明朝的发饰、服装，革除满族的习俗，要替明朝报仇雪恨。但是，他引清兵入关，绞死永历帝的斑斑劣迹如在眼前，人们怎能相信他"兴明讨虏"的宣传？他的造反，完全是个人野心所致。

不过，对清王朝高压政策长久感到愤怒的人们，还是找到了一次抒发胸中闷气的机会。所以，头几年内，许多地方都起兵响应，大半个中国都沸腾起来，清廷的统治岌岌可危。吴三桂的兵马打到了湖南、江西。

康熙帝临危不惧，停止执行耿精忠、尚可喜两藩的撤藩命令，将他们从造反行

列中暂时分化出来,孤立吴三桂;同时迅速调兵遣将,阻挡吴三桂的进攻。

由于吴三桂在军事上犯了错误,他的军事攻势持续了几年就停止了。双方在西北、西南、中南、华南相持了八年。公元1678年,吴三桂六十六岁,等不及了,在湖南衡阳匆匆忙忙地登上皇帝宝座,国号大周。可是到这年秋天,他就病死了。

此后,形势大变,清军的进攻越来越猛烈。到公元1681年,清军攻下昆明,吴三桂的孙子吴世璠自杀,"三藩"的叛乱终于被彻底平定。

雅克萨清军告捷

康熙平定"三藩"的时候,我国东北边疆频频传来沙俄军队抢占土地、杀掠人民的警报。

黑龙江流域是我国东北各族人民长期生活的土地。沙俄入侵黑龙江流域,是从十七世纪四十年代开始的。入侵者在我国土地上建筑城堡,残杀百姓,抢劫皮毛粮食。中国军民早就对沙俄的侵略进行了自卫反击。到公元1660年(顺治十七年)的时候,这一带的沙俄侵略者已全部被肃清。

康熙帝初年,由于"三藩"的叛乱,清朝政府没有过多精力兼顾东北的防务,沙俄侵略者又卷土重来,非法修建雅克萨城堡(今黑龙江北岸,呼玛西北,漠河以东地区),企图长期占据。清朝政府虽然多次向沙俄政府交涉,但都没有效果。

"三藩"平定后,康熙帝准备亲自解决沙俄侵略黑龙江的问题。他起驾来到老家盛京巡视。祭拜过祖陵之后,他就接见守边的将领,向他们了解边防形势。为了弄清楚沙俄侵略者的人员、装备的情况,他派将军朗坦、彭春,以打猎为名,深入雅克萨地区,就近侦察。同时在瑷珲等筹集粮草,调派军队,制造攻城器械,做好征讨的军事准备。

一切准备停当后,公元1685年,康熙帝命令彭春等将领率领由满、汉、蒙古、达斡尔等族官兵组成的约三千人的军队,从瑷珲出发,前往雅克萨,收复中国的领土。

清军来到雅克萨城下,先向沙俄督军托尔布津发出通牒,劝他投降,退出中国土地。托尔布津拒绝了中国军队的要求,清军便发起了进攻。

沙俄侵略军盘踞雅克萨多年,所以,城池修得很牢固。但是清军的攻势更猛烈,水陆并进,大炮猛轰,白天黑夜不停止。侵略军死伤惨重,又无外援,托尔布津

只得叫部下挂出白旗,向清军求降,保证不再侵略中国土地。

清军接受了侵略者的投降,允许托尔布津领着残兵败将,退回本国土地。但是,清军没有留人驻守雅克萨,而是将城堡破坏销毁,就奏起凯歌,胜利返回瑷珲,向康熙帝报捷。

不讲信义的托尔布津,等清军主力一走,又返回雅克萨,重建城堡,增添兵力。为了死守,他们增高了城墙,挖宽了护城河,准备了足够的粮食。

康熙帝听到黑龙江将军萨布素的奏报,非常生气,第二年春天,就命萨布素率领两千多军队再次出征雅克萨。

这次,清军采取长期围困的打法,在城的东、南、北三面挖掘战壕,构筑营垒,又切断雅克萨西面的水道。同时,用更加猛烈的炮火,向城里轰击,托尔布津被大炮击中,伤重而死。沙俄军队被围困五个多月,弹尽粮绝,死伤的人横躺竖卧,城堡再也守不下去了。

这时,沙皇政府正式出面,要求谈判,解决争端。康熙帝同意沙皇的请求,下令撤退围攻雅克萨的清朝军队。

公元1689年,清朝与沙俄政府通过谈判,在黑龙江的尼布楚正式签订了条约,在法律上规定了中俄两国东段的边界,确认了黑龙江流域广大土地为中国领土,沙俄军队退出雅克萨。这个条约,被称为《尼布楚条约》。

此后,康熙帝命令在黑龙江的战略要地建筑城堡,派兵驻守,设置驿站,制定了巡边制度,防止侵略者入侵。在相当长的时期内,保障了东北边境的和平与安宁。

三战噶尔丹

康熙帝刚与沙皇俄国签订了《尼布楚条约》，安定了中国北部与东北部的边疆后，又遇到西部蒙古族部落的首领噶尔丹反叛的挑战。

明末清初，中国北方的蒙古族分为三大部分：漠南蒙古，居住在今内蒙古自治区一带，早就归顺清朝；漠北蒙古，又称喀尔喀蒙古，居住在今蒙古国一带；漠西蒙古，又称厄鲁特蒙古，也就是明代蒙古族的瓦剌部落，生活在天山以北地区。这两大蒙古部落也先后归顺清朝。但在漠西蒙古中有个准噶尔部落，在今新疆伊犁草原地区。噶尔丹是准噶尔部落的首领，非常强悍。他取得准噶尔部落的大权后，受到沙皇俄国的唆使，就开始向外扩张、掠夺。漠西蒙古先被他征服，接着他又进攻漠北蒙古。

漠北蒙古打不过噶尔丹，几十万百姓南下，躲到漠南蒙古，请求清朝保护。康熙帝一面安抚、救济逃难的灾民，一面派人前往噶尔丹军营，要求他立即退兵，并将所侵占的漠北蒙古的土地、牛羊，统统归还主人。噶尔丹野心极大，本来就想打到北京，哪听得进康熙帝的劝阻，便策动大军向东杀来。

康熙帝决心严厉惩罚噶尔丹。公元1690年，他亲率大军西征。左路清军由抚远大将军福全统领，出古北口；右路清军出喜峰口，由安北大将军常宁率领。

左路军先与噶尔丹交手，吃了败仗，不得不后撤。噶尔丹因此更加轻视清军，向南猛攻，一直打到乌兰布通(在今内蒙古赤峰)，离北京只有七百里。他狂妄地叫嚷，要打到北京去。康熙帝下令右路军停止后撤，迅速会合左路军，在乌兰布通迎战噶尔丹。

噶尔丹将他的大军布阵在一座大山下，一边有河流，一边有树林。他将一万多

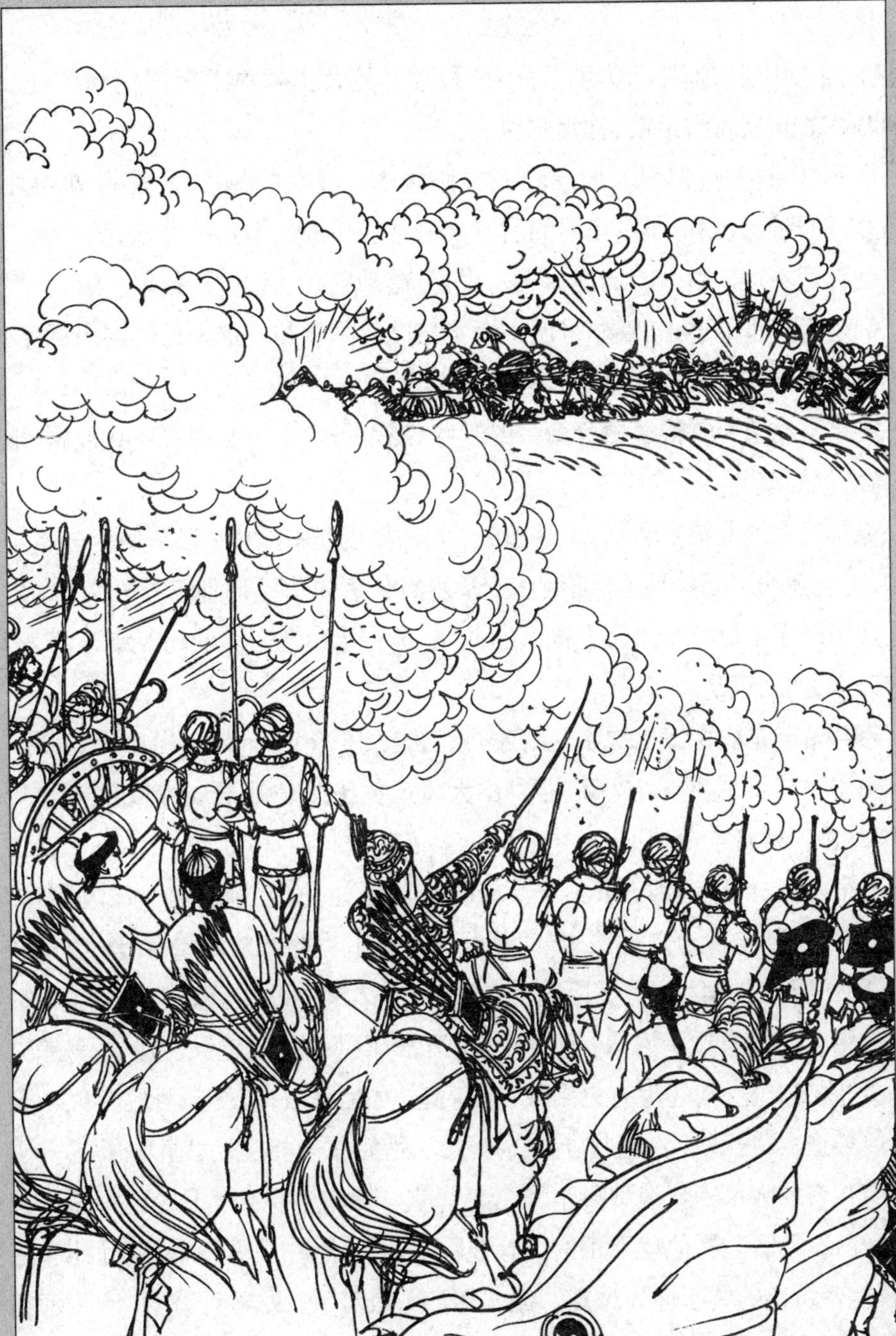

匹骆驼，围成圆阵，捆住四脚躺下，不能移动。驼背上绑着木箱，蒙上湿毛毡，士兵们则躲在驼阵后发炮射箭，称为驼城。

清军针锋相对，先用大炮向驼城中段轰击。猛烈的炮火，将骆驼炸得血肉横飞，驼阵撕开很大的口子。正面的清军步骑兵随后发起勇猛的冲锋，另一支清军则从驼城背后夹攻。噶尔丹的叛军，被打得丢盔卸甲，尸横遍野，狼狈逃窜。

为延缓清军的追击，噶尔丹派一个喇嘛向清军求和。福全连忙向康熙帝禀报。康熙帝叫传令官赶快传达命令："火速追击！"

可是就在清军等候康熙帝命令的时候，噶尔丹跑了。他带着残兵败将，取道大兴安岭，逃回漠北。

噶尔丹在漠北招兵买马，重整旗鼓，企图卷土重来。康熙帝派使者去邀请他来讲和，订立盟约。噶尔丹不但拒绝南来，还将使者杀害了。他带着三万骑兵，并扬言从俄罗斯借了鸟枪兵六万要再杀向北京，争夺皇帝宝座。他的奸细还潜入漠南，制造谣言，煽动叛乱。

康熙帝于是决定第二次亲征噶尔丹。公元1696年，他率大军十万，兵分三路：东路由黑龙江将军萨布素率领；西路由大将军费扬古率领，任务是切断噶尔丹的后路；中路由康熙帝亲自统率。

出征路上，清军遇到许多困难。有时粮草断绝，一天只能吃一顿饭，喝浑浊的河水，康熙帝都与将士们同甘共苦，激发起将士们克服困难的高昂士气。途中，他们还遇到连绵的阴雨，西路军因雨落在后面，有人又传说沙皇要出兵帮助噶尔丹。

随军大臣担心孤军深入，易遇危险，请求康熙帝就此退兵。康熙帝坚决不同意，说："朕挂帅出征，还没有见到敌人就后退，如何杀敌，怎样向百姓交代？况且我中路单独退兵，叛贼就能集中精锐攻打西路，西路军的将士们就危险了。"

康熙帝的大军一直追到噶尔丹的大营前。噶尔丹听手下报告说康熙帝挂帅亲征，已经到了大营前，他还不相信。等他跑上山头瞭望，只见清军军纪严明，兵强马壮，康熙帝黄色的龙旗迎风飘扬。他才知道不是对手，便拔营西逃。康熙帝趁势追击，并通知费扬古率西路军截击叛军。

费扬古在昭莫多（今蒙古国乌兰巴托东南）遇到噶尔丹的主力，展开激战。清军的

伏兵突然出现在敌后及其两翼,结果叛军大乱,被打得稀里哗啦。清军追击三十余里,杀敌数千人。但还是被噶尔丹带着几十名骑兵跑掉了。

第二年春天,康熙帝再次带着大军出征,围剿噶尔丹残余部队。噶尔丹走投无路,服毒自杀了。

康熙帝与噶尔丹的战争,打了八年,终于平息了蒙古草原上的骚乱,维护了中国版图的统一。

噶尔丹的侄子策妄阿拉布坦也是个不安分的人。噶尔丹在外面厮杀,他却将伊犁地区占为己有。后来,他又窜到西藏,强占地盘。康熙帝便派大军进入西藏,赶走策妄阿拉布坦,设置驻藏大臣,护送达赖六世回藏,与朝廷派驻西藏的大臣及班禅共同管理西藏。西藏回到了祖国大家庭的怀抱。

八大山人冷眼观世

清王朝的统治渐渐稳定下来了。不过,康熙帝总有些不踏实,他担心明朝留下的那些皇室成员和读书人并不服从清朝的统治。确实,一些还活着的明朝贵族心中一直在怀念失去的江山,拒绝与清王朝合作,对清朝的统治冷眼旁观。公元1690年(康熙二十九年),著名画家朱耷(dā),又名八大山人,画了一幅《孔雀图》,就有很强的讽刺性。

这幅画的上部是一层石壁,石下垂着竹叶与牡丹花;画的下面有一块危石,危石上蹲着两只丑陋的孔雀,其中一只孔雀的尾巴上拖着三根稀稀拉拉的花翎。画的最上边题着一首诗:

孔雀名花雨竹屏,竹梢强半墨生成。
如何了得论三耳,恰是逢春坐二更。

当时,康熙皇帝下江南,采取拉拢人心的政策。有不少人趁机讨好清王朝,纷纷忙着去"接驾",本来是五更上朝见皇帝,但是有些人等不及了,二更时分就去等候召见。朱耷诗中的"坐二更"讽刺的就是这种丑态。"三耳"嘲讽的是奴才,因为奴才善于对主子阿谀奉承,耳朵特别灵,所以说奴才有三只耳朵。那时,清朝官员的帽子后面都拖着用孔雀尾巴做的"花翎",花翎由皇帝赏赐,根数越多级别越高,戴上三眼花翎,就表示是最高级别的官。画中孔雀的尾巴上正好是三根花翎,就是挖苦清朝的那些大官。而孔雀呆呆地蹲在很不稳当的危石上,是象征清王朝的根基不稳,随时都有垮台的危险。

朱耷是明太祖朱元璋的第十七个儿子朱权的第八代孙,生在南昌。朱耷生下来的时候,耳朵特别大,父母就给他取了个乳名叫"耷子",所以后来名字就叫朱耷。朱耷的父亲是一位有名的书法家,他从小就得到父亲的指点,对诗、书、画、印产生了浓厚的兴趣。朱耷天资聪慧,少年时代参加科举考试,做了一名"诸生",人们都夸他是神童。

但是,朱耷十九岁时,明朝灭亡了;二十岁时,父亲去世。国破家亡,使朱耷内心非常悲痛,感到前途渺茫。清军占领江西后,朱耷逃到南昌西边的新建县,出家当了和尚。

朱耷有许多别号,如雪个、个山、驴、人屋等等,当然,八大山人这个别号最出名。他画画时,落款的方式非常奇特。他把"八大"二字紧紧地联在一起,"山人"两字也是这样,看上去就像"哭之",又像"笑之",用这种方式寄托他对国破家亡的悲痛心情。他还常常在画上题上"三月十九日",因为这一天是崇祯皇帝在北京煤山上吊自杀的日子,画家借此表达了对明王朝的怀念。

八大山人喜欢喝酒,对下层百姓十分和善。小贩、和尚、道士请他喝酒,他从不推辞,酒后就为他们挥笔作画。有一次,庙里的一个小和尚缠着要他作画,很没礼貌,他一点不在乎,画好了就送给那个小和尚。

但是,富豪贵人、投降清朝的官吏来向他求画,他却从来不给他们好脸色看。有一次,有个有钱人拿了非常精致的绫绢求他作画,八大山人先是不理睬他,那个有钱人反复哀求,八大山人总算收下了绫绢,却说了一句:"我准备做袜子穿。"弄得那个有钱人哭笑不得。

还有一回,临川县令胡亦堂把八大山人请去,用十分周到的礼节接待他,实际上是仗着权势,逼迫他为清王朝效劳。八大山人突然装起疯来,又是哭又是笑,撕碎身上的僧袍烧掉;然后冲进城里,满街乱跑,鞋破了,脚肿了,裂了口,也一点不顾。过了几天,他在扇子上写了个"哑"字,从那以后碰到讨厌的人,便展开扇子,一言不发;他还在家门口贴了个大大的"哑"字,不再跟人说话。

八大山人擅长花鸟、竹木、怪石、芭蕉、芦雁、水鸟。他的画打破了明代模仿古画的陈旧风气,是个有创造性的天才画家。八大山人的画笔墨简练,构图不拘一

格,造型大胆夸张,艺术形象鲜明生动,具有很强的思想性。他画鸟,不是鲜花春光中喜悦欢叫的鸟,而是一些枯柳上的孤鸟,枯木中的独鸟,鸟儿们大都半闭着眼睛。睁开的眼睛,有时会画成方形,眼珠子点得又大又黑,常常顶在眼眶的正上方,显示出一种白眼向人的冷漠神态,表达了画家对清朝统治者的蔑视。他画山水,也大都是荒山怪石,枯枝残叶,表现了一种荒凉的境界。

清代初年的画坛上,还涌现了几个以画画出名的和尚。一个叫石涛,是明楚王的后代,一个叫髡残,还有一个叫宏仁。明朝亡国后,他们都不愿和清廷合作,出家做了和尚。他们和朱耷一起,被称为"清初四僧",在中国绘画史上享有很高的地位。

"天下兴亡，匹夫有责"

与清廷不合作，甚至激烈抗清的，除朱耷外，还有许多著名学者，如顾炎武、黄宗羲、王夫之、傅山等人。

顾炎武是一位大思想家、大学问家，有非常强烈的爱国思想与高尚的民族气节。面对明朝末年国家残破的形势，以及清朝统治者的残酷镇压，他提出"天下兴亡，匹夫有责"（原文是："保天下者，匹夫之贱，与有责焉耳矣！"）的口号，意思是，国家兴衰存亡的大事，老百姓也有责任关心和参与。

顾炎武出生在江苏昆山。他家是江南的名门望族，世代都有读书人，家中藏书很多。受他祖父的教育指导，他从小就不太看重科举考试，而着重阅读一些有实际用处的书籍，如《孙子兵法》及《左传》、《史记》、《资治通鉴》等记述历史兴亡、经验教训的史书，还广泛学习天文、历法、地理、农业、水利等方面的知识，研究"经世致用"（对治理国家、安定民生有实用价值）的学问。

他的继母王氏，是位勤劳朴实，很有修养的女性，白天纺纱织布，晚上在灯下读书。她经常给顾炎武讲些历史上仁人志士的爱国故事，对他也有强烈的影响。

顾炎武的青年时代，明王朝已是风雨飘摇。他十五岁时，就与同乡好友归庄，参加青年知识分子的爱国进步团体复社，满腔激情地议论国家大事。

公元1644年，他三十二岁时，崇祯皇帝自尽于煤山，第二年，清军南下，占领南京，接着苏州陷落。顾炎武与归庄毅然参加太湖渔民与农民组织的一支义军，进攻被占领的苏州城。义军攻进城内，但遭到清军的伏击而失败，顾炎武逃回昆山。

不久，清军派来的昆山知县，严厉督促民众执行剃发令，激起反抗怒火。民众自发组织，杀死清军的知县，推选了指挥官，关起城门，构筑工事，准备抵抗清军。

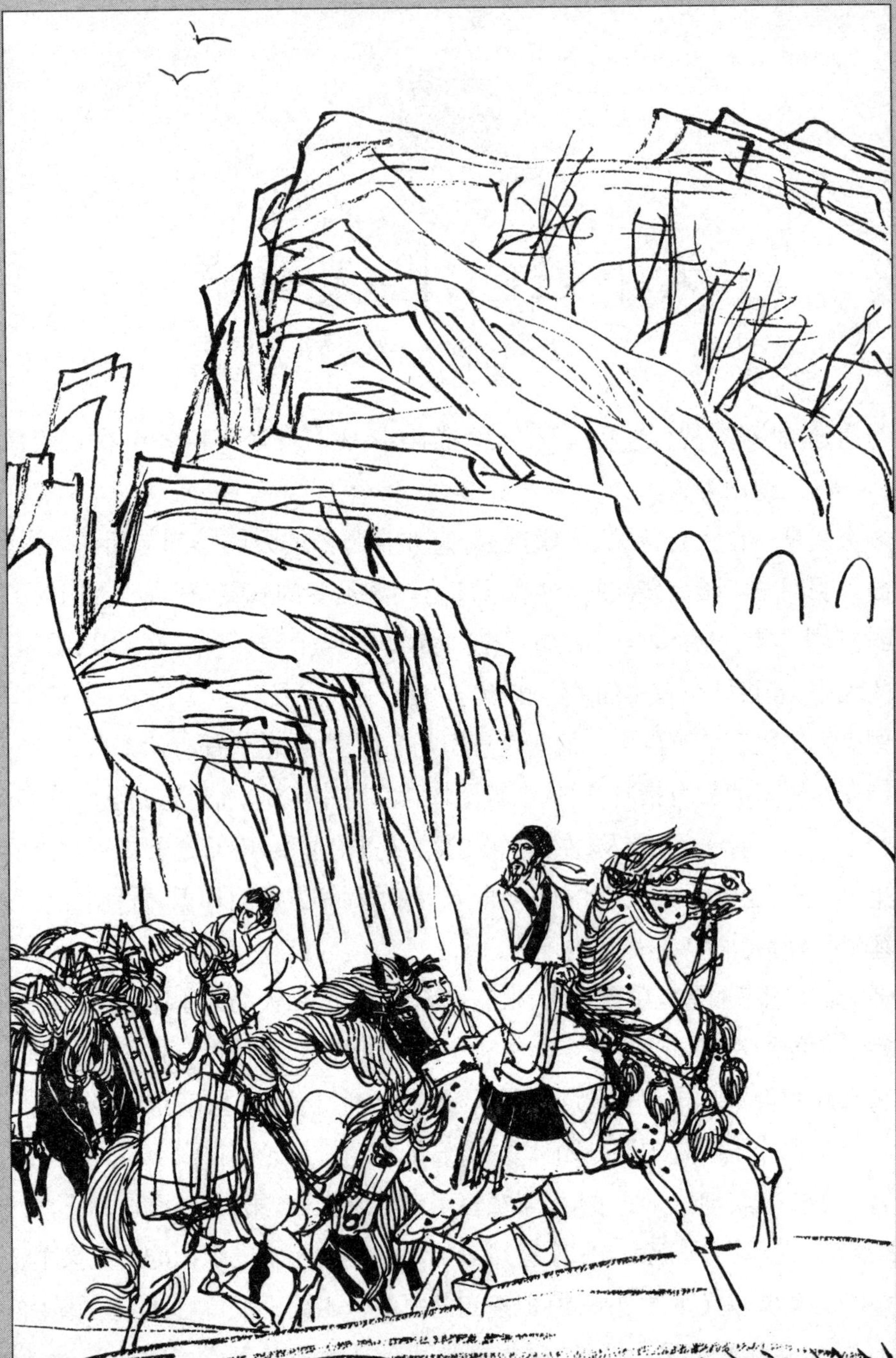

顾炎武与归庄又参加了这次战斗。面对人数众多的清军,昆山人民抵抗了二十多天,又失败了。顾炎武、归庄都逃出了城,但他的四弟、五弟被清军杀害,生母被砍断一只手臂。他的继母为抗议清军的暴行,绝食十五天而去世。亲人的殉难,更坚定了他抗清的决心。

顾炎武听说鲁王政权还在舟山海上抗清,想渡海去投奔,但还没到达,鲁王政权已经失败。此后,他化名蒋山傭,扮着各种各样的身份,走遍江南江北,秘密联络各地抗清力量,希望组织新的抗清斗争。

顾炎武的活动,受到清廷的密切关注。昆山有家大地主,叫叶方恒,早已投靠清军。他为霸占顾家的田产,与顾家结下仇恨。叶方恒打听到顾炎武在秘密活动,就在顾炎武回到昆山时,向官府密告,并私自将顾炎武抓到家里拷打、审问。

归庄等朋友得到消息,赶来营救。有人想出主意,冒用顾炎武的名义,写个帖子,去拜访在清廷做大官的钱谦益,要他出面说情。钱谦益本来是著名的东林党人,江南爱国人士的首领,可是清军一过长江,他就带着南京的文武百官,出城迎接清军。顾炎武非常鄙视这类变节的官僚。他听说了这个荒唐的举动时,非常激动,后来在街上贴出声明,说明帖子不是他写的。

经过一番周折,顾炎武才被释放。但叶方恒派打手继续跟踪顾炎武,在南京太平门外,他们找到机会,将顾炎武从驴背上拖下来毒打,头骨被打成重伤,差一点被打死。

为考察北方的风俗民情、山川地势,联络抗清志士,同时也为了避开仇家的纠缠,顾炎武前往山东游历,后来又游历河北、河南、陕西。他到过山海关、居庸关、古北口、昌平、昌黎等关隘天险、军事要地,从当地百姓和老兵口中,了解当地自古以来发生的战争的情况。

旅行中,顾炎武常常赶着两匹马、两匹骡子,驮着书箱,只要有了心得或新的情况,他总会坐下来,打开书本,与古人的记载对照,将新的情况记录下来。他很注意当地的政治沿革、地形、特产、经济状况。这些,都是对治理国家、行军作战很有用的资料。他注重实际的研究方法,与前代学者偏重于从书本上研究,并且研究内容离国计民生、国防建设较远的情况,有很大的不同。

在西北，顾炎武会见过一位很有气节的大学者李颙(yóng)。李颙出身贫苦人家，靠从寺庙借书学习，成为著名的大学者。清朝官府为装点门面，多次请他出去做官，都被他拒绝。后来，他们干脆用武力将他强逼到北京，在路上，他几次要自杀。官府没有办法，只好放他回家，他将自己倒锁在土窑里，饮水饭食由家里人按时接送。他拒绝再会见任何人。但他破例热情地会见顾炎武，畅谈了好几天。顾炎武为此感到特别兴奋。

顾炎武在北方广大地区游历了二十多年，积累了丰富的资料。后来，他在山东章丘县长白山下租了房子住下来，整理材料，埋头写作。写出的著作有《山东考古录》、《营平二州地名记》、《日知录》、《亭林诗文集》等。他早年开始写作的《天下郡国利病书》，也在北方游历的过程中完成。

晚年，顾炎武定居在陕西华阴。后来游历到山西曲沃时去世，终年七十岁。

直到去世，顾炎武都没有忘记反抗清廷的斗争。他有一首诗，咏精卫鸟（传说中的一种小鸟，不停地衔小石子，想把大海填平，毅力坚强），诗中是这样唱的：

我愿平东海，身沉心不改。
大海无平期，我心无绝时！

蒲松龄说狐聊鬼

清朝入关后,笼络汉族读书人的手段之一,就是继承明代科举考试的办法,给他们在新政权里留了扇做官的门。顺治朝开始开科取士,到康熙初年,已经开了七八科。明朝科场的腐败和黑暗,清代科场都继承下来。许多读书人,将一生的精力、智慧都投在科举考试中,直到满头白发,才博得个秀才资格,有的甚至连秀才都捞不到,至死仍然是个童生(小学生)。

蒲松龄就是这样一位不走运的秀才。他是山东淄川(今山东淄博)蒲家庄人,十九岁第一次参加科举考试,中了秀才,很兴奋,以为凭一肚子诗文,功名唾手可得。哪知,此后他不知进了多少回考棚,直到两鬓飞雪,也仍然只是个秀才。他对于科举考试中的腐败黑暗现象,看得很多,心中早积蓄起一股不平之气。

蒲松龄父母家原不算富裕,他独立成家后,家里更穷;因此他与一般穷苦的群众来往较多,有一些共同的语言。他又喜欢看古代的笔记志怪小说、谈仙说鬼的传奇故事,如《搜神记》、《玄怪录》等等。闲暇时,他常跟朋友及村里的邻居、老人、小孩讲讲神怪狐鬼故事。有时,他也自己编一些故事来讲。当然,他有时也从他们那里听到一些神奇的故事。

他有位朋友做江苏宝应县知县,聘请他去做幕宾(相当于秘书),管文书档案,帮助朋友拟拟文稿,聊聊天,说说离奇古怪的故事。蒲松龄在江南生活了一年多,欣赏到不少江南的秀丽风光,也看到了官场的黑暗和腐败,搜集到的狐仙鬼怪故事也不少。

后来,他看不惯官场的黑暗,辞职后回到故乡,去教私塾,生活仍然贫苦。他写过一个教书先生受冷遇的戏曲故事。一位穷教书先生,好不容易找到一家人家去

教书,但东家非常小气,给教书先生吃的是高粱、小米加萝卜,睡的是破炕和又短又窄的肮脏被褥,半块破砖做枕头,没有烧炕的柴火;他在平时还要帮主人买菜、扫地、带孩子,简直是帮工。这几乎就是他自己生活的写照。但是,这样的生活,也没有减少他对谈狐聊鬼的兴趣。因为他说的故事,已经不仅仅是好奇了,而是充满愤恨、怨怒和期望。

终于,蒲松龄找到一个好东家。这东家做过明代崇祯朝的大官,家中有园林和藏书楼,蒲松龄在他家教书,空余时,可以借读他那丰富的藏书,可以跟主人谈诗文或者聊神仙鬼怪故事。他在这东家处教书三十年,每到大考的年份,总还要去搏斗一场,但是总不能如愿。他到六十多岁时,终于看清,科举道路非常黑暗,没有公道可讲。不管你文章、学问再好,如果不会迎合考官的嗜好,不会贿赂重金珍宝,也很难被取中,更不会被皇帝发现,得到重用。他最终还是回到教书与狐鬼世界中来。

蒲松龄的说狐聊鬼,在朋友中非常有名。许多朋友,将听到的,或者自己编的故事,写信寄给他。他搜集到的故事越来越多,经过他的精心改编和创作,用生动的文笔,描写出一个又一个新的、动人的故事,共有好几百篇。他将它们编成集子,取名《聊斋志异》。"聊斋",指讲故事的地方,"志异",是记录奇闻怪事的意思。

《聊斋志异》用拟人化的手法,将大量的花妖狐仙、牛鬼蛇神作为故事的主要人物,利用超现实的力量,写正义战胜邪恶,写真情战胜虚伪,写公正战胜贪婪,抨击了社会的黑暗,寄托了自己的理想。书中有篇《席方平》,写了这样一个故事:

有个叫席方平的年轻人,他的父亲被姓羊的奸商害死。他到府里、县里去告官,但府、县官员都收了奸商的贿赂,不接受他的状纸。他气愤得要死。想到大家都说阴间的阎罗王最公正,决定到阎罗殿去告状。可是,当他来到阎罗殿时,才发现,奸商已经先到阎罗殿,上上下下贿赂好了。小鬼责骂席方平,阎罗王也不接受他的诉状,甚至动用种种酷刑折磨他,逼迫他不要再告状。受尽折磨后,他决心将阎罗王一起告进去。但是,没有地方接受他的告状,所有诉状仍然又转到阎罗王手里。他受到阎罗王加倍的报复,被大锯锯身。阎罗王问他,还要再告不告状?他倔强地说:"要告!"阎罗王又让两个小鬼私下软化他,说:"给你一千两银子,你可以不再告状了吧?"席方平斩钉截铁地说:"银子不要,冤一定要伸!"

席方平悲愤地说:"这被人称赞公正无私的阎罗殿,竟比阳世间的贪官还要黑暗啊!"但他仍然不屈不挠地要找地方伸冤。阎罗王后来采取将席方平从阴间驱逐出去的办法,叫小鬼强行押他到阳间投生为人。席方平大冤未伸,并不甘心,才出生三天,就夭折而死。他继续到处流浪,找地方伸冤报仇。后来,终于被他找到灌口二郎神。他将姓羊的商人、阎罗王及一群小鬼,全都告进去。这次总算告准了,阎罗王及奸商、小鬼都受到严厉的惩罚。席方平不屈不挠的努力,终于获得成功。

这个故事借揭露阴间的贪赃枉法,有力地抨击了封建社会官场的腐朽黑暗。最后的结局,反映了蒲松龄的良好愿望。

书中还有个《画皮》的故事。一个书生大清早上路,路上遇到个年轻美貌的女子,说是有钱人家的小妾,受不了虐待,逃了出来。书生既同情她的遭遇,又贪她的美貌,就带回家里同居。

有一天,一个道士对他说,你身上有邪气,回家看一看就知道了。他回到家,从窗外看去,只见一个恶鬼,正伏在桌上画人皮,画好后再披到身上,就变成那女子。书生非常吃惊,求道士救他。但是道士没有救下他,他被这恶鬼吃掉了,非常悲惨。

世界上并不真的有狐仙鬼怪,但这个故事告诉读者,恶人善于伪装,不被他的善良外表迷惑,才不会上当受骗。

在中国古代优秀文化遗产中,《聊斋志异》是部著名的文言短篇小说集。在世界文学史上也有很高的地位,被译为英、日、法、俄等二十多种文字,流传到很多国家。

清廷大兴文字狱

清朝统治者一面开科取士,笼络汉族读书人,软化他们的抗清意识;一面用"文字狱"来打击、压制具有强烈抗清意识的知识分子,打击利益不同的政治异己分子。文字狱的受害者,多数是生员、秀才、举人、教师和官员。

文字狱是封建时代的思想罪。由于作者文章中的某些字句,或由于整个主题,触犯了统治者的政治忌讳,而给作者甚至读者定罪,或者统治者捕风捉影,根据文章中似是而非的字句,强行解释为触犯他们的政治忌讳,而给作者罗织罪名。这样制造出来的案件,叫文字狱。

文字狱在古代就有,但是清朝初期,康熙、雍正、乾隆三朝一百多年中出现得最多,最严重,最残酷,大小案件数百起,因冤狱被杀头、抄家、充军、做苦役、做奴隶的人,不计其数。

据说,有个书生写了句诗:"清风不识字,何必乱翻书",被认为是讽刺满族贵族的文明程度不高,就丢了脑袋。但开始大规模地制造文字狱,是在康熙帝时期,有两起大案震惊全国。

一个是庄廷鑨(lóng)的"明史狱"。庄廷鑨是浙江归安县的财主,他花钱买得一部明代学者写的、没有出版过的书稿《列朝诸臣传》,写的是明朝历史。他找了几个人,帮他稍加修改,补充崇祯朝的事迹,改名为《明史》,刻版印行。书中有些话,是明朝人口气,如称明朝官员降清为"叛变",直接称呼清太祖努尔哈赤的名字。庄廷鑨死后,有人告发此事,被康熙帝钦定为最大的逆案,庄廷鑨的尸体被从棺材里拖出来砍头,他的儿子被杀,家被抄,刻书、印书、买书、藏书、读书的人,杀头的杀头,充军的充军;有的官员因为处理不力,也被革职、处死,共杀害了

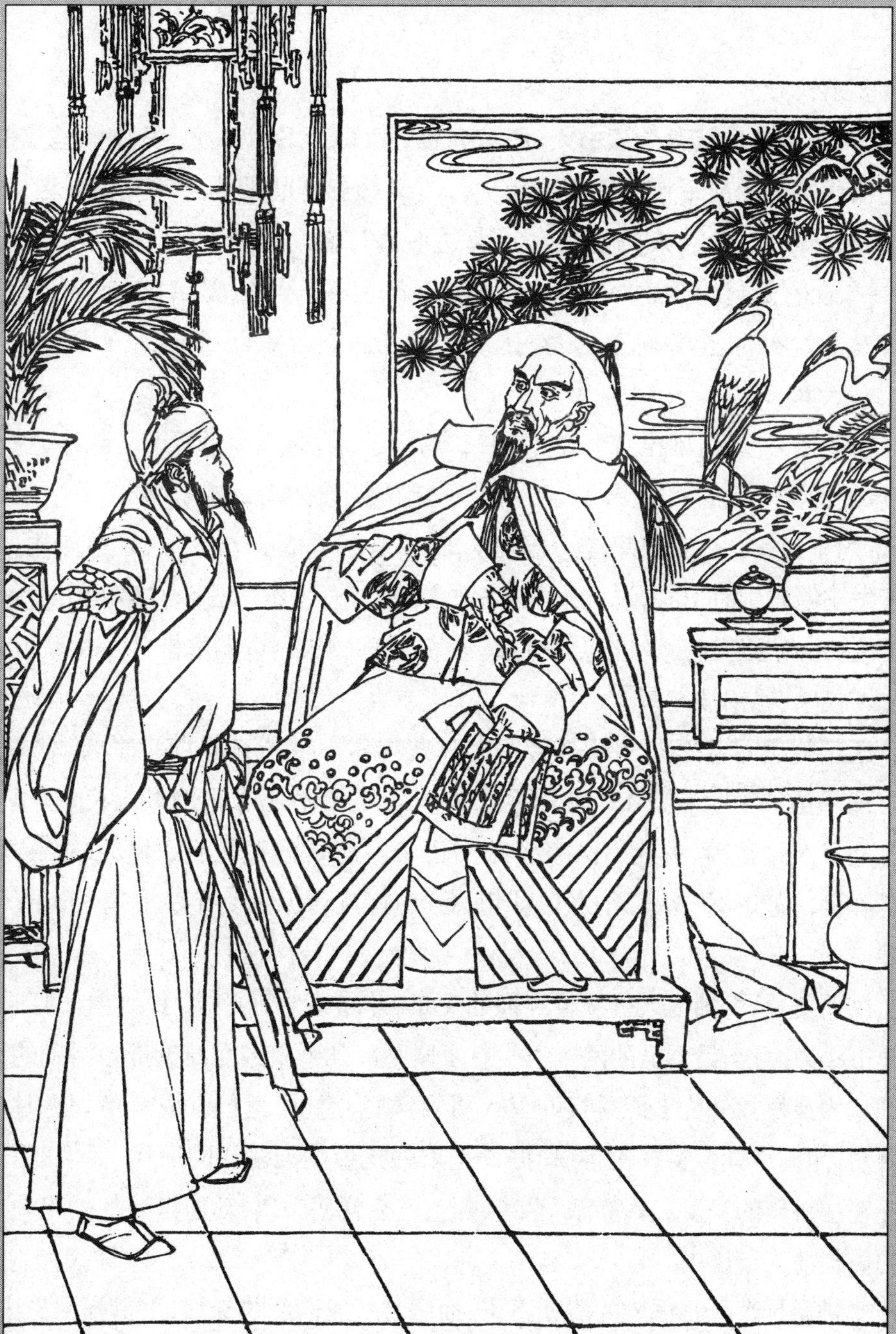

七十多条人命。

后来，安徽桐城有个读书人，叫戴名世，编了部《南山集》。其中有些文章，详细记叙南明永历皇帝抗清斗争的历史。这又触犯了清朝的忌讳。戴名世中了进士，做翰林院编修，被人揭发，定为"大逆不道"，遭凌迟处死(一小块一小块地切割受刑者身体的肉，让他在极端痛苦中死亡)，他的祖父、父亲、子孙、兄弟，以及叔伯、侄子，凡年满十六岁的，全部斩首，妇女送给满族功臣做奴隶，受株连三百多人。这是第二桩大案。

康熙帝去世后，雍正帝于公元1722年即位。他的残暴不亚于康熙帝。他疑心很重，处理文字狱的手段更辣。江西考官查嗣庭，出的考试题是"维民所止"，是《诗经》中的一句诗，上句是"邦畿(jī)千里"，意思是，千里的国土，有百姓在居住。但有人告发出题者别有用心，说："维"是雍字去头，"止"是正字去头，这句话，暗示要杀雍正的头。雍正大怒，说：你要我的头，我先砍你的头！查嗣庭被关在监狱里病死，他儿子被杀，兄弟被充军。

雍正朝最闻名的文字狱是吕留良和曾静案。吕留良是浙江学者，他有两句诗："清风虽细难吹我，明月何尝不照人。"表现了不屈服于清朝、怀念明朝的感情。他参加过抗清，失败后回家乡教书讲学。清廷逼他做官，他坚决拒绝，出家做了和尚。他的著作充满反清思想，但没有流传开来，所以没有引起清廷的重视。

吕留良死后，湖南人曾静看到他的文章，非常喜欢，派人专程到浙江打听他的其他书稿，并且与吕留良的两个学生有了联系。几个人进而商量推翻清朝的大事。他们认为最好找一位掌握兵权的汉人将领，领头造反，就可以成大事。当时，坐镇陕西、甘肃的清朝大将军岳钟琪，据说是宋朝抗金英雄岳飞的后代，他们就将希望寄托在岳钟琪的身上。曾静派学生张熙上门去找岳钟琪，劝他学习他的祖先，将金人的后代清人赶出去。

岳钟琪是个死心塌地的清朝臣子，他假装赞成造反的计划，引诱张熙说出全部人员和计划，然后就向雍正帝告密。曾静等当事人都被逮捕起来，由曾静供出，是吕留良的著作引起的密谋。雍正大怒，认为前面许多"谋反"大案，都是由于吕留良

思想"流毒"引起的。下令将吕留良从坟墓中挖出来碎尸,还劈了棺材,吕留良的后代和他的学生被满门抄斩。只有曾静没有被杀。雍正将曾静写的供词,批满了"圣谕"(皇帝的指示),刻印成书,叫《大义觉迷录》,发到全国,让大家认真阅读。他要用这作为"反面教材",让人们从思想上认识到,反对大清朝是有罪的。他的手段,又胜康熙帝一筹。

鄂尔泰推行改土归流

清朝在安定东北边疆、巩固内地的统治后,开始注重西南边疆的治理与整顿。

从元朝开始,在西南地区的四川、云南、贵州及广西、湖南、湖北少数民族地区,实行土司制度。就是在少数民族生活的地区,建立土司,任命少数民族的上层人物为土知府、土知州,管理原地区。土官有许多特权,职位世袭不变,朝廷不加干涉,不受府县流官(朝廷任命、任期有限的官员)管辖。土司只象征性地向朝廷缴纳一点钱粮,有的土司一点也不承担。土司有自己的武装、监狱,按自己的习惯管理民众。

改土归流,就是取消土司的建制和特权,在土司管辖的地方,建立府、县机构,由朝廷委派有一定任期的官员管理,统一朝廷的政令。

开始时,土司制度起到过一些安定边疆的作用。但到后来,土司的权势越来越大,管理区内,土司头目作威作福,残酷欺压民众,任意征收赋税。土司之间,时常为争抢财物、地盘械斗。对朝廷,则经常违抗政令,甚至叛乱,骚扰周边府县,抢掠财物甚至抢掠汉民为奴隶。与邻国接境的土司,还勾结外国势力侵犯内地,造成边疆的不安定。明朝时,就已经感到土司制度的弊害,有过改土归流的政治措施。但由于明朝后期,先后忙于剿灭倭寇,抵抗后金的进攻,对付李自成、张献忠的农民起义军,没有能力再将改土归流推行下去。

清朝统治安定之后,这个问题又一天天突出起来。公元1726年(雍正四年),云南巡抚鄂尔泰向朝廷上了一本奏疏,建议立即在西南地区全面推行改土归流的政策。

鄂尔泰是满族镶蓝旗人,康熙帝时担任内务府官员,只是一个小小的郎官。雍正在做贝勒(皇子)时,曾请他帮忙一件事,他认为不符合皇家规矩,拒绝了。雍正很

欣赏他这种不畏权贵、严格执法的精神，待坐了皇位，就让他做云南的考试官，后来做到云南巡抚，办理总督云贵事务。他到云南后，发现了土司问题的严重性，就向雍正皇帝上了几道奏章。

鄂尔泰认为，现实存在几个严重问题。第一是对一些土司行政管辖的区划不合理，不能及时制止土司头目的骚乱。例如乌蒙(今云南昭通)、镇雄(今云南镇雄)、东川(今云南东川)三土司，归属四川省，但东川距云南昆明近于四川成都。一次，乌蒙土司攻击东川土司，云南军队及时出动，击退了乌蒙兵，四川调动军队的命令才送到，差一点误了事。第二是土司对属下民众的统治很残暴。乌蒙土司每年向朝廷缴纳的赋税银两不过三百多两，但头目向百姓征收的银两，超过这个数字的一百倍。土司家娶媳妇，百姓家三年不敢结婚。百姓被土司杀死，他的亲属还要替他缴纳几十两银子的"垫刀钱"。土司统治下的民众过着暗无天日的生活。第三是土司之间没完没了的械斗，守边的将士管不过来，相互推诿，影响边疆安定。第四是云南边境一带的土司，多与外国接壤，一有事情，就连通外国。

鄂尔泰建议，首先是调整西南几省边境的行政区划，便于政治和军事的统一管理。接着，应该立即推行改土归流的政策。

雍正读到他的奏章，非常赞同，就批准在西南地区对土司实行改土归流，并正式委任鄂尔泰为云、贵总督，全权处理改土归流事务。

实际施行改土归流时，鄂尔泰主张让土司主动交出土地、印信，尽量采取和平招抚的方法；但又要辅以武力征剿。凡抗拒改革，甚至发动叛乱的，坚决用兵剿灭，但又不一味凭借武力。凡本人主动献出土地与印信的土司，给予优待和赏赐，还授给新官职和土地。对抗拒的，就没收财产，并将本人和家属迁徙到内地省份，另给田地房屋，安排生活。他的这些措施上报给雍正，全都得到批准。

当年农历五月，鄂尔泰首先平定了贵州长寨土司的叛乱，设立长寨厅(今贵州长顺)。不久，又将乌蒙、镇雄、东川三土府划归云南管辖。乌蒙土知府禄万钟、镇雄土知府陇庆侯不肯改革，发动叛乱，鄂尔泰果断派兵摧毁了叛乱势力，将乌蒙土司改设乌蒙府(后改称昭通府，今云南昭通)；镇雄土司改设镇雄州。广西泗城土知府岑映宸也被革去职务，将所属南盘江以北地区设置为永丰州(今贵州贞丰布依族苗族自治县),划归贵州。

大势所趋,湖南、湖北、四川势力较弱的土司,纷纷主动将土地、印信交出,改土归流政策推行得比较顺利。雍正对鄂尔泰的办事能力很欣赏,又委任他为云南、贵州、广西三省总督。

将土司改设府县后,朝廷在这些地区添设了军事机构,接着清查户口,丈量土地,建筑城池、设立学校。原来土司的征收制度被废除,改按地亩征税,数额一般少于内地,民众的负担有较大的减轻,经济文化得到发展,边疆地区不安定的因素减少,多民族国家的统一得到巩固。

土尔扈特东归祖国

因为生活习俗与文化比较接近,清朝入关以前,与蒙古族各部落已经有了密切的联系。入关后,关系更加亲密。许多蒙古族首领,被清朝封为王爷。

公元1771年(乾隆二十六年),有一支远在欧洲额济纳河(今俄罗斯伏尔加河)下游的蒙古族土尔扈(hù)特部落,起程回归中国,让乾隆皇帝好一阵激动。

土尔扈特蒙古部落是厄鲁特蒙古四部落之一,原来在塔尔巴哈台附近的雅尔地区(今新疆塔城西北及中亚部分地区)游牧。十七世纪三十年代,部落的首领和鄂尔勒克因与准噶尔部蒙古族首领巴图尔浑台吉关系不好,经常发生冲突,就率领整个部落和其他部落的部分牧民,带着帐篷和牛羊,向西迁移,进入人烟稀少的额济纳河下游的草原放牧。但是,这里属于沙皇俄国的势力范围。沙皇派军队来骚扰,强迫他们宣誓效忠沙皇俄国。土尔扈特蒙古牧民不肯宣誓效忠,经常与沙俄发生冲突。土尔扈特蒙古牧民非常怀念故国,多次派使者向清朝政府上表,进献土特产品,诉说苦难,表示他们的思念和忠心。

公元1712年,土尔扈特的使节又来到北京。康熙皇帝对远道而来的使节,给予热情款待,嘉奖他们的忠诚。接着,康熙帝派出图理琛,率领使团,经过俄国的西伯利亚,去探望土尔扈特。两年后,他们到达伏尔加河下游,见到久别的蒙古族同胞,向土尔扈特的首领阿玉奇汗,转达皇帝的问候。清朝的使者受到土尔扈特牧民的热烈欢迎。他们说,蒙古族与满族有共同的根源,衣帽服饰与祖国人民相似。他们也是祖国的儿女。

公元1756年,土尔扈特首领又派使节,走了三年,到达北京,向乾隆皇帝呈献礼物,表示敬意。

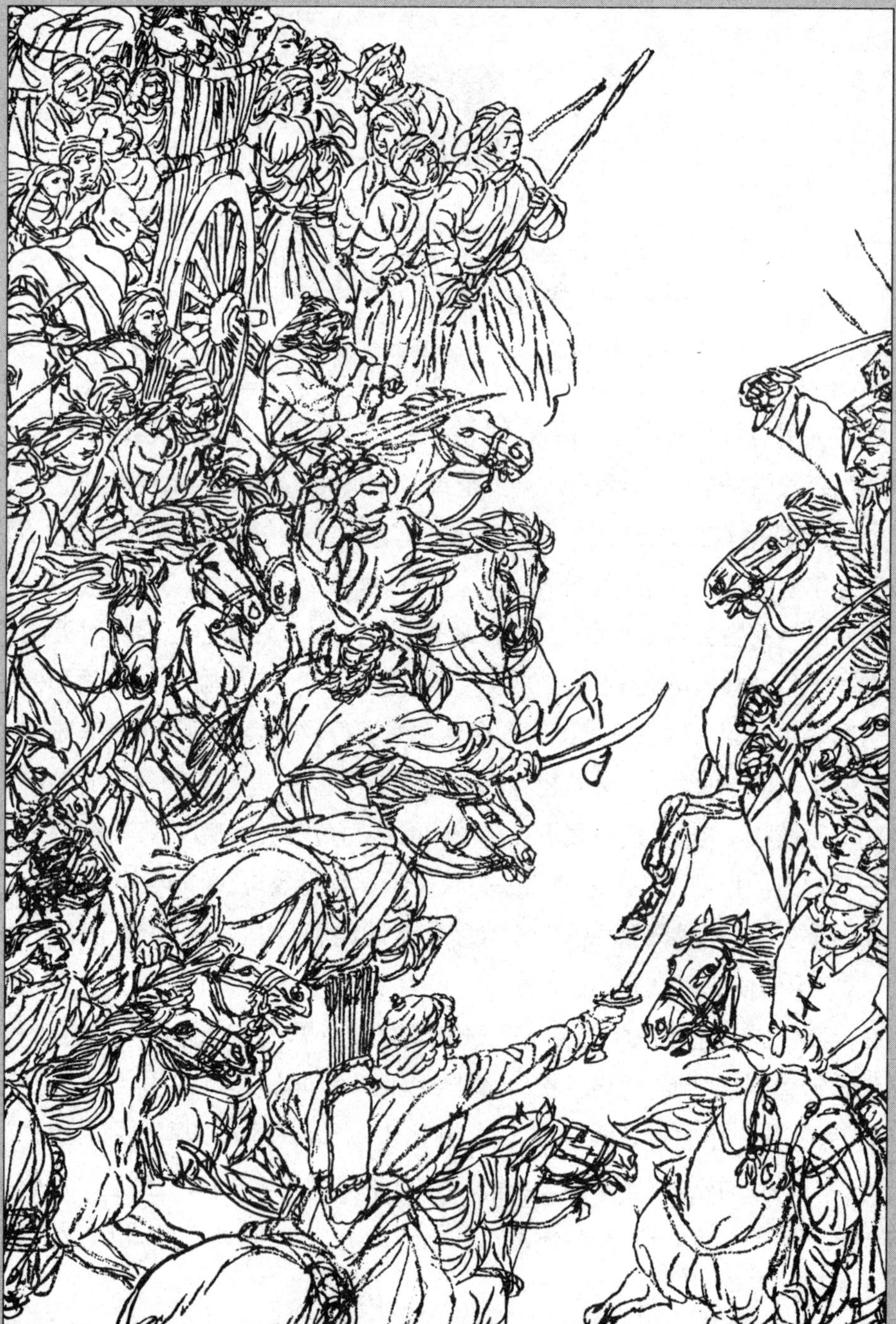

土尔扈特人不断地反抗沙皇俄国的压迫和奴役。十七世纪六十年代,他们响应俄国著名农民领袖拉辛领导的顿河农民起义,起兵反抗;十七世纪末,又起兵支持巴什基尔人的起义。

十八世纪六十年代,阿玉奇汗的曾孙渥巴锡继承了汗位,这是一个血气方刚的人。

当时,沙皇俄国正与土耳其打仗,急需兵员,于是强令土尔扈特十六岁以上的男子都要到俄国军队去当兵,上前线送死,同时削弱土尔扈特的力量,一箭双雕。一些老人叹息道:"土尔扈特的末日来临了。"

这时,沙俄又强迫渥巴锡交出他的儿子与三百个贵族子弟,作为人质。愤怒的渥巴锡率领全体牧民,喊出:"我们永远不做奴隶,我们要去太阳升起的地方!"

公元1771年1月4日,渥巴锡召集部落全体战士,宣布要脱离沙皇俄国叶卡捷琳娜女皇的统治。第二天,一次震惊世界的土尔扈特部落反对沙皇的起义爆发了。他们杀死沙俄官员,收拾起自己的帐篷、财物,带着妇女、老人、儿童,分成三路,向着太阳升起的东方进发。

叶卡捷琳娜女皇得知土尔扈特蒙古族牧民发生暴动,要离开俄罗斯国境,大发雷霆,说:"这将使罗曼诺夫家族和头戴彼得大帝皇冠的守护神鹰,蒙受永不可洗净的耻辱!"她下令,派出大批军队团团围追堵截,企图让土尔扈特牧民永远留在沙皇俄国受奴役。

土尔扈特蒙古族牧民在渥巴锡汗的率领下,终于冲破沙皇军队的阻击,克服恶劣的气候带来的困难,走了半年,行程万里,回到伊犁。然而,他们也付出了沉痛的代价,出发时的十七万部落民众,安全回到伊犁的只有七万人,大多数人被战争、疾病、饥饿夺走了生命。活着的人,个个形容憔悴,衣衫褴褛,孩子们更是面黄肌瘦,一丝不挂。他们赖以为生的牛羊骆驼,几乎全部丧失。

乾隆皇帝知道土尔扈特人到达伊犁后,马上派官员前往伊犁,发放慰问、救济物品,将他们安置在伊犁河流域放牧。伊犁及甘肃、陕西、宁夏、蒙古各地各族百姓筹集了二十多万头牛羊、四万多石米麦、五万多件皮大衣、六万多匹棉布,还有大批的毡帐,送到伊犁,交到远道归来的兄弟姐妹手上。

公元1775年秋天,金色笼罩了北方的大地。乾隆皇帝在热河(今河北承德)木兰围场和避暑山庄,多次接见、宴请了渥巴锡等首领。乾隆封渥巴锡为卓哩克图汗,赐给"管理旧土尔扈特部南右旗札萨克之印"。乾隆还亲撰《土尔扈特全部归顺记》和《优恤土尔扈特部众记》两篇碑文,在承德普陀宗乘之庙内,刻石立碑,永作纪念。

郑板桥扬州卖画

离开故土一百多年,远在伏尔加河畔的土尔扈特蒙古族同胞,不远万里,回到祖国,也说明康熙、雍正、乾隆时期,清朝的经济有很大发展,对远方的游子,产生了强大的吸引力。

当时的扬州,已经成为一个繁荣的商业城市。伴随商业的繁荣,人们对文化的需求也增加了。许多画家,聚集在这个风光绮丽、街市繁华的城市里,以卖画为生,其中有不少是杰出的艺术家,如郑板桥、金农、黄慎、罗聘、李方膺、李鱓(shàn)、高翔、边寿民等。他们大多是由外地到扬州来居住的,有的做过官,但辞了职,或被革职,有的生活不很得意。类似的经历,相近的生活理想,富于正义感,不肯与黑暗势力同流合污,对腐败的官场和奸商的巧取豪夺强烈不满,同情贫苦民众的苦难生活,是他们思想的共同点。在绘画艺术上,他们有相似的狂放不拘的艺术风格和艺术追求,有很高的艺术水平和成就。绘画史上,把这批画家称为扬州画派。他们的艺术风格、思想、言行,与当时统治阶级提倡的画风和思想观念格格不入,正统思想的人看他们很怪,因此,把他们叫做"扬州八怪"。

郑板桥是"扬州八怪"中最出名、最有代表性的画家。郑板桥单名燮(xiè),江苏兴化人,是康熙年间的秀才,雍正年间的举人,乾隆年间的进士,五十岁才到山东范县做个七品小县官,后来又调任潍县的知县。

他在潍县官衙里,多次写信回家教育他的儿子,不要因为老子做了官,就自以为了不起,要勤俭,要同情贫民,不要虐待家中的仆人和仆人的孩子,有食品,一定要分给其他孩子同吃,因为他们与自己同样都是人。他在任上,尽量给百姓办好事,打击那些仗势欺人的恶霸地主、土豪劣绅。遇到灾荒年成,他及时报告朝廷,打

开县里粮库,分发粮食,救济灾民。他的行动,却得罪了他的上级,因而受到刁难。他于是果断地辞了官职,来到扬州,卖画为生。

郑板桥的诗歌、书法、绘画都达到很高的艺术成就,被称为"三绝"。他在诗中,经常痛骂那些贪得无厌的官员是如虎似狼的差人、奸猾欺诈的商人,以同情心描写孤儿、灾民的痛苦。他骂贪官污吏像一群豺狼,将百姓的喉管咬断,眼睛吮出,人民的一丝一毫都被他们搜刮干净。

他最喜欢画的是劲竹、兰花、石头。他画的竹子、石头,都很有生气,表现了他狂放的个性和高尚的品德,也表现了他对苦难民众的同情。有一次,他画了一幅被风雨吹淋的竹子,并给这幅画题诗"衙斋卧听萧萧竹,疑是民间疾苦声"。意思是听到这些竹子所经受的风雨声,就像听到穷苦老百姓悲愤无助的哀求声一样。

郑板桥的画,非常讨人喜欢。人们在家里挂了一幅他的画,会感到荣耀无比。他卖画,并不在乎报酬的多少,有时,一些牧童、小贩或其他穷苦的人来求画,带给他一点他喜欢吃的狗肉或什么的,他会高兴地给他们画上一小丛竹子,或者写一小幅字;而衣着华丽、态度傲慢的有钱有势的人,来求他的画,拿再多的银子,他却一口拒绝。

有个大盐商,家中有很多名画,就恨没有郑板桥的画来向人炫耀。虽然有人给他送来过几幅题名为郑板桥的画,但都是假的。他就叫家人给郑板桥家里送去一千两银子,求一幅亲笔真品。但郑板桥坐在一边看自己的书,对来人不理不睬。

来人讨个没趣,回去向盐商报告,盐商非常懊恼。一个帮闲的师爷对他说:"东家如果一定要得到郑板桥的真笔,只有这样。"他一面说,一面比划。盐商听得很高兴。

郑板桥读书画画累了,爱到城外走走。一天,他出得城来,走得远了,见到一片竹林,幽深可爱。林中有间茅屋,清爽简朴。屋外有位穿着朴素的老者,正在弹琴。旁边有儿童在烧狗肉,快熟了,香气四溢。老者见到客人,忙请客人坐,说:"我这里难得有客人来,今天见到先生,真有缘分。快请歇歇脚,喝杯薄酒。"

郑板桥跟一般人很随和,便不客气地坐下喝酒吃狗肉,与老者闲聊起来。

他喝得兴起,便抬眼观察茅屋里面,见四壁空空,问:"老先生屋里怎么没有一

幅画?"

老者说:"喜是喜欢画,只是没有闲钱去买画。"

"哦,原来是这样。"郑板桥说。

过了一会儿,郑板桥又问老者:"你家里有纸笔吗?"老者说有。郑板桥叫取来。老者叫儿童到屋后取来笔砚和纸张。郑板桥乘着酒兴,画了好几幅。

落款时,郑板桥问老者姓名。老者说了后,郑板桥正要下笔,突然想起,惊奇地问:"你怎么跟城里的那个大盐商姓名一样?"

老者说:"同名同姓的人很多,巧合吧?"

郑板桥没有再问什么,便落下题款,说:"就算酬谢老先生的酒和狗肉的款待吧。"

结果,大盐商家里挂上了郑板桥的真迹。郑板桥这才发现上当了,真是"难得糊涂"。

扬州八怪的画,继承了明朝后期大画家徐文长和清初画家八大山人、石涛等人的传统,对后世富于开创性的、写意派的画风,有积极的影响。

寓禁于修的《四库全书》

乾隆帝在位时期,经济、文化的发展,加上他所建立的平定叛乱,开拓边疆,巩固国家统一的辉煌战功,使他感到很自豪,而想在"文治"上建立更大的功勋。他所进行的巩固国家统一的战争有十次,因此称为"十全武功",而他建树的"文治",则是立意编修一部巨大的丛书——《四库全书》。

早在西晋时期,人们就将书籍分为经、史、子、集四个大类。经部,主要是孔子、孟子讲授的学问和后人研究这些学问的书籍;史部,主要是历史、地理著作;子部,主要是诸子百家的一些哲学著作和百科知识著作;集部,主要是一些文学著作和作家的文集。唐代的皇家图书馆按这四种分类法,设置书库,因此叫"四库"。

编修《四库全书》的设想,最初起源于安徽学政朱筠(yún)的奏折。他建议对宫中的《永乐大典》等藏书,作一次全面的整理。乾隆帝读了他的意见,觉得范围太小,应当把全国的藏书都搜集汇总起来。乾隆帝的目的,固然是为了夸耀大清文治盛世,不比汉朝唐朝差,用以巩固清王朝的历史正统地位;但更重要的一点,是要借此机会对历代汉族作者写的书籍作一次全面审查,清除反抗清朝的民族思想,也就是用编写的办法,掩盖和达到他禁毁图书的目的,历史上叫这种办法为:"寓禁于修"。

原来,乾隆帝在大力提倡儒家文化的同时,特别注意对臣民思想的控制。所以,在康熙、雍正两朝盛行的文字狱,到乾隆时期并没有绝迹,反而愈演愈烈。有个浙江举人徐述夔,被老鼠咬坏了衣服,气愤不过,写下了"毁我衣冠真恨事,捣除巢穴在明朝"的诗句。不巧的是他诗集中又有"明朝期振翮(hé,翅膀),一举去(到)清都"的句子,乾隆帝就说"明朝"(明天)暗指明王朝,"大逆不道",结果连徐述夔的孙

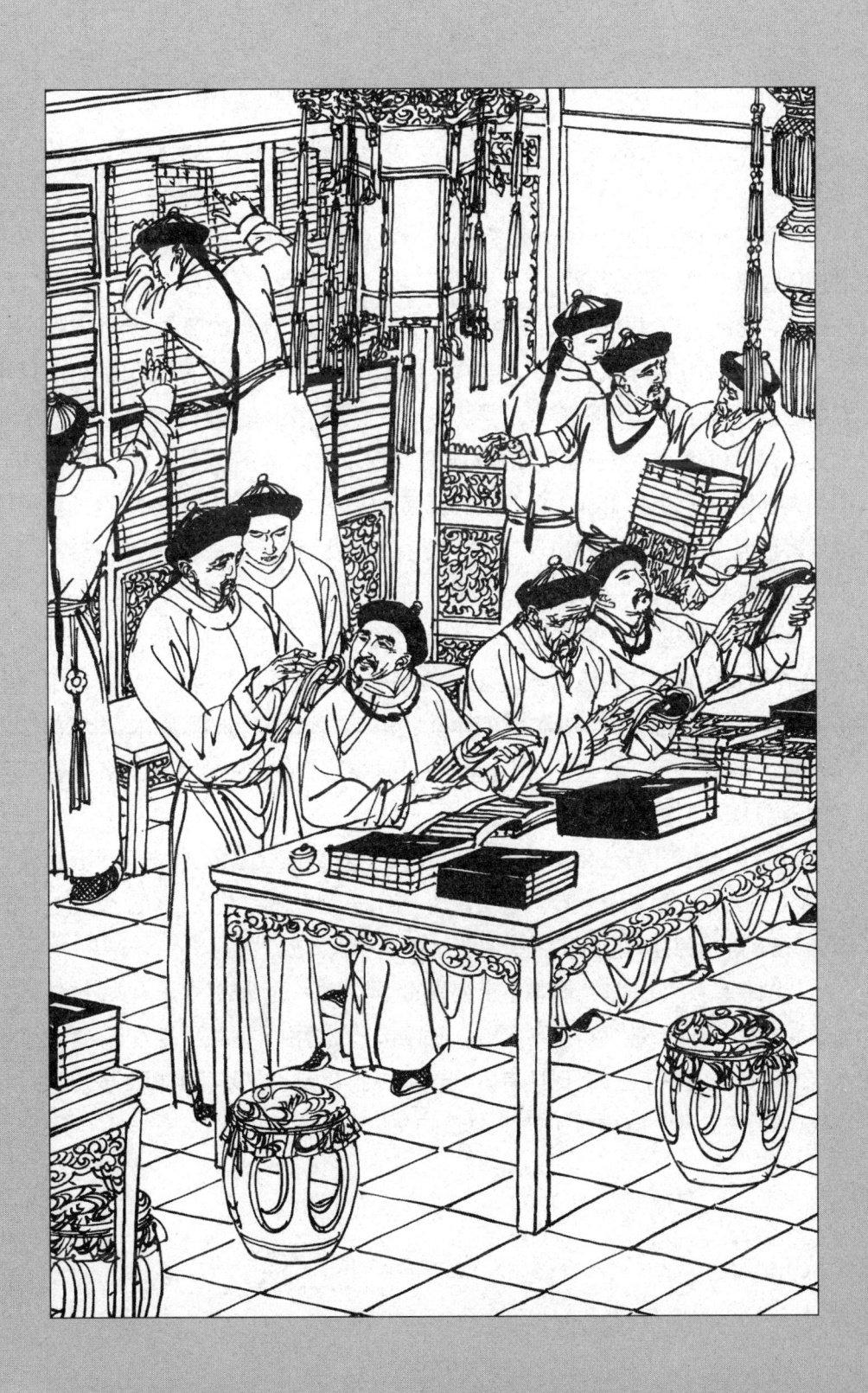

子都被处死。乾隆帝对本朝人的著作尚且如此敏感,前朝的书籍就更让他放心不下了。

乾隆帝从全国采集到了大量图书,去掉重复的,大约有一万三千种。其中三千种遭到收缴禁毁,将近总数的四分之一。其余的书籍,分作应抄、应刻、应存三类。应抄是合格的著作,可以抄入《四库全书》;应刻是清廷提倡的著作,除抄入《全书》外,另外用木活字版印刷,称为"武英殿聚珍本";应存是认为没有价值的著作,仅录存书名。归进应抄的图书,都经过了严格的审查,凡书中有对清朝统治者不利字句的文字,严重的整段整段删除,轻微的则随意篡改原文,就连宋代人指责辽国金国、明朝人批评元朝的话,都属于触犯禁忌。甚至曾经过康熙皇帝"御批"的《通鉴纲目续编》,也因为记述历史时,出现"胡人"两个字,乾隆帝下令将它挖改。这样一来,很多古书都被改得面目全非,失去了原意。

这种空前规模的编修和审订,需要大量的人力。四库馆自公元1772年开馆修书,任命负责的官员达三百六十人,校对和抄写人员有三千八百人之多。其中出力最多的是总纂官纪昀(yún),他对《四库全书》中每一部书的渊源、版本、内容都作了详细的考证,编写了二百卷的《四库全书总目提要》。乾隆帝本人也对各篇《提要》和部分原书亲自加以审查。

经过十年的努力,公元1782年一月,《四库全书》正式修成,收书三千五百零三种,共七万九千三百三十七卷。全书共抄七部,分别贮藏在北京、承德、沈阳、杭州、镇江、扬州等地,并修建了藏书阁,对当时的读书人开放。

八国联军攻入北京时,明朝皇帝编修的、国内唯一的一部《永乐大典》被侵略军当做厚砖垫弹药箱,散失得差不多了。而《四库全书》由于抄写了复本,尽管在清朝末年的战火中毁坏了三部,但还有好几部留传到今天。它保存了相当多的我国的古代典籍,在国际上被称为"中国人修造的文化长城"。

曹雪芹创作《红楼梦》

乾隆年间,《四库全书》的编纂可以说是乾隆帝在文治方面的一件大事。也就在这一时期,有一本叫《红楼梦》的小说在京城的读书人中间流传开来,小说的作者名叫曹雪芹。

曹雪芹出身于一个贵族家庭。他的曾祖父曹玺受到康熙帝赏识,被派往江南担任江宁织造郎中。织造是专给皇家办理丝染服装和其他生活用品的差使,是让人眼红的一个肥缺。曹雪芹的祖父曹寅和康熙帝又是同一个奶妈喂大的,少年时代伴康熙一起读书,因此曹玺去世后,康熙帝让曹寅接替父亲,还升了一级,当了江宁织造。曹雪芹的父亲曹頫后来干的也是这个官。曹家三代人前前后后干了六十来年织造官,财产越来越多,成了名闻江南的一大豪门。清朝皇帝到江南巡视,曹家接待过多次。

但是,雍正帝继位后,曹家由于卷入一桩经济案子,失宠了。雍正帝下令抄了他的家,撤了曹頫的官职。曹家很快败落。父亲没有办法,只好带着全家回到北京老家居住。

曹雪芹小时候过了一段富贵的生活,抄家时已经十岁,开始懂事了。家庭的这场灾难给他的心灵造成了巨大的创伤。父亲后来的死更让曹雪芹的家庭生活陷入了困境。他只好搬进北京西郊的一个山村里居住。曹雪芹全家住在几间破旧的屋子里,没有经济来源,日子过得非常清苦。有时只能熬点薄粥充饥,或画几幅画换些钱,买点酒喝。

从家财万贯的贵族之家,跌落到社会的底层,曹雪芹对封建社会的认识更加深刻了,促使他写出了中国古代文学史上最伟大的一部小说——《红楼梦》。

在《红楼梦》中，曹雪芹以贾宝玉、林黛玉这对青年男女的爱情悲剧为线索，写出了一个封建贵族大家族从兴盛到衰落，最后走向灭亡的变化过程。这个贵族大家庭曾经非常显赫，显赫到什么程度呢？民间流传的一首名叫《护官符》的歌谣是这样形容的：

贾不假，白玉为堂金作马。
阿房官，三百里，住不下金陵一个史。
东海缺少白玉床，龙王来请金陵王。
丰年好大雪，珍珠如土金如铁。

这首歌谣的意思是：南京一带有四大豪门。贾家是皇亲国戚，史家和王家都是金陵权势通天的大官僚，"雪"和"薛"同音，说的是当地的一家大财主薛家。这四家豪门结为亲戚，互相勾结，横行霸道，无法无天。当官的如果得罪了他们，不但要丢官，连性命恐怕也保不住。

但是，在四大豪门富丽堂皇的背后，却是挥霍享乐、荒淫无耻、谋财害命等种种的黑暗与丑恶。追求婚姻自主和爱情的平民遭迫害，具有反抗精神的婢女逃脱不了死亡的命运。曹雪芹对他们寄予了深切的同情。

小说的主人公、贾家少爷贾宝玉和他的表妹林黛玉厌恶腐朽的贵族习气和封建礼教，共同的思想把他们联系在一起，结下了至死不变的爱情。但是，他们与那个封建大家庭格格不入，林黛玉受尽歧视，结果害了场大病死去；贾宝玉彻底失望，离家出走。这个外表豪华、显赫一时的贵族大家庭，最后彻底崩溃了。

曹雪芹在北京西郊整整花了十年时间，写作《红楼梦》，可以说是呕心沥血。曹雪芹年纪不小的时候才有了一个孩子，非常喜欢。但他刚写完八十回时，孩子却生病死了。曹雪芹伤心过度，得了一场大病，又没钱治疗，也在几个月后离开了人间。

曹雪芹去世以后，《红楼梦》以手抄本的形式在京城逐渐地传抄开来。读了这部小说的人都会被它吸引和打动，但又觉得这样优秀的作品没有完成，实在太可惜了。于是，有个叫高鹗（è）的文学家续写了后四十回，这就是人们现在看到的一百

二十回的《红楼梦》。虽然续写的后四十回在艺术成就和思想性上不及前八十回，但小说的结构完整了，总的来说还是相配的。

《红楼梦》如今家喻户晓，在国外也有很高的名声。人们从中可以了解到中国封建社会晚期的历史风云、社会生活和风土人情，获得很高的艺术享受。由于它的影响非常大，中国和世界上的许多学者都在研究和考证这部著作，形成了一门专门的学问，叫做"红学"。

乾隆帝六下江南

乾隆帝关注各地的农业和手工业生产，并且为了稳定政治，每隔一两年，就到全国各地出巡，检查沿途地方的治理情况。从公元1751年到1784年，他曾经先后六次巡游江南。后两次南巡时，他已是七十开外的人了。

乾隆帝每次南巡，都把视察水利工程作为一项重要内容。他在巡视淮河闸堰时，发现原有的土堤不安全，就下令添筑鱼鳞石岸，还亲自画出图样。有位地方官在奏折里提出的方案同他不谋而合，乾隆帝很高兴，立即把他升了官。南巡要途经山东、江苏、浙江三省，乾隆帝多次减除这三地的赋税。他还参观农田和织造机房，鼓励农桑。这些做法，都体现了乾隆帝重视发展农业的一贯方针。

南巡所经之处，有岳飞、韩世忠、方孝孺、于谦等历代先贤的陵墓和祠堂，乾隆帝总要特地派官员前去致祭，他本人还出席了对大禹陵、周公庙、孔庙及明太祖陵的祭奠。江南地区读书人很多，乾隆帝就宣布增加所到地方的官学生名额，还破格赏赐六百多人进士及第的资格。对于沿途居住的退休老臣，乾隆帝给予特别的优待和礼遇，每次来迎驾，都要升一级官爵。乾隆帝用这些办法，拉拢汉族读书做官的人，笼络人心。

然而，南巡又存在很大的弊端。乾隆帝每下江南的前一年，都要派出官员勘察路线，修桥铺路，盖建行宫。御道要求平直，不允许曲曲弯弯，操办的地方官吏就乘机勒索沿途的百姓，稍不服从，就拆房子，平祖坟，还借整肃盗匪的名义把无辜的平民投进监牢。老百姓都敢怒而不敢言。

出巡的排场更是奢华得惊人。随行的王公大臣、侍卫官员有两千多人，水路上动用大船一千多艘，陆路上征用乘马六千四、马车四百辆、骆驼八百头，征调纤夫三

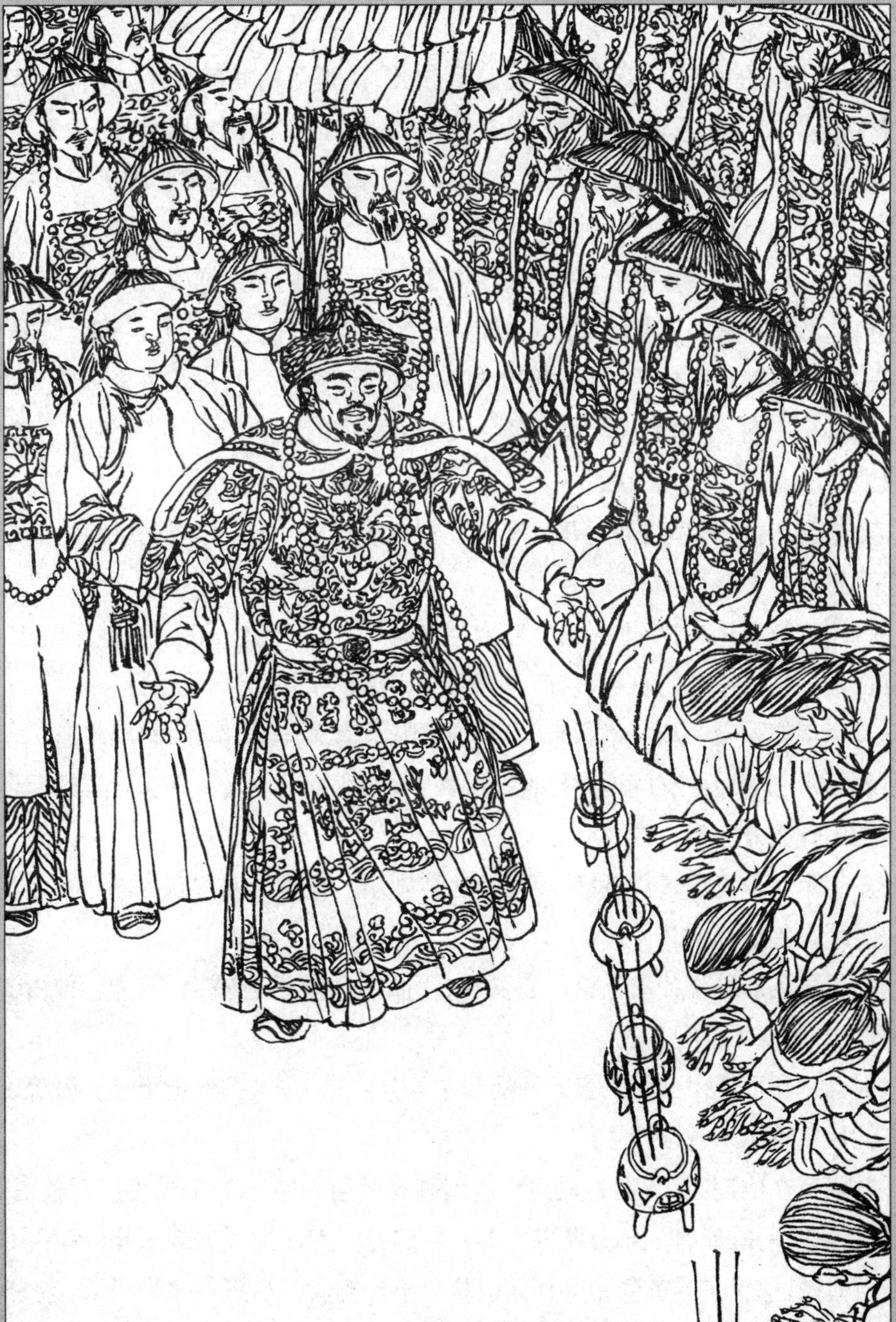

千六百人、服役的民伕一万人。从北京到杭州,兴建了行宫三十所,没有行宫的地方,就搭起黄布城和蒙古包毡房。凡是御驾经过的道路要洒水除尘,沿途三十里以内,地方官员一律穿上官服迎驾,所有的绅士、读书人、老年百姓都要到现场排队跪拜。乾隆帝觉得只有这样,才能显示"盛世"的气象。

地方官员和富商为了讨好皇上,挖空了心思。他们在河道里安排龙舟灯舫,在岸上搭建彩棚,扬州、苏州、杭州等城市中皇家队伍要路过的地方,店铺、民屋全都油漆一新。在镇江城外用红绿绸缎装饰成一枚巨大的桃子,十多里外就能望见,乾隆帝的御舟一到,突然烟火大发,巨桃开裂,桃子里出现一个剧场,有好几百名演员在演戏。

乾隆帝在扬州大虹园停留时,夸奖说:"这里风景不错,很像北京南海的'琼岛春荫',就只少一座喇嘛塔。"

扬州官员听见了,暗地买通太监取得图样,立即兴工,一夜之间就添造出一座喇嘛白塔。这些操办的官员、富商,都得到了乾隆帝的褒奖。

有个侍郎尹会一从江南回来,上奏说:"陛下南巡,民间疾苦,怨声载道。"

乾隆帝怒气冲冲反问他:"你说民间疾苦,那你指出什么人疾苦?说怨声载道,具体指出什么人有怨言?"

还有个大学士程景伊,反对乾隆帝巡游湖州。乾隆帝说:"朕去湖州不是游玩,是去看那里种桑养蚕。"

程景伊沉痛地说:"皇上这回去湖州,下回湖州就没有蚕桑了。老百姓元气一伤,几代都恢复不了呢!"

尹会一和程景伊都因为直言而受到了处分。这一来,朝廷上下铺张奢靡、献媚取宠的风气就越来越浓烈了。

乾隆帝在位期间,清朝的国力曾达到高峰。当时中国的国民生产总值占了全球的三分之一,国库有七千万两以上的白银储备。然而到了乾隆末年,库存只剩下了二百万两,这正是同乾隆帝的挥霍浪费分不开的。统治者的穷奢极欲,造成了吏治的日益败坏,老百姓的负担越来越重。清王朝开始走上了由盛转衰的下坡路。

和珅贪得无厌

乾隆皇帝陶醉在"盛世圣绩"的歌功颂德声中,丧失了上台前期励精图治的进取精神,追求享乐,骄奢淫逸。上行下效,朝廷官员的腐败之风也日益蔓延。大贪官和珅(shēn),就是一个典型。

和珅是满族正红旗人,公元1769年承袭三等侍卫,在皇帝出巡的车轿边当差。有一天,乾隆帝坐在龙轿里阅读边疆呈送的奏章,读到一段某要犯脱逃的消息,忍不住发了脾气,恨恨地发声说道:"虎兕(sì)出于柙(xiá),龟玉毁于椟(dú)中,是谁之过欤!"侍卫们不知道这是《论语》中的一段话,莫测高深,面面相觑(qù),互相低声打听。

和珅解释说:"皇上是说,管事的人不能逃脱责任。"

这话让乾隆听到了,掀帘一看,见和珅眉清目秀,为人机灵,顿时产生了好感,同他拉起了家常。和珅于是被提升为御前侍卫。他善于察言观色,处处投皇上所好,使乾隆对他越来越宠信,一天不见到他,就觉得心里缺了些什么。和珅因而飞黄腾达,数年之间,一步步升上了军机大臣、大学士的高位。他在全国串连封疆大吏,在朝廷内掌握官吏的任免、财政收支、刑法政令大权,连外国公使也说:"大清国出了个'二皇帝'。"

和珅掌握了朝政大权后,便肆无忌惮地搜刮财物。贪污受贿,卖官鬻爵,敲诈勒索,侵吞贡品,无所不为。宫中一匹高二尺、长三尺、用整块和田玉雕成的玉马,被他公然偷回了府中;就连皇室永锡要承袭亲王爵位,也被迫先把前门外的两处房产送来"孝敬"他。

有一回,皇子永琮失手打碎了宫中一只直径一尺的碧玉盘,害怕受到父皇的责

罚,哭着来求和珅想办法。和珅微微一笑,命人从屋里取出一只碧玉盘,不仅尺寸更大,色彩也比打碎的那只好看得多。原来各地献给皇上的贡品,上等的都落到了和珅手中,送进宫里的不过是他拣剩的货色。

和珅贪权好财,乾隆帝并不是不知道,但他却采取了包庇纵容的态度。公元1786年,御史曹锡宝参劾和珅的家奴刘全违反制度盖造豪宅,奢侈铺张,有仗势索贿的嫌疑,请求查处。乾隆帝知道曹御史醉翁之意不在酒,就把奏章发下给都察院处理,有心写上"追究明白,非为开脱和珅之故"的批语。手下官员会意,将风声泄露给和珅,和珅让刘全一夜之间把新屋拆了个干干净净。结果曹锡宝得了个"妄言不实"的罪名,降官三级,乾隆帝又召见他说:"你是个读书人,怎么不明白行事机密才能成功的道理呢!"话是这么说,不到半年,乾隆帝却又操办了女儿同和珅儿子的婚礼,对和珅的宠信反而有增无减。

乾隆帝做满了六十年皇帝,自称不敢超过祖父康熙皇帝的在位时间,于公元1796年把皇位传给了第十五子颙琰(yǎn),自己当太上皇。颙琰即位,就是嘉庆帝,又叫清仁宗。和珅并不把年轻皇上放在眼里,照样飞扬跋扈,还把老师吴省兰安插在颙琰身边侦查动静。嘉庆帝忍住了,故意听任和珅胡作非为。公元1799年正月,乾隆帝去世,嘉庆帝立即宣布了和珅二十条大罪,削去官爵,把他投入大牢,并且抄了他的家。

很多人都知道和珅家财万贯,富得流油,但是抄家的结果,还是让天下人惊得目瞪口呆。查抄的清单有一百多页,金银财宝,古董珍玩,绫罗绸缎,多得不计其数。再加上土地房产,当铺银号,价值白银八亿两,相当于当时十年的国库收入。

和珅最终被勒令自杀。从他家抄出的金银财产,都被嘉庆帝运进了宫内。所以民间编了两句谚语:"和珅跌倒,嘉庆吃饱。"

林则徐虎门销烟

公元1820年9月,嘉庆帝在承德中暑,突然病死。皇子旻宁继位,改元道光,史称道光帝,也叫清宣宗。道光帝除了同他父亲一样,疲于应付国内此起彼伏的反清起义外,还面临着另一重危机,即外国资本主义势力的侵略和威胁。第一次鸦片战争,就是在他在位期间发生的。

道光年间,江南暴雨成灾,一时饥民遍野。户部尚书潘世恩正在苏州家乡守孝,家中囤积了白米数万石。这天,有江苏按察使登门求见,请求潘大人开仓救济灾民。潘世恩眼珠一转,推托说:"开仓济民,义不容辞,只是不巧得很,仓库上月就空了!"

来人沉稳地一笑,说道:"那正好,下官就借来贮米吧!"他当即派手下将各仓加盖封条,然后下令散发仓米赈济灾民。事后按市价偿还了米钱,弄得潘世恩哭笑不得。

这位机智能干的按察使,就是日后以禁毁鸦片名垂青史的林则徐。

进入十九世纪以来,以英国为代表的西方资本主义国家生产过剩,急需打开中国这个巨大的市场。而清政府实行闭关自守的政策,只许可在广州一地同外国通商。中国的封建经济是自给自足的小农经济,进口的工业品没有销路。外国商人于是转向了罪恶的鸦片贸易。

鸦片是一种摧残人体的毒品,会使人吸食成瘾,这就使鸦片交易始终保持着六倍以上的高额利润。西方国家向中国全力倾销鸦片,仅在道光帝执政的前十五年间,就造成了六千万两以上的白银外流,全国染上烟瘾的人口达二百多万。

面对国计民生的恶化,林则徐再也看不下去了。公元1838年9月,他在湖广总督任上向道光帝上了一份奏折,大声疾呼:如果再不严禁鸦片,那么几十年后,中国几乎没有可以抵抗敌人的军队,而且没有可以发军饷的白银,国家就被鸦片蛀空了!

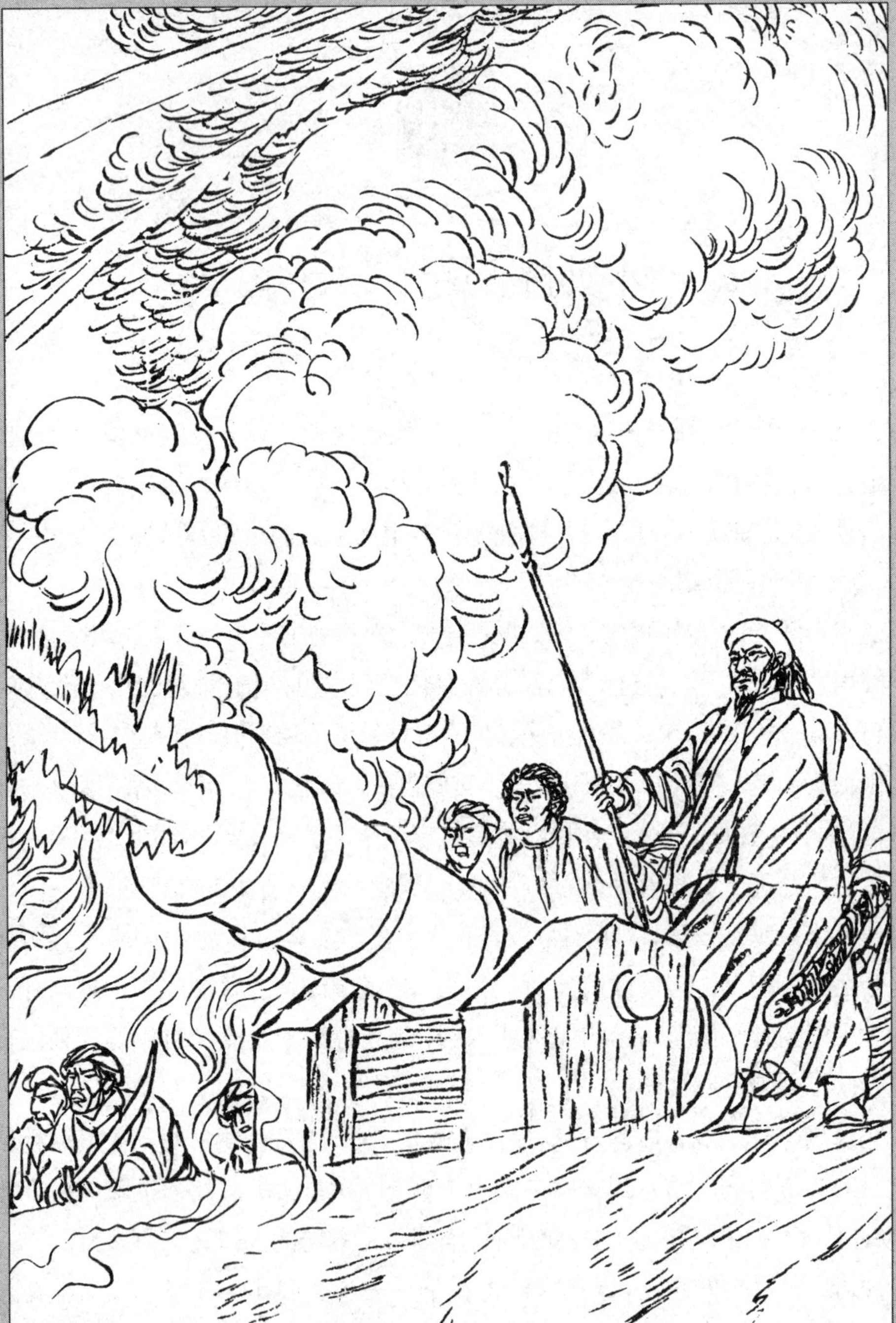

道光帝本人也抽过鸦片,亲身感受过洋烟的毒害,林则徐的警告使他触目惊心。于是他特命林则徐为钦差大臣,前往广州查禁鸦片。

公元1839年3月,林则徐到了广州。外国烟贩和勾结他们的洋行商人,起初并没有把他的到来放在心上。他们知道,清朝官员都爱钱,只要花上银子,没有过不了的关。于是,他们派怡和洋行的老板伍绍荣为代表,去求见林则徐,暗示贿赂的数目。

可这一回,烟贩们的如意算盘打空了。林则徐听完了来意,拍案而起,怒斥道:"本大臣不要钱,只要你的脑袋!"

他命令伍绍荣回去告诉外国主子:限三天以内,把所带的鸦片全部交公,并且签立今后永远不夹带鸦片的保证书。如果胆敢违令,一经查出,货物一律充公,鸦片贩子一律处死。

英国大烟贩颠地,是外国鸦片商人的头目,手中还拥有走私武装。他先是呈报了一千箱鸦片,妄图蒙混过关。林则徐早就调查过海上商船的情况,知道他弄虚作假,下令传讯颠地,对他提出警告。颠地回船后,继续拖延时间,对缉私人员进行武力挑衅,于是林则徐决定逮捕他。

英商监督义律把颠地藏匿在商馆里,拒不交出,还以战争叫嚣相威胁。林则徐针锋相对,封锁了黄埔一带的江面,又派兵包围了商馆。广州百姓自愿参加巡逻,一防颠地潜逃,二防内奸混入。商馆断水断粮,义律再也无法顽抗,不得不同意交出船上所有的两万多箱鸦片。

林则徐派人在虎门海滩的高处,挖了两个长宽各五十丈的大池,池壁有涵洞与大海相通。6月3日,林则徐率领广东大小官员,前来监督销毁收缴的鸦片。一箱箱鸦片被投入浸满海水的大池中,再倒上海盐和生石灰,顿时池水沸腾,浓烟滚滚,鸦片化作了灰烬。成千上万围观的群众,发出了春雷般的欢呼声。一批焚毁,冲刷干净,又投入一批。就这样,虎门销烟整整持续了二十三天。

林则徐在查禁鸦片的同时,加强了海岸的军事防备。他修固和增筑炮台,在珠江口的海面上设置木排铁链,还招募水兵,组织团练,发动民众保卫海疆。虎门销烟后,义律率英国兵船多次发起武力挑衅,都被中国军队击退。

林则徐领导的禁烟斗争,向世界显示了中国人民抗击外来侵略的信心和能力。

第一次鸦片战争

　　林则徐虎门销烟,大长了中国人民的志气,却使英国政府恼羞成怒。公元1840年6月,英国远征军司令义律率四十多艘战船、四千五百名英军侵略广东,封锁珠江水面,第一次鸦片战争就此爆发了。

　　广州军民在林则徐的率领下,严阵以待,侵略军只能困守海上,根本占不了便宜。于是,他们只得转驶厦门,又受到福建总督邓廷桢的迎头痛击。英军不甘失败,继续北上骚扰。由于清政府海防松弛,侵略军攻陷了定海,一直向北开到天津附近。道光帝害怕了,下令将林则徐革职,充军新疆,答应英军只要退回广州,就让直隶总督琦善作为钦差大臣去同他们谈判。

　　琦善一味讨好洋人,拆除了广州的防御设施,裁减了三分之二的广东水师。可是英军得寸进尺,不但提出了赔偿烟价和军费等无理要求,还单方面宣布占领香港。道光帝感到大失面子,改派皇侄奕山为靖逆将军,于公元1841年1月27日向英国宣战。英军派出二十多艘军舰、两千多名士兵,进攻虎门炮台。镇守虎门的将士只有四百人,奕山却不肯增援。六十二岁的虎门提督关天培,同部下发出了"人在炮台在,不离炮台半步"的庄严誓言,顽强应战。炮身由于连续发炮而发红炸裂,他们就同英军展开了肉搏战。搏斗坚持了十个小时之久,关天培英勇牺牲,虎门炮台终于失守。

　　奕山见通往广州的门户被打开,这才着了慌。他派出士兵捧着马桶出城迎战,说这样可以使英军的大炮失灵,自然是遭到了惨败。英军兵临广州城下,奕山被迫签订了《广州停战协定》,以支付六百万元"赎城费"并保证清军不再抵抗的条件,保住了广州城。

广州百姓痛恨奕山的屈膝求和,5月31日,三元里一带一百零三乡的村民高举"平英团"大旗,将从虎门前来骚扰的英军士兵团团包围,歼灭了五十多人。余下的英军在清政府官员的保护下才捡得了性命。

英国政府并不满足于广州的战果。他们派璞鼎查替代懿律,于9月间再次扩大侵华战争。侵略军北上攻陷厦门,再一次进犯定海。定海总兵葛云飞、寿春总兵王锡朋,在武器装备落后,又是以寡敌众的条件下,坚守了五昼夜,终于全部牺牲。不久镇海、宁波也相继失陷。

消息传到北京,道光帝慌忙任命另一个皇侄奕经为扬威将军,率兵赴浙江组织反攻。奕经对带兵一窍不通,他让人把老虎头丢进海水里,认为这样可以激怒龙王,掀翻英舰。这样的将军怎会打胜仗!道光帝于是又派盛京将军耆英为钦差大臣,前往杭州,向英军求和。

璞鼎查根本不把耆英的求和姿态放在眼里,战火继续从沿海向长江蔓延。公元1842年6月,英国军舰进攻吴淞。江南水师提督陈化成指挥吴淞炮台守军开炮还击,击沉击伤四艘英舰。但在这时,两江总督牛鉴却排列仪仗,来到前线"督战"抢功。英军士兵从望远镜里望见,开炮轰击,牛鉴吓得跳出轿子狂逃。牛鉴的奔逃造成了阵势的混乱,英军乘机攻占东炮台,夹击陈化成。陈化成亲身点炮抵抗,不幸炮身炸裂,壮烈殉国。

英军攻陷吴淞后,长驱直入,8月间,舰队开到了南京城外的江面上。到了这时,道光帝再也没有讨价还价的余地了,不得不授耆英全权求和。8月29日,在英军旗舰"康华丽"号上,耆英同璞鼎查签订了有十三个条款的《南京条约》。这是中国近代史上签订的第一个不平等条约,它的主要内容有:割让香港,赔偿英国白银两千一百万两,开放广州、福州、厦门、宁波、上海为通商口岸,海关税率要同英国一起议定,英国享有领事裁判权等。

丧权辱国的口子一开便不可收拾,美国、法国接踵而至,于公元1844年强迫清朝政府同他们签订不平等条约,葡萄牙也在1849年强占了澳门。从此,中国进入了半殖民地半封建社会,中国人民的头上,除封建主义之外,又压上了帝国主义的大山。

301

"我劝天公重抖擞"

林则徐因为焚毁鸦片而遭革职充军,固然是出于朝廷需要替罪羊,但也同军机大臣、投降派穆彰阿在道光帝面前挑拨中伤分不开。大学士王鼎对此非常痛恨,每回上朝都要痛骂穆彰阿。一天,两人同时被召见,王鼎又当着道光帝的面,斥责穆彰阿说:"像林则徐这样的贤良官员,你为何把他发配新疆?你就像宋朝的秦桧、明朝的严嵩,天下事都坏在你的手中了!"

不料道光帝听了,笑着对王鼎说:"你喝醉啦!"叫太监把王鼎搀出去。王鼎拉着他的龙袍再谏,道光帝只是摆手。王鼎决心以死劝谏皇帝,疏远奸臣。他回到家里,写了一份进谏的遗疏,就上吊自杀了。穆彰阿威胁王鼎的儿子,这份遗疏终究没能送进皇宫。

这段史实,反映了道光朝朝廷的腐败黑暗,但也说明了在国家形势一天天坏下去的危机感之下,确实有一批正直进步的大臣忧心忡忡,产生了改变现实、寻求救国道路的强烈愿望。林则徐的两位友人龚自珍和魏源,就是其中的杰出代表。

龚自珍是浙江仁和(在今浙江杭州)人,公元1829年的进士。他学问渊博,才华横溢,不像当时许多读书人那样只埋头书本,而是特别关心和着重研究如何使社会发展的问题。他在年轻时候就写过大量的政论文,发表的都是有关国计民生的主张。考中进士后,他同林则徐、魏源在北京组织了"宣南诗社",讨论救国救民的问题。

在龚自珍看来,清朝社会存在着三大毛病:一是专制,人们的思想受到严重压制透不过气,根本不可能发挥个性;二是摧残人才,用八股文选拔出的官吏,只是一

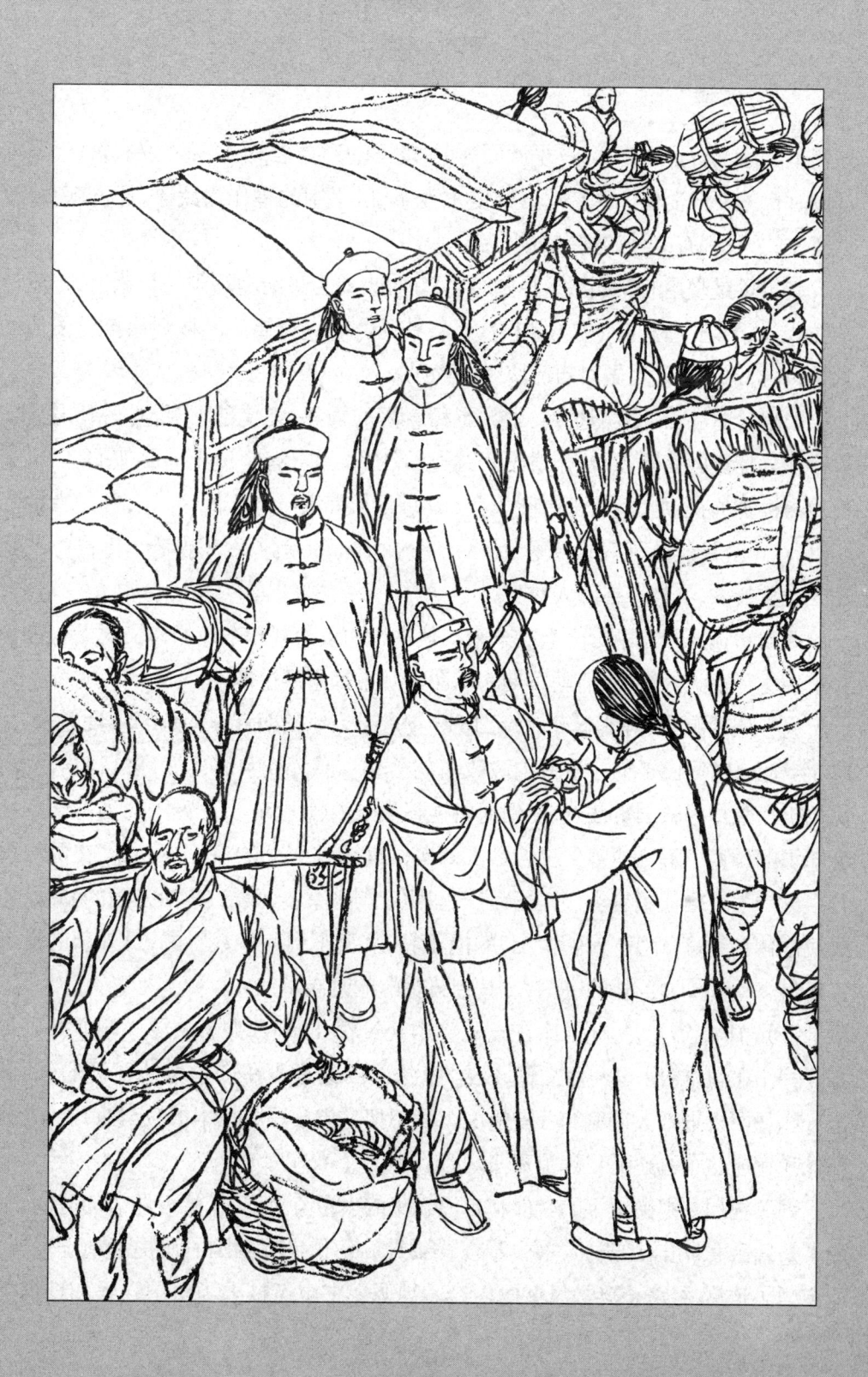

些糊里糊涂混日子的庸才；三是顽固守旧，动不动说要维护祖宗的法制、规矩，不能适应时代的发展变化。龚自珍强烈要求变革，以手中的笔作为武器，抨击朝政，读他诗文的人，都有一种如遭电击的感觉。

龚自珍是坚定的禁烟派。林则徐奉旨禁烟，龚自珍给他写了一篇赠言，提醒他加强战备、严防内奸、抵拒游说和贿赂，将禁烟斗争进行到底。林则徐接受了他的意见，并把这篇文章当做对自己终生的勉励。

龚自珍对社会的激烈批判，引起了穆彰阿的恼怒，指使部下对他排挤和打击。龚自珍只能辞去官职，回杭州讲学。路过镇江的时候，有个道士仰慕他的名声，请他代写祷神的祝词。龚自珍借此机会，提笔写了首激昂慷慨的诗，说，神州大地的生机，在于凭借改革风雷的激荡，万马齐喑（yīn，哑）的局面，令人伤心。他高呼："我劝天公重抖擞，不拘一格降人材！"

龚自珍在呼吁着中国全新的未来！他进步的政治观和辛辣的诗文对近代知识分子产生了巨大的影响，清朝后期的革命家几乎都崇拜过他。

另一位魏源，湖南邵阳人，公元 1845 年进士。他长期管理朝廷的粮食运输、盐政、水利工作，写出了很多研究内政改革的著作。鸦片战争爆发后，触目惊心的海防危机和强烈的救国责任感，促使他将视野从国内转向海外，开始了对西方国家社会知识的调查了解。他曾到宁波参加对英国间谍安突德的审讯，后来又在两江总督裕谦的手下担任军事参谋，了解了一些西方国家军事、政治、统治方面的知识，实践使他体会到，自命为"天朝大国"的清王朝，从皇上到大多数臣民，对外部的世界实在是太无知了。沉睡的中国人，是到该惊醒的时候了！

公元 1841 年 8 月，林则徐在发配途中经过镇江，同魏源长谈了一夜。林则徐打开一个布包，捧出一大捆文件，交给魏源说："这是我在广东主持翻译的《四洲志》，和从西人报纸上摘编的各国情况。我想把它们合写成一本书，启蒙百姓，老兄你代我完成这个心愿吧！"魏源爽快地答应了。

魏源根据林则徐留下的文件和自己收集的大量资料，花了将近两年的时间，写成了长篇巨著《海国图志》。书中不仅详细地介绍了世界各国的历史和地理情况，还穿插了政治、经济、文化、风俗的内容。魏源在书中还探求了富国强兵和抵御外

国侵略的策略,提出:"师夷之长技以制夷"的主张,意思就是学习西方先进科学技术来对付西方列强。《海国图志》不仅在当时和后来的思想界中引起了巨大震动,连日本的"明治维新"也受到了它的影响。魏源被称为十八世纪中国知识分子中"睁开眼睛看世界"的先驱者。

洪秀全金田起义

改革的思潮在涌动,革命的潮流更在奔腾。

公元1844年的一天,广西贵县的六乌神庙里聚满了乡民,听洪秀全宣传"拜上帝会"的教义:"我们都是天父的子女,人人平等。可当今满世妖魔横行,大家才过不上好日子。今后我们除了天父,谁也不能信!"

一位老人战战兢兢地说:"这话可不能在庙里说呀,六乌神爷最是灵验,触犯神爷,马上要大祸临头的。"

"乡亲们,别害怕!我就是天父派来除邪灭妖的。你们看!"洪秀全说着,操起手中的笔杆,朝神像使劲一戳,只听"轰"的一声,神像应声坍塌,一大群白蚁从朽烂的泥胎里飞了出来。

"哇!"乡民们张大了嘴,敬仰地望着这位三十岁的教主。他们当然不知道,洪秀全事先已对这座年久失修的神庙仔细察看过了。

洪秀全,广东花县(今广东花都)人,当过多年的村塾教师。他早年曾四次参加科考,结果都名落孙山,个人的失意和对时世的不平,使他产生了强烈的叛逆心理。后来,他读到了一本基督教布道的小册子《劝世良言》,思想上受到巨大震动。于是,他抛弃了科举功名,从此将"重整乾坤"作为自己的庄严使命。

洪秀全同表弟冯云山、族弟洪仁玕一起,砸毁了村里的孔子牌位,自行受洗,组织了"拜上帝会"。他们离开家乡,来到广西山区,运用一切方式宣传革命。山区的农民、矿工,早就听说了这位洪先生的神奇,又为教义中平等自由、共享太平的奋斗目标所吸引,纷纷入会。不到几年的工夫,已在广西各地团结了上万人的革命力量,烧炭工杨秀清、矿工萧朝贵、破落地主韦昌辉、石达开等,都成为"拜上帝会"的重要骨干。

鸦片战争高达七千万两白银的军费和赔款,以及白银的继续严重外流,使清政府更加重了对人民的压榨。这时,广西又遭到了空前的灾荒,大街上公然出售人肉,每斤只卖到几十文。洪秀全知道起义的时机已经成熟了,就在公元1850年7月发布了动员令,要求各地拜上帝会会员到桂平县金田村集中。各地会员丢下活计,变卖家产,扶老携幼前来响应。他们把一切现金和财物都交入"圣库",实行衣食零用由"圣库"统一开支、人人平均使用的均产制度。洪秀全同时把青壮年编入兵册,开展军事训练,兵册上官兵达到一万三千多人。

桂平的地方官听到风声,带着三百名清兵前来捕拿。他们让挑夫挑着二十四担绳索,满以为可以手到擒来。不料还未进村,就在桥边中了埋伏,全都乖乖地当了俘虏,带来的绳子正好捆他们自己。

公元1851年1月11日,是洪秀全三十八岁生日。全体会员集合在金田村韦氏宗祠门前的广场上。洪秀全健步登上高台,大声宣布:"今天,我们正式起义了!我们的国号,就叫太平天国。我们要除灭清朝的阎罗妖,让天下永享太平!"

他回首一招,一面绣着"太平天国"大字的杏黄大旗高高升起。在众人的欢呼声中,洪秀全发布了五条军纪:一、遵守条规命令;二、男女分营;三、秋毫无犯;四、团结齐心;五、临阵打仗不得退缩。接着,他下达了向桂平县城的进军令。

咸丰帝得到报告,急忙派出钦差大臣,命令广西提督向荣率部一万余人围剿堵截。但是,起义军得到各地百姓的支持响应,如鱼得水,半年下来,不仅没有被镇压下去,反而更加壮大,攻下了重镇永安州(今广西蒙山)。向荣不得不在给京城的奏章中,哀叹"臣屡战屡败"。幸得他的幕僚帮他改成"臣屡败屡战",才避免了朝廷的严厉处分。

在永安州,洪秀全自立为天王,封杨秀清、萧朝贵、冯云山、韦昌辉、石达开为东、西、南、北、翼五王,形成了太平天国农民政权的领导核心。休整了几个月后,太平军挥师北上,挺进湖南、湖北,然后沿着长江东下。这期间,每天都有上千名的百姓加入起义队伍,一路势如破竹,锐不可当。

公元1853年3月,在洪秀全、杨秀清率领下,五十万太平军分水陆两路,直抵南京城下。起义军攻占了南京。这座六朝古都被改名为"天京",成了太平天国的首都。

英法联军火烧圆明园

太平军定都天京后,就举行了北伐和西征。北伐的一路一直打到天津,孤军浴血奋战,坚持了两年多。西征军则转战安徽、江西、湖北、湖南四省,控制了长江的中游地区。

就在清政府被太平军起义弄得焦头烂额的时候,外国侵略者又在寻找机会,用各种方式威胁清政府,企图进一步打开中国的大门,扩大他们在中国的侵略利益。

公元1856年10月8日,广东水师在一艘中国船"亚罗"号上拘捕了十二名海盗及嫌疑犯,英国驻广州代领事巴夏礼借口"亚罗"号在香港领过英籍登记证,对广东水师检查船只横加干涉。他还伪造情节,诬陷中国官员在"亚罗"号上撕毁英国国旗。英国政府就利用这一事件为借口,挑起了第二次鸦片战争。

战争爆发后,糊涂的两广总督叶名琛,居然"不战、不和、不守",使得广州城很快落入敌人手中。英法侵略者为了迫使清政府乖乖就范,就在公元1858年5月进犯大沽口,形成了对天津的攻势。清朝统治者惊恐万状,急忙派人求和,分别与英、法、俄、美代表签订了《天津条约》。沙皇俄国趁火打劫,又用武力逼迫清政府签订了《中俄瑷珲条约》,割去了黑龙江以北、外兴安岭以南的中国领土。

条约签订以后,事情并没有完结。英法政府对条约的内容并不满足,得寸进尺,准备趁到北京换约的机会,重新组织英法联军,再次挑起战争。

公元1860年8月,英法联军占领了大沽口和天津城,并扬言要北上,兵锋直逼北京。咸丰皇帝吓破了胆,赶紧带着一大帮皇亲国戚、官僚大臣逃往热河避难。一个月后,英法联军杀气腾腾开进了北京城。这伙强盗到处烧杀、抢掠、奸淫,干尽了坏事。闻名中外的圆明园就是在这时候惨遭浩劫的。

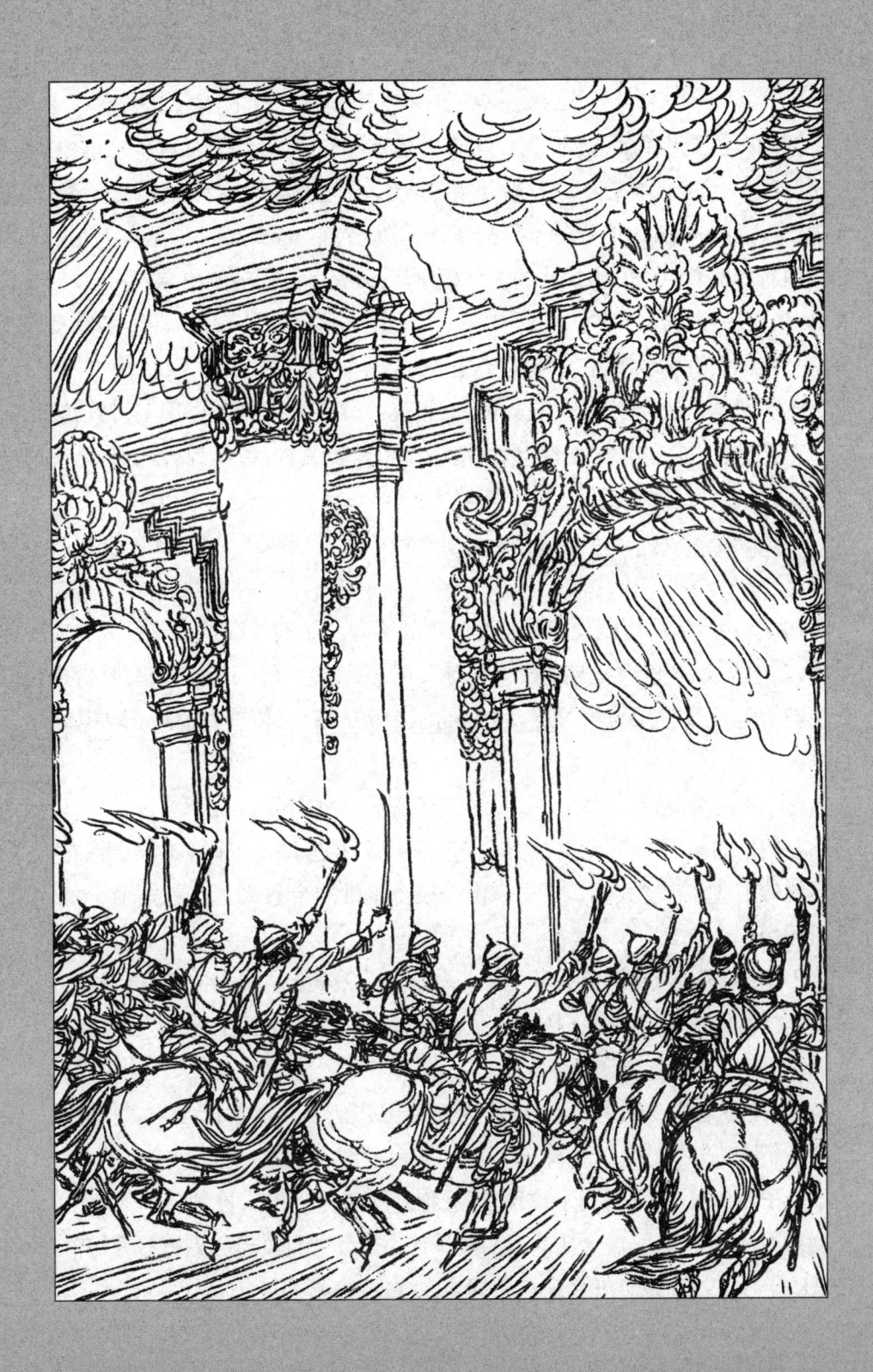

圆明园位于北京西北郊，由圆明园、万春园和长春园三园组成，所以也称"圆明三园"。这一皇家园林在明朝时就开始建造了，经过清朝康熙、雍正、乾隆、嘉庆、道光、咸丰六朝一百五十多年的不断扩建，成了世界上一座最宏伟的皇家大花园。园林里面有典型的中华民族风格的木结构建筑，又有非常壮观的西洋式石建筑，布局和谐，景色优美，美不胜收。三园共有一百多处著名风景点，一百四十多座宫殿楼阁，亭台碑刻、桥廊水榭、古木荷池更是多得数不过来。

圆明园不但建筑宏伟，风景如画，而且还收藏有无数的金银珠宝，精巧绝伦的美术工艺品，大量的档案文献和数不清的稀世珍贵文物，像商周青铜器、元明清书画等，可以说它是世界上最大的一座博物馆。

可是，这座经营几百年的圆明园，却遭到号称"西方文明人"的英法联军的野蛮破坏。

10月6日傍晚，法国侵略军首先闯进圆明园。他们被眼前这座巨大的宝库惊呆了，顿起歹念，当晚就实施抢劫。凡是贵重物品，士兵们统统装进口袋，背回自己居住的营地。圆明园总管文丰无法阻止这帮强盗，悲愤交加，跳进园中的湖里自杀。

第二天一清早，英军跟着到来。一个正从园内往外走的法国军官，兴高采烈地对站在门口的英国军官说："先生们，你们为什么不进来？这里并不禁止入内，你们瞧！"他伸手从外衣宽大的口袋里拿出一根金灿灿的金条来，"这就是金子，真正的金子啊！"

于是，英军头目格兰特公开下令，军官们可以分批进园去抢劫，接着又下令全军可以自由劫掠。这伙明火执仗的强盗，你争我夺，丑态百出，整个圆明园陷于一片混乱之中。

也许因为园内的文物珍宝实在太多了，强盗们不知道拿什么才好。他们一会儿抢金子、银子，一会儿又抢珠玉、宝石。抢夺的东西实在太多，一时装不下，往往为了金子而把银子丢掉；为了拿珠宝，又把金子扔掉。由于抢劫时间太短促，许多文物来不及仔细辨认，像金质的东西被误认为是黄铜而毁掉。更有甚者，有些价值连城的手抄本被当做废纸用来点燃烟斗，白白地烧掉了。

英法联军把凡是能搬动的东西，几乎全都抢走。凡是拿不动或者来不及拿走的文物，就用棍棒敲碎或打坏。强盗们抢来的大量赃物，有的现场拍卖，把拍卖得来的钱按级别发给军官和士兵；有的被运回本国；也有的则被作为礼品献给英国女王和法国皇帝。直到现在，英国和法国博物馆的中国文物藏品中，就有相当一部分来自圆明园。

对圆明园进行了疯狂的抢劫和破坏之后，为了掩盖丑行，更是为了逼迫清政府答应他们所开的投降条件，英法联军决定将圆明园统统焚毁。

10月18日清晨，三千五百名英国骑兵开始实施有计划的焚园行动。他们一齐出动，闯入圆明园四处放火。富丽堂皇的圆明园一下子成了一片火海，黑色的浓烟从树木中升腾上来，结成烟团，笼罩着北京的西北上空，然后，慢慢向东南方向随风飘去，绵延长达五十多公里，连天日也暗淡无光。大火持续烧了三天三夜。

就这样，这座被誉为"万园之园"，凝聚着中国人民智慧和血汗的一代名园，被英法联军毁之一炬。留下的只是一堆堆瓦砾，一处处废墟。

圆明园被烧三天之后，腐败的清政府完全屈服了，又同英法侵略者签订了《北京条约》。《北京条约》除了承认《天津条约》有效外，还增开天津为通商口岸，把赔偿英法的军费分别增加到八百万两，割让九龙半岛给英国，准许法国传教士到各省传教。

中国进一步变成了一个半殖民地半封建的国家。

曾国藩镇压太平军

清朝的正规军——绿营兵有六十多万，在太平军的冲击下损失惨重，集结在南京城外的江南大营、江北大营也只能采取守势。这样，清政府不得不把挽救危局的希望，寄托在地主武装——团练身上。曾国藩就是在这一背景下起家发迹的。

曾国藩是湖南湘乡人，道光年间考中进士，在京城做到了礼部侍郎，二品高官。公元1852年，他因母亲去世回乡守孝，不久咸丰帝就下达了要求各地在籍官员督办团练的诏令。曾国藩的做法与其他大臣不同，他的目的不在于组织地方性的民团，而是着手于建立一支新军。这支军队全由湖南人组成，湖南简称湘，所以被称为"湘军"。

曾国藩以他的亲友、师生、同乡为骨干，招募朴实、缺乏社会经验的农民当兵。湘军的饷银比绿营兵高出一倍，内部实行家长式管理，下一级由上一级挑选和指挥，最后听命于曾国藩一人。曾国藩利用团练大臣的地位，取得了脱离于地方的司法权，在组织和整肃湘军的过程中，就擅自处决了二百多人，被人称为"曾剃头"。他借着督办团练的机会，截留朝廷过往的赋税、饷银，用来购买了一千多门洋炮，置办了三百余艘战船。一年之间，湘军陆营、水营兵力达到一万七千余人。

在太平军西征部队的进击下，绿营兵节节败退，清政府一再下令湘军增援。老谋深算的曾国藩不愿轻易冒险，一边抗旨拖延，一边加紧了湘军的军事训练。公元1853年底，太平军攻克湖北黄州，咸丰帝不得不亲笔写信给曾国藩，说，已经火烧眉毛了，要他"激发天良"，出兵打太平天国。曾国藩感到军事准备已经完成，这才同意出境作战。从此后，湘军就成了太平军最主要和最凶恶的敌手。

湘军虽然挽回了局部战场的颓势，但也受到了太平军沉重的打击。公元1854

年4月,太平军在长沙附近的靖港大败湘军,曾国藩羞愤之下投水自杀,被部下救起。一年后在江西湖口,太平天国翼王石达开又沉重打击湘军水师,曾国藩眼看将被俘虏,又一次投水自尽,被捞起后逃回南昌城中,还特地写了遗嘱。只因西征军取胜后,奉调回师天京参加攻打江南大营的作战,才使曾国藩避免了全军覆灭的命运。

然而,太平军在大好的军事形势下,却爆发了一场可怕的内讧。公元1856年,东王杨秀清利用"代天父传言"的特权,令洪秀全下跪,逼他加封自己同为"万岁"。洪秀全秘密召回韦昌辉包围东王府,杀了杨秀清,韦昌辉后来又被洪秀全诛杀。在这场自相残杀的"天京之变"中,有两万名太平军战士死去。石达开在全家被害、又处处受到排挤的情况下,一气之下带领主力部队十万人出走西南,先后转战七省,终被清军消灭。

"天京之变"不仅给了湘军喘息和重整的机会,而且改变了各战场的力量对比。曾国藩乘势攻占了安庆,打开了通往天京的门户。他让弟弟曾国荃沿长江东下进攻天京,左宗棠由江西进入浙江,李鸿章从上海进犯苏南,三面合击,围困天京达两年之久。公元1864年7月,湘军用炸药炸开城墙,攻入天京。守城的太平军虽然因为长期饥饿而奄奄一息,但仍与清军展开了激烈的巷战。天京沦陷后,太平天国的余部还在江南各省坚持斗争达两年之久。

曾国藩镇压了太平天国革命,被誉为"中兴名臣",博得清朝和帝国主义者一片赞赏声。他深知"功高震主"的历史教训,为了避免朝廷疑忌,于是主动将十二万人的湘军逐步遣散,由旗兵南下接防。但他的势力和影响,已经非常大。仅仅在他的幕僚中,担任总督、巡抚以上高官的就有二十六人,其中包括李鸿章、左宗棠这样的重臣。"湘军系"成为清朝统治阶层中的一个重要政治集团。

慈禧太后垂帘听政

内忧外患一天天深重,咸丰帝却一味沉湎于酒色。

一天晚上,太监领着咸丰帝在宫里闲逛,忽然听到一处院落里,传出了悠扬的歌声。走近一看,是一位十八九岁的姑娘,在咿咿呀呀地唱着小曲。姑娘自我介绍祖居叶赫,姓那拉氏,小名兰儿,是选来的宫女。咸丰帝喜欢上了她,当场封她为贵人。他哪里想到,正是这位"兰贵人"预先贿赂了太监,才会安排出这场相遇!五年后,兰贵人为他生下了独生子载淳。母以子贵,她很快就升为懿妃、懿贵妃,越来越骄横跋扈。

公元1860年,英法联军攻占天津,一直打到北京,咸丰帝惊惶失措,逃到承德,派异母弟弟、恭亲王奕䜣(xīn)留下来同外国侵略者谈判。奕䜣是卖国外交的老手,老百姓称他"鬼子六"。随着中英、中法、中俄《北京条约》等一系列丧权辱国条约的签订,第二次鸦片战争结束了。

躲在承德的咸丰帝,依然荒淫无度,终于病入膏肓。公元1861年8月,咸丰帝一命呜呼。临死前,他遗诏立年仅六岁的儿子载淳为皇太子,继承皇位;为了防止奕䜣篡权,又任命载垣、端华、肃顺等"顾命八大臣"主持政务。八大臣尊皇后钮祜禄氏为慈安皇太后,又称东太后;载淳的生母兰儿为慈禧皇太后,又称西太后;定年号为"祺祥"。按照咸丰帝的遗诏,朝廷文书必须同时盖有慈安太后和小皇帝载淳的两枚印章才能生效。

野心勃勃的慈禧,对咸丰帝的安排非常恼火。她苦于没有实权,于是一方面竭力拉拢慈安太后,一方面决定引狼入室,同奕䜣搭上手。趁奕䜣前来哭灵的机会,两人在密室里密谈了大半个时辰,策划发动政变。她特意问奕䜣:"这样干,不知外国人可会支持?"

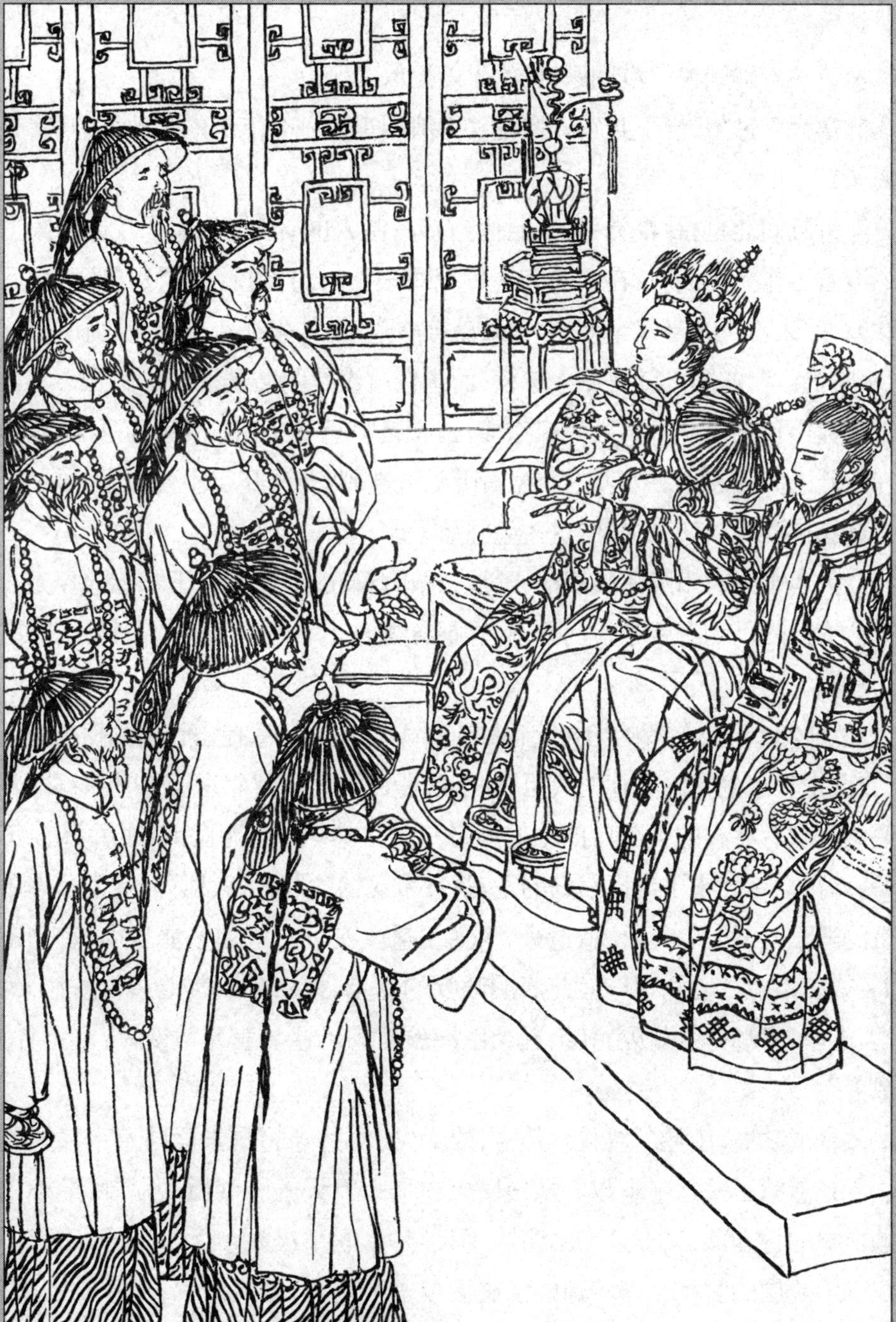

奕䜣拍着胸脯说："没问题，奴才可以担保。"

慈禧大喜过望，当下封官许愿说："大清国需要一个能干的议政王，我看是非您莫属了！"

奕䜣赶回北京，召集党羽，按照他同慈禧密谋的计划，加紧了舆论和武力两方面的准备工作。不久后，在京的御史董元醇呈上一份奏折，标题是《请两太后垂帘听政》。原来古代凡当皇帝年幼，太后就挂一道帘子，坐在小皇帝背后临朝执政，称为"垂帘听政"，实际上就是妇人掌权，而这在清代是明文禁止的。

八大臣认为这一奏折破坏祖宗成法，拟旨处分董元醇，不料慈禧拒绝盖印，双方在朝廷上大吵起来。六岁的小皇帝哪见过这副阵势，吓得小便流出，尿了母后一身。慈禧感到时机还未成熟，这才勉强盖了印。

八大臣中只有肃顺比较清醒，看清慈禧有篡权的野心，私下打算除掉她。但其余七位大臣自以为有咸丰帝的遗诏，不把慈禧放在眼里。他们没有料到，对方已经磨刀霍霍，抢先动手了。

10月26日，咸丰帝的棺材起运回京。两位太后故意提出让肃顺担任护送的重任，自己带着小皇帝同其他的大臣，抄小路提前四天回到北京。这时慈禧同奕䜣已经联络好掌有兵权的兵部侍郎胜保与亲王僧格林沁，控制了京城的军队。第二天上朝，慈禧立刻发布了早已写好的圣旨，宣布逮捕"顾命八大臣"。她还公然否认咸丰帝的遗诏，诬陷八大臣伪造遗命，大逆不道。在公布的诸多罪状中，有一条特意提到八人"不能尽心和议"，借此表明政变的立场，博取外国侵略者的欢心。不久，载垣、端华、肃顺都被处死，其余五大臣流放新疆。这场宫廷政变，历史上称为"祺祥政变"。

政变成功后，废除了"祺祥"年号，改为"同治"，意思是太后同皇帝共同治理国家。于是慈禧正式垂帘听政。她一反历史上一朝天子一朝臣的惯制，继续重用由肃顺提拔的曾国藩，又对外勾结帝国主义势力，联手绞杀了太平天国，因而得到了满汉统治阶层的赞赏。以后她继续施展权术和阴谋，处决胜保，毒死慈安太后，削弱议政王奕䜣的权力，终于巩固了她的独裁统治。她作为清廷守旧派和帝国主义利益的代表者，祸国殃民，长达四十八年之久。

李鸿章主管洋务

慈禧上台以后,清王朝同西方列强的关系发生了显著的变化。清朝统治者由排洋、恐洋转变为媚洋;外国侵略者也认识到清政府可以作为他们奴役剥削中国老百姓的驯服工具,因而将对华政策由打转向了拉。清朝官员从西方引进军事工业,用以镇压国内民众起义,这就是最初的洋务运动。公元1861年,曾国藩在安庆设立"内军械所",制造洋枪洋炮,揭开了洋务运动的序幕。而主持洋务活动最久的人物,则数李鸿章。

李鸿章是安徽合肥人,曾做过曾国藩的幕僚。慈禧上台后,曾国藩保举他出任江苏巡抚,并让他按湘军的模式组织淮军。李鸿章在上海购买洋枪洋炮,又请英国人马格里在松江训练洋枪队,在血腥镇压太平军的作战中起了作用,使他尝到了使用西方先进武器的甜头。淮军在这一期间不断扩充,在绞杀太平天国革命后又赴河南镇压了捻军起义,逐渐发展为同湘军平起平坐的军阀力量。

李鸿章因为镇压有功,升任两江总督。当时的两江总督,还兼任南洋通商大臣,掌管长江流域和山东以南各海口的通商事务。李鸿章就在公元1865年收购了上海虹口的一座美商机器铁厂,同上海制炮局、苏州制炮局合并,成立了上海江南制造总局。曾国藩也把派容闳(hóng)去美国采购的机器运到上海,交付李鸿章使用。两年后又迁移到上海城南高昌庙镇,扩充了生产规模。江南制造总局招募中外技工两千多人,还附有译介西方科技书籍的翻译馆,是当时中国最大的军工企业,以制造枪炮、子弹为主,还造出过一艘六十米长的大轮船。与此同时,李鸿章又在南京雨花台建造了生产洋炮的金陵机器局。

当时进口的机器是第一流的,但制造的却是过时的枪炮。生产的大炮没有炮

车,只能由士兵抬着走。金陵机器局为大沽炮台制造的重炮还发生过爆炸,结果全厂只得改为生产抬枪。这些落后的军工产品尽管起不了抵御外侮的作用,用来镇压手无寸铁或仅有大刀长矛的起义群众仍是绰绰有余,所以李鸿章还是不惜年年投入大量的国库银两,总数达两千万两之多。

洋务派在兴办军事工业的过程中深感经费严重不足,于是开始从"自强"转向"求富"。李鸿章看到西方国家虽然国土狭小,但从矿山、铁路、工业、邮政等方面可获得惊人的税收和利润。中国有丰富的资源,廉价的劳动力,开办企业,制成商品就地倾销,可以大开财源。于是从公元1870年起,他开始把目光转向民用工业。这时他已升任直隶总督、北洋通商大臣,重权在握,所以兴办过程十分顺利。

李鸿章开办的第一个大型民用企业是轮船招商局,从事沿海和内河航运。三年之间,所辖轮船从三艘扩大到三十多艘,并在同外国轮船公司的价格战中取得了胜利,为清政府赢利一千三百万两。尽管它开辟远洋航线的计划因西方列强的阻挠未能实现,但李鸿章仍认为这是开办洋务以来最得意的事情。他接着又兴办了开平矿务局、上海织布局、漠河金矿、天津电报总局等,为中国近代工业的发展打下了基础。这是洋务运动的第二个阶段。

公元1874年起,洋务运动逐渐转入创建新式海军的第三阶段。经过十年苦心经营,建成了北洋、南洋、福建三支水师,其中属李鸿章控制的北洋水师实力最强,拥有七千吨铁甲舰两艘、三千吨巡洋舰七艘等共二十二艘战舰,全部从国外购买,海军兵力因此上升到世界前五位以内。但在甲午中日战争中,北洋海军全军覆灭,宣告了洋务运动的破产。李鸿章既是这一运动的倡导者,又成了它的送葬者。

洋务运动是官僚资本主义和封建主义的混合产物,它一旦威胁到帝国主义列强的利益,仍然会遭到它们的打击报复。曾国藩、李鸿章等洋务派鼓吹的"同治中兴",被历史证明只是一场幻想。随着在华利益的重新争夺,西方列强又开始了对中国的新一轮侵略。

死婴引发天津教案

利用传教，对中国进行文化侵略，是近代帝国主义侵略中国的一个手段。

公元1870年6月21日午后，天津城内突然锣声震天。随后，成千上万的市民像潮水一样，冲向坐落在三岔口的法国洋楼——望海楼。市民们怒不可遏，放起火来，望海楼顷刻之间被烧成了灰烬。这次火烧望海楼的行动，就是当时震惊中外的"天津教案"。

天津自从开设了教堂，传教士就大肆活动。他们认为，育婴不但可以大大增加天津人对教会的好感，并且可以把女婴作为资本，引诱穷人入教，因为穷人单是为了希望从育婴堂领到一个女婴做媳妇，往往全家都来受洗。于是教堂竭力收容，谁送来孩子越多，给谁的奖赏就越丰厚，而且不问来历。这实际上是诱导一些为非作歹的人为获取不义之财而从事拐骗幼童的罪恶勾当。

天津望海楼教堂是在公元1869年落成的，里面附设有一所仁慈堂，收养了一些中国小孩。第二年初夏，仁慈堂里发生了瘟疫，几乎每天晚上都有一些人扛着几具木匣子，慌慌张张地朝乱葬岗奔去，在那里浅浅地刨个坑，把木匣子埋下，然后盖上一层浮土，又匆匆离去。白天，当地人发现成群的野狗在岗子汪汪乱叫，撕咬着幼童尸体的胳膊和大腿。没过几天，就有四十多具幼童尸体被胡乱地扔在乱葬岗，遭野狗啃吃，真是惨不忍睹！

这些被害的小孩是从哪里来的呢？原来是一个名叫王三的人贩子拐骗来卖给仁慈堂的。这件事是偶然被发现的。有一次，天津官府抓到两个同王三接头的人贩子，从他们身上搜出了外国钞票。经过审讯，才弄清王三是受望海楼教堂里的洋教士指使专门收买幼童。这个令人发指的消息不胫而走，立刻轰动了天津城。

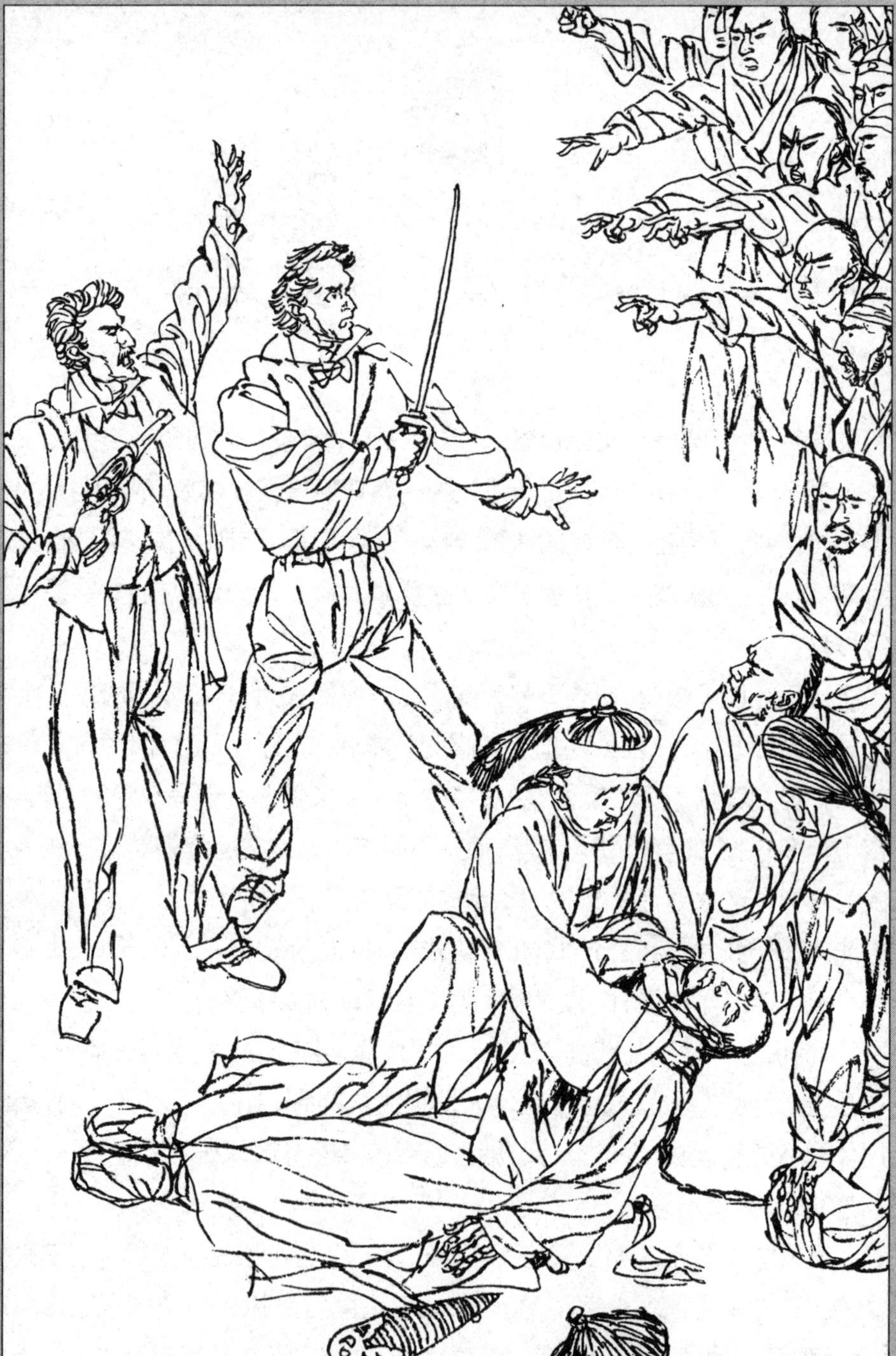

6月21日上午，天津官员带人贩子去教堂对证。许多市民出于义愤，不约而同地聚集在望海楼教堂前，要求严惩凶手。可是，教堂里的法国传教士手执洋枪、棍棒，牵着狼狗向市民扑来。市民们忍无可忍，拣起砖头石块，对准传教士和狼狗一阵猛砸，打得他们落荒而逃。

法国驻天津领事丰大业闻讯后，当即通知北洋大臣崇厚派兵镇压。崇厚不敢怠慢，连忙派兵驱散了聚集在教堂周围的市民。可是，丰大业却认为崇厚镇压不力，于是带着秘书西蒙气势汹汹地闯进崇厚的衙门。他一见崇厚就破口大骂："听说老百姓想要我的命，那你就先给我死吧！"随后朝崇厚连开了两枪，但都没打中。

丰大业枪击中国官吏的消息传开了，愤愤不平的几千市民聚集在街头，准备与丰大业评理。

丰大业行凶没有得逞，越发咆哮如雷，气呼呼地冲到街头。西蒙高举利剑在前面开路，丰大业紧握手枪，向聚集在街头的人群狂叫："谁敢挡路，我就打死谁！"

这时，刚巧天津知县刘杰带着下属高升迎面走来，丰大业不由分说对着刘杰就是一枪。刘杰急忙一闪，子弹击中了高升，高升当场死去。市民们发怒了，大声吼道："法国领事这么霸道，我们为什么不能揍他！"他们一拥而上，抡起拳头，打死了丰大业和西蒙这两个恶棍。

当天午后，天津市民又鸣锣聚众，高举火把，把望海楼教堂、法国领事馆和四所英国教堂、两所美国教堂，统统焚毁。同时，还打死了作恶多端的法国传教士十多人，其他国籍的传教士、商人七人。

天津市民火烧望海楼教堂的正义行为，使外国侵略者大吃一惊。法国、英国、美国、俄国、德国、比利时、西班牙等七个国家的领事狼狈为奸，共同向清政府施加压力。英、美、法三国还调集军舰，进驻烟台和天津海面示威，扬言如果不接受他们的条件，就要把天津城化为一片焦土。

软弱无能的清政府在强敌面前怕得不行，立即派直隶总督曾国藩到天津去查办，并派崇厚为钦差大臣，专程去法国赔礼谢罪。曾国藩到天津后居然颠倒黑白，要天津市民向法国人谢罪、赔款和重建教堂，还下令把天津知府、知县等二十五名

官员充军治罪。他为了迅速结案，讨好洋人，不顾天津市民的正义呼声，竟杀死了无辜的天津市民十六人。

对天津教案的处理，使曾国藩的声望一落千丈。慈禧让李鸿章接替他，出任直隶总督。从此，淮军系集团逐渐压倒了湘军系，成为清朝廷的主要政治势力。

首批留学生赴美

民族危机的不断加深,使有眼光的知识分子意识到,要富国强兵,振兴国家,就必须学习和掌握西方先进的科技文化。公元1872年8月11日,中国第一批公派留学生三十人从上海搭船前往美国,开启了近代中国留学生运动的先河。这件事情的具体策划者就是近代中国第一位留学生——容闳。

容闳是毕业于美国名牌大学的第一个中国人。少年时亲眼看到祖国的贫穷落后与亲身领略美国的繁荣强盛,使他向往资本主义,希望振兴祖国。还在念大学四年级的时候,他就开始酝酿一个宏伟的计划:劝说清政府赶快向美国派遣留学生,让更多的中国青少年能像自己一样到美国接受教育,用学到的知识,为国效劳,使中国变得强大起来。心动不如行动。1854年,容闳怀揣他的"留学计划",毅然回国。

回国后,为了实施自己的"留学计划",容闳四处奔走了将近十年工夫,希望取得清朝官员的支持和帮助,却不料屡屡碰壁。其实原因也不奇怪。当时,绝大多数官员夜郎自大,他们把学习西方看做是"以夷变夏"(用蛮夷文化改变中华文化),臭骂西方科技是"奇技淫巧",当然对容闳就不会理睬了。

正在他走投无路的时候,突然来了机会。公元1863年,经人介绍,容闳认识了曾国藩。曾国藩交给他六万八千两银子,要他去美国采购机器设备。容闳出色地办成了这件事,因此博得曾国藩的信任。公元1870年,容闳向曾国藩提出了自己酝酿已久的一个派遣留学生出洋的"留学计划"。曾国藩很感兴趣,就叫容闳代为起草一道名为《挑选幼童赴泰西肄业章程》的奏折,约上李鸿章、丁日昌一起签名上奏朝廷。

第二年,清廷答应把派遣留学生的问题摆上议事日程,同意在上海设立幼童出

洋鲊业局，在美国设立中国留学生事务所，任命陈兰彬、容闳为正、副监督。按照"留学计划"，留学生所需经费由海关支付，学生年龄从十岁到十六岁，招生名额为一百二十名，分四批派遣，每批三十名，毕业后一律回国，安排差事。

公元1871年，容闳等人就开始张罗起招生的事情。可是，由于长期闭关锁国，老百姓都把到外国去当做流放，更何况送自己的孩子出洋必须画生死押，许多家庭都不大愿意冒这个风险。容闳在上海想尽办法，还是无法招满三十名学生，不得不南下香港招生，费了好大劲才凑满三十个招生指标。

容闳招收的第一批留学生，大多数是穷人家的子弟。他们先被安排在上海进行中西文训练，并做一些出国前的准备。公元1872年8月，第一批官费留学生在陈兰彬带领下，前往美国。接着，连续三年，一直到公元1875年10月，清政府总共如期派出四批一百二十名幼童赴美。

这些幼童来到异国他乡，穿戴仍和国内一样，脑后挂长辫，身穿长衫马褂。他们被安置分住在美国友人家中，接受家庭式的教育和监护，等到过了语言关后，再送进中小学校读书。几年后，他们中的不少人考上了大学，学业上的进步也非常显著。

经过几年的留学生活，留学生们接受了西方文化，行为规范也慢慢地起了变化。比如有些学生感到留长辫子不方便，就偷偷剪掉；有些学生对体育锻炼很感兴趣，就脱掉长袍，在运动场上奔跑起来。

对这些很正常的行为，满脑子封建思想的陈兰彬横竖看不惯。他蛮横地要求留学生每天早晨要面朝东方向皇帝磕头，严禁他们参加集会活动。有一位学生考取了哈佛大学，只因为他入了基督教，就被陈兰彬勒令退学。

容闳不满意他的做法，两人发生了矛盾。这时国内的一些守旧分子也借题发挥，从中作梗。清政府于是在公元1881年下令撤回全体留学生，容闳经办多年的"留学计划"就这样半途而废了。

尽管如此，容闳的心血没有白费，因为这些归国留学生，大多数学有所成。他们中间有成为"中国铁路之父"的詹天佑，有成为中国第一批矿业工程师的邝荣光，更多的则成为军界、学界、商界的栋梁之才。

左宗棠收复新疆

帝国主义者对中国的边疆,一直怀有野心,一旦有机会,就想将中国的边疆从中国分裂出去,变成他们的殖民地。

十九世纪六十年代中期,新疆各族民众在西北回民起义的影响下,发动了反清起义。一些封建主和宗教上层分子便利用反清浪潮,称霸一方,形成了好几股割据势力。占据南疆的民族败类金相印,为了能够取胜,竟向原来藩属中国的中亚浩罕汗国求援。汗国的军事头目阿古柏趁机出兵,占领了喀什噶尔、英吉沙、莎车等地方,后来干脆自立为王,建立了一个名为"哲德沙尔"的汗国,想把新疆从中国的版图上分裂出去。

这时候,正在中亚争夺霸权的英国人和俄国人,都一眼看中了阿古柏,想把他抢到手,作为肢解新疆领土的工具。特别是俄国的沙皇,他不但明目张胆地支持阿古柏叛乱政权,而且在公元1871年打着代中国"收复"领土的幌子,公然出兵占领伊犁,甚至还把伊犁划为俄国的领土。

西北边防危机重重,迫在眉睫!全国民众纷纷要求出兵,收复新疆。可是,在清廷内部,却对要不要收复新疆产生了不同看法。北洋大臣李鸿章竭力反对,他说:"新疆地方大,人又少,每年要花去三百多万银两的军费。用这么一大笔钱去换几千里的贫瘠土地,实在是划不来。再说了,与俄国人打仗,我们几乎没有赢的可能。"

但是,陕甘总督左宗棠坚决主张出兵收复新疆,他据理力争道:"新疆是中国的西北门户,如果我们放弃了,那么,非但甘肃、陕西有麻烦,而且蒙古、山西从此也将不得安宁,就连北京城将来也会受到很大的威胁。"

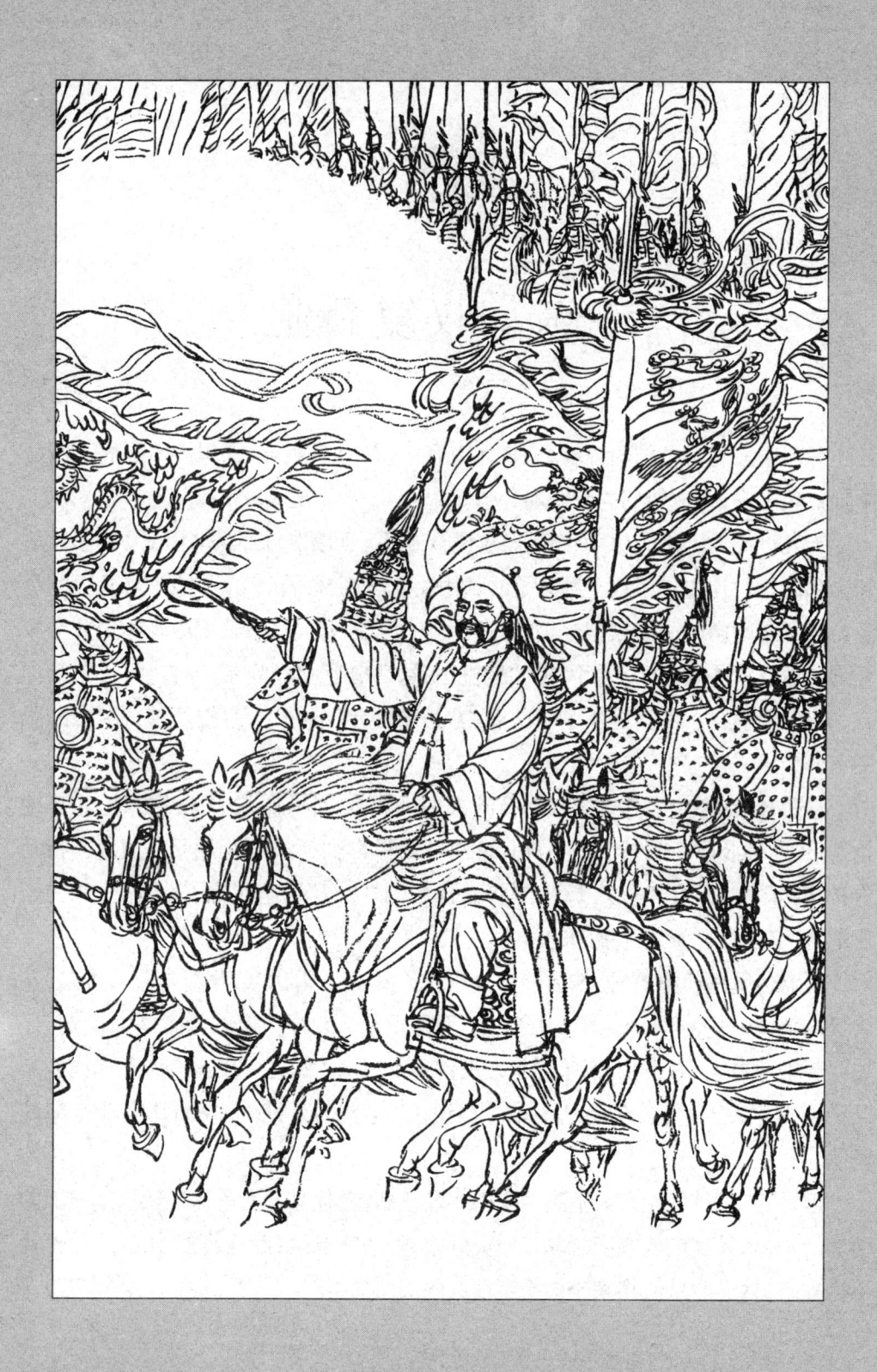

他恐怕别人说自己贪功,所以又特别强调说:"我是一介书生,高官和厚禄,我连做梦也没想过,难道会有立功边疆,获得大恩的打算吗?更何况我已经是快要入土的人了,又怎么能够不自量力,抢挑收复失地的重担呢?只是我考虑到,新疆如果不收回,就会麻烦不断,后患无穷,这点报国忠心,不敢不尽啊!"

经过激烈的争论,朝廷最后接受了左宗棠出兵收复新疆的意见,并在公元1875年5月任命他为钦差大臣,负责新疆军务的统一指挥。这时候,左宗棠已是六十五岁的老人了,但是他仍不顾年老体弱,亲自出征。

新疆以天山为界,分为南疆和北疆。左宗棠为了速战速决,采取了先围攻北疆,再出兵南疆的策略;而围攻北疆的时候,又集中兵力,首先拿下乌鲁木齐。在他的指挥下,西征军立即向乌鲁木齐挺进。

守卫乌鲁木齐的,是投靠阿古柏的叛将白彦虎。清军的先头部队趁夜发动猛攻,一举占领了乌鲁木齐的外围据点古牧地。阿古柏知道消息后,连忙派兵增援。经过三个多月的激战,清军最终打败阿古柏的援兵,收复了乌鲁木齐,还一口气攻克了昌吉、呼图壁、玛纳斯等地。白彦虎慌忙败逃南疆。

随后,左宗棠马不停蹄,向盘踞南疆的阿古柏军队发起总攻。清军只花了半个月的工夫,就突破了阿古柏设置的一道道防线,连续攻克达坂、鄯善、吐鲁番、托克逊,消灭敌人一万多。

英国人见势不妙,耍起"调停"花招,想让喀什噶尔变成保护国,并通过清政府向左宗棠施加压力。左宗棠不予理睬,继续追击残敌,阿古柏被打得东躲西藏,最后服毒自杀。他的儿子伯克胡里带残兵败将逃到俄国境内。

就这样,左宗棠前后只用了一年半的时间,就在公元1878年年初,收复了除伊犁以外的新疆全部领土。

曾纪泽收回伊犁

左宗棠收复了新疆的大部分地区,但伊犁这个新疆的西部重镇却还被沙皇俄国霸占着。原来,阿古柏入侵新疆以后,沙俄趁火打劫,侵占了伊犁。清政府多次要求他们归还伊犁,沙俄总是寻找借口,赖着不走。

但是,左宗棠指挥清军,连战连胜,不用两年就收复了新疆的大部分地区,形势的发展变得对清廷有利。于是,公元 1878 年 7 月清廷派崇厚为特命全权大臣,去俄国同沙皇交涉伊犁问题。

崇厚十分昏庸无知,他以为只要收回伊犁就什么都解决了,结果在俄国官员的威胁和欺骗之下,他擅自签订了一个出卖国家利益的《里瓦几亚条约》。条约规定割让伊犁以南和以西的大片土地,清朝向俄国赔款五百万卢布,俄国商人到新疆和蒙古等地经商全部免税,允许俄国经新疆到天津、汉口和西安陆路通商;而换回来的,只是一座三面被俄国包围的空城伊犁。

条约签订的消息传回国内,激起了全国民众的无比愤怒。清廷内部也引起了激烈的争论,以李鸿章为代表的主和派怕与俄国人打仗,主张妥协,接受这一条约;而以左宗棠为代表的主战派坚决不同意,要求修改崇厚与俄国签订的条约,把失去的主权收回来,同时做好开战的准备,万一谈判失败,就在战场上与俄国决出个胜负。左宗棠说到做到,积极备战。他分兵三路,向伊犁进军。不久,他自己带着一口棺材从肃州(今甘肃酒泉)出发,表示不收复伊犁,决不活着回到关内。

在全国民众的一片抗议声和爱国官员的坚决要求下,西太后不得不把崇厚撤职,交给刑部严加惩处,不久又派曾纪泽兼任驻俄公使,去俄国与沙皇政府重新谈判。

曾纪泽是曾国藩的大儿子,公元 1878 年担任驻英、法公使。这次接受新的任务

后,他马上整理行装,前往俄国。曾纪泽心中很清楚,此次谈判难度很大,他要打交道的是一个异常贪婪蛮横的国家。但是,为了国家的利益,他会毫不犹豫,全力以赴。

公元1880年8月,曾纪泽到达俄国首都圣彼得堡。接待他的是俄国外交大臣格尔斯和驻中国公使布策,两人一开始非常霸道,对曾纪泽说:"两国全权大臣已经签订好了条约,没有什么可以修改的了。"

曾纪泽冷静地回答:"因为中国的使臣崇厚失职,违背了朝廷的旨意,所以这个条约理应酌情进行修改。"

格尔斯和布策又说:"崇厚是头等全权大臣,你是二等出使大臣,又无全权,怎么能够修改崇厚与我们签订的条约呢?"

曾纪泽针锋相对:"我既然是驻俄公使,就有权同你们谈判修改条约的事。"

格尔斯和布策被顶得无话可说,只好同意与曾纪泽谈判。曾纪泽便把需要修改的地方一条条列出,送到俄国外交部。格尔斯看后暴跳如雷:"这不是把前面所订的条约全部推翻了吗?"

格尔斯故意拖时间,不作答复。曾纪泽就派人去催。格尔斯也派了人来回答说,俄国沙皇已经向清廷提出最后警告,假如不批准以前签订的条约,就只能用大炮来发言了。曾纪泽毫不退缩,镇定自若地回答:"如果两国间不幸发生战争,中国用兵向俄国索还土地,那就什么地方都可以索取,决不只限于一个伊犁。"

来人被驳得脸上红一阵,白一阵,灰溜溜地退了回去。

几天后,格尔斯和布策又蛮横地向曾纪泽提出:"我们守卫伊犁的军费总共为一千二百万元,中国必须予以赔偿。"

曾纪泽冷笑道:"双方还没有打仗,哪里跑出来的军费?"

格尔斯和布策说:"如果你们不答应,俄罗斯只好开战了。"

曾纪泽不客气地回敬道:"一旦打起仗来,谁胜谁败还不一定呢。大清如果获胜了,那俄国也必须赔偿我们军费。"

在半年多的时间里,双方唇枪舌剑,激烈交锋。曾纪泽据理力争,终于迫使俄国政府修改条约,除了将伊犁归还中国外,沙俄又交还了伊犁南面的一大片领土。但是,清朝政府的赔款却增加到了九百万卢布。

311

刘铭传击退法舰

左宗棠收复新疆以后,中国边疆的危机并没有停止,而是从西北转向了西南。

公元1884年7月,在安徽合肥的一家院子里,四十八岁的刘铭传将军正在蘸墨写诗。他得到朝廷三次重赏,却辞去官职回家养病。因为他看不惯官场的腐败。他写的诗是:

> 名士无妨茅屋小,英雄总是布衣多……

这时候忽然传来敲门声,有个差吏急匆匆进来,给了他一封信,原来是朝廷命令刘铭传到台湾,督办台湾军务,准备对付法国的侵略。刘铭传看完后,大骂了一声:"法国鬼子!"就吩咐仆人收拾行装,立即出发。七天后,战争就爆发了。

一年前,法国霸占越南,进犯中国云南,挑起了中法战争。清军将领刘永福带领黑旗军顽强阻击,法国军队在越南作战没有进展。于是他们在1884年7月派出由孤拔率领的远东舰队在台湾海峡活动,准备进犯台湾,想用这个办法逼中国从越南退兵。

孤拔很狡猾,8月4日,他派五艘兵舰进攻清军防守最薄弱的基隆。刘铭传虽然刚刚踏上台湾,对许多情况还不熟悉,但是他沉着地指挥还击。从上午八时到十二时,基隆的炮台连同火药库都被法军摧毁。第二天,法军看到阵地上冷冷清清的,以为清军已经被打退了,几百个法军大摇大摆地拥上岸来。突然从东西两侧杀出清军,这是刘铭传指挥清军从三面向敌人发动的进攻,成百个法军一下子死的死伤的伤,清军还缴获大炮四尊,抓到俘虏一人。

10月1日,孤拔一路进攻基隆,另一路进攻沪尾(今台湾淡水)。刘铭传分兵两路防守。法军先主攻基隆,下午突然重点攻沪尾。刘铭传在基隆得到消息大吃一惊,

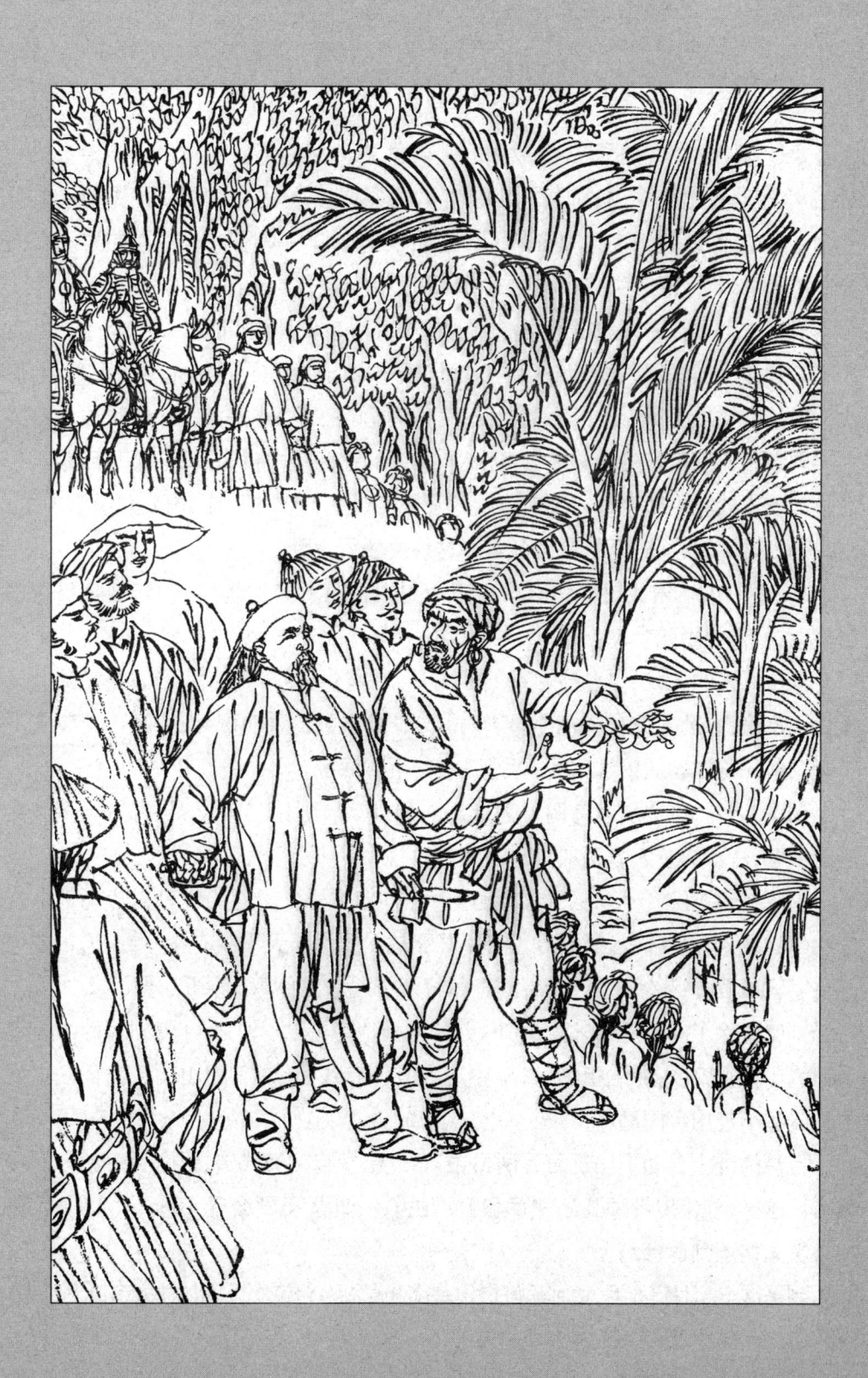

因为要是沪尾失守，台北就处于敌人的进攻之下，基隆也将守不住。刘铭传当机立断，命令军队撤出战斗，把基隆的煤井炸毁，机器转移，全力守沪尾。清军将士们听到命令放声大哭，他们说："刘将军，我们就是死也要守住基隆啊！"刘铭传拔出剑，大声说："我的计划已经定下了。要是有罪，我一人担当。谁不听从我的命令，就砍头！"

孤拔攻下了基隆感到得意洋洋。他们全力进攻沪尾，可是攻了七天还是没有攻下。10月8日，孤拔派出四五百人集中攻沪尾。他们忘记了两个月前的教训，这次又中了刘铭传的计谋。清军突然从三面包抄向法军发起总攻，以绝对的优势兵力冲向敌军。三百多名法军被当场击毙，其余的在慌乱中拼命逃跑，互相践踏。在海边的敌人战舰见到这种情况，吓破了胆，他们开炮，竟然把自己的战舰也打中了。士兵们跌进海里，又淹死了一百多名。这一仗法军惨败。

10月下旬，恼羞成怒的法国政府下令封锁台湾所有的港口，远东舰队日夜巡海搜索，他们要困死台湾。

几个月来的苦战，使台湾守军筋疲力尽，军需供应接不上，武器弹药短缺。又发生了疫病，十个人中有八九个得了病。刘铭传看到这种情况，急得睡不着觉吃不下饭。他一再向朝廷请求增援，可是一直得不到回应。

到了12月，孤拔从越南调了大批部队到台湾。到第二年1月，有二十多艘兵舰在台湾，法军的总人数达到四千多人。

清军在台湾已经不到三千人，而且天天有士兵死去。刘铭传只得焦急地电告李鸿章："敌人力量强大，最近肯定有一场恶战。要是十天里没有援军到，恐怕要守不住了。"最后刘铭传表示："我将同全体将士拼死守住台湾，直到战死！"

刘铭传除了向朝廷请求援兵外，更是积极地想办法。他到台湾的百姓中去动员："为了保卫家乡，保卫祖国，每个中国人应该有钱出钱、有力出力。我们一定要把法国鬼子赶出台湾岛！"

台湾的绅士自动捐出近百万两白银，各地组织起民间武装，跟官兵一起打击侵略者。这样，刘铭传带领驻岛守军和台湾民众一直坚持到公元1885年2月，几路清军援军终于到达台湾。

到了这年5月到6月，法军只好撤出基隆和澎湖。台湾军民的抗法战争胜利结束。

冯子材大败法军

中法战争爆发之后，除了中国战场以外，在越南北部，战争分东西两路进行，西路为云南边界，东路为广西边界。负责东路战事的是广西巡抚潘鼎新。

公元1885年2月，法国增兵越南，进攻谅山，直扑中越边境。13日深夜，法军还没有到达，贪生怕死的潘鼎新便一把火烧掉谅山城，退回镇南关（今友谊关），还觉得不安全，又继续逃到离关一百四十里的龙州。法军如入无人之境，十天后轻而易举占领了镇南关。就在这危急关头，清廷起用年近七旬的老将冯子材，前往镇南关抗击法军。

那时候，法军的气焰非常嚣张，竟在镇南关前竖立木牌，用汉字写道："广西的门户，已不复存在了！"他们以为广西已经失去了屏障，中国人就只好举手投降了。但是，法军的如意算盘打错了。镇南关一带的民众也在关前插立木柱，针锋相对地回敬道："我们将用法国人的头颅，重建我们的门户！"

冯子材赶到镇南关后，马上召集各路将领开会，商讨对付法军的办法。他听说当地有个叫蒙大的人很有名，就亲自上蒙家村去拜访。冯子材请教蒙大有什么办法能打退法军。蒙大指着村外的山谷说："这关山如同大鱼张口，法军孤军入关，插翅难逃，地形对我们是很有利的。"

冯子材采纳了蒙大的意见，并结合敌情，最后选中离镇南关十里的关前隘作为预设战场。他派部队在隘口抢筑起一道三里多长的土石高墙，墙外挖掘一米多深的战壕，使东岭、西岭与长墙连成整体防线。同时，把粤军、湘军和淮军等不同番号的清军，统一编制成左中右三路。

一切准备就绪，冯子材决定先发制人。3月21日，冯子材率领一支队伍，夜袭

法军占据的文渊城,一度冲到市中心,并击毁了山头上敌人的两座炮台,杀死了许多守城法军,大大提高了清军的士气。

清军的主动出击,使骄横的法军恼羞成怒。法军头目尼格里等不及援兵到齐,就提前发起进攻。3月23日清晨,法军趁着大雾,倾巢出动,向关前隘猛攻。他们凭借炮火优势,攻陷了东岭三座炮台,居高临下,直扑关前隘长墙。冯子材大声喊道:"如果再叫法国人打进关来,我们还有什么脸面去见两广的父老乡亲!"

在主帅爱国激情的鼓动下,将士们奋不顾身冲出长墙,拼死抗击,终于挡住了法军的疯狂进攻。这场恶战结束后,冯子材估计法军会重新反扑,就以"誓与长墙共存亡"的壮烈誓言,鼓励部下提高警惕,捍卫长墙。

不出所料,第二天拂晓,尼格里又指挥法军分作几路,杀气腾腾地再一次猛扑关前隘。隆隆的大炮响个不停,阵地上一片火海,双方都有很大伤亡。冯子材下了一道死命令:"我们与法国人决一死战的日子到了,希望大家奋勇杀敌,谁要是临阵逃跑,一律杀头!"

法军的攻势越来越猛,射过来的开花炮弹像雨点似的落在冯子材身旁。他的侄子请他稍作退避,他立刻咆哮道:"怕炮弹还打什么仗!我是宁死不退的,谁说退就是动摇军心。"

在大炮掩护下,法军像恶狼一样猛扑过来,有的爬过了清军防守的壕沟,有的甚至越过长墙,形势千钧一发。冯子材当机立断,手持长矛,大吼一声:"冲啊!"奋不顾身地带头冲向敌阵。他的两个儿子也紧跟着跃出长墙,抡起大刀,左冲右突,奋勇砍杀。全军将士士气大振,潮水似的涌出栅门,一齐杀入敌阵,刀劈枪挑,与法军展开短兵相接的肉搏战。法军吓得目瞪口呆,霎时乱了方寸。突然,阵后又杀声大起,当地壮族、瑶族、白族、彝族、汉族,以及越南群众一千多人风驰电掣般冲杀进来。法军溃不成军,一个个丢盔弃甲,四处逃窜。

冯子材接着挥师乘胜追击,一举收复了文渊城和谅山。这一仗,总共消灭法军一千多人,法军头目尼格里也身负重伤,由士兵抬着逃走。

镇南关之战,是中法开战以来最大的一次战役,从根本上改变了中法战争的局

势,使中国反败为胜。

　　法国的茹费里内阁被迫倒台,但是,腐败的清廷却一心求和。这年 6 月,李鸿章与法国代表在天津签订屈辱的《中法新约》。法国把越南变成了殖民地,同时打开了中国西南地区的门户。

张之洞创办实业

在中法战争中,年近七旬的老将冯子材带领广西军民英勇作战,打得法国侵略军落花流水,赢得了中法战争的胜利。而在战争爆发前,向朝廷推荐起用冯子材的,是两广总督张之洞。

张之洞是直隶南皮(今河北南皮)人。祖父当过福建古田县知县,父亲做过贵州兴义府知府。张之洞从小非常聪明,读书很用功。公元1852年,张之洞考中举人,这一年他才十五岁;公元1864年又中了进士,当了翰林院的编修。以后,他做过负责浙江乡试的副考官,负责教育的湖北学政、四川学政。

公元1881年,张之洞前往山西担任巡抚。山西官场风气的腐败,百姓生活的困苦,鸦片流毒的严重,对张之洞震动很大。他开始惩治贪官污吏,严禁鸦片,提拔人才。当时,有个英国传教士李提摩太在山西传教,他刊印了《救时要务》等小册子,还举办了仪器、车床、缝纫机的展览和操作表演。张之洞会见了李提摩太,读了他的书,受到启发。从那时起,张之洞产生了要办实业的想法。

公元1884年,法国侵略越南,中越边境的形势一下子变得紧张起来。张之洞立即上奏,提出加强云南、广西的兵力,整修天津、广东的海防。不久,张之洞被任命为两广总督,去广东上任了。

中法战争爆发前,张之洞向朝廷大力推荐冯子材;战争爆发后,他为前线筹集军饷、提供兵器,为赢得中法战争的胜利作出了贡献。

张之洞越来越感到,中国与西方在军事、经济等方面存在着巨大的差距,只有向西方学习,大力兴办实业,发奋图强,才能挽救民族的危亡。

于是,张之洞在广东开设了水陆师学堂,创办枪弹厂,购买军舰,发展海军,创

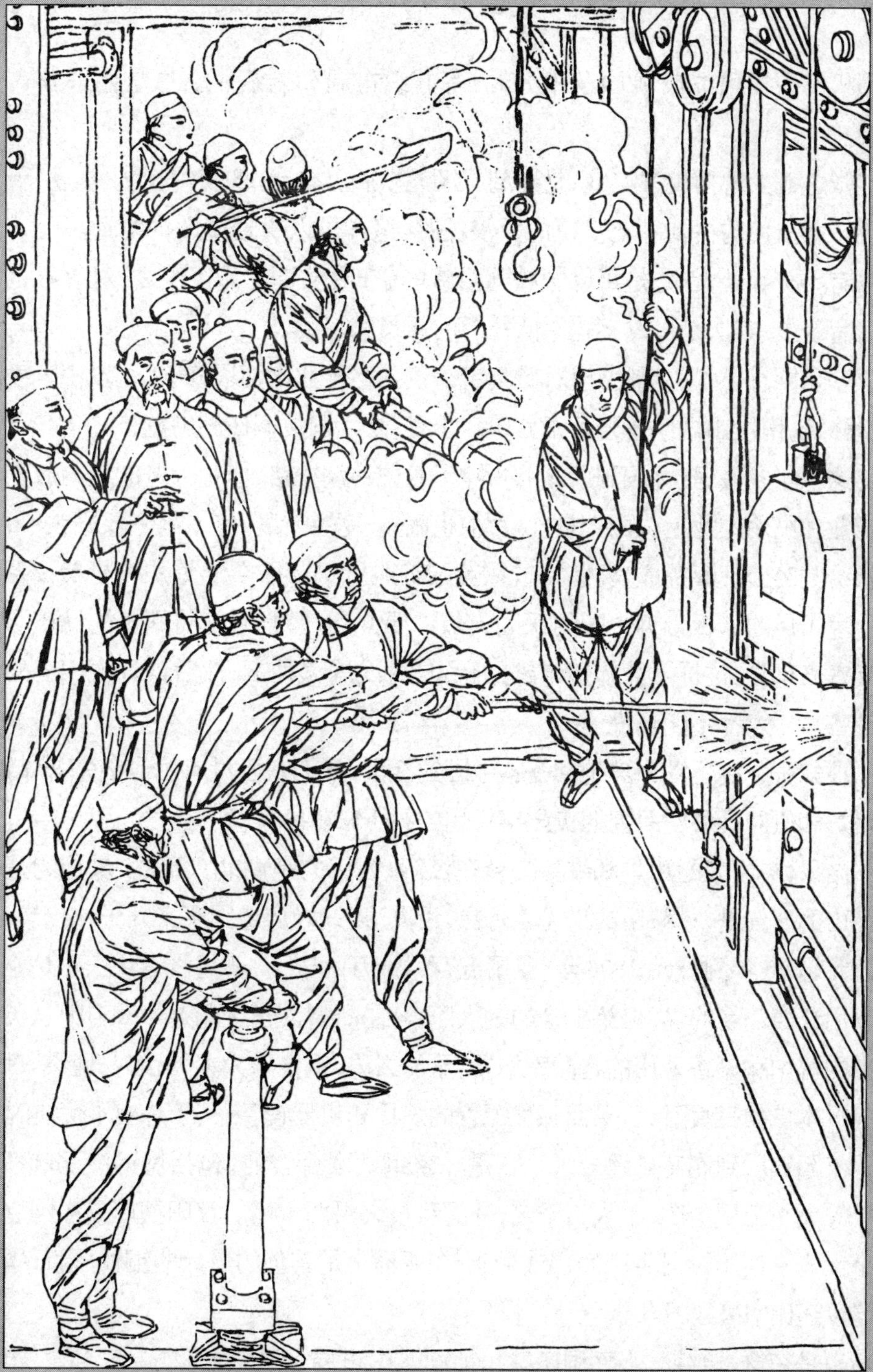

办用机器造钱币的制钱局及银元局,筹办织布局和制铁厂。这是他兴办实业的开始。

张之洞大规模地办实业,是在到了湖北以后。公元1889年,他上奏朝廷,建议修筑一条从卢沟桥到湖北汉口的卢汉铁路,这样可以贯通南北的交通。他认为修铁路有不少好处,首先是可以把铁路沿线的矿产、土特产品运出去,对改善百姓的生活有好处;其次是可以运输军队需要的兵员和军饷。

朝廷同意了张之洞的建议,计划将卢汉铁路分北南两段修筑,北段由直隶总督负责修筑,南段由湖广总督负责修筑。于是,张之洞被调任湖广总督。

这一年冬天,张之洞到了湖北。除了筹办卢汉铁路,他把大量的精力放在办军事工业和民用工业上。由于是外行,他也闹过一些笑话。为了筹建汉阳铁厂,他打电报给驻英公使薛福成,要薛福成在英国订购炼钢厂需要的炼炉和机器设备。英国一家工厂的老板告诉中国的采购人员:"要办钢厂,必须先将那里的铁矿石、煤、焦炭寄来化验,这样才能知道煤铁的特点,可以炼哪种钢,然后再订购相应的炼炉和设备。一点都不能马虎。"

谁知张之洞不以为然地回答:"中国这么大,什么东西没有?何必先找煤铁,再买炼炉和机器设备?只要照英国钢厂用的买下来就行了。"

结果,买回来的炼炉和设备安装在汉阳,铁用的是湖北大冶的,煤用的是安徽马鞍山的。但是,马鞍山的煤无法炼焦,没办法,只好从德国买来几千吨焦炭,这样从公元1890年到公元1896年,花了五百六十万两银子,还是没有炼出一炉钢。后来改用江西萍乡的煤,但炼出来的钢太脆,容易断裂。张之洞这才知道他从英国买回来的炼炉和设备采用的是酸性配置,不能去磷,钢含磷太多,就容易脆裂。后来,他向日本借款三百万元,买回碱性配置的炼炉和机器设备,终于炼出了优质的钢。

汉阳铁厂到底还是建成了。它是一家钢铁联合企业,包括炼钢厂、炼铁厂、铸铁厂等大小工厂十个,工人三千名,外国科技人员四十名。汉阳铁厂是中国近代第一个大规模使用机器生产的钢铁企业,在亚洲也是首创的最大的钢铁厂,日本的钢厂建设还比它晚了几年。

也是在这一时期,张之洞还办起了湖北织布局,织布局有纱锭三万枚,布机一

千张,工人两千。织布局办得比较成功,赚了不少钱。

张之洞还创办了制砖、制革、造纸、印刷等工厂,建起了湖北枪炮厂。办实业需要大批的人才,所以张之洞也很重视教育,在湖北建立了农务学堂、工艺学堂、武备自强学堂、商务学堂,还派遣留学生去日本,学习西方先进的科学技术。

张之洞办实业、兴教育,是为了维护清王朝的封建专制制度。不过,他有富国强兵的良好愿望,客观上也促进了民族工业的发展和新文化的传播。

北洋水师全军覆没

就在张之洞为创办汉阳铁厂奔忙时,战争的阴云又笼罩到了中国头上。

公元1894年(光绪二十年),这一年是旧历甲午年,朝鲜爆发了东学党起义,朝鲜政府请求清廷协助镇压,日本便乘机出兵侵占朝鲜。7月下旬,日本军舰公然击沉了中国驶往朝鲜的运兵船"高升"号,清政府被迫在8月1日向日本宣战,日本也在同一天向中国宣战,中日甲午战争爆发了。

9月17日,北洋舰队在黄海海面遭遇日本联合舰队,双方展开了一场激战。北洋海军参战的大大小小十三艘军舰当中,有两艘逃走,其中一艘还撞沉了自己的一艘舰,有三艘被日军击沉。其余7艘,包括旗舰"定远"号在内,都遭到不同程度的创伤。"致远"号管带(舰长)邓世昌、"经远"号管带林永升壮烈殉国。这一战,可真让李鸿章吓破了胆。

1894年9月,北洋舰队退回旅顺港修理。一个月以后,李鸿章等舰队修理完毕,就命令它开到威海卫躲起来,不许出海。旅顺遭到日本军队进攻时,丁汝昌曾经请求李鸿章,让他带领舰队去援助,不料被李鸿章大骂一顿。李鸿章说:"你只要在威海卫好好地守住你的几条船,别的事不用你管!"

就这样,北洋舰队只好躲进威海卫军港内,轻易地丢了制海权。

第二年1月下旬,当日本人侦察清楚北洋海军的动向后,就出动舰艇二十五艘,军队两万多名,从成山头登陆,然后兵分两路,向威海卫大举进犯。面对日军的攻势,负责山东防务的巡抚李秉衡,防备不足,使得威海卫南北两岸的炮台相继失守。

在这同时,日本舰队也从海上对威海卫军港实施围攻。停泊在港内的北洋舰

队完全处于日军的南北夹击之中,几乎成了瓮中之鳖。面对危急的形势,北洋舰队的爱国官兵在丁汝昌、刘步蟾等指挥下,奋起抵抗,开始了艰苦的刘公岛防御战。

日本舰队司令伊东佑亨见正面强攻没有效果,就冒险利用鱼雷夜袭。2月4日晚,一艘日军鱼雷艇以夜色作掩护,进港偷袭,抢在"定远"舰发现前施放了一枚鱼雷,重创这艘旗舰。第二天晚上,日军如法炮制,"来远"、"威远"舰中弹沉没。

北洋舰队接连失去了几艘舰只,实力大大削弱。伊东佑亨见围歼北洋舰队的时机已经成熟,便在7日向威海卫守军和北洋舰队发起总攻。

这一天,双方的激战惊心动魄。北洋舰队和炮台守军苦战一整天,终于打退了日军的进攻。然而,就在这一天,北洋舰队的十艘鱼雷艇和两艘汽艇冲出西口,自顾自逃命,结果有的触礁沉没,有的中弹炸毁,有的被日舰俘获,严重地动摇了守军的士气。

还在威海之役打响之前,伊东佑亨就写信给丁汝昌,劝他率舰队投降。丁汝昌在复信中斩钉截铁地说:"我决不投降,今天惟有一死报国。"并将伊东来信上交朝廷,表明心迹。

在日军围攻的日子里,丁汝昌没有丧失抵抗的决心。他相信,只要陆上援军赶到,还是可以转危为安的。为此,他还派了一名水性好的水手拿了密信潜水去烟台求援。

11日,是战斗最为艰苦的一天。丁汝昌接到水手的报告,说是李秉衡由烟台撤往莱州,陆路援兵已无指望,丁汝昌固守待援的希望破灭了。这时,日军水陆两路的进攻更加猖狂,炮火非常猛烈,刘公岛简直成了一团火球,威海港也成了一片火海。北洋海军苦撑几天,伤亡日益增加,弹药也已供应不上,实在难以支撑下去。

事已至此,与其坐以待毙,倒不如来个鱼死网破。当夜,丁汝昌召集各舰管带和外国顾问开会,命令残余舰只全力突围,但遭到外国顾问和威海营务处提调牛炳昶(chǎng)等人的抵制。他又下令用水雷将"镇远"等舰炸沉,以免落入敌手,还是没人响应。

会后,牛炳昶勾结洋顾问指使一些兵痞,拔刀逼迫丁汝昌同意向日军投降。牛炳昶甚至冲了上去,持枪对着丁汝昌,狂叫道:"你身为提督,置北洋舰队万人生命

于不顾,你想死,我们还想活哩!你再不下命令,我牛某人就不客气了!"

局面坏到这种地步,丁汝昌悲愤万分,但又无可奈何。他不愿意活着落入敌手而玷污了自己的名声,更不愿意向日军举手投降,在遥向京城跪拜之后,便服毒自尽。

第二天,美国顾问浩威和民族败类牛炳昶,盗用丁汝昌的名义向伊东佑亨求降。

17日,日本舰队由威海卫西口耀武扬威地进港,太阳旗随之飘扬在刘公岛上。牛炳昶像条哈巴狗,在伊东佑亨面前乞怜摇尾,率残存的十艘北洋海军舰只和五千多名中国陆海军官兵投降。至此,李鸿章耗费巨资、惨淡经营的威海卫基地陷落,北洋水师全军覆没。

《马关条约》丧权辱国

黄海大战以后,日军分海陆两路,进攻中国大陆。清廷却一味退让,还在公元1895年初就派张荫桓、邵友濂到日本去求和。这时日军正在威海卫围歼北洋舰队,认为谈判的时机没有成熟,就以他俩资格不够为借口,不予理睬。到了北洋舰队全军覆没之时,清廷不敢再战,为了求得停战,不惜任何代价,同意改派李鸿章为全权大臣,前往日本求和。

光绪皇帝把李鸿章召到北京,商讨对日谈判的事。李鸿章对光绪帝说:"割地的事,臣不敢承担,就是索取大量赔款,恐怕户部也拿不出这笔钱。"

光绪帝的老师翁同龢(hé)接口道:"只要不割地,多赔一些银子问题不大,我们一定设法筹办。"

无论是割地还是赔款,光绪帝都感到心痛,所以一时也拿不定主意。他要李鸿章去见慈禧太后,想让她决定。慈禧太后听说以后,赶忙派太监出来传话说:"太后说了,朝廷的事,一切听皇上做主。"

光绪帝无可奈何,最后只好给了李鸿章割地之权。

3月19日,李鸿章带着他的儿子李经方等一帮人到达日本马关。第二天,就开始同日本内阁总理大臣伊藤博文进行谈判。

谈判分为两步,先谈停战条件,后谈议和条件。伊藤博文首先把一纸停战条款扔给了李鸿章。李鸿章一看,只见白纸黑字写的是"日本军队应占据大沽、天津和山海关"。他不禁大吃一惊,责问道:"现在你们日本军队还没有打到这些地方,为什么竟要提出占据?"

伊藤博文摆出战胜者的架子,蛮横地说:"凡是讲停战,应当对两国都有好处。

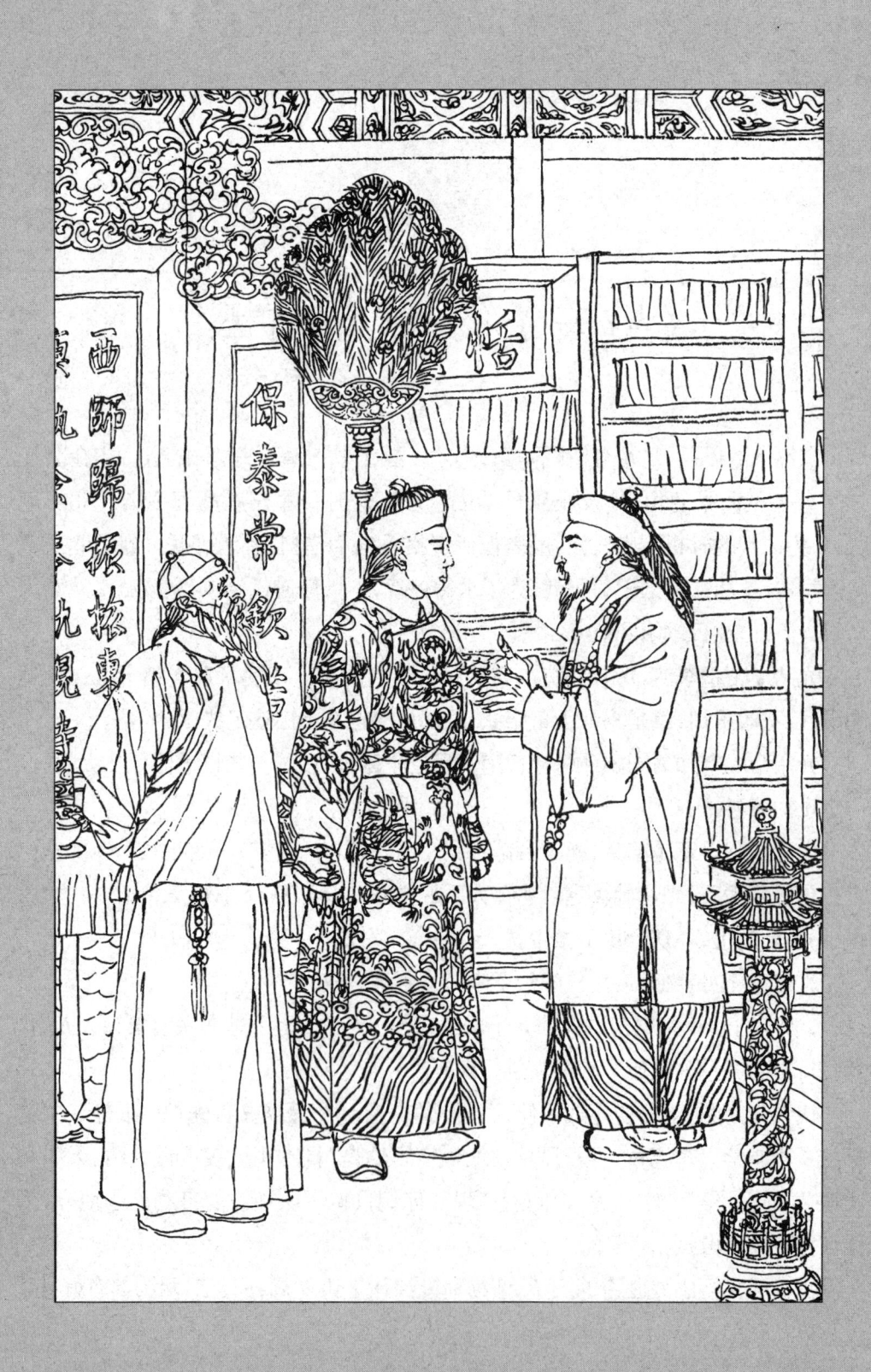
西師歸振
保泰常欽
恬

停战本身就对中国军队有好处,所以我军也必须以占据这三个地方为抵押。"

由于日本提出的停战条件实在太苛刻了,李鸿章不敢答应,所以双方谈判了两次,也没有结果。不料,一起突发事件迫使日本不得不同意马上停战。

3月24日下午,李鸿章离开谈判地点春帆楼,坐轿子回自己的旅馆途中遇刺,子弹击中了他的左颧(quán)骨,血流如注,当场昏倒。原来这一枪是日本人小山丰太郎打的。消息传出,世界各国舆论大哗,纷纷指责日本。伊藤博文感到压力很大,不得不亲自跑到李鸿章的床前,主动提出无条件停战二十一天,直接谈判和约问题。

但是,伊藤博文拟订的和约条款底稿,仍然非常苛刻。他们既要中国赔偿二亿两白银,又要割让辽东半岛、台湾全岛和澎湖列岛,同时还要开放沿海和内地的口岸通商,让日本人到中国自由办厂。

李鸿章不敢贸然答应这些条款,连忙电告朝廷,问哪些该同意,哪些该驳回,但没有得到具体的指示。他只好依照自己的想法去同伊藤博文讨价还价。

伊藤博文不耐烦了,于是在4月10日的谈判中威胁李鸿章说:"如果这次谈判破裂,那么我一声令下,将有六七十艘轮船运送大军开赴战地。到那时,你们北京的安危就很成问题了。再说了,如果谈判破裂,那么你一离开此地,能否再安然出入北京城门,我们也很难保证。"

只是由于怕引起别国干涉,伊藤博文才答应减去赔款三分之一,在其他一些条款上稍许做了一点让步。

三天以后,伊藤博文把经过修改的和约条款交给李鸿章,并且声明:"这是最后条款,不许再改,中国对此,只有在'允'和'不允'两点上表态,限四天之内进行答复。"

李鸿章心里明白,这实际上是最后通牒。他再次打电报给朝廷,问到底该怎么办。得到的回答是:如果没有商改可能的话,请权宜签字。

最后在谈到台湾问题时,伊藤博文要求在互换条约批准书后一个月办完交割手续。李鸿章觉得一个月过于仓促,要求再延长一个月,并说:"台湾已是贵国口中之物,何必着急?"

伊藤博文瞪着眼回答说："还没有咽下去,饿得厉害!"一句话,暴露了日本贪婪的强盗本性。

4月17日上午,《马关条约》正式签字。

《马关条约》是一个严重的不平等条约,特别是割让台湾,丧权辱国;其次,允许日本人在中国开办工厂,为列强对中国实现资本输出开了先例。从此,列强在中国相互角逐,掀起了划分势力范围和瓜分中国的狂潮。中华民族的危机一天比一天加重了。

316

公车上书

《马关条约》签订的消息传来，全国上下群情激愤，反抗侵略、保国救亡的呼声一天比一天高涨，而呼声最强烈的，要数康有为和他发起的"公车上书"。

公元1895年，春夏之交的北京城风沙四起，吹得人睁不开眼睛，这是一个人们不爱出门的时节。可是，5月2日这一天，北京的大街上车来人往，煞是热闹，许多人操着南腔北调的方言，在大街上边走边议论。乘车的、步行的，成群结队，前后相连足有一里路长。长龙般的队伍行进到都察院（清朝最高的监察、弹劾和建议的机构）门前停了下来，都察院门前顿时人挤车塞。原来这些身穿长袍马褂的人是各省来京赶考的举人，他们是特地到这里来递送奏章的。这就是近代史上有名的"公车上书"。

为什么叫"公车上书"呢？据说汉朝时，凡是被征举的读书人进京接受考核，都由公家配备马车来回接送，因此后来人们就用"公车"两字作为举人进京应试的代称。

这次行动的领头人是著名维新领袖康有为。康有为是广东南海人，青年时代曾去过香港。他漫步街头，亲眼目睹香港的都市文明，眼界大开，感到英国人的确有一套治理社会的办法，而清王朝的统治也实在腐败无能，于是萌生了用西方制度改造中国现状的变法维新思想。

公元1888年，康有为趁到北京参加顺天乡试的机会，写了一封《上皇帝书》，要光绪皇帝快快实行变法。由于顽固守旧的大臣阻拦，这封五千多字的上书没有送到光绪帝手中。但这一举动在一些有维新思想的人士中传了开来，康有为因此出了名。

转眼六年过去了。那一年是旧历甲午年，中国与日本打起了仗，结果以天朝大国自居的大清国，败给了弹丸之地的小日本，这使康有为的民族自尊心受到了很大

打击。

第二年3月，康有为和弟子梁启超一道北上京城考进士。隔了一个月，北京突然传来了这样一条消息：日本人威逼李鸿章签订了丧权辱国的《马关条约》。康有为事先知道了条约中有割让台湾和赔款的条款，感到这个屈辱的条约万万不能签，便马上叫来广东和湖南两省参加会试的举人，于4月22日打头阵，到都察院去上书，要求拒签条约。

与此同时，康有为和梁启超两人分头到一些大臣寓所，邀请他们参加拒签条约的请愿活动。经过他们的动员，许多爱国官员、社会名流，纷纷上奏，交都察院转送朝廷，一时递章的人们塞满大街，连上朝大臣的车辆都被包围得无法通过。台湾籍的举人得知家乡要被割让，更是痛哭流涕，泣不成声。

康有为见群情沸腾，决定抓住这个机会，于4月30日由他出面，召集十八省赴京应考的举人在达智桥松筠庵开会，准备发动一次更大规模的上书请愿活动。大会后，康有为接受与会者重托，花了一天两夜的工夫，挥笔起草了一封长达一万八千字的《上皇帝书》，提出了拒和、迁都、变法三项要求。写好后，派梁启超分送各省举人传阅。大家都很赞成康有为的观点，总共有一千三百多名举人在《上皇帝书》上签了名。5月2日，康有为又把浩浩荡荡的举人队伍，带往都察院去上书。这就是"公车上书"。

"公车上书"最终没能成功。因为朝廷里的投降派得到了风声，大为惊恐，生怕打破他们的卖国计划。当时有个叫孙毓汶的军机大臣就公开叫嚷："如果不赶快议和，让日本人打来北京，我的老婆孩子家财怎么得了啊！"

慈禧太后也非常着急，赶忙叫光绪帝提前在和约上画押，以造成既成事实。都察院于是推说《马关条约》已经盖上了皇帝的御玺，无法挽回了，不肯代为递送请愿书。这次轰轰烈烈的"公车上书"，连光绪帝那里也没有送到，就无声无息地结束了。

可是，"公车上书"的影响越来越大，上书的内容被传抄、印刷，广泛流传，全国各地都知道了，要求变法的呼声也一天比一天高涨。

康有为成了全中国的大名人，变法维新也从思想酝酿发展成为政治运动。

康梁推动变法维新

变法维新的领头人物是康有为。"公车上书"失败后,他与他的学生梁启超主张变法,改良政治,得到光绪皇帝的支持。

光绪帝即位的时候只有四岁,朝廷大事由慈禧太后管着。慢慢地他长大了,公元1889年结婚,慈禧太后表示,以后让光绪主持朝政。其实当时正是中法战争过后不久,朝廷内外对西太后许多丧权辱国的做法越来越不满,她所说的让光绪管理朝政,只是做出一种姿态罢了。

这个时期,帝国主义各国掀起了一股瓜分中国的狂潮。面对这严峻的局面,康有为、梁启超等组织了保国会,创办《时务报》,发表演说,要求朝廷维新变法。他们的行动在社会上引起强烈的反响,一个资本主义改良运动的高潮已经在全国大部分地区开始出现。

光绪皇帝的老师翁同龢是个倾向于维新的人物。他常常把社会上的一些情况告诉光绪。他还认识康有为,对康有为等人的改革主张很欣赏。光绪帝决心利用这个机会把朝廷的大权从西太后那里夺过来,振兴清王朝。他对军机大臣奕劻(kuāng)说:"太后假如再不给我实权,我宁愿退位,不当亡国的皇帝了。"

奕劻把光绪的话告诉了西太后,西太后说:"哼,我还不想让他当呢!"

奕劻在边上急忙劝解,西太后想了想,说:"也好,等他搞不出名堂来再说。"

光绪帝决心按自己的想法去干。几个大臣上奏章要皇上把保国会给禁了,理由是:"保国会只保中国,不保大清。"光绪帝说:"保国会能保中国不是很好吗?为什么要查处呢?"

这个说法传到外面,康有为等人的影响更大了。光绪帝想召见康有为,可是奕

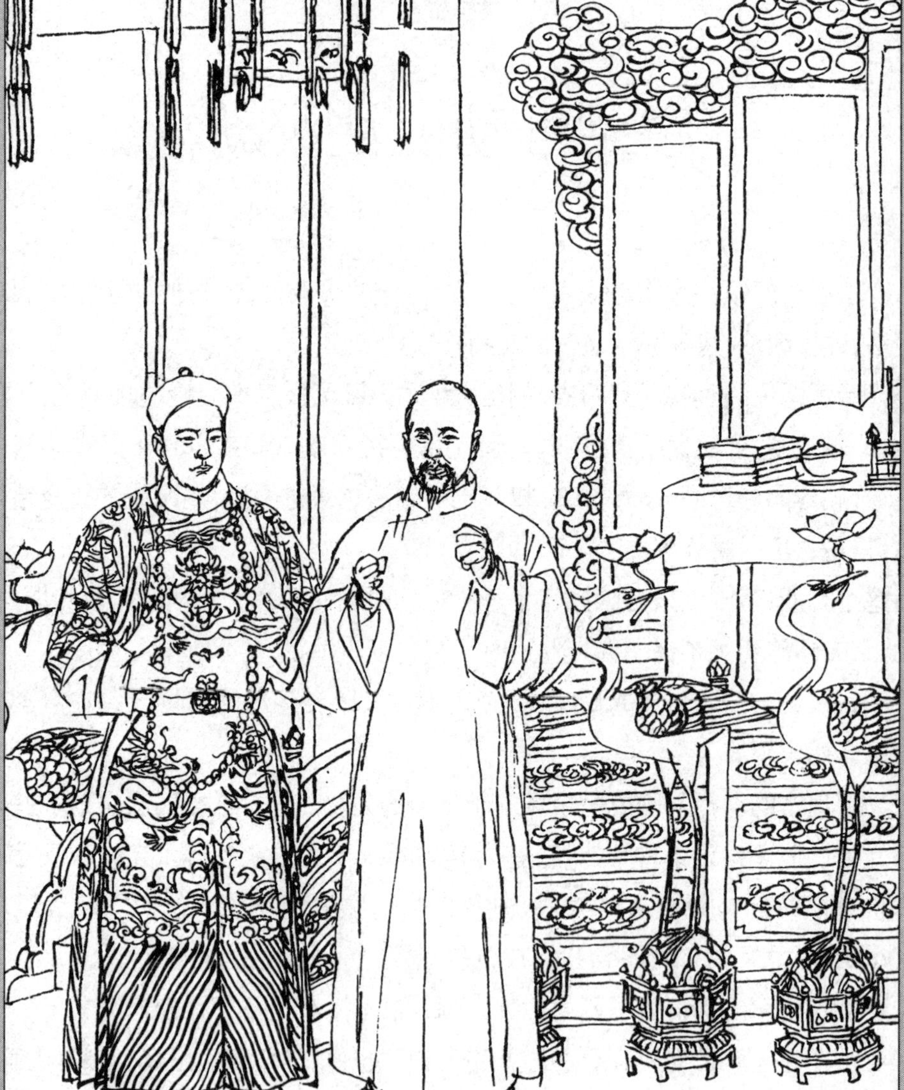

䜣等人坚决反对,理由是,根据历来的规矩,四品以下官员,皇帝是不能召见的。

可是光绪帝还是要见康有为。奕䜣就搞了一个花样,说:"让康有为先写一个书面意见让皇上看看,如果可以实行的话,再接见康有为也不迟。"光绪帝没有办法,就下令康有为写一份奏章,说说他的改革主张。

康有为精心写了一份《应诏统筹全局折》。他指出:"从世界各国发展的趋势看,能变法就能使国家富强,小改小革仍然会使国家灭亡。"

他还提出了一些具体的改良主张。光绪帝看了很欣赏,要大臣们去讨论。他不顾保守派的反对,让翁同龢把康有为请到颐和园的勤政殿,单独与他交谈。

康有为应召来见光绪帝,他说:"现在外敌侵入我国的腹地,瓜分的大祸已经临头。我们的国家已经到了生死存亡的紧要关头,不变法就不能使国家强大起来。"

光绪帝难过地说:"是的,现在确实非变法不可了。"

康有为说:"皇上既然知道非变法不可,为什么一直没有什么举动呢?"

光绪帝怕有人偷听,看一看帘外,然后叹息说:"我受到的牵制太多啊!"

康有为点点头表示理解:"那么皇上就自己权力能够做到的,做几件大事也可以救中国的。"

光绪帝表示同意。康有为继续说:"不过,现在的大臣太守旧,不了解世界的大势,靠他们变法是没有希望的。"他略微停了停,说,"我看先不必撤他们的职务,可以增设新的衙门,让一些主张维新的人有职有权就可以了。"

光绪帝点点头,然后说:"改革需要钱,现在国库空虚,钱从哪里来呢?"

康有为说:"日本成立银行,发行纸币;印度抽取土地税。这两种方法我们都可以采用。"

他们谈得很投机,光绪帝更坚定了改革的决心。

这一次接见后,光绪帝准备重用康有为,但是遭到直隶总督荣禄和军机大臣刚毅的反对,光绪帝只好给了康有为一个准许专门上奏章的职位。康有为凭着这个职位,在短短三个月中上了许多奏章,内容涉及废八股、培养人才、开办学堂、办报纸、振兴工商业、增强军事实力,以及制定宪法、开议会等等,甚至有禁止妇女缠足的内容。光绪帝还分别召见了维新派人物严复和梁启超等人。

光绪帝从公元1898年6月11日到9月21日，三个月里几乎天天有新政颁布，表现出他的变法决心。他颁布的新政内容主要有：设立农工商总局，保护和奖励工农业生产；设立矿务总局，修铁路，开矿山；改革财政，编制每年的预算和决算；办报纸，允许百姓上书议事，给百姓一定的出版、言论自由；改革法律规章；撤消无用的衙门和官员；设立新式学堂，学习西方的科学文化，改革考试制度，奖励科学发明，等等。

因为这一年是旧历戊戌年，所以历史上把这一次变法称为"戊戌变法"。

可是，就在维新派欢欣鼓舞的同时，保守派对维新变法更加仇视了。一开始，西太后看到社会上很支持变法，她就对光绪说："只要不违反祖宗的体制，你可以自己决定。"

但是，当光绪帝在6月23日决定要废除八股的时候，西太后的亲信刚毅坚决反对。光绪帝大声责问："你想要阻挠我变法吗？"

刚毅马上说："不敢，不敢。"又说，"这件事非常重要，皇上还是向太后请示一下吧。"

光绪帝想了想，觉得也有道理，就专门到颐和园去见西太后，西太后也同意了。

但是，随着变法的深入，新政的内容渐渐地向政治方面发展，西太后一伙保守派终于坐不住了，双方的斗争逐渐变得越来越尖锐。

六君子血溅菜市口

变法开始后,光绪皇帝想以开设懋勤殿(皇帝读书、研究学问的地方)的名义,选用一批精明强干的维新人士当顾问官。他要维新派骨干谭嗣同为他起草诏书,还把前几代皇帝的遗训也给了谭嗣同,说康熙、乾隆、咸丰三朝都曾经开设过懋勤殿,要他写进诏书中。

光绪帝其实是想亲自拿着诏书到颐和园向西太后请示,为自己变法增加一点理由。第二天京城的官员几乎都知道了要开设懋勤殿的事,以为诏书就要下达了,然而诏书终究没下达,这是因为慈禧太后的干预。于是,大家都知道西太后与光绪帝的矛盾已经难以调和了。

在这件事发生以前,西太后为了削弱光绪帝的势力,找了个借口把他的老师翁同龢赶回老家。光绪帝感到情况不妙,他秘密召见了维新派官员杨锐,特地写了密诏,要求康有为、梁启超等人设法扭转这种趋势。他将密诏交给杨锐藏在衣带里带出宫。

杨锐出宫后,遵照光绪帝的旨意,把诏书给康有为、谭嗣同、林旭、刘光第看。诏书上写着这样的话:"现在,朕当皇帝的地位几乎也要保不住了……你们几个以及维新派的同志,要赶快设法救朕啊。"

他们几人捧着诏书失声痛哭。可是手中没有一点权,能做什么呢?这个时候,他们想到了袁世凯。

袁世凯是河南项城人。年轻时他两次参加县试,都没考中,于是他投靠叔父的把兄弟、淮军提督吴长庆,很快得到李鸿章的赏识,步步高升,当上了驻朝鲜通商大臣。公元1894年,中日甲午战争爆发前夕,他见形势不好,要求调回国内。回国

后,他把自己装扮成支持变法的人,他还在荣禄的同意下参加康有为组织的强学会,一些不知底细的维新派居然对他很有好感。

甲午战争之后,清廷想要训练一支新式陆军,袁世凯走了许多门路,终于在公元1895年获得清廷的委派,到天津附近的小站训练新式陆军,成为直隶总督荣禄的亲信。以后这支陆军成为清军中很有实力的军队,袁世凯的地位也更高了。

康有为等五人商量了很久,觉得唯一的希望,就是只有动用袁世凯的力量了。谭嗣同秘密地向光绪皇帝提出,请求皇上用优厚的待遇拉住袁世凯,希望在情况紧急的时候可以靠袁世凯救助皇上。

公元1898年9月16日,光绪帝召见袁世凯,袁世凯当面向皇上表示支持维新变法。光绪帝很高兴,特地赏给他侍郎的官职。第二天光绪帝又召见他,袁世凯表示一定忠于皇上,报答皇上的恩情。

第三天,谭嗣同直接来到袁世凯居住的法华寺。他问袁世凯:"你认为我们的皇上怎么样?"

袁世凯感慨地说:"是少有的一代明君啊!"

谭嗣同紧接着问:"那么西太后他们准备在天津阅兵的时候,逼迫皇上退位的阴谋,你知道吗?"

袁世凯说:"是的,我听到过一些。"

谭嗣同就拿出光绪帝的密诏给袁世凯看,然后说:"现在能够救皇上的,只有你了。"他的话语变得激烈了,用手在自己的头颈比划着说,"要是你没有救皇上的打算,那么就请你到颐和园向西太后告发吧,再把我杀了!这样,你肯定能够荣华富贵。"

袁世凯脸色变得严肃,说:"你把我看成什么人了?皇上是我们共同侍候的主子,我和你都受到皇上不一般的恩情,救护皇上的责任,不只是你的,我也有啊!假如你有什么好的主意,我倒是非常愿意听的。"

谭嗣同听后很满意,说:"荣禄的密谋,全押在天津阅兵上。你和董福祥、聂士成三支军队都受荣禄指挥,他要靠这三支军队来逼皇上退位。但是,董福祥、聂士成的兵力是不能跟你相比的,要论实力,只有你了。要是事变发生,你完全对付得

了他们两支军队。保护皇上恢复大权,清除太后身边的反对维新的大臣,整顿朝廷的秩序,这些事,你也完全可以做到从容不迫,这可是你一世无比荣耀的功业啊!"

袁世凯说:"要是皇上在阅兵的时候,能够看准机会迅速地进入我的军营,下令杀奸臣,那么我一定跟着你们干下去!"

谭嗣同说:"不过,荣禄待你一向不错。你怎么对待他呢?"

袁世凯笑了笑说:"他对我不是真心的,你没听说过'汉人是不可以给以兵权'的说法吗?"

谭嗣同说:"是啊,不过他可不是一般的人啊,你要对付他,可不容易。"

袁世凯愤怒地瞪大眼睛:"要是皇上在我的军队中,我杀荣禄就像杀一条狗一样容易!"

他们商量了好久,谭嗣同才放心地走了。

但是,谭嗣同走后,袁世凯立刻就向荣禄告密。荣禄连夜进北京,跑到颐和园去见西太后。第二天,也就是9月21日清晨,西太后和荣禄等发动政变。他们把光绪帝囚禁在中南海瀛台,然后又用光绪帝的名义发布请求西太后垂帘听政的诏书,这就是历史上所称的"戊戌政变"。

随即,西太后便下令搜捕维新派,废除变法法令。康有为、梁启超因为事先得到消息,逃到国外。谭嗣同不愿逃走,他说:"要是变法一定要流血的话,那么就从我开始吧!"

9月28日,谭嗣同、杨锐、林旭、刘光第、康广仁、杨深秀六人在北京菜市口被杀,用鲜血浇洒在变法维新的道路上。他们就是历史上有名的"戊戌六君子"。其他的维新派和大批参与戊戌变法,以及倾向变法的官员,纷纷被罢官,被流放。新政措施中,除了京师大学堂被保留外,其余全部取消。

戊戌变法彻底失败,离变法开始只有一百天,所以这次变法,又叫"百日维新"。

英国强占"新界"

甲午战争结束后,帝国主义掀起了瓜分中国的狂潮。公元1898年6月9日,清廷的代表李鸿章在英国的威逼下,与英国驻华公使窦纳乐签订了又一个不平等条约——《展拓香港界址专条》。

香港地区位于我国东南沿海、碧波荡漾的珠江口东侧,由香港岛、九龙和新界组成。早在公元1841年,英国侵略军就在鸦片战争的炮火中登上了香港岛。第二年,战败的清廷被迫签订中英《南京条约》,将香港岛割让给英国。

公元1860年,在第二次鸦片战争中,英法联军进犯北京,火烧圆明园。腐败无能的清王朝又屈服了,10月24日与英法两国签订了《北京条约》,九龙香港半岛界址街以南约十一点七平方公里的土地(包括昂船洲)被割让给了英国。第二年1月19日,在九龙举行所谓的"授土仪式"上,英国驻广州代理领事巴夏礼把一袋装有九龙泥土的纸袋递给清廷官员,然后清廷官员再把这袋土授给香港总督罗便臣。这是使每个中国人痛心的一幕。

中日甲午战争中,北洋水师全军覆没,清廷被迫赔款二亿两白银,割让台湾岛和辽东半岛给日本。西方列强见清王朝腐败昏庸,都纷纷张开大口来吞噬中国。英国的胃口越来越大,他们又盯上九龙半岛界址街以北的大片土地。

公元1898年4月2日,英国殖民者以法国租借广州不利于香港防务为借口,要求拓展界址。英国驻华公使窦纳乐通知清廷,提出一个"租借"方案:陆地比以前扩大十多倍,水面比以前扩大四十到五十倍。李鸿章看了所谓的方案后气得胡子直抖,但是又无可奈何,只得采取沉默的办法拖延时间。

窦纳乐见李鸿章迟迟没答复,就三天两头到总理衙门去大吵大闹,威胁说再不

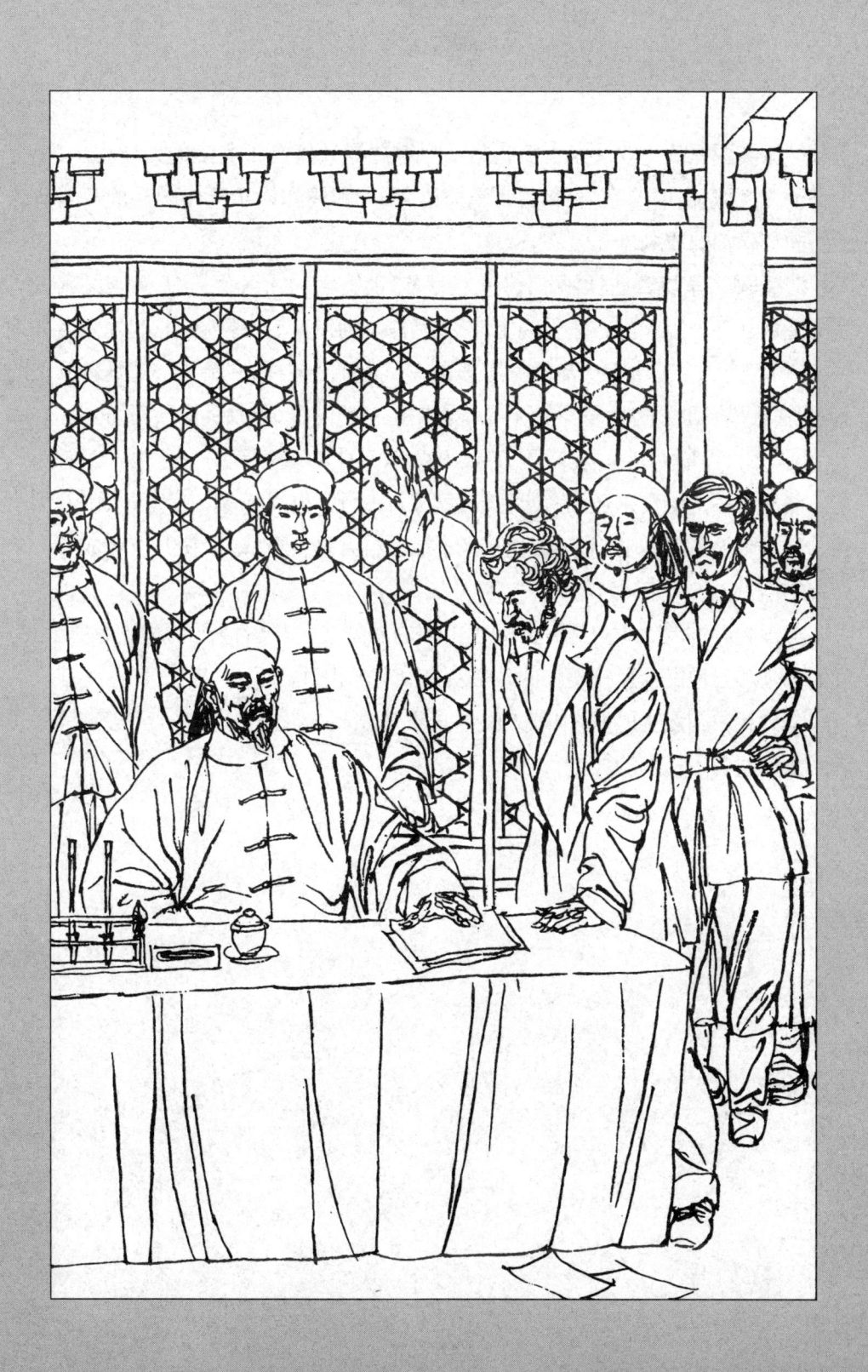

答复就派英国军队进攻北京。清廷最终只得屈辱地接受了英国的无理要求,但提出保留九龙城,由中国管辖;保留大鹏湾码头;大鹏湾和深圳湾中国兵舰商船有自由行驶和停泊的权利。

6月9日,李鸿章在《展拓香港界址专条》上签字。凭这个条约,英国又霸占了我国七百三十五点一平方公里的土地,包括深圳河以南、界址街以北的九龙半岛地区,连同附近二百三十五个岛屿。后来这一大片地区被称为"新界",就是新领土的意思,占香港总面积的百分之九十二。根据条约的内容,开始租借日期为公元1898年7月1日,租期为九十九年,到公元1997年6月30日期满。

然而新条约的墨迹还没有干,英国就强行占领了九龙城寨,并一度攻占深圳全境。但是因为条约的限制,英国也从来不敢强行管理九龙城寨,使九龙城成了一个奇特的地带。

英国强占香港的历史是一部近代中国的屈辱史。尽管清王朝腐败无能,但是爱国志士和当地民众反抗侵略的斗争从来没有停止过。

直到新中国诞生以后,中国人民才真正站立起来。公元1997年7月1日,香港终于又回到了祖国的怀抱。

租界变成国中之国

帝国主义列强运用武力直接侵略中国的同时,还在中国境内,强占租界,划分势力范围,造成"国中之国"的怪现象。

外国在中国"租借"租界,是从公元1842年《南京条约》签订后开始的,其中规定开放广州、福州、厦门、宁波、上海五处通商口岸,英国人可以带家属居住。第二年十月又签订了《虎门条约》,规定中国的地方官必须与英国官员议定在什么地方,用什么房屋及基地,准许英国人租赁(lìn)。

公元1843年,英国第一任领事巴富尔到上海,跟上海道台宫慕久交涉,租下了城外黄浦江边上一百三十亩荒地作为领事馆区域。以后宫慕久又发出告示,把黄浦江边的八百三十亩土地借给英国商人。英国人就在这个区域内修路架桥、树立路灯、种行道树、挖沟排水;其他国家的商人要在租地范围内建房、租赁房屋,必须首先向英国领事馆申请。这就是上海租界制度的基础。这以后,英国领事每年召集租地内的外国人开会,推举管码头、管道路的"委员会"。租界成了国中之国。

但是,即使这样,英国人仍然不满足,他们变得越来越贪婪。公元1848年,发生了"青浦事件"。英国传教士都思等三人,违反外国人出行的范围,以一日往返为标准,并且不得在外过夜的规定,闯入江苏青浦(今属上海)传教,跟停泊在当地运送粮食的漕船水手发生摩擦。第二任领事阿礼国得到法国、美国、比利时等国领事的支持,硬说距上海九十里的青浦是在规定的范围之内,并且用军舰扣下北上的一千四百艘粮船,威胁清王朝。结果有关官员被革职,十名水手戴上刑具在海关前示众,其中两名被判徒刑、流放。

阿礼国以"青浦事件"为借口强逼新上台的上海道台麟桂答应扩充租界,整个

租界面积达到二千八百二十亩。

法国人看了眼红,也在这一年,法国驻上海第一任领事敏体尼跟早已到达的法国天主教士商量,通过他们在上海的主教,在上海县城与英租界之间租赁房屋,设立领事馆。"青浦事件"之后,他们逼迫上海道台吴健彰,在公元 1849 年发布公告,把英租界以南的九百八十亩土地作为法租界区域。

美国人也不肯落在后面。美国第一任驻上海的领事吴利国,把领事馆设在英租界内。另一任美国领事到上海,跟上一任领事一样,在自己的领事馆升起美国国旗。英国领事对他们在英国租界升美国国旗一再提出抗议。英国领事事实上已经把在中国领土上的租界看成英国的领地。在法租界划定后,美国领事向上海道台提出抗议,反对其他国家在法租界内租地必须得到法国领事同意的规定。英国领事从自己利益出发也支持美国的态度。迫于帝国主义列强的压力,上海道台还答应把英租界北面的虹口一带划为美国租界。

公元 1853 年,在金能亨任美国驻上海代理领事的时候,英国正式同意美国人在英租界内租地可以不经过英国领事同意。这样,原来给予英国领事的专管特权和升旗的问题也得到解决。而法国领事本来的对法租界的专管权,因为英国和美国的反对,也没有严格实行。

过了十年,上海道台又被迫划出苏州河北岸七千八百五十六亩成为美国租界;接着美国租界和英国租界合并成为"公共租界",直到二十世纪三十年代,扩展到八万亩。

其他西方国家也纷纷强占租界。到公元 1904 年,英、美、法、俄、德、日、意、比、奥等国在上海、广州、厦门、福州、天津、镇江、汉口、芜湖、重庆、杭州、苏州、沙市、长沙等十六个城市占有租界达三十多处。

在这些租界里,殖民地制度不断加强,中国在租界的主权渐渐被侵犯、被剥夺。西方列强在中国开辟的租界,是实际上的一个个国中之国。中国的半封建半殖民地化又深化了一步。

严复翻译《天演论》

十九世纪的最后几年,中国进入了多事之秋,人们感到前途渺茫。每个爱国的中国人,心里都在问:中国到底怎么办?有识之士纷纷奔走呼号,有的人希望通过政治改良,富强国家,强大种族,挽救中国。有一位大名鼎鼎的启蒙思想家严复,用他那特有的武器——译笔,通过翻译西方作品,来宣传变法维新思想。

公元1877年,严复以考试第一名的成绩,被清廷保送到英国去留学。他在英国学的是兵舰驾驶,清廷指望他能成为日后海军的良将。可是,这个海军大学的学生,却受到民族危机的刺激,开始醉心于西方社会政治学说,阅读了孟德斯鸠、达尔文、斯宾塞等大思想家的著作。

严复回国以后,中国先后发生了中法战争、甲午战争,接着又发生了西方列强瓜分中国的狂潮,亡国的危机迫在眉睫。严复感到,要救国只有维新,要维新只有效法西方国家。于是,他开始鼓吹变法维新,撰写了不少政论文,还翻译过大量的西方近代理论著作。其中,他在戊戌变法前后翻译出版的《天演论》一书,影响最大,使他成了当时举国注目的人物。

《天演论》的原名叫《进化学与伦理学》,这是一本英国生物学家、达尔文学说的捍卫者赫胥黎的论文集。严复选择了其中的前两篇翻译,简称为《天演论》,意思就是进化论。从此,进化论引进了中国,震动了古老的神州大地。

严复是在甲午战争中国战败的强烈刺激下翻译这本书的。他翻译的唯一目的,就是想运用进化论"物竞天择,适者生存"的基本原理,向全中国敲响祖国危亡的警钟。

严复的《天演论》并不是简单地翻译原文,而是有选择、有取舍、有评论、有改造

赫胥黎治功天演论序

西洋名学家穆勒约翰有言欲考一国之
文字语言而能见其理极非谙晓其国之
字语言者必不能也斯言也
深喻而知其说之
而。鼓者而已即望夫义
生之精功而後事杜一学殆有得藏之心以为
竟蟠之口舌著之简策而为同言固必有是所以得
此理之由而必有其故鸣乎岂独持载

的。他通过序言和大量的按语来阐发自己的见解,并结合中国当时的实际情况,把原书的理论改造成中国人可以用来反封建、反侵略的进步学说。

赫胥黎在书中说:"生物自古以来是不变的,生物发展的基本现象是不断进化的,进化的原因是物竞和天择。"用现在的话来讲,就是生存竞争与自然选择。赫胥黎的进化论观点,严复是完全赞同的。

但赫胥黎同时又说:"自然界没有什么道德标准,而是弱肉强食,适者生存;而人类是高于动物的,人性本善,能做到相亲相爱,不同于自然竞争,所以社会伦理学不同于自然进化论。"严复对此是不同意的,为此书名也只用了原书名的一半。因为在严复看来,种族与种族之间,国家与国家之间,也是一个大竞争的局面。在竞争当中,谁的实力最强,谁就是优胜者,谁就能生存,否则就是灭亡。

严复解释说:"欧洲国家之所以胆敢侵略中国,就是因为他们能不断自强。美洲、澳洲土著居民之所以一天天衰落,就是因为他们糊里糊涂,浑浑噩噩。"

因此,他奉劝国人别再以"天朝大国"自居了,而应当老老实实地承认,侵略中国的,正是"优者";被侵略的中国,正是"劣者"。在国际生存竞争中,中国正处于亡国灭种的危险关头!

严复的这种说法,事实上是一种以强灭弱、以大欺小的社会达尔文主义。可是,对于当时沉睡着的中国,这却敲响了民族危亡的警钟,也给一些麻木了的中国人送了一帖清醒剂。事实上,当时的中国眼看就要被俄国、德国、英国、法国和日本瓜分干净了,但清王朝的封建顽固分子却抱残守缺,不肯改革。

严复之所以要宣传社会达尔文主义,就是要强调进化是一种自然规律,人与自然,中国与外国,都不例外。因此,中国人再也不能麻木不仁了,否则就要被淘汰。严复告诉人们,在认识这个规律后,不再甘做劣等民族,坐以待毙,而应该赶快革新社会政治,做到自立、自主和自强。

自从进化论引进中国以后,"物竞天择,适者生存",成了当时社会上最流行的口头语,并使"不竞争,不能生存;不自强,自取灭亡",变成一切关心祖国命运人士的共识。

王懿荣发现甲骨文

《天演论》的出版,给昏昏沉睡的中国人敲响了一记警钟。不过,甲骨文的发现,让压抑苦闷的京城文化人多少有些兴奋。

甲骨文是在商朝,人们刻在龟甲兽骨上的文字。龟甲就是乌龟的甲壳,刻字的部位都在甲壳的腹部;用的兽骨一般是牛骨,也有少数刻在羊、猪、鹿以及其他动物的骨头上的,它的部位大都在肩胛骨,又称扇子骨。刻在龟壳上的文字,有人叫它"龟板文"、"龟甲文";或者统称"甲骨刻辞"、"龟甲兽骨文字"。

在商代,王公贵族经常要举行占卜活动。因为当时的生产力不发达,古人往往认为生活的一切都要听从上天,按鬼神的意志办事。这种从我国新石器时代就开始的习俗到商代就更流行了。无论是打仗、年成、气候、生男生女,都要占卜,看是凶还是吉。人们把龟甲或兽骨加工、磨光,在反面按一定的排列凿出一条条小长槽,再在槽边钻一个个比槽稍小一点的圆穴,槽和穴的深度都只贴近正面,但不穿透。占卜的时候,把这种加工过的龟甲或兽骨,用火炷烧灼圆穴,这样就会在正面相应部位出现裂缝,这个裂缝很像"卜"字的形状。商王或掌管历史的官员就根据裂纹的长或短、倾斜的形状来判断是凶是吉,并且在这个裂纹的边上刻上所要卜问的事情。这些文字就是甲骨文。

在我国的中药中,有一味药叫龙骨。龙骨只是一种说法而已,其实是古代脊椎动物骨头的化石,这可是治疗虚弱和破伤的良药。药店里专门收购龙骨。其中大量的龙骨出产在河南省安阳市西北郊的小屯村。原来这里是商朝第二十代王盘庚定下的国都,直到商朝灭亡共延续了二百七十三年。这个地方在商朝叫殷,所以商朝又叫殷朝。商朝灭亡以后这个地方就慢慢荒芜了,成了废墟。

在几百年里,商朝有过很多很多用于占卜的龟甲和兽骨,它们埋在地里已经有三千多年了。从样子上看还真的跟化石差不多。于是就有人把它挖出来当成龙骨卖给药店。药店经过鉴定,也真有龙骨的药效,也就收购了,不过上面有刻痕的不收。药工也有对策,它们把采来的龙骨上面的刻痕削去,再卖给药店。

这件事渐渐地被一些古董商人注意了,他们感到这些刻痕可能很有来头,可能记录了古代的某些事。古董商人收购了这些有刻痕的龙骨,卖到天津、北京,向一些读书人兜售。这些读书人也觉得这些刻痕很神秘,他们纷纷买回家作研究,可是谁也说不出究竟是怎么回事。

在北京担任国子监祭酒的王懿荣,是一位学识渊博的金石学家。公元1899年,他偶然也买到了几片有刻痕的龙骨,在摆弄中,忽然大吃一惊。凭着他对古文字的丰富的学识,他断定这是一种我国古代文字,跟现在使用的汉字有渊源关系,这些刻有古代文字的龟甲兽骨是珍贵的文物。他激动得坐不住了。为了收集到更多的甲骨文,他决定出高价收购。

王懿荣开出按字论价收购的办法,每一字付二两银子。古董商人一看发财机会来了,把能找到的甲骨文都送到王懿荣家中。王懿荣经过仔细研究,令人信服地作出进一步的断定,这是商代专门用作占卜用的甲骨,上面的文字是我国最古老的文字。他的这一科学的鉴定在学术界产生很大的影响。

在当时也有不少人已经在收集甲骨文,但是他们只是凭感觉知道这是一种古代文字,却不知道究竟作什么用。王懿荣的结论使大家心服口服。所以虽然河南小屯村的药工采挖了这些有刻痕的龟甲兽骨,那些古董商人比王懿荣更早看到甲骨文,但是他们的"发现"还不能称作是发现,真正的甲骨文发现者,当之无愧是王懿荣。

这个消息一下子就传开了,一向不被人们注意的龙骨立刻引起学者们的注意和重视。龙骨也就变得身价百倍。甚至连当时在中国的外国人,如英国、美国、法国、加拿大、德国、日本等外国人都拥到古董商人那里去秘密收购龙骨。直到现在,龙骨仍然是研究我国古代历史文化和文明进程的重要珍贵资料。

张謇经营纺织业

甲午战争失败之后,西方帝国主义列强利用清廷的腐败无能,加紧了对中国的掠夺和剥削。中国的经济越来越衰落,人民的生活越来越贫穷。这时,有个叫张謇的读书人决心放弃读书做官的道路,加入到兴办实业的行列中,使中国强盛起来。

张謇出生在江苏通州(今江苏南通)一个富农兼小商人家庭中。他五岁起在乡里的私塾读书,十六岁那年考中秀才,三十二岁时中了举人。但这以后,他四次参加进士考试都落了榜。张謇心灰意冷,干脆把自己好多年来用的一套考具也扔掉了。

不过,这期间,张謇也做了一点事。1887年,当过通州知府的孙云锦前往开封府上任,张謇跟他一同前去。他协助孙云锦一起治理黄河,救济灾荒。回到家乡后,他积极地主张改良农业,采用机器和集资兴办公司。通过这些活动,他和通州地区的商人、中小地主和富农建立了密切的联系。他们后来成了张謇创办大生纱厂的主要支持力量。

公元1894年(光绪二十年),张謇遵照父亲的意思,再次来到北京参加进士考试,这一回他的运气不错,一下子中了状元,被任命为翰林院的修撰。

没过多久,中日甲午战争爆发,张謇向朝廷上奏章,严厉抨击李鸿章的卖国行为,体现出强烈的爱国精神。但就在这时,他的父亲去世,他只好回老家奔丧。

很快,北洋舰队全军覆没,清政府签订丧权辱国的《马关条约》。消息传来,张謇感到非常痛心。西方列强趁机加紧对中国的经济掠夺,更让他觉得忧虑,于是,他产生了"实业救国"的思想。

张謇认为,办好工业是富民强国的根本,应该采用民间办实业、官府支持的方针发展近代民族工业。第二年,在两江总督张之洞的支持下,张謇在通州设立了商

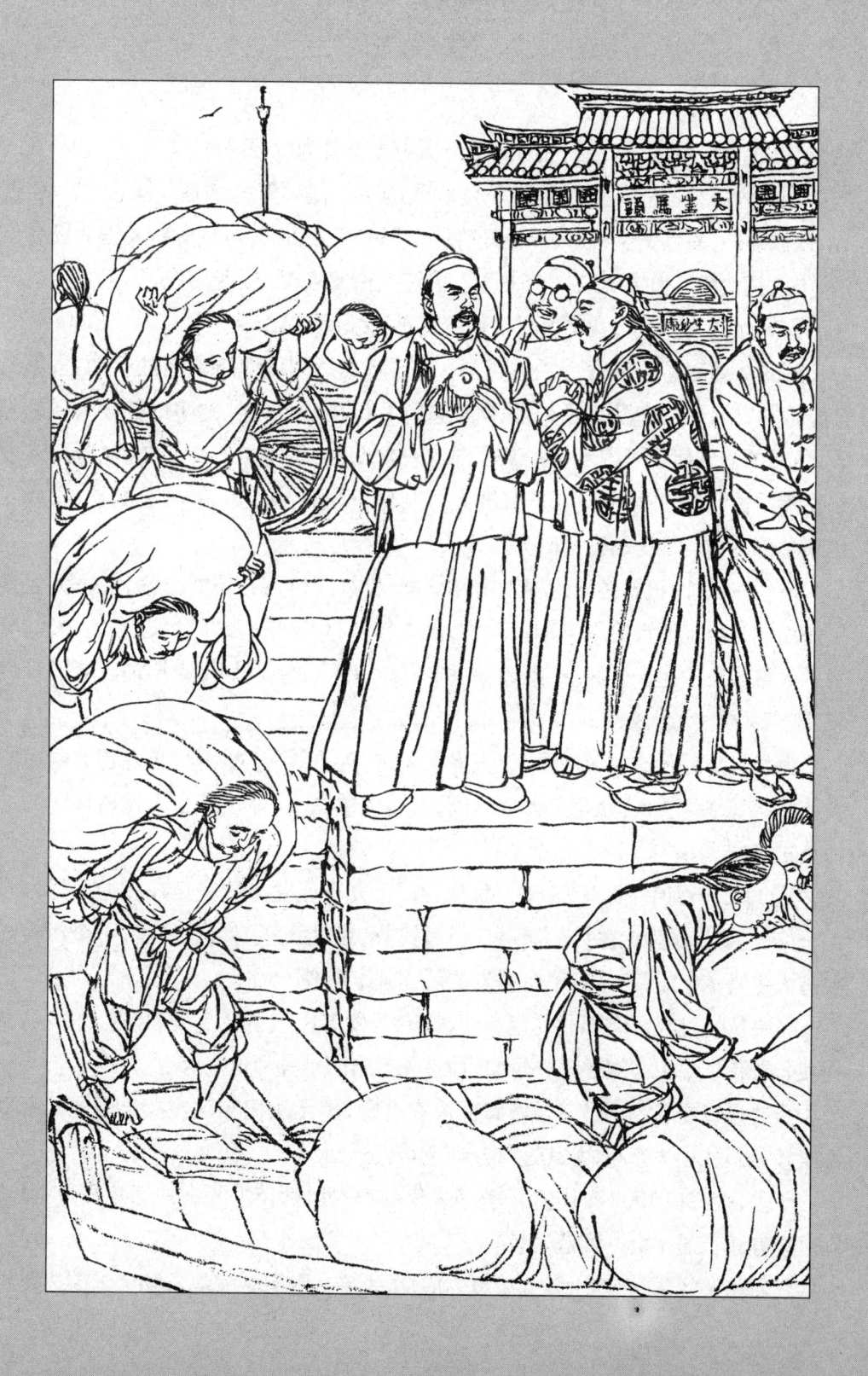
大生碼頭
大生紗廠

务局,办起了大生纱厂。由于他是状元,历史上就称为"状元办厂"。

创办纱厂,兴办实业,并不是一件容易的事。他频繁地来往于上海、南京、通州、武汉之间,筹措资金,但几乎处处碰壁。那些富豪阔商,对投资新式工业没有信心,不敢把大量的白银交给一个书生。他在上海筹钱时,旅费用完了,只好放下架子,靠着"状元"的牌子,卖字度日。但张謇不退缩,不灰心。

经过一番艰苦的努力,大生纱厂于1898年在通州城西唐家闸破土动工,第二年建成投产。但投产没有多久,张謇就遇到了麻烦,由于纱厂的生产需要大量的棉花,资金的周转碰到了困难。张謇去向官府求助,结果碰了一鼻子灰;他再派人去请富商帮忙,也没有得到响应。张謇无可奈何,只好将纺出的纱马上卖掉,用换回的现金再去收购棉花,有一阵,大生纱厂差点倒闭。

幸亏,那时用机器纺出的棉纱销路很好,棉纱的价格在不断上涨,加上大生纱厂使用的是当地便宜的原料和劳动力,成本较低,生产出来的棉纱在当地销售,节省了大量的长途运费,因此在市场竞争中渐渐站住了脚,利润不断增加。到了1904年,张謇又开出了大生二厂。

大生纱厂经历的风风雨雨,让张謇意识到,为了纱厂的生存,必须建立稳定的棉花原料基地。于是,他花了十年时间,克服重重困难,办起了专门种植棉花的通海垦牧公司。

从1901年到1907年,张謇先后创办了十九个企业。这些企业和通海垦牧公司一样,主要也是为大生纱厂服务的。就这样,经过张謇的苦心经营,一个粗具规模的大生资本集团,在辛亥革命爆发的前夜基本形成了。

张謇从自己经营纺织业的经历中体会到,发展民族工业需要科学技术。这又促使张謇花了不少心血去兴办学堂,他首先想到的是办师范教育。

张謇说:"要想对国民普及教育而没有老师,就无法把知识传授给国民。所以办学校必须从小学办起,尤其是从办师范学校开始。"

于是,张謇在1902年创办了清朝末年的第一所师范学校——通州师范学校;同时还办起了通州女子师范学校。

随着张謇经营纺织业、兴办教育的成功,张謇在东南沿海地区和全国的声望越

来越高。他自己也从一个封建士大夫,逐步地转变成了具有资产阶级改良思想的实业家。

但是,在帝国主义和封建势力的双重欺压下,民族工业的步子越走越艰难。经过一段时间的发展,张謇创办的企业也陷入了低谷,背上了沉重的债务负担,他的"实业救国"之梦最终破灭。可是,张謇坚韧不拔、艰苦创业、自强不息的精神仍然受到后人的尊敬。

义和团扶清灭洋

义和团是从义和拳开始的。义和拳最早在山东兴起,它兴起的直接原因是帝国主义对中国的侵略。

德国在公元1897年强占胶州湾以后,紧接着又获得了胶州到济南的铁路修筑权。他们在铁路沿线霸占土地、开矿,把整个山东划为德国的势力范围。与此同时,外国传教士也纷纷来到中国,仅在山东就设立了大小教堂一千多个,传教士三百多人,其中德国人最多,教徒有八万多。为了偿还甲午战争的赔款,清廷不顾山东境内黄河连年决口带来的灾荒,加紧对百姓的搜刮。许多洋教士利用高利贷趁火打劫,而清廷的官员只是袒护教会。义和拳就在这样的情况下兴起了。

那时的山东到处都有义和拳,他们在集市相聚比赛,形成与外国教会对抗的局面。山东巡抚张汶海曾经企图收编义和拳,但是没人理他。清廷把他给撤了,让毓(yù)贤当山东巡抚。毓贤的外号叫"屠夫",他在山东任曹州知府时,就残杀了两千多人。可是面对义和拳强大的势力,"屠夫"也没有办法了。毓贤非常狡猾,他不肯消耗自己的力量,他的如意算盘是,既然义和拳的矛头针对外国侵略者,就让他们闹去,要是再惹出事,就放手杀。

这个时候,正巧慈禧太后要各省办理保甲团练,毓贤就出告示,称义和拳为义和团,承认它是民间团练。于是各地的义和拳都改称义和团,并且都打出"扶清灭洋"或"保清灭洋"的口号。

教会见义和团在逐渐壮大,就组织教民袭击义和团。韩庄的教徒用快枪袭击义和团,杀死二十多人;庞庄的义和团在遭到教徒枪击的情况下,被迫还击,烧了一座教堂。帝国主义列强以此强迫清王朝镇压义和团。可是义和团仍然在不断

壮大。

公元1900年春天,北京也有了义和团。这个时候,西方列强把精力放在划分中国的势力范围上,相互之间勾心斗角,对北京出现义和团也没有介意。他们没想到在中国人民心中已经积聚了对列强侵略和压迫的深仇大恨。

义和团的势力迅速扩大,他们沿着铁路线进入北京。义和团进入北京的人数越来越多。前门外打磨厂一带的铁匠铺,丁丁当当的,整天替他们赶制兵器。义和团头扎红巾,三五成群地走在街市上,很是威风。住在颐和园的西太后听到这个消息,慌忙增加保卫的兵力。到公元1900年的6月,参加义和团的群众多达十余万,连同进京的义和团总数有二十多万。

端王载漪等朝廷官员看到义和团势力强大,想利用它搞一次政变,把被西太后囚禁的光绪皇帝杀掉,拥立端王的儿子溥儁(jùn)当皇帝,他们派人到义和团中去,煽动排外情绪。

4月,英、德、美、法等国公使联合照会清政府,要求清廷限期剿除义和团。他们又陆续派兵进入天津、北京。西太后听到许多关于义和团的传说,也深感恐惧。于是她一面要清军暂时不要围剿义和团,怕惹起事端,她甚至称义和团是"朝廷赤子";另一面她又秘密地把董福祥的武卫后军调进北京,命令董福祥把北京城里的义和团全杀光。

6月8日,义和团在北京外城举行大示威,崇文门、正阳门和宣武门外喊声冲天,揭开了抗击帝国主义侵略者的序幕。

西太后没料到,董福祥军队本来对义和团的正义斗争很同情,有些士兵也参加了义和团。董福祥以"不能杀老百姓苦娃娃"作为理由,拒绝执行屠杀义和团的命令。他手下的士兵甚至要杀死洋人。

6月11日,日本使馆官员生衫山彬,因为在天津的日本援兵没到,想出永定门探看情况,被董福祥手下的士兵杀死。这一下形势立刻发生变化,侵略者在东交民巷使馆附近构筑工事,西什库的天主教北堂和崇文门内孝顺胡同的基督教亚斯利堂,都有外国兵驻守。孝顺胡同一带甚至还贴出告示:禁止中国人通过,如果不遵守,就枪毙。

6月13日，义和团列队从崇文门进入内城，驻守亚斯利堂的美国兵突然开枪，伤亡多人。义和团愤怒了。下午，义和团派出一千人，直往亚斯利堂而去。美国兵吓得逃进了使馆。义和团将教堂点燃，顿时烈火熊熊。同一天义和团还烧了其他十一所教堂。义和团完全控制了北京城。

为报复义和团的反抗行动，6月10日，英、法、日、俄、美、德、意、奥八国组成两千多人的联军进犯北京。义和团拆毁路轨，沿途进行阻击。17日，在大沽口的各国军队又组成新的联军，对大沽炮台突然袭击，天津的义和团和清军一起投入保卫天津的战斗。6月20日，清廷经过多次争论，终于决心对外宣战，鼓励义和团抵抗外国侵略。

八国联军在7月14日攻陷天津。8月4日，集结两万多人的军队向北京推进。由于清廷的腐败无能，8月15日北京被攻破，八国联军到处屠杀义和团，劫掠财物，世界有名的颐和园就被他们抢掠一空。西太后在逃往西安途中命令李鸿章向侵略者求和。谈判一直进行到公元1901年9月，清王朝被迫签订了屈辱的《辛丑条约》。

轰轰烈烈的义和团运动在八国联军的镇压下失败了。这个运动有它的时代局限性，但是义和团英勇的抵抗，毕竟沉重地打击了帝国主义妄想瓜分中国的野心。

詹天佑修铁路

国难当头,风雨飘摇。但是,仁人志士们还在为中国的富强而奋斗。中国第一代铁路工程师詹天佑就在为修筑京张铁路而奔波。

詹天佑是当年容闳带出去留学美国的幼童之一。他十八岁考入美国耶鲁大学土木工程及铁路专修科,三十四岁时当选为英国工程研究会会员。在国外,他亲眼看到一日千里的火车铁路,心中暗暗发誓:"今后中国也要有自己的铁路和火车!"1881年,詹天佑胸怀发展祖国铁路事业的热忱,回到了久别的祖国。

然而,回国后的他却被分到军舰上担任驾驶官。学铁路而干海洋,学非所用,一耽误就是好几个春秋。

直到二十世纪初期,中国人总算提出了自己修筑铁路的设想,清廷也设立铁路矿务总局,准备兴建从北京通往张家口的京张铁路。

1905年5月,詹天佑被聘为总工程师,主持修建京张铁路。一些外国人听了,公开讥讽道:"建筑这条铁路的中国工程师,恐怕在娘胎里还没有出世呢!""中国人想不靠外国人自己修铁路,就算不是梦想,至少也得五十年!"他们挖苦詹天佑出任京张铁路总工程师是不自量力,在等着看中国人的笑话。

詹天佑下定决心,要为中国人争一口气。他说:"中国地大物博,而修路工程却必须借用洋人,这应该引以为耻。中国人已经醒过来了,中国人要用自己的工程师、自己的钱来建筑铁路!"

京张铁路从北京到张家口,全长有二百多公里,中间要经过层峦叠嶂、峭壁耸立的燕山山脉,特别是居庸关、青龙桥、八达岭等地区,地形十分险恶,工程量很大。

詹天佑背上标杆仪器,骑着小毛驴,成天奔走在崎岖的荒山野地,实地勘测线

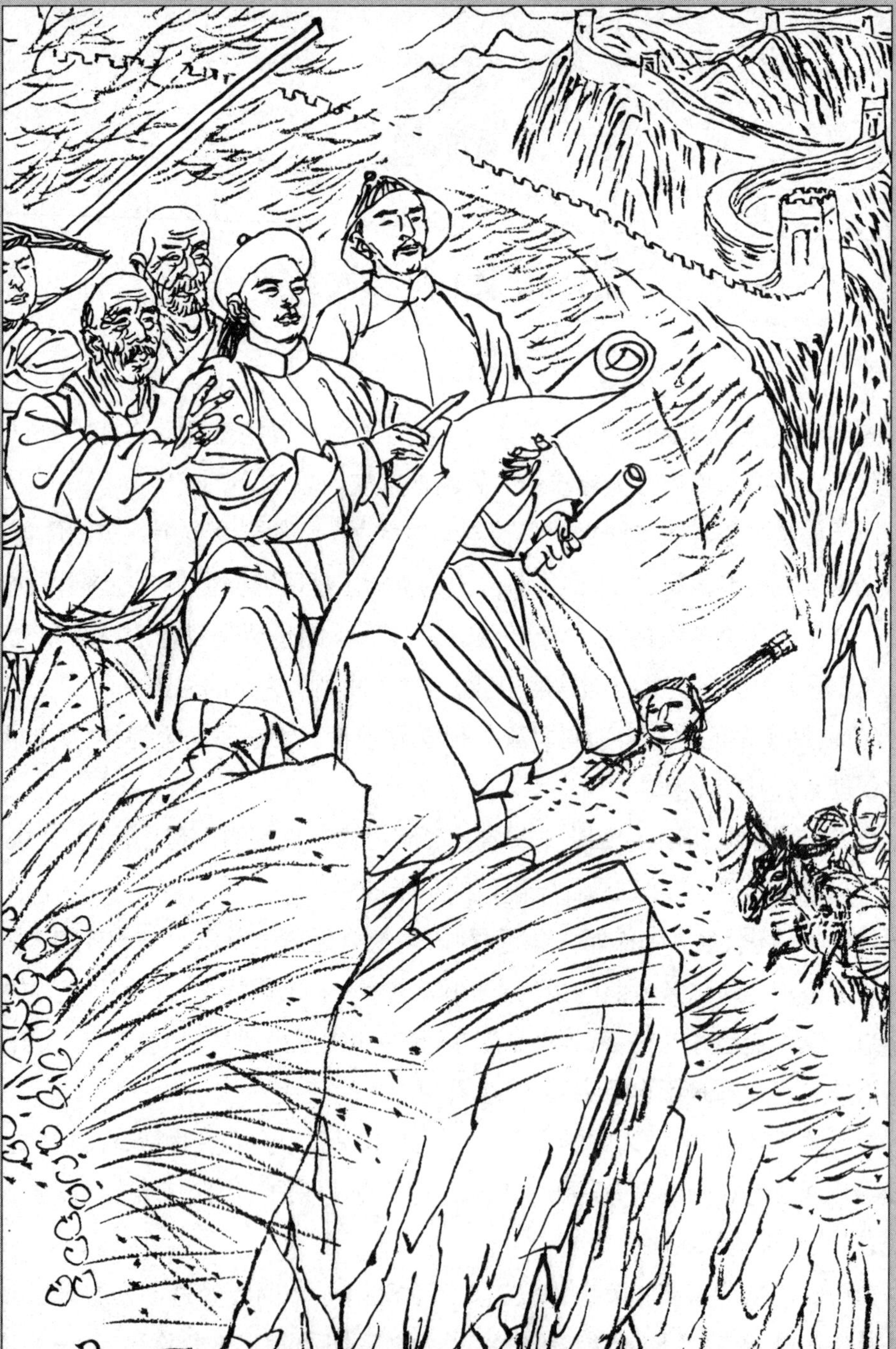

路。他白天测量、赶路,晚上还要伏在油灯下仔细地绘图计算,常常熬个通宵达旦。

工程开工以后,困难接踵而来。因为缺少机械和轻轨,所有工作都得靠人力;沿途皇亲国戚的墓地不让通过,不得不求爷爷告奶奶,奔走呼吁;外国银行故意拖延工程款,造成经费接济不上,等等。詹天佑排除万难,一寸一寸地把工程推向前。铁路过了南口以后,共有居庸关、五桂头、石佛寺和八达岭四处隧道,总长度一千六百四十五米。这是全路工程成败的关键。詹天佑发誓:"一天不打通居庸关、八达岭的隧道,就一天不回北京。"

居庸关山势高、岩层厚,隧道长达四百米,施工难度很大。为了加快进度,詹天佑想出了从南北两端向中心对凿的方案。但人力凿山,进度很慢,詹天佑又大胆地提出炸开岩石的办法,施工进度果然加快了许多。隧道越凿越深,凿到几十米处,洞里哗哗地流出水来,工人们半身都浸泡在泥水里。因为没有抽水机,詹天佑从早到晚带头向洞外挑水,与工人们吃住在一块,常常半个月也不离开工地一步。工人们对这样一位吃苦在先、以身作则的总工程师非常佩服。

居庸关隧道打通了,接着又要开凿八达岭隧道。八达岭隧道要比居庸关的还要长。这么长的隧道,南北对凿是不太容易对准的。詹天佑又提出一种凿竖井的开凿办法,就是从隧道中心点的山顶先凿开一个洞,笔直往下凿。凿到一定深度时,再分开两头,向南北凿去。这样可以有四个工作面同时开凿,也不会凿歪了。施工人员的热情都很高,没过多少日子,这条全长一千一百四十五米的长隧道,也终于开凿成功。

两大艰险工程完工后,其他两座隧道,也就跟着顺利完成。

这时,还剩下最后一道难题有待解决,就是从南口到八达岭地势太陡,如果采用常规的螺旋式线路,火车很难爬上去。詹天佑请教了当地老乡,创造性地设计出一种折返线路,就是在山高坡陡的青龙桥地段,顺着山腰,铺设"人"字形路轨,既降低了坡度,也缩短了隧道,火车到这里,以两部大马力机车前后一推一拉,就可安全地爬过陡坡。

1909年7月,京张铁路全线通车。这条原来计划要用六年时间完工的工程,只用了四年,还节省了二十八万两银子的费用。中国人自行设计和修筑的京张铁路,为中国人争了光。

康有为宣扬保皇

戊戌政变后，与张謇、詹天佑这些实业家、工程技术人员企图通过实业、工程技术挽救中国的危亡不同，康有为、梁启超等人，则寄希望恢复光绪皇帝权力，继续实行维新改革，在不进行资产阶级民主革命的前提下，让中国富强起来。

因此，他们在百日维新失败之后，逃往海外，掀起了保皇运动。梁启超在日本办报纸、办学校，抨击慈禧太后的专制统治和朝政腐败，宣传拯救光绪皇帝，推行维新救国。康有为在日本、加拿大、英国等国家奔走，竟想"借兵救国"，引进帝国主义的军队。

他们还把希望寄托在爱国华侨身上，抬出光绪皇帝作为号召，说什么只有他们的皇上最圣明，能够救中国。梁启超写了篇《尊皇论》，也说光绪皇帝的圣明，是几千年来所没有过的，因此，要保全中国，只有"尊皇"。

公元1899年7月20日，康有为在加拿大与侨商李福基、冯秀石等，创立保商会，说什么"保商即保国，保皇亦保国"。随后干脆改为"保皇会"，全称"保救大清光绪皇帝会"，又叫"保救大清光绪皇帝公司"。康有为任会长，梁启超、徐勤任副会长。保皇会的性质、宗旨是"专以救皇上，以变法救中国、救黄种为主"，"凡我四万万同胞，有忠君爱国救种之心者，皆为公司中同志"。

保皇会号召会员、华侨捐款，并封官许愿，说如果光绪帝复位，有大功的人，平民百姓也可以做将军首相，一般捐款的，也可以得到奖赏。他这时的矛头，其实已不是对付慈禧太后一伙顽固守旧派，而是与孙中山等人的革命党争夺对广大爱国华侨的影响。

康有为以皇帝师傅自居，导演的第一幕闹剧便是为光绪帝祝寿。公元1899年

8月4日,他在海外为光绪帝三十岁寿辰祝寿,康有为在龙旗飘扬中,还向远在北京的、被囚禁的光绪帝行叩首礼。

为扩大影响,康有为派遣他的门徒徐勤、梁启超、梁启田、欧榘(jǔ)甲、陈继征等分赴南北美洲、澳洲等有华侨居住的两百多个城市,开拓"保皇公司"业务,共建立分会、支会一百六十多个,吸收会员百余万人。他们还在香港、澳门设置总局,以澳门的《知新报》、横滨的《清议报》作为宣传机关。

保皇会发展一度非常迅猛。仅南北美洲,到公元1903年止,就有十一个总部,八十六个支会。而入会的人除华侨外,甚至还有兴中会会员。

但是,保皇会没有真正的理论,没有有能力的组织者,特别是受到孙中山领导的革命派和广大爱国的支持革命的华侨的反对,遭到革命理论的有力批驳,逐渐失去了市场。1906年8月,清廷搞预备立宪,欺骗舆论。康有为则借此机会顺水推舟,改保皇会为"国民宪政会",进而与慈禧太后一伙同流合污,更加成为清朝末年中国民主革命进程中的一股反动的逆流。

随着资产阶级民主革命潮流的汹涌澎湃,保皇会最终寿终正寝。尽管它后来多次改名,也无法改变其灭亡的命运。

革命先行者孙中山

康有为、梁启超的保皇会办得热热闹闹的时候,以孙中山为首的资产阶级民主革命派也登上历史舞台,一面组织推翻清王朝的封建专制统治,一面回击保皇派对革命的攻击。

孙中山出生在广东香山县(今广东中山)翠亨村的一个贫苦家庭。原名文,号逸仙,因留居日本期间,曾化名中山樵,后来就以孙中山的名字通行于世界。孙中山十二岁时,远赴檀香山,在资本家哥哥的资助下,进入当地教会学校读书。后来,他转到香港学医。读书期间,他十分关心国家大事。中法战争中国在谅山取得大捷,反而与法国侵略者签订了屈辱的卖国条约,使他受到极大刺激,萌生了反清思想。从此,课余时间,他在香港、澳门一带,努力宣传革命。

公元1894年秋,孙中山回到檀香山,宣传反清革命主张,联合二十多个华侨,建立了中国第一个革命团体——兴中会。兴中会章程抨击清王朝的反动统治,号召革命志士团结革命,振兴中华,挽救危局,并且在会员入会秘密誓词中,明确他们的奋斗目标是:"驱除鞑虏,恢复中国,创立合众政府。"兴中会成立时,中日甲午战争打得正激烈。日军攻占了北洋海军要塞旅顺和大连,北京天津受到震动,形势危急。孙中山赶回香港,策划推翻清王朝的武装起义。

公元1895年2月,孙中山、陆皓东等和香港进步社团辅仁文社合作,成立兴中会总部。兴中会总部成员与檀香山兴中会有较大不同,会章和入会誓词都有一些修改,更加着重揭露清王朝的腐败,将原来的"恢复中国"改为"恢复中华",意思更为准确。接着,孙中山广泛联络广东各地会党、绿林人物和清军中的士兵,密谋起义。

驅除韃虜恢復中華
創立民國平均地權

经过半年的准备,孙中山决定于这年重阳节在广州起义,夺取省城作为革命据点。但在起义前夕,机密被泄露,参加起义的部分人员被清军逮捕,陆皓东等志士英勇牺牲,起义失败。

两广总督悬赏缉拿孙中山。同志们催促孙中山立即撤离广州,他却说:"大家都不怕死,我怎么能临阵先逃呢?"他冒着生命危险,疏散会员,销毁文件,把各种善后事务处理妥当。十多天后,他才撤到香港,流亡海外,显示了革命领袖的风度。

这次广州起义虽然失败了,但影响很大,不仅传遍全国,连外国报纸也开始宣传"支那革命党孙逸仙"。从此,孙中山和兴中会的活动逐渐被大家重视。清廷悬重赏捉拿孙中山,派出大批暗探跟踪他,又电令各驻外使馆寻找机会逮捕他。孙中山被迫隐姓埋名,流亡在各国之间。

公元1896年,孙中山来到伦敦,住在他的英国老师康德黎家。但他的行踪又被清廷密探侦查到了。他们与清朝驻英国使馆官员密谋,引诱孙中山误入清朝使馆,秘密将他绑架。清朝驻英公使龚照屿租了轮船,准备把他装在一只大箱子里偷运回国内处死。

孙中山在囚禁中坚持斗争,他写了许多求救信,都没有传递出去。直至第七天,才得到使馆英国清洁工人柯尔的帮助,将求救信送到康德黎手里。

经过康德黎的多方奔走,孙中山被捕的消息在伦敦各报相继刊出,英国政府迫于舆论压力,强制清朝公使馆释放了已被关押十二天的孙中山。获释后,孙中山用英文写成《伦敦被难记》,第二年春天在英国出版,再次扩大了自己的影响,他的名字,传遍了欧美各国。

此后,孙中山继续宣传革命的意志更加坚定,他有力地批驳了康有为、梁启超宣传的保皇谬论,也克服了革命党人内部的矛盾和不同意见,将民主革命一步一步引向前进。

1905年,孙中山重返日本,在东京会晤了另外几个革命团体华兴会、光复会的领导人黄兴、宋教仁、陈天华等,讨论建立统一的革命组织问题。最后大家一致决定将各革命团体联合起来,组成统一的革命组织——中国同盟会,以孙中山提出的

"驱除鞑虏,恢复中华,创立民国,平均地权"作为革命纲领。8月20日,举行了同盟会成立大会,公推孙中山为总理。

同盟会的成立有力地促进了全国革命运动的发展,从此,革命风潮一日千里,推翻清王朝的反动统治指日可待。

章太炎与《苏报》案

孙中山在革命活动中,有不少同志和盟友。章太炎是清末著名的大学者和民主革命思想家,对反动腐朽的清王朝抨击得最厉害。他早年是孙中山的革命盟友之一。

章太炎原名炳麟,浙江余杭人,年轻时曾是江南大学问家俞樾(yuè)的得意学生。他参加过康有为的强学会,赞成变法维新,但在戊戌变法失败后,转向革命。这时,他去看望老师俞樾,希望得到老师的支持,俞樾却大骂他不忠不孝。为了革命,章太炎公开声明,与他所敬爱的老师断绝师生关系。

在上海的一次政治集会上,章太炎发表慷慨激昂的反清演说,并且当场割掉头上那根象征屈辱和封建顺民的辫子,彻底走上推翻清王朝的革命道路。

章太炎因此遭到清王朝的通缉。1902年,他逃亡日本横滨,会见了革命领袖孙中山。孙中山请来革命战友,热烈欢迎章太炎,并为他举行宴会,演奏了欢迎的乐曲。章太炎非常高兴,在大伙的祝酒中,他一气喝了七十多杯。他与孙中山畅谈中国的土地、赋税以及革命成功以后的政治和建都等问题,情绪非常高。

第二年,章太炎回到上海,主编《苏报》。他将《苏报》办成一把刺向清王朝的犀利的投枪和匕首。他亲笔写了篇革命檄文《驳康有为论革命书》,逐条批驳康有为的保皇谬论,直呼光绪皇帝的名字,斥骂他是个连小麦和大豆苗都分不清的"小丑"。

在上海,他结识了一位有强烈的革命热情的青年——邹容。他们间虽然年龄相差较大,但革命友情却亲密无间,章太炎亲切地称邹容为"我的小友"。

邹容是四川巴县(今属重庆)人,父亲是富商。邹容从小就有反抗精神,参加巴县

的童子试(相当于小学考试)时,因考官出的考题很冷僻,他当场罢考,从此不参加科举考试。1902年,他自费到日本留学。在日本同文书院,他读了大量西方民主革命启蒙著作,如《民约论》、《法意》等;他仰慕法国大革命、美国独立战争,开始编写他的宣传革命、号召推翻清王朝的著作——《革命军》。

邹容因为揭发清王朝派到日本监督留学生的官员姚文甫的丑行,并强行剪掉这个人的发辫,被迫回到上海,于是认识了章太炎,成为最好的朋友。

在上海,邹容将他的《革命军》写完,请章太炎帮他审读。《革命军》全书只有两万多字,语言通俗、明快而且犀利。文中热烈颂扬革命是大自然的"公例"(法则),是世界的"公理",抨击封建专制主义,大声疾呼:"我中国今天想要摆脱满洲人的统治,不可不革命;我中国想要独立自主,不可不革命;我中国想要与世界列强抗衡,不可不革命;我中国想要傲立于二十世纪新世界上,不可不革命;我中国想要成为地球上名国、地球上主人翁,不可不革命!"号召彻底推翻卖国的清王朝,建立中华共和国。

章太炎越读越兴奋,不由得举起酒杯喝酒,激动地说:"我的反清文章,阅读和理解的人都不太多,大约是因为我的文字太艰深了。邹小弟写得这样通俗易懂,激动人心,真是好文章。"

章太炎立即写了篇《革命军序》,交给上海大同书局正式出版,书上署名是"革命军中马前卒邹容"。《革命军》一摆上书店书架,就被读者抢购一空。

章太炎兴奋之余,又在《苏报》上发表热情洋溢的评论文章,称《革命军》是"今日国民教育之一教科书"。

清王朝既害怕又仇恨,他们勾结帝国主义的上海租界工部局,查封《苏报》报馆。巡捕要抓人,章太炎挺身而出,指着自己说:"我是章太炎,要抓就抓我,别人都不在。"

第二天,邹容听到章太炎被捕,义愤填膺,当天就跑到巡捕房,说:"《革命军》是我写的,不能让章先生一个人坐牢。"

外国巡捕看邹容年纪轻轻,怀疑地说:"你这小孩子也能写书?脑子有病吧。还不快滚!"

邹容冷笑说："我写的书多得很,不信,你们就拿出书来,我背给你们听听。"

就这样,邹容也被租界巡捕房抓了起来。他和章太炎一起被关在租界监狱。

在监狱里,章太炎与邹容相互鼓励,激励斗志。法官审问他们时,邹容慷慨陈词,自比为西方追求自由的思想家卢梭。章太炎更是将外国法官和参加会审的清朝官员反驳得张口结舌。

会审的法官恼羞成怒,竟判他们两人终身监禁。这引起了社会舆论的一致谴责,才又改判章太炎监禁三年,邹容监禁两年。

在租界监狱里,他们受到的是非人的待遇,动不动遭狱卒拳打脚踢,吃的是霉烂变质、难以消化的食物。邹容终于病倒,又得不到医治,1905年4月3日,离出狱只有七十多天,死在狱中,才二十岁,为革命献出年轻的生命。章太炎则被关满三年释放,驱逐出租界。

这次事件,就是轰动全国的"《苏报》案"。

当时与邹容齐名的革命宣传家,还有一位陈天华。陈天华是湖南新化人。公元1903年春留学日本,参加革命活动,曾经准备回国策动武装起义。为宣传革命,他写了《警世钟》、《猛回头》两部浅近通俗的作品,以强烈的爱国精神和革命勇气,揭露帝国主义列强瓜分中国的阴谋,指出清王朝已成为"洋人的朝廷",号召全国各阶层民众团结起来,推翻清朝,杀洋鬼子。这两部书的宣传反响很强烈。后来,陈天华投海自尽,留下《绝命书》,激励留日的同学踊跃革命。

但是,章太炎后来与革命党人的距离逐渐疏远,埋头于学问的研究。

黄兴策动长沙起义

在清王朝勾结上海租界帝国主义势力，借《苏报》案迫害革命党人章太炎、邹容的时候，民主革命家黄兴从日本回到上海，并且准备回到家乡湖南，去策划一次武装起义。

黄兴原名黄轸，湖南善化（今湖南长沙）人，父亲是个秀才。黄兴在长沙和武昌的书院读过书，二十二岁中秀才。公元1902年赴日本留学，学习西方的革命史和科学文化知识。第二年，沙皇俄国拒不按约从我国东北撤兵——这是八国联军入侵中国时，沙皇俄国强占去的。沙俄的蛮横行径引起全国人民的抗俄怒火，黄兴与陈天华等留日学生组织拒俄义勇队。他在孙中山、章太炎、邹容等革命先驱的影响下，赞成用革命的手段，打倒封建专制的清王朝，建立新的中国。

在上海，黄兴遇到同样刚从日本回国的湖南老乡胡之倓（tán）。胡之倓任长沙明德学堂校长，来上海招聘教员。黄兴就应他的邀请，到明德学堂做教师。他白天教书，晚上从事反清革命活动。1903年11月4日，他借过三十岁生日为名，在长沙西区保甲局巷彭渊恂家办了两桌酒席，邀请陈天华、宋教仁、刘揆一等二十多个革命同志聚会，商量成立秘密革命团体华兴会。他被选为会长。华兴会对外称华兴公司，以办矿业作掩护，并且用"同心扑满，当面算清"两句话作为公司、也就是华兴会的宗旨。"扑满"是贮钱罐，贮满了就打破（扑）。扑满、算清，谐音有推翻清王朝的意思。这两句生意人的行话，被他们巧妙地用作反抗清王朝的口号。

华兴会虽然没有以文字的形式留下过正式的纲领、章程，但"驱除鞑虏，恢复中华"始终是他们的口号。华兴会成立后，黄兴便积极着手筹划武装起义。他主张联络各界反清力量，首先夺取长沙，光复湖南，然后争取各省响应，再向清王朝老巢北京进军。

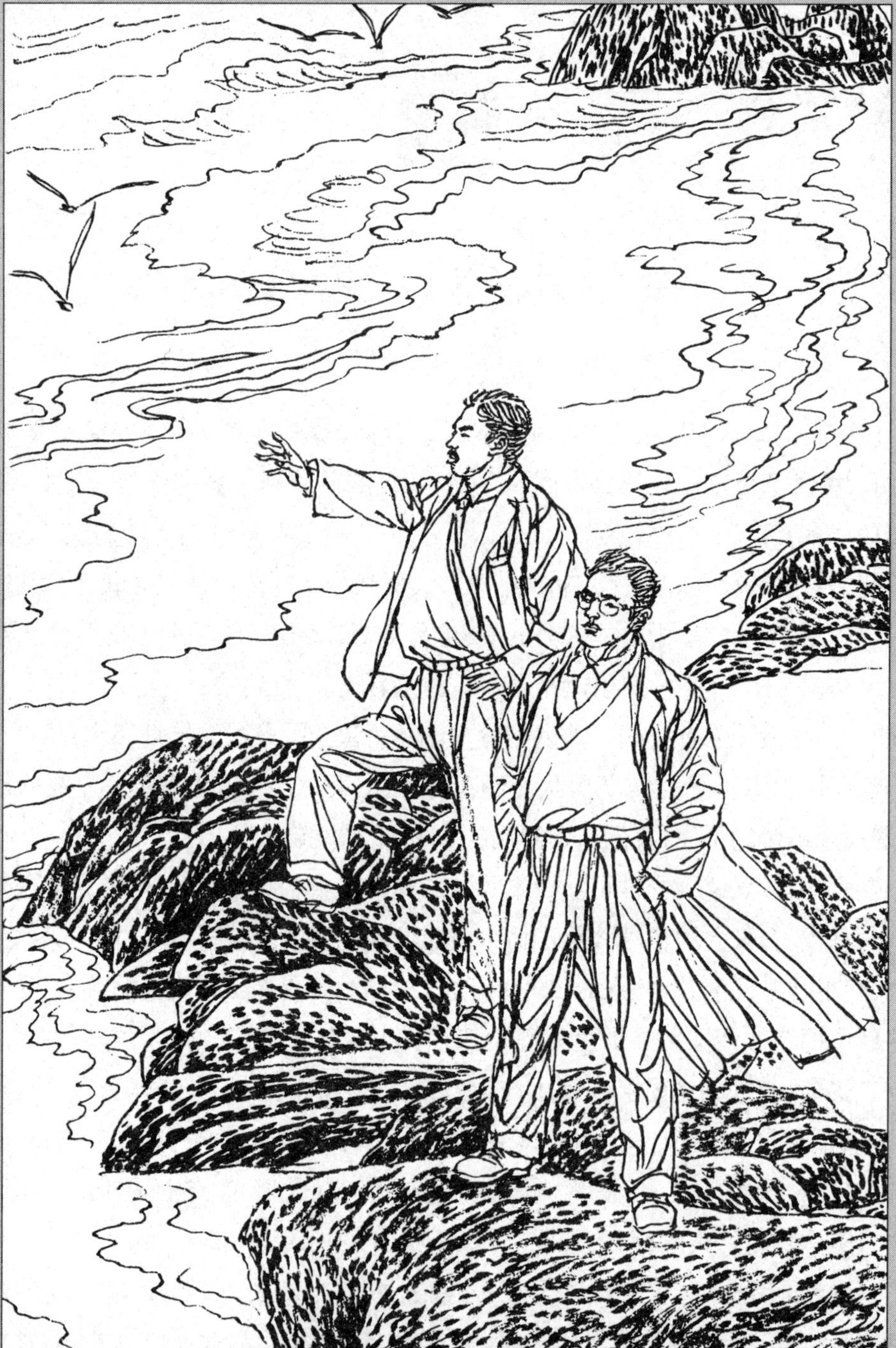

黄兴派了许多同志,分别到各省和长沙的各界联络,积聚革命力量。他联络的重点有两个,一是清军里的新军,一是哥老会。

哥老会是清代流传在民间的秘密组织,打过"反清扶明"的旗帜,具有一定的力量。当时哥老会的首领叫马福益。黄兴先派刘揆一的弟弟刘道一与另一名华兴会会员,带着黄兴的亲笔信,去见马福益。

马福益还不懂革命是什么,也不知道黄兴是哪方神圣,反应很冷淡。刘道一完不成联络任务,回去不好交代,就主动向马福益发问:"马大哥,我们听说您是个人物,才登门拜望。大哥是个明白人,小弟有个问题要请教。"

马福益说:"请问。"

刘道一说:"大哥是打算遵照贵会本来的宗旨反清扶明呢,还是准备受招安,作清王朝的爪牙?"

马福益到底明白了刘道一的真意,随即表示同意与华兴会合作。黄兴听完刘道一回来后的报告,非常兴奋,决定再亲自去会晤马福益。

在一个雪夜里,黄兴在刘揆一的陪同下,步行三十里,到湘潭茶园铺去见马福益。在矿山的一座岩洞里,黄兴、刘揆一与马福益三个人坐在地上,燃起木柴取暖,喝着酒,啃着鸡,坦诚相见,结义联盟,商量起义的计划,一直谈到天亮。

黄兴随后又与新军联络,新军答应参加起义,于是,他决定在11月1日慈禧太后七十岁生日那天起义。

这一天,清王朝定为"万寿节",要庆祝,湖南文武大员都要到长沙的官署行礼拜寿。黄兴计划在那里预先埋好炸弹,只等文武百官一到,引爆炸弹,全部炸死,就能顺利夺取长沙的各处要地,取得起义的成功。

但是,华兴会组织不严密,纪律性也不强,许多活动处于半公开状态;哥老会人员更缺乏斗争训练,因此,起义的机密计划被泄露。长沙财主王先谦得知黄兴等人要在"万寿节"起事的消息后,迫不及待地向湖南巡抚衙门告密。清廷立即派人四处搜捕革命党人,马福益被迫逃往广西,华兴会和哥老会的不少成员被逮捕。

10月24日早晨,黄兴刚走出家门,正要上轿,就碰上衙门派来抓他的捕头。捕头不认识黄兴,叫着他的本名问:"你是黄轸吗?"

黄兴知道出大事了,就随口回答:"我是来拜访黄轸的。他家里人说他到明德学堂去了。我正要去找他。"

捕头信以为真,跟着黄兴去明德学堂抓黄轸。到了明德学堂门口,黄兴下轿对捕头说:"你们稍等,我去叫他出来。"

他一进学堂,就从侧边小门溜出,躲到一个朋友家里。后来又转移到牧师黄吉亭的教堂里。接着,他化装成海关关员,逃出长沙,转道武汉,到了上海。

临别时,他与朋友约好,到沪后,立即拍一份只有一个"兴"字为暗语的电报,报告平安。他到上海,果然拍了这样一封电报。以后,他干脆用黄兴为名字,黄轸的名字反倒不被人知道了。

长沙起义虽然没有成功,力量有所损失,但华兴会的成员多数逃脱了敌人的魔掌,保存了元气;更重要的是,这次行动起到了动员民众参加革命的作用,扩大了革命思想的影响。后来,在黄兴的鼓励下,华兴会的很多成员,与他一起参加了同盟会,与孙中山携手革命,大大壮大了革命的力量。黄兴成为同盟会领袖之一,成为孙中山革命事业的亲密盟友。

秋瑾就义轩亭口

清末革命起义的烽火不断,黄兴策动的长沙起义刚被清廷扑灭,浙江、安徽等省的革命党人又酝酿更大的武装起义。起义的负责人是秋瑾和徐锡麟。

秋瑾是浙江绍兴人,出生在福建厦门,童年时代就见到欺压中国工人的外国殖民者,幼小的心灵里产生了对压迫者的憎恨情绪,立志要学会文武技艺,长大后为国家的富强干一番事业。

后来,她随父母回到绍兴居住,听说外婆家有个表兄武艺高强,就去跟他学武艺,使枪弄棍、飞刀舞剑、骑马驰骋,她无所不能,并且养成豪爽奔放的性格。她写诗说:"身不得,男儿列;心却比,男儿烈!"

公元1896年,她在湖南被父亲嫁给湘潭的富家子弟王廷钧。王廷钧为人不讲信义,没有感情,只知吃喝嫖赌。过几年,王廷钧花钱买了个小京官做,秋瑾随他到北京居住。在北京,她结识了思想进步、会写诗文的吴芝瑛,读了不少进步书籍。秋瑾既不满意丈夫的浪荡行为,又愤恨国家的破败,民族危机的深重,决心献身救国事业。她自号鉴湖女侠,经常男装打扮。

1904年夏天,秋瑾冲破封建家庭的控制,东渡日本留学。在日本,她更积极地参加留日中国学生的反清革命活动,并认识了一个叫冯自由的革命人士。冯自由在日本横滨组织三合会,以"推翻满清,恢复中华"为宗旨。秋瑾立即参加了这个组织。

后来,在冯自由的介绍下,秋瑾又参加了光复会、同盟会,扩大结交的范围,与刘道一、蔡元培、徐锡麟、陶成章、黄兴等人成为革命同志。她在日本写的诗慷慨激昂,洋溢着革命的热情,表示为了挽救国家的危亡,不惜牺牲身体和生命,"拼将十

万头颅血,须把乾坤力挽回"。

秋瑾的一腔热血,果然洒在了神州大地。1906年初,秋瑾回到祖国,一面在绍兴、湖州等地的女学堂教书,一面秘密联络同志,发展同盟会会员,准备武装起义。在杭州,她会见即将去安徽的徐锡麟,与他约定,安徽、浙江两省同时发动起义,相互声援。

秋瑾是浙江方面发动起义的总负责人。恰逢秋瑾的母亲去世,她回到绍兴,到大通学堂主持校务,就以这所学堂作为起义的据点,派人到诸暨、义乌、金华、兰溪等地联络会党,并且亲自往来于杭州、上海等地,策动军队和学校中的革命力量,准备起义。

在学堂里,秋瑾秘密搜集武器,训练盟员。她将所联络到的浙江各地的革命力量编制成"光复军",共八个军,并起草好起义用的檄文、告示。她一面派人到安庆,再与徐锡麟联络,具体约定在1907年7月6日两地同时起义;一面商定浙江方面先在金华、处州(今浙江丽水)起义,引诱清军离开杭州,然后绍兴起义,义军渡江袭击杭州。如果攻不下杭州,再回到绍兴,经过金华、处州进入江西、安徽,与徐锡麟联系。

但是,浙江方面因为各地步调不统一,起义没有如期发动。而安庆起义也因叛徒告密,仓促发动,遭到失败。

绍兴知府听说大通学堂是武装起义的大本营,秋瑾是主谋,大吃一惊。他一面派人到杭州巡抚衙门禀报,讨救兵,一面准备搜捕革命党人。

秋瑾很快知道起义的计划已经泄密,官府就要来抓人。不少人劝她赶快离开学堂,暂时避一避凶险。秋瑾冷静地说:"革命须要流血才会成功,如果我被送上断头台,革命成功至少会提早五年。"

秋瑾沉着地指挥战友烧毁有关起义的文件、名册,转移了枪支弹药,遣散大部分同志,仅与六名坚决不走的革命师生留守在大通学堂,准备抗击清军。

14日下午,清军包围大通学堂,经过短暂的抵抗,秋瑾和她的同志被捕了。

在绍兴府的大堂上,知府贵福指着清军搜到的起义文告,问:"这些叛逆的文告是谁写的?你的同伙人是谁?"

秋瑾冷冷地回答："文告是我写的,至于革命党嘛,你不必多问,我不会回答。"

"你与徐锡麟相识吧?"贵福又问。

秋瑾鄙夷地反问："相识,又怎么样?"

"那你还与其他什么人有来往?"贵福以为可以引秋瑾说出一些人的名字。

秋瑾瞅了贵福一眼,冷笑说："有啊,就你贵福,贵大人。你来过大通学堂,和我照过相。你还送给大通学堂一副楹联'竞争世界,雄冠地球'哩。"

贵福一脸尴尬,只得草草退堂。

贵福让山阴知县李钟岳来审问秋瑾。但他也没能从秋瑾口中得到什么供词。他让秋瑾自己写几个字,好向上司交差。秋瑾看着这阴沉沉的世界,悲愤填膺,想起远方的革命同志,思念无限,她提笔在白纸上迅疾写下七个大字："秋风秋雨愁煞人!"就将笔掷在一边。

此后,无论官府如何问话,她不再开口。

清朝官府没有任何办法,只好下令将她杀害。7月15日的清晨,秋瑾被押往绍兴城轩亭口斩首。

监刑官问秋瑾有什么遗言,秋瑾昂扬地说："你们可以杀我的头,粉碎我的身体,但你们杀不尽天下的革命党人。我中国四万万同胞,一定要实现自由平等,光复祖国大好河山。"

秋瑾遇害后不过五年,清王朝就在武昌起义的炮声中垮台。她的预言,成了现实。

黄花岗七十二烈士

清王朝野蛮杀害了徐锡麟、秋瑾等革命党人先驱，但没有能够就此将革命的烈火扑灭。革命党人的暴动，此起彼伏。慈禧太后在军事镇压的同时，玩起了"君主立宪"的把戏，搞什么制定宪法，建立内阁和议会，实行帝制下的议会民主，实际权力仍然掌握在皇帝手中，企图挽救摇摇欲坠的清朝统治。

但是，她实际上并不急于实施君主立宪，希望能拖延下去，连赞同君主立宪的改良派首领梁启超都感到不满。以孙中山为首的革命派，更是不信任清政府的任何承诺，决心将推翻帝制的革命，进行到底。慈禧太后本来年事已高，气急交加，终于病倒，不久就死了。在她临死之前，不知作了什么手脚，将倾向于变法维新的光绪皇帝弄得驾崩。光绪的侄儿，三岁的溥仪，在他父亲摄政王载沣的扶抱下，登上了金銮殿的宝座，改年号宣统。举行仪式时，小皇帝竟然哭闹着要赶快离开。载沣安慰说："快了，快了！"迷信的清朝大臣认为这不是好兆头。

公元1910年（宣统二年），革命党人又发动了广州起义。

这年秋天，革命领袖孙中山，召集同盟会的重要骨干黄兴、赵声等，在庇能（今马来西亚槟榔屿）召开秘密会议，讨论发动新的起义。孙中山说："我们失败了多次，但是已经很有成绩。革命浪潮不是已经席卷全国了吗？只要下定决心，努力干下去，不怕没有成功的一天。"

会上总结了过去失败的经验教训，确定集中同盟会力量，以会员为骨干，广泛发动清军中的新军、防营、巡警、会党和民军参加起义，夺取广东省城，然后把革命火焰燃向长江流域各省，烧遍全国。

大家都同意这个精神，并制定出具体的起义计划，决定以广州新军为起义的主

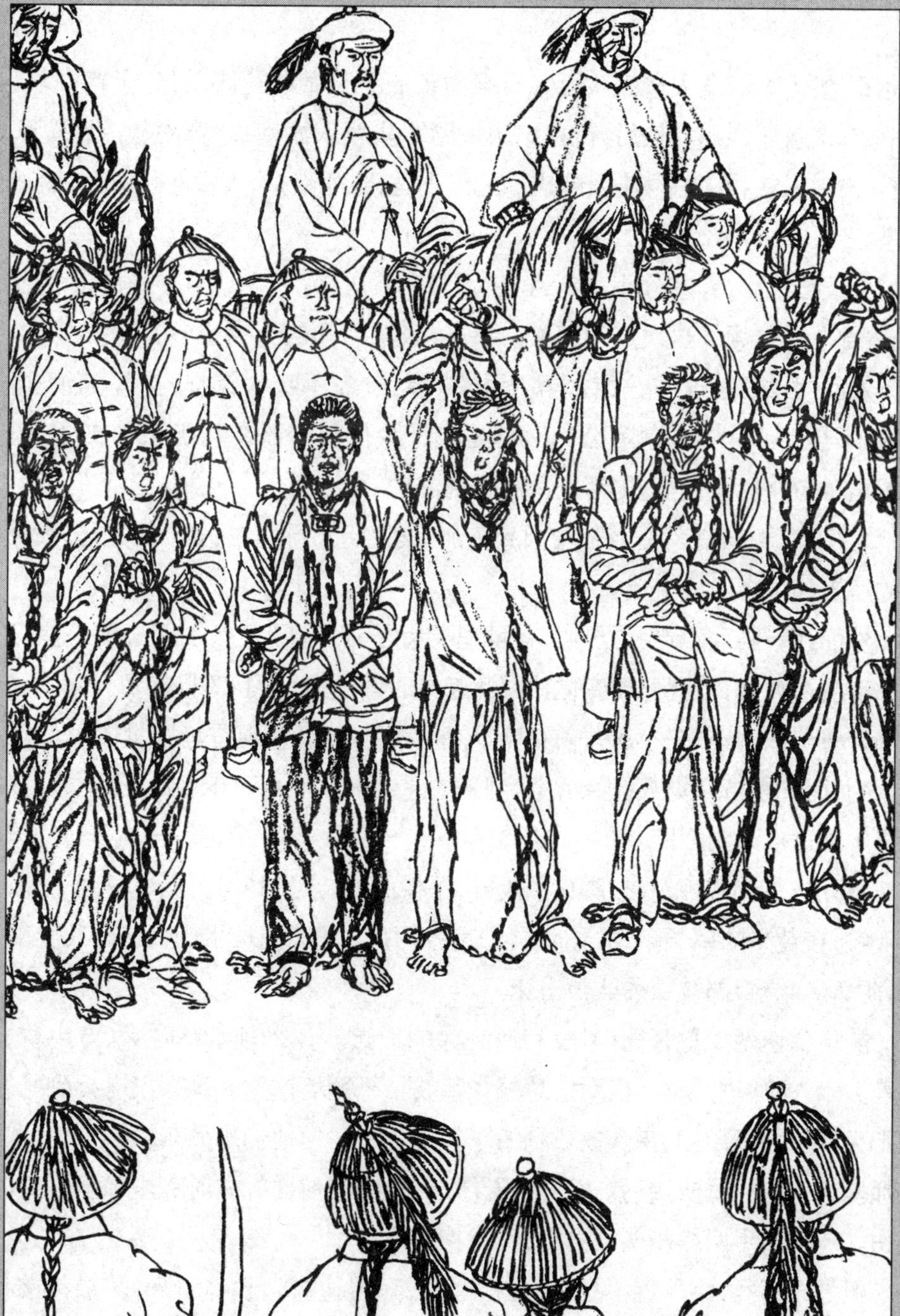

力，由同盟会革命党人选派八百名身强力壮的会员做敢死队员，分十路进攻，突然袭击，夺取省城广州。然后，黄兴率领一路军队攻入湖南，赵声率领一路军队攻入江西，谭人凤在长江流域举兵响应。几路人马，会师南京，大举北伐，直捣清朝京城北京。

会议结束后，大家分头进行准备。1911年初，黄兴与赵声在香港成立了起义"统筹部"，具体领导这次广州起义。不久，省城广州的大街小巷，突然出现了大约四十处新"公馆"。这些公馆，常常操办喜事，吹鼓手吹吹打打，礼盒、花轿抬进抬出，好不热闹。其实，这些"公馆"，都是起义队伍秘密联络与隐藏枪支、弹药的据点。花轿与礼盒里，运送的都是武器弹药。

4月23日，黄兴从香港秘密回到广州，决定起义日期，共分十路人马，同时向预定的官署和军事目标进攻。

然而，清廷好像听到了风声，在城里实行了戒严，预定参加起义的一些广东革命党人被迫解散，情况急剧变化。因此起义时间被提前到27日傍晚五时半。起义时间即将到来，黄兴在小东营前集合队伍，清点人数，发现香港大批的革命党人没有赶到，而广东革命党人已经解散，到来的总共只有一百三十名敢死队员。黄兴只得将十路进攻改为四路。

敢死队员们臂缠白布，脚穿黑胶鞋，手持武器，士气高昂。预定时间一到，小螺号吹响，在黄兴的率领下，敢死队员们直扑两广总督衙门。路上，遇到几名清军巡警，想负隅顽抗，都被敢死队员击毙。

队伍到达两广总督衙门，没有遇到大的抵抗。黄兴领着林时爽、方声洞、林觉民等数十人，冲进大堂。但两广总督张鸣岐早已翻墙逃跑。黄兴没有捉到张鸣岐，一把火烧了总督衙门，带队去攻打清军督练公所。但他们刚到东辕门外，就和清军水师提督李准的军队遭遇。双方展开激战，冲在最前面的林时爽中弹牺牲，林觉民受伤。黄兴右手两根指头被打断，仍然指挥战斗。

但是，敢死队终因寡不敌众，伤亡严重，只得边打边退。后来，队员都被打散，只剩下黄兴一人，他才进入一家洋货店，包扎一下，换下血衣，逃出城去。

战斗中，牺牲的革命党人有喻培伦、方声洞、陈更新、林觉民等一百多人，后来

收殓烈士遗骸有七十二具,埋葬在广州市东北郊的黄花岗(原名红花岗)。历史上将这些死难的革命党人,称为"黄花岗七十二烈士"。

这是革命党人发动的第十次武装起义,虽然又失败,但极大地振奋了广大群众的斗志,成为辛亥革命的前奏。

武昌起义的炮声

广州起义的硝烟未散,烈士的血迹未干,武昌城又响起革命军隆隆的炮声。革命党人的武装斗争,从来没有中断过。多次失败,许多优秀的革命党人的牺牲,换来的是越来越大的革命影响,对清王朝的反动统治的连续冲击,加速了清王朝的灭亡。

受到革命冲击的清王朝,却加速卖国的步伐,企图赢得外国资本家和政府的欢心,支撑住它那摇摇欲坠的统治。公元1911年5月,清廷颁布一道铁路国有令,将民办的川汉、粤汉两条铁路的建筑权收回。然后,将它们抵押给英、德、法、美四国银行团,换取贷款,作为镇压民众起义的经费。这种出卖国家和大众权益的行为,引起全国民众的愤怒,特别是与铁路国有令直接相关的湖北、湖南、广东、四川等省,民众反抗更加强烈,纷纷成立了保路同志会。重庆、江津等地有保路同志会近七十个,会员数十万人;成都各界民众罢市罢课、停止缴纳捐税,甚至抗粮抗捐,发动暴动;四川总督赵尔丰开枪射死许多抗议的群众,造成流血大惨案,更引起了全国的动荡不安,一场更大规模的全国性革命风暴,已经酿成。

革命党人受到鼓舞,看到起义良机已经到来,主张在革命力量充实的武汉首先起义,其他省份同时响应。

原来,武汉的革命党人长期扎实细致的宣传和组织工作,在各界群众,特别是清廷办的新军中,聚集了雄厚的革命力量,一万五千多新军士兵,有六千人是革命组织文学社和共进会的会员。革命党人计划发动这股力量,举行起义。

这时,清王朝为赶快扑灭四川起义的烈火,急令湖北的新军,去四川执行镇压任务,危害到了革命党人的起义计划。

九月下旬,革命党人感到形势紧迫,便召开新军文学社、共进会联席会议,决定抢先在 10 月 6 日(中秋节)发动起义。由于形势又发生变化,起义推迟到 11 日。但是到了 9 日,在汉口装配炸弹的共进会负责人孙武,不小心引爆炸弹而受伤,惊动了清朝官府。湖广总督瑞澂下令封闭城门,大肆搜查。

文学社领导人蒋翊武决定当晚就起义,以南湖炮营的炮声作为起义信号。但他的指令没有送到炮队,炮声没有响起,起义未能举行。而革命党人武昌地下指挥机关被清军破获,清军搜去花名册,蒋翊武被迫逃走。瑞澂和清军第八镇统制张彪准备第二天就全面抓捕革命党人。

新军各营中的革命官兵深感形势万分危急,主动行动。10 日上午,工程第八营革命党人总代表熊秉坤挺身而出,召集各部开会,提出当晚就发动起义。他慷慨激昂地说:"今天到这样地步,不造反肯定是死,造反可能还有一条生路。大丈夫应当顶天立地,干一番轰轰烈烈的大事业,哪怕死了也光荣。徐锡麟和黄花岗七十二烈士,就是我们的榜样!"

他的话,赢得大家的赞成,决定下午三时晚操结束后就动手。但不久由于计划泄露,清军将领有所防范,当天晚操被取消。熊秉坤立即派人通知,取消三时起义的计划,改在晚七点。

七点到了,熊秉坤拔出手枪,朝天开了三枪,作为起义信号,各营按照约定一齐动手,起义终于爆发了。

辎重团的士兵,平时不发实弹,正苦于怎样取得枪弹。这时,听到枪声,在楚望台巡视的监视官李克果,命令士兵们开枪抵抗。革命党人的士兵说:"长官,我们没有子弹,怎样开枪呀?"

李克果说:"军械所里有的是子弹,你们去拿好了。"

士兵们拿到子弹,装进枪膛里。然而,他们却朝天开空枪。李克果知道士兵不可靠,就与其他军官逃走了。革命党人占领了军械所,获得大量辎重弹药的补充。

起义的官兵,自动推举左队队官吴兆麟为起义总指挥,加强起义部队的统一指挥。吴兆麟随即派人去割清军电话线,又派人去接应南湖炮营。其余士兵,分三路出发,攻打总督衙门。

被割断了电话线的清军,缺少联系和统一指挥,很难再进行有组织的抵抗。炮营被联系上,将炮架在蛇山阵地,对准总督衙门,正要开炮,突然下起了雨,炮手看不清目标,无法施放。围攻总督衙门的起义士兵只好强攻。但总督衙门守卫的火力很强,革命军伤亡较重。吴兆麟下令暂停进攻,另派士兵围绕总督衙门,放起三堆火,作为炮兵发炮的目标。蛇山上的炮兵,果然朝着火光方位,连连发炮。炮弹在总督衙门里爆炸,瑞澂被炮声吓坏了,哆嗦着,从部下帮他在后墙根挖出的一个小洞里爬出,逃到停泊在长江江面的军舰上。

统制张彪顽固抵抗了一阵,终于因为革命军越战越勇,只得带着残兵,渡江而逃。

经过一夜的苦战,到11日的清晨,革命军攻下清军总督衙门,武昌全城光复,起义成功!接着,汉阳、汉口也先后被革命军占领。革命军宣布成立中华民国湖北军政府,颁布了《中华民国鄂州约法》。

起义成功后,许多省份纷纷响应,推翻清朝总督衙门,建立了革命的省政府,拥护共和。

革命领袖孙中山还在国外为革命事业奔忙,听到起义成功的消息,又兴奋又激动,立即起程回国,领导革命运动。12月,他回到上海,受到热烈欢迎。在十七个起义省份中,十六个省份的代表,投票推举他为中华民国临时大总统。公元1912年元旦,孙中山到南京就职,发布《临时大总统宣言》,正式宣告中华民国的诞生。2月12日,清帝宣统宣布退位,结束了清朝在全国两百多年的统治,以及延续了两千多年的中国封建专制制度。这场革命发生在公元1911年,农历属辛亥年,因此,被称为辛亥革命。

灭亡中国的《二十一条》

辛亥革命是一场伟大的运动,它开创了中国政治革命的新纪元,但却仍然无法改变中国被压迫的民族命运。辛亥革命后,由于政局动荡、军阀势力日益膨胀。袁世凯很快取代孙中山,成为中华民国大总统。1915年1月18日,大总统袁世凯接到通报:"日本驻华公使日置益来访。"袁世凯不禁一愣。日本趁第一次世界大战爆发期间,英、法、俄等国和德、奥等国在欧洲大打出手、无暇顾及中国的时候,出兵山东,占领了青岛。第一次世界大战结束后,日本不但不退兵,还妄想控制整个山东省。今天这日本驻华公使到这里做什么来了?

容不得袁世凯多想,日置益已经进来了。来者不善,他手一伸,递给了袁世凯几张纸,开口说道:"这是我们大日本天皇对您提出的一点小小的要求。"袁世凯接过粗粗一看,不禁大吃一惊,原来,这是日本政府侵略中国的又一个条约,里面总共二十一条,不但要求中国承认日本继承德国在山东省的一切权益,南满和内蒙古东部的特殊权利也要给日本,中国所有沿海港湾、岛屿概不租借或割让给他国,只有日本才有权割去或租借。最严重的是第五部分,日本要全面控制中国的政治、财政、军事。

看完这些内容,袁世凯出了一身冷汗,这日本简直是要灭亡整个中国啊!他表情严峻,对日置益说:"此条款请与外务部会商。"对方却恶狠狠地提出警告:"袁大总统,这个条约可是秘密的,不能泄露出去,特别是要对美国和英国保密。否则,我们大日本天皇是要采取措施的。"

袁世凯一夜翻来覆去,辗转难眠:不签约吧,日本不答应;签约吧,全国人民都不饶呀,这可怎么办? 第二天一早,袁世凯就召开了紧急会议,订下了同日本谈判

的一个原则,那就是"拖"。他任命有经验的陆徵祥为外交总长,并指示陆徵祥在谈判中逐条商议,务必拖延时间,可不能被日本人牵着鼻子走。

为了贯彻袁世凯的指示,陆徵祥想了很多办法,比如日本提出每天开议,他就提出,因事务非常繁忙,每周只能开一次会,最后使得日方妥协,每周会谈三次。在每次谈判之时,陆徵祥总是故意缩短会议时间,比如每次开会,陆徵祥说完开场白后即命献茶,并尽量拖长喝茶的时间,这与猴急的日本代表形成了鲜明的对比。对此,日本代表无可奈何,因为这毕竟是东方的礼节。就这样,关于《二十一条》的谈判在北京进行了将近三个月。

虽然日本公使不允许泄露条约的内容,全国人民还是很快就知道了条约的内容。日本的强盗行径引发了全国人民的极大愤怒,一时间民怨沸腾,各阶层人民纷纷以各种方式反对签订条约。当时全国十九个省的都督一齐向中央表达支持民意的决心,呼吁中央绝不屈服于日本的压力。各界每天都在几乎所有的报纸杂志上直抒己见,没有一份报纸杂志不积极表现强烈的反日情绪。就连海外的留学生、侨胞等也纷纷奔走呼吁,坚决反对签订《二十一条》。上海十余万市民召开抵制日货大会,日货迅速在中国的主要城市被撤下货架,就连日货专门店也自动抵制日货,提倡国货。

日本见势不妙,主动取消了最凶残的第五号,删除了第四号和第三号的部分内容,有些条文不是"留待日后磋商",就是加进了限制条件,条约实际上成了"十二条"。同时,日本在东北、山东、福建沿海等地增兵,摆出一副谈判失败即开战的架势,并于5月7日发出最后通牒:限中国在四十八小时内除可对第五号条款声明"容日后协商"外,其他条款必须承认日本的要求,否则就要采取必要的手段。

至此,袁世凯再也不敢拖了,1915年5月9日,外交总长陆徵祥等中方谈判代表将《二十一条》的最后修订本交给日本公使日置益。袁世凯签订《二十一条》后,遭到了全国人民的憎恶和唾骂,成为出卖民族利益、投靠帝国主义的大罪人。

新文化运动的兴起

辛亥革命的果实被窃取后,以袁世凯为代表的北洋军阀开始实行专制独裁统治,并在思想文化领域掀起了一股尊孔复古的逆流。为捍卫共和、反对倒退,一批近代民主主义知识分子针锋相对地发起了新文化运动。新文化运动的主要内容是提倡民主,反对专制;提倡科学,反对愚昧;提倡新道德,反对旧道德;提倡新文学,反对旧文学。

1915年9月,陈独秀在上海创办《青年杂志》,标志着新文化运动的兴起。陈独秀出生于1879年的晚清,是安徽怀宁人,字仲甫,独秀是他的笔名。他一直积极投身革命运动,创办杂志,也是为了宣传新文化、新思潮。

《青年杂志》从第二卷起就改名《新青年》,这样一改,名称上更契合杂志内容所倡导的"新",知名度也变得更高。1917年《新青年》编辑部由上海迁到北京。之后,李大钊、胡适、鲁迅等一大批知名学者,纷纷加入《新青年》的阵营,为其撰稿并参与编辑工作。这样,以《新青年》为阵地,一个崭新的文化阵营就在中国出现了。

在《青年杂志》的创刊号上,陈独秀发表了创刊词《敬告青年》。他历数中国社会的黑暗,鲜明地提出了新青年应有的六条标准,即自由的而非奴隶的,进步的而非保守的,进取的而非退隐的,世界的而非锁国的,实利的而非虚文的,科学的而非想象的。他还进一步提出科学与人权"若舟车之有两轮",并举起了科学与民主的旗帜,从此,德先生(democracy)、赛先生(science)的口号响彻神州大地。由于旗帜鲜明、思想活跃、切中时弊,《新青年》很快便得到了广大读者的欢迎。

新文化运动从反对政治专制出发,对思想领域的文化专制发起了猛烈的攻击,对以孔教为代表的封建旧礼教、旧道德批判得尤为激烈,其焦点就是批判三纲五常,

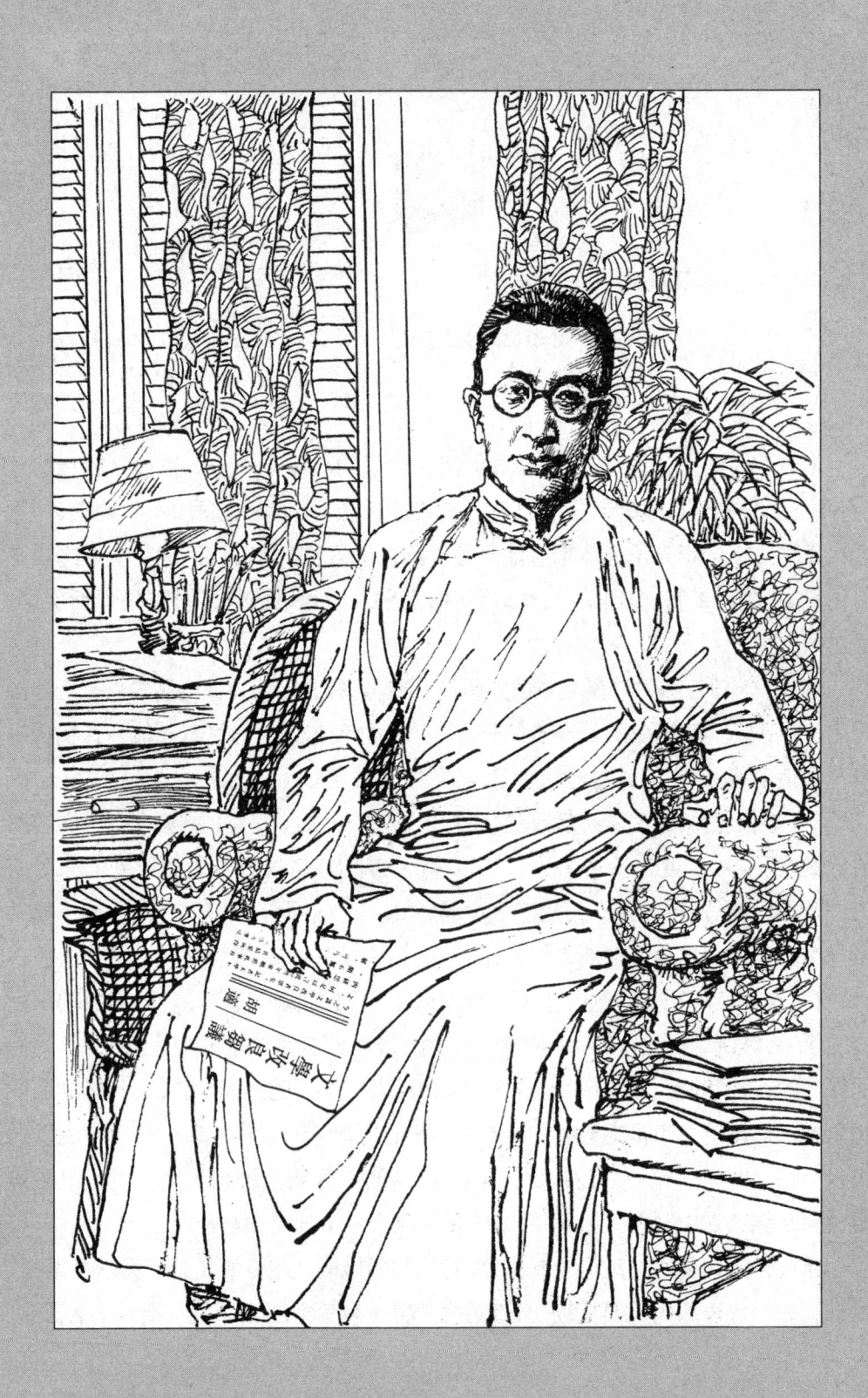
文學改良芻議
胡適

反对尊孔复古等。新文化运动的倡导者明确揭示维护专制制度的孔教与民权、平等的思想是背道而驰的,提出孔子是"历代帝王专制的护符",袁世凯将孔教载入宪法就是为了复辟帝制。在批评旧的封建伦理道德的同时,新文化运动的倡导者还大力提倡资产阶级的新道德,强调个性解放,提出没有个人的独立人格、个人的权利,个人的智慧才能便不能释放出来,社会便不能进步,国家也难以达到民主富强。

新文化运动还提出了"文学革命"的口号,提倡白话文,反对文言文,提倡新文学,反对旧文学。它力图通过文学革命,把宣传封建思想的旧文学,改造为适合传播民主和科学的新文学。1917年1月,在《新青年》上刊登了一篇留美学者胡适所写的文章——《文学改良刍议》。在这篇文章里,胡适提出了不用典、不用陈套语、不讲对仗、不避俗字俗语、须讲求文法之结构、不作无病呻吟、不摹仿古人、须言之有物八条改革文学的主张,提倡以白话文代替文言文。随后,陈独秀也发表了《文学革命论》,明确地举起了文学革命的旗帜。他主张文学不仅要在形式上,而且要在内容上进行一次革命,并提出了文学革命的"三大主义":一是"推倒雕琢的阿谀的贵族文学,建设平易的抒情的国民文学";二是"推倒陈腐的铺张的古典文学,建设新鲜的立诚的写实文学";三要"推倒迂晦的艰涩的山林文学,建设明了的通俗的社会文学"。而在这几个方面,做得最好的便是鲁迅。他在《新青年》上先后发表的《狂人日记》、《孔乙己》和《药》等小说,出色地把反封建的革命内容和白话文的形式结合起来,为新文学树立了真正的典范。

正当新文化运动蓬勃发展的时候,俄国十月社会主义革命胜利的消息传到了中国。中国的先进知识分子热烈欢呼,并从中看到了拯救中国的新希望。于是,他们由向西方学习转向研究和宣传十月革命和马克思列宁主义。在马克思列宁主义的传播过程中,中国产生了第一批以李大钊、陈独秀等为代表的具有初步共产主义思想的知识分子。新文化运动是一次前所未有的思想解放和启蒙运动,为马克思主义在中国的传播开辟了道路。"五四"以后的新文化运动,更是成为宣传马克思主义及各种社会主义流派的思想运动,使旧民主主义的文化运动,转变为由马克思主义理论指导的新民主主义的文化运动。

弃文从理的苏步青

新文化运动宣扬"德先生"、"赛先生",这在当时的中国,尤其在广大知识青年中产生了巨大影响。不少人觉得,要改变中国落后的面貌,进而改变军阀当道的混乱格局,就必须依靠这两位"先生"。当一批人从"民主"出发,开始探寻新的救国之路时,另一批人则朝着"科学"救国的方向勇敢地迈进。著名数学家、有着中国近代数学奠基人之称的苏步青,当时就是这样一位立志通过"数学"来改变国运的人。

说起数学,多数人恐怕会联想到抽象、枯燥的算式;但是,关于数学也流传着各种有趣的传说。有个故事说,古希腊的大数学家阿基米德利用他的几何学知识抵抗侵略者,放了几百面镜子反射阳光,烧了罗马人的战船。可惜的是,这个故事多半不是真的。近日美国有科学家做试验,用几千几百面镜子经过精确的计算拼成反射镜,但是依然没有成功地在太阳底下引燃大火……不过,谁让数学这么难懂呢?普通人只能通过传奇故事才能接近它。

不过也有些人是例外,苏步青就是一个具有数学天赋的人。他被国际上誉为"东方国度上灿烂的数学明星"与"东方第一几何学家"。不仅如此,他还是一位教育家,是中国大学数学教学体系的设计者之一,而且桃李满天下。除此之外,他还是一位诗人。其实,苏步青从小就喜欢古典诗词,许多篇章都能倒背如流。而他之所以会弃文从理,那说起来还和传说中的阿基米德的情怀颇为相似,那就是:为了救亡图存,必须振兴科学。

1902年,苏步青出生在浙江平阳山区的农村。他家是世代种地的农民,父母因为希望他将来能读书做官,光宗耀祖,所以给他取名"步青",意思是"平步青云"。可是,在当时的农村,男孩就是家里的劳动力,所以苏步青才七八岁就不得不上山

放牛、下田种地了。

苏步青眼见和他同龄的孩子每天挎着书包,神气地走进私塾念书,觉得又好奇又眼馋。所以,他常常赶着牛来到私塾门外,偷偷地听着屋里传来朗朗的读书声。时间一久,没有上过学的苏步青竟然也能背出大段的《三字经》、《百家姓》了。他时常把这些偷学来的词句挂在嘴上,这让父亲觉得很惊讶——看来,应该把这个聪明的孩子送到学堂里去!

苏步青上学了,后来还去了平阳县城里的学校。起初,苏步青对数学不怎么感兴趣,因为他感到数学太简单,一学就会。至于作文,由于小时候在私塾"偷听"打下的基础,对于他更不在话下。1915年,苏步青以第一名的成绩考入了浙江省第十中学。作为该校的第一名,他在校四年的学杂费、伙食费被全免了,这可给家境贫寒的苏步青解除了后顾之忧。

接下来的一年里,十中悄然上演着一场围绕苏步青的"争夺大战"。教语文的老秀才认为苏步青作文写得好,评价说"有《左传》笔法"。他对苏步青说,你好好用功,将来可当个文学家。于是苏步青的人生旅途上,树立起了第一座闪光的理想之碑——当个文学家。可是教历史的老举人呢,也对苏步青赞赏备至。历史课上的那些问题,不管记忆的还是理解的,苏步青都回答得头头是道。老举人心想,这不就是他要寻找的高徒吗?于是他毫无保留地把自己珍藏的《资治通鉴》等史书借给苏步青看。皇皇巨著,苏步青并没有视为畏途,他有一个安排,中学四年将其读完,到这一年年末,他已念完二十多卷。毫无疑问,苏步青内心也荡起了涟漪,直到演变为巨浪。在他的人生旅途上,第二座闪光的理想之碑——当个史学家——正悄然树起。

但顷刻之间,选择变得不再那么困难,因为只有一个选项了。所有的事情都因为一个老师。事情发生在1916年,也就是苏步青读中学二年级时,十中来了位数学老师,姓杨名霁朝,刚从日本东京留学归来。虽然同大家一样穿一身白竹布长衫,白皙的脸显得消瘦,但隐约中,杨老师的身上总透出一股与众不同的英气:满腔热血,浑身上下全是激情。第一堂课,杨老师竟然没有讲什么数学题目,而是大讲特讲当时的世界形势:"当今世界,弱肉强食。列强依仗船坚炮利,对我豆剖瓜分,

肆意凌辱。中华民族亡国灭种之危迫在眉睫。"这仿佛是十几年前康有为给光绪皇帝的上书。接下来他的说话更似乌江边项羽的乌骓马在狂嘶："天下兴亡,匹夫有责,在座的每一位都有责任救亡图存!要救国,就要振兴科学,发展实业,就要学好数学。"要知道,"科学救国"、"实业救国"是当时有识之士的共识,是时代的呐喊。同学们的神经早已绷紧,课堂已经成了一个巨大的磁场。这时,杨老师却用一种平静的语气导入正题,说明数学是发展科学技术的基础,讲述科学对国富民强的巨大作用。这真是上课的艺术啊!这堂课使苏步青失眠了,并且终生难忘。

后来,苏步青在回忆中这样写道:"杨老师直截了当地宣传科学救国的道理……我终于向杨老师表示:'我想多学点数学,请多加指教。'"从此之后,"不管是酷暑严冬,还是霜晨晓月,都抓紧时间读书、思考、解题、演算,在数学上取得比较好的成绩。为了证明三角形内角之和等于两个直角这一定理,我采用大同小异的二十种方法,并写成一篇论文,被送到当时浙江省的一个学生作业展览会展出。"中学阶段,苏步青演算的数学题不下于四万道。校史馆里,还珍藏着他的数学作业本。

持续了两年的"争夺战"以数学的胜利而告一段落,这个以前对数学并不感兴趣,觉得数学太简单、一学就懂的少年被数学家之梦紧紧攫住。当个数学家,已经成为苏步青的人生选择了。而杨先生的留日背景,无疑也给苏步青指明了一个方向——到日本去。

后来,学成后的苏步青立即归来报效国家,不到三十岁就成了中国知名的数学家。在一生的学术生涯中,苏步青主要是在微分几何方面取得了屹立于世界之巅的成果。

还有件小事值得一提。苏步青1931年从日本留学回国,当时,清华大学正在招贤,用比浙大高三倍的薪金聘请他,但他没有去,最后还是挑选浙大。当被问及为何做出这样的选择时,苏步青说:"我是温州平阳人,浙江是我的故乡,浙大牌子老,陈建功教授是我的良师益友,出国留学前我们就约定,回国后一起到浙大,共同把浙大数学系办好。"苏步青热爱家乡、言必有信的品格溢于言表。

袁世凯称帝

新文化运动吹起了一股新风,却吹不醒袁世凯逆潮流而动的"帝王梦"。从1913年8月镇压二次革命,到1914年初解散国会,再到年底出台《大总统选举法》,袁世凯把共和国变成"家天下"的野心逐步暴露出来。根据那部《大总统选举法》,总统可以无限制连任,可以不用改选,总统的继任者可由现任总统推荐三名候选人,届时交由现任总统指定的"大总统选举会"选举产生。这就是说,"世袭大总统"在制度上已可通行无阻,所差的只是一个"皇帝"的称号了。

为了早日获得这个"皇帝"称号,袁世凯起用了前清官吏,恢复了封建官场礼仪,还重新参与祭孔、祭天等祭祀活动。他有意模仿昔日帝王的排场,为的就是给复辟帝制制造社会氛围。他甚至不惜出卖国家主权,接受了日本提出的侵夺中国权益的《二十一条》,以换取日本对他称帝的支持。

1915年夏天,袁世凯的称帝运动正式拉开了帷幕。这一回,先由袁世凯的亲信杨度等人,打着"以筹一国之治安"的旗号,发起成立了"筹安会",鼓吹中国必须实行帝制才能长治久安。在袁世凯政府的支持下,帝制运动迅速在全国各地蔓延开来。梁士诒等官员为了向上邀宠,筹集巨款,四处收买拉拢。一时间,"商会请愿团"、"人力车夫请愿团",甚至是"乞丐请愿团"、"花界(妓女)请愿团"等五花八门的请愿团,在京城各个角落冒了出来,纷纷要求变更国体。在此基础上,梁士诒、杨度等人又组成了一个全国性的帝制请愿团体"全国请愿联合会",以示恢复帝制是民意所向。

紧接着,参政院就决定以国民会议初选的当选人为基础,选出国民代表,组成国民代表大会,以决定国体。其实,这还是袁世凯为了当皇帝所使的伎俩,那些所

谓的"国民代表"多是袁世凯的亲信，没有谁真正代表老百姓。

果然，从10月28日起，各省新"当选"的国民代表分别举行大会。在袁世凯势力的操控下，各省很快就向北京发出了"恭戴今大总统袁世凯为中华帝国皇帝"的推戴书。12月11日上午，解决国体总开票紧锣密鼓地举行着。统计结果不言而喻：全国各省的国民代表全票赞成变更国体、实行君主立宪！就这样，"全国国民代表大会总代表代行立法院"一致通过了恭上袁世凯的总推戴书。

当天中午，袁世凯如愿接到了总推戴书，可他却假惺惺地表示，既然国民代表大会全体表决改用君主立宪，他也没有异议，但是推戴他为皇帝，是要他背弃在民国初年拥护共和的誓言，这是不能答应的。于是，下午，参政院再次开会，以总代表名义呈递第二次推戴书。这份推戴书称颂袁世凯有六大"功烈"，并表示现在民意已改，国体已变，民国元首的誓词完全不必顾虑，还请袁世凯称帝。

戏份既然做足，袁世凯便不再推让。12月12日，袁世凯宣布接受推戴，并强调自己是出于爱国之心，顺应亿万人民的"民意"，为了"救国救民"，只好当皇帝了。第二天，这位"无可奈何"才登基的新皇帝，就迫不及待地在中南海居仁堂接受了文武百官的朝贺。此后，他大封朝臣，下令设立登极大典筹备处，忙得不亦乐乎。年底，袁世凯正式下令改民国五年为洪宪元年，改总统府为新华宫。从1916年元旦起就是洪宪元年，袁世凯也成了洪宪帝。

正当袁世凯鬼迷心窍地做着皇帝梦时，他的倒行逆施也激起了进步人士和革命党人的坚决抵制。梁启超发表《异哉所谓国体问题者》等文章，明确反对袁世凯称帝，在海内外引起广泛影响。以孙中山为首的革命党人组建中华革命党，发动了驻沪海军"肇和"舰起义等，积极开展反袁武装斗争。蔡锷逃离北京，抵达云南，促成云南独立，发动讨袁护国战争；更是震动全国。在护国军英勇斗争的鼓舞下，贵州、广西先后宣告独立，各地反帝制呼声日益高涨。

与此同时，北洋集团内部的矛盾也进一步加剧。当时，段祺瑞、冯国璋、王士珍三人号称"北洋三杰"，除了王士珍，其余两人都对帝制持不满和消极抵制的态度，这极大地影响了其他北洋将领。而曾许诺对袁世凯称帝不加干涉的日、英等国，也因局势变化，开始在外交上对袁世凯施压，催他退位。

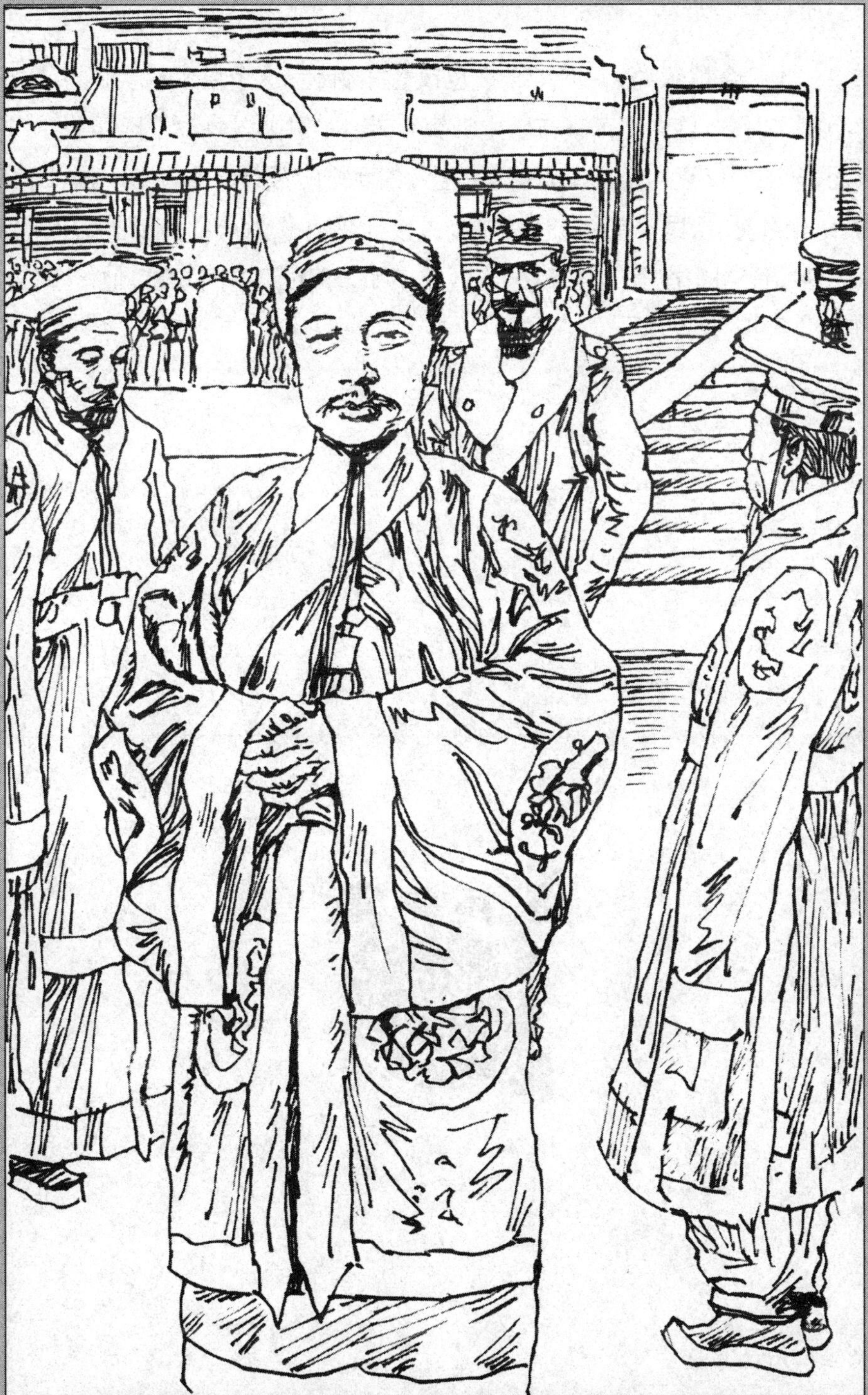

内外交困,众叛亲离,袁世凯怎么也没想到,自己这个皇帝只当了八十三天,就不得不在3月23日向全国宣布废止洪宪年号,恢复中华民国纪年了。

然而,全国的反袁斗争并没有就此停止,各地纷纷竖起义旗,广东、浙江、陕西、四川、湖南相继独立,民意要求袁世凯下台,接受惩办。由天堂一下子跌入地狱的袁世凯无法接受如此打击,精神与身体迅速崩溃,1916年6月6日,他终于在全国人民的唾骂声中死去。

张勋复辟

就在袁世凯称帝闹剧落下帷幕后的一年，京城又上演了一场复辟大戏。这回扮演主角的，是一位在民国年间堪称"另类"的军阀——张勋。

张勋在清末官拜江南提督，因感激圣恩，表示自己只效忠清王朝。民国建立已经好几年了，他的脑后还拖着一根辫子，而他手下的官兵也都留着辫子，人称"辫子军"。1917年6月7日，张勋率领辫子军四千三百多人，浩浩荡荡，从徐州乘火车北上。此行，他是瞅准了北京政府的政局危机，有意实施复辟清王朝的阴谋。

原来，袁世凯死后，黎元洪继任大总统，段祺瑞任总理，军人干政的趋势愈演愈烈。这时的世界时局也很混乱，第一次世界大战正在以英美法为首的协约国和以德国为首的同盟国之间展开。于是，围绕中国是否参加协约国、对德宣战一事，国务院与总统、国会之间发生了激烈的政治冲突。为了通过对德宣战案，段祺瑞怂恿各省督军赴京施压，甚至纠集市井流氓无赖，殴打众议院议员，后又鼓噪着要求解散国会。黎元洪忍无可忍，撤了段祺瑞国务总理兼陆军总长的职务。这下可点燃了火药桶，北洋系的督军纷纷宣告独立，与黎元洪对抗。情急之中，黎元洪决定任命李鸿章之侄李经羲为总理，但李经羲不敢贸然进京，希望得到原淮军将领张勋的保护。在这种情况下，张勋就戴着调停者的假面具出场了。

6月8日，张勋一行抵达天津，他命部队继续向北京进发，自己却滞留天津。黎元洪派人去请，张勋直言不讳地提出："限两日之内解散国会，否则就要返回徐州。"黎元洪心呼上当，可迫于形势，只得颁布解散国会的命令。

一周后，张勋与李经羲一同进京。起初，张勋有意先扶持李经羲组阁，待局面可控后再复辟清室。然而，各省督军把中央政府视为北洋系的禁脔，群起反对李经

羲组阁,强烈主张段祺瑞复职。见此情形,张勋不得不加快复辟的步伐。6月16日,张勋到紫禁城拜见了退位的末代皇帝溥仪,并与前清遗老密谋复辟。不久,一直主张复辟的康有为也来到北京,与张勋等人共同商议复辟计划。

7月1日凌晨,张勋、康有为率众人入宫,行跪拜大礼,恭请溥仪复位。于是,十二岁的溥仪下诏宣布"临朝听政,收回大权,与民更始",并大封复辟功臣,授张勋为内阁议政大臣兼直隶总督兼北洋大臣。复辟成功,张勋得意地派人要黎元洪向清室奉还大政,同时通电各省,指责民国成立后的种种不是,要各地顺应复辟。

谁知,黎元洪严词拒绝了张勋的还政要求,同时连发数电,望各方迅速出师,恢复共和。第二天,他还躲进日本使馆避难,并电请冯国璋代行大总统之职。孙中山、章炳麟、唐绍仪、程璧光闻讯,在上海联名发出讨逆宣言。梁启超、岑春煊等人也纷纷通电讨逆。随后,全国各地便掀起了愤怒声讨复辟的舆论大潮。

段祺瑞当时在天津,虽然被罢了官,但他一直伺机复出。果然,在张勋复辟的第二天,他就得到了黎元洪任命他为总理、要他兴兵讨逆的命令。他连忙与徐世昌、梁启超等商量。随后,派人到直隶与南京联络各地的反复辟势力,并得到了李长泰、冯玉祥、冯国璋、曹锟等将领的积极响应。于是,段祺瑞成立了讨逆军总司令部,自任总司令,7月3日清晨,在马厂誓师讨逆。加上此前此后声讨复辟的各省督军,此时的反复辟阵容,真是蔚为可观。

7月5日凌晨,讨逆战斗打响了。辫子军不堪一击,才两天工夫,讨逆军就包围了北京城。张勋见墙倒众人推,愤愤然发电揭露真相,指出复辟一事原先都得到过各督军的认可或默许。但事到如今,谁还会来听他的辩解?见大势已去,张勋又通过公使团向讨逆军开出停战的条件。双方没能谈拢。12日拂晓,讨逆军从东、西、中三路同时向北京城发起进攻。中午时分,讨逆军的炮弹落到了张勋住宅,张勋仓皇逃往荷兰使馆避难。下午3点30分,辫子军就全部投降了。

张勋一手导演的复辟闹剧,仅仅经过十二天就以失败而告终。

338

五四运动

张勋复辟失败后，中国的政局依然被军阀把持着，并没有出现令人满意的转机。而此时的国际局势，却又发生了重大变化。1918年，第一次世界大战以协约国的胜利告终，为了解决利益分割等问题，战胜国决定在巴黎的凡尔赛召开和会。

1919年的这场巴黎和会，牵动着中国人民的心。因为，最终决定加入协约国阵营的中国，如今已是战胜国。中国人民期待着收回被德国强占的中国领土和利益，期待着大战期间在日本胁迫下签订的不平等条约，以及日本取代德国侵占的中国领土与利益，这些在战后都能得到合理的解决。然而，弱国无外交。美、英、法三国巨头，无视中国的正当利益，将德国以前在山东强占的各项权利转交给了日本。

5月1日和3日，从巴黎传来的消息震惊国人。新闻报道说，和会即将拒绝中国关于公正解决山东问题的要求，中国外交受挫是因为"卖国贼"的妥协退让。形势危急！

于是，5月3日晚上，北京大学和北京中等以上学校的学生代表，在北京大学法科大礼堂开会。会场上，同学们群情激昂，决意奋起反抗。法律系学生谢绍敏甚至当众咬破中指，撕下衣襟，写下"还我青岛"的血书，使会场气氛更显悲壮。经过讨论，大家决定号召北京大专院校所有学生，第二天在天安门前集会，举行示威游行，让全世界都看到"强权绝对不是公理"。

5月4日正是星期天，包括北大在内的十三所大专院校的学生代表，先后来到法政学校，准备游行。下午1点30分左右，三千多名学生来到天安门前，进行集会演讲。大家手执标语、旗帜，上写"取消二十一条"、"还我青岛"、"保我主权"、"打倒卖国贼"、"诛卖国贼曹汝霖、陆宗舆、章宗祥"等口号，一致要求惩办曹、陆、章三人。

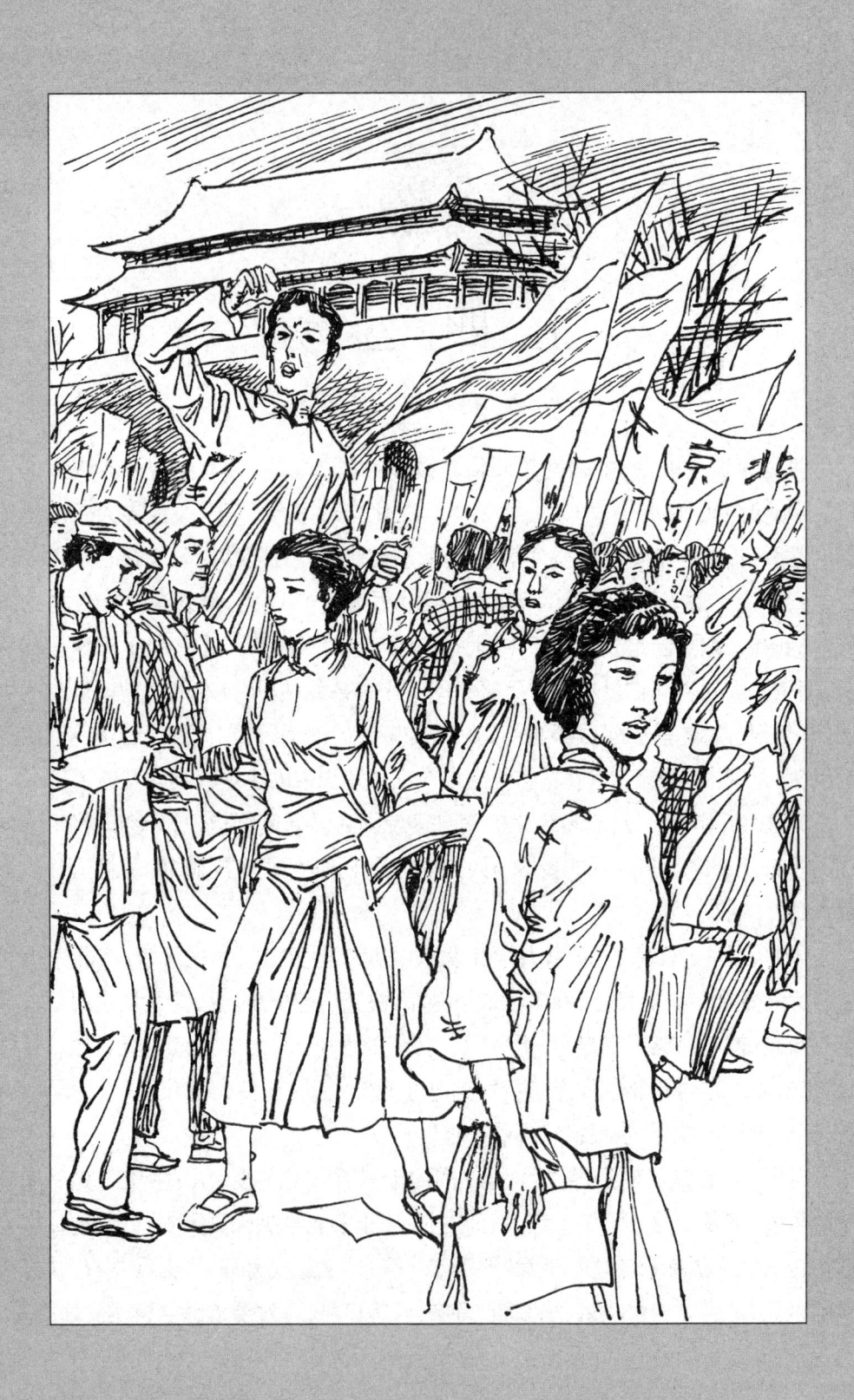
北京

原来，曹汝霖是当时的交通总长，在交涉《二十一条》时任外交次长；陆宗舆是币制局总裁，在交涉《二十一条》时任驻日公使；而章宗祥则是现任的驻日公使。这三人被认定为亲日派代表，同学们觉得，他们负有出卖国家利益的重大罪责。

集会演讲结束后，大家又列队游行，经过中华门，来到棋盘街，打算赴东交民巷向各国驻华使馆请愿。一路上，同学们向街边的百姓散发着《北京学界全体宣言》等传单，呼吁社会各界"一律起来，设法开国民大会，外争主权，内除国贼"，并称"中国存亡，就在此举了"！大家高呼口号，热血沸腾，只听一位女生高喊："中国的土地可以征服，不可以断送！中国的人民可以杀戮，不可以低头！"感动得路人肃然而立，甚至潸然泪下。

终于，游行队伍来到了东交民巷西口，却遭到使馆巡捕的阻拦。义愤填膺的学生们正不知如何是好，突然有人叫了一声："去找曹汝霖问罪！""对，问他为什么与日本签订秘密协定！"

这真是一呼百应，大队学生很快退出了东交民巷，转而向北行进，沿户部街、东长安街，到东单牌楼和石大人胡同，直奔赵家楼而来。

曹汝霖的住宅就在赵家楼2号。此时，他正在家中。听说游行队伍来了，他的头一下子涨了起来。赶忙下令大门紧闭，指示驻守的警察和宪兵，对同学们的任何要求拒不回应！

示威的人群愤怒了！大家向曹宅扔掷石块，想把曹汝霖逼出来。最后，五名身强体健的学生爬上墙头，跳入曹宅，从里面打开了前门，大批学生蜂拥而入。

曹汝霖见势不妙，匆忙藏进了一间箱子间，这才没被发现。而当时住在曹宅的章宗祥则慌不择路，躲到了地下锅炉室，被同学们抓住，一顿痛打。章宗祥叫苦不迭，不得不躺在地上装死了事。同学们仍不解恨，于是"乒乒乓乓"地捣毁曹宅器具，放火点燃了房子。警察随后赶到，逮捕了尚未离去的三十二名学生。然而，局势已经无法控制，大规模的学生示威游行，再加上赵家楼的那把火，立时轰动了全京城。

第二天，北京专科以上学校学生实行总罢课。各地学生闻讯也相继行动，使这场爱国运动迅速席卷全国。5月7日，北京政府无奈地释放了那三十二名学生。可

到了 18 日，社会上又风传政府将委派新的教育总长，加强对各教育团体的管束，进而引发北京各大专学校学生第二天再次总罢课。

日本方面也感到了学生运动的影响，胁迫北京政府采取强硬措施。于是，政府在 6 月 1 日下令取缔学生的一切爱国行动，接着便开始大规模地逮捕爱国学生。监狱人满为患，北大理科校舍被用作第二临时监狱，文科校舍也被军队包围。消息传到上海，6 月 5 日上海开始罢市，进而激发工人的罢工斗争。五四运动的中心由此从北京转移到上海，学生爱国运动也变成各阶层广泛参与的群众性爱国运动。罢市、罢工迅速蔓延到其他城市，天津决定罢市的消息进一步震动了京城。

迫于强大的社会压力，6 月 7 日北京政府宣布释放被捕学生，并于 6 月 10 日罢免了曹汝霖、陆宗舆、章宗祥三人的职务。在五四运动的作用下，北京政府最终拒绝在巴黎和约上签字。五四爱国运动取得了初步的胜利。

抵制日货运动

五四爱国运动也引发了中国国内轰轰烈烈的抵制日货运动。1915年,中国政府接受了日本提出的《二十一条》。这份国耻,引发了全国各地反日及抵制日货的行动。但作为京师重地的北京,因警政严苛,虽也有抵制日货的暗流涌动,却只是星火闪烁。直至四年之后的1919年,五四运动爆发,这点点星火才形成了燎原之势。

在1919年5月5日北大法科召开的各校学生全体联合大会上,朝阳学院率先提议抵制日货;5月7日,北京高师学生会评议部召开会议,建议成立北京各界抵制日货联合委员会,宣传抵制日货,即"不买日本货、不用日本货、不卖日本货";5月9日,清华大学学生在体育馆举行"国耻纪念会",并在大操场上焚烧了校内的日货;5月13日,北大学生将该校学生消费社储存的日货集中于文科大操场进行焚毁,并印刷数千字的宣言书,当众宣讲。其后,北京的各大私立大学和高等专科学校都纷纷响应这一运动。

此时的中国城乡,日货充斥,日货成了日本侵略中国的象征。中国人民在缺乏其他有效抗争手段的情况下,抵制日货便成为自然而然的选择,成为最广泛的斗争方式。继北京之后,抵制日货运动很快在全国的许多城市和乡村蔓延,全国各界万众一心,采取了行动:日货店无人问津,商贩收起了原本畅销的日制日用品,小工车夫不肯为日本人做工,连花界女子也投入了抵制日货的运动。

焚烧日货只能宣泄一时,若要长久有效地抵制,则需要获得商家的真诚支持。运动开始,学生们就派代表与商界接洽,商界的态度也是积极支持,提出如下主张:请各行速开会议,宣示各商号,一律停运日货,私运者议罚;不用日本银行钞票;不

读日本报纸，不登日报广告。同时公决两种抵制日货的办法：一是调查，凡日货的名称、牌号、样式，调查清楚后便不再贩卖；二是陈列，即将日货聚集于一处陈列，使人一望而知，不再购买。

商会的决议得到了绝大多数商民的配合与支持，虽然东洋货价连日跌落，商人们却不为利诱，抵制如故。而对于那些固守私利、阳奉阴违、不愿抵制日货的商家，大学生们在劝诫无果的情况下，还上演了"跪哭团"这样充满悲情的一幕，希望借跪劝的方式唤醒这些商人麻木的心灵。

提倡国货与抵制日货是相伴而生的。早在5月7日，北京高师提议抵制日货时，就同时决定动员中学生制作一些家常日用品以代替日货，送往商店销售。5月24日，北京学界、商界联合在北大开国货维持会，分文书、调查、贩卖三组，并拟设国货陈列所，以便向国人宣传推介国货。清华大学则组织救国实业团，贩卖销售国货。上海、天津等大中城市，也有国货维持会组织，在抵制日货的同时，提倡国货，并通过演讲来阐明提倡国货、振兴民族工业的迫切性及其对民族复兴的意义。当时的反动警署，是严控街头有关抵日、抗日言论的，但对于提倡国货的演讲，他们没有惩戒的依据，只能听之任之。

在抵制日货、提倡国货的运动中，更为积极的还是国货商。他们不失时机地利用高涨的爱国热情大力宣传自己的产品，在商标、广告设计上煞费苦心地突出"国货"概念，大打国货牌，获利丰厚。这也在一定程度上扶持了中国近代民族工业走出贫弱的境地。

抵制洋货，是近代中国人民表达爱国热情的常用方式，其中尤以抵制日货最为频繁、激烈。自1908年因日本商船武装走私军火而引发第一次抵制日货运动以后，抵制日货便逐渐成为中国社会反抗日本侵略的常态。"大家抵制日本，中国或可望不亡也。"这句抵制日货运动中的口号，是中国人民在那个积贫积弱、备受侵凌的境地中无奈的抵抗。它所关注的，不是抵制的实际效果，而是在国难当头时国民的一种志气、一种抵抗的姿态和决心，是保住国家和民族的一线生机。

中国共产党成立

五四运动后,中国新民主主义革命开始了!这时,中国知识分子较普遍地破除了对帝国主义的迷梦,共产主义思潮被越来越多的人所接受。"走俄国人的路"渐成时代潮流。陈独秀、李大钊就是这方面的典型代表。

因为五四时期在北京散发《北京市民宣言》,陈独秀遭到逮捕,出狱后他一度南下上海,后又到武汉演讲宣扬社会主义。北京政府对此十分恐慌,有意对他再加迫害。1920年2月中旬,李大钊护送陈独秀,两人化装成下乡讨账的商人,坐骡车离京前往天津。就在这一路上,两人兴致高昂地谈到了建党问题,觉得应该把分散在全国的共产主义力量集中起来。

陈独秀在天津住了一段时间后,又来到上海。上海在当时不仅是中国工人阶级最密集的中心城市,也是马克思主义研究与传播的学术重镇。来到这里的陈独秀如鱼得水,不但积极运用马克思主义指导工人运动实践,还参与校译了陈望道翻译的《共产党宣言》。这时,共产国际派到中国的代表维经斯基(吴廷康),也在李大钊的引见下,南下上海来见陈独秀,又一次和他谈起了建党之事。陈独秀非常激动,因为他觉得时机已经成熟了。6月的一天,李汉俊、俞秀松、施存统、陈公培几个来到位于环龙路老渔阳里(后改称铭德里)2号陈独秀的寓所,陈独秀正在家里等着他们。五个人坐下,陈独秀立即把建党的事提了出来。大家都说好,只是党名该叫什么,谁都拿不定主意,只能初步定名为社会共产党。后来,陈独秀把这件事写信告诉了李大钊,经过商议,最后定名为"共产党"。中国共产党上海发起组就此成立了!

中共上海发起组成立后,积极推动各地党组织的建设,还起草了《中国共产党

宣言》。1921年6月3日，共产国际执会代表马林来到上海，他是来接替维经斯基的工作的。而共产国际远东书记处的尼柯尔斯基，也同期到达。马林在了解了上海发起组所做的工作后，就建议大家尽快召开党的全国代表大会。因为陈独秀已于半年前赴广州办教育，当时在上海主事的李达、李汉俊在和陈独秀、李大钊联系后，给各地的共产党早期组织写信，请各处派两名代表来上海，出席中国共产党第一次全国代表大会。

等各地党组织代表全部在上海聚齐，中共"一大"最终确定在7月23日召开。出于安全考虑，"一大"会场就设在望志路106号（今兴业路76号）的李公馆，那里是李汉俊和他哥哥的家。参加"一大"的有上海代表李达、李汉俊，北京代表张国焘、刘仁静，武汉代表董必武、陈潭秋，长沙代表毛泽东、何叔衡，济南代表王尽美、邓恩铭，广州代表陈公博，留日学生代表周佛海以及陈独秀指派的代表包惠僧。这十三个人，代表着全国五十多名早期党员。大会由张国焘主持，毛泽东、周佛海任记录，李汉俊、刘仁静任翻译。

23日晚上，中共"一大"开幕，马林、尼科尔斯基分别发表了热情的致词，代表共产国际祝贺中国共产党成立。随后，代表们具体讨论了会议的任务和议程。次日召开第二次会议，各地代表交流汇报了本地党的早期组织的活动情况。接着休会两天，推举李达、张国焘、董必武负责起草中共的纲领和工作决议。在随后的三天里，与会代表则对纲领和工作决议草案展开了热烈的讨论。

一切进展顺利，可是到了7月30日，竟出现了变故。这天晚上8点多，除了周佛海因病未到，其他代表都如约来到李公馆继续开会。突然，一名陌生中年男子闯入会场，借口"找社联的王主席"，扫了大家一眼后，又匆匆离去。代表们不由得警觉起来，马林建议立即停止会议，并要求大家迅速撤离。大家纷纷起身，只有陈公博执意留下陪伴李汉俊。十几分钟后，法租界巡捕和侦探包围了李公馆，楼上楼下搜查了两个小时。幸亏李汉俊应对从容，党纲草案又被涂改得很潦草，才未引起巡捕的注意，化险为夷。

而此时，脱险的其他代表正聚在李达家，商量下一步的安排。见大家都愁眉不展，李达夫人王会悟提出，不如到她家乡浙江嘉兴的南湖继续开会。大家认为这倒

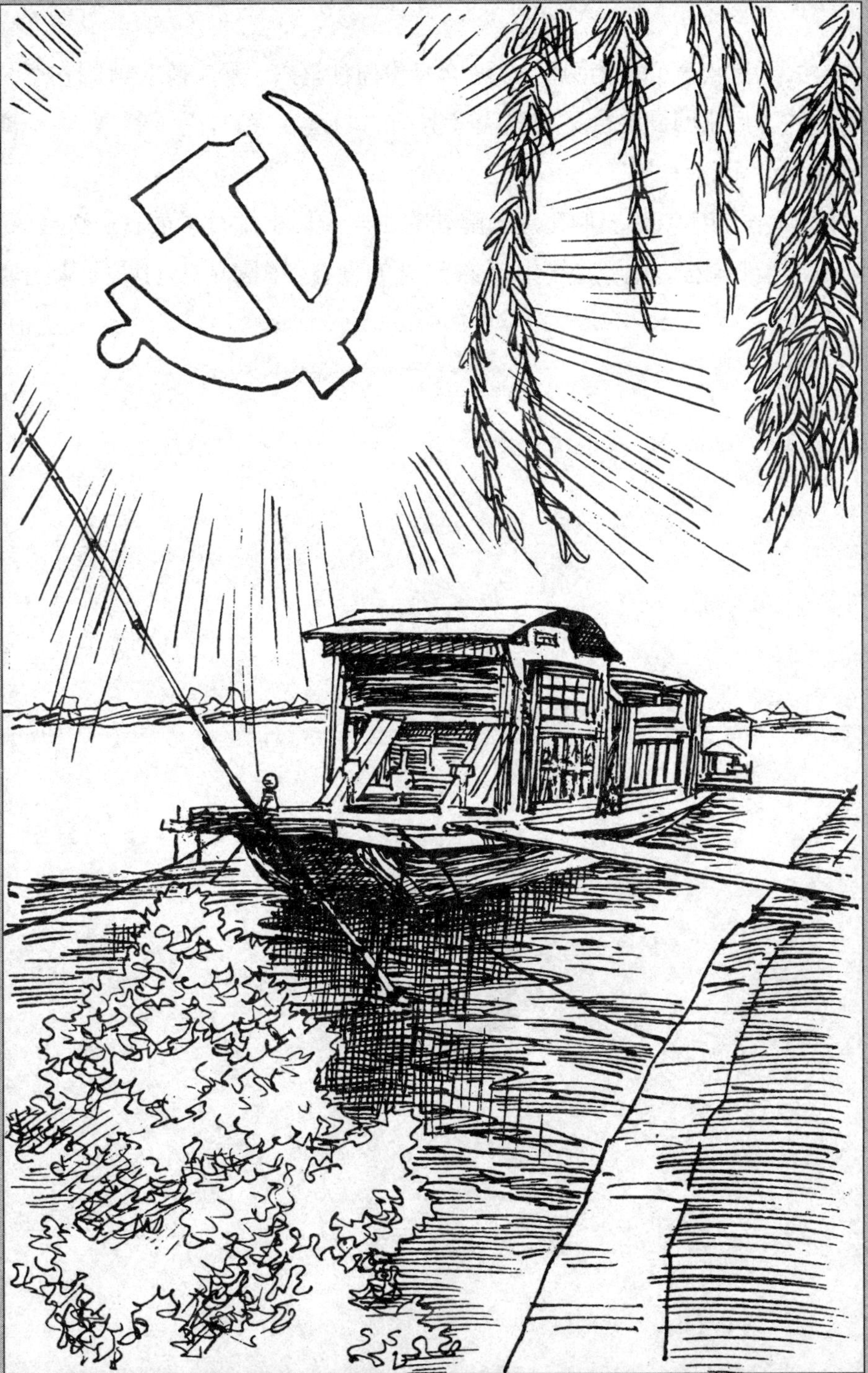

是个好办法,于是代表们分为两批,以游客身份前往嘉兴。只有陈公博因在李公馆受到巡捕盘查,后来回到旅社又遭遇隔壁房间的凶杀案,精神受了刺激,匆匆离开上海,没能与会。

  7月底(或者8月初),代表们在嘉兴南湖的一艘游船上举行了最后一次会议,完成了大会的全部议程,由此宣告中国共产党的诞生,中国革命的面目从此焕然一新!

京汉铁路工人大罢工

中国共产党成立后,开始集中力量领导和发展工人运动。1921年8月,中国劳动组合书记部在上海成立,作为党领导工人运动的全国性机构。随后,书记部便在各地积极组织工会,参与领导工人罢工运动等,推动了第一次中国工人运动高潮的兴起,给反动统治阶级和帝国主义势力以沉重打击。

1923年2月1日,京汉铁路沿线十六个工会分会,在河南郑州召开京汉铁路总工会成立大会。直系军阀吴佩孚感到了严重的威胁和不安。面对日益高涨的中国工人运动,吴佩孚撕下了"保护劳工"的假面具,下令禁止召开京汉铁路总工会成立大会,并对郑州实行全城戒严。2月1日清晨,郑州紧急戒严,军警荷枪实弹,沿街排列,如临大敌。大会代表和工人不顾一切,勇敢地冲破军警防线,拥入会场,宣布京汉铁路总工会成立。反动军警见工人如此不畏警戒,随即捣毁会场,强行解散会议。他们还包围和搜查与会代表的寓所,限制代表们的行动自由。面对军警这般蛮横的行径,总工会当晚就决定于2月4日举行全路同盟总罢工,号召全路工人"为自由而战,为人权而战,只有前进,决无后退"!

2月4日,京汉铁路全线工人大罢工开始了。三万余工人一致行动,不到三个小时,全路客车、货车、军车一律停驶,长达一千多公里的京汉铁路线顿时瘫痪,"铁路"变成了一条"死路"。当天,中国共产党领导的中国劳动组合书记部通电全国各工会,号召支援京汉铁路工人的罢工斗争。5日至6日,湖北省工团联合会的二十多个工会组织,参加了声援罢工的斗争。6日,正太、道清、津浦南段的铁路工人也宣布罢工;北京的一些进步团体,也组织了铁路工人后援会,全力支持京汉铁路工人的罢工斗争。

这场声势浩大的大罢工从政治上、经济上沉重打击了帝国主义和反动军阀。束手无措的吴佩孚在帝国主义势力的怂恿和支持下，终于举起了凶残的屠刀。

2月7日一早，反动军阀就在长辛店、汉口江岸、郑州等地同时开始了血腥的镇压行动，造成了震惊中外的"二七惨案"。湖北督军肖耀南派军队包围了江岸工会分会，当场打死三十余人、打伤两百多人，并逮捕了六十余人。京汉铁路总工会江岸分会委员长、共产党员林祥谦被捕后，被敌人绑在车站的电线杆上。敌人强迫他下复工令，林祥谦严词拒绝。敌人恶狠狠地命令刽子手举刀砍向林祥谦的左肩，并喝问："上不上工？"林祥谦忍痛高呼："上工是要总工会下令的，我的头可断，血可流，工是不上的。"屠刀又砍向林祥谦的右肩，他顿时血流如注，昏死过去。醒来后，他的耳畔再次响起敌人恶狠狠的问话："现在怎么样？"林祥谦拼尽最后的力气怒斥敌人："现在还有什么话可说？可怜一个好好的中国，就断送在你们这班军阀手里了！"敌人气急败坏，将林祥谦残忍杀害。

在林祥谦遇害的同时，京汉铁路总工会和湖北省工团联合会的法律顾问施洋，也遭到逮捕。他在狱中坚持斗争，毫不屈服。临刑前，执法官问他有没有遗嘱留给家庭。施洋坚定地说："中国就是我的家，只希望中国的劳动者早点起来，把军阀、官僚资本家和你们这班替他们做走狗的人，一起食肉寝皮！"面对这样的回答，敌人凶残地举起了黑洞洞的枪口，施洋却大义凛然地说："你们杀了一个施洋，还有千百个施洋！"共产党员视死如归的精神和对共产主义的坚定信念展现得淋漓尽致。终于，枪声响了，身中两弹后，施洋仍然勉力支撑，口中高呼"劳工万岁"、"劳动阶级解放事业胜利万岁"、"中国共产党万岁"，然后，他倒下了。

震惊世界的京汉铁路工人大罢工是中国共产党领导的第一次工人运动高潮的顶点。它进一步显示了中国工人阶级的团结和战斗力量，扩大了中国共产党在全国人民中的影响，在中国工人运动史上写下了光辉的一页。罢工虽然失败了，但是工人的生命和鲜血进一步唤醒了中国人民，使他们更加清楚地认识到帝国主义和封建军阀是中国人民的敌人，必须与他们斗争到底。

342

瞿秋白与《国际歌》的传播

共产党人不仅重视联合工人发起革命,也很注重在文艺领域开拓阵营。不少共产党领袖本身就是杰出的文化人。"人生得一知己足矣,斯世当以同怀视之。"这是鲁迅先生亲笔题写的一副对联。要问在这一饱含深情的文字中,鲁迅先生所说的"知己",究竟是谁?这便是中国革命和现代文学事业的奠基人之一——瞿秋白。

二十世纪二十年代末,不到三十岁的瞿秋白,逐渐成为继陈独秀之后的中共第二任最高领导人。1927年8月7日,中国共产党在汉口召开了紧急会议,这就是历史上有名的"八七会议"。接着,在以瞿秋白为核心的中共领导下,"南昌起义"、"广州起义",以及"秋收起义"先后发起,伴随着一声声"轰隆隆"的炮响,"枪杆子里面逐渐出了政权"。

就在瞿秋白的"革命救亡事业"获得巨大成功的五年前,还发生了一件事,为瞿秋白的"革命文艺事业"增添了不少光彩。1923年6月,在《新青年》季刊的创刊号上,刊登了由瞿秋白重新翻译的中文版《国际歌》的歌词。从那以后,这首被称为"全世界无产阶级的战歌"的《国际歌》,真正在中国的革命热土上流传开来。这对革命思想的传播、革命精神的弘扬,起了很大作用。

《国际歌》原是法国巴黎公社诗人欧仁·鲍狄埃在1871年写成的一组诗篇,1888年,法国工人作曲家狄盖特为这些诗谱写了雄壮的乐曲。从此,这首无产阶级的不朽战歌就开始在全世界各地流传。早在1920年,这首源自法国的《国际歌》就被翻译成中文,传到了中国。但是,这些早期翻译的歌词唱起来实在太不顺口了,许多读书不多的工人和农民很难理解它"文绉绉"的意思,因此一直传唱不广。就在这一年,瞿秋白前往苏联考察的过程中,第一次听到了那里万人合唱《国际歌》的情形。那些

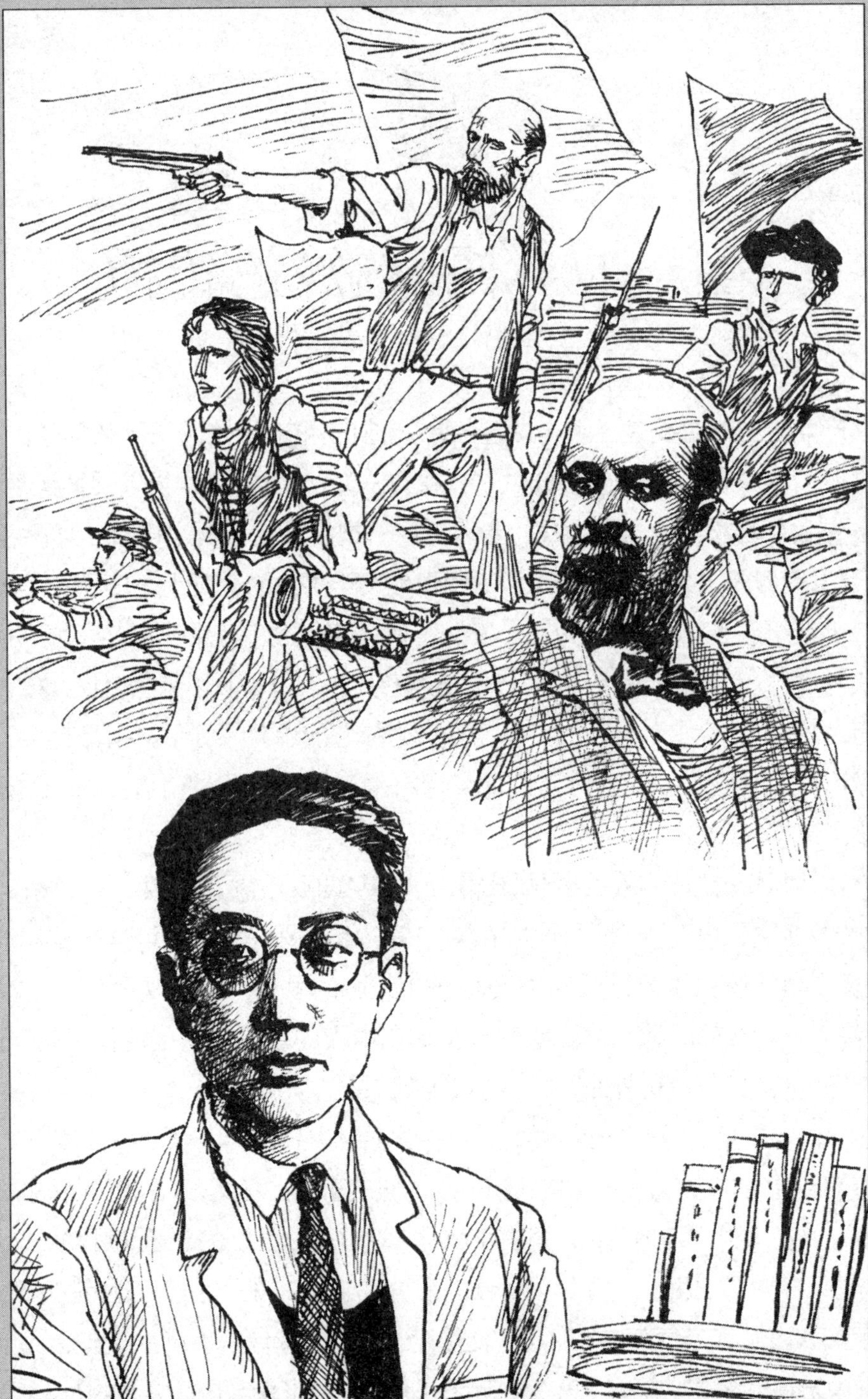

热爱和平的人们,脸上洋溢着热情而坚定的神情,豪迈而嘹亮地激情歌唱。瞿秋白被这样一种感人至深的场面深深地震撼了,也被这首充满革命豪情的歌曲深深地感染了。他的内心久久不能平静。回国之后,瞿秋白暗暗下定决心,一定要把《国际歌》重新翻译成朗朗上口的中文,让中国的热血同胞也能齐声高歌!

1923年,在繁忙的革命工作之余,瞿秋白终于开始静下心来翻译《国际歌》了。为了克服之前的译者所犯的"文绉绉"的毛病,让中国最普通的老百姓也能像苏联人民一样高唱这首革命战歌,瞿秋白一次又一次细致地对照原文,精心地打磨文字,还用一架小风琴伴奏,一边弹着旋律,一边轻轻地哼唱,终于把几大段歌词翻译成了让人一看就懂,唱起来也朗朗上口的白话文。

可是,就在快要大功告成的时候,瞿秋白却被一个突如其来的难题给困住了——究竟该如何翻译法文版的"国际"一词呢?原来,在法文中,"国际"(internationale)这个词有五个音节,但翻成中文的"国际"后却只有两个音节。这就给传唱带来了很大的困难,五个音节缩短为两个音节,不论把哪个音节唱长音,听起来都觉得十分别扭。这可怎么办呢?瞿秋白一边在书房静静地踱着步,一边闭上眼睛轻轻哼着曲,不一会儿,耳畔竟然回响起当年在苏联第一次听到万人合唱《国际歌》时的声音,脑海中也忆起了那波澜壮阔的奇景。一瞬间,灵感闪现,瞿秋白睁开了双眼,何不音译这个词呢?他激动地拿起笔,在洁白的纸上写下了"英德纳雄纳尔"这五个大字(后来又为其他译者改成"英特纳雄耐尔"),仿佛记下的不是音译之后的"国际"一词,而是找到了寻觅已久的革命曙光。

很快,这个译文便得到了认可。就在新版《国际歌》歌词见刊的当年,中国共产党第三次全国代表大会上,所有代表就高唱起了"英德纳雄纳尔,就一定要实现"!此后,全国各地的先进工人、农民或学生,也把这首雄浑朴实的歌曲,作为引领方向的精神灯塔,向着革命胜利的方向前行。

然而,瞿秋白并没有等到革命胜利的那一天。1935年他在江西进行革命活动时,不幸被国民党反动派逮捕。1935年6月18日清晨,瞿秋白从容不迫地走向了刑场。在生命的最后时刻,他又唱起了那首震撼心灵的《国际歌》:"……英德纳雄纳尔,就一定要实现!"

第一次国共合作的形成

京汉铁路大罢工遭到了直系军阀吴佩孚的血腥镇压,造成了震惊中外的"二七惨案"。中国工人阶级由此进一步认识到,没有强有力的同盟者,要战胜强大的敌人是不可能的,要实现"英德纳雄纳尔",就必须联合一切革命阶级、阶层,组成广泛的统一战线。

孙中山领导的国民党,是中国资产阶级民主派的主要代表。共产党要建立反帝反封建的革命统一战线,首先要同孙中山领导的国民党实行合作。1921年12月,共产国际代表马林在广西桂林访问孙中山,同孙中山进行了多次的接触和长谈。在会见中,马林向孙中山提出建设革命党、建立革命军队和办军校的建议,孙中山对此显示出很大的兴趣,表示"愿意在国民党内进行共产主义宣传"。马林返回上海后,就向中共领导人提出"改变对国民党的排斥态度,并在国民党内部开展工作"。马林认为,国民党是一个多阶级联盟的革命政党,在南方有着广泛的政治基础,共产党应与其联合,共同进行斗争。马林还为此向国共两党提出了联合的建议。孙中山方面表示,愿意联合共产党,但由于国民党是一个大党,共产党员必须加入国民党,实行党内联合。而共产党内的大多数同志则表示,同意支持孙中山,但反对加入国民党。

1922年7月召开的中国共产党第二次全国代表大会专门对国共合作进行了讨论,决定与全国的革命党派实行党外联合的方法。共产国际代表马林倡议实行"党内合作",即共产党员、青年团员加入国民党,把国民党改造成为各革命阶级的联盟。这个倡议得到了共产国际的赞同。

1922年8月中共中央在杭州西湖召开特别会议,继续讨论与国民党合作的问

题。会上马林传达了共产国际的指示,强调共产党员加入国民党是实现国共联合战线的唯一可行的步骤。李大钊同意马林的意见,张国焘则持反对的态度。陈独秀也反对马林的主张,但表示如果这是共产国际不容更改的决定,则应当服从。会议辩论了两天,经过讨论,多数人接受了加入国民党的主张。西湖会议将党外合作改为党内合作的决定,是国共合作酝酿过程中的重要转折点。

为进一步统一全党的思想,妥善解决共产党与国民党合作,建立革命统一战线的问题,中国共产党于1923年6月12日至20日召开了第三次全国代表大会。经过激烈的争论,大会最终接受了共产国际执行委员会于1923年1月12日通过的《关于中国共产党与国民党的关系问题的决议》,决定采取共产党员以个人身份加入国民党的形式实现国共合作,同时强调要保持共产党在政治上、思想上和组织上的独立性,要求共产党员加入国民党后仍保存并努力扩大中共的组织,严格执行党的纪律。

就这样,中共"三大"正确制定了与孙中山领导的国民党建立革命统一战线的方针、政策,大大推动了国共合作的形成,为迎接革命大发展从政治上和组织上做好了必要的准备。

1924年1月20日,在共产国际和中国共产党的帮助下,中国国民党第一次全国代表大会在广州国立高等师范学校礼堂召开。大会通过了以反帝反封建为主要内容的宣言,对三民主义做出了新的解释,确立了联俄、联共、扶助农工的三大革命政策,承认共产党员与社会主义青年团员以个人身份加入国民党。在大会选举出的四十一名中央执行委员和候补执行委员中,就有共产党员李大钊、谭平山、毛泽东、林伯渠、瞿秋白等十人,约占委员总数的四分之一。会后,在国民党中央党部担任重要职务的共产党员有:组织部长谭平山,农民部长林伯渠,宣传部代理部长毛泽东等。国民党"一大"的召开标志着第一次国共合作的正式建立。

第一次国共合作的形成,壮大了国共两党的力量,加速了中国革命的进程,大革命的烈火熊熊燃烧起来!

五卅惨案

　　五卅惨案发生在1925年5月底,但它的远因却要追溯到三个月前的那场上海工人反日罢工运动。

　　那时,为了抗议日商内外棉八厂的日本领班毒打中国女童工,日商六个纺织会社、二十二家纺织厂的三万五千多名工人,联合发动了二月大罢工,并成功迫使日商接受了工人的谈判条件。谁知日本资本家不甘心失败,趁着四五月间棉价低纱价高的行情逆转,以关厂为要挟,向工人发起反击。他们还撕毁了2月里签订的劳资协议,继续虐待工人,克扣工资,特别是不承认工会组织。

　　面对日商的出尔反尔,中国共产党领导下的上海工会组织针锋相对,决定以纱厂罢工、布厂怠工的方式进行斗争。可是日商并不买账,5月15日傍晚,内外棉七厂的老板照例以棉纱供应不足为由关闭工厂,不让夜班工人进厂。正巧工人共产党员顾正红也在这天上工的人群中,他知道这又是日本人在使诈,就率众冲进厂门,恰与厂里的副总大班元木、大班川村及其率领的打手狭路相逢。看见顾正红他们,元木、川村不由分说,命令打手朝着工人劈头就打。工人们只得冲进物料间,拿起打梭棒自卫。这时,川村竟然拔出了手枪,恶狠狠地威胁再不出厂就要开枪。顾正红毫不畏惧,进逼一步,义正辞严地责问:"为什么关厂,为什么不给上工?"川村一时语塞,又见顾正红连连逼向自己,抬手就是几枪。顾正红不幸中弹,却仍全力高呼:"工友们,团结起来,斗争到底啊!"川村恼羞成怒,又对着顾正红开了两枪,还用刀朝他的头上猛砍过去。顾正红倒在了血泊之中,因伤势过重,两天后壮烈牺牲。

　　此事发生后,中共中央多次发布通告,指示各区委、地委、独立支部,立即号召

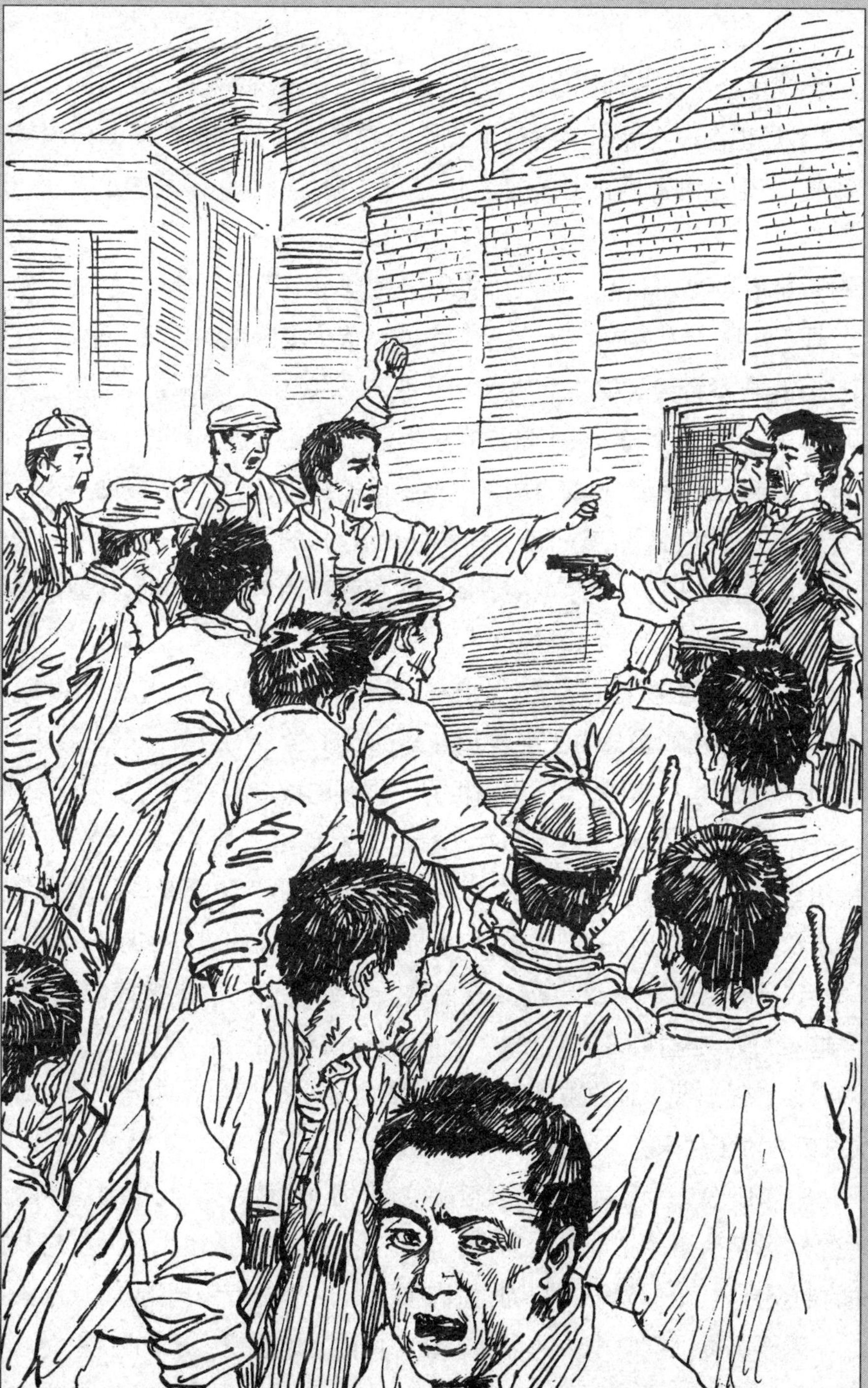

工会、农会、学生会以及各种社会团体,起来反对日方枪杀中国工人同胞。5月24日,内外棉纱厂工会还在潭子湾举行了公祭顾正红的大会。但在华的外国势力一味负隅顽抗,不但逮捕了声援工人的学生,还准备通过打击中国民族工商业的四项提案。

针对这种形势,28日晚上,中共中央和上海党组织召开紧急会议,决定以反对帝国主义屠杀中国工人为中心口号,使斗争发展成为全国性的反帝大运动,并定于5月30日在租界举行大规模的反帝示威活动。

5月30日上午,上海各大、中学校的学生就开始陆续进入租界。他们举起"学生演讲队"的旗帜,散发传单,演讲顾正红遭枪杀的经过,以及学生援助工人而被捕的事情。由于此时演讲队伍还不庞大,时时遭到巡捕的干涉,演讲队只能一边转移一边继续演讲。中午时分,十多名演讲的学生遭到老闸捕房的拘捕,其他同学一起拥到老闸捕房,进行说理斗争,巡捕这才释放了被捕学生。

可没过多久,局面就发生了改变。午后,各校演讲队两千余人云集租界,各厂工人、邮局职工、商店职员与中小学教员等都加入了学生的行列。南京路上,到处可见激昂愤慨的学生在演讲,号召收回租界。围观的群众都被激起了爱国热情,反帝口号一浪高过一浪,租界当局不由得恐慌起来。英国巡捕头目爱活生下令:"禁止演讲,如有不服从制止者,准予拘究。"然而,拘捕演讲学生并没能吓阻抗议的人群,在共产党员和共青团员的带领下,广大群众面对巡捕的殴打和驱赶毫不退缩。到下午2点,已有百余名演讲者被关进捕房。群众见大批学生被捕,群情更加激奋,越来越多的人向巡捕房门口集结。下午3点,抗议的人群将老闸捕房门前围得水泄不通,大家强烈要求释放被捕学生,"打倒帝国主义"等口号此起彼伏。捕房内外的气氛顿时紧张起来。

下午3点45分,爱活生召集荷枪实弹的华捕、印捕与英捕,来到老闸捕房门口。突然间,爱活生下令:"准备!瞄准!开枪!"英国人枭威尔率先向捕房周围手无寸铁的群众开枪,顷刻间子弹呼啸、血肉横飞。由于是近距离射击,周围人群密度又大,一颗子弹往往同时击中两个人。在惊慌的人群转身退去的时候,巡捕继续射击,更多的子弹从身后穿透受害者的身体。共产党员、上大社会学系学生何秉

彝，共青团员、同济大学学生尹景伊，以及其他工商学界人员共十三人当场饮弹身亡，受重伤的有数十人，受轻伤者不计其数。中国人民的鲜血，流淌在繁华的南京路上。租界当局匆忙用消防水龙头冲洗路上的血迹，但这岂能抹灭殖民主义者对中国人民犯下的新罪行？

五卅惨案点燃了中国人民愤怒的烈火，在中国共产党的领导下，上海成功实现了罢工、罢课、罢市。抗争浪潮迅速席卷全国，中国人民掀起了反帝大风暴。

中山舰事件

自从 1924 年第一次国共合作实现后,国内革命热情高涨,革命形势有了巨大改观,但革命阵营内部也出现了一些恼人的冲突。国民党右派一贯反对三大政策,因而在统一战线内部出现了联合与分裂、前进与倒退的严重纠纷。只是因为孙中山还健在,右派不敢轻举妄动。

1925 年 3 月孙中山不幸逝世,国民党右派瞅准时机,掀起了反左反共恶浪,使本已危机四伏的国共合作,更加岌岌可危。此时,国民党右派篡夺领导权的活动也日益猖獗,中山舰事件就是其中的一件大事。

1926 年 3 月 18 日,黄埔军校驻省办事处主任欧阳钟,以黄埔军校驻省办事处的名义,向海军局转达蒋介石的命令,要求海军局迅速派两艘军舰开往黄埔,听候差遣。海军局代理局长、共产党员李之龙签发调令,让宝璧、中山二舰舰长前去执行任务。19 日早晨,两艘军舰奉命停泊在军校大门前,升火待命。刚巧当天下午有苏联顾问团要检阅舰队,李之龙便打电话报告蒋介石,说有考察团要检阅该舰,请示中山舰可否开回广州。蒋介石早已获悉情况,却假装糊涂地询问中山舰现在哪里。"它停泊在黄埔。""哦?是谁的命令开去的?""昨天晚上军校驻省办事处要的舰,说是奉校长面谕。"听到这里,蒋介石故意回答:"我没有要你开去,你要开回来就开回来好了。"李之龙虽然有些不明就里,但既是蒋介石亲口答应,便吩咐作战科长邹毅给中山舰代理舰长章臣桐发电报,命中山舰即刻返回省城。下午 6 点 30 分左右,中山舰回到了广州。

谁知这时,蒋介石和属于右派的孙文主义学会分子,借此事开始放出谣言,称"共产党要暴动"、"李之龙要造反",还污蔑"共产派谋倒蒋、推翻国民政府,建立工

农政府"等。与此同时,蒋介石还大举逮捕共产党人。3月20日凌晨,他秘令部下逮捕李之龙、解除中山舰武装,下令广州紧急戒严,派兵包围了省港罢工委员会、苏联顾问和共产党人的住宅,以及广州市内的共产党机关,并扣押了军内国民党左派党代表和政治工作人员四十多人。

当广州市内一切布置妥当后,蒋介石就电令驻扎潮汕的第一军,将全军党代表撤销并驱逐。3月20日当天,中共广东区委书记陈延年及毛泽东、周恩来等,向苏联顾问提议对蒋介石采取强硬态度,毛泽东同时要求通电讨蒋、削其兵权、开除其党籍。可是,当时正在广州的联共(布)中央委员、联共中央政治局使团团长布勃诺夫却决定妥协让步。这样,蒋介石的阴谋,就轻而易举地得逞了。

远在上海的中共中央得到中山舰事件的具体消息,已经是一周以后了。此时,中央对事变的指导,实际上已起不到任何作用。而布勃诺夫在回苏联途经上海时,还将自己造成的既成事实强加给中共中央。为采取补救措施,陈独秀不得不派张国焘到广州查明真相。

同时,广东区委书记陈延年也到上海向中央汇报了事件的详细经过。中央马上做出了反击蒋介石的三条计划,并派彭述之立即到广州成立特别委员会来贯彻实行。但彭述之赶到广州时,广州国民政府的苏联高级顾问鲍罗廷已经先行遵照莫斯科的旨意,与蒋介石彻底妥协。中共中央最终只得同意了共产国际的意见。

蒋介石等人借助"中山舰事件"大肆反共,目的是夺取在广东的海军操控实权,清除军队中的共产党力量。此举背叛了孙中山制定的联俄、联共、扶助工农的三大政策,是国民党右派势力分裂国共合作、企图夺权的信号。

北伐战争

辛亥革命失败后,北洋政府腐败无能,军阀内部派系林立,各地军阀割据一方,广大人民生活在水深火热之中。

1924 年,在中国共产党的努力下,国共两党形成了统一战线。1926 年 2 月,中共中央在北京举行特别会议,明确指出党在目前的主要任务是推动广东革命势力向北发展,以便结束军阀割据的局面,早日实现国家统一。尽管国民党右派势力始终蓄意破坏国共合作,甚至发起中山舰事件,但共产党人以大局为重,竭力维持着合作态势。于是,从 1926 年到 1927 年,一场由中国共产党和中国国民党领导、广东国民政府发动的反对北洋军阀的革命战争打响了。这就是历史上著名的"北伐战争"。

1926 年 7 月 1 日,广东国民政府军事委员会颁布北伐动员令,9 日国民革命军在广州誓师,十万人马正式出师北伐。在苏联军事顾问的帮助下,北伐军制定了正确的行动方针,首先向军阀吴佩孚部队盘踞的湖南、湖北进军。而共产党人叶挺领导的、以共产党员为骨干组成的第四军独立团,则成为北伐先锋。

在各界民众的支持下,北伐军高歌猛进,势如破竹。军阀吴佩孚如坐针毡,当他听说北伐军进入湖北后,便企图凭借汀泗桥、贺胜桥的险要地势阻止北伐军的进攻。

8 月 26 日凌晨,第四军乘吴佩孚军主力未到达之机,率先向汀泗桥发起进攻。第十二师第三十五团在高猪山击退吴军一部的阻击,进至铁路桥头,却遭到对方火力封锁;第三十六团进至汀泗桥东南高地前,也遭遇敌人俯射,前进受阻;第十师第二十九、第三十团分别在第三十六团两侧展开攻势,激战入夜,仍无进展;而第三十

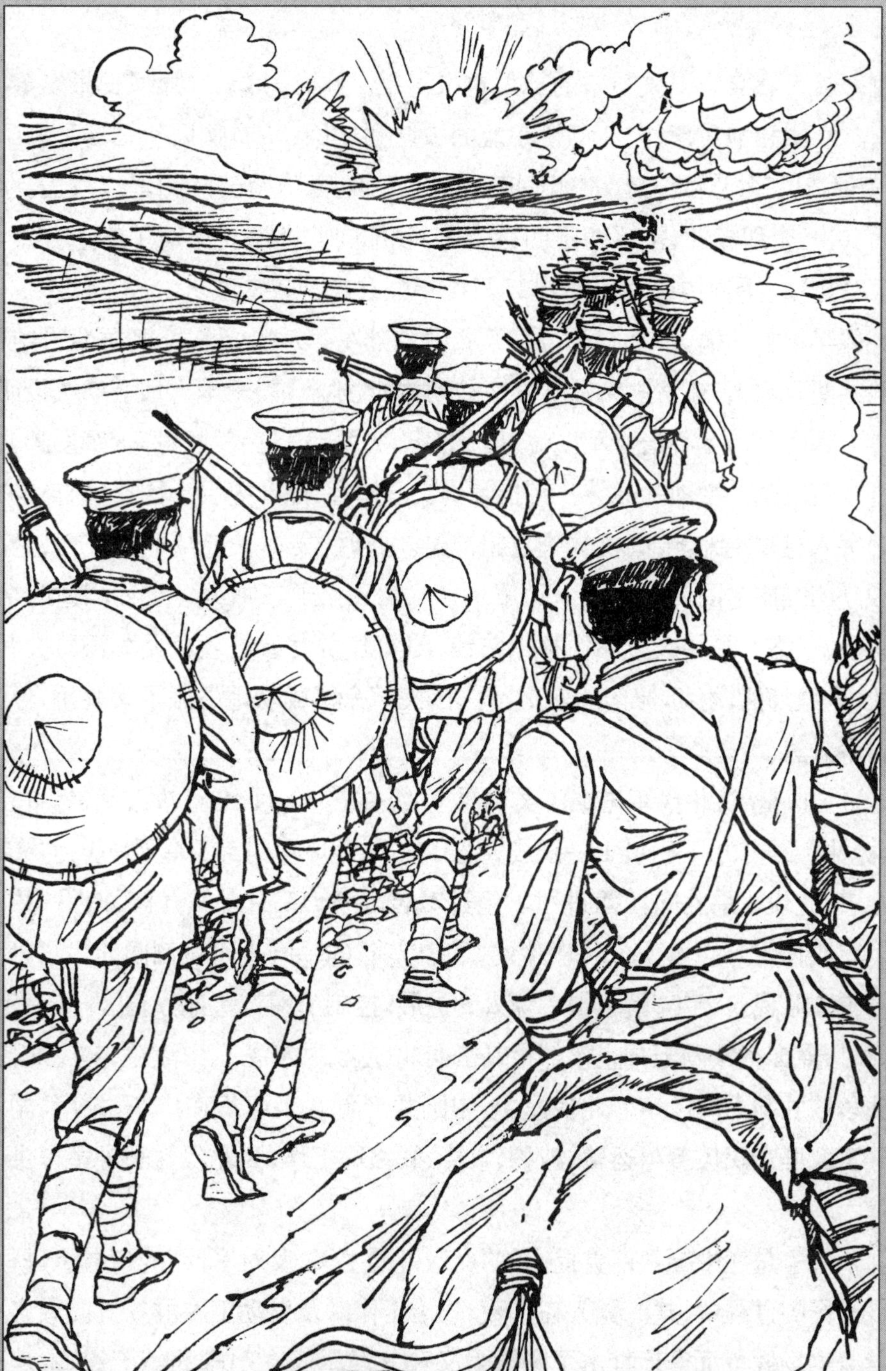

六团打算趁天黑实施中央突破的计划也未得手。此时，第十二师师长张发奎决定派叶挺独立团和炮兵营，向汀泗桥东北的古塘角迂回，从右侧后包围歼敌。于是，27日凌晨，叶挺独立团从小路隐蔽接近古塘角，配合正面部队的全线攻击。吴军遭前后夹击，全线溃败，被俘两千四百余人，残部向北逃遁。第四军终于占领了汀泗桥。叶挺独立团则乘胜猛追，于27日中午顺利攻占咸宁城。

吴佩孚不甘认输，亲率湖北暂编第四师和陆军第八师及在汀泗桥战役中败退的残部共两万余人，在贺胜桥及其以南的杨林塘、桃林铺、王本立地区梯次设防，企图死守。国民革命军不给吴军以喘息之机，于8月29日由第四、第七军发起战役，全力进攻贺胜桥。激烈的战斗一直持续到次日拂晓，而叶挺独立团也猛打猛冲，在杨林塘突入吴军主阵地，向桃林铺攻击前进。此时，吴军一部从侧翼反击，企图对叶挺独立团实施包围。幸好第十师第二十八团和第十二师第三十六团适时增援，协力抗敌，三路大军突破吴军桃林铺防线，向贺胜桥发起进攻。吴军正面失利，侧背受敌，全线动摇，纷纷溃退。当日上午，国民革命军成功地占领了贺胜桥，俘敌三千五百余人。

经过浴血奋战，北伐军击溃了吴佩孚主力，并在10月10日攻占武昌。在战斗中，叶挺独立团战功卓著，叶挺一跃成为北伐名将，他所在的第四军更被誉为"铁军"。

接着，北伐军乘胜向江西进军。经过艰苦战斗，11月占领九江、南昌，并一举歼灭了军阀孙传芳的主力。同时，福建、浙江等省的军阀也纷纷倒向北伐军。国民革命军誓师北伐仅半年，就取得了惊人的进展，控制了南方大部分省区。

此时，爱国将领冯玉祥也率部控制了西北地区，并准备东出潼关，响应北伐军。北伐战争的胜利大局已定。北伐途中，中国共产党各级组织在广东、湖南、湖北等省领导工农群众积极参与运输、救护、宣传、联络等工作，为北伐胜利进军提供了有力保障。

北伐战争是在中国共产党提出的"反对帝国主义，反对军阀"的口号下进行的。在北伐进军的过程中，共产党人在军队、政治工作以及发动工农群众方面做出了巨大贡献。这场战争沉重地打击了帝国主义和北洋军阀在中国的统治，基本消灭了北洋军阀，为以后中国新民主主义革命的发展开辟了道路。

上海工人第三次武装起义

在北伐革命胜利进军的推动下,中国共产党也密切关注着战局,积极筹划在上海发动武装起义。1926年10月24日、1927年2月21日,上海工人先后发动了两次武装起义,但都因准备不足、起义时机不成熟等因素而流产。就在第二次武装起义失败的当天,中共中央和上海区委召开了联席会议,决定成立上海第三次武装起义的最高领导机关——特别委员会。特委会由陈独秀领导,罗亦农、赵世炎、汪寿华、周恩来等八人任委员。陈独秀决定:在松江被北伐军攻克,或苏州被北伐军攻克,或驻守麦根路与北站的敌军向苏州撤退时,发动起义。

特委会下设的军事委员会,由周恩来、赵世炎等人组成。周恩来的职务是特别军委负责人和武装起义总指挥。当时,他在全市设立了多处秘密训练点,指派黄埔军校毕业的同志为各部委和大厂工人纠察队负责人上课。他还主持制定了《武装暴动训练大纲》,收集和购买了不少枪支。在周恩来的积极建议下,特委会将除租界外的整个上海划分为七个区,分别安排负责人,分别制订作战计划,为第三次武装起义做好了全面的准备。

3月中旬,北伐军向苏州、常州和松江进军,对上海形成了包围之势。3月20日晚上,薛岳第一师进入上海近郊龙华,发动起义的时机终于成熟了!

特委会当机立断,于第二天发动上海工人总同盟罢工,并随即转入武装起义。第二天正午,黄浦江上的轮船和各工厂的汽笛齐鸣,南市救火会的大钟也敲响了。全市电车停驶,轮船停开,工厂停工,八十万工人走上街头,举行总同盟罢工。南京路等各马路上的商店也纷纷关门罢市,各大中学校学生纷起罢课,上海大学、复旦大学等校学生还组织了纠察队、宣传队,与工人并肩战斗。

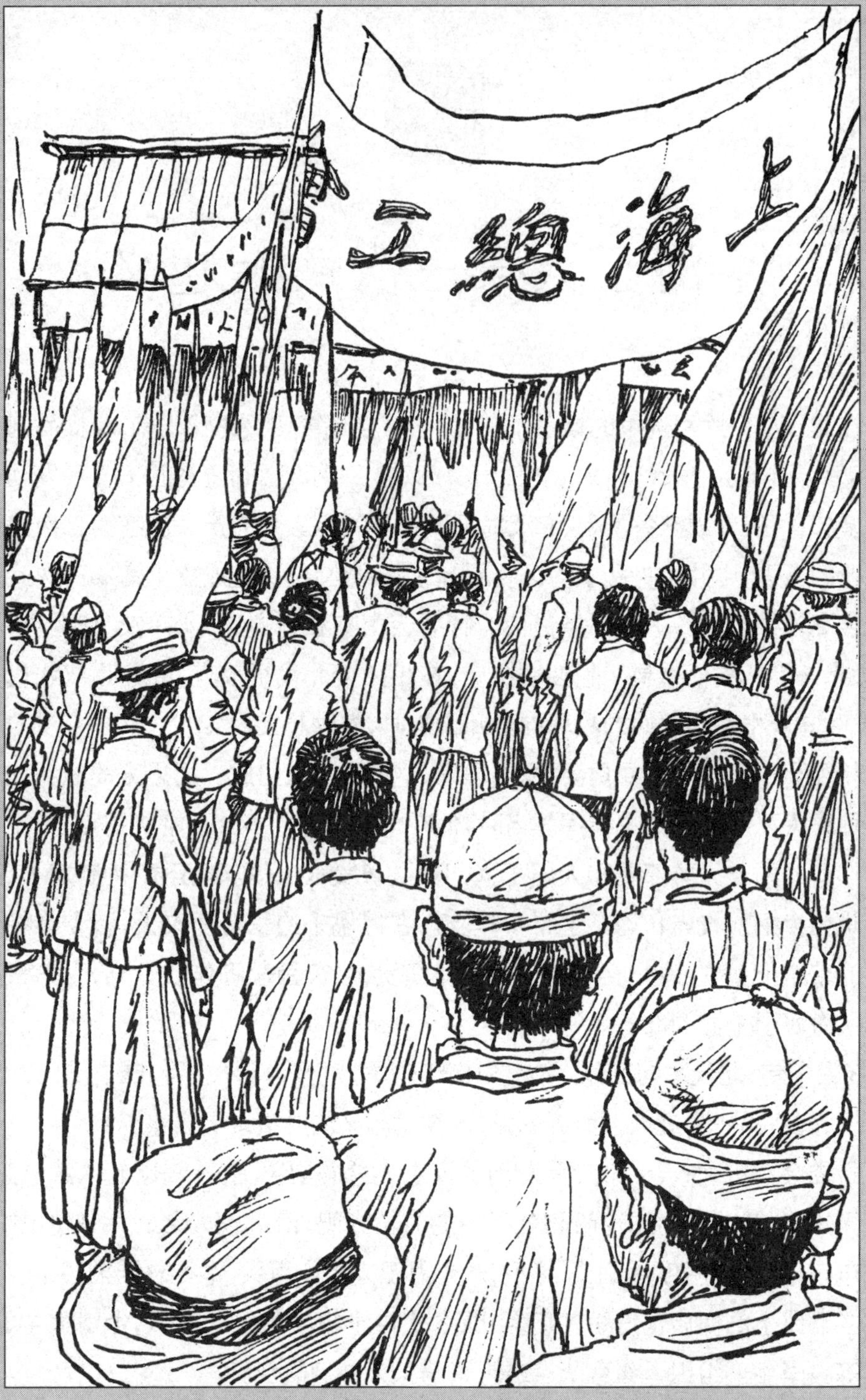
上海總工

租界内的工人和市民不断涌入华界,下午1点30分左右,南市区打响了起义第一枪。工人纠察队兵分三路,先是包围占领了辖区内的警察机关,接着又攻克了江南造船厂和高昌庙兵工厂。到下午5点多,南市就被工人纠察队全部控制起来了。各起义队伍在虹口、沪西、沪东、浦东、吴淞等区,向反动军警据点发动猛攻,也接连得手。

最激烈的战争发生在闸北,这是直鲁联军集中驻扎之地,敌军司令部也设在那里。起义发动后,闸北部委书记郭伯和亲自率领一支工人纠察队进攻五区警察总署,其余人则向广东街警察署、商务印书馆俱乐部、中华新路警察分署等据点发动进攻。虽然守敌疯狂反扑,但起义军还是占据了优势,战斗持续了三个多小时。到下午4点,闸北守敌据点只剩下北火车站、商务印书馆和天通庵火车站了。

周恩来、赵世炎分析战局,决定对守敌力量较强的北火车站和易守难攻的商务印书馆俱乐部暂且围而不攻。而天通庵火车站的守敌,则因铁路线被切断而惊慌失措,正可发起强攻。这时,恰巧有一趟从天通庵逃往吴淞的军用列车被工人纠察队截回,车上载了五百名直鲁联军士兵,他们正准备去和北火车站的守敌会合。周恩来闻讯,估计后面还会有敌人逃出,马上抽调人马到天通庵南段破坏铁路。果然,下午5点,敌军列车开到这里就出轨翻车。埋伏在两旁的工人纠察队员冲杀出来,与敌激战。这一仗一直持续到第二天中午,天通庵火车站的敌人终于举起白旗,投降了。在胜利的鼓舞下,围困商务印书馆俱乐部的工人纠察队队员,也对守敌加大了政治攻势。22日下午,孤立无援的守敌换上便衣突围,结果被全部俘虏。

这样,北火车站就成为守敌在上海的最后一个据点。他们困兽犹斗,趁工人纠察队抽调兵力攻打天通庵火车站、东方图书馆之机,进行反扑,纵火焚烧了附近五千多户居民的房屋。上海总工会派人联络北伐军东路军指挥部的白崇禧,请求援助,却遭到婉言拒绝。周恩来得知后表示,即使得不到支援,共产党也有决心和信心,凭自己的力量最后消灭军阀残余势力。

于是,沪东、沪西的工人纠察队奉调前来支援。大家把缴获来的轻重机关枪架在了前沿阵地,各路工人纠察队队员摩拳擦掌,准备从北火车站的东南面展开猛攻。下午5点过后,周恩来接到情报,说敌司令官毕庶澄已扔下残军,只身逃进了租界。失去了指挥官的守敌顿时乱作一团,工人纠察队乘势发动总攻,一小时后便占领了北火车站。上海工人第三次武装起义就此获得全胜!

348

四一二政变

上海工人第三次武装起义的胜利,触怒了一个人。他就是蒋介石。早在1926年,蒋介石就开始公开反共,镇压革命。此时,见共产党领导的工人起义大获全胜,他更是气急败坏。一场针对共产党的四一二反革命政变阴谋,就在他的策划下酝酿成熟。1927年4月11日夜晚,这场阴谋的序幕拉开了。

那晚,上海法租界杜公馆灯火通明,青帮大亨杜月笙、张啸林焦急地在那里等候。差两分钟就到晚上8点了,这时一辆汽车在杜公馆门口停下,上海总工会委员长汪寿华如约而至,让杜月笙等人喜上眉梢。

蒋介石要反共,青帮流氓打头阵。流氓平日里到处耍横,但对上海工人纠察队那五千多个人和他们的枪,却是畏惧三分。于是,青帮流氓大亨设计先诱杀汪寿华,造成工人纠察队群龙无首之势。汪寿华大意轻敌,只身进入狼穴,无异于自投罗网。几句应酬后,杜月笙便露出本来面目。他阴冷一笑,要汪寿华打个电话,命令工人纠察队放下武器,全市紧急集合。张啸林也在一旁帮腔,面露狰狞。汪寿华这才知道中计,一边正色回答一边就想往外退。岂料,张啸林大喝一声:"给我打!"埋伏在门外的四个打手跳了出来,围住汪寿华一顿拳打脚踢。随后,把他塞进麻袋;用汽车带到枫林桥附近的荒凉之处活埋。

第二天,也就是4月12日凌晨2点30分,青帮流氓在杜公馆换上工人服装,佩戴上印有"工"字的臂章,持枪分乘几辆卡车呼啸而出,后面则跟着杨虎特务处的大批特务。两个小时后,天还没亮,上海总工会的所在地——闸北湖州会馆,已经被六十多个流氓包围起来了。

突然间,流氓们向会馆开枪射击,喊叫着要冲杀进去。住在闸北湖州会馆里的

工人纠察队员纷纷从梦中惊醒,仓促应战。战斗不到十分钟,预先埋伏在周边的国民党第二十六军大队人马就迅速包抄上来,喝令双方立即停火。流氓打手早知有这一出,乖乖地束手就擒。随后,带兵的二师五团团长邢霆如,便以工人内讧为名,要纠察队总指挥顾顺章跟他到师部商谈解决办法。顾顺章不知是计,无奈地带了六名武装纠察队员走出了上海总工会。谁知,刚走到半路,就被缴了械。这时,阴谋得逞的邢霆如马上率队从原路返回,包围了湖州会馆,架起机枪,喝令里面所有人员放下武器。上海总工会随即被反动军队占领。

像这样流氓打先锋,军队充当和事佬,进而占领工人纠察队据点的把戏,在浦东、沪西、吴淞、江湾等处一再上演,且频频得手。然而,还是有激烈战斗发生。宝山路的东方图书馆,就是战场之一。那里是上海工人纠察队总部,一早就被两百多名流氓重重围住。流氓们发起了多次冲锋,可都被工人纠察队密集的子弹打了回去。于是,他们又改为前后夹攻。工人纠察队在大楼的每个窗户后都安排好队员还击,打得流氓不能前进半步。就这样,双方僵持了两个半小时。8点左右,邢霆如带着人马赶来了。他故伎重演,呼吁双方不要内斗,然后将工人纠察队集合起来训话,欺骗他们和一连士兵上街去参加徒手游行。工人纠察队员不明真相,轻信了邢霆如。他们一离开东方图书馆,邢霆如等人就趁机占领了上海工人纠察队总部。

不过,也有些地方的工人纠察队识破了反动军队的不良企图,坚决抵抗。反动军队就撕下假面具,直接进行攻击。比如,位于南市的华商电气公司和三山会馆的工人纠察队据点,那里的守卫者拒不缴械,反动军队就用机枪猛烈扫射,战斗持续两个多小时。到上午9点左右,上海总工会以及十四个工人纠察队据点全部失守,纠察队员牺牲一百二十人,数百人受伤,两千七百人被解除武装。

事发当天,二十余万工人罢工,在闸北青云路广场、南市西门公共体育场等地,分别召开了从数万到五十余万人规模不等的群众大会。大会严正要求,把枪械交还工人纠察队!会后,群众还举行了示威游行与请愿活动。第二天,上海总工会发布紧急启事,揭露四一二政变的真相。十万以上的工人、市民和学生集会抗议,会后上街游行示威。当队伍游行到闸北宝山路三德里附近时,全副武装的军队从弄堂里冲出,向人群猛烈开火。一百多人当场牺牲,伤者不计其数。宝山路上血流成

河，惨不忍睹。当天南市工人在游行中也遭到军队开枪镇压，死十余人，伤数十人。

接着，整个阴谋的操纵者蒋介石来到台前。他以"工人内讧"为由，下令解散上海总工会、查封革命组织、捕杀共产党员和革命者，实现了自己罪恶的目的。

上海笼罩于一片血雨腥风之中。

南昌起义打响"第一枪"

继蒋介石发动四一二反革命政变后,随即,广州、南京、无锡、宁波、杭州、福州、厦门、汕头等地,也开始大规模屠杀共产党员和革命群众。1927年7月15日,在武汉的国民党领导人汪精卫召开国民党中央常务委员会扩大会议,决定实行"分共",正式同共产党决裂。第一次国共合作至此全面破裂。持续了三年多的1924年至1927年的中国大革命失败了,原来生气蓬勃的中国南部陷入一片腥风血雨。

据不完全统计,从1927年3月到1928年上半年,共产党人和革命群众被杀害的达三十一万多人,其中共产党员两万六千多人。年轻的中国共产党遭受到它成立以来不曾遇到过的严峻考验,她认识到:必须抵抗,必须要有自己的武装,必须要以革命的武装反抗反革命的武装。

那时候,南方的绝大部分军队都控制在国民党手中,中国共产党所能掌握或影响的武装力量,主要集中在国民党人张发奎统率的国民革命军第四集团军第二方面军中,其中包括贺龙、叶挺等部队,他们都分驻在江西北部。汪精卫实行"分共"后,立刻调动军队对这个地区采取包围之势,张发奎也表示在第二方面军高级军官中的共产党人,如叶挺等,须退出军队或脱离共产党。局势千钧一发,再不当机立断,仅有的这点革命武装力量必将完全断送。

1927年7月中旬,中共中央决定在江西南昌举行武装起义,并成立以周恩来为首的前敌委员会。7月底,周恩来和贺龙、叶挺一起,率领部队从武汉出发经九江到达南昌。因为没有来得及安营扎寨,就把当时南昌最大的江西大旅社整体包租了下来,作为官兵的下榻之所。在这里,前敌委员会定下了起义的时间——8月1日。起义军的服装标志是白天在脖子上佩戴红领巾,晚上在左胳膊上加系白毛巾。

这时,原在南昌创办、领导军官教育团的朱德,因对江西情况熟悉,工作条件便利,也已奉命返回南昌,为发动武装起义做准备。朱德不仅设法争取到了南昌驻军的一些军官,还通过各种关系了解到了南昌市及其周围地区的兵力部署,并精心绘制出标明各军事要点的南昌市区图。

7月31日晚上,南昌的几位国民党团长接到了朱德的宴会请帖,都兴冲冲地赶到了佳宴楼。这是起义计划的一部分——拖住军官们。朱德热情地亲自给团长们夹菜、敬酒。团长们个个笑容满面,一边吃菜,一边喝酒、聊天、划拳。时间过得很快,朱德一看表,晚上9点多了。起义时间快要到了。

看军官们已经吃喝得差不多了,朱德站起身来大声说道:"时间还早,大家都要尽兴,再去打几圈牌吧!"一听要打牌,军官们都兴高采烈。为了稳住这些军官,朱德在牌桌上还有意输了不少钱。牌兴正浓时,只见一个营长慌慌张张跑了进来,说他接到命令,要他解除自己队伍的武装。军官们一听,有点莫名其妙,不知如何是好。客厅里鸦雀无声,空气骤然紧张起来。

这时,朱德从容地站了起来,对大家笑一笑,不紧不慢地说道:"现在什么谣言没有?不要大惊小怪,打牌,打牌!"一个团长把椅子一推,站起来将信将疑地说:"也许是谣言,可是,我也听说今晚上可能要出事,还是回去看看吧!"

于是,一些军官走了。朱德猜测有人泄露了起义消息,内心十分焦急,就假装输了钱心情不佳,说:"今晚手气不好,不打了。"然后急忙赶到起义指挥部,告诉贺龙起义的消息已经走漏了。

原来是一个副营长叛变了。情况紧急万分,前敌委员会当机立断,下达了提前两小时起义的命令。只听寂静的南昌夜空一声枪响,接着是嘹亮的冲锋号声,起义部队像潮水一般冲向敌人。

有一首南昌民谣生动地描述了那天晚上的情形:

七月三十一,夜半闹嚷嚷,手榴弹,机关枪,其格格其格格响啊,响到大天亮。莫不是国民党又在兵变?莫不是伤兵老爷又在抢粮?噢嘿,我想到就害怕。

八一大天亮,百姓早起床,昨夜晚,机关枪,其格格其格格响啊,它是为哪桩?原来是共产党武装起义,原来是红带子兵在解决国民党。嘻哈,我快活笑嘻哈。

经过四个多小时的激战,起义军占领了南昌城。起义胜利后,成立了由宋庆龄、周恩来、贺龙、叶挺、朱德等二十五人组成的中国国民党革命委员会,通过了《八一起义宣言》等文件,提出了"打倒帝国主义"、"打倒新旧军阀"、"实行耕者有其田"等革命口号和政纲。随后,根据中共中央的预定计划,起义部队撤离南昌,挥师南下,直奔广东潮汕地区。

南昌起义打响了武装反抗国民党反动派的第一枪,这是决定中国历史命运的第一枪,标志着中国共产党独立领导革命战争、创建人民军队和武装夺取政权的开始。1933年7月11日,在江西瑞金的中华苏维埃共和国临时中央政府通过决议,决定以8月1日作为中国工农红军纪念日。8月1日从此成为中国工农红军和后来的中国人民解放军的建军节。

350

挺进井冈山

南昌起义成功了,中国共产党从此开始独立领导武装力量进行革命战争。闹革命就要有自己的地盘,于是,开辟革命根据地逐渐成为革命活动中必须要考虑和筹划的一件大事。

江西永新县西面的三湾村,四周群山环抱,显得十分宁静。村头的枫树,高大挺拔,在秋阳照耀下熠熠生辉。1927年9月29日,这里的人们看到了一支不到七百人的队伍,衣衫破旧,士气不振,大部分士兵神情沮丧。

这就是毛泽东率领的秋收起义工农革命军余部。1927年9月11日,毛泽东等领导举行了湘赣边界秋收起义。起义军在攻占湖南醴陵,攻打湖南浏阳、江西铜鼓的过程中,由于敌强我弱,遭到了严重损失。毛泽东依据客观形势,决定放弃攻打长沙的计划,把各路起义军召集到湖南文家市。毛泽东在文家市主持前委会议,研究工农革命军的行动方向,提出部队应转移到敌人力量比较薄弱的农村。经过激烈争论,会议采纳了毛泽东的主张。随后,工农革命军逐步向罗霄山脉中段转移。在转移途中,工农革命军虽多次击退了沿途反动武装的袭击,但由于长途跋涉,粮食不足,缺医少药,部队减员甚多,军中弥漫着一股消极情绪。少数人经不起考验,认为失败已成定局,悲观动摇,有的不辞而别,有的背叛革命。一些人又产生了急躁情绪,主张与敌人硬拼。军官与士兵的关系也出现了不和谐迹象,军纪开始松弛,影响了战斗力。加上党的组织不健全,党对军队的绝对领导没有确立,没有形成坚强的组织核心,无法开展有力的工作。部队处于生死存亡的紧要关头。

这时,根据江西省委的介绍,毛泽东和前委派人与宁冈县党组织取得了联系,并决定对部队进行整编。

当晚，前委在一间名叫"协盛和"的杂货铺里召开会议，总结了秋收起义的经验教训，分析了部队的政治思想和组织状况，提出了改编部队的主张。会议首次确立了支部建在连上的原则，从根本上保证了党对军队的绝对领导。此外，在部队中广泛推行民主主义，在连以上设立士兵委员会，实行民主管理，切实维护士兵的权益，从而使官兵关系发生了根本变化。同时整编部队，把秋收起义中严重减员的一个师，整编为一个团，番号为工农革命军第一军第一师第一团，历史上称这次改编为"三湾改编"。

三湾的南面不远处是宁冈县境。此县为七百多年前的元代所设，原名永宁县，1914年改名为宁冈。统治者取这样的县名，正好说明对官府来说，这里从来也没有安宁过。它历来是被压迫的农民结义而聚的场所。民国以来，朱聋子的义军出没其间，后来，农民自卫军首领王佐、袁文才又相继而起。毛泽东清楚，历来的绿林豪强是格外戒备外来力量的，要想在这一带活动或者立足，必须取得井冈山地区的农民自卫军首领袁文才、王佐的信任。因此，工农革命军到达三湾时，毛泽东即派人通过宁冈县委送信与袁文才联系。此时，袁文才正率领队伍在砻市一带活动，突然听说来了近千人的部队向自己的地盘靠近，一时摸不清底细，立即撤回茅坪，严加防范。接到毛泽东的信后，袁文才即召集头领们商议对策。当时，任农民自卫军司书的陈慕平，曾在广州第六期农民运动讲习班受训，他听到信的落款是毛泽东，便兴奋地告诉众人：毛泽东是中国共产党中央委员，前不久的秋收起义就是他领导的。袁文才对毛泽东来信的诚意虽是将信将疑，但听陈慕平介绍后心中又有了仰慕之意，于是略加思考后说，应当迎接毛泽东的部队上山。并派陈慕平、龙超清、龙国恩一同到三湾与毛泽东接头。

毛泽东会见了陈慕平等三人，说明了工农革命军的来意，希望袁文才与之合作，共同开展革命斗争。并表示愿意会见袁文才。之后，毛泽东还送了他们每人一支马枪。

三湾会见后，毛泽东决定部队移驻宁冈古城。

10月6日，毛泽东与新任团长陈皓来到大仓村与袁文才会见，并进行了亲切的谈话。毛泽东分析了大革命失败后的形势和革命发展前途，鼓励袁文才扩大和

巩固部队,坚持革命斗争,并希望他做好王佐的工作。因袁部人多枪少,毛泽东决定送给他一百多支步枪。经过与毛泽东面谈后,袁文才的疑虑解除了,他立即拿出近千块银元送给工农革命军,并表示要积极帮助筹集军粮和安置伤病员。袁文才欢迎工农革命军进驻到他的防地井冈山北麓的茅坪。

茅坪是个东西狭长的村子,有六十多户人家。它的东南面有条小河,淙淙流水,终年不断;北边是一片山林,松柏丛生,四季葱郁。10月7日,工农革命军一部到达茅坪,建立了留守处和后方医院。袁文才带领农民自卫军和当地群众,热情欢迎,腾房子、送粮食、担木柴,像接待亲人一样。

毛泽东一直在寻求部队的立足之处。经过广泛、深入的了解,他发现湖南江西边界的宁冈、酃县、遂川、永新交界的井冈山,既适合弱小部队保存自己,又适合开展游击战争。井冈山地处罗霄山脉中段,多崇山峻岭,且森林茂密,进可攻,退可守;离大城市较远,是敌人统治力量比较薄弱的地方;而革命的一举一动又可能影响到湖南江西两省,在政治上有很大的意义。同时,这里有自给自足的自然经济,有较好的群众基础,是积草囤粮、聚集革命力量的好地方。

与此同时,毛泽东又想去湖南南部、广东北部一带与朱德率领的南昌起义余部会合。到底是去湘南,还是上井冈山?毛泽东在反复比较、权衡后,于10月中旬率工农革命军由宁冈进入湖南的酃县,当抵达一个叫水口的地方时,从国民党报纸上得知南昌起义部队已在广东潮汕地区遭到失败。毛泽东认为再继续南下已无必要,便当机立断,把队伍带回到井冈山。10月24日,毛泽东率部分部队到达井冈山脚下的黄坳,之后,在王佐部队的协助下进驻茨坪和大小五井。

在井冈山,毛泽东率领部队把袁文才、王佐的旧式武装改造成工农革命军的一部分,与朱德率领的南昌起义、湘南起义余部会师并组成了中国工农红军第四军(此后很长时间,工农红军被称为朱毛红军),建立湘赣边界工农兵苏维埃政府,分田分地开展土地革命,创建了中国共产党领导的第一块农村革命根据地。

平民教育家陶行知

共产党在危机中闯出了"农村包围城市"这条新路，建立了革命根据地。同样看好农村这片广大天地的，还有一批教育改革家。他们在乡村建立学校，用知识惠及百姓。陶行知就是其中最杰出的代表。

早在清末民初，西方列强加紧了对中国的掠夺和瓜分，而朝廷却无能为力。一批有识之士终于清醒地认识到，要强国就必须变法，而要变法则首先必须兴学。1905年成为中国教育史上的重要分水岭，因为正是在这年清廷下了一道诏谕，废除了从隋代以来已经实行了一千三百多年的国家考试选拔制度——科举制度。

在"废科举，立新学"的口号下，中国的教育领域经历了前所未有的变革。新的教育理想的确立，新式学校的开办，特别是西方现代教育体系的引进，给现代中国的教育实践注入了巨大的活力。但是，随着教育体制的转型，中国的乡村教育却陷入了很大的困境。原先在乡村普遍设立的社学、义学和私塾等，随着旧教育体制的瓦解逐渐消失，而在新教育体制下，学堂大都设立在州县以上的城市中，大量乡村子弟无学可上。受不到基本的启蒙教育，就更无法考进城里的学堂，乡村教育一时陷入了真空状态。

1917年8月，在一艘从美国驶往中国的轮船上，一群留学归国的中国青年正在畅谈各自未来的抱负，其中就有一位刚从哥伦比亚大学教育学系毕业的年轻人。面对中国人数最庞大的乡村出现的基础教育落后的局面，他发出了"要使全体中国人都有受教育的机会"的呼吁。这个年轻人名叫陶文濬，安徽歙县人，这年他才二十六岁。别看他当时默默无闻，日后可是中国著名的教育家，中国现代教育改革的倡导者与平民教育实践的先驱！

为了表明自己改革教育的决心，归国这一年，陶文濬就将自己的名字改成了"陶知行"。因为他当时非常认同明代大儒王阳明的"知行合一"说和"知是行之始，行是知之成"的观点。他在美国留学期间的老师，著名的实用主义哲学家约翰·杜威，同样也倡导在教育实践中的知行合一。然而，随着实践和认识的深入，陶知行逐渐发现，以知为始、以行为成的理论容易偏离社会实践、脱离广大民众。于是，他针锋相对地提出了"行是知之始，知是行之成"的新观点，并以此作为自己教育实践和教育改革的出发点。1934年，他发表了《行知行》一文，再次改名，正式将"知行"改为"行知"，并以"行—知—行"来概括他所奉行的教育理念——从实践中来、到实践中去。

陶行知身体力行，他当过大学老师，分别与蔡元培、晏阳初等人发起过教育改革学会，还专门编写了《平民千字课》来推动平民教育的开展。但这还不够，因为他主张中国教育改造的根本问题在乡村而不在城市。为此，他立下宏愿，要发动和培训一百万志同道合者，开设一百万所学校，改造一百万个乡村！

要实现三个"一百万"谈何容易，可陶行知是个有抱负的人，他说过一句名言："人生天地间，各自有禀赋，为一大事来，做一大事去。"1927年，他在南京北郊创办晓庄试验乡村师范学校，真的成为中国现代教育史上的一件大事，也翻开了他实践平民教育理想的重要一页。

晓庄是个美丽而普通的乡村，在这里开办师范学校，一方面是培养乡村师资，开展乡村教育；另一方面，是试点让乡村学校做改造乡村生活的中心，让乡村教师做改造乡村生活的灵魂。

陶行知办教育，有一点与众不同。他认为要想办好乡村教育，就必须真正做到向人民群众学习，脱下西装，换上布衣草鞋，深入到广大民众的日常生活中去。只有这样才能造就具有农夫身手、科学头脑、改造社会精神的教师。在晓庄学校的开学典礼上，陶行知满怀诚挚地说："本校特异于平常的学校有两点：一无校舍，二无教员……只有经验稍深或学识稍好的指导。所以，农夫、村妇、渔人、樵夫都可以做我们的指导员，因为我们有不及他们之处。我们认清了这两点，才能在广漠的乡村教育的路上前进。"

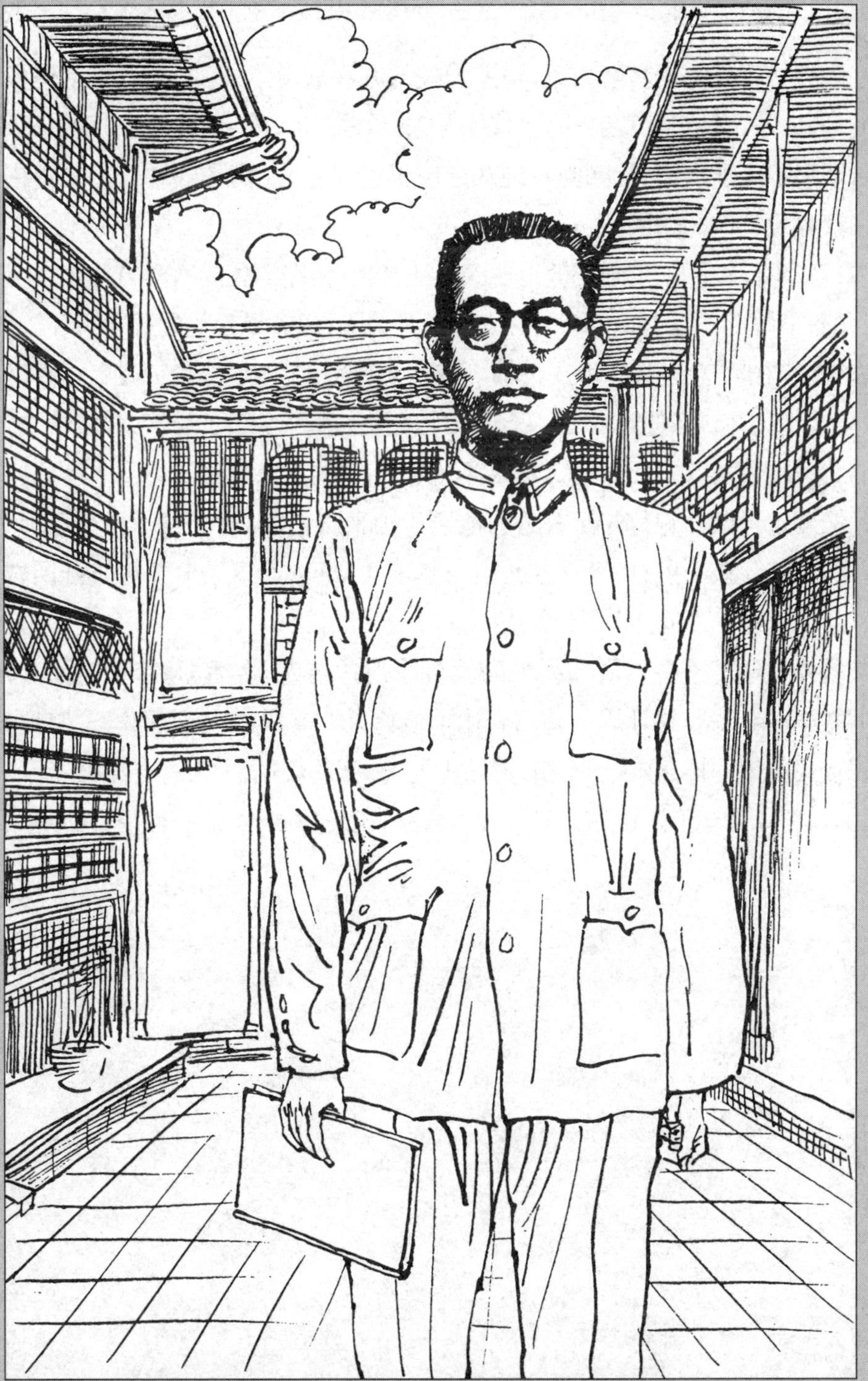

在陶行知等人的不懈努力下,晓庄学校的办学取得了成功,培养出了许多"深入田间"的人才,学校的声名也随之传播开来。1929年,著名戏剧家田汉带领南国剧社剧团来晓庄演出,陶行知幽默地欢迎田汉道:"今天,我是以'田汉'的资格,来迎接田汉先生和他的剧团。"

陶行知不但在原则上强调教育要深入社会生活,在具体的教学方法上,也强调要做到"教学做合一"。有一次,一位女士来拜访陶行知,说起她的孩子拆坏了一块新手表,她非常生气,还揍了孩子一顿。陶行知听后,连连摇头说:"哎呀,你打掉了一个'爱迪生'。"后来,他亲自去了那位女士的家中和那个孩子交谈,并带他去钟表修理店,让他亲眼看钟表匠是怎么拆装和修理手表的。有人对此感到不解,问陶行知为什么要这样做。陶行知深有感触地说:"钟表店是学校,修表师傅是老师……做父母的与其让孩子挨打,还不如付出一点学费,花一点工夫培养孩子好问、好动手的兴趣。这样,'爱迪生'才不会被打跑。"

陶行知把他通过多年实践得来的教育原则总结为"生活即教育"、"社会即学校"和"教学做合一",并且用一句话表达了他伟大的平民教育理想——"要把教育和知识变成空气一样,弥漫于宇宙,洗荡于乾坤,普及众生,人人有得呼吸"。

后来,郭沫若评价这位伟大的人民教育家,说是"两千年前孔仲尼,两千年后陶行知"。

"民族魂"鲁迅

如果说陶行知是民国时期最了不起的教育家之一,那当时涌现出的一大批文学家中,最鼎鼎大名的人物就要数鲁迅了。

在人们印象中,鲁迅总是穿着一袭朴素的中式长衫,一如他性格中的宽厚朴实;一头茂密的短发总是如刷子般直竖在头顶,一如他性格中的桀骜不驯。而那浓黑的如隶书体"一"字的胡须,也是鲁迅形象的鲜明标志。毛泽东曾评价鲁迅是伟大的无产阶级文学家、思想家、革命家,是中国文化革命的主将。鲁迅也被人民称为"民族魂"。

鲁迅生于1881年,浙江绍兴人,原名周树人,出生于一个业已没落的大家庭。青年时代,他曾怀着学医的理想东渡日本留学,希望通过掌握先进的医学技术,救治国人的身体。可是,留学期间偶然发生的一件事,却改变了他的人生。

那次,鲁迅在课堂上观看一部时事电影,影片反映的是刚结束不久的日俄战争的场面。片中,日军抓了一个中国人,说他是俄国间谍,要枪毙他,而刑场周围站了一大批身强力壮的华人,都在麻木不仁地看热闹。这令鲁迅异常愤慨,夹起书本,走出教室。

日俄两国完全无视中国的主权,在中国国土上展开势力范围争夺战,这本来就是种罪恶。而部分中国国民非但不觉醒,还围观同胞被杀,更是可悲。鲁迅感悟到:医学虽能救人的身体,却不能救治麻木的心灵。如果中国人思想不觉醒,即使体格健硕,还是会被看不起。只有改变人们的精神,国家才有希望!

那么,该如何改变人们的精神呢?鲁迅认为,首推文艺。因为文艺能提高人的思想觉悟,唤醒沉睡中的国民,激发他们的爱国热情。就这样,鲁迅立志弃医从文。

回国后鲁迅兴致高昂地写文章、办杂志,却一再遭遇冰冷、麻木的反应,这使得

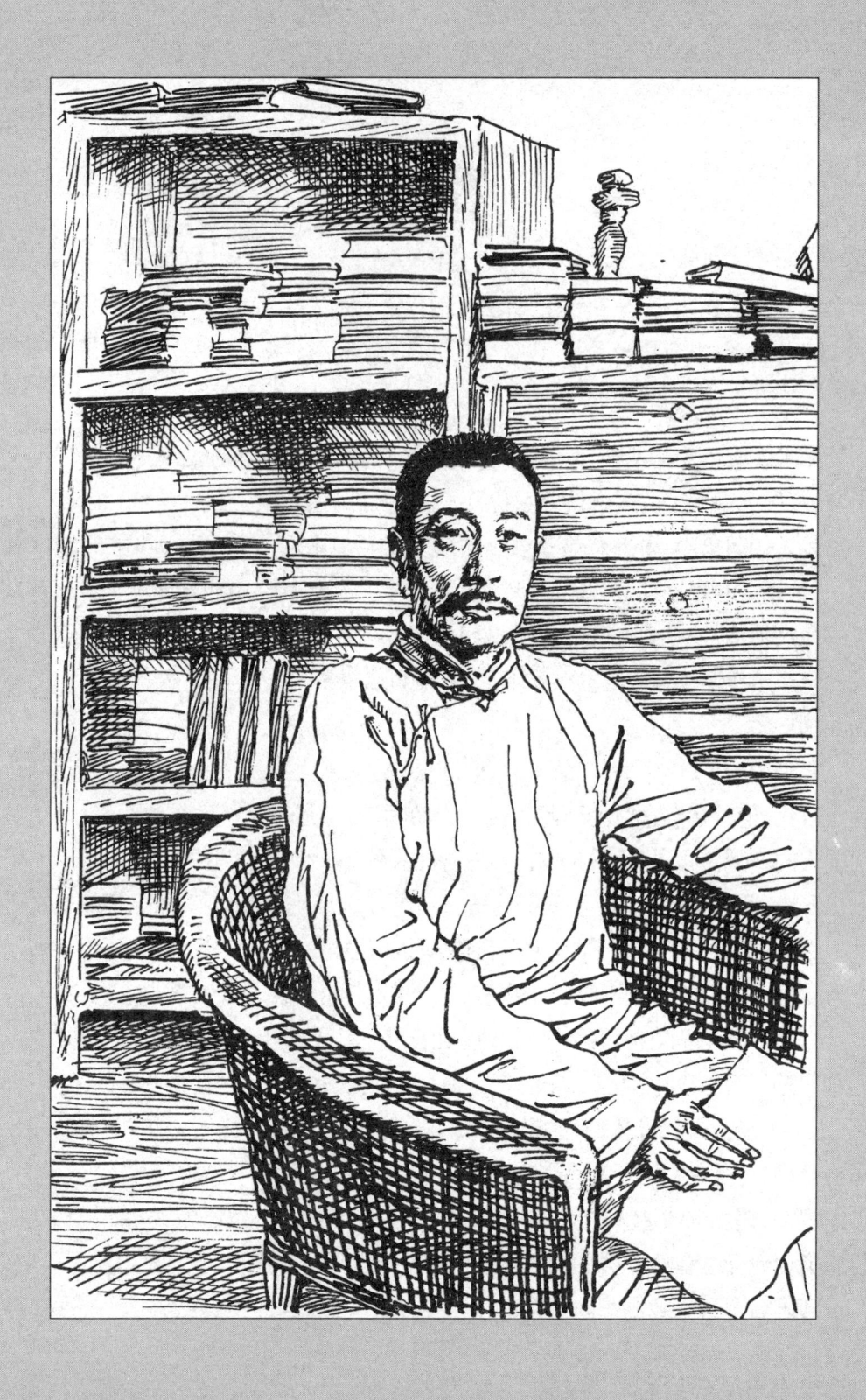

鲁迅开始反思他的"启蒙"理想，并由此进入了思想的沉积和成熟期。

1918年，鲁迅应《新青年》杂志之邀，首次以"鲁迅"为笔名写作了《狂人日记》。这篇作品一出手便不凡，不仅是中国现代文学史上第一篇成熟的白话小说，而且内容深刻，大胆揭露了封建"家族制度和礼教的弊害"，发人深省。作品思想性与艺术性完美结合，成为新文化运动中的第一块里程碑。

后来鲁迅陆续发表了一系列小说，作品以流畅圆熟的文风和对国民劣根性入木三分的刻画，在文坛和社会上引起巨大反响，更引发了人们精神深处的震动。其中《祝福》、《孔乙己》、《阿Q正传》等，堪称中国现代文学史上的不朽杰作。死于大年夜的祥林嫂、在酒馆里受人恶意嘲弄的孔乙己、使用"精神胜利法"的阿Q等，则成为中国现代文学画廊中不可或缺的人物形象。

鲁迅不仅在小说创作方面取得了极大的成就，还非常擅长写作散文。他的散文集《朝花夕拾》和《野草》都是现代散文中的精品佳制。因为文学成就斐然，1927年诺贝尔文学奖还准备将鲁迅作为候选人提名，但被鲁迅婉言谢绝了。

最能充分体现鲁迅斗争精神和深刻思想的，还要数他的杂文。在国民党统治的年代里，鲁迅以杂文为武器，抨击时政，臧否人物，嬉笑怒骂。他一生写作了《坟》、《热风》、《华盖集》、《华盖集续编》、《三闲集》、《二心集》等十六部杂文集。在鲁迅的手中，杂文"是匕首、是投枪"，他娴熟地将它们直刺向黑暗势力，赋予了杂文这种文体独特的艺术和思想魅力。

鲁迅的一生中，一直用自己的笔主张正义，反抗强权，支持青年，唤醒民众。他热情支持高校学生的正义斗争，揭露段祺瑞政府的狰狞面目，写下了震撼人心的《记念刘和珍君》等文章；他积极参加左翼作家联盟，对"左联五烈士"的不幸遇难悲愤难平，留下了《为了忘却的记念》等著名杂文。鲁迅还积极扶持青年作家，为新生作家如萧红《生死场》等作品写序。

1936年10月19日，鲁迅因肺结核医治无效病逝于上海。当这个消息传出，上万上海民众在这个初秋的清晨，自发地举行公祭、送葬活动。人们步履沉重地将敬爱的鲁迅先生一路送往上海西郊万国公墓。在鲁迅的灵柩上覆盖着一面旗帜，上面写着"民族魂"三个字。

353

九一八事变

　　二十世纪二三十年代，国内革命局势风云变幻，而外来势力对华的侵犯也从未停歇。1931年9月18日，辽宁就发生了日本驻中国东北地区的关东军突然袭击沈阳、以武力侵占东北的事件。

　　十九世纪末至二十世纪前半叶，日本逐步确定了"征服世界必先征服中国，征服中国必先征服'满蒙'"的战略方针。1930年，世界资本主义经济危机波及日本，为了转移日益激化的国内阶级矛盾，日本加快了武力侵华的步伐，并先后于1931年7月和8月在东北制造了"万宝山事件"和"中村事件"。9月18日，日本又制造"柳条湖事件"，发动了侵略中国东北的战争。

　　9月18日傍晚，日本关东军虎石台独立守备队第二营第三连，离开原驻地虎石台兵营，沿南满铁路向南行进。夜里10点20分左右，关东军铁路守备队柳条湖分遣队队长河本末守中尉，率领一个小分队，以巡视铁路为名，来到奉天（今沈阳）北面约七公里半的地方。这里距离东北军驻地北大营仅八百米之遥。趁着月黑风高，河本末守及其部下潜行至柳条湖南满铁路段，引爆小型炸弹，炸毁了一小段铁路。然后，这一队日本兵，又偷偷地将三具身穿东北军士兵服装的中国人尸体放在现场，作为东北军破坏铁路的证据，诬称中国军队破坏铁路并袭击日本守备队。

　　就在这边制造爆炸的同时，待在铁路爆破点以北约四公里处的文官屯的川岛中队长，立即率兵南下，开始袭击中国军队的北大营。而在爆炸发生后，驻扎中方北大营和沈阳城的日军也分南北两路，向中国军队驻地北大营进攻。

　　当时，北大营驻守的东北军第七旅毫无防备，被打了一个措手不及。而事前张学良曾训令东北军不得抵抗，因此驻守部队并未做出激烈反击。第七旅三个团中

有两个团按指示撤走,只有王铁汉的六二〇团未及时接到撤退命令,被迫自卫抵抗,最后突围撤走。结果,北大营逾万名守军被只有五百多人的日军击溃。

国民党政府对日本的侵略采取不抵抗政策。事变发生前,蒋介石就曾于8月16日致电张学良,要求无论日本军队此后如何在东北寻衅,我方都不予抵抗。9月12日,他在河北石家庄召见张学良时又说:"最近获得可靠情报,日军在东北马上要动手,我们的力量不足,不能打。我考虑到只有请国际联盟主持正义,和平解决。我这次和你会面,最主要的是要你严令东北全军,凡遇到日军进攻,一律不准抵抗。"事变发生后,国民党政府仍旧执迷不悟,电告东北军:"日军此举不过寻常寻衅性质,为免除事件扩大起见,绝对抱不抵抗主义。"

当时,日本关东军只有一万多人,而中国东北军驻在东北的有十六万五千人。东北军部队多次接受不准抵抗的训令,在日军的突然袭击到来时,除小部分官兵违反蒋介石的命令奋起抵抗外,其余均不战而退。

9月19日上午8点,日军几乎未受到抵抗便将沈阳全城占领。东北军撤向锦州。全国最大的沈阳兵工厂和制炮厂,连同九万五千余支步枪、两千五百挺机关枪、六百五十余门大炮、两千三百余门迫击炮、二百六十余架飞机,连同大批弹药、器械、物资等,全部落入日军之手。据统计,仅9月18日一夜之间,沈阳损失即达十八亿元之多。此后,东北各地的中国军队继续执行蒋介石的不抵抗主义,使日军得以迅速占领辽宁、吉林、黑龙江三省。

九一八事变是日本帝国主义长期以来推行对华侵略扩张政策的必然结果,也是日本企图把中国变为其独占的殖民地而采取的重要步骤。此后,中日民族矛盾逐步上升到主要地位,中国国内的阶级矛盾退居次位。在中国共产党的号召下,中国人民掀起了抗日救亡运动。

354

一·二八事变

继九一八事变后,1932年1月28日深夜,日本又制造了一起侵华事件——一·二八事变。

当时,为了转移中国和西方的视线,加快日军在东北的进攻,便于伪满洲傀儡政权的出台,日本间谍在上海策划实施了日莲宗和尚遇袭案。此事成为一·二八事变的导火索。

1月18日下午,受间谍田中隆吉和川岛芳子的指使,一伙日本日莲宗和尚来到上海三友实业社毛巾厂周边。他们敲鼓打钟,四下窥望,还向厂内丢石块挑衅。工人义勇军发现情况不对,就出来盘问,和尚们赶紧向马玉山路(今双阳路)租界方向仓皇逃窜。工人义勇军紧追不舍,并在赵家宅附近截住了他们。这时,一群工人装扮的男子突然冲入人群,对日本和尚大打出手,有的还用石块猛砸,打得和尚们头破血流,落荒而逃。在场的工人义勇军,都不认识这些突然杀出的人。事后查明,他们其实是受雇于田中隆吉和川岛芳子的打手,这场戏完全是日方的自导自演。六天后,受伤的日本和尚中有一人死亡,另有两人重伤,日本军国主义由此获得了动武的口实。

1月20日凌晨2点多,"日本青年同志会"六十多名日本浪人,在日本海军陆战队的掩护下,直奔三友实业社总厂。他们用刺刀毁坏该厂西北角的竹篱,潜入工厂,随后向厂房投掷硫磺弹、浸油的纸团以及手榴弹,一时间厂房火光冲天。在厂内纵火的同时,日本暴徒还在工厂四周行凶,并把那些试图营救或报警者阻挡在外。在临青路,华人巡捕田润生当街劝阻日本人寻衅滋事,却遭枪击身亡。另一位华人巡捕朱伍兰飞奔到警亭打电话报警,竟被日本人用刺刀砍断了手指。还有一

位华人巡捕陈德胜跑出岗亭,想回巡捕房报告,也在途中遭到枪击,身受重伤。当天下午,日本军国主义还在虹口召开居留民大会。会后,六百多个日本人上街游行,用棍棒砸毁中国商店的橱窗玻璃,强行阻止电车行驶,还无理殴打值勤巡捕。一通施暴后,他们又涌到日本驻沪海军陆战队司令部,要求增兵、采取强硬手段。结果,这就成为日本军事当局在中国动武的"民意",日本海军频繁地向上海调派军舰。

日本驻沪总领事也在积极行动。在日僧遇袭事件的第二天,他就向上海市政府提出了抗议,要求缉拿凶手,此后还不断施压。1月26日,日驻沪总领事向上海市府当局发出了最后通牒,限中方四十八小时内(即至28日下午6点止)圆满答复道歉、惩凶、抚慰,以及取缔抗日团体等四项要求。在"不抵抗政策"的作用下,上海市府全部答应了日本提出的四项要求,并于28日下午2点,将正式公函送交了日本方面。但是,日本海军早将上海视为自己的势力范围,见到日本陆军部发动"九一八"事变更是垂涎欲滴,这回既已抓到了动武的把柄,怎肯中途罢手?

于是,28日深夜11点10分,数十名日本陆战队员,在便衣队的带领下,偷袭了中国军队驻防的天通庵车站。留守的警察,以及闻讯赶来的市公安局警察第二中队,都抵挡不了日寇的武装侵略,日军轻松地占领了天通庵车站。接着,他们便以此为据点,向淞沪路沿线的中国守军大举进攻,向中国军队打出了第一枪。

出乎他们意料的是,这回中国军队并没有像"九一八"时那样奉行"不抵抗政策",而是坚守防线,回敬以愤怒的子弹!

其实,为阻止驻防上海的第十九路军对日军的进攻采取反击行动,软弱的南京军事当局已命宪兵部队于29日早晨与第十九路军换防。然而,在28日深夜,战斗就打响了!在上海市民如火如荼的抗日运动助推下,经过第十九路军总指挥蒋光鼐、军长蔡廷锴的发动,第十九路军全军上下同仇敌忾,誓死抗战到底。战斗开打的当晚,敌我在闸北的兵力对比是三比一,日军还有铁甲车、武装电单车助战。然而,第十九路军驻防部队毫不怯战。他们奋起抵抗,就是战至一兵一卒也决不后退。虬江路、天通庵路、青云路一带的阵地守军全部死伤,阵地一度失陷,幸亏预备队迅速赶到,这才击退了日寇的第一次进攻。到29日早晨6点前,第十九路军和

协防的公安警察大队及少许宪兵，一共打退了敌人三次进攻。班长华中兴、钟国强带领两班士兵，甚至发起反冲锋，一直追击到日本海军陆战队司令部附近，震惊了日军司令部。然而，在日军猛烈的围攻下，那两班士兵除五人被俘外全部英勇战死，被俘者宁死不屈，最后也光荣殉国。

第十九路军英勇抗敌的激越枪声，惊醒了上海民众。一·二八淞沪抗战就此爆发，成为一场以民族自卫战反击日本帝国主义侵略的正义战争。

扭转局面的遵义会议

一·二八淞沪抗战后,日本侵略者在中国的气焰日益嚣张。他们在上海囤积兵力,直接威胁南京和整个东南沿海地带,还在东北建立了伪满洲国。可蒋介石领导的南京国民政府,面对此种局面非但不御外敌,还打着"攘外必先安内"的旗号,对共产党建立的红军革命根据地进行多次围攻。从1930年到1934年,国民党先后对中央革命根据地进行了五次"围剿"。红军也相应地展开了五次反"围剿"。虽然红军屡屡取得战斗的胜利,但却在蒋介石第五次大举来犯时,失利了。

1935年1月15日至17日,在遵义的一栋两层小楼、当时的红军总司令部驻地,中共中央政治局召开了扩大会议。这次会议的主要议题,就是总结中央革命根据地第五次反"围剿"失败的教训。

原来,1934年10月中旬,由于执行王明"左"倾教条主义的中央领导人博古和不懂中国情况的共产国际军事顾问李德的瞎指挥,中央红军未能打破国民党军的第五次"围剿",中共中央不得不进行大搬迁——中央红军、整个红色政权从中央革命根据地突围,开始实行战略转移。

当时,八万多红军战士奉命从江西瑞金、福建汀州等地集结到江西于都,出发长征。博古和李德这时候又犯起了逃跑主义,还把战略转移变成搬家行动,挑着、扛着、抬着文件、兵工厂机器、印钞票机器、文化课本等等。八万多人在山中羊肠小道上行进,你拥我挤,闹哄哄、乱糟糟。

国民党派出了十六个师七十七个团的"追剿军",布置了四道封锁线堵截红军。红军虽然突破了四道封锁线,但也遭受了重大损失,特别是最后一道湘江封锁线。本来,由于国民党的湘、桂两军间有矛盾,敌方防线曾出现一个缺口,红军先锋部队

得以占领湘江重要渡口界首,如果整个部队轻装前进,是有可能迅速抢渡湘江的。但是,带着坛坛罐罐的红军部队行军速度太慢,中央机关在两天后才赶到渡口。而这时湘、桂两军在飞机支援下向渡口猛烈夹击,固守渡口的红军为了掩护其他部队渡江,牺牲惨重。血战四天,主力红军虽然渡过湘江,但部队只剩下了三万多人!

事实和教训,使红军部队滋长起怀疑不满和要求改换领导的情绪。一些曾经支持过"左"倾错误的领导人,在严酷的事实面前、在毛泽东的争取下,也开始改变态度。长征开始后,被"左"倾中央剥夺了对红军领导权的毛泽东,利用一切机会,结合现实情况,向张闻天、王稼祥等领导人说明自己对党和红军的一些重大问题的看法与主张,阐述马列主义普遍原理必须与中国革命实际相结合的道理,使他们深受启发,并认定毛泽东的主张是正确的,坚定了支持毛泽东的决心。

中央红军渡过湘江后,蒋介石因已预判到红军前进的方向,早就调集重兵布置好口袋形阵势,等候中央红军钻入,准备一网打尽。在这个紧要关头,毛泽东建议中央红军改向敌军力量薄弱的贵州挺进。1935年1月7日,红军攻克贵州北部的重镇遵义。由于红军突然改变行军方向,甩开了尾追和堵击的敌军,这才得以在遵义休整十多天。

此前,在到达离遵义不远的地方的时候,王稼祥就向毛泽东提出:"前面快到遵义城了,这样下去不行,该把李德轰下台了,开个会总结经验如何?"毛泽东立即回答道:"好!应该开个会,还要多做些会前的活动工作。"于是,王稼祥分别找张闻天、周恩来、博古商量,大家都同意在遵义开会总结。

会议室设在二楼,因时值隆冬,天气严寒,室内生了火盆取暖。会场的气氛却比火盆还热。博古、李德为自己的错误辩护,毛泽东、张闻天、王稼祥等则尖锐地批评他们在第五次反"围剿"战争中实行单纯防御、在长征中实行退却逃跑的错误。

张闻天在发言中明确地支持毛泽东,强调现在必须由毛泽东出来领导。他的态度对会议产生了重大影响。周恩来也坚决支持毛泽东的主张,全力推举毛泽东出来领导党和红军。他说,只有改换领导,红军才有希望,革命才能成功。朱德在会上严肃批评博古、李德排挤毛泽东和军事上瞎指挥的错误,鲜明地支持毛泽东。经过激烈争辩,参加会议的大多数人都同意和支持毛泽东等提出的纲领和意见。

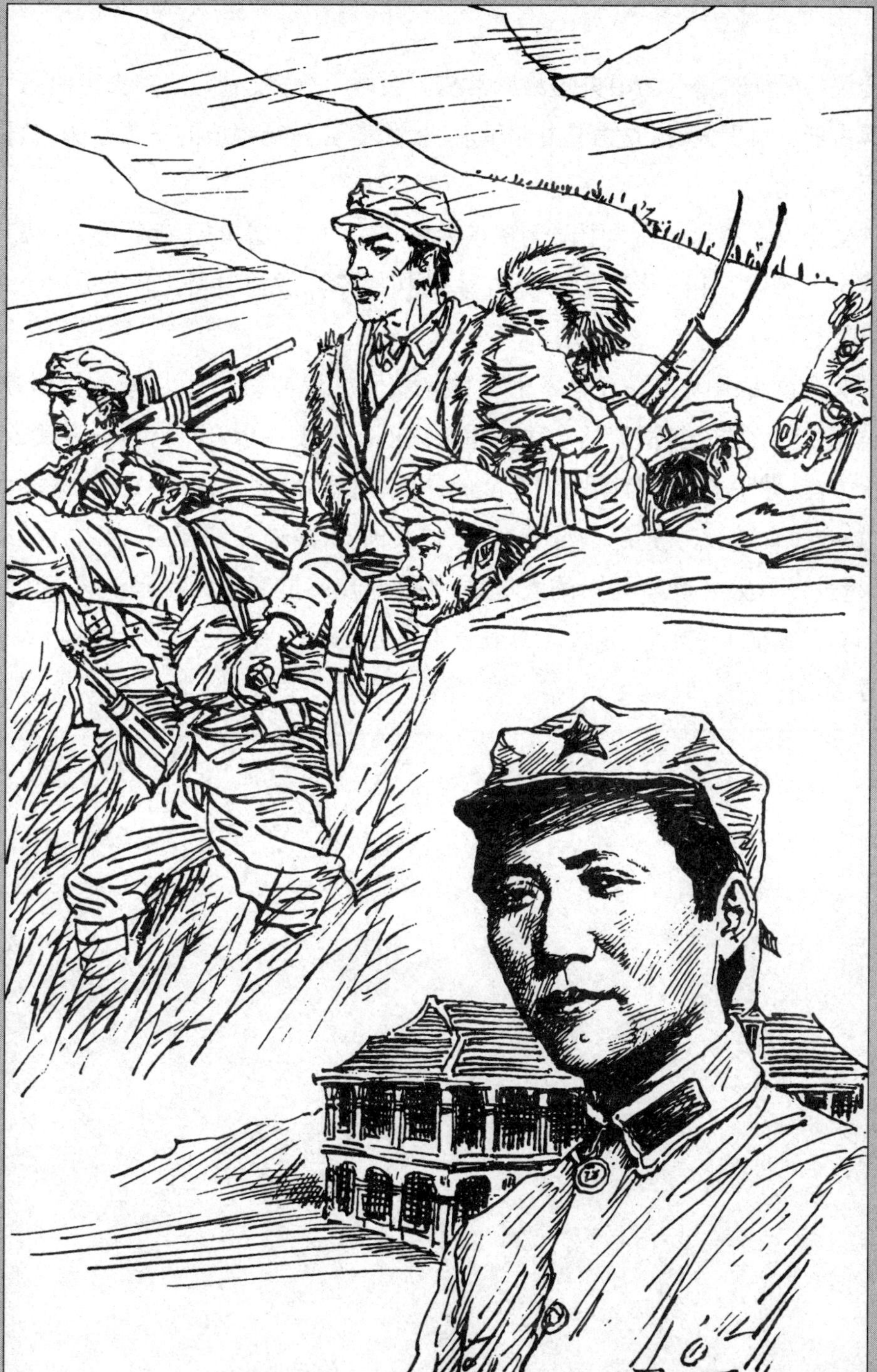

会议将毛泽东增选为中央政治局常委。会后不久,政治局常委决定由张闻天代替博古任总负责人,并成立了由毛泽东、周恩来、王稼祥组成的三人小组,负责全军的军事行动。

遵义会议在事实上确立了以毛泽东为核心的中共中央的正确领导,在极其危急的情况下挽救了中国共产党、中国红军和中国革命,成为中国共产党历史上一个生死攸关的转折点。

遵义会议后,中央红军在毛泽东等的指挥下,如遇神助,一反以前的行军方式,忽东忽西,迂回曲折,灵活穿插于敌军重兵之间。四渡赤水,佯攻贵阳,奔袭云南,抢渡金沙江,摆脱了几十万国民党军队的围追堵截。此后,飞夺泸定桥、强渡大渡河,在缺衣少食、饥寒交迫的情况下,吃着野菜树皮,翻过人迹罕至、白雪皑皑的夹金山,越过野草丛生、沼泽遍布的大草地,攀登悬崖陡壁突破天险腊子口……1935年10月,在纵横十一个省、走过二万五千里艰苦长路后,中央红军终于胜利到达了陕甘苏区。

356

一二·九运动

　　国难当头之际,国民党政府背民心,对长征的红军千方百计围追堵截,对悍然来犯的日寇却采取不抵抗主义。1931年,日本关东军用阴谋和武力强占了我国东北一百二十八万平方公里的国土,三千多万父老成了沦陷区的亡国奴。但日军侵吞中国的脚步并未就此罢休。1935年下半年,日本又发动华北事变,在冀东扶持起了汉奸殷汝耕的傀儡政权——"冀东防共自治政府"。冀东二十多个县的国土脱离了中国的统辖。

　　失地丧权的耻辱,亡国灭种的危机,令国人忧愤;国民党政府继续推行不抵抗政策,令国人激愤。尤其是处在国防最前线的北平(今北京)的学生,更感到了一种切肤之痛——"华北之大,已经安放不得一张平静的书桌了"。

　　在此民族危机面前,中国共产党于8月1日发表宣言,号召全国人民团结起来,停止内战,一致抗日。11月18日,在中共北平临时工作委员会的领导下,北平市大中学校学生联合会成立。随即,学联决定以请愿的方式发动一次抗日救国行动。12月6日,北平十五所大中学校发表宣言,反对冀东的"防共自治",呼吁国民党政府宣布对日本的外交政策,讨伐殷汝耕,动员全国军民对敌抵抗。

　　这时,传来了"冀察政务委员会"将于12月9日成立的消息。这是国民党政府为适应日本帝国主义的"华北政权特殊化"要求而意欲成立的一个配合性的政务机构。这个委员会一旦成立,即意味着中国政府承认了殷汝耕傀儡政权的合法性,以及日本在华北权益的合法性。

　　于是,北平学联党团决定在这一天举行抗日救国请愿,各校学生自治会投入了紧张的动员和准备工作。

12月9日这天，寒风凛冽。在黄敬、姚依林、郭明秋等共产党员的组织和指挥下，三千余名爱国学生涌上街头请愿游行。东北大学、中国大学、北平师范大学和市立女一中等校学生，在队伍前列开道。当局事先得知情况，清晨便下达了戒严令，在一些街道要冲设了岗哨。清华、燕京等城外学生因军警阻拦，在西直门同军警发生冲突。上午10点左右，城内一两千名学生冲破军警的阻拦，汇集到新华门前。"打倒日本帝国主义！""全国武装起来保卫华北！""收复东北失地！""打倒汉奸卖国贼！""人民！武装你们自己！"……口号声穿越寒冰，响彻天宇。

同时，各校还临时推举董毓华、宋黎、于刚等十二人为代表，向国民党政府军事委员会北平分会代委员长何应钦递交请愿书。然而，对于请愿的学生代表，何应钦却避而不见。

请愿不成，群情激愤。各校代表当即决定改请愿游行为示威游行。队伍由新华门出发，经西单、西四，然后奔向沙滩、东单，再到天安门举行学生大会。一路上，不时有法商学院、北平大学医学院、中法大学、北京大学等校学生冲破军警包围，加入游行行列，队伍逐渐扩大到五六千人。

学生们向沿街的群众宣讲抗日救国的道理，散发传单，并得到了群众的鼓掌和支持。当队伍前锋到达王府井大街，后尾尚未走出南池子时，便有大批警察冲出，用大刀、木棍、水龙对付手无寸铁的学生。冰冷的水柱喷射到学生们的身上，皮鞭、枪柄、木棍没头没脑地落在学生们的头上，但大伙不畏强暴，队伍仍然在顽强地进发。最后，在反动军警的强势镇压下，有三十多位学生被捕，百余人受伤，游行队伍被打散，反动当局还派军警封锁了各大中学校。

学生的爱国运动沉重打击了日本帝国主义的嚣张气焰和国民党政府的卖国主义，迫使"冀察政务委员会"不得不延期成立。

次日，北平各大中学校发表联合宣言，宣布自即日起举行总罢课。同时，北平学联发布《宣传大纲》，指出要实现中华民族的自由解放，必须联合全国民众，结成统一战线。

北平学生的爱国运动得到了全国人民的支持和响应。各地大中城市先后爆发爱国集会和示威游行，许多学校和工会等组织给北平学生发来函电，以示支持。爱

国人士及众多海外华侨也纷纷成立各界救国会,以各种方式支援爱国学生。北平各校则在中共北平临时工委的领导下,建立和健全了自己的组织,于 12 月 16 日,国民党当局意欲再度成立"冀察政务委员会"的那一天,再次举行声势更为浩大的示威游行,并召开市民大会,通过了有关抗日救亡的八个决议案。

就此,全国人民的爱国民主运动掀起了新的高潮,一二·九运动有力地推动了抗日民族统一战线的建立。

七君子事件

攻占华北后,日本帝国主义武装侵略中国的步伐步步趋紧,全国人民团结一心、奋起要求抗日的呼声一浪高过一浪。1936年5月,"全国各界救国联合会"在上海发起成立。该会成员响应中国共产党建立抗日民族统一战线的号召,要求国民党停止内战,释放政治犯,并与中共谈判,建立统一的抗日政权等。救国会的爱国举动惹恼了急于剿共的国民党当局。1936年11月23日凌晨,上海警方根据当局指令,秘密非法逮捕了沈钧儒、邹韬奋、李公朴、章乃器、王造时、沙千里、史良等七位救国会领袖,随后将他们移解苏州,关押在江苏高等法院看守所。由于这七个人都具有相当的社会地位,因此,这一事件被称为七君子事件。

七君子事件激起了中国共产党人、全国人民和国内外各方面人士的强烈抗议和谴责。宋庆龄、何香凝、张学良、杨虎城和国际友人罗素、杜威、爱因斯坦等,纷纷要求国民党政府无条件释放沈钧儒等人。但国民党政府非但拒不释放,还在1937年4月3日向七人提起公诉,并于6月11日和25日在江苏省高等法院两次开庭审讯。《起诉书》全然建立在诬陷、歪曲的基础上,因此破绽百出,不堪一击。

沈钧儒等人坚持抗日救国立场,在狱中和法庭上进行了不屈不挠的斗争。年过六旬的沈钧儒特意书写下"还我河山"的条幅,悬挂在狱室中以激励斗志。其他几位同样在狱中每天坚持锻炼身体,坚持学习、写作,从不懈怠。在狱中,沈钧儒写了好几首悲壮激昂的诗词。邹韬奋则陆续写出了《经历》、《萍中忆语》、《读书偶译》等著作。李公朴习字不辍,每日临摹《张黑女墓志》等。

开庭那天,法院门口挤满了人,大家都是前来一睹"七君子"的风采的,同时也想对他们表示敬意。法院当局见势不妙,便贴出布告,改公开审讯为不公开审讯,

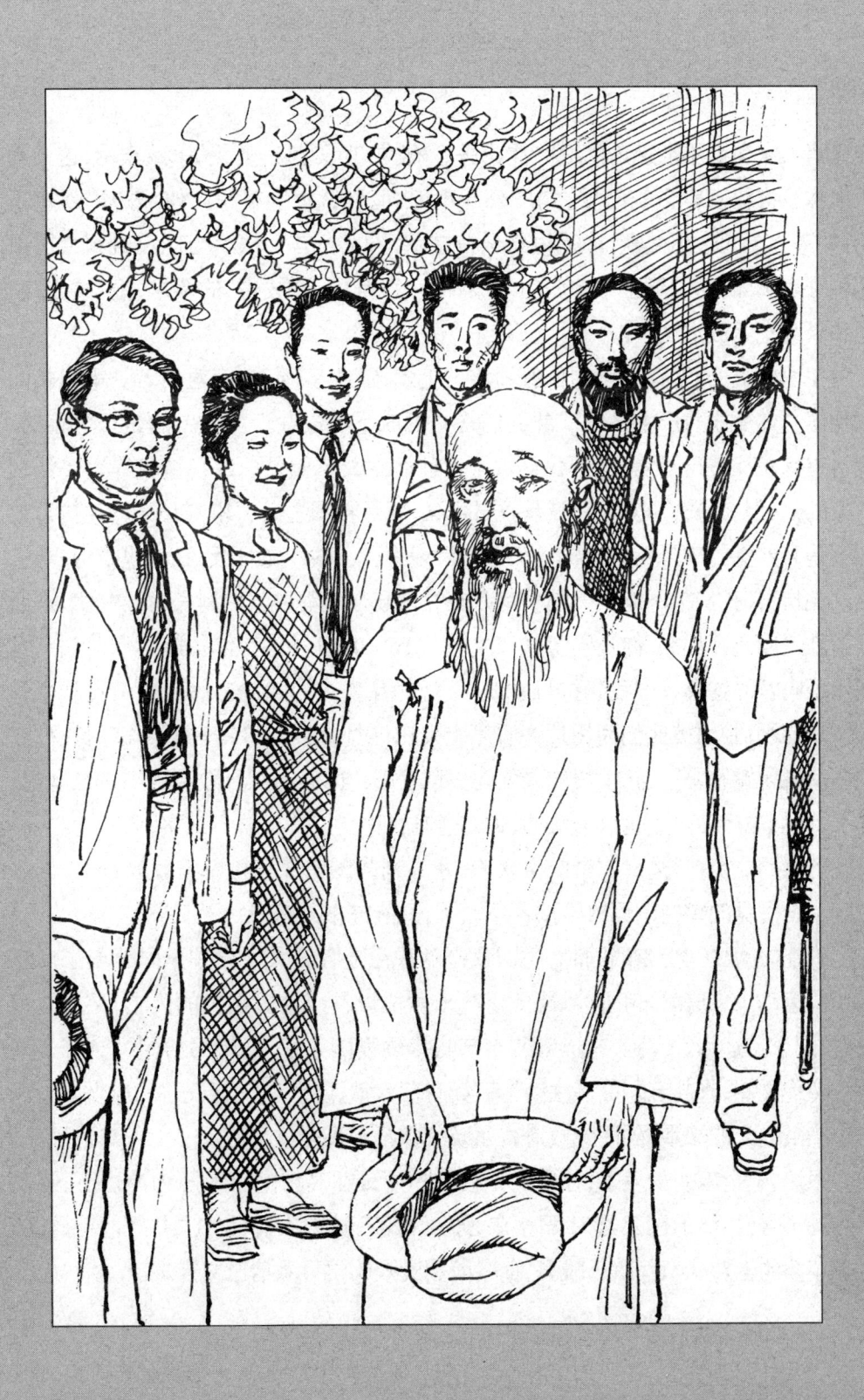

连当事人家属都不准进入法庭。沈钧儒等"被告"听说这一变更,一致表示:这个案子根本没有秘密审讯的必要,如不公开审理,他们就拒绝答话。他们的律师也表示:如果当事人个个缄默,律师也将保持缄默,不发一言。法院当局没料到会出现这种难堪场面,为了能正常开庭审理案件,只得答应了"被告"的要求,把"被告"家属和新闻记者放进法庭。

在法庭上,面对审判官的百般刁难,"七君子"从容不迫、应对自若。审判长问沈钧儒:"你赞成共产主义吗?"沈钧儒答:"赞成不赞成共产主义? 这是很滑稽的。我请审判长注意这一点,就是我们从不读什么主义。如果一定说被告等宣传什么主义的话,那么,我们的主义,就是抗日主义,就是救国主义!"审判长又问:"抗日救国不是共产党的口号吗?"沈钧儒义正词严地答道:"共产党吃饭,我们也吃饭,难道共产党抗日,我们就不能抗日吗? 审判长的话被告不明白。"审判长愣了一愣,进而狡猾地追问道:"那么,你是同意共产党抗日统一的口号了? 你知道你们被共产党利用了吗?"沈钧儒说:"我想抗日求统一,当然是人人同意的。假使共产党利用我们抗日,我们甘愿被他们利用!"旁听席上发出一片掌声。检察官看到审判长被沈钧儒反驳得尴尬窘迫,急忙扭转局面向史良发问:"你们的抗日救国组织未经登记,那么,你们的活动自然也是非法的,你知道吗?"史良直言:"抗日二字,人同此心,心同此理,除非检察官是日本帝国主义者,才会判救国有罪!"检察官理屈词穷,十分狼狈。国民党的审判闹剧终于演不下去了,只能宣布退庭。

就在"七君子"受审的同时,中国共产党和社会各界人士已在全国开展了广泛的营救运动。宋庆龄、何香凝、胡愈之等十六位极具社会影响力的人士,又共同发表《救国入狱运动宣言》。宋庆龄甚至亲自率领爱国人士,携带写给国民党苏州高等法院的文件,直赴苏州高等法院"请求羁押"入狱,要求与"七君子"一道坐牢。面对宋庆龄等人的义举,国民党政府真是既狼狈不堪又无可奈何。

很快,七七事变爆发了,在全民抗战的呼声日益高涨的巨大压力冲击下,国民党当局不得已,终于在 7 月 31 日上午,通过法庭正式宣布释放"七君子"。至此,历时半年多的七君子事件落下帷幕,而各阶层民众的抗日激情已被点燃。

两将军"兵谏"蒋介石

1936年12月12日,古城西安突然曝出了一个惊天大新闻:当时中国的最高统帅蒋介石被扣押起来了!做这事的竟然是他手下的两员大将:东北军将领、西北"剿匪"总司令部副总司令(总司令由蒋介石亲任)张学良和西安绥靖公署主任杨虎城!

张、杨两将军扣押蒋介石的目的是为了停止内战,一致抗日。

九一八事变后,日本侵略者不停步地向中国进攻,企图独占中国。国民党统治者一面倾全力"围剿"长征中的工农红军,一面仍然对日本侵略者节节退让,到1935年12月,日本侵略者开始实行华北特殊化,整个华北危在旦夕。全副武装的民族敌人深入国土,激起了全国人民反抗侵略的热潮。一些爱国的国民党将士也都深感有责任守卫国土,张学良、杨虎城就是其中的代表。尤其是张学良,东北的丢失、东北乡亲的流亡之苦让他痛心疾首。他曾多次力劝蒋介石停止打内战、与共产党一起枪口一致对准日本侵略者,但都遭到拒绝。

1936年12月4日,蒋介石来到西安,逼迫张学良、杨虎城率领全部军队开赴陕北前线"剿共"。张学良、杨虎城连续几天向蒋介石反复进谏,却遭到蒋介石的严厉训斥。12月7日下午,张学良到蒋介石所住的临潼华清池,再次向他痛陈利害。两人争论了两三个小时,张学良讲得声泪俱下,蒋介石仍不为所动,最后干脆把桌子一拍,厉声说:"你现在就是拿枪把我打死了,我的剿共政策也不能变!"

12月9日,中国共产党组织大规模的群众游行示威,纪念一二·九运动一周年。特务军警开枪打伤一名小学生,群众非常激愤,决定到临潼直接向蒋介石请愿示威。蒋介石强令张学良制止学生运动,必要时可以向学生开枪。张学良接到命

令后，赶上游行队伍，极力劝说学生回去。东北大学的学生却高呼"中国人不打中国人"，呐喊"东北军打回老家去，收复东北失地"！张学良也为学生的爱国热情所感，向大家表示一周内必以实际行动答复学生要求。

当晚，张学良找到蒋介石，再次劝蒋介石抗日，并要求蒋介石放过学生，但是蒋介石怒称："对这批学生，除了拿机关枪打以外，是没有办法的。"张学良听后大怒，反问道："机关枪不打日本人反而去打爱国学生？"两人再次大吵。

盛怒之下的张学良与杨虎城商议，决定发动兵谏。两人商定，12日早晨6点，在西安、临潼两处同时行动，兵变指挥部就设在杨虎城的新城公馆。张学良的东北军负责捉蒋，杨虎城的十七路军负责解决在西安的蒋系部队、控制机场等地。

12日凌晨，东北军一部迅速行动包围华清池，逮捕了蒋介石；十七路军同时行动，控制西安全城，囚禁了陈诚、卫立煌等国民党军政要员。张学良、杨虎城向全国发出通电，说明发动"兵谏"的原因，提出改组南京政府、停止一切内战、开放民众爱国运动、立即释放上海被捕的爱国领袖、立即召开救国会议等八项主张。

这一事件当天便传遍西安，并迅速传遍全国、传至世界，令中外震惊，史称西安事变。

事变发生后，张学良立刻致电中共中央，希望听取中共的意见。中共中央在弄清情况并经过认真研究后认为：如果把南京置于同西安敌对的地位，有可能造成对中华民族极端危险的新的大规模内战；现在仍有可能争取西安事变和平解决，从而为结束内战、一致抗日创造条件。因此坚决主张用和平方式解决西安事变。

中共中央派遣周恩来等人在17日到达西安。南京方面在了解张学良、杨虎城和中国共产党都无意加害蒋介石而希望和平解决这次事变的态度后，于22日派宋子文、宋美龄兄妹到西安谈判。周恩来和张学良、杨虎城一起参加谈判。经过两天商谈，宋美龄等做出"停止'剿共'"、"三个月后抗战发动"等项承诺。24日晚上，周恩来在宋氏兄妹的陪同下去见蒋介石，蒋介石当面向周恩来表示"停止'剿共'政策，联合红军抗日"。西安事变获得和平解决。

西安事变和平解决后，内战在事实上大体停止下来，国共关系取得了迅速发展。毛泽东当时就说："西安事变成为国民党转变的关键。没有西安事变，转变时

期也许会延长,因为一定要有一种力量来逼着他转变。"

可惜的是,事变和平解决后,张学良没有通知周恩来,便亲自陪同蒋介石乘飞机离开西安回归南京。他一到南京,就立刻被蒋介石扣留了。此后,张学良就被软禁起来,这一禁就是几十年,直到1990年,张学良才逐渐恢复了人身自由。2001年10月,年逾百岁的张学良病逝于美国檀香山。

杨虎城将军的遭遇则更惨。西安事变后,他被蒋介石逼令辞职,"出洋考察"。全国抗战爆发后他回国,随即被国民党政府拘留,过了长达十二年的囚禁生活,并于1949年9月被蒋介石下令杀害于重庆中美合作所,终年五十六岁。

卢沟桥事变

虽然西安事变迫使国民政府将用武矛头从共产党转向日本侵略者,但却丝毫未能遏制日本侵吞中国的野心。从1937年5月起,日军在丰庄、卢沟桥一带频繁地进行实弹演习。五六月间,驻华日军司令部已在策划发动大规模的侵略战争。

1937年7月7日下午,一个中队的日军又到卢沟桥附近以北地区集结,准备晚上举行实弹演习。那么,日军为什么频频到卢沟桥附近举行实弹演习呢?

原来,当时华北已经基本被日军控制,只有北平还在中国军队手中,但也已经是三面受敌。位于北平西南面的宛平城,成为北平通往内地的唯一门户,从城西门外卢沟桥经过的铁路,也成为出入北平的生命线。对日军来说,占领卢沟桥,北平就变成一座孤立的死城,就能进而实现全面控制中国华北地区的邪恶目的。所以,日军频繁地在卢沟桥附近举行实弹演习,企图制造摩擦,挑起战端。

驻守宛平城的,是国民革命军第二十九军一部。几个月来,守军一直密切监视着日军在卢沟桥附近的行动,坚决抵制日军的各种挑衅行为。

这天晚上7点30分左右,城外日军已经开始进行夜间演习。他们的演习内容是:从龙王庙附近到东面的大瓦窑,向"敌人"的主要阵地前进,利用夜幕接近"敌人",于黎明时进行突击。龙王庙和大瓦窑分别位于宛平城西北和东北方向,三地之间分别相隔只有千米之遥,而且龙王庙有中国军队驻守。日军的夜间演习地点离我军这么近,明显带有挑衅性质。天完全黑下来后,日军开始从宛平城西北方的龙王庙向东北方的大瓦窑运动,向假想敌进攻。

大约到了晚上10点40分,突然,从宛平城东北日军演习位置传来一阵枪声。听到枪声,守城官兵马上提高警惕,加强了戒备。此时,日军停止演习,派人到城门

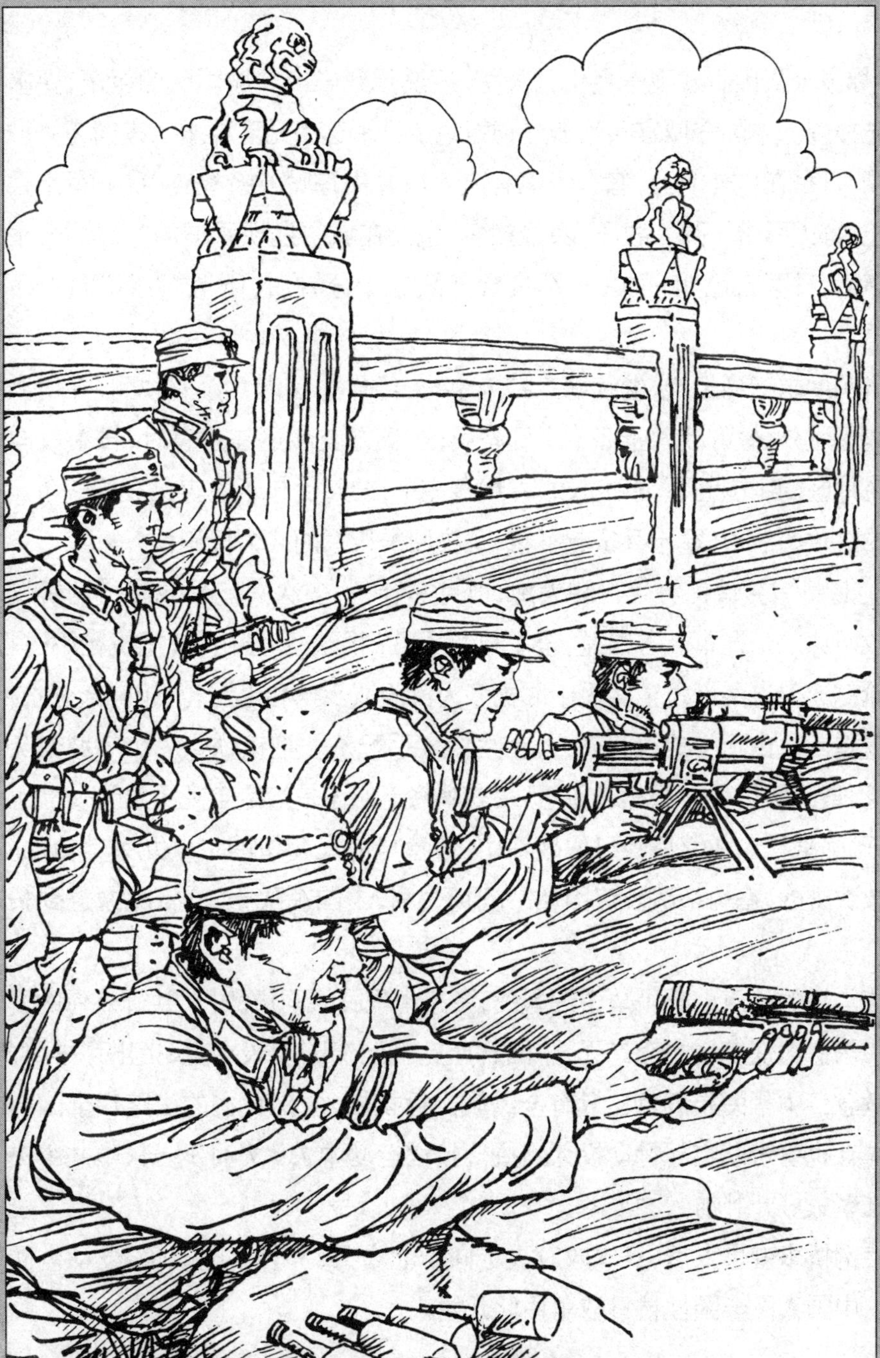

前,声称集合队伍后发现一名士兵失踪,还说听到来自守城军队的枪声,要求进入宛平城搜查。中国守城官兵当即严词拒绝了日军这一无理要求。夜间宛平城门早已关闭,日军在城外演习,怎么可能有人入城并失踪呢?经检查,我守军士兵无人开过枪,每人所带子弹一枚不少;经搜索,也没在城内发现所谓的"失踪"日军的踪迹。事后,日军自己也证实,日军集合部队二十分钟后,所谓"失踪"的士兵已经归队。

日军要求遭到拒绝,继续蓄意扩大事态,仍佯称该士兵没有找到,并增派军队赶赴宛平城外,做好战斗准备。8日凌晨,当双方交涉还在进行时,日军就向驻防卢沟桥地区的中国驻军发动进攻,并炮轰宛平县城,挑起了蓄谋已久的战争。面对日军的进攻,二十九军士兵奋起抵抗,坚决回击日军的武力侵犯!

8日,日军凭借优势兵力和大炮、坦克等装备,多次向宛平城和卢沟桥发起猛烈进攻。第二十九军装备很差,全军只有十几门野炮和过山炮,重机枪不过百挺,轻机枪每连仅有两挺。士兵手中的枪多为汉阳造步枪和毛瑟枪,还有部分土枪,并且缺少弹药。由于步枪没有刺刀,士兵们人手配备一把镔铁大刀。守城部队只有一个营,重武器更少。虽然装备落后,守军将士们还是抱定至死不退让一寸土地的决心,顽强抵抗。在之后数日的战斗中,该营与前来增援的二十九军其他部队,同日军数次交战,奋勇拒敌。终因整个战场失利,中国军队于30日晚撤退到长辛店一带。

卢沟桥的枪声震醒了全中国人民,激起中华民族同仇敌忾、共御外侮的爱国热情。卢沟桥事变发生的第二天,中国共产党就向全国发表通电,指出:"平津危急!华北危急!中华民族危急!只有全民族实行抗战,才是我们的出路!"全国各阶层爱国群众也纷纷以实际行动投入到抗日救亡运动中去。7月14日,中共中央军委命令红军做好开赴前线的准备。

卢沟桥事变爆发后,日本政府决定向华北增兵,扩大侵略战争,发动全面侵华战争。中国人民全国性抗日战争由此开始。

八一三事变

1937年8月13日至11月12日，中国军队奋勇抗击侵华日军，在上海与日本侵略者展开了殊死较量，这就是著名的八一三事变，亦称淞沪抗战。

1932年一·二八事变后，中日双方曾签订《淞沪停战协定》。其中规定，中国军队不能在上海市区及周围驻防。因此，自那时起，上海市内仅有市警察总队及江苏保安部队两个团担任守备，兵力薄弱。然而，日本却在上海虹口、杨树浦一带派驻重兵，驻沪兵力有海军陆战队三千余人，大批日本舰艇更是常年在长江、黄浦江沿岸巡弋。

1937年日本侵略军制造七七事变，侵占平津后，又企图占领上海，继而进攻南京。8月9日，日本海军陆战队两人驱车闯进虹桥机场进行武装挑衅，被中国保安部队击毙。日本以此为借口向上海增兵，并要挟中国政府撤出上海保安部队。

8月13日，日本海军陆战队向淞沪铁路天通庵站至横浜路的中国守军开枪挑衅，并在坦克掩护下沿宝山路进攻，结果被中国守军击退。次日，中国政府就发表了《自卫抗战声明》。谁知第二天，日本政府也发表声明，叫嚣要"惩罚中国军队之暴戾，促使南京政府觉醒"，还恬不知耻地说，战争是"不得不采取之断然措施"。就在同一天，日本还下达了编组上海派遣军的命令，以松井石根为司令官。

与此同时，蒋介石下达了全国总动员令，将全国临战地区划为五个战区，沪杭地区为第三战区，决定以主力集中于华东，迅速扫荡淞沪敌海军基地，阻止后续敌军登陆。

8月17日，中国军队再次向虹口、杨树浦地区的日军发起反击。第八十七师攻占日本海军俱乐部，并击退敌人多次反扑。第八十八师在八字桥、法学院、虹口公园等处与敌人反复争夺。8月19日，中国军队又一次发起攻势，从西安调来的宋希濂第三十六师也加入战斗，与第八十八师、第八十七师一起，经过昼夜激战，突破日

军阵地,攻入汇山码头。然而,日军凭借坚固的工事顽抗待援,中国军队进展困难。第三十六师第二一五团第二营三百余名官兵,攻入华德路十字街口,突入巷内与敌人展开白刃格斗,不料被日军以坦克阻塞于路口,火力袭击下,全部壮烈牺牲。

在此期间,中国空军也与日本航空队展开了激战。中国空军积极攻击进犯的日本陆军和舰艇,击落日机四十七架,炸沉日巡洋舰一艘。

8月18日至20日,日军第三、第十一师先后由日本出发,并于22日到达上海以东一百二十公里的海域,然后换乘小舰艇准备登陆。鉴于敌人增援部队登陆,威胁增大,第三战区便以第九集团军专门负责上海市区的作战,以新编成的第十五集团军负责吴淞镇以下沿江防线的作战。

8月23日清晨,日军上海派遣军第三、第十一师在优势火力的掩护下,于川沙河口、狮子林、吴淞一带强行登陆。24日,中国第十五集团军先后进到上海,向登陆的日寇发起反击。9月1日,日军一千余人围攻狮子林炮台,第九十八师一部与敌人反复白刃搏斗,多数官兵牺牲。四天后,日军集中三十余艘军舰,掩护陆军向宝山发起猛攻,中国军队顽强抵抗,守卫宝山的第十八军第五八三团第三营的五百名官兵,在营长姚子青的率领下,浴血奋战,击退日军数次冲击。战斗持续了两个昼夜,中国军队伤亡十分惨重。

由于日军不断增兵,战争逐步升级,中国军队也陆续增援,不断调整部署。9月11日以后,蒋介石甚至亲自兼任第三战区司令长官,指挥战斗。

然而,日本侵略者杀气腾腾,从9月下旬至10月初,增援部队不断在上海登陆,加入上海派遣军的作战行列。至此,日军投入战斗的总兵力已达二十二万余人。尽管日军在武器装备上占有很大优势,但直到11月初,他们都未能获得决定性的胜利,反而付出了惨痛的战争代价。日本统帅部急于在上海方面取得预期战果,决心采取新的措施。11月5日拂晓,日军利用大雾、大潮在杭州湾的全公亭、金山嘴登陆。中方战局形势由此急转直下,日军第十集团军于次日占领金山,蒋介石被迫于8日下令全线撤退。日军9日占领松江,12日便攻陷上海。至此,战役结束。

淞沪抗战历时三个月,期间,中国官兵同仇敌忾,斗志昂扬,以劣势装备与敌人搏斗,击毙击伤日寇四万多人。虽然,这场战争中方最终失利,但它却让日军见识了中国人民抗击外来侵略的决心,粉碎了日本帝国主义速战速决的迷梦。

361

平型关大捷

虽然，日寇在上海遭遇到一定的阻击，但自从以卢沟桥事变为标志的日本全面侵华战争爆发以来，日军依仗军事优势，在华北地区却一路长驱直入，两个月间便几乎侵占了整个华北，接着他们又企图抢先占领有重要战略地位的山西。9月中下旬，日寇进入山西北部，并逐步向南推进。面对日寇的步步紧逼，国民党守军纷纷撤退。

此时，中国共产党领导下的西北主力红军已改编为国民革命军陆军第八路军。随着日寇对中国侵略的加剧，1937年9月初，八路军抗日健儿在中国共产党的指挥下，积极开赴山西抗日最前线，领导人民群众抗击日寇，保卫华北。

由于开战以来，日寇在华北战场一路没有受到有效阻击，骄横不可一世。面对敌人的狂妄自大，八路军决定寻找时机打一场硬仗，狠狠打击一下日本鬼子的嚣张气焰。

这时，根据战场情报，八路军一一五师得知，日军第五师团第二十一旅团将于9月25日经过平型关向南进犯。于是，一一五师决定在平型关设伏，打鬼子个出其不意。

那么，为什么要把伏击地点选在平型关呢？

原来，平型关古称"瓶形寨"，因关前谷地形状如"瓶"而得名。关内有一条长约十三公里的地段，沟深道窄，甚为险要，两侧的高地更是便于部队隐蔽。作为雄关险隘，平型关自古就是兵家必争之地，更是伏击歼敌的理想战场。于是，一一五师首长决心抓住日军骄横、疏于戒备的弱点，利用平型关的有利地形，出其不意，以伏击手段，把经过平型关的日军歼灭于狭谷之中。

为保证战斗的突然性，各部队于24日晚利用暴雨和黑暗做掩护，连夜向平型关开进。至拂晓前，参战各团均隐蔽地进入设伏地域，并完成了战斗准备。

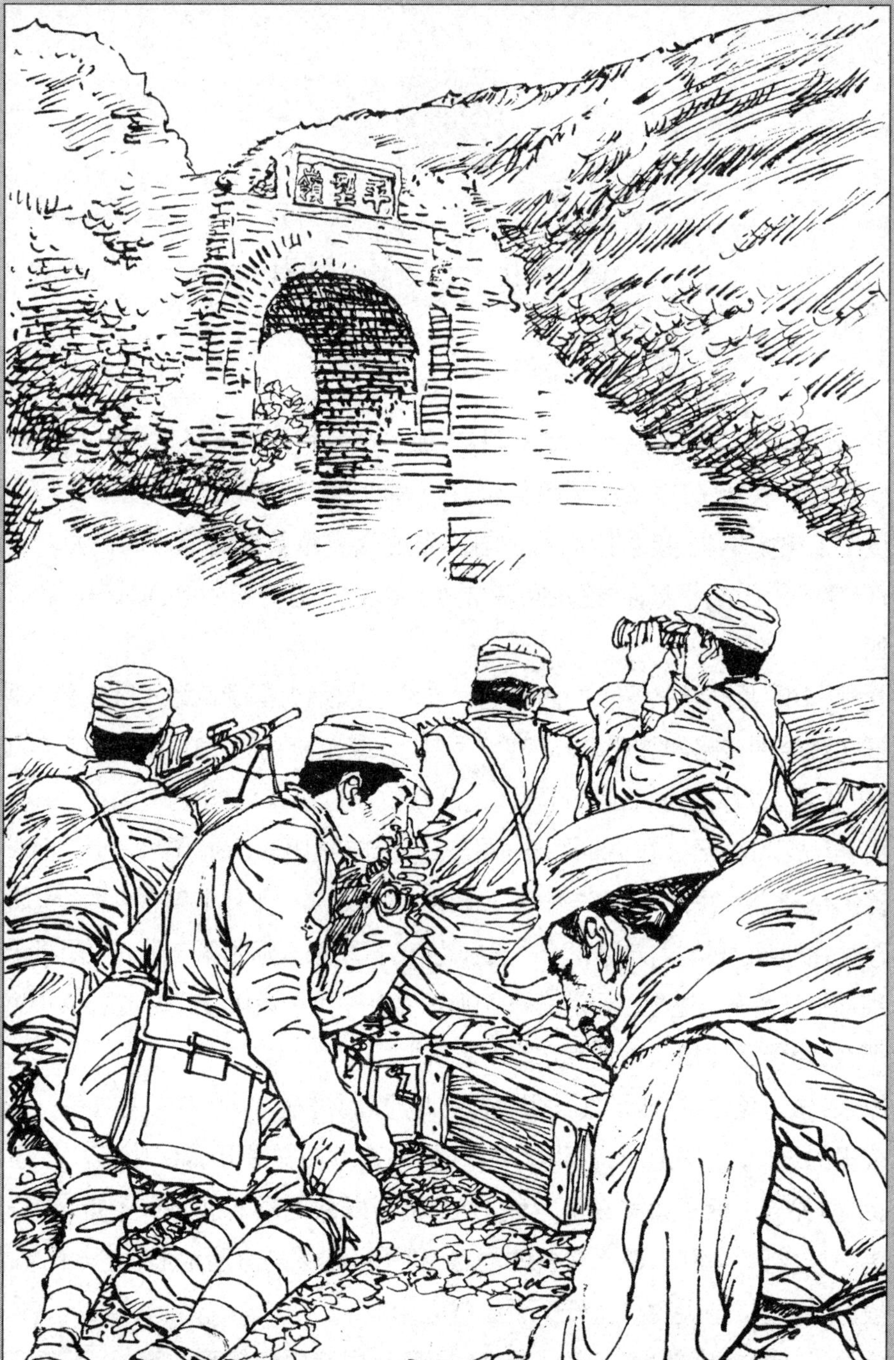
平型嶺

25日早晨，日军第五师团第二十一旅团一部四千余人，乘汽车一百余辆，附辎重大车二百余辆，沿公路进至预设战场。

当时，一一五师并不了解这支将要倒霉的日军的情况，不知道他们眼前的对手是被日本人称为"钢军"的日军第五师团。第五师团是日军中一支有着特殊荣誉的部队，其师团长是日本陆军大学的高材生，熟读《孙子兵法》、精通现代军事的日军名将板垣征四郎。不过，可能也正因为如此，这支日军太过猖狂了。行军时，队伍前方不设尖兵探路，两翼没有搜索部队警戒，大队人马大摇大摆地进入了一一五师预伏地域。

待日军全部进入设伏地域，"砰，砰，砰！"三颗红色信号弹升向天空。随着指挥员一声令下，山谷两侧伏军全线开火，山坡上顿时弹如雨下。日军被突如其来的袭击打蒙了，去路被截，退路被堵，人挤人，汽车撞汽车，马匹受惊，指挥系统一下子就被打乱了。

这股敌人隶属鬼子精锐部队，训练有素并且特别凶残。醒过神来后，鬼子们便开始利用汽车作掩护，形成小组，进行顽抗和疯狂的反扑。在激昂嘹亮的冲锋号声中，八路军战士像猛虎一样从山上冲入敌群，把鬼子的车队切成几段，与敌人展开了激烈的白刃格斗。战斗进行得异常惨烈。八路军战士前仆后继，以更加猛烈的攻势对付顽固到极点的敌人。枪托飞舞，马刀闪闪，即便是伤员也不下火线，与鬼子扭打在一起。此时，鬼子开始组织部分兵力企图抢占有利地形。一部分敌人企图抢占公路两侧的高地，掩护突围。敌人的意图被及时识破后，八路军战士们以迅雷不及掩耳之势，迅速占领了老爷庙及其以北高地。鬼子们疯狂地向老爷庙高地发起进攻。战士们顽强作战，打退了鬼子一次又一次的进攻，守住了高地，与公路东侧的部队构成对敌夹击之势，继而将敌人"压缩"于一段峡谷之中。

激战一直持续到下午。八路军发起总攻，部队全部杀向公路，将鬼子冲得七零八落。除部分日军突围外，被包围在沟中公路上的鬼子全部被消灭。战斗中，八路军以劣势装备一举歼灭日军精锐板垣师团第二十一旅团一部一千余人，击毁汽车一百余辆、马车二百余辆，缴获轻重机枪二十余挺、长短枪一千多支及其他大批军用物资。

平型关大捷是全国抗战开始以来，中国军队取得的第一次大胜利，粉碎了"日本皇军不可战胜"的神话，极大地振奋了全国军民的胜利信心，提高了共产党和八路军的威望。

南京大屠杀

共产党在平型关打了场漂亮的胜仗,但从东南沿海一带杀来的日寇经过淞沪会战,却一路北进,攻向南京。1937年12月13日,国民政府首都南京陷落。在侵华日军华中方面军司令官松井石根和第六师团长谷寿夫等法西斯分子的指挥下,端着带血刺刀像野兽一般的日军,对早已没有抵抗和失去战斗力的中国守城士兵以及手无寸铁的南京市民,进行了长达六周、惨绝人寰的大规模血腥屠杀。

13日上午,日军第六师团谷寿夫部,首先由中华门、雨花门进入南京城。当时中山北路和中央路上,到处是已经放弃抵抗和放下武器的中国士兵以及大批难民。日军入城之后,随即将他们当做枪杀目标。霎时间,马路之上,街巷之内,血溅肉飞,尸首纵横。第二天,日军如潮水般涌入城内,坦克车、炮队、步兵、卡车,络绎不绝,更加恐怖的惨剧随即上演。他们一边继续搜杀街巷中的难民,一边在中山码头、下关车站等处,对聚集江边的难民疯狂射击,枪杀数万人。15日,日军将中国军警人员两千余名,解赴汉中门外,用机枪扫射,焚尸灭迹。当天晚上,又有中国平民及已解除武装的军人九千余人,被押往海军鱼雷营屠杀。16日傍晚,中国士兵和难民五千余人,被日军押往中山码头江边。疯狂的侵略者先用机枪射杀中国百姓,再抛尸江中,最终只有几人幸免于难。17日,日军将从各处搜捕来的军民和南京电厂工人三千余人,带至煤岸港至上元门江边用机枪射毙,一部分用木柴烧死。18日,日军将城郊难民及战俘五万七千余人用铅丝捆绑,驱赶到下关草鞋峡,同样先是用机枪扫射,然后又用刺刀乱戳,再浇上煤油,纵火焚烧,最后将残余骸骨抛入长江……

日军滥杀无辜,其手段之残酷令人发指。当时南京下关码头、秦淮河一带血流

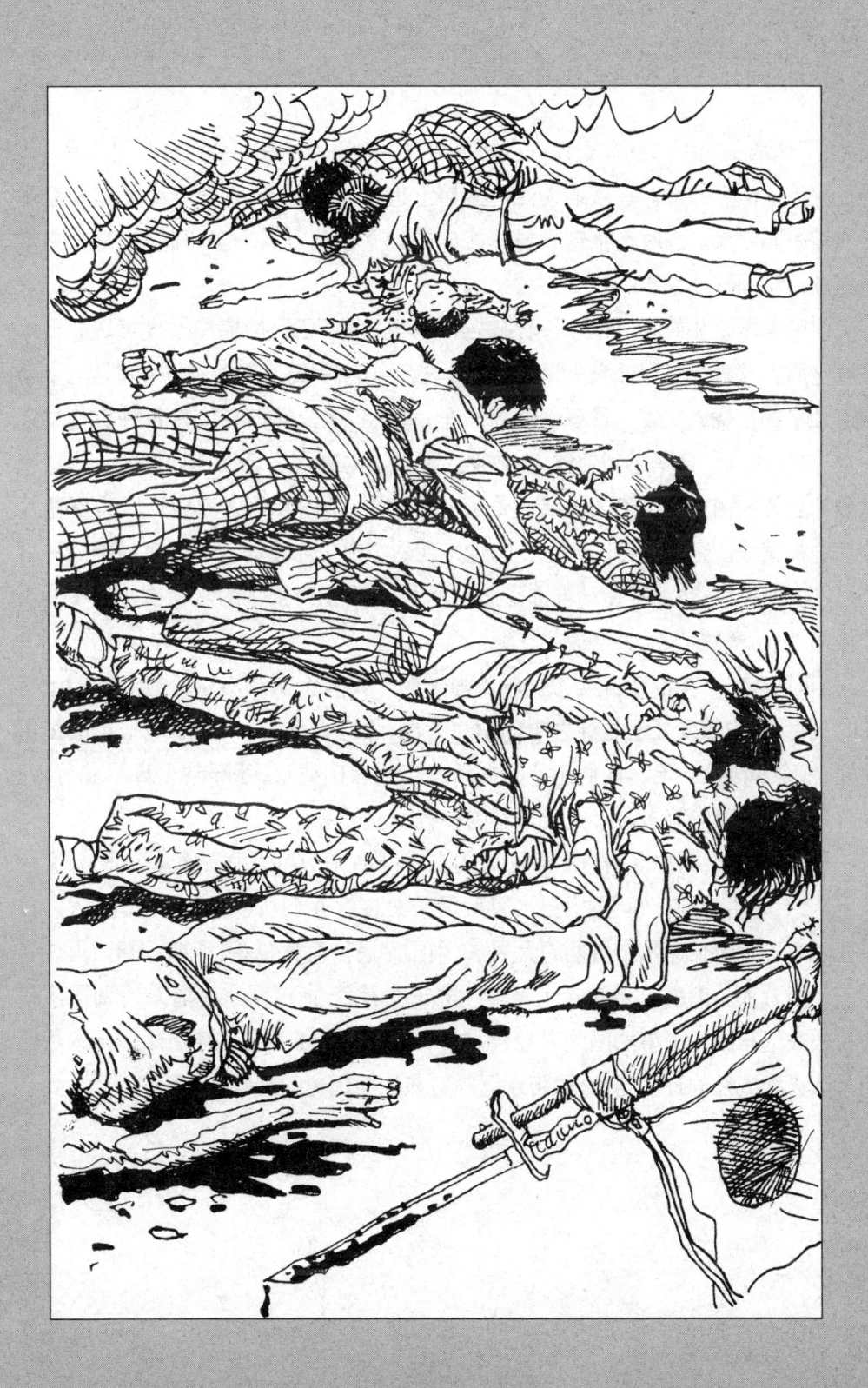

成河，尸体堆积如山。日本士兵竟以屠杀中国人为乐事，有的甚至还展开"杀人比赛"，犯下了滔天罪行。在灭绝人性的大屠杀进行的同时，日本侵略者还在南京肆意强暴中国妇女。当时南京遭到日军凌辱的妇女达八万人之多，其中大部分人最后都被日军凶残地杀害了。

伴随着屠杀和奸淫，日军对南京进行了大规模疯狂的抢掠和纵火焚烧。日军进城之后，一路之上，到处纵火，沿中华门一路到下关江边，到处是浓烟烈火，半个城市几乎都被烧成灰烬。日军驾驶着汽车，直入各大公司、商店，将各种货物劫运一空。抢劫之后，日军还到处放火，致使主要街道的高大建筑物都被烧毁。当时南京最为重要的商业区街道太平路被炸成一片焦土，市内其他各商业街区也都整片整片地被焚毁。全市约有三分之一的地方在烈焰中化为废墟。在南京周围的一百公里以内的村庄，也大都在劫难逃。浩劫之下，昔日街市繁华的六朝古都成了一座尸体遍地、断壁残垣、满目凄凉的死城。

当时，有二十多位来自美、德、丹麦等国的外籍人士留在南京。他们以自己特殊的身份，奋力救助处于危难之中的南京人民，设立安全区，尽可能地给难民提供住处、粮食和医疗救治。他们还不断向日本当局提出抗议，呼吁制止日军暴行，并以日记、书信、摄影等多种形式将日军的暴行记录下来。

据1946年2月中国南京军事法庭的查证：日军在南京犯下的集体大屠杀案达二十八宗，杀害中国百姓十九万人；零散屠杀案八百五十八起，杀害十五万人。日军在南京进行了长达六个星期的大屠杀，中国军民被集体枪杀、活埋、刀劈、火烧者达三十多万人。南京大屠杀惨绝人寰！抗战胜利后，指挥南京大屠杀的刽子手松井石根被远东国际军事法庭处以绞刑，谷寿夫被引渡给中国政府处死。日本法西斯军队灭绝人性的野蛮与凶残，将永远被钉在人类历史的耻辱柱上！

台儿庄大捷

日本侵略者自从1937年攻陷南京、血腥屠城之后，到1938年初，又先后攻占了北平、天津、太原、石家庄、济南等华北中心城市，华东除了南京外，上海、杭州等大城市也全部沦陷。被"辉煌胜利"冲昏头脑的日本帝国主义，急于连接起华北与华东两大占领区，"乘胜"西进中国腹地。于是，打通连接华北与华东的主要枢纽——津浦铁路，成为日军的当务之急。

1938年3月，日军第十师团濑谷支队沿津浦线南下，与从山东临沂南下的敌第五师团坂本支队西、东两方向策应，企图在台儿庄会合，打通津浦线，然后会攻军事战略要地徐州。国民政府为赢得重新部署军队、补充装备的时间，决定在以徐州为中心的第五战区与日军进行会战。

3月14日，日军第十师团濑谷支队向离台儿庄不远的滕县（今山东滕州）发起进攻。这支日军实力十分雄厚，总数约有三万余人，拥有各类坦克车近八十辆，还有一百余门山野炮和重炮，并有空军配合，气焰非常嚣张！中国守军顽强抵抗。终因敌众我寡，滕县于18日落入敌手，守军师长王铭章以下大部分官兵壮烈牺牲。攻占滕县后，敌人更加气势汹汹，直奔台儿庄而来。战争的阴云，已经笼罩在台儿庄上空！

坐镇徐州的第五战区司令李宗仁将军，决定利用日军轻敌冒进的心理，派军队死守台儿庄，拖住敌人，趁机包围歼灭敌人。趁日军进攻滕县之时，他就制订了详细的台儿庄作战计划，并调集两个集团军十余万人马，在台儿庄严阵以待，准备迎击日军。

20日，日军第十师团濑谷支队逼近台儿庄。3月23日，台儿庄外围守军与日

军交火,著名的台儿庄战役打响了。台儿庄,这个距徐州东北约六十公里、名不见经传的小城镇,因为这场血战而被牢牢地记载在了抗日战争的历史上。

交战之初,日军自恃装备精良,根本就没有把装备落后的中国军队放在眼里。在飞机、大炮、坦克的掩护下,日军向台儿庄发起疯狂进攻。面对敌人的猛烈攻势,守城将士坚守阵地,用密集的子弹回应敌人的进攻。在日军猛烈炮火的轰炸下,城墙被炸出了缺口,敌人趁机蜂拥而上。中国将士冒着猛烈的炮火,与敌人展开惨烈的肉搏战,用刺刀、大刀片与突入阵地的敌人逐屋拼杀,将敌人赶回城外。骄狂的敌人没有想到,他们虽有强大的火力,但每前进一步,都要付出极大的代价!

直到27日,经过数个昼夜的激战,敌人在付出惨重代价后,才在飞机、坦克的掩护下突击到城区。而等待他们的,却是一场更为残酷、更激烈的街巷拼杀战。街巷院宅,刀剑相撞,杀声不绝,敌我短兵相接,逐屋逐街争夺。几乎每座房屋都要几经争夺,往往是白天为日军占领,守军在夜间夺回。白天日军再占领,夜间守军再夺回。经过七天七夜激烈的拉锯战,敌人伤亡惨重,中国守军也是损失十之七八,台儿庄满城废墟,尸骨累累。

到4月3日,我台儿庄守军已伤亡殆尽,全城三分之二已被敌人占领,只有南关阵地还在中国守军手里。敌人更是调集重炮猛攻,志在必克。中国守军以必死决心,死守不退。眼见阵地越来越小,战士越来越少,部队快打光了。悲愤难忍的守军师长池峰城,情急之下,拿起电话向孙连仲司令请求暂时撤退。孙连仲大声吼道:"即使剩下一个人也要战斗到底!你要撤就先拿你的头来见我,然后再拿我的头去见战区司令长官!"池师长奉命后,乃以必死决心,逐屋抵抗,任凭敌人如何冲杀,也死守不退。

4日夜里,守军组织敢死队趁黑向敌人发起了冲锋。战士们手持大刀,奋勇异常。恶战一直持续到凌晨。敌人付出惨重代价才占领的街巷,又被中国军队奇迹般地夺回了大半。6日,李宗仁赶赴台儿庄附近,指挥各部向日军发起全线攻击。7日凌晨,中国军队对敌人展开全线猛烈反攻,重创日军。已成强弩之末的日军开始动摇,全线仓皇撤退,溃不成军。中国军队趁机向敌人猛追,如疾风扫落叶,锐不可当。敌军被歼一万余人,遗尸遍野,被击毁的各种车辆、弹药、马匹遍地皆是。中

国军队大获全胜。

　　这就是令举国振奋的台儿庄大捷,也是全面抗战以来,国民党军队正面战场上一次最大的胜利。台儿庄大捷在国内外引起极大的震动,全国军心、民心为之一振,它也改变了国际上对中日战争前途的看法。台儿庄大捷,将永远载入中华民族抗击外来侵略的光辉史册。

364

郑振铎"抢救"古籍珍品

随着国难沦亡日益加剧,上海在两次遭受日军的猛烈进攻后,到了1938年几乎整个变成了一座孤零零的沦陷小岛。日军不断地在上海挑衅引起事端,沪上租界局势日渐紧张。不论是富贵人家还是平民百姓,日子都越过越艰难,大家纷纷离开上海,躲到相对安全的地方去。为了逃命,不少人被迫变卖祖传的珍藏,那些昔日难得一见的古籍文物大量流入街市、地摊,有的也被破坏得十分厉害。然而,更糟糕的是,每天都有国宝流向海外或敌伪机关。

就在这人人自危、忙着逃命的时刻,在炮火隆隆的上海租界,有一个忙碌的身影总是穿梭在那些售卖古籍珍品的街市里。此人年近不惑,身材高大,天庭饱满,高高的鼻梁上戴着一副旧式的圆框眼镜,穿着极为整洁干净,说起话来也相当斯文,一看就是饱读诗书之人。每当他驻足在这些罕见的古籍前,双眼就会透过镜片折射出激动的光芒,紧皱的双眉也会随之舒展开来,厚实的双手则小心翼翼地摩挲着那些泛黄的文本。就这样,在枪林弹雨里,他一次又一次把我国珍贵的古籍文物从水深火热中"抢救"出来,一晃就是八年。

要问这位视古籍珍品比自己的生命还重要的神秘人物究竟是谁?他就是我国现代著名的爱国主义者和社会活动家郑振铎。出生于1898年的郑振铎是福建长乐人,笔名西谛。他不仅在文学创作和评论、文学史研究、艺术考古史以及文学翻译等多个领域取得了极大的成就,更是一位在古籍版本鉴定和善本收藏方面极具眼光和功力的收藏家。1958年,在郑振铎逝世之后,他的夫人高君箴遵照他的遗志,将他早年在京沪两地费尽心力甚至是用生命换来的珍贵藏书,全部捐献给了国家,共计17 224部、94 441册。今天,在北京的国家图书馆里专门设有特色专藏"西

谛藏书"，这真是郑振铎一生与古籍结缘的写照。

在这样一段铭心刻骨的书香岁月里，有许多感人的瞬间，其中，郑振铎一波三折"抢救"《元刻古今杂剧》古籍珍品的经历，就常常为人提及。

那是1938年初夏的一个夜晚，郑振铎在接完中国书店的经理陈乃乾打来的电话之后，欣喜地发现寻觅多年的《元刻古今杂剧》似乎就近在眼前。这是郑振铎早在九年前就心心念念的一部国宝级的戏曲总集，全套共六十四册，规模宏大，含抄本、刻本二百四十二种。其中，仅元剧就有二十九种孤本。时隔九年，朝思暮想，现在终于有可能入手，真令他忍不住地从心头涌出一阵狂喜。只是，一个大大的困惑又缓缓升起——此书全套应为六十四册，眼下陈乃乾来电却说只有三十二册，这究竟是怎么回事呢？

原来，这套书分别落在了两人手上——一半在书商唐先生处，也就是陈乃乾打听到的那三十二册，而另一半在古董商孙先生那儿，需分别花大价钱购买。得到这一可靠消息后，兴奋的郑振铎决定先前往唐家买书，结果竟被告知三十二册杂剧已被精明的孙先生抢先一步以高价购走了。双玉合璧，孙先生占着完整的《元刻古今杂剧》，哪里还肯轻易出手！况且此时，外国和敌伪势力也正大肆搜罗中国的古籍珍品，为求善本往往不惜一掷千金。这对一介书生的郑振铎不啻为晴天霹雳，眼见着苦思苦寻了近十年的珍本垂得而复失，郑振铎夜不成寐了。

在实在没有办法的情况下，郑振铎只能再次找到陈乃乾，表达了"救书"的信念："我只有一个请求，请转告孙先生，此书万不可售与洋人，亦不可为敌伪所获。但烦宽些时日，我定设法筹足书款！"陈乃乾望着郑振铎坚定的神情，暗自点头，打从心眼里敬佩郑振铎的拳拳爱国之心。最终，郑振铎四下筹款，靠着朋友的帮助，以九千元的高价购得全套六十四册的《元刻古今杂剧》，成功地避免了此套珍品流失海外的可能。

正如郑振铎先生在《求书日录》里留下的一段话，正是出于对中华民族传统文化的满腔赤诚，使他将整个生命都投注在"抢救"古籍珍品的行动之中，视金钱如粪土，弃安危于不顾："我辈书生，手无缚鸡之力，百无一用，但却有一团浩然之气在。横逆之来，当知所以自处也。使民族文化历千古而不灭失，此担挑在肩上，一息尚存，绝不放下！"

《黄河大合唱》与冼星海

伟大的时代,总能产生伟大的文艺作品。在中华民族反抗日本帝国主义侵略的伟大战争中,就产生了《黄河大合唱》这一不朽的音乐作品。

《黄河大合唱》是一部交响声乐套曲,气势磅礴,包括《黄河船夫曲》、《黄河颂》、《黄河之水天上来》、《黄水谣》、《河边对口曲》、《黄河怨》、《保卫黄河》和《怒吼吧,黄河》八个乐章。其中"风在吼,马在叫,黄河在咆哮,黄河在咆哮"这一段尤为脍炙人口。

那么,这样一部反映中华民族英勇不屈的民族精神,气势宏大而又形象丰富的音乐作品是怎么诞生的呢?

这还要追溯到1939年初延安的一场除夕联欢会。

这一时期,正是日本侵略军在华气焰十分嚣张的时候,中国大地上,到处可见妻离子散、离乡背井的凄凉画面。1938年11月武汉沦陷后,著名诗人光未然带领抗敌演剧三队,从陕西宜川县的壶口附近东渡黄河,转入吕梁山抗日根据地。就在他们渡黄河时,诗人一行目睹了黄河船夫们与狂风恶浪搏斗的情景,聆听了高亢、有力的船工号子。年轻的诗人深受感动,顿觉全身热血沸腾,在次年1月抵达延安后,他就以惊人的速度,创作出了《黄河》的词作,并在除夕联欢会上朗诵了这部诗篇。

"我把这部新作献给我们的母亲河——黄河。这个作品共有八段,体裁、形式各不相同,每一段的开始都是'说白',也就是引子,然后,我想应该是歌唱部分。"

说着,光未然就朗诵起来:"朋友!/你到过黄河吗?/你渡过黄河吗?/你还记得河上的船夫/拼着性命/和惊涛骇浪搏斗的情景吗?/如果你已经忘掉的话,/那

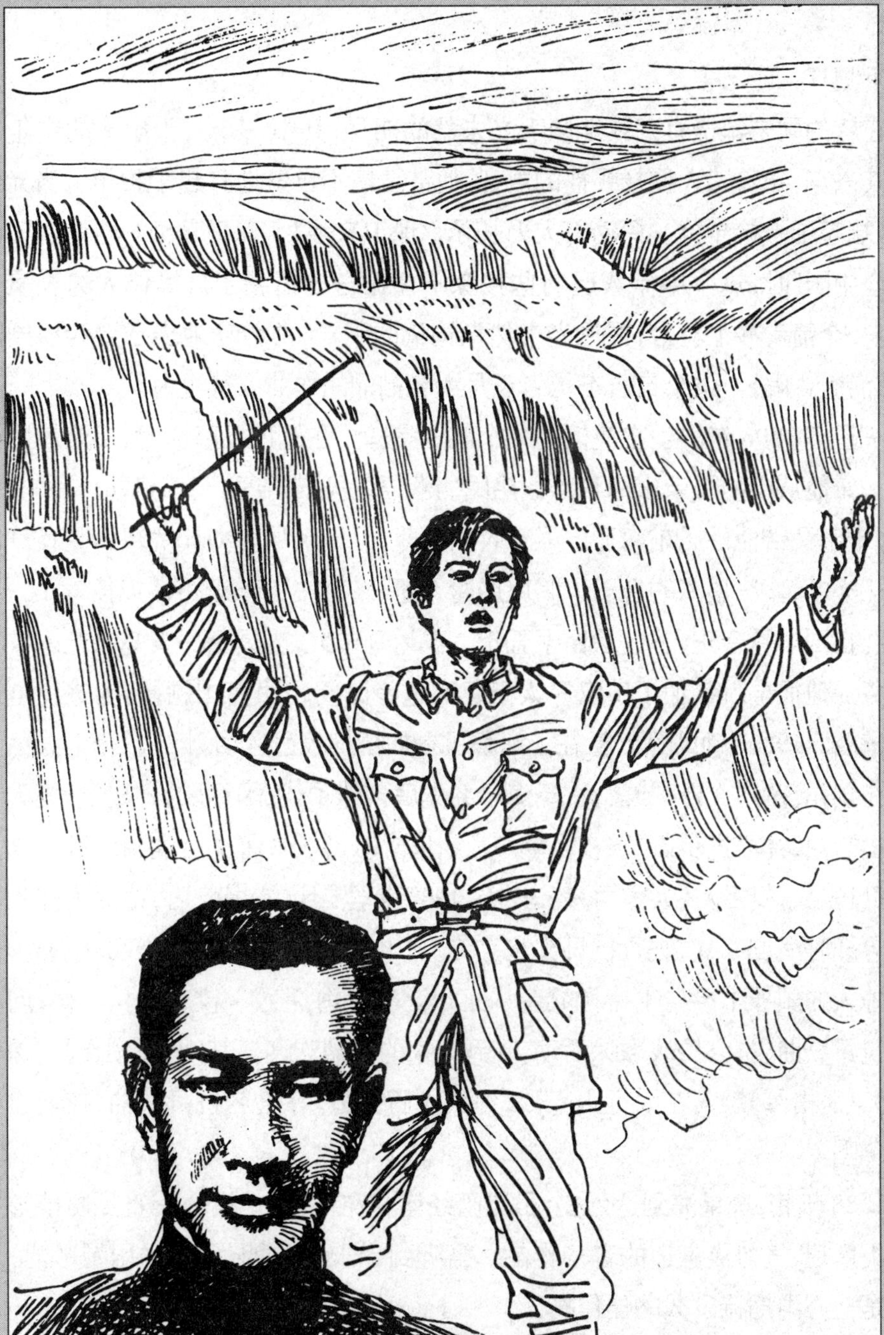

么你听吧!"

在座的同志都饶有兴致地倾听光未然的朗诵,其中一个三十出头的中年人显得尤其兴奋,随着诗人抑扬顿挫的声音,他甚至情不自禁地打起了拍子。当光未然念到"端起了土枪洋枪,/挥动着大刀长矛,/保卫家乡!保卫黄河!保卫华北!/保卫全中国"时,这个中年人已有些按捺不住振奋的情绪了。等诗人的表演一结束,他一个箭步冲上舞台,握住光未然拿词稿的手,非常激动地表示要为演剧队创作《黄河大合唱》。这个自告奋勇者正是大名鼎鼎的作曲家冼星海。

冼星海1905年出生在澳门的一个船民家庭。在他还没降生时,父亲就因海难去世了。他从小随母亲出海打鱼。船民的歌谣,是他最初的音乐熏陶。后来,为了谋生,母亲又带他侨居东南亚。尽管收入微薄,但母亲尽全力让冼星海受良好的教育。从小学起,冼星海的音乐天赋就展露无遗,一直在校音乐团体担任骨干。后来他回到祖国学习音乐,还赴法留学五年。作为音乐家,冼星海一直坚持艺术要为时代服务。他很早就参加了田汉等人组建的进步民间剧团南国剧社,为进步电影和话剧谱曲。1935年回国后,他在上海积极参加抗日救亡运动。

在创作《黄河大合唱》前,冼星海已经先后创作了《救国军歌》、《战歌》等大量抗日救亡歌曲,并为进步影片《夜半歌声》、《壮志凌云》、《青年进行曲》和话剧《太平天国》、《日出》、《复活》、《大雷雨》等谱曲。1937年全国抗战爆发后,他更是加入上海话剧界战时演剧二队,进行抗日文艺宣传。几个月后,他又前往武汉,在周恩来、郭沫若等人的领导下参与主持抗战音乐工作。冼星海深入学校、农村、厂矿,向群众教唱抗日歌曲,举办抗战歌咏活动,受到大家的热烈欢迎。其间,他创作的《保卫卢沟桥》、《游击军歌》、《在太行山上》、《到敌人后方去》等著名抗日歌曲,在老百姓中广为传唱。

1938年底,冼星海到达延安,虽然已经盛名在外,可他内心一直期盼能够写出一部更辉煌、气势更豪迈的音乐作品。当听到光未然的朗诵时,他眼前顿时一亮,这正是他心中期待已久的佳作啊!

在延安一座简陋的土窑里,冼星海捧着光未然的词稿,激动得彻夜难眠。诗人作品里的伟大气魄、悲壮情怀,他借黄河呐喊出整个民族苦难的荡气回肠,都催生

着作曲家的创作灵感,气吞山河的旋律在冼星海的头脑中奔腾激荡。

连续写作六天,冼星海终于完成了这部具有历史意义的大型声乐作品。之后,《黄河大合唱》在延安陕北公学大礼堂首演,引起巨大反响,暴风雨般的掌声响彻整个礼堂。很快,这部作品就传遍大江南北,并成为二十世纪中国最伟大的音乐作品。

366

日本投降了

《黄河大合唱》唱出了中华民族的深重苦难,也唱出了中国人民坚决斗争的信念。正是这种信念,支撑整个中华民族度过了长达十四年的抗战岁月,最终迎来了正义的胜利。

1945年9月2日,停泊在日本东京湾的美国战列舰"密苏里"号,见证了一个重要的历史时刻——日本投降签字仪式。

1945年5月,当苏联军队攻克德国柏林,德军正式向盟军投降时,第二次世界大战欧洲战场的战争就宣告结束了。世界反法西斯战争进入最后阶段,盟军在亚洲大陆各战场对日军发起了反攻。7月26日,中国、美国、英国联合发表《波茨坦公告》,敦促日本立即无条件投降。但是,日本政府却予以拒绝,并先后三次扩军动员,准备进行本土决战。8月,美国军队在太平洋战场上对日作战胜利,美军逼近日本本土。8月6日和9日,美国又先后在日本的广岛、长崎各投掷了一颗原子弹。8月8日,苏联也宣布对日作战,次日即出兵中国东北和朝鲜北部,对日本关东军发动全面进攻。在这种国际形势下,8月14日,日本政府照会美、英、苏、中四国政府,宣布接受《波茨坦公告》。第二天,日本天皇裕仁以广播"终战诏书"的形式,正式宣布日本无条件投降。

9月2日这天,正是投降签字仪式的举行日。早上8点起,美国太平洋舰队司令官尼米兹上将、太平洋盟军最高统帅麦克阿瑟上将等美方及战胜国代表就陆续登舰。8点56分,日方代表重光葵外相、日军大本营代表梅津美治郎上将等也登上了"密苏里"号。六分钟后,签字仪式开始。此时,各国记者将"日本代表在'密苏里'号军舰上签字投降,第二次世界大战以同盟国的胜利而告终"的消息发往世界

各地。

9点08分，麦克阿瑟以盟军最高司令官的身份签字，接受日本投降，然后是接受投降的九个同盟国代表分别代表本国依次签字。签字结束后，上千架美军飞机从东京湾上空呼啸而过，庆祝这个具有伟大历史意义的时刻。投降书的签署，正式宣告日本军国主义的彻底失败和世界反法西斯战争的最后胜利，也宣告作为世界反法西斯战争重要组成部分的中国抗日战争胜利结束！

中国战区的投降仪式是9月9日在南京举行的。日本中国派遣军总司令官冈村宁次在投降书上签字，并交出了他的随身佩刀，以表示侵华日军正式向中国缴械投降。而在此前的8月21日，冈村宁次的代表今井武夫就在湖南芷江向中国军民投降，交出了在中国战区的兵力分布图，在记载着投降详细规定的备忘录上签字，史称"芷江受降"。芷江受降仪式是由中国陆军总司令部参谋长、陆军中将，芷江受降主受降官萧毅肃主持的。当时，中国军队与日军的湘西会战刚刚结束，芷江的中国驻军力量雄厚，是前方的后方、后方的前方，是受降的最合适地点。

有几个细节很有历史意味。萧毅肃规定，因为日本是无条件投降，对日本来的降使代表接待要合理，但要冷淡。8月21日，日本降使来到芷江，中国政府派一个少校把他们引到了中方受降的地方。按照国际惯例，在受降的过程中，战败方敬礼，受降方可不回礼，所以萧毅肃他们在今井武夫敬礼后并没有回礼。受降仪式结束后，中方安排日本降使与国民党士兵吃一样的伙食，然后开始让他们等。在不过分的等待后，下午2点30分，萧毅肃才接见了日本降使，给今井武夫念了中字第1号备忘录，并要求日本降使把在华兵力部署图交出来。此后两天内，日本降使被留在受降地点受训，随时接受中方的询问。

日本侵略者这回终于低下了头。从1931年九一八事变日军铁蹄踏进中国，十四年过去了；从1937年7月7日日军发动卢沟桥事变、中国进入全面抗战，也已经过去八年了。这么长时间以来，日本侵略者在中国的土地上耀武扬威，横冲直撞，烧杀抢掠，无恶不作，中国人民受尽了屈辱。

经过中国历史学家多年研究考证、计算得出，在抗日战争中，中国军民伤亡总数达三千五百多万人，直接经济损失超过一千亿美元，间接经济损失五千亿美元。

中国抗日战争的胜利,是全国各族人民经过极其艰苦的斗争,付出了极大的代价才取得的。

近代中国在抵抗外国武装侵略作战中屡战屡败,抗日战争的胜利,打破了这个向例,洗雪了中国自鸦片战争以来的民族耻辱。抗日战争是一百多年来中国人民反对外国侵略第一次取得完全胜利的民族解放战争。

毛泽东勇赴"重庆谈判"

日本投降了,抗战胜利了,饱受战争之苦的中国人民迫切希望得到和平与民主。当时中国的政治局势面临两种可能,一种是如人民所愿,一种则是爆发内战。以蒋介石为首的国民党妄图独吞抗战胜利果实,维持大地主和大资产阶级的统治。他们抛出与共产党"和谈"的烟幕弹,想利用"和谈"争取时间做好军事部署,同时又争取有利的舆论,混淆视听。

于是,1945年8月14日、16日和23日,蒋介石三次给延安发电,邀请毛泽东赴当时国民政府的陪都重庆"共同商讨国家大计"。同时电令驻延安的国民党军队联络参谋周励武、罗伯伦,探问毛泽东的答复意见。

8月26日,中共中央召开政治局会议。为了表明中国共产党谋求和平的诚意,毛泽东决定亲自率周恩来、王若飞前往重庆与国民党谈判。但毛泽东亲赴重庆谈判的前期准备工作是在高度保密的状态下进行的。周励武、罗伯伦两人几天来在延安四处打探毛泽东的动向,得到的所有消息都是毛泽东不可能去重庆。于是,两人给重庆发去密报:"毛泽东不会去重庆谈判。"蒋介石认定毛泽东不会也不敢来重庆,便根本不作任何和谈准备,而是调兵遣将,抢夺东北、华北地盘。所以,当毛泽东真的出现在重庆时,打了蒋介石一个措手不及——国民党没作谈判的任何准备,谈判的程序、议案均由共产党方面首先提出。

8月28日,毛泽东、周恩来、王若飞在美国大使赫尔利和国民政府军委会政治部长张治中的陪同下,乘专机赴重庆。毛泽东在机场向新闻界发表了简短的谈话,指出目前最迫切的任务,是保证国内和平、实现民主政治、巩固国内团结,以期实现全国统一,建立独立、自由与富强的新中国。毛泽东不顾个人安危亲赴重庆这一行动,在国

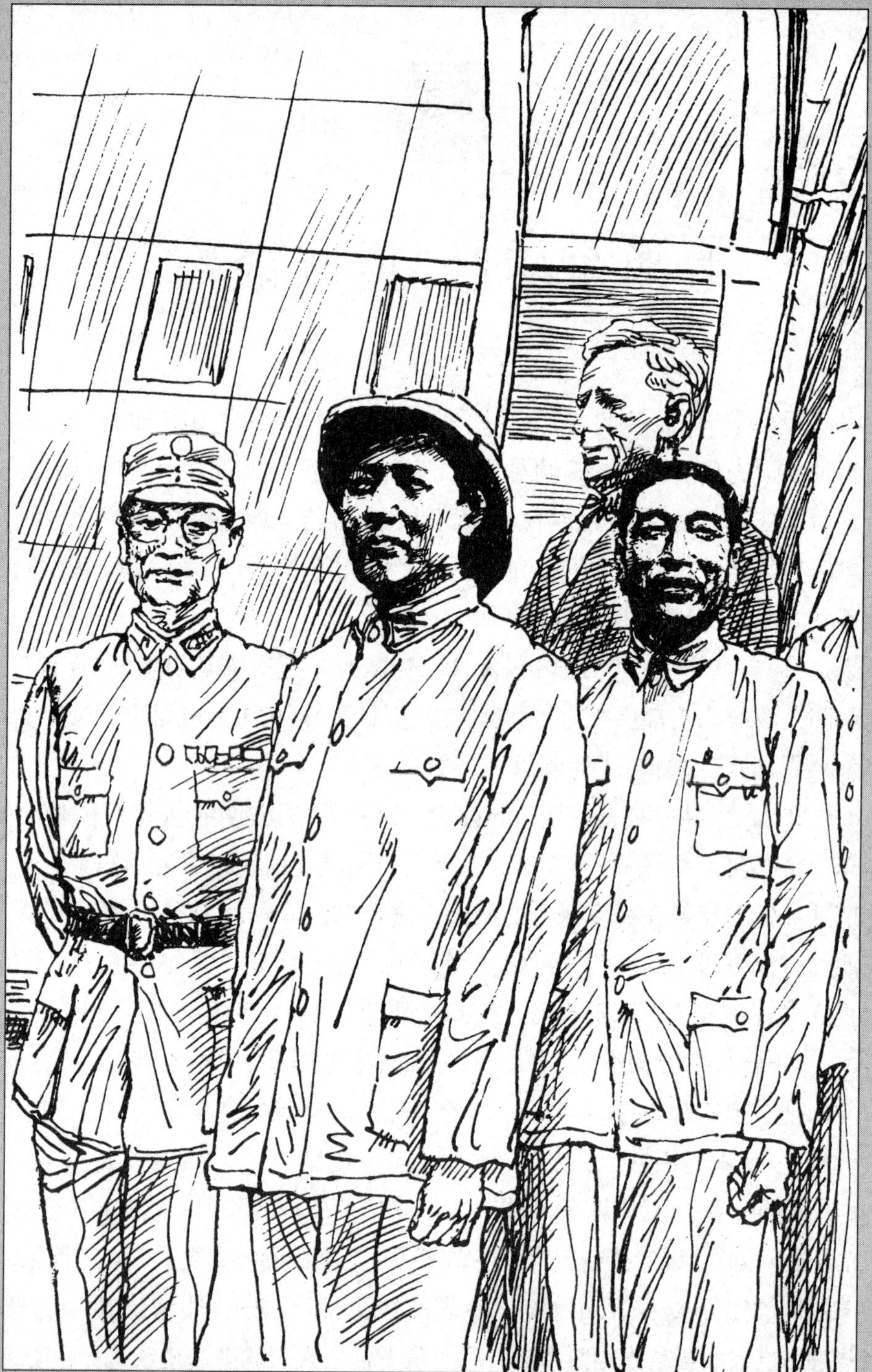

内外引起巨大反响。毛泽东等到达重庆时,受到各阶层民众的热烈欢迎。民主人士柳亚子赋诗称颂毛泽东亲临重庆的行动是"弥天大勇"。重庆《大公报》发表社评说:抗战胜利后,"我们再能够做到和平、民主与团结,这岂不是国家喜上加喜的大喜事"!

毛泽东到重庆后,蒋介石做出了以礼相待的姿态。毛泽东就和平建国等问题直接同蒋介石进行了多次商谈。具体谈判则主要在中共代表周恩来、王若飞和国民党政府代表王世杰、张群、张治中、邵力子之间进行。蒋介石对待这次谈判的方针是:"政治与军事应整个解决,但对政治之要求予以极度之宽容,而对军事则严格之统一不稍迁就",而"政令军令之统一"则是一切问题的"中心"。

其实,蒋介石在政治问题上从来没有过什么"极度之宽容",无非仍是想作一些开放民主的空头许诺;他真正注意的"中心",在于统一政令军令,也就是要取消解放区和人民军队的存在,在这一点上他是决不会有任何"迁就"的。为了迫使蒋介石兑现其民主的许诺,为了争取全国人民所需要的和平民主,也为了揭穿所谓共产党不要和平、不要团结的谣言,中共中央准备在谈判中对解放区土地和人民军队数量等问题做出不伤害人民根本利益的必要的让步。

这次谈判前后历时四十三天。1945年10月10日,双方正式签署《政府与中共代表会谈纪要》,即《双十协定》。国民党当局表示承认"和平建国的基本方针",同意"长期合作,坚决避免内战,建设独立、自由和富强的新中国";同意结束国民党的"训政",召开政治协商会议;承认人民的某些民主权利;同意"积极推行地方自治,实行由下而上的普选",等等。

《双十协定》签署的第二天,毛泽东回到延安,在中共中央政治局会议上说:"这个东西,第一个好处是采取平等的方式,双方正式签订协定,这是历史上未有过的。第二,有成议的六条,都是有益于人民的。"

尽管如此,国民党统治集团的基本意图仍然是通过战争来削弱直至消灭人民革命力量。1946年上半年,蒋介石利用与共产党谈判签订停战协定及召开政协会议的时间,加紧部署全面内战。6月,国民党当局撕毁停战协定和政协协议,以二十二万人的军队围攻鄂豫边境的中原解放区,接着就大举进攻华东等解放区,全面内战由此爆发了。

368

刘邓大军挺进大别山

蒋介石玩弄假和谈真内战的伎俩,很快撕毁了重庆谈判中签订的《双十协定》,挑起内战。然而内战全面爆发后,经一年奋战,到 1947 年 6 月,人民解放军就已粉碎了国民党军队对解放区的全面进攻和重点进攻。只是此时国民党军队在数量上仍占优势,人民解放军仍面临严峻的形势。为了彻底粉碎国民党的重点进攻,实现战略反攻,中共中央决定把战争引到国民党统治区域,派出解放军主力向中原地区纵深进攻,以大别山区作为主要突击方向,并决定由刘伯承、邓小平领导的晋冀鲁豫野战军主力,担负挺进大别山的任务。

大别山位于国民党首都南京和长江中游重镇武汉之间的鄂、豫、皖三省交界处,是国民党战略上最敏感而又最薄弱的地区。这里又曾是一块老革命根据地。人民解放军占据了大别山,既容易立足生根,又可东慑南京,西逼武汉,南扼长江,钳制中原。

在没有根据地作为依托,物资与兵源补充得不到有效保障的情况下,解放军进军大别山,向敌人的心脏地区千里跃进,确是一步险棋。但是,刘邓大军还是从全局出发,决定勇往直前。邓小平说:"我们好似一根扁担,挑着陕北和山东两个战场。我们要责无旁贷地打出去,把陕北和山东的敌人拖出来。我们打出去挑的担子愈重,对全局愈有利。"

1947 年 6 月 30 日夜里,刘邓大军十二万余人,在山东省的临濮集至张秋镇一百五十公里的地段上,以出乎敌人意料的突然行动,一举突破了国民党军队的黄河防线,挺进鲁西南。7 月 1 日至 28 日,刘邓大军在菏泽、郓城等鲁西南地区经过连续激战,歼敌六万余人,由此揭开了解放军战略进攻的序幕。

8月7日起,刘邓大军分三路向南疾进,开始向大别山挺进。

从鲁西南到大别山远隔千里,前有陇海路、黄泛区、沙河、涡河、汝河、淮河等天然障碍,后有国民党军队穷追不舍,再加上正值酷暑、雨季,河水猛涨,道路泥泞,暑气蒸人。刘邓大军大战后未及好好休整,又要马不停蹄地向南进军,真可谓困难重重。

摆在刘邓大军面前的第一道难关,就是号称"死亡区"的黄泛区。刘邓大军要经过的黄泛区宽达三四十公里,遍地积水污泥,只能隐隐约约地看到一些坍塌的民房屋脊,一脚踏进去,积水没膝,深处及腰;即使是无水的地方,也净是些稀烂的胶泥,前脚起,后脚陷。四处荒无人烟,行军、食宿均十分困难。刘伯承和邓小平亲自带领部队指战员排成多路纵队,挽着臂膀行进。部队携带的重武器,有的改用牛车拉或人推,有的则拆开由人扛着走。这样,部队顺利通过了黄泛区。

刘邓大军渡过沙河后,矛头直指大别山。蒋介石这时方才醒悟,忙调军队在汝河南岸布防,企图与尾追军队对解放军实施南北夹击。面对敌人的猛烈炮火,全体指战员浴血奋战,突破了敌人的封锁,甩掉了追兵,顺利渡河南进。

最后一道险关是淮河。8月的淮河正值雨季,水情变化无常,刘邓大军缺少渡船,被阻挡在淮河北岸。而敌人追击的先头部队已经和刘邓的后卫部队接上了火。紧急中,指战员偶然发现可以徒步过河,于是迅速组织部队徒涉。刘邓大军刚刚冒险渡过淮河,国民党的追兵就赶到了淮河北岸。不料此时河水突然暴涨,国民党军队只得望河兴叹。

至此,刘邓大军经过二十余天的艰苦行军和激烈战斗,行程一千多里路,边战边走,于8月末进入大别山区。

初到大别山,部队由于连续行军作战,极度疲劳,而且缺乏在南方作战的经验,弹药和补给奇缺,加上此时群众还没有充分发动起来,整体面临着严重的困难。然而,即便如此,刘邓大军还是克服困难,艰苦作战,摆脱了国民党重兵的合击,向敌人的军事薄弱地区主动出击,先后取得了张家店战役和高山铺战役的胜利。经过艰苦斗争,到11月下旬,刘邓大军共歼敌三万余人,发动群众建立三十三个县的民主政权,初步完成了在大别山区的战略展开。

与此同时,陈(赓)谢(富治)大军于8月挺进豫西,陈(毅)粟(裕)大军于9月南下,进入豫皖苏平原。三路大军挺进中原后,布成"品"字阵形,互为犄角,以鼎足之势展开对敌斗争。到1947年年底,三路大军先后创建新解放区,初步形成了拥有三千万人口的新的中原解放区,使国民党在战略全局陷于被动。这些对于改变整个战争形势,起了决定性的战略作用。

369 三大战役

刘邓大军挺进大别山，国共双方的军事形势对比，发生了有利于中国人民解放军的改变。在此基础上，人民解放军经过两年的英勇作战，到1948年秋，双方总体军事形势，更是发生了重大变化。

国民党军队总兵力虽仍保持在三百六十五万人左右，其中正规军一百九十八万人，但大多是在被歼后重建或受过严重打击的。这些部队士气低落，战斗力大不如前。而在政治上，国民党已是空前孤立，统治区的人民迅速觉醒，国民党统治集团内部也是矛盾重重。经济上，国统区通货膨胀，物价飞涨，整个经济处于崩溃的边缘。

而此时的人民解放军已发展到二百八十万人，其中正规军一百四十九万人，全军政治素质和战斗力大大加强。解放区的政治经济形势更是蒸蒸日上。各主要解放区总面积达到二百三十五万平方公里，人口增至一亿六千八百万人。解放区农民的革命和生产的积极性空前高涨，解放军的后方进一步巩固。

这些情况表明，人民解放军同国民党军队进行战略决战的时机已经成熟。在1948年的秋季攻势中，济南战役打响，拉开了人民解放军战略决战的序幕。济南战役胜利后，中共中央决定展开与国民党的战略决战，先后组织了辽沈、淮海、平津三大战役。

由于东北战略位置重要，拥有较为完善的工业基础，绝大部分地区已成为解放区，五十五万国民党部队被分割在长春、沈阳、锦州等孤立的地区内，于是，中共中央决定，与国民党军队的战略决战就从东北战场开始！

1948年9月12日至11月2日，东北野战军主力七十万人在东北发动了辽沈

战役。为防止敌人撤进关内,中央军委制定了先攻占锦州,把敌人堵在东北,各个歼灭的作战方针。10月15日,东北野战军攻克锦州,歼敌十余万人,俘获东北"剿匪"总司令部副总司令范汉杰,堵上了东北国民党军的陆上逃路。长春守敌闻讯开始军心动摇,一部起义,一部投诚,长春顺利解放。10月下旬,东北野战军主力在辽西地区,将企图支援锦州的廖耀湘兵团十万人围歼。之后,东北野战军乘胜进军,于11月2日攻克沈阳、营口。辽沈战役至此胜利结束,东北全境解放。

辽沈战役历时五十二天,歼敌精锐部队四十七万余人。此役过后,人民解放军首次在数量上超过了国民党军队,改变了长期以来敌强我弱、敌优我劣的基本格局。东北的解放,也使人民解放军获得了一个巩固的战略后方,为解放华北创造了有利条件。

1948年11月6日至1949年1月10日,解放军华东野战军和中原野战军主力约六十万人发动了规模空前的淮海战役。11月6日至22日为战役第一阶段。人民解放军在徐州以东碾庄圩地区歼灭国民党第七兵团约十万人,击毙兵团司令黄百韬;攻克宿县(今安徽省宿州),完成了对徐州的包围。11月23日至12月15日为战役第二阶段。人民解放军在宿县西南的双堆集地区围歼第十二兵团约十二万人,生俘兵团司令官黄维。战役第三阶段,华东野战军对杜聿明部发起总攻,于10日全歼敌人两个兵团约二十万人,生俘杜聿明。至此,淮海战役结束。

淮海战役历时六十六天,歼敌五十五万五千人。这一胜利,使长江以北的华东、中原地区基本获得解放,使国民党反动统治的中心地带南京、上海直接暴露在人民解放军面前,为解放军渡江作战创造了极为有利的条件。

与此同时,1948年11月29日至1949年1月31日,东北、华北人民解放军约一百万人发动了平津战役。到12月21日,人民解放军完成对北平、天津、塘沽等地国民党军队的战略包围和分割,截断了敌人西撤或南逃的通道。攻克新保安、张家口之后,1月15日,解放军又解放了天津,全歼国民党守军十三万余人,俘虏了天津警备司令陈长捷。17日,塘沽守军乘船南逃。这样一来,孤守北平的傅作义部队二十五万人就已完全陷入绝境。在中共的努力争取下,傅作义接受了和平解放北平的条件。1月31日,人民解放军进驻北平城,北平宣告和平解放。至此,平津

战役胜利结束。

平津战役历时六十四天,歼灭和改编国民党军队五十二万余人,基本解放了华北地区,使华北、东北两大解放区完全连成一片。

辽沈、淮海、平津三大战役,一环扣一环,一个胜利接着一个胜利地向前发展,构成了中国革命战争史上一幅气势磅礴、波澜壮阔的画卷。三大战役历时一百四十二天,共歼灭国民党军队一百五十四万余人,使国民党赖以维持其反动统治的主要军事力量基本上被摧毁,为中国革命在全国的胜利奠定了稳固的基础。

百万雄师过大江

1949年1月,随着淮海战役、平津战役相继结束,国民党在华北地区的军队几乎被全部肃清,人民解放军百万雄师陈兵长江之北,兵锋直指江南,渡江战役迫在眉睫。

1月8日,中共中央和中央军委决定,由中原野战军(后更名为第二野战军)司令员刘伯承、政委邓小平和华东野战军(后更名为第三野战军)司令员兼政委陈毅、副司令员粟裕、副政委谭震林在淮海战役期间组成的总前委(邓小平为书记),继续行使统一指挥渡江作战的职责,统一领导八个兵团部、二十六个军的百万雄师渡江作战。

2月上旬,淮海战役总前委召开渡江作战会议,综合政治、敌军部署、雨季汛期等方面的考虑,提出于3月底、4月初渡江为最好,并得到了中央的认可。3月底,总前委制定了《京沪杭战役实施纲要》,将第二、三野战军分为三个集团:西集团,由刘伯承和李达(二野参谋长)指挥,约三十五万人,在湖口与枞阳镇之间实行渡江作战。中集团,由谭震林指挥,三十余万人,在长江裕溪口至枞阳镇段实行渡江作战。东集团,由粟裕和张震(三野参谋长)指挥,约三十五万人,从张黄港至龙稍港之间和三江营至京口之间实行渡江作战。为加强中、东集团作战行动上的协调,明确中集团过江后,统一归粟裕、张震指挥。总前委指挥部设在合肥以南的瑶岗,由邓小平、陈毅坐镇指挥。

大战在即,解放军加紧渡江战备和演习。与此同时,国民党为赢得时间转被动为主动,施放和平谈判的烟幕弹,一面利用和谈来拖延解放军南下的步伐,一面调兵遣将加紧组织长江防御。蒋介石在1月下旬从总统宝座上黯然引退,代总统李宗仁一心想划江而治,求得半壁江山。然而,中国共产党的态度明朗:不管和谈结果如何,人民解放军都要渡江向南进军。和平谈判成功,就用和平的方式渡江;和

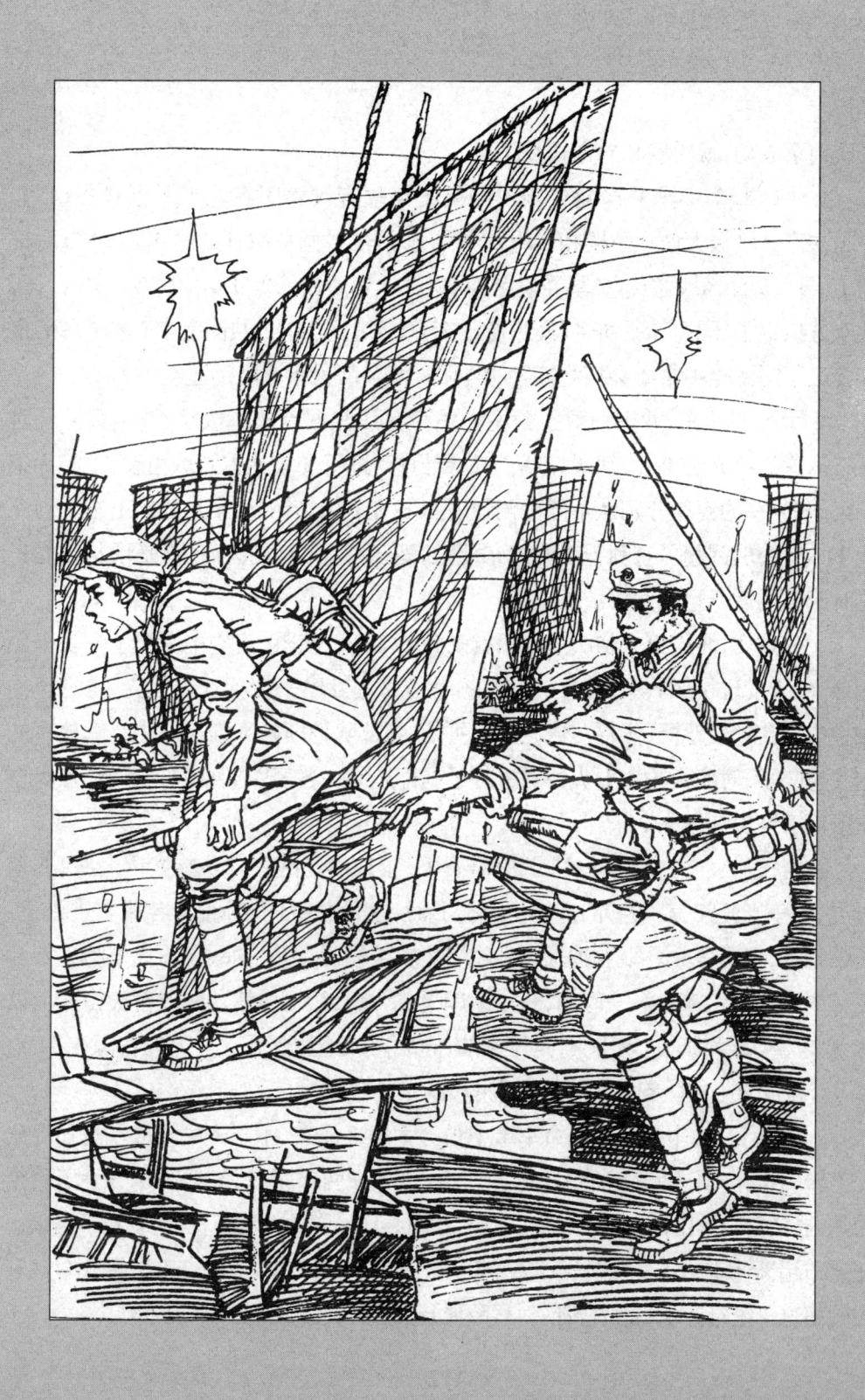

平谈判不成功,就用战斗的方式渡江。

4月1日起,中国共产党代表团和国民党政府代表团在北平举行和平谈判。中国共产党以极大诚意争取和平的尽早到来,渡江时间从原计划的4月10日后推到13日、15日,最后由中央军委确定为20日开始攻击、22日实行总攻。15日,国共双方拟定了《国内和平协定(最后修正案)》,商定于20日共同签字。20日,南京却传来了国民党中常委会拒绝签字的声明。渡江战役于当晚迅速发起。

4月20日下午,业已扫清了国民党残存在江北据点的解放军,遣炮兵部队对长江南岸的敌人工事、弹药所、灯塔等重要目标,进行了火力摧毁。当晚,下起绵绵细雨,解放军的渡船分别从不同的河口进入长江,等候命令,计划悄然出击。到深夜11点,突然刮起了有利于南渡的东北风,船工们不由得感叹:"真是天从人愿!"这时起航的命令也到达了。

十分钟后,渡江第一梯队的渡船就来到了江心。突然,夜空中亮起了一长串照明弹,敌人发现了解放军的渡江行动,顿时南岸迸发出一片猩红的火光,枪炮声响彻夜空,江中掀起冲天水柱。偷渡已不可能,各部队随即转入强行攻击。解放军的炮火也响了,对敌人的主要火力点进行了局部压制。各船瞬间扯起了篷帆,点点白帆颠簸着向南岸驶去。

在"打过长江去,解放全中国"的号召下,参加渡江战役第一梯队的各军,普遍开展了"争当渡江第一船"的竞赛活动。此时,在枪林弹雨中,渡江各船有进无退,不怕牺牲,奋勇争先。眼看越来越多的战船就要靠岸,惊恐的敌人用火焰喷射器和密集的炮火封锁滩头。一时间,长江南岸火龙飞腾、浓烟弥漫。解放军突击部队以大无畏的英雄气概,赴汤蹈火,抢滩登陆,向敌人阵地猛烈开火。大约在深夜11点50分,渡江第一梯队向北岸发出了登陆成功的信号。

4月21日,由中国人民革命军事委员会主席毛泽东、中国人民解放军总司令朱德签署的《向全国进军的命令》发布了。三路大军在西起湖口、东至江阴,长达五百余公里的战线,以排山倒海之势横渡长江。在中共地下党的策反下,江阴要塞于当天上午宣布起义,使国民党军的长江防线在下游出现重大缺口。23日,人民解放军胜利占领南京总统府。各路渡江部队对残敌展开大追歼,渡江战役向深度发展。

国旗、国歌、国徽的由来

在人民解放军百万雄师横渡长江、胜利进军的号角声中,一个为亿万同胞翘首企盼的新中国即将诞生。采用什么样的国旗、国歌和国徽作为新中国的象征,迫在眉睫地提到了新政治协商会议筹备会的面前。

1949年6月15日,新政治协商会议筹备会举行第一次全体会议,负责拟定国旗、国徽及国歌方案的第六工作小组成立了!经过紧张的前期工作,从7月15日到26日,经毛泽东、周恩来修改审定的《征求国旗国徽图案及国歌词谱启事》,在各大报纸刊登,截稿日期为8月20日。启事一经刊出,便在海内外引起了巨大的反响。

大量征稿纷纷寄来,第六小组随即展开初选工作。在编辑《国旗图案参考资料》时,工作组成员田汉突然发现他看好的五星红旗图案没有被收进去。于是,他亲自动手,将它从一堆设计图案的底层翻找出来,编进了"参考资料"。国歌词谱虽经过两次征集,但收到的数百份国歌征稿都不尽如人意。国徽的评选工作也遭遇同样的窘境。正当工作组一筹莫展时,徐悲鸿提出,不如用《义勇军进行曲》代国歌。这个建议引起了有关方面的重视。

《义勇军进行曲》诞生于1935年,由田汉作词、聂耳作曲。这首歌深受九一八事变激起的民众抗日运动——义勇军运动的影响,并作为电影《风云儿女》的主题歌,随着影片的公映而唱响大江南北,在国际上也引起积极的反响。在讨论中,一些与会者主张修改歌词。因为新中国即将成立,原歌词中的"中华民族到了最危险的时候"似已过时。这个问题须由筹委会常委和主席团讨论决定。于是,大家推荐郭沫若等人修改歌词,以供研究参考。

9月21日,中国人民政治协商会议第一届全体会议在北平召开,会议设立由五十五人组成的国旗、国徽、国歌、国都、纪年方案审查委员会,著名爱国人士、学者马叙伦为召集人。23日,新政协全体会议代表六百多人,分十一组讨论国旗、国徽、国歌方案。与会代表对国徽、国歌应征稿多不满意,对于国旗的看法也存有很大分歧。部分代表强烈反对第六小组重点推荐的"复字第1号"作品。这幅作品在红旗中间加了一条杠,代表黄河。面对这样的设计,代表张治中将军直言不讳地说:"我反对用一条杠代表黄河图案。中间有一条横杠把红旗劈为两半,不变成分裂国家了吗?"

　　9月25日晚上,毛泽东在中南海丰泽园召集国旗、国徽、国歌、纪年、国都协商座谈会。毛泽东说:"过去我们老想在国旗上画上中国特色,因此画一条,以代表黄河,其实许多国家的国旗也不一定有什么特点。"他拿起一幅编号为"复字第32号"的五星红旗图案,说道,"这个图案表现了全国人民大团结。现在要大团结,将来也要大团结。因此,现在也好,将来也好,又是团结又是革命。"毛泽东入情入理的分析与深远睿智的眼光,赢得了与会者热烈的掌声。爱国华侨陈嘉庚、建筑学家梁思成等代表纷纷表态,赞同毛泽东的意见。

　　"复字第32号"即五星红旗图案,正是田汉慧眼识珠的那幅差点被漏选的作品,这是由时任上海市供销合作总社调研科副科长的曾联松设计的。他从群星闪耀、众星朝向北斗的星空得到启发,以一颗大五角星代表中国共产党,以四颗小星象征广大人民,小星环绕大星,如同众星捧北斗。为使构图达到理想效果,曾联松反复推敲,最后将五星挪向旗面的左上角。

　　也是在9月25日晚的那场座谈会上,大家还讨论了国歌事宜。毛泽东赞成以《义勇军进行曲》代国歌的建议。这时,马叙伦反映,"有个别人要求修改歌词的某些内容"。周恩来立刻提出不同意见,坚持不改歌词。他说:"这样才能激励人民的激情,修改了,唱起来就不会有那种感情了。"随后,他又从"安不忘危"的角度论述了"中华民族到了最危险的时候"这句歌词并不过时,并得到了毛泽东的认同。经过讨论,除国徽一项继续由原小组设计外,其他各项议题均达成一致意见。会议结束时,周恩来提议全体起立,齐唱《义勇军进行曲》。

9月27日，中国人民政治协商会议第一届全体会议召开，一致通过以《义勇军进行曲》代国歌(1982年12月4日第五届全国人大第五次会议决议，以《义勇军进行曲》为《中华人民共和国国歌》)、五星红旗为国旗等决议案。10月1日下午举行开国大典，毛泽东主席按动升旗电钮，五星红旗冉冉上升，《义勇军进行曲》代国歌第一次在天安门广场响起。

开国大典未能悬挂国徽，留下了历史遗憾。不过，由全国政协邀请清华大学营建系和中央美术学院分别组织人员，对国徽方案进行的设计竞赛，已在紧锣密鼓地推进之中。梁思成领导的清华大学设计组和张仃领导的中央美术学院设计组先后提供了三个方案。其中，中央美术学院设计组提出的第二个方案以天安门为主要内容。1950年6月10日，第一届全国政协第五次常务委员会讨论三个国徽方案，政协常委会表示均不满意，但肯定了在国徽图案中采用天安门。第二天，政协国徽图案审查组确定了国徽图案的基本内容：以国旗和天安门为主要内容，象征五四运动以来人民的新民主主义革命斗争和在此宣告诞生的人民民主专政的新中国；以齿轮和麦稻象征工农，以绶带紧结麦稻象征工农联盟；形式和色彩须符合国徽庄严而富丽的规定。

在此基础上，清华大学设计组和中央美术学院设计组开始了新一轮的设计竞赛。6月20日晚上，全国政协国徽审查组最后一次讨论了国徽方案。中央美术学院设计的图案中，天安门为斜角透视图像，颜色是五彩的；清华大学设计组的方案里，天安门则为正立面图，用的是金、红二色。根据绝大多数委员的意见，清华大学设计组设计的方案，得到会议的一致认可。随后，清华大学设计组又根据周恩来对稻穗造型的意见，对国徽图案进行了细部修改。9月20日，中央人民政府主席毛泽东向全国颁发了公布国徽的命令，新中国国徽由此宣告诞生。

开国大典

国旗确定了,是鲜艳的五星红旗;代国歌也确定了,是激昂的《义勇军进行曲》。在喜气洋洋的气氛中,全国人民翘首以盼的中华人民共和国开国大典越来越近了!

1949年10月1日,下午2点,中央人民政府委员会在北京中南海勤政殿举行了第一次会议,宣告中华人民共和国中央人民政府成立。会后,一列车队从勤政殿门口开出,车上坐着中央人民政府正、副主席和各位委员,绕中南海东门,仅五分钟车程就到达了天安门城楼后边。北京庆祝中华人民共和国中央人民政府成立典礼,就要在天安门广场盛大举行。

下午2点55分,毛泽东在前,其他领导人顺序跟上,缓步拾级而上,走向城楼。为了等候比他年迈体弱的领导人,毛泽东有意走走停停。这时,秘书叶子龙发现,别在毛泽东胸前的烫金红绸条不见了,他赶紧下楼找到钟灵,让他火速制作一个代表证送来。钟灵送红绸条的身影,被中央新闻电影制片厂摄入镜头,见证了开国大典的一个小花絮。下午3点,当毛泽东带头走上天安门城楼,扩音器里传来了播音员的声音:"毛主席来啦!""毛主席健步登上了天安门!"顿时,天安门上下响起了一阵经久不息的雷鸣般的掌声。

朱德、刘少奇、宋庆龄、李济深、张澜、周恩来等党和国家领导人及中央人民政府委员会委员在天安门城楼观礼台站定,天安门广场已是沸腾的欢乐海洋。那天晴空万里,广场上红旗招展,三十万来自工、农、学、市民等社会各界的群众身着节日盛装,在天安门广场激情等候。这时,林伯渠宣布典礼开始。

毛泽东站在麦克风前,他向广场群众、向观礼台上的同志和外国朋友巡视一周,挥手致意,随后,庄严宣布:"中华人民共和国、中央人民政府已于本日成立了!"

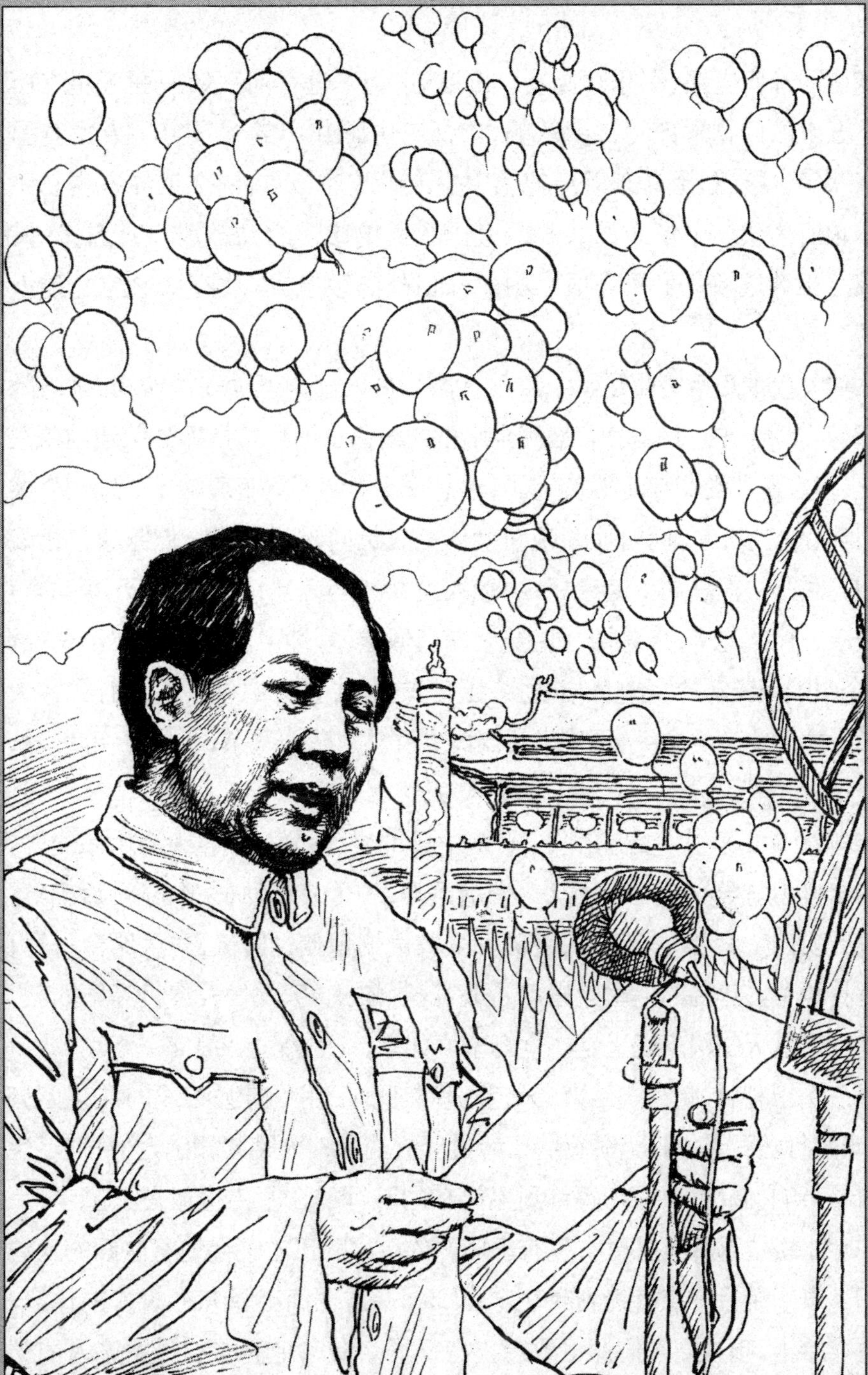

毛泽东按动升旗电钮,军乐队高奏代国歌《义勇军进行曲》,第一面五星红旗冉冉升起。五十四门礼炮齐鸣二十八响,象征着中国共产党领导中国人民英勇斗争的二十八年。接着,毛泽东朗声宣读中央人民政府公告,向全世界宣告新中国国策:"本政府为代表中华人民共和国全国人民的唯一合法政府。凡愿遵守平等、互利及互相尊重领土主权等项原则的任何外国政府,本政府均愿与之建立外交关系。"

林伯渠宣布阅兵典礼开始。阅兵总司令员朱德走下天安门城楼,乘着敞篷汽车,从天安门中间的门洞驶出,来到金水桥的南边。阅兵总指挥聂荣臻向朱总司令致军礼,报告说:"受阅部队准备完毕,请总司令检阅!"军乐奏响,朱总司令乘阅兵车检阅陆、海、空三军部队,他频频向全体指战员问候:"祝同志们健康!"指战员们齐声响亮回答:"祝总司令健康!""中华人民共和国万岁!""万岁!万岁"的口号声此呼彼应。检阅完毕,朱总司令重登天安门城楼,宣读中国人民解放军总部命令:"我命令中国人民解放军全体指战员、工作员,坚决执行中央人民政府和伟大的人民领袖毛主席的一切命令,迅速肃清国民党反动军队的残余,解放一切尚未解放的国土……"

接着,在军乐声中,受阅部队以胜利之师的步伐,分列经主席台由东向西行进。海军两个排为前导,一个步兵师、一个炮兵师、一个战车师、一个骑兵师相继跟进。在通过天安门主席台的东侧时,受阅部队齐刷刷地侧过脸来,向主席台行注目礼,同时行持枪礼。年轻的空军也出动了战斗机、蚊式轰炸机、教练机等十四架飞机,由东向西飞越天安门广场上空。全场掌声如潮,一浪高过一浪。

近三个小时后,阅兵式结束,天色已晚。此时,用信号弹组成的礼花照亮了夜空,群众游行随后开始。当游行队伍经过天安门时,"人民共和国万岁!""毛主席万岁!"口号声响彻云霄。迫切想看到毛泽东的游行群众不由得放慢了脚步,大量人流涌向金水桥边,停留在那里,只有靠后面的游行队伍才缓慢地将前面的人流推过天安门。群众游行一直持续到夜晚9点25分,这期间毛泽东很少入内休息,他坚守在主席台上,频频向人们挥手致意。游行群众激动地高喊:"毛主席万岁!"毛泽东大声地回答:"同志们万岁!""人民万岁!"人民领袖与人民群众的亲切互动,成为

开国大典上最为感人的一幕。

群众游行队伍离开天安门广场后,提着红灯穿越全城,新北京、新首都沉浸于狂欢之中。在当日和随后的几天里,获得解放的城市普遍举行了庆祝活动。普天同庆,共迎新中国的诞生!

本书历史大事年表

约公元前二十六— 前二十一世纪	传说中的黄帝、尧、舜、禹时期。
约公元前二十一世纪	夏朝建立。
约公元前十六世纪	商汤灭夏,商朝建立。
约公元前十四世纪	盘庚迁都到殷。
约公元前十三世纪	武丁起用傅说。
约公元前十一世纪	武王伐纣灭商,中国进入西周时期。
公元前841年	国人起义,共和行政。
公元前771年	犬戎进攻镐京,杀周幽王,西周结束。
公元前770年	周平王迁都洛邑。中国进入东周。春秋时期开始。
公元前685年	齐桓公即位,管仲被任命为相。
公元前684年	齐、鲁长勺之战,曹刿击败齐军。
公元前638年	宋、楚泓水之战,宋襄公败。
公元前632年	晋、楚城濮之战,晋军大胜。晋文公称霸。
公元前623年	秦穆公成为西戎霸主。
公元前597年	晋、楚邲之战,楚破晋军。楚庄王称霸。
公元前551年	孔子出生。
公元前506年	吴王阖闾拜孙武为将,攻楚。
公元前496年	越王勾践大胜吴军,阖闾死。吴王夫差即位。
公元前475年	战国时期开始。中国进入封建社会。
公元前473年	越王勾践灭吴,吴王夫差自杀。
约公元前468年	墨子出生。

公元前 403 年	韩、赵、魏三家被封为诸侯。
约公元前 372 年	孟子出生。
约公元前 369 年	庄子出生。
公元前 359 年（一说前 356 年）	商鞅在秦开始变法。
公元前 341 年	马陵之战，孙膑大胜魏军。
公元前 307 年	赵武灵王实行胡服骑射。
公元前 284 年	乐毅率五国联军攻齐。
公元前 283 年	蔺相如完璧归赵。
公元前 279 年	田单用火牛阵破燕，恢复齐国。
公元前 278 年	屈原投汨罗江自尽。
公元前 270 年	范雎入秦，被拜为客卿。秦实行远交近攻计。
公元前 260 年	长平之战，秦白起大败赵括。
公元前 257 年	魏信陵君大破秦军，救赵成功。
公元前 256 年	秦灭周。
公元前 233 年	韩非死。
公元前 227 年	荆轲刺秦王失败。
公元前 230—前 221 年	秦灭六国。
公元前 221 年	秦王政称始皇帝，建立郡县制，统一度量衡，车同轨，书同文。
公元前 218 年	张良刺杀秦始皇，未成功。
公元前 213、前 212 年	秦始皇焚书坑儒。
公元前 209 年	陈胜、吴广起义，刘邦、项梁起兵。
公元前 207 年	巨鹿之战，项羽大败秦军。
公元前 206 年	刘邦灭秦。刘邦被封汉王。刘邦拜韩信为大将。

	西汉纪年开始。
公元前 202 年	楚汉垓下决战,项羽战败自杀。
	刘邦称帝。
公元前 196 年	汉高祖刘邦杀韩信、彭越。
公元前 188 年	吕太后临朝听政。
公元前 180 年	吕太后死,周勃、陈平迎汉文帝即位。
公元前 167 年	缇萦上书救父,汉文帝废除肉刑。
公元前 154 年	吴楚七国之乱。
公元前 139 年、前 119 年	张骞两次出使西域。
公元前 133 年	汉武帝在马邑设伏,汉朝、匈奴之间开始爆发战争。
公元前 119 年	卫青、霍去病大胜匈奴,匈奴退到漠北。
公元前 100 年	苏武出使匈奴,遭扣留。十九年后返回西汉。
公元前 99 年	司马迁入狱。
公元前 87 年	汉昭帝即位。霍光辅政。
公元前 33 年	呼韩邪单于到长安请求和亲,王昭君去匈奴。
公元 8 年	王莽建立新朝,西汉灭亡。
公元 17—27 年	绿林、赤眉军起义。
公元 23 年	昆阳之战,刘秀大败王莽军,灭新朝。
公元 25 年	刘秀建立东汉。
公元 44 年	马援自请领兵抗击匈奴。
公元 67 年	汉明帝的使者从天竺取佛经回国。
公元 69 年	王景治理黄河。
公元 73 年	班超第一次出使西域。
公元 105 年	蔡伦发明造纸术。
公元 132 年	张衡制作地动仪。
公元 166 年	第一次党锢之祸。
公元 169 年	第二次党锢之祸,李膺、范滂等被杀。

公元 184 年	张角发动黄巾军起义。
公元 189 年	董卓进洛阳。
公元 190 年	关东州郡起兵讨伐董卓。
公元 200 年	官渡之战,曹操大胜袁绍。
公元 208 年	赤壁之战,孙权、刘备联军大败曹军。
	曹操杀名医华佗。
公元 214 年	刘备进益州。
公元 219 年	关羽败退麦城,突围被俘,死。
公元 220 年	曹操死。曹丕废东汉,称帝,国号魏。
公元 221 年	刘备即位,国号汉,史称蜀汉。
公元 222 年	夷陵(猇亭)之战,陆逊大破蜀军,刘备退入白帝城。
公元 229 年	孙权称帝,国号吴。
公元 234 年	诸葛亮屯兵五丈原,病死军中。
公元 249 年	司马懿杀曹爽。
公元 263 年	邓艾、钟会攻蜀,后主降,蜀汉亡。
公元 265 年	司马炎废魏称帝,建立西晋。
公元 280 年	西晋王濬、杜预等破吴,吴亡。
公元 291—306 年	八王之乱。
公元 301 年	李特率流民起义。
公元 308 年	匈奴人刘渊称汉帝。
公元 316 年	匈奴人刘曜破长安,西晋亡。
公元 317 年	司马睿在建康即位,建立东晋。
公元 319 年	羯族人石勒称赵王。
公元 354 年	桓温北伐,抵达灞上。
公元 376 年	前秦苻坚统一北方。
公元 383 年	淝水之战,东晋大败前秦。
公元 420 年	刘裕称帝,国号宋,史称刘宋。东晋亡,南北朝开始。

公元 439 年	北魏统一北方。
公元 462 年	祖冲之创制大明历。
公元 479 年	萧道成称帝，建立南齐，宋亡。
公元 493 年	北魏孝文帝迁都洛阳。
公元 502 年	萧衍称帝，国号梁。南齐亡。
公元 534 年	北魏分裂为东魏、西魏。
公元 548—552 年	侯景之乱。
公元 550 年	高洋废东魏，建立北齐。
公元 557 年	陈霸先灭梁称帝，国号陈。
	宇文觉建立北周。西魏亡。
公元 581 年	杨坚称帝，国号隋。北周亡。
公元 589 年	隋灭陈，统一中国。
公元 605 年	隋建东都洛阳，开凿大运河。
公元 611 年	隋末爆发农民大起义。
公元 613 年	隋炀帝二征高丽失败。
	杨玄感起兵反隋。
公元 617 年	瓦岗军攻占兴洛仓。
	李渊太原起兵。
公元 618 年	隋炀帝被杀，隋亡。
	李渊称帝，建立唐朝。
公元 626 年	玄武门之变。李世民即位，史称唐太宗。
公元 629 年	玄奘前往天竺取经。
公元 630 年	李靖灭东突厥。各族首领尊唐太宗为"天可汗"。
公元 641 年	文成公主进吐蕃，与松赞干布结婚。
公元 681 年	孙思邈以百岁高龄，编成《千金要方》的续编《千金翼方》。
公元 683 年	唐高宗去世，武则天临朝听政。
公元 690 年	武则天称帝，改国号为周。

公元 697 年	武则天任狄仁杰为相。
公元 701 年	李白出生。
公元 712 年	唐玄宗即位,第二年任姚崇为相。
	杜甫出生。
公元 725 年(一说 737 年)	怀素出生。
公元 753 年	鉴真到达日本。
公元 755 年	安禄山叛乱。
公元 756 年	马嵬驿兵变。
	唐肃宗即位。
公元 757 年	张巡守睢阳。
	郭子仪等收复洛阳、长安。
公元 763 年	安史之乱结束。
公元 772 年	白居易出生。
公元 783 年	朱泚之乱。
公元 805 年	王叔文改革(永贞革新)失败,"二王八司马"被贬。
公元 817 年	裴度、李愬平定淮西。
公元 824 年	韩愈去世。
公元 835 年	甘露之变。
公元 880 年	黄巢入长安,称帝,建立大齐政权。
公元 907 年	朱温废唐称帝,建立后梁。五代时期开始。
公元 916 年	耶律阿保机称帝,国号契丹。
公元 923 年	李存勖称帝,建立后唐。后梁亡。
公元 936 年	石敬瑭依靠契丹灭后唐,建立后晋,割让燕云十六州给契丹。
公元 946 年	契丹兵攻入汴京,后晋亡。
公元 947 年	契丹改国号为辽。

	刘知远称帝,建立后汉。
公元951年	郭威即位,国号周。后汉亡。
	刘崇称帝,建立北汉。
公元954年	高平之战,周世宗大破北汉。
公元960年	陈桥兵变。赵匡胤推翻后周,建立北宋。五代结束。
公元975年	北宋灭南唐,后主李煜降。
公元986年	北宋攻辽,杨业战死。
公元1004年	宋真宗在寇準随同下亲征,宋辽订"澶渊之盟"。
公元1009年	辽萧太后去世。
公元1038年	党项族李元昊称帝,建立西夏。
公元1043年	范仲淹推行新政。
公元1056年	包拯任开封府知府。
公元1069年	王安石开始变法。
公元1072年	欧阳修去世。
公元1084年	司马光编成《资治通鉴》。
公元1095年	沈括去世。
公元1101年	苏轼去世。
公元1115年	女真族完颜阿骨打称帝,国号大金。
公元1120年	方腊起义。
公元1125年	金灭辽。
公元1126年	金兵进攻北宋,李纲保卫东京。
公元1127年	金兵攻入东京,俘虏宋徽宗、宋钦宗,北宋亡。
	宋高宗即位,南宋开始。
公元1130年	韩世忠在黄天荡阻击金兀术。
公元1140年	郾城之战,岳飞大败金兵。
公元1141年	宋金绍兴和议。
	岳飞被害。

公元 1161 年	采石之战,虞允文大胜金军。
公元 1200 年	朱熹去世。
公元 1206 年	韩侂胄北伐失败。
	铁木真统一蒙古,被推为成吉思汗。
公元 1210 年	陆游去世。
公元 1234 年	蒙古灭金。
公元 1271 年	忽必烈称帝,建立元朝。
公元 1276 年	元军攻克临安。
公元 1279 年	元军攻占崖山,张世杰战死。南宋亡。
公元 1280 年	郭守敬编订《授时历》颁行。
公元 1282 年	文天祥就义。
公元 1351 年	贾鲁治理黄河。
	红巾军起义。
公元 1368 年	朱元璋称帝,建立明朝。明军攻占大都,灭元。
公元 1402 年	燕王朱棣进占应天,建文帝自焚。朱棣即位。
公元 1405—1433 年	郑和七下西洋。
公元 1408 年	《永乐大典》完成。
公元 1420 年	明成祖迁都北京。
公元 1449 年	土木堡之变。
	于谦指挥军民击退瓦剌军,保卫北京。
公元 1457 年	夺门之变,英宗复位,于谦被害。
公元 1528 年	王守仁去世。
公元 1565 年	戚继光、俞大猷基本平定倭患。
公元 1572 年	张居正开始辅政。
公元 1593 年	李时珍去世。
公元 1601 年	葛成(贤)领导苏州织工反税使暴动。
公元 1602 年	李贽自杀。

公元 1616 年	努尔哈赤称汗,建立后金。
	汤显祖去世。
公元 1619 年	萨尔浒之战。
公元 1625 年	杨涟、左光斗被害。
公元 1626 年	宁远之战,袁崇焕大败后金军。努尔哈赤负重伤而死。
公元 1633 年	徐光启去世。
公元 1636 年	李自成称闯王。
	后金皇太极即位,改国号为大清。
公元 1637 年	宋应星《天工开物》刊行。
公元 1638 年	卢象昇战死。
公元 1641 年	张献忠破襄阳。
	徐霞客去世。
公元 1644 年	李自成建立大顺政权,大顺军攻入北京。
	吴三桂降清,清军入关。
公元 1645 年	清军南下,屠扬州。史可法殉难。
公元 1647 年	夏完淳就义。
公元 1652 年	李定国破桂林,大败清军。
公元 1662 年	郑成功收复台湾。
公元 1681 年	康熙帝平定"三藩"之乱。
公元 1682 年	顾炎武去世。
公元 1685、1686 年	雅克萨之战。
公元 1689 年	中俄订立《尼布楚条约》。
公元 1690、1696、1697 年	康熙帝三征噶尔丹。
公元 1705 年	朱耷去世。
公元 1722 年	雍正帝即位。
公元 1727 年	鄂尔泰推行改土归流。

公元 1764 年（一说 1763 年）	曹雪芹去世。
公元 1771 年	土尔扈特部回归祖国。
公元 1782 年	《四库全书》修纂完成。
公元 1839 年	林则徐在虎门销烟。
公元 1840 年	鸦片战争爆发。
公元 1841 年	龚自珍去世。
公元 1842 年	清政府被迫签订《中英南京条约》。魏源《海国图志》刊行。
公元 1851 年	金田起义，洪秀全建立太平天国。
公元 1856—1860 年	第二次鸦片战争爆发。英法联军火烧圆明园。清政府被迫签订《中英北京条约》、《中法北京条约》、《中俄北京条约》。
公元 1872 年	第一批公派留学生赴美国留学。
公元 1878 年	左宗棠收复除伊犁地区外的新疆领土。
公元 1881 年	《中俄伊犁条约》(《中俄改订条约》)签订，曾纪泽收回伊犁。
公元 1885 年	冯子材在镇南关大败法军，攻克谅山。
公元 1894 年	中日甲午战争爆发。北洋水师全军覆没。
公元 1895 年	清政府被迫签订《马关条约》。公车上书。
公元 1898 年	戊戌变法。严复《天演论》出版。
公元 1899 年	义和团运动爆发。王懿荣发现甲骨文。
公元 1900 年	八国联军侵占北京。
公元 1901 年	清政府被迫签订《辛丑条约》。

公元 1903 年	邹容《革命军》出版。
	《苏报》案。
公元 1904 年	黄兴等成立华兴会。
公元 1905 年	孙中山创建同盟会。
公元 1907 年	秋瑾牺牲。
公元 1909 年	詹天佑主持的京张铁路建成。
公元 1911 年	广州起义。
	辛亥革命。
公元 1912 年	中华民国成立,孙中山就任临时大总统。
公元 1915 年	袁世凯接受日本提出的《二十一条》。
	陈独秀创办《青年杂志》,后更名《新青年》,新文化运动就此兴起。
	袁世凯称帝。
公元 1916 年	在全国一片讨袁声中,袁世凯宣布废止帝制,恢复中华民国。
	苏步青决定弃文从理,日后成为中国近代数学奠基人。
公元 1917 年	张勋复辟失败。
公元 1919 年	五四运动。
	抵制日货运动。
公元 1921 年	中共"一大"在上海举行,中国共产党诞生。
公元 1923 年	京汉铁路工人在共产党领导下举行大罢工。
	《新青年》刊登瞿秋白翻译的《国际歌》歌词。
	中共"三大"召开,确立与国民党建立革命统一战线的方针、政策。
公元 1924 年	国民党"一大"召开,重新解释三民主义,确立联俄、联共、扶助农工的三大政策,承认共产党员与社会主义青年团员以个人身份加入国民党,第一次国共合作正式形成。

公元 1925 年	五卅惨案，掀起中国人民反帝大风暴。
公元 1926 年	中山舰事件，国民党右派发出分裂国共合作、企图夺权的信号。
	北伐战争开始。
公元 1927 年	上海工人第三次武装起义大获全胜。
	蒋介石发动四一二反革命政变，随后汪精卫发动七一五反革命政变，第一次国共合作全面破裂。
	共产党领导发起南昌起义，打响反抗国民党反动派的第一枪。
	毛泽东开辟井冈山革命根据地。
	陶行知在南京北郊创办晓庄试验乡村师范学校。
公元 1931 年	日本发动九一八事变，加快了侵略中国的步伐。
公元 1932 年	日本制造侵华的一·二八事变，遭到驻沪第十九路军的英勇抵抗。
公元 1934 年	第五次反"围剿"失败，中央红军开始长征。
公元 1935 年	遵义会议，确立了以毛泽东为核心的中共中央领导。
	北平学生发起一二·九抗日民主运动。
公元 1936 年	七君子事件。
	鲁迅逝世。
	西安事变，蒋介石被迫宣布停止"剿共"，联合红军抗日。
公元 1937 年	卢沟桥事变，日本发动全面侵华战争。
	淞沪抗战，粉碎了日本帝国主义速战速决的迷梦。
	八路军取得平型关大捷。
	南京大屠杀。
公元 1938 年	国民党军队在正面战场取得台儿庄大捷。
	郑振铎抢救古籍珍品。
公元 1939 年	光未然作词、冼星海作曲的《黄河大合唱》诞生。

公元 1945 年	日本投降,中国取得抗日战争的胜利。
	国共两党举行重庆谈判,签订《双十协定》。
公元 1946 年	国民党当局撕毁停战协议,大举进攻解放区,内战全面爆发。
公元 1947 年	刘邓大军挺进大别山,陈谢大军挺进豫西,陈粟大军进入豫皖苏平原,对中国共产党取得解放战争胜利起到决定性作用。
公元 1948 年	辽沈、淮海、平津三大战役打响。
公元 1949 年	人民解放军百万雄师渡过长江,南京解放。
	中华人民共和国国旗、国歌诞生。
	开国大典举行。
公元 1950 年	中华人民共和国国徽诞生。

后 记

《最新版上下五千年》采纳了读者和历史学家的许多宝贵意见,在体例编排、内容衔接、观念更新等方面作了新的努力,并邀请到中共上海市委党史研究室的专家和复旦、同济、华东政法大学等高校学者参与写作。我们真诚地希望广大读者和专家对本书继续批评指正,使之更加完善。

参加本书编写的人员有(按姓氏笔画为序):子微、王云飞、方宁、王圣良、李宏昀、李志茗、刘骏、庄葳、朱鼎玲、刘蔚、沈建中、吴海勇、陆逐、陈琪、罗允和、罗伟国、罗红玲、竺洪波、林晖、赵元真、洪祖年、侯桂芳、顾云卿、徐卫翔、钱奇、唐旻红、晏蔚青、穆俦、魏丽。

本书的少量篇目,系采用中国少年儿童出版社的《林汉达中国历史故事集》中的部分篇目改编而成。

2011 年 6 月